Oliver Hoffmann, Kikue Ryuno

Japan

jap_001 oh

„Hyakubun wa ikken ni shikazu."
„100 Mal hören bedeutet weniger als einmal sehen."
Altes japanisches Sprichwort

Impressum

Oliver Hoffmann, Kikue Ryuno
Reise Know-How Japan

erschienen im
Reise Know-How Verlag Peter Rump GmbH
Osnabrücker Str. 79, 33649 Bielefeld

4., neu bearbeitete und
komplett aktualisierte Auflage 2014

Gestaltung
Umschlag: G. Pawlak, P. Rump (Layout);
André Pentzien (Realisierung)
Inhalt: G. Pawlak (Layout);
André Pentzien (Realisierung)
Karten: C. Raisin, Th. Buri, der Verlag
Fotonachweis: die Autoren (oh), JNTO, OCVB,
dreamstimecom© Eyeblink
Titelfoto: O. Hoffmann & K. Ryuno
(Motiv: Torii des Itsukushima-Schreins)

Lektorat: M. Luck
Lektorat (Aktualisierung): André Pentzien

Druck und Bindung:
MediaPrint, Paderborn

ISBN 978-3-8317-2451-2

Printed in Germany

Dieses Buch ist erhältlich in jeder Buchhandlung Deutschlands, der Schweiz, Österreichs, Belgiens und der Niederlande.
Bitte informieren Sie Ihren Buchhändler über folgende Bezugsadressen:

Deutschland
Prolit GmbH, Postfach 9, D-35461 Fernwald (Annerod)
sowie alle Barsortimente

Schweiz
AVA Verlagsauslieferung AG
Postfach, CH-8910 Affoltern

Österreich
Mohr Morawa Buchvertrieb GmbH
Sulzengasse 2, A-1230 Wien

Niederlande, Belgien
Willems Adventure, www.willemsadventure.nl

Wer im Buchhandel trotzdem kein Glück hat, bekommt unsere Bücher auch über unseren
Büchershop im Internet: www.reise-know-how.de

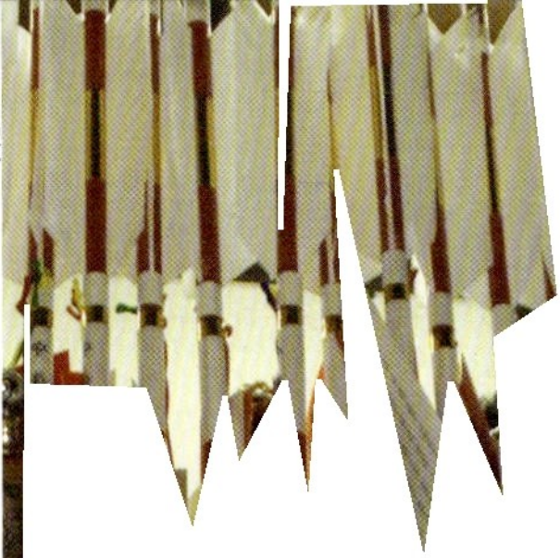
jap_718 oh

Wir freuen uns über Kritik, Kommentare und Verbesserungsvorschläge, gern auch per E-Mail an info@reise-know-how.de.

Alle Informationen in diesem Buch sind von den Autoren mit größter Sorgfalt gesammelt und vom Lektorat des Verlages gewissenhaft bearbeitet und überprüft worden.

Da inhaltliche und sachliche Fehler nicht ausgeschlossen werden können, erklärt der Verlag, dass alle Angaben im Sinne der Produkthaftung ohne Garantie erfolgen und dass Verlag wie Autoren keinerlei Verantwortung und Haftung für inhaltliche und sachliche Fehler übernehmen.

Die Nennung von Firmen und ihren Produkten und ihre Reihenfolge sind als Beispiel ohne Wertung gegenüber anderen anzusehen. Qualitäts- und Quantitätsangaben sind rein subjektive Einschätzungen der Autoren und dienen keinesfalls der Bewerbung von Firmen oder Produkten.

Oliver Hoffmann
Kikue Ryuno

JAPAN

Vorwort

Japan ist nicht leicht zu fassen. Und das gleich in mehrfacher Hinsicht. Hartnäckig entzieht es sich einfachen Kategorisierungen, die Japan als Land der Extreme bezeichnen, Historie und Moderne gegenüberstellen oder Superlative aneinander reihen. Das ist Japan auch, aber eben nicht nur.

Um zu begreifen, muss man sehen. Viel von Japan sehen. Davon sind wir überzeugt. Man muss natürlich die klassischen touristischen Orte aufsuchen, also Tokyo und Kyoto. Dann muss man sich auch an jene Orte begeben, wo Japaner selbst Urlaub in Japan machen. Das wird Eindrücke vertiefen und den Blick für das Japanische in Japan schärfen. Nur so wird man dem Geheimnis langsam auf die Spur kommen.

Japan hat jüngst mit Erdbeben, Tsunami und der Atomkatastrophe von Fukushima eine schlimme Zeit erlitten – und die Nachwirkungen werden noch lange zu spüren sein, auch wenn offizielle Behörden in Japan das oft gerne ignorieren würden. Nach Fukushima 2011 brachen die internationalen Besucherzahlen deutlich ein, jetzt liegen sie wieder auf dem Niveau von vor 2011.

Tokyo und **Kyoto** liegen in der Besuchergunst ganz vorne, was mag danach folgen? Hiroshima, Nara, Yakushima, Shikoku, Beppu? Schwer zu beantworten. Als Entscheidungshilfe haben wir die besten Reiseorte zusammengetragen: Für Kulturinteressierte die wichtigsten Tempel, Schreine und Weltkulturerbestätten, für Wellness-Fans die ganze Breite der Onsen, für Naturliebhaber die schönsten Nationalparks, und für unterwegs gibt's Hinweise zu den kulinarischen Highlights der Regionen.

Nach einiger Zeit will man vielleicht mal einen ganz intimen Blick ins japanische Privatleben werfen: Viele japanische Städte bieten dafür **„Home Visit"-Programme** an, bei denen Touristen japanische Familien zu Hause besuchen können, meistens für eine Tasse Tee am Nachmittag. Die Gastgeber lassen es sich bei der Gelegenheit – ob man es will oder nicht – normalerweise nicht nehmen, einem ihre ganz persönliche Idee von Japan nahe zu bringen und Stätten zu empfehlen, die man unbedingt noch sehen muss. Wahrscheinlich werden Sie diese Hinweise auch in unserem Reiseführer finden – wenn nicht, sind wir umso glücklicher, denn dann haben Sie ein weiteres Stück von Japan zu fassen bekommen.

Oliver Hoffmann & Kikue Ryuno
im Mai 2014

Hinweise zur Benutzung des Reisehandbuchs

Die **Regionenbeschreibungen,** mit denen das vorliegende Buch beginnt, widmen sich zuerst den beiden großen Zentren Tokyo und Kansai, ehe die weiteren Regionen und Inseln systematisch beschrieben werden. In den Kapiteln stehen umfangreiche Hinweise zu Unterkünften, Restaurants und Freizeitaktivitäten zur Verfügung. Exkurse laden immer wieder zur Vertiefung eines Themas ein.

Nach dem Reiseteil stehen die Kapitel „Vor der Reise" und „Reisetipps A–Z", die beide allgemeine **praktische Reiseinformationen** versammeln. Es folgen die landeskundlichen Kapitel „Land und Natur", „Staat und Gesellschaft" sowie „Menschen und Kultur" mit **Hintergrundinformationen** zu Japan.

Im **Anhang** findet der Leser einen Mini-Sprachführer, ein hilfreiches Glossar sowie ein Register. Noch ein Hinweis zu den **Schreibweisen:** Bei Bezeichnungen wie z.B. „Ryōanji-Tempel" handelt es sich genau genommen um eine Doppelung, denn „ji" bedeutet schon Tempel. Wir haben uns für diese „doppelte" Schreibweise entschieden, da sie die Orientierung vor Ort wesentlich vereinfacht. Fragt man in Japan nach dem Weg, kann mit „Ryōan" niemand etwas anfangen – „Ryōanji" dagegen ist eindeutig. Gleiches sollte man bei den Bezeichnungen von Seen, Schreinen, Burgen und Inseln im Hinterkopf behalten.

In den Kopfzeilen der Buchseiten steht ein Verweis auf die jeweiligen in den Kontext passenden Übersichtskarten bzw. Stadtpläne.

Der Schmetterling ...

... zeigt an, wo man besonders gut Natur erleben kann oder Angebote im Bereich des nachhaltigen Tourismus findet.

Unser Tipp: ...

... steht für spezielle Empfehlungen der Autoren: abseits der Hauptpfade, persönlicher Geschmack.

Nicht verpassen!

Die Highlights der Region erkennt man an der **gelben Hinterlegung.**

Inhalt

Exkurse

Karten

Übersichtskarten

Stadtpläne

Thematische Karten

Preiskategorien

Unterkünfte

In den Stadtteilbeschreibungen sind die aufgeführten Hotels mit den folgenden Symbolen versehen; sie kennzeichnen die Preiskategorie (nicht den Qualitätsstandard):

- ① bis 6000 Yen
- ② 6000–12.000 Yen
- ③ 12.000–20.000 Yen
- ④ ab 20.000 Yen

Restaurants

- ① bis 1000 Yen
- ② 1000–5000 Yen
- ③ 5000–10.000 Yen
- ④ ab 10.000 Yen

Futuristisches Ambiente: Rolltreppe im Umeda-Skybuilding

jap_719 oh

1 Tokyo und Umgebung S. 17

Tradition und Moderne treffen in Tokyo aufeinander. In der Metropole mit rund **35 Millionen Menschen** stehen ehrwürdige Schreine und Tempel stehen gleich neben den Highlights der Moderne, wie etwa dem **Tokyo Skytree (S. 56).** Das macht Tokyo so besonders. Besuche in der Umgebung von Tokyo verdienen auch **Hakone** mit dem **Mt. Fuji (S. 113)** und **Nikkō (S. 126).**

2 Kansai S. 139

In der Kansai-Region im Westen Japans leben rund 20 Millionen Menschen - die großen Städte Osaka, Kyoto, Kobe und Nara sind hier zu einem einzigen großen urbanen Gebiet vereint.

Kyoto (S. 143) ist das kulturelle Herz Japans und gehört mit seinen vielen Tempeln – wie etwa dem **Kinkakuji (S. 157)** – zu jedem Japan-Besuch einfach mit dazu. Als Tagesauflug erreicht man bequem das kleinere, aber ebenfalls mit Tempeln reich ausgestattete **Nara (S. 236).** Wer es noch abgeschiedener mag, der besucht den mythischen **Berg Kōyasan (S. 260)** – und übernachtet dort gleich in einer der vielen Tempelunterkünfte.

3 Zentral-Honshū S. 275

Zentral-Honshū wird dominiert vom Bergmassiv der **Japanischen Alpen (S. 314).** Bis auf über 3000 Meter erheben sich hier die Gebirgszüge. Das macht die Region im Sommer zum beliebten Ziel für Wandertouristen – die **Wanderzentren** rund um **Kamikōchi (S. 310)** und **Norikura (S. 311)** im Nationalpark können hier gute Ausgangspunkte sein. Skifahrer und Snowboarder zieht es im Winter eher auf die Olympiapisten von **Nagano (S. 296)** und **Hakuba (S. 306)** – jede Menge Schnee ist hier garantiert. Wer auf beeindruckende Natur in Kombination mit ländlicher Idylle steht, ist hier richtig.

4 Nord-Honshū (Tohōku) S. 323

Bis 2011 bot Tohōku vor allem agrarisch geprägtes Leben. Dann kam 2011 das Erdbeben, der Tsunami, die **Atomkatastrophe von Fukushima.** Und seitdem ist irgendwie alles anders in der Region, vor allem an der Ostküste des Landes.

Insgesamt bietet Tohōku noch immer tolle **Nationalparks.** Eines aber ist klar: Eine Reise in die Region erfordert auf jeden Fall eine intensive Vorbereitung und Beschäftigung mit dem Thema.

5 Hokkaidō S. 369

Hokkaidō ist die nördlichste Insel Japans. Im Winter ist hier das Klima nicht selten rau und hart, dafür kann man im Sommer in Hokkaidō gut die Natur und die vielen Nationalparks genießen. Gerade mal 5 Prozent der japanischen Bevölkerung leben hier. Wer sich also außerhalb der dominierenden Millionenmetropole **Sapporo (S. 375)** aufhält, wird nicht gerade vielen Menschen begegnen.

6 West-Honshū S. 409

West-Honshū erstreckt sich von Kansai bis zur westlichen Spitze Honshūs. Das Zentrum der Region ist **Hiroshima (S. 414)** – hier stehen natürlich der **Atombombendom (S. 415)** und der **Friedenspark zum Gedenken an die Opfer der Atombombe (S. 415)** ganz oben auf vielen Besucherlisten. Aber auch der **Itsukushima-Schrein (S. 423)** auf der Insel Miyajima beeindruckt mit seinem scheinbar im Wasser schwebenden Torii.

7 Shikoku S. 443

Auf Shikoku, der kleinsten der vier japanischen Hauptinseln, ist das Klima angenehm mild. Die Städte **Matsuyama (S. 457)** – mit der ältesten Therme Japans – und **Takamatsu (S. 446)** – mit einem der schönsten Gärten – locken viele Touristen an. Auf Shikoku kann man aber auch toll **Fahr-**

rad fahren (S. 464) – Inselhopping inklusive. Oder man begibt sich auf die beliebte **Pilgerroute der 88 Tempel (S. 452)** – überall begegnet man hier den weiß gekleideten Pilgern, die den 1200 Kilometer langen Weg zurücklegen.

8 Kyūshū S. 481

Kyūshū, die südlichste der vier japanischen Hauptinseln, bietet mit dem Onsen-Mekka **Beppu (S. 508)**, dem **Vulkan Aso (S. 521)** und dem Naturparadies **Yakushima (S. 538)** erstklassige Naturerlebnisse. Hier ist Japan entspannt, warm, romantisch, und es gibt jede Menge zu entdecken, abseits der großen Touristenroute zwischen Tokyo und Kyoto.

9 Okinawa S. 547

Okinawa, die südlichste Region Japans, umfasst insgesamt 161 Inseln. Sie erstrecken sich auf einer Länge von über 400 Kilometern. Okinawa ist aufgrund des **subtropischen Klimas** Urlaubziel Nummer Eins der japanischen Bevölkerung. Hier gibt es **Strandresorts,** weißen Sand, Felsküsten, Mangrovenwälder – und ganz viel maritimes **Leben und Essen.**

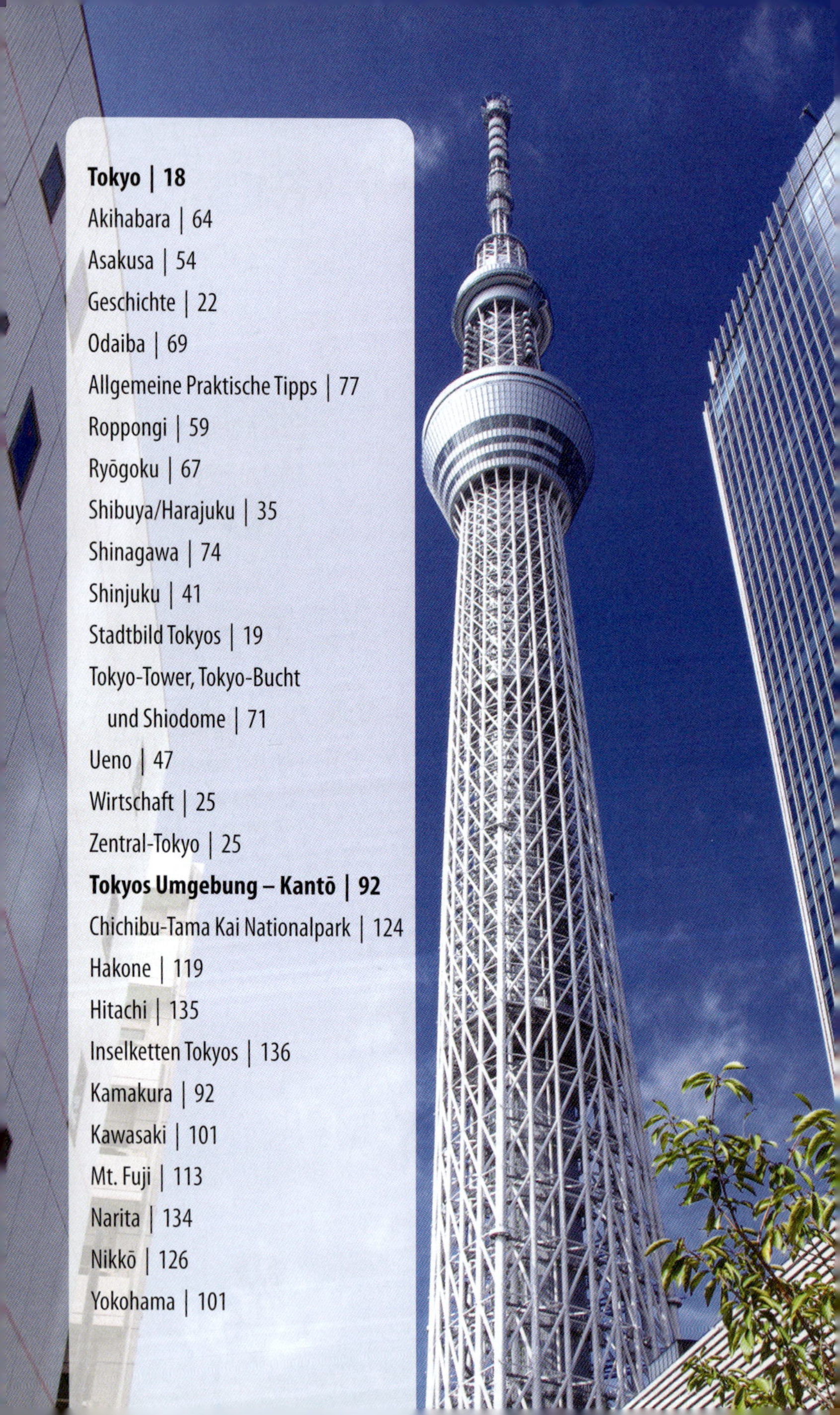

1 Tokyo und Umgebung

Einmal quer durch die Stadt fahren bedeutet hier, fast 100 Kilometer zurückzulegen – extrem spannend. Und für Europäer größenmäßig kaum fassbar ...

‹ Der höchste freistehende Fernsehturm der Welt: der Tokyo Skytree

jap_709 JNTO

TOKYO

- **Einwohner:** 14 Millionen
- **Vorwahl:** 03

Im Großraum Tokyo leben 35 Millionen Menschen. Die Metropole ist gewaltig, atemberaubend, fesselnd. Aber es gibt auch noch viele Orte, die an das **historische Edo** erinnern – so hieß Tokyo nämlich früher …

jap_167a oh

Hinweis zu Unterkünften und Einkaufsmöglichkeiten in Tokyo

Unterkünfte, die außerhalb der im Buch beschriebenen Stadtteile liegen sowie Jugendherbergen, Kapselhotels und Gaijin Houses, sind im Kapitel „Praktische Tipps" am Ende des Tokyo-Kapitels (ab S. 79) aufgeführt. Hier finden sich auch alle Adressen zum Thema „Einkaufen".

NICHT VERPASSEN!

- **Tsukiji-Fischmarkt** – Fisch, Fisch und nochmals Fisch | **31**
- **Shibuya** und **Harajuku** – Hier tobt das junge Leben | **35**
- **Nationalmuseum Tokyo** – Was man über die Kulturgeschichte Japans wissen muss | **50**
- **Sensōji-Tempel** – Das Wahrzeichen des historischen Tokyo | **54**
- **Akihabara** – Alles für Technik und Mangafreaks | **64**

Diese Tipps erkennt man an der gelben Hinterlegung.

Blick über die Stadt aus dem Tokyo-Tower

Tokyo ist jeden Tag anders. Die Stadt erfindet sich immer wieder neu und wechselt ständig ihr Erscheinungsbild. Stadtplanung ist hier schwierig, denn es stehen schon lange **keine freien Flächen** mehr zur Verfügung. Neue Viertel kommen auf, wenn am Stadtrand neue Gebiete erschlossen werden oder wenn neues Land in der Tokyoter Bucht aufgeschüttet wird. Innerhalb der Riesenmetropole entstehen freie Flächen nur äußerst selten, neue Chancen für Investoren ergaben sich hier zuletzt durch stillgelegte Krankenhäuser oder verlegte Gemüsegroßmärkte.

Tokyo ist der Ort, an dem sich die Tradition mit den Superlativen der Moderne trifft. Tokyo hält alle Spielarten der Variation, des Fremden, des Vertrauten oder des Extravaganten bereit. Je nachdem. Ohne zu übertreiben kann man Tokyo getrost zu den **aufregendsten Städten der Welt** zählen.

Stadtbild Tokyos

Tokyo erscheint zuerst als einzige Stadtwüste, es bedarf einiges an Zeit, bis man die **unterschiedlichen Charakteristiken der einzelnen Stadtteile** wahrnehmen kann. Zum eigentlichen Stadtgebiet

Tokyo – Übersicht

0
2 km
©Reise Know-How 2014
TokyoFU2
Minami-Senju
Nishi-Nippori
48
Nippori
TAITŌ-KU
SUMIDA-KU
Shuto Expressway No.6
Tokyo-Universität
Ueno-Park
Ueno
Sensōji-Tempel
Hikifune
Asakusa
Oshiage
Skytree
Tokyo Skytree
Asahi Beer Tower
Suidōbashi
Akihabara Electric Town
Sumo-Halle
Ryōgoku
Ochanomizu
Akihabara
Shuto Expressway No.7
26
Kanda
Nihombashi
Ōjima
CHIYODA-KU
Tōkyo
Fukagawa
Hatchōbori
Shuto Expressway No.9
Yūrakuchō
KŌTŌ-KU
Ginza
CHUŌ-KU
Shinbashi
Shiodome
Tsukiji-Fischmarkt
Hamamatsuchō
Hama-Rikyū-Garten
Harumi
Shin-Kiba
Rainbow Bridge
Shuto Expressway Tokyo Wan Tunnel
70
ODAIBA

Tokyos zählt man „nur" 13 Millionen Menschen, **im Einzugsgebiet** leben aber rund **35 Millionen Menschen:** Es ist das **größte zusammenhängende urbane Gebiet der Welt.** Man wird keine freie Fläche finden, die den Übergang zwischen den einzelnen Städten Tokyo, Kawasaki, Yokohama und den Präfekturen Chiba und Saitama markieren, hier ist alles zu einer Mega-Stadt zusammengewachsen. Tokyo ist ein Moloch, der aus **23 Verwaltungsbezirken** besteht und so ist es selbstverständlich, dass man nicht von einem Erscheinungsbild der Stadt sprechen kann. Wer in Ikebukuro oder Shibuya seine Zeit verbringt, wird ein komplett anderes Tokyo-Bild haben, als wenn er ein Hotel in Ueno oder Odaiba genommen hat.

Grob lässt sich die Mega-Metropole in **sieben große Zentren** einteilen: Tokyo ist die Gegend rund um **Tokyo Station.** Hier befindet sich das politische und finanzielle Zentrum Japans, die Gegend zeichnet sich durch hohe Qualität und hohe Preise aus. In **Shinjuku** liegt nicht nur der größte Bahnhof der Welt, sondern auch die Stadtverwaltung und die Stadtregierung Tokyos. Shinjuku ist das größte Geschäftszentrum. Das nördliche Geschäftszentrum **Ikebukuro** kommt etwas in die Jahre, lange Zeit galt es als guter Ort für Essen, Unterhaltung, Vergnügen und Rotlichtviertel, inzwischen sind aber andere Viertel populärer. **Ōsaki** ist der Knotenpunkt des Verkehrssystems, als Tourist wird einen jedoch eher wenig in diese Gegend führen. **Odaiba** dagegen ist das neue, gegen Ende der 1990er Jahre entstandene Viertel in der Tokyoter Bucht, es ist Vergnügungsviertel und Treffpunkt vieler junger Leute. **Shinagawa** ist das bedeutende neue wirtschaftliche Zentrum, das große Unternehmen aufgrund seiner Kapazitäten und neuen Struktur angelockt hat. **Shibuya** ist das Zentrum im Südwesten Tokyos, der Ort der jungen Leute, der Mode und des Nachtlebens, zusammen mit dem angrenzenden **Harajuku.**

Neu zu entdecken gibt es jüngst die etwas nördlich in Tokyo gelegenen Viertel **Ueno** und **Asakusa.** Einst bildeten sie das Zentrum Edos und verfügen deswegen über jede Menge historische Substanz. Jetzt kommt hier mit dem **Tokyo Skytree,** dem höchsten Fernsehturm der Welt, die jüngste und modernste Attraktion Tokyos hinzu.

Geschichte

Ausgrabungen haben gezeigt, dass bereits zur Jōmon- und Yayoi-Zeit erste Siedlungen in der Kantō-Ebene existiert haben müssen. Der **Bau das Asakusa-Kannon-Tempels 628** ist eines der frühesten fixierten Daten, die auf erste kulturelle Errungenschaften schließen lassen.

Im **12. Jahrhundert** findet sich das erste Mal der **Name „Edo"**, als ein Mitglied der Taira-Familie zwischen den Mündungen des Sumida und des Hirakawa ein Anwesen erbaute und den Ort Edo (Flussmündung) und sich selbst *Edo Shigenaga* nannte. Einer seiner Söhne hieß *Shibuya,* so wie der heutige Stadtteil.

Das Gebiet gehörte in der Folgezeit entweder zur Taira-Familie, Vertretern des Ashikaga-Shogunats oder der Uesugi-Familie. Die Grenze verlief zwischen

jap_173 oh

Zentrale von Fuji TV in Odaiba

Musashi (mit Edo) und Sagami. An der Grenze der beiden Gebiete errichtete **1457** der Daimyō *Ōta Dōkan* ein Schloss, an jener Stelle, an der heute der Kaiserpalast steht. **Ōta Dōkan** gilt dementsprechend als eigentlicher **Gründer der Stadt.**

Nach zahlreichen Machtkämpfen in den Jahrhunderten danach dominierte gegen Ende des 16. Jahrhunderts *Hideyoshi Toyotomi* die Geschicke des Landes, Machtzentren waren Kyoto und Osaka. Seinem Weggefährten **Ieyasu Tokugawa** bot er als Belohnung für die Unterstützung die Burg in Edo an, was den **Aufstieg Edos** insgesamt markierte. *Hideyoshi* starb 1598, *Ieyasu* besiegte dessen Sohn *Hideyori* entscheidend in der Schlacht von Sekigahara 1603 und verfügte damit über alle Macht. *Ieyasu Tokugawa* wurde **1603** zum Shōgun ernannt und Edo als **Hauptsitz des Tokugawa-Shogunats** (1603–1867) wurde zum Ort faktischer Machtausübung, während der machtlose Tennō weiterhin in Kyoto residierte. Edo erlebte einen politischen und wirtschaftlichen Boom. *Tokugawa* verlangte von den Daimyōs, dass sie in Tokyo ihre Residenz errichteten und sich ihre Familien in Tokyo aufhalten mussten, was vor allem zur Machtsicherung des Shogunats diente und als Nebeneffekt einen gesellschaftlichen Boom bewirkte.

1647 zählte Edo bereits 400.000 Einwohner, als zu Beginn des Jahres das **erste große Feuer** drei Tage lang in der Stadt wütete und über 100.000 Menschen ums Leben kamen, entweder durch das Feuer an sich oder durch die anschließende wochenlange Kälte. Drei Viertel der Stadt, so schätzt man, waren vernichtet, darunter ein großer Teil des Schlosses, viele Hunderte Tempel und Schreine sowie Daimyō- und Samurai-Häuser.

In den neuen Stadtplänen waren Freiräume für Feuerschneisen einkalkuliert, doch mit der rasch wachsenden Bevölkerung wichen die freien Flächen und die Gefahr von Großbränden stieg wieder an.

Mit der Ankunft Commodore *Perrys* **1853** in der Bucht Tokyos begannen die Auseinandersetzungen um die **Öffnung des Landes,** der sich das Tokugawa-Shogunat jahrhundertelang verweigert hatte. Die Macht des Shogunats wich und die kaiserlichen Meiji-Truppen behielten schließlich die Oberhand. **1868** verlegte der **Kaiser Meiji** den Sitz des Kaiserhofes von Kyoto nach Edo und benannte die Stadt in **Tokyo** um, was übersetzt „Östliche Hauptstadt" bedeutet.

Die Daimyōs kehrten in ihre Regionen zurück, und **Marunouchi** rund um den Kaiserpalast wurde das neue Zentrum in jeder Hinsicht: Hier siedelten sich die ersten Geschäfte und Passagen an, hier entstand **1898** das erste Rathaus. Zu dieser Zeit zählte Tokyo bereits **1,5 Millionen Einwohner.**

Am 1. September 1923 erschütterte ein verheerendes Erdbeben die Stadt. Die Bewohner Tokyos bzw. Edos waren über die Jahrhunderte hinweg an Naturkatastrophen gewöhnt. Seit 1600 hatten die Historiker fünf große Erdbeben und mehrere hundert Brände gezählt, doch das **„Große Kanto-Erdbeben"** von **1923** eröffnete eine neue Dimension. 140.000 Menschen kamen bei dem Beben ums Leben, die Stadt war in Schutt und Asche gelegt. Das Beben ereignete sich an einem trockenen Tag zur Mittagszeit, sodass sich das Feuer rasch über die Straßen und die Holzhäuser ausbreitete. Der Wiederaufbau dauerte sieben Jahre und schuf 200.000 neue Gebäude.

Die imperialistische Militärregierung führte Japan mit einer aggressiven Außenpolitik in den **2. Weltkrieg** und hatte ihr Hauptquartier in Tokyo, weswegen besonders Tokyo zum großen Angriffsziel amerikanischer Bomber geriet. Erste **Luftangriffe** begannen ab November 1944, große Vernichtungen brachten die Angriffe vom 25. Februar und vom 9. und 10. März – schätzungsweise 130.000 Menschen kamen durch die Angriffe und die ausgelösten Brände ums Leben. Nach der Kapitulation Japans war Tokyo bis 1952 von amerikanischen Truppen besetzt. Der Wiederaufbau gelang in rascher Zeit: **1955** hatte Tokyo bereits **6 Millionen Einwohner.**

1964 rückten die **Olympischen Sommerspiele** Tokyo ins Licht der Weltöffentlichkeit. Als **Zentrum des Wirtschaftswachstums** explodierten die Grundstückspreise, und in der Zeit der „Bubble economy" war nirgendwo ein Quadratmeter teuerer als in Tokyo. Daran hat sich bis heute auch wenig geändert.

Für die nähere Zukunft, also innerhalb der nächsten 70 Jahre, sagen Seismologen ein neues großes Erdbeben voraus, das sich in der Größenordnung des Großen Erdbebens von 1923 bewegen dürfte. Die Notfallplanungen sehen verschiedene Szenarien vor, darunter auch die Verlegung der Hauptstadt im Falle eines Erdbebens.

Wirtschaft

Tokyo allein würde zu den führenden zehn Industrienationen gehören – das Bruttosozialprodukt der Region ist größer als das beispielsweise von Kanada. 66 Prozent aller japanischen Konzerne haben ihren Firmensitz in Tokyo und jedes große Unternehmen hat zumindest eine große Hauptstadtrepräsentanz. Die Zahl der Unternehmen in Tokyo wird auf 800.000 geschätzt.

Alle Industriezweige sind in Tokyo vertreten, von der Automobil- und Elektroindustrie bis hin zu Ölraffinerien und chemischer Industrie. Mit der **Börse** (Nikkei-Index) ist Tokyo das Zentrum eines gigantischen Geldmarktes.

Zentral-Tokyo

Das **zentrale Tokyo** umfasst die **Gebiete Tokyo Station, Kaiserpalast** und das edle **Viertel Ginza.** In dem zentralen Stadtgebiet Marunouchi lag schon der **Mittelpunkt des historischen Edo.** Hier ist das **politische und wirtschaftliche Zentrum Japans** angesiedelt.

Tokyo Station

Der Bahnhof Tokyo ist neben den beiden anderen Shinkansen-Stopps Ueno und Shinagawa immer noch der Hauptanlaufpunkt für Fernreisende nach Tokyo. Der Bahnhof wurde **1914 nach dem Vorbild des Amsterdamer Bahnhofes errichtet.** Charakteristisch ist der rote Backsteinbau im Renaissancestil. Um in Richtung Kaiserpalast oder Ginza zu gelangen, nimmt man am besten den Marunouchi-Zentral- oder Südausgang.

Kaiserpalast

Das Areal des Kaiserpalastes mit Schloss und Gartenanlagen umfasst rund **1 Million Quadratmeter** – eine unglaublich große Fläche im Herzen Tokyos, mit einer Ruhe, wie man sie sonst in der Metropole nicht findet. Das Gelände beherbergte einst die **Ōta Dōkan-Burg,** die als Hauptresidenz des Tokugawa-Shogunats diente und von der aus die Geschicke Edos gelenkt wurden. Als die kaiserliche Familie nach der Meiji-Restauration von Kyoto nach Tokyo zog, brachten die Umbauten den Wandel von Burg- zu Schlossanlagen mit sich. Im Laufe der Jahrhunderte vernichteten Kriege, Brände und Erdbeben den Großteil der Anlagen, sodass die meisten **gegenwärtigen Gebäude aus dem Jahr 1968** stammen.

Das **Innere** des kaiserlichen Palastes selbst kann man **nur zweimal im Jahr besuchen: am 2. Januar und am 23. Dezember,** dem Geburtstag des Kaisers. Dann wird die Bevölkerung empfangen und darf dem Tennō zuwinken, der sich auf seinem Balkon zeigt. Mit großen Menschenmengen muss gerechnet werden. Kronpinz *Naruhito* und Prinzessin *Masako* leben normalerweise im Zweitpalast in Akasaka.

Der Kaiserpalast (allerdings nicht die Innenräume) kann im Rahmen einer Führung durch das kaiserliche Hofamt besichtigt werden. Der **kostenlose Rundgang** findet **von Montag bis Frei-**

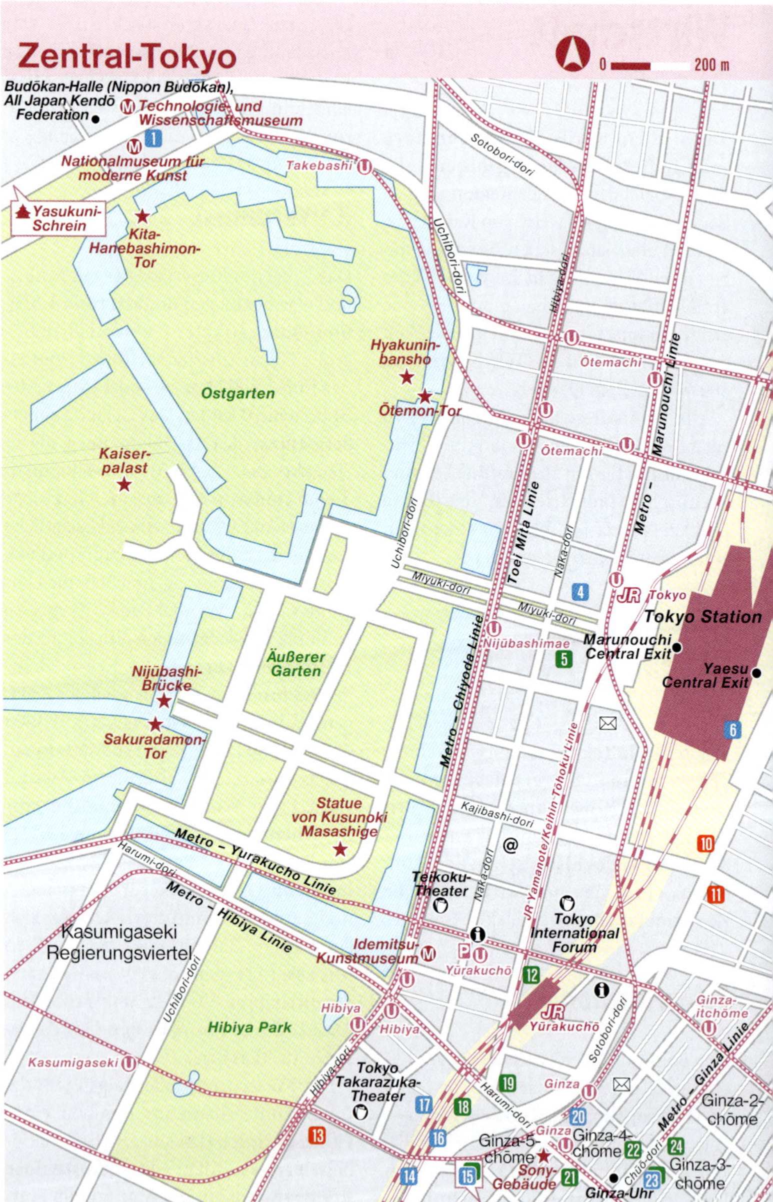
Zentral-Tokyo
0 200 m
Budōkan-Halle (Nippon Budōkan), All Japan Kendō Federation
Technologie- und Wissenschaftsmuseum
Nationalmuseum für moderne Kunst
Yasukuni-Schrein
Takebashi
Kita-Hanebashimon-Tor
Sotobori-dori
Uchibori-dori
Hibiya-dori
Hyakunin-bansho
Ōtemon-Tor
Ostgarten
Ōtemachi
Ōtemachi
Metro – Marunouchi Linie
Kaiser-palast
Toei Mita Linie
Naka-dori
Miyuki-dori
Miyuki-dori
Tokyo
Tokyo Station
Nijūbashimae
Marunouchi Central Exit
Yaesu Central Exit
Äußerer Garten
Nijūbashi-Brücke
Sakuradamon-Tor
Metro – Chiyoda Linie
JR Yamanote/Keihin-Tōhoku Linie
Kajibashi-dori
Statue von Kusunoki Masashige
Metro – Yurakucho Linie
Harumi-dori
Metro – Hibiya Linie
Teikoku-Theater
Naka-dori
Tokyo International Forum
Kasumigaseki Regierungsviertel
Idemitsu-Kunstmuseum
Yūrakuchō
Yūrakuchō
Uchibori-dori
Hibiya
Hibiya
Hibiya Park
Sotobori-dori
Ginza-itchōme
Metro – Ginza Linie
Kasumigaseki
Hibiya-dori
Tokyo Takarazuka-Theater
Harumi-dori
Ginza
Ginza-2-chōme
Ginza
Ginza-4-chōme
Ginza-5-chōme
Sony-Gebäude
Chūō-dori
Ginza-3-chōme
Ginza-Uhr
1 4 5 6 10 11 12 13 14 15 16 17 18 19 20 21 22 23 24

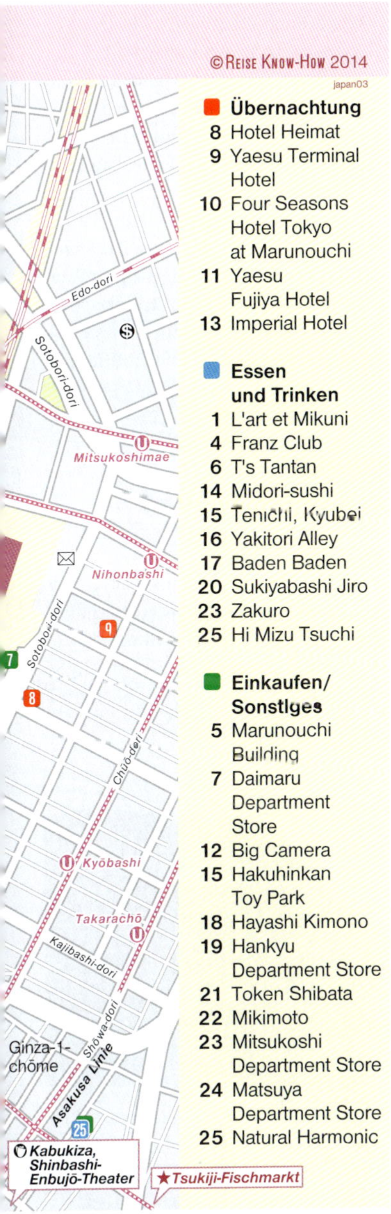

tag jeweils um 10 und 13.30 Uhr statt und dauert etwa 75 Minuten. Für die Teilnahme sind spezielle Regularien (wie etwa die namentliche Anmeldung im Voraus) einzuhalten, die genauen Bestimmungen sind bei der Touristeninformation oder direkt beim Kaiserlichen Hofamt (http://sankan.kunaicho.go.jp/english/) zu erfahren.

Rundgang um den Kaiserpalast

In Hibiya nimmt man den Ausgang B2 und sieht auf der gegenüberliegenden Straßenseite schon die **Mauern des Kaiserpalastes.** Diese hatten einst zu Edo-Zeiten eine Gesamtlänge von 16 Kilometern und waren so dick, dass sechs Samurai nebeneinander darauf laufen konnten.

Man passiert zuerst noch das Nationaltheater und überquert die Straße zum Kaiserpalast, um auf das große Areal zu gelangen. Die kaiserliche Anlage ist insgesamt in **zwei Bereiche** geteilt: in das **Schloss des Kaisers,** in dem Tennō *Akihito* mit seiner Frau lebt, und in den **Ostgarten** mit Überresten der einstigen Shogunats-Anlage, in der ein paar Mauern, Gebäude und die Parkanlagen erhalten oder rekonstruiert sind.

Beginnend mit dem Sitz des Tennō gelangt man an Schwarzkiefern und einigen Posten des kaiserlichen Polizeidienstes vorbei zur **Nijūbashi-Brücke,** wo am Wasser der begehrte Fotopunkt ist. Von dort aus kann man auch die sich ablösenden Wachmannschaften beobachten.

Das Gelände besticht vor allem im **Kontrast:** auf der einen Seite der kaiserliche Palast mit den angrenzenden kaiserlichen Verwaltungen und dem Ostgarten, auf der anderen Straßenseite Ginza als Geschäftszentrum mit Hochhäusern und Gebäudekomplexen. Ein Gesetz verbietet, dass in der unmittelbaren Nähe des kaiserlichen Palastes Hochhäuser gebaut werden – es darf nicht möglich sein, aus einem Stockwerk hinter die Mauern des Palastes blicken zu können.

Man geht die **Uchibori-dori** entlang in Richtung Ostgarten. Die Uchibori-dori ist beliebt bei Joggern, gegenüber sieht man zwei Springbrunnen, die anlässlich der kaiserlichen Hochzeit 1959 errichtet wurden.

Den **Ostgarten** (9–16.30 Uhr, Mo und Fr geschlossen, Eintritt frei) betritt man über das **Ōtemon-Tor;** man kommt zum ersten viereckigen Platz mit Schussscharten, an dem früher die Pferde abgestellt werden mussten. Am **Hyakuninbansho,** einer Art Wachhaus und Kontrollpunkt, wurden die Besucher kontrolliert, die Garde umfasste 100 Samurai.

Weiter hoch schlängelt sich der Weg an weiteren Kontrollpunkten vorbei. Beeindruckend sind die **Mauern,** deren Steine von überall im Land herbeigebracht wurden. Insgesamt hatte jeder Feudalherr Japans seinen Beitrag zum Bau der Shogunats-Anlagen zu leisten, indem Material und Arbeiter zur Verfügung gestellt werden mussten. Die Steinblöcke waren so groß, dass manchmal nur zwei auf einem Schiff transportiert werden konnten. Ein kleiner **Aussichtspunkt** erlaubt eine gute Sicht über das kaiserliche Areal.

Museen im Kitanomaru-Park

Vom Ostgarten kommt man durch das **Kita-Hanebashimon-Tor** zum Kitanomaru-Park. Dort findet sich das **Nationalmuseum für moderne Kunst** (Di–So

jap_178 oh

10–17 Uhr, Tel. 5777-8600, www.momat.go.jp) mit Meisterwerken zeitgenössischer Künstler, überwiegend Malerei, Druck und Kalligrafie, das Gros stellen japanische Künstler. Das **Staatsarchiv** daneben ist vor allem für Recherchen im Rahmen von wissenschaftlichen Studien hilfreich.

Weiter im Kitanomaru-Park geht's zum **Technologie- und Wissenschaftsmuseum** (Do.-Di 9.30–16.50 Uhr, www.jsf.or.jp), dem größten seiner Art, ein grandioser Showroom japanischer Technik und ein Museum zum Ausprobieren für Kinder. Westlich davon ist das **Kunstgewerbemuseum,** weiter nördlich die **Budōkan-Halle** (Nippon Budōkan), die einst für die Olympischen Spiele 1964 errichtet wurde und in der die Jūdō- und Karate-Kämpfe stattfanden. Das Dach soll dem Fuji nachempfunden sein und wenn man Glück hat, kann man tagsüber einen Blick in die Halle werfen, wenn sich gerade Athleten der Kampfsportarten auf ihre Wettkämpfe vorbereiten. Die jährliche Jūdō-Meisterschaft wird am 29. April ausgetragen.

Wen es selbst auf die Matte zieht, der sollte das **Kōdōkan Jūdō Institut** kontaktieren, das Kurse und Training anbietet (www.kodokan.org).

Ginza

Das Ginza-Viertel vor dem Kaiserpalast ist das **edle Geschäftszentrum Tokyos** und das Viertel der alteingesessenen Kaufhäuser. Ginza ist chic, Ginza ist ein Label an sich, das sich gut anbringen lässt und das vor allem ältere und sehr wohlhabende Kundschaft anlockt, denn Ginza ist alles andere als billig. Dafür findet man hier die edelsten **Modeboutiquen** aus aller Welt dicht gedrängt. In Ginza trifft man tagsüber die reichen Damen Tokyos an, die mit Freundinnen standesgemäß shoppen und dem Ginza-Trend nachspüren, während abends die Straßen und Kneipen fest mit Büroangestellten in Männerhand sind.

Was heute alles zum Stadtteil Ginza zählt, war zur Edo-Zeit noch Ozean. Einst konnte man mit dem Schiff bis hin zum Schloss fahren, doch die Landgewinnung in den Jahrhunderten danach hat das Meer weit zurückgedrängt. 1872 brannte das Viertel weitgehend nieder und wurde nach modernen Gesichtspunkten wiederaufgebaut.

Ginza besteht aus acht Blöcken, Wahrzeichen ist die **Kreuzung Ginza-4-chōme,** an der sich die Chūō-dori und die Harumi-dori treffen, an der Ecke befindet sich die berühmte Uhr als Wahrzeichen Ginzas. Geht man von der Kreuzung aus die Harumi-dori entlang runter in Richtung Tsukiji, gelangt man schon eine Straße weiter, nachdem man die Shōwa-dori überquert hat, zum traditionsreichen **Kabuki-Theater** (Kabukiza, Tel. 3541-3131, Higashi-ginza Station, Ticket-online-Buchung unter www.kabuki-bito.jp). Die Veranstaltungen sind mindestens einen Monat vorher ausgebucht, aber es gibt immer noch ein klei-

jap_181a oh

nes Restkontingent mit unbeliebten Stehplätzen, die von ganz oben nur eine sehr steile Sicht nach unten erlauben. Als besonderer Service stehen während der Aufführung Audio-Sets mit Erklärungen in englischer Sprache zur Verfügung. Kabuki-Stücke dauern gewöhnlich ziemlich lange und sind nicht jedermanns Sache. Hier bietet das **Makumi-Ticket** (ca. 1000 Yen) eine gute Lösung, mit dem man nicht das ganze Stück, aber einige Szenen sehen darf.

Theaterviertel Ginza

Zwei der größten Theater Tokyos finden sich in Ginza, sodass Ginza zusammen mit dem Kabuki-Theater als kulturelles Zentrum klassischer Künste gilt. Das **Shinbashi-Enbujō-Theater** fasst 1428 Zuschauer und bietet ein wechselndes Monatsprogramm mit Dramen, Kabuki, Komödien und Liederabenden. Das **Tokyo-Takarazuka-Theater** ist vor allem für seine Opern und Revue-Shows bekannt, das **Teikoku-Theater** war das erste westliche Theater Japans.

- **Shinbashi-Enbujō-Theater,** U: Tsukiji-Shijō, Ausgang A3, Tel. 3541-2600.
- **Tokyo-Takarazuka-Theater,** U: Hibiya, Ausgang A5, Tel. 5251-2001.

⌃ Geschäftszentrum Ginza

› Kabuki-Theater in Ginza

■ **Teikoku-Theater,** U: Hibiya, Ausgang B3, Tel. 3213-7221.
■ **Tokyo International Forum,** Kultur, Konzerte, Theater, U: Ginza Station, Ausgang A2, Tel. 5221-9000.

Sony-Gebäude

Im Sony-Gebäude zwischen der Ginza-4-chōme-Kreuzung und JR Yūrakuchō erlebt man in vielen sehenswerten **Ausstellungsräumen** die **Welt von Sony.** Seit 1966 präsentiert Sony hier seine neuesten Entwicklungen und jährlich kommen 5,6 Millionen Besucher in die Ausstellungsräume, Restaurants, Geschäfte und zu den Technik-Events. Auf insgesamt acht Stockwerken zeigt sich Sony als Synonym für das moderne Tokyo. Hier erfährt man alles über das technikbegeisterte Japan, von der Playstation bis zum futuristischen Unterhaltungsroboter AIBO.

■ **Sony Building,** U: Ginza Station Ausgang B9, geöffnet tägl. 11–20 Uhr, Tel. 3573-2371.

Tsukiji-Fischmarkt

Nicht weit entfernt vom Kabuki-Theater ist der weltberühmte Tsukiji-Fischmarkt in Laufdistanz gelegen. Man geht am Kabukiza vorbei, also die Harumi-dori in Richtung Bucht, biegt rechts in die Shin-ōhashi-dori und kommt zur U-Bahn-Station Tsukiji-shijō, wo sich gleich **am Hafen** auch der Fischmarkt befindet.

Der Tsukiji-Fischmarkt ist der **größte Fischmarkt der Welt.** Täglich werden hier 2500 Tonnen Meeresfrüchte gehan-

jap_181b oh

delt, 450 verschiedene Sorten sind im Angebot. Zuerst muss man sich an den Gemüsehändlern und Zubehörläden durchkämpfen, ehe man dann schon zur ersten großen Kreuzung innerhalb des Fischmarkts kommt, an der Verkehrspolizisten die LKWs und Transporter leiten.

In den eigentlichen **Fischmarkthallen** angekommen, herrscht großer Betrieb. Der Fischmarkt ist ursprünglich kein Touristenort und man sollte darauf achten, dass man nicht unnötig im Weg steht. Die Händler machen es einem sehr schnell deutlich, wenn man ein Hindernis darstellen sollte.

Zur morgendlichen **Thunfisch-Auktion um 5 Uhr** kommen die gefrorenen großen Thunfische von den Docks und werden aufgereiht. Die Händler schreiten die Thunfisch-Reihen ab und notieren sich die besten Stücke. Bei der Auktion werden 400 Stück roher Thunfisch und 2000 gefrorene Thunfische versteigert.

Seit kurzem ist es **Touristen** offiziell verboten, sich morgens im Bereich der Thunfisch-Auktion aufzuhalten – da immer mehr Besucher den eigentlichen Geschäftsvorgang störten und sich die Händler vermehrt beschwerten. So bekommt man also eher einen Eindruck vom Geschehen drumherum – was aber auch sehr eindrucksvoll ist. Am besten erkundigt man sich über den aktuellen Stand bei der Touristeninformation.

Der ganze Fischmarkt ist ein System aus Groß-, Zwischen- und Einzelhändlern. **Restaurants,** die ihren Fisch direkt vom Tsukiji beziehen, machen diese besondere Güte auch oftmals auf ihren Speisekarten kenntlich oder nennen ihr ganzes Restaurant einfach „Tsukiji".

■ **Tsukiji-Fischmarkt,** tägl. außer So, U: Tsukiji-shijō, www.tsukiji-market.or.jp.

jap_183 oh

Yasukuni-Schrein

Der Yasukuni-Schrein liegt nördlich des kaiserlichen Gartens. **1889 zur Verehrung der Gefallenen errichtet,** erlangte der Schrein bald den **Charakter eines Nationalheiligtums.** Die Schreinbesuche hoher japanischer Politiker verstörten immer wieder die asiatischen Nachbarn, da im Schrein neben den Kriegshelden auch verurteilte Kriegsverbrecher verehrt werden. Deswegen regt sich mit jedem offiziellen Besuch eine Protestbewegung in China und Südkorea, was wiederum zu Reaktionen Japans führt und Ressentiments und Antipathien auf allen Seiten immer wieder anheizt.

Die Kaiserfamilie begibt sich heute nicht mehr in den Yasukuni-Schrein, an dessen Toren sich aber nach wie vor die Chrysanthemen-Embleme als Zeichen der Verbindung zum Kaiserhaus finden.

Praktische Tipps

Unterkunft

Die Gegend um Tokyo Station und Ginza ist **nichts für Billigreisende** – hier übernachtet nur, wer nicht auf Geld achten muss.

■ **Hotel Heimat,** ②, 58 Zimmer. Kleines, einfaches Business-Hotel, zu Fuß von Tokyo Station zu erreichen. Auf der Website kann man einen Coupon für ein Gratis-Frühstück ausdrucken. Ein Izakaya befindet sich im gleichen Gebäude. 1 Minute von Tokyo Station (Ausgang Yaesu Central). Tel. 3273-9411, www.hotel-heimat.com.

Tsukiji-Fischmarkt – der größte Fischmarkt der Welt

■ **Yaesu Terminal Hotel,**②, 117 Zimmer. Business-Hotel mit sehr kleinen und sauberen Zimmern. Alle Zimmer mit LAN-Verbindung, LAN-Kabel sind an der Rezeption erhältlich. 3 Minuten von Tokyo Station (Yaesu Nord-Ausgang). Tel. 3281-3771, www.yth.jp.

■ **Yaesu Fujiya Hotel,**③, 377 Zimmer. Gute Lage, Tokyo Station und Ginzas Einkaufsstraßen sind in Laufdistanz. Alle Zimmer mit WLAN. U: Ginza Itchome, 2 Minuten. Tel. 3273-2111, www.yaesufujiya.com.

■ **Imperial Hotel Tokyo,**④, 931 Zimmer. Das erstklassige Hotel wurde 1890 als Japans erstes Hotel für internationale Staatsgäste eröffnet. Das Hotel ist der Inbegriff japanischer Feinheit, Eleganz und Gastfreundschaft. 5 Minuten von JR Yurakucho oder 3 Minuten von U: Hibiya oder U: Ginza. Tel. 3504-1251, www.imperialhotel.co.jp.

■ **Four Seasons Hotel Tokyo at Marunouchi,** ④, 57 Zimmer. Bestes Hotel an der Tokyo Station mit Zimmern ab 60.000 Yen, im Gebäudekomplex Pacific Century Place. 3 Minuten von Tokyo Station. Tel. 5222-7222, www.fourseasons.com/de/marunouchi.

Essen und Trinken

Japanisch

Zentral-Tokyo ist eine **teure Adresse,** was auch für Restaurants gilt. Hier sind jene Restaurants ansässig, deren guter Ruf sich über ganz Japan erstreckt und die bestens für das großstädtische Sehen- und Gesehen-Werden taugen. Für den Billigreisenden können Restaurants unter der JR-Zuglinie oder in den oberen Stockwerken der Department Stores eine Alternative sein.

UNSER TIPP: **Yakitori Alley,**②, geschäftige Straßenzüge mit Yakitori-Ständen, sollte man sich in Tokyo nicht entgehen lassen. Für Japaner ist der Mittelpunkt der Yakitori Alley am West-Ausgang von JR Shinjuku, Touristen bevorzugen jedoch oft Yürakuchō, weil dort das Straßenleben noch abenteuerlicher anmutet. Die vielen Yakitori-Stände unter und entlang der Linie JR Yamanote sind ein nostalgisches Überbleibsel aus vergangenen Tagen. Viele Geschäftsleute kommen nach dem Feierabend hier vorbei. Hibiya Station, Ausgang A1, der Zugtrasse entlang.

■ **Midori-sushi,**②, hochwertiges Sushi zum vernünftigen Preis in teurer Umgebung. Oftmals muss man etwas warten, bis man einen Platz bekommt. Tägl. 11–22 Uhr, U: Yūrakuchō, 5 Minuten, Tel. 5568-1212, www.sushinomidori.co.jp.

■ **Zakuro,**③, Shabu-shabu und traditionelle japanische Gerichte. Das Zakuro kann einen guten Einstieg bieten, sowohl in die japanische Küche als auch in die Preise Tokyos. Tägl. 11–21.30 Uhr, UFJ Bank, B1F, U: Ginza (Ausgang A8), Tel. 3535-4421.

■ **Tenichi,**④, Tempura-Restaurant, Tokyos berühmteste Adresse mit VIP-Räumen zum exquisiten Preis – hier spielt Geld keine Rolle. Tägl. 11.30–21.30 Uhr, U: Ginza, 3 Minuten, Tel. 3571-1949, www.tenichi.co.jp.

■ **Kyubei,**④, eines der besten Sushi-Restaurants in Japan. Mo bis Sa 11.30–14 und 17–22 Uhr, Ginza 8-7-6, Tel. 3571-6523, www.kyubey.jp.

■ **Sukiyabashi Jiro,**④, Elite-Sushi neben dem Kyubei. Für diejenigen, die sich an großen Namen erfreuen und in elitären Kreisen speisen wollen. Mo–Sa 11.30–14 Uhr und Mo–Fr 17.30–20.30 Uhr, Tsukamoto Sogyo Building, B1F, 2-15, Ginza 4-chōme, Chuo-ku, U: Ginza, Tel. 3535-3600, www.sushi-jiro.jp.

Hi Mizu Tsuchi,②, sorgfältig zubereitete Gerichte mit Bio-Zutaten. Stil: japanisch mit französischer Note. Reservierung empfohlen. Im Erdgeschoss gibt es einen Bio-Laden (Natural Harmonic) mit einer Bäckerei. Di–Sa 11.30–14 Uhr und 18–22 Uhr, U: Ginza, 3 Minuten, Tel. 3562-7720, hi-mizutuchi@naturalharmony.co.jp.

International

■ **L'art et Mikuni,**②, französisches Restaurant-Café im Gebäude des National Museum of Modern Arts mit Blick auf den Wallgraben des Kaiserpalas-

jap_184 oh

tes. Di/Mi/So 11– 17.30 Uhr, Do bis Sa 11–21.30 Uhr, U: Takebashi (Ausgang A1), 5 Minuten, Tel. 5219-3535.

■ **Baden Baden,**②, 15 verschiedene Biersorten aus Deutschland mit deutscher Küche. Manchmal überfüllt. Tägl. 16–21.30 Uhr, Yūrakuchō 2-1-8, Tel. 3508-2806.

■ **Franz Club,**②, deutsches Restaurant mit japanischem Touch. Es gibt Franziskaner und Spaten vom Fass, dazu jede Menge Wurst und Spätzle. Mo bis Fr 11–15 Uhr und tägl. 17–4 Uhr, Shin-Marunouchi Bldg., 5F, JR Tokyo, 1 Minute, Tel. 5224-8678.

Vegan

■ **T's Tantan,**②, veganes Ramen im Bahnhof Tokyo. 7–23 Uhr, 1F Keiyo-dori, Tokyo Station, Tel. 3218-8040, http://ts-restaurant.jp/tantan.

Shibuya/ Harajuku

Shibuya setzt die Trends in Japan. Wer wissen will, was demnächst in Japan angesagt ist, sollte sich in den Straßen Shibuyas umsehen. Hier findet man die modebewussten Teenager. Zum **Modeviertel** Shibuya zählt auch das **Harajuku-Viertel,** in dem die Mode noch unabhängiger, individueller und ausgefallener ist. Wer sich als junger Designer noch nicht die teuren Geschäftsstraßen in Shibuya (rund um Shibuya Station oder die Omotesandō) leisten kann, etabliert sich in Harajuku und wird dort auf experimentierfreudige Teenager treffen.

Shibuya liegt **im Südwesten Tokyos** und bedeutet eigentlich „Unauffälliges Tal".

Shibuya Station

In Shibuya nimmt man den **Hachikō-Ausgang** und steht quasi schon auf dem Vorplatz zu der Kreuzung, an der die berühmten Bilder des überfüllten Tokyo entstehen. Rechts hängen die Großbildleinwände, und das ansässige Starbucks-Geschäft an der Ecke hat die besten Verkaufszahlen der Kette weltweit.

Der Hachikō-Ausgang verdankt seinem Namen dem **Hund Hachikō,** der einst mit seinem Herrchen, einem Professor der Tokyo-Universität, jeden Tag zur Station kam und dort wartete, bis sein Professor abends wieder zurückkam. Nachdem das Herrchen verstorben war, kam der Hund trotzdem elf Jahre lang jeden Tag. Dann starb auch der Hund; ein kleiner Steinhund auf dem Platz erinnert an ihn. So geht die Mischung aus Geschichte und Legende.

Shibuyas Attraktion, die **große Kreuzung vor dem Bahnhof,** ist geprägt von vielen Werbetafeln. In jüngster Zeit erlebt man immer wieder, dass für große Werbeaktionen alle großflächigen Werbetafeln gebucht werden, was zu einer enormen Präsenz des jeweiligen Produkts oder der Marke führt. An den Reklametafeln kann man immer ablesen, was gerade im Kommen ist oder was zumindest besonders gepusht wird.

◁ Szeneviertel Shibuya

Shibuya/Harajuku

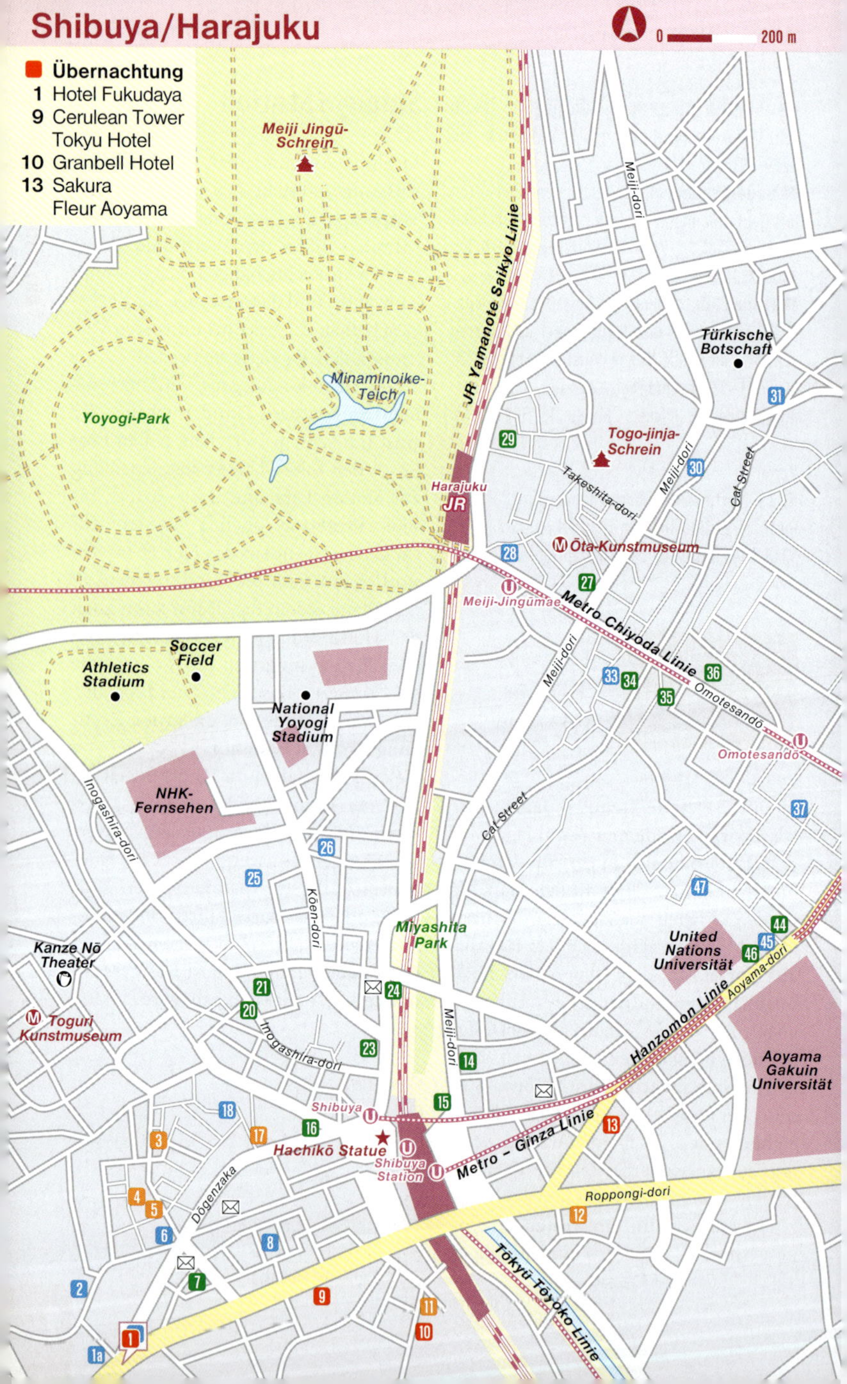

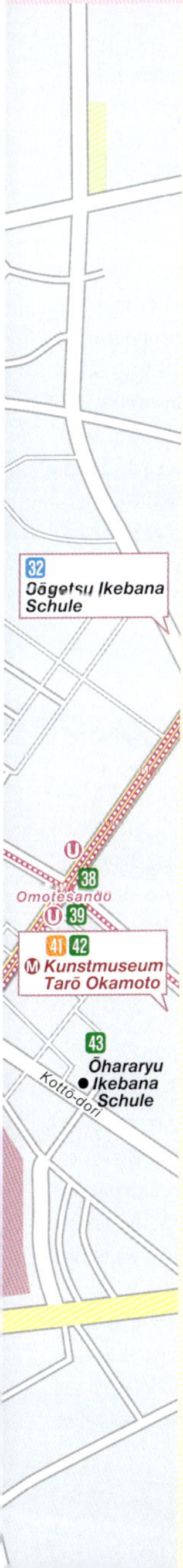

Essen und Trinken
- 1 Restaurant Tonki
- 1a German Farm Grill
- 2 Kaikaya
- 6 Gonpachi
- 8 Ankara
- 18 The Ruby Room
- 25 Akiyoshi
- 26 Monsoon
- 28 Jangara Ramen
- 30 Agaru Sagaru Nishiiru Higashiiru
- 31 Mominoki House
- 32 Nataraj
- 33 Chao! Bamboo
- 37 Crayon House
- 45 Restaurant Benoit
- 47 Las Chicas

Nachtleben
- 3 Club Asia
- 4 Womb
- 5 Harlem
- 11 The Room
- 12 Ishino Hana Bar
- 17 The Dubliners'
- 41 Blue Note Tokyo

Einkaufen/ Sonstiges
- 7 No. 1 Travel
- 14 Across Travelers Bureau
- 15 Big Camera
- 16 Shibuya 109
- 20 Mandarake
- 21 Tokyu Hands
- 23 Seibu Department Store
- 24 Tower Records, Tower Books
- 27 Laforet Harajuku
- 29 The Daisō
- 34 Kiddy Land
- 35 Oriental Bazaar
- 36 Omotesandō Hills
- 38 Issey Miyake
- 39 Comme des Garcons
- 42 Yohji Yamamoto, Prada, Undercover
- 43 Bapexclusive
- 44 Muji
- 46 Aoyama Oval Plaza

Shibuya 109

Von der Kreuzung vor dem Bahnhof aus sieht man schon den großen runden Turm des „Shibuya 109“-Gebäudes. Das „Shibuya 109“ ist voll mit Modegeschäften, Restaurants und zumeist mit jungen Kunden.

■ **Geöffnet** tägl. 10–21 Uhr, Bars und Restaurants bis 22 Uhr, www.shibuya109.jp.

Yoyogi-Park und Meiji Jingū-Schrein

Der Meiji Jingū war einst der Familienschrein des Meiji-Kaisers und seiner Familie. Dicht umgeben von Alleen und Wald, liegt er als **nationales Shintō-Heiligtum** im großen Yoyogi-Park. Die Anlage betritt man durch das größte Schreintor des Landes. Neben dem Inneren Garten ist die Schatzkammer besonders sehenswert, die Ausstellungsstücke rund um die kaiserliche Meiji-Familie parat hält.

■ **Meiji Jingū,** täglich von Sonnenauf- bis Sonnenuntergang geöffnet. Innerer Garten und Schatzkammer jeweils 9–16 Uhr, Eintritt jeweils 500 Yen. 1 Minute zu Fuß von Harajuku Station.

NHK Studio

NHK ist das **öffentlich-rechtliche Fernsehen** in Japan und in den Studios sieht man hinter die Kulissen des japanischen Fernsehens. Manchmal erlebt man, wie gerade eine TV-Show oder eine Serie aufgenommen wird.

■ **Geöffnet** Di bis So 10–18 Uhr, Eintritt 200 Yen, 15 Minuten entfernt von Harajuku oder Shibuya Station, am Yoyogi-Park gelegen.

Takeshita-dori

Die Takeshita-dori in Harajuku sollte man sich nicht entgehen lassen, in der **engen Einkaufsstraße** findet man viele **Textil- und Souvenirgeschäfte.** Noch beeindruckender als die Shops aber ist die Atmosphäre in der stets überfüllten Straße. Kleidung und Aussehen hat hier höchst experimentellen Charakter, Modemagazine schießen hier ihre Fotos über Tokyo Fashion, und Auffallen gehört zum guten Ton.

■ **U: Harajuku Station,** Takeshita-Ausgang.

Ōta-Kunstmuseum

Die **beste Sammlung von Ukiyo-e-Holzschnitten** findet man im Ōta-Kunstmuseum. Die Ausstellung wechselt monatlich und stellt repräsentative Werke aus allen Perioden aus.

■ 5 Minuten von **U: Meiji-jingū-mae,** Di bis So 10.30–17.30 Uhr, Eintritt 700 Yen, Tel. 5777-8600.

Kleiner Rundgang Aoyama/Omotesandō

Die Omotesandō (U: Omotesandō, Ausgang A1) **verbindet die Viertel Shibuya, Harajuku und Aoyama.** Die Omotesandū diente einst als Zugangsweg zum Meiji Jingū, heute hat man dort neben den Geschäften auch viele Cafés mit Tischen und Stühlen im Freien. Hier ist Tokyo besonders **kosmopolitisch und entspannt.** Die **Flaniermeile** erinnert ein bisschen an die Pariser Champs-Elysées.

Lässt man die Omotesandō Station hinter sich und geht in **Richtung Aoyama,** kommen links mehrere noble Modegeschäfte, etwas weiter folgt rechts das hohe gläserne Prada-Gebäude, gleich dahinter biegt man rechts ab. Man gelangt zu weiteren kleineren Modegeschäften, die zu Minami Aoyama zählen. Am nächsten Block links folgen einige bekannte Antiquitätengeschäfte mit Krimskrams oder auch mit wirklich interessanten Antiquitäten.

Praktische Tipps

Unterkunft

Shibuya, Harajuku und Aoyama als die Zentren junger Kultur haben **viele Bars und Clubs,** dafür **wenige billige Unterkünfte.** Wer allerdings nicht den letzten Zug nehmen oder die teure nächtliche Taxi-Rückfahrt nach der Party fürchten will, für den lohnt sich vielleicht der Mehrpreis.

■ **Sakura Fleur Aoyama,**②, 130 Zimmer. Niedliches Hotel. Die Frauen-Etage präsentiert sich in Rosa, die anderen Etagen sind glücklicherweise in normalen Farben gehalten. Gute Lage für Harajuku- und Aoyama-Touren. 2-14-15 Shibuya, Shibuya-ku. JR Shibuya, 5 Minuten. Tel. 5467-3777, www.sakura-hotels.com.

■ **Granbell Hotel,**③, 58 Zimmer. Designer-Hotel mit modernem Interieur mitten in Shibuya. Vermittelt ein junges und urbanes Gefühl. 3 Minuten von Shibuya Station. Tel. 5457-2681, www. granbellhotel.jp.

■ **Cerulean Tower Tokyu Hotel,**④, 414 Zimmer. Zimmer zwischen dem 19. und 37. Stockwerk mit guter Aussicht auf Shibuya. 26-1 Sakura-gaokachō, Shibuya-ku. U: Shibuya, 5 Minuten. Tel. 3476-3000, www.ceruleantower-hotel.com.

■ **Hotel Fukudaya,**②, 17 Zimmer. Nennt sich Hotel, ist aber eher im Ryokan-Style eingerichtet. Ruhige Wohngegend, 15 Minuten zu Fuß von Shibuya Station. Eingang schließt um 23.30 Uhr! 4-5-9 Aobadai Meguro-ku, Tel. 3467-5833, www.fuku daya.com.

Essen und Trinken / Shibuya

Als Modezentrum Japans, das die Trends maßgeblich vorgibt, verfügt Shibuya natürlich auch über jede Menge **Trend-Potenzial** in Sachen Restaurants Design und Hipness-Faktor sind in den Restaurants mindestens genauso wichtig wie die Qualität der Gerichte. Die **Lokale kommen und gehen in Höchstgeschwindigkeit** – was keinen Erfolg hat, verschwindet. Unsere Auswahl stellt einige etablierte Restaurants vor. Tipp am Rande: Wer sich in Shibuya verliert, trifft im Parco, 109 oder im Seibu Department Store immer auf akzeptable Speisemöglichkeiten.

Japanisch

■ **Kaikaya,**②, fangfrisches Sashimi und viele andere japanische und pan-asiatische Gerichte, die gut zu Bier und Sake passen. Lockere und internationale Atmosphäre. Der Koch und Inhaber ist ein langjähriger Surfer und kennt viele Fischer persönlich. Das Lokal ist oft voll, man sitzt eng zusammen mit anderen Gästen und kommt leicht ins Gespräch hier. 23-7 Maruyamacho, Shibuya-ku, Bahnhof Shibuya 10 Minuten, Tel. 3770-0878, www.kaikaya.com.

■ **Akiyoshi,**②, lebendiges Yakitori-Restaurant. Speisekarte mit Abbildungen zur Hilfe. Tägl. 17–23 Uhr, JR Shibuya (Süd-Ausgang), 3 Minuten, Tel. 3464-1518.

■ **Gonpachi,**②, Izakaya-Ketten-Restaurant, das durch den Besuch von *Koizumi* und *Bush* japanweit bekannt wurde. Yakitori, Soba, Sushi. Tägl. 11.30–3 Uhr, JR Shibuya, 5 Minuten, E Space Tower, 14F, Tel. 5784-2011, www.gonpachi.jp.

UNSER TIPP: **Tonki,**②, großartiges Tonkatsu-Restaurant in Meguro. In der offenen Küche werden die panierten Schweineschnitzel von den älteren Tonkatsu-Meistern mit viel Geschicklichkeit zubereitet. Schon diese Zubereitung ist ein Spektakel, es könnte Tonkatsu-Theater sein. Auf der Karte gibt es 3 Menüs: *Rosu-Katsu* (mit etwas mehr Fettanteil), *Hire-Katsu* (Filet) oder *Kushi-Katsu* (Schaschlik). Experten bestellen oft gemischt (z.B. *Rosu* mit *Kushi*). Alles sehr saftig und knusprig. Das Gericht kommt mit Reis, Miso-Suppe und fein geschnittenem Kohl. Oft gibt es eine Schlange vor dem Restaurant. Am besten einen Platz im Erdgeschoss ergattern, um die ganze Zubereitungsshow beobachten zu können. Mi–Mo 16-23Uhr, 1-1-2 Shimomeguro, Meguro, JR Meguro, 2 Minuten, Tel. 3491-9928.

International

■ **Monsoon-Café,**②, Ketten-Restaurant mit einem Mix aus indonesischer, thailändischer und vietnamesischer Küche (siehe auch „Odaiba"). Tägl. 11.30–3.30 Uhr, JR Shibuya, 10 Minuten, über dem Veranstaltungshaus Eggman, 4F, Tel. 5489-1611.

■ **Ankara,**②, türkische, gut gewürzte Küche. Der Besitzer ist Fußballfan und manchmal bekommt man im Restaurant die türkische Liga zu sehen. Tägl. 17–23.30 Uhr, JR Shibuya, 5 Minuten, Social Dogenzaka Bldg., B1F, Tel. 3780-1366.

■ **German Farm Grill,**③, deutsche Küche mit bayerischem Bier vom Fass. Tägl. 17.30– 4.30 Uhr, JR Shibuya, 15 Minuten, Tel. 5457-2871.

Essen und Trinken / Harajuku und Aoyama

In dieser Gegend gibt es eine angenehme Mischung aus **individuellen Lokals** (also nicht nur Gastro-

Ketten), **Bio-Lokalen** und **topmodischen Restaurants.** Zusammengefasst: Easy-going ...

Japanisch

■ **Jangara Rāmen,**①, Kyūshū-Rāmen. Oftmals mit Schlange vor dem Laden, geht aber schneller als man denkt. Tägl. 11–24 Uhr, 1-13-21 Jingumae, Shibuya-ku, JR Harajuku, 1 Minute, Tel. 3404-5572, www.kyusyujangara.co.jp.

■ **Agaru Sagaru Nishiiru Higashiiru,**②, kleines japanisches Restaurant, erinnert ein bisschen an eine Höhle. Hier gibt es nur das monatlich wechselnde Kaiseki-Menü mit 9 Gerichten für rund 4000 Yen – das lohnt sich aber. Takeyama Bld 3-25-8, Jingumae, Shibuya-ku, JR Harajuku 7 Minuten, Mo–Sa 17.30–24 Uhr, Tel. 3403-6968, www.agarusagaru.com.

International

■ **Las Chicas,**②, Restaurant-Café mit einem Mix verschiedener Stilrichtungen. Mit Bar, Buchladen, Salon, Workshop- und Aufführungsräumen, sehr internationale Atmosphäre mit interessanten Leuten. Restaurant tägl. 11–23 Uhr, die Bar öffnet länger, U: Omotesandō, 5 Minuten, Tel. 3407-6865, www.vision.co.jp.

■ **Chao! Bamboo,**②, absolut empfehlenswert mit südostasiatischer Atmosphäre und offener Terrasse. Oftmals überfüllt, das Warten kann man sich mit einem Besuch im Gyōza-Restaurant davor angenehmer gestalten. Tägl. 11–22.30 Uhr, U: Meijijingū-mae, 5 Minuten, Tel. 5466-4787.

■ **Nataraj,**②, indisches Restaurant, beliebt bei Japanern und Nicht-Japanern, mit einer großen Auswahl an vegetarischen Gerichten. Tägl. 11.30–15 Uhr und 18–23 Uhr, Sanwa-Aoyama Bldg., B1F, U: Gaienmae, 1 Minute, Tel. 5474-0510, www.nataraj.co.jp.

■ **Benoit,**③, französisches Bistro mit Michelin-Stern. Mittagessen und Snacks sind relativ preiswert. Reservierung empfohlen. La Porte Aoyama, 10F, 5-51-8 Jingumae Shibuya-ku. Tel. 6419-4181, www.benoit-tokyo.com.

Bio

Crayon House,②, Bio-Café und Restaurant, Gäste sind überwiegend Frauen mit Kindern. Mittagsbüffet 11–14 Uhr, Abendbüffet 17.30–23 Uhr, dazwischen Café-Betrieb. Es gibt leckere vegetarische Gerichte, einen Bio- sowie einen Kinderspielzeugladen. 3-8-15, Kita-Aoyama Minato-ku, U: Omotesandō (Ausgang B2), 3 Minuten, Tel. 3406-6409, www.crayonhouse.co.jp.

Mominoki House,②, Bio-Restaurant mit frischen japanischen Gerichten wie Tofu-Steak, braunem Reis etc. Das Restaurant besteht seit 1976, und auch *Paul McCartney* und *Stevie Wonder* gehörten schon zu den Gästen. Tägl. 11–15 Uhr und 17–23 Uhr. 2-18-5 Jingumae, Shibuya-ku, JR Harajuku, 10 Minuten. Tel. 3405-9144, www.mominoki-house.net.

Nachtleben

Pub

■ **The Dubliners',** gutes irisches Pub mit Live-Musik. Tägl. 12–1 Uhr, Dogenzaka Center Bldg., 2F, JR Shibuya (Hachikō-Ausgang), 5 Minuten, Tel. 5459-1736.

jap_228 oh

Übersicht S. 20, Stadtplan S. 42

Bars

The Ruby Room, interessante DJ-Bar mit vielen Kreativ-Gästen. Unter der Woche ist meistens der Eintritt frei. Tägl. ab 21 Uhr, JR Shibuya, 3 Minuten. Tel. 3780-3022, www.sonomatokyo.com.

Ishino Hana Bar, hochwertige Cocktail-Bar mit langem Tresen. Ishinohara selbst hat einige Cocktail-Wettbewerbe gewonnen. Mo–Sa 18–2 Uhr, 3-6-2 Shibuya, Shibuya-ku, JR Shibuya 5 Minuten, Tel. 5485-8405, http://ishinohana.com.

Clubs

Club Asia, Club mit Lagerhaus-Atmosphäre, die Musik ist eine Mischung aus Techno, House und Trance. Tägl. 23–5 Uhr, JR Shibuya, 10 Minuten, Tel. 5458-1996, www.clubasia.co.jp.

Womb, erlauchte DJs, eine riesige Tanzfläche und trendiges Publikum. Öffnungszeiten je nach Veranstaltung, JR Shibuya, 10 Minuten, Tel. 5459-0039, www.womb.co.jp.

Harlem, Hip Hop, Soul und R&B. Tägl. 21–5 Uhr, Dr. Jeekan's Bldg., 2F/3F, JR Shibuya, 10 Minuten, Tel. 3461-8806.

The Room, Club mit guter Mischung aus Jazz, House und Worldmusic. Die DJs *Shuya Okino* und *Mondo Grosso* sind hier zu Hause. B1F Daihachi-Toto Bldg., 15-19 Sakuragaoka-cho, Shibuya-ku, JR Shibuya, 10 Minuten, www.theroom.jp.

Jazz

Blue Note Tokyo, die beste Adresse in Sachen Jazz mit namhaften Musikern. U: Omotesandō, Tel. 5485-0088.

jap_189 oh

Die beiden Wolkenkratzer, in denen die Stadtverwaltung untergebracht ist

Auf dem Weg ins Chao! Bamboo

Shinjuku

Shinjuku und Shibuya waren zur Meiji-Zeit beides Dörfer. Hier gab's Reisfelder und die Bevölkerung aus Tokyo (dem damaligen Zentrum rund um den Kaiserpalast und Ginza) kam zum Ausflug aufs Land nach Shinjuku und Shibuya – heute unvorstellbar: Shinjuku ist der Ort der **Wolkenkratzer** und **turbulentes Geschäftszentrum.**

Shinjuku Station

Shinjuku ist in Bezug auf die täglichen Passagierzahlen der **größte Bahnhof der Welt:** 3,5 Millionen Zuggäste steigen hier täglich ein und aus, die Übersicht zu

Shinjuku
0 200 m
Kita-Shinjuku 1
Kuyakusho-dori
Nishi-Shinjuku 8
Nishi-Shinjuku 7
Ōme-Kaidō
Metro – Marunouchi Linie
Toleo Ōdeo Linie
Seibu Shinjuku
Kabuki-chō-Viertel
Nishi-Shinjuku 6
Polizei
Seiji Togo Memorial – Sompo Japan Museum of Art
Shinjuku-nishiguchi
Nishi-Shinjuku 1
West Exit
East Exit
Chūō-dori
Tochōmae
Higashi-dori
Limousine Bus Terminal
Shinjuku Station
Aussichtsplattform Tokyo Metropolitan Government
Shinjuku Central Park
South Exit
Kōshū-Kaiō
Nishi-Shinjuku Skyscrapers
Shinjuku
Shinjuku Station
New South Exit
Toei Ōedo Linie
Kōshū-Kaiō
Yoyogi 2
Keio Shin Linie
Keio Linie
Odakyū Linie
Yoyogi 3
JR Yoyogi
Yoyogi
Yoyogi 1
Japanese Sword Museum
Übernachtung
2 Park Hyatt Tokyo
12 Green Plaza Shinjuku (Capsule Hotel)
13 Toyoko Inn
15 Shinjuku Kuyakusho-mae Capsule Hotel
27a The Agnes Hotel and Apartments
29 City Hotel Lonestar

behalten ist eine echte Herausforderung. Jede der Zonen um die drei Haupteingänge (West, Ost und Süd) stellt praktisch einen selbstständigen Stadtteil dar, wobei vor allem das südliche Zentrum gerade neu gestaltet wurde. Wer sich das **Spektakel** voller Züge und eiliger Menschen geben will, der sollte die Rushhour morgens an einem Wochentag wählen – Desorientierung garantiert!

Verlässt man den Bahnhof am **Neuen Südausgang** zur Meiji-dori hin, so kommt man zum **Times Square:** Hinter dem großen Namen verbirgt sich aber einmal mehr ein großes Einkaufszentrum mit vielen Stockwerken. Das ist ohnehin eine jener Erfahrungen, die jeder Japan-Reisende immer wieder macht: Es nennt sich Times Square, Roppongi Hills oder trägt einen anderen illustren Namen, am Ende verbirgt sich dahinter oft ein Einkaufszentrum, Arkaden und Konferenzsäle. In den obersten drei Stockwerken des Times Square findet man Kinos und Ausstellungsräume, darunter auch das IMAX-Kino.

Rathaus und Touristeninformation

In Shinjuku nimmt man also eher nicht den Ausgang zum Times Square, sondern begibt sich besser über den **Westausgang** in Richtung der Gebäude der Stadtverwaltung. Die beiden **kathedralenartigen Wolkenkratzer** der Stadtverwaltung sind weithin erkennbar. Zur Gründung 1991 beschwerten sich viele Tokyoter über die mächtigen Türme und befürchteten eine im wahrsten Sinne „abgehobene" Stadtverwaltung, doch inzwischen hat sich die Aufregung gelegt und die Türme des japanischen Stararchitekten *Kenzō Tange* gelten als ein Wahrzeichen Tokyos.

Im Erdgeschoss des Gebäudes Nr. 1 befindet sich die **Touristeninformation der Stadt Tokyo,** die viele nützliche Informationen bietet. Im 45. Stock auf 243 Meter Höhe ermöglicht eine kostenlose **Aussichtsplattform** einen der besten und den günstigsten Ausblick über Tokyo. Die Umgebung um das Rathaus, **Nishi-Shinjuku,** hat die höchste Dichte an Wolkenkratzern in Japan.

■ **Rathaus Shinjuku** (Tokyo Metropolitan Government Office), Aussichtsplattform tägl. 9.30–23 Uhr, Touristeninformation tägl. 9.30–18.30 Uhr, Tel. 5321-3077.

Geschäftsviertel für Elektrogeräte

Zwischen dem Bahnhof Shinjuku und den Wolkenkratzern rund um die Stadtverwaltung liegt ein Geschäftsviertel für Elektrogeräte, in dem man vor allem billige **Kameras, Computer und Zubehör** kaufen kann. „Yamada Denki“, „Big Camera“, „Yodobashi Camera“ oder wie sie alle heißen haben oft bis spät abends geöffnet.

Japanese Sword Museum

Ein Traum für alle Schwert-Enthusiasten. Die Ausstellung zeigt unzählige historische Schwerter und gibt Infos zur Fertigung und Pflege der wertvollen Klingen. Gute englischsprachige Broschüren vorhanden. Di–So 10–16.30 Uhr, Tel. 3379-1386, 8 Minuten von Sangubashi Station (Odakyu), www.touken.or.jp.

Östliches Shinjuku und Kabuki-chō

Verlässt man den Bahnhof Shinjuku in östlicher Richtung (Ausgang B13), so sieht man den Unterschied zwischen Shinjuku und Ginza sehr gut: Die Straßen Shinjukus sind deutlich enger. Man geht links in die Einkaufsstraße, die früher sehr populär war, aber inzwischen – verglichen mit Shibuya – schon fast in die Jahre gekommen ist. Man passiert den **Isetan Department Store,** der immer noch die besten Verkaufszahlen in ganz Japan aufweist – der Besuch ist ein Erlebnis.

Vergnügungsviertel Kabuki-chō

Geht man nach dem Isetan links und gleich wieder links oder gleich am B13-Ausgang zweimal rechts, so kommt man in das Viertel Kabuki-chō. Es ist das Amüsierviertel, **„pink area“** sagt man in Japan dazu, mit **Bars, Clubs, Discos, „Sexy Pubs“, DVD-Shops** und **Hostess-Clubs.** Zoohandlungen haben hier bis spät nachts geöffnet – Kunden machen den Hostessen gerne ein Geschenk, und wenn es keine Hermes-Tasche ist, so kann es auch mal ein Hund sein. In den Geschäften ist bis spät nachts Betrieb.

Viele der Vergnügen in Kabuki-chō sind **legal,** manche spannend bis kurios, manche einfach harmlos. In den letzten

Jahren hat die Stadtregierung auch einiges unternommen, um das Viertel zu beruhigen. Trotzdem findet man auch noch einige Angebote, die mit **Vorsicht** zu genießen sind. Auch hier mischen sich Glücksspiel mit Prostitution und Kriminalität. Als Faustregel gilt: Je billiger das Angebot und je mehr Männer vor dem Lokal stehen und einen zum Barbesuch auffordern, desto vorsichtiger sollte man sein. Es gibt nicht wenige, die einer Einladung gefolgt sind, für billige 8000 Yen in eine Table dance- oder Guckloch-Bar zu gehen. Viele haben am Ende aber mehr als 30.000 Yen bezahlt – dessen sollte man sich auf jeden Fall bewusst sein.

Lesben- und Schwulenbars mit allen Angeboten finden sich ebenfalls in Kabuki-chō, vor allem in der Golden-gai oder im Bezirk 2-chōme. Der Name des Viertels Kabuki-chō geht übrigens auf Pläne nach dem 2. Weltkrieg zurück, hier ein Kabuki-Theater zu errichten, wozu es aber nie kam.

In Kabuki-chō gibt es an manchen Ecken **Geschäfte,** die **kleine gläserne Kästen** vermieten. Wer mietet so etwas? Vor allem für den Hobbybedarf gedacht, verkaufen und tauschen hier Privatleute alles Mögliche: Sammelfiguren, Anime, Karten, jede Menge Kram. Bis spät nachts geöffnet und Skurrilitäten garantiert.

Shinjuku Gyoen

Park ist ein weiter Begriff, und in Tokyo erheben 5000 Grünanlagen den Anspruch darauf, ein „Park" zu sein, meistens findet sich dort jedoch kaum mehr als eine Parkbank. Anders verhält es sich mit dem großen **Nationalgarten** Shinjuku Gyoen, der **1500 Kirschbäume** beherbergt, was vor allem zur Kirschblüte ein großes Spektakel ergibt. In einem Pavillon werden Tee und Süßigkeiten serviert, neben einem englischen und französischen Garten beeindruckt der Park besonders mit seinen Chrysanthemen.

■ **Shinjuku Gyoen,** Di bis So 9–16 Uhr, Eintritt 200 Yen, U: Shinjuku-gyoenmae.

Seiji Tōgō Memorial – Sompo Japan Museum of Art

Der japanische Versicherungskonzern Sompo präsentiert im 42. Stock seines Gebäudes **impressionistische Kunstgemälde** und Ausstellungen. Zu den Exponaten zählen auch *Van Goghs* weltberühmte „Sonnenblumen", die der Konzernvorläufer Yasuda bei einer Auktion ersteigerte. Daneben finden sich auch Meisterwerke von *Cezanne, Gauguin* und *Seiji Tōgō.*

■ **Seiji Tōgō Memorial – Sompo Japan Museum of Art,** 5 Minuten von Shinjuku Station, Di–So 10–18 Uhr, Tel. 5777-8600.

Praktische Tipps

Unterkunft

Östlich von Shinjuku Station sind überwiegend **Business Hotels** anzutreffen, westlich davon **luxuriöse Hotels.** Günstige Ryokans sind in der Gegend kaum vertreten. Für eine günstige Lösung bleiben die billigen Business Hotels, von denen einige sehr zentral liegen.

■ **City Hotel Lonestar,**②, 50 Zimmer. Business-Hotel direkt neben Kabuki-chō mit internationalen Gästen und kleinem Frühstücks-Service. 2-12-12 Shinjuku, Shinjuku-ku. JR Shinjuku, Ost-Ausgang, 10 Minuten. Tel. 3356-6511, www.thehotel.co.jp.

■ **Toyoko Inn-Shinjuku Kabuki-chō,**②, 349 Zimmer. Typisches Business Hotel mit sehr kleinen Zimmern, dafür mit freiem Internet in der Lobby und kleinem Frühstücks-Service. 2-20-15 Kabuki-chō, Shinjuku-ku. JR Shinjuku, Ost-Ausgang, 9 Minuten. Tel. 5155-1045, www.toyoko-inn.com.

■ **The Agnes Hotel and Apartments,**④, 57 Zimmer. Nicht unmittelbar neben JR Shinjuku, dafür mit privatem Jacuzzi und Kochgelegenheit im Zimmer. 2-20-1 Kagurazaka, Shinjuku-ku. JR/U: Iidabashi, 5 Minuten. Tel. 3267-5505, www.agnes-hotel.com.

■ **Park Hyatt Tokyo,**④, 177 Zimmer. Luxushotel (ab 50.000 Yen) mit großartiger Aussicht auf Tokyo und die Kantō-Ebene bis hin zum Fuji von den obersten 14 Stockwerken. An der Bar des Park Hyatt Tokyo spielt der Film „Lost in Translation", seitdem hat das Hotel nochmals einen Boom erlebt. 3-7-1-2 Nishi-shinjuku, Shinjuku-ku. JR Shinjuku, 12 Minuten. Tel. 5322-1234, www.parkhyatttokyo.com.

Essen und Trinken

Nishi-Shinjuku ist der Ort der Wolkenkratzer mit einigen Restaurants, aus denen sich die halbe Stadt überblicken lässt.

Higashi-Shinjuku ist lauter, mit viel Neon-Reklamen und weitaus weniger vornehm.

Japanisch

■ **Omoide Yokochō,** ein Spaziergang durch Omoide Yokochō – wörtlich „Die Gasse der Erinnerungen" – ist auch eine nostalgische Angelegenheit. In der Nachkriegszeit gab's hier den Schwarzmarkt – heute finden sich hier viele kleine Yakitori-Lokale, Izakaya und Bars. Es dampft aus allen Türen und Fenstern, die Atmosphäre ist quirlig und lebendig. Oft kommt man hier in den kleinen Lokalen mit den Geschäftsleuten von nebenan ins Gespräch, die sich hier zum Bier oder Sake treffen. Bahnhof Shinjuku, West Ausgang, www.shinjuku-omoide.com.

■ **Sangendou,**②, Restaurant im 29. Stock, jedoch mit der Atmosphäre eines bodenständigen Izakaya. Tägl. 11.30–14 Uhr und 16.30–23 Uhr, Nishi-Shinjuku 2-4-1, Shinjuku NS Bldg., 29F, Tel. 3342-3105.

International

■ **Vietnam Alice,**②, gute und moderne vietnamesische Küche. Tägl. 11–22.30 Uhr, Nishi-Shinjuku, Shinjuku Lumine 1 Bldg., 6F, Tel. 5339-2033, http://vietnam-alice.com.

■ **Ban Thai,**②, empfehlenswertes Thai-Restaurant in Kabuki-chō, von außen etwas zwielichtig, innen aber ganz entspannt. Tägl. 11.30–15 und 17–23 Uhr, JR Shinjuku, Ost-Ausgang, 3 Minuten, Tel. 3207-0068, www.ban-thai.jp.

■ **Keitel,**③, deutsche Küche, Weine und Biere, der Chef kommt aus Heidelberg. Eher deutscher als japanischer Service-Standard. Tägl. 12–14.30 und 18–22 Uhr, 5-6-4 Shinjuku, Tel. 3354-5057, www.keitel.jp.

■ **Jojoen,**③, Yakiniku-Barbecue-Restaurant mit fantastischer Aussicht aus dem 53. Stockwerk. Rindfleisch, Meeresfrüchte und koreanische Küche. Tägl. 11.30–23 Uhr, Tokyo Opera City, 53F, Tel. 5353-0089.

■ **New York Grill,**④, das hippeste Restaurant in Tokyo im obersten Stockwerk (52F) des Park Hyatt Hotels. Die angeschlossene Bar bietet Live-Musik und diente als Schauplatz von „Lost in Translation". Tägl. 11.30– 14.30 und 17.30–22.30 Uhr, Tel. 5323-3458.

Vegan

■ **Ain Soph. Journey,**②, veganes Restaurant direkt am Ausgang C5 von U: Shinjuku-sanchōme.

Nicht gerade billig, aber wer ohne langes Suchen einfach vegan essen möchte, ist hier richtig. Tägl. 11.30–17 Uhr, 18–23 Uhr, 3-8-9 Shinjuku, Tel. 5925-8908, http://ain-soph.jp.

Nachtleben

Bars

- **Albatross,** Bar mit abgefahrener Galerie im Stockwerk darüber. In der Gegend Omoide Yokochō mit vielen Yakitori-Ständen. Tägl. 17–2 Uhr, JR Shinjuku (West-Ausgang), Tel. 3342-5758.
- **La Jetee,** Bar im berüchtigten Abschnitt Golden-gai in Kabuki-chō, allein das Flanieren durch die Straßen ist interessant. Hier trifft man Künstler, Filmemacher, Musiker etc. Mo–Sa ab 19 Uhr, JR Shinjuku (Ost-Ausgang), Tel. 3208-9645, www.lajetee.net.
- **Arty Farty,** bekannteste Gay & Les-Bar in Shinjuku. Hetero-Besucher sind auch willkommen. Mo–Do 19–3 Uhr, Fri/Sa 19–5 Uhr, So 17–3 Uhr. 2F, 2-11-7 Shinjuku, U: Shinjuku 3chōme, Ausgang C7, Tel. 3356-5388, www.arty-farty.net.

Club

- **Club Arch,** sehr Shinjuku-mäßiger Club mit verschiedenen Events wie Lesbian- oder Gay-Night bis hin zu Japan Pop. Eine legendäre Nacht zeichnet sich dadurch aus, dass Männer nur in Unterhose trinken ... B1F, 2-14-6 Hayakawa Bldg. Shinjuku, Tel. 3352-6297, http://aliving.net.

Ueno

Ueno ist das **altstädtische Zentrum im nördlichen Tokyo,** das man ganz oben auf der Besuchsliste haben sollte. Ueno wurde von den Bombardierungen des Krieges weitgehend verschont und bietet neben den belebten Straßenzügen auch noch ein ursprüngliches und mit dem Park auch ruhiges Ambiente inmitten Tokyos. Ueno ist auch das **kulturelle und historische Zentrum** mit Museen und geschichtsträchtigen Orten. Hier finden sich ein paar sehr **gute Ryokans,** wie das Sawanoya Roykan, sodass man hier guter Dinge die Basis für seinen Tokyo-Aufenthalt einrichten kann.

jap_196 oh

Ueno-Park – Saigō-Denkmal

Ueno, Yanaka
0 200 m
©Reise Know-How 2014
Tokyo22
Einkaufen
2 Isetatsu
4 Tanabebunkaidō Fudeya
10 Ameyoko
12 Atre
Übernachtung
1 Annex Katsutaro Ryokan
3 Sawanoya Ryokan
7 Suigetsu Hotel Ōgai sou
8 Ueno Youth Hostel
Essen und Trinken
5 Kabaya Coffee
6 Sasanoyuki
9 Izuei
11 Ueno Yabusoba
Bahnhof, Nishi-Nippori
Nippori
Nippori Station
Yanaka Ginza
Tenshin-Okakura-Park
Tenshin Okakura Memorial Park
Tennōji-Tempel
YANAKA-FRIEDHOF
Higashi-Nippori
Chōanji-Tempel
Isetatsu
Zenshōan-Tempel
Yanaka
Tokugawa-Familiengrab
Negishi
Yanaka-Gasse mit traditionellen Häusern
Sansaki-Zaka
Jōmyōin-Tempel
Kaneiji-Tempel
Daimyō-Uhrenmuseum
Yayoi
Kototoi Dōri
Uguisudani Station
Galerie Scai The Bath House
Shitamachi Museum Annex (Old Yoshida)
KAN'EIJI-FRIEDHOF
Tokyo University of Fine Arts
International Library of Children's Literature
Hakubutsukan-Dōbutsuen
Tokyo Nationalmuseum
Hōryūji-Schatzmuseum
Nezu
Tokyo Metropolitan Art Museum
Nationales Wissenschaftsmuseum
Fünfstöckige Pagode des Kaneiji-Tempels
UENO-PARK
Tōshōgū
Nationalmuseum für westliche Kunst
Shinobazu Dōri
Gojōten Schrein
Tokyo Metropolitan Festival Hall
Kōen Exit
Asakusa Exit
Showa Dōri
Kiyomizu Kannon-dō
Ueno Royal Museum
Ueno Station
Higashi-Ueno (4)
Bentendō
Takamori Saigō-Denkmal
Keisei-Ueno
Ueno
Asakusa Dōri
Higashi-Ueno (3)
Kyu-Iwasaki-tei Garten
Shitamachi Museum

Ueno war früher der Ausgangspunkt nach Tōhoku, in den Norden Japans. Die Züge verkehrten seinerzeit nicht bis Tokyo Station, sondern wer nach Sendai oder nördlicher wollte, nahm den Zug ab Ueno. Das Zentrum des Viertels erstreckt sich rund um **JR und Keisei Ueno Station,** von denen man gleich in den Ueno-Park gelangt, in dem sich wiederum die **Nationalmuseen** befinden. Westlich des Parks liegt das **Yanaka-Viertel.** Ueno bedeutet wörtlich übersetzt „Auf dem Hügel", gleich daneben liegt **Shitamachi,** die so genannte „Unterstadt".

Ueno-Park

Der Ueno-Park ist das **grüne Zentrum Tokyos,** der groß angelegte Park kann in der ansonsten wenig mit Grünflächen gesegneten Stadt gar nicht hoch genug eingeschätzt werden. Der Ueno-Park wurde **1872** als **erster öffentlicher Park Japans** eröffnet. An Wochenenden strömen die Menschen in den Park und bevölkern die großen Kirschbaumalleen. Zur Kirschblüte findet man kaum einen freien Zentimeter in den Alleen.

Der Ueno-Park war Schauplatz der Entscheidungskämpfe rund um die **Meiji-Restauration.** Hier besiegten die kaiserlichen Meiji-Truppen die Soldaten des Tokugawa-Shogunats und beendeten damit die Vorherrschaft des Shōguns. Bei den Kämpfen wurden die Tempelanlagen (die Familientempel *Tokugawas)* zerstört.

Kommt man aus südlicher Richtung von der Keisei Ueno Station oder aus der Richtung Ameyoko in den Park, gelangt man zuerst an Schautafeln vorbei zu einer kleinen Anhöhe. Dort befindet sich das Denkmal zu Ehren **General Takamori Saigōs,** Hauptbefehlshaber der kaiserlichen Meiji-Truppen; ihm unterstanden damals 50.000 Samurai.

Nach der Restauration wandte sich *Saigō* von der neuen Regierung ab und kehrte in seine Heimat Kagoshima zurück. *Saigō* war ein Gegner der Öffnung Japans und sah in der Abschaffung der Samurai-Klasse das Unheil Japans; er scharte gleichgesinnte Samurai zu einer eigenen Armee um sich. Bei der **Satsuma-Rebellion 1877** führte *Saigō* seine Samurai-Armee gegen die kaiserliche Armee an, die er vormals geleitet hatte. Nach mehreren Monaten bürgerkriegsähnlichen Zuständen in Kyūshū wurde er getötet und damit kam die gesamte Rebellion zum Stillstand. Um seinen Tod ranken sich verschiedene Geschichten: Die weit verbreitete japanische Legende beschreibt *Saigōs* Tod als ehrenvollen *Seppuku,* während wissenschaftliche Untersuchungen dies eher widerlegen. *Saigōs* Popularität war dennoch so groß, dass ihn die Meiji-Regierung schon 1889 posthum und offiziell begnadigte. *Saigōs* Geschichte bildete jüngst auch die Grundlage des Hollywood-Films „The Last Samurai". Die Statue im Ueno-Park zeigt ihn beim Spaziergang mit seinem Hund.

Weiter im Park kommt man zum **Kiyomizu kannon-dō,** 1631 von *Tenkai Sōjō,* einem hohen buddhistischen Priester, gegründet. Der Tempel hatte erkennbar den Kiyomizu-dera in Kyoto als Vorbild.

Noch etwas weiter folgt der **Ueno Tōshōgū-Schrein,** den *Tōdō Takatora* 1627 für *Ieyasu Tokugawa,* den ersten Tokugawa-Shōgun, errichtet hat. *Takato-*

ra war auch Erbauer des Edo-Schlosses und der Burg in Osaka.

Insgesamt ist der Ueno-Park einer der wenigen Orte in Tokyo und Japan überhaupt, in dem man **Straßenkunst** antreffen kann. Straßenkunst ist in Tokyo erst seit 2002 offiziell erlaubt und wer nicht Ärger mit den Behörden bekommen will, braucht eine Genehmigung – um diese zu erhalten, muss vor einem Komitee vorgespielt werden.

Im Ueno-Park ist auch der **Ueno-Zoo** zu finden, wobei die beiden Teile Ueno-Zoo West und Ueno-Zoo Ost mit einem Monorail-Zug verbunden sind. Früher war der Ueno-Zoo sehr populär, da er als einziger Zoo Japans Pandabären beheimatete.

Nationalmuseum Tokyo

Das Nationalmuseum Tokyo ist das älteste, größte und **beste Museum in Tokyo.** Eindrucksvoll werden **Kultur und Geschichte Japans** dargestellt – ein

Muss für jeden Tokyo-Besucher. Über 90.000 Exponate von der Jōmon- bis zur Jetztzeit: Das Museum zeigt das Wichtigste aus Archäologie, Skulptur, Gemälde, Kalligraphie und dekorativer Kunst. Die Ausstellungsgegenstände wechseln aus konservatorischen Gründen. Mehrmals pro Monat gibt es Vorlesungen zu kunsthistorischen Themen. Studienräume und ein Informationszentrum stehen zur Verfügung. Im Honkan-Gebäude zeigt die ausgezeichnete japanische Galerie die Palette japanischer Kunst.

jap_197 oh

■ **Nationalmuseum Tokyo,** 13-9 Ueno-kōen, Taitō-ku, Di bis So 9.30–17 Uhr, Eintritt 600 Yen (Studenten 400 Yen, Schüler frei), Tel. 3822-1111.

Nationalmuseum für westliche Kunst

Das Nationalmuseum für westliche Kunst konzentriert sich auf **westliche Malerei** vom späten Mittelalter bis zum frühen 20. Jahrhundert, ein weiterer Schwerpunkt ist **moderne französische Bildhauerei.** Das Hauptgebäude, vom französischen Architekten *Le Corbusier* entworfen, beinhaltet Gemälde aus dem 18. Jahrhundert, darunter Werke von *Rubens, Van Ruysdael* und *Ribera.* Im neuen Flügel finden sich die Meister *Renoir, Monet, Van Gogh, Gauguin,* etwas weiter *Picasso, Ernst, Miró, Dubuffet* und *Pollock.* Darüber hinaus befinden sich in und um das Museum 58 Skulpturen von *Auguste Rodin.*

■ **Nationalmuseum für westliche Kunst,** 7-7 Ueno-kōen, Taitō-ku, Di bis So 9.30–17 Uhr (Freitag bis 20 Uhr), Tel. 3828-5131.

Nationales Wissenschaftsmuseum

Das Museum zeigt auf fünf Ebenen die **Geschichte der Erde.**

■ **Nationales Wissenschaftsmuseum,** 7-20 Ueno-kōen, Taitō-ku, Di bis So 9–16.30 Uhr, Tel. 3822-0111.

< Nationalmuseum Tokyo

jap_710 oh

⌃ So zeigt sich Tokyo gern: urban und imposant

› Wachsmodelle von Gerichten

Kleiner Rundgang Yanaka-Viertel: die Unterstadt

Geht man aus dem Ueno-Park vor dem Tokyo Nationalmuseum links runter, an der Tokyo Kunstuniversität vorbei und über die nächste Straßenkreuzung, so kommt man in das Yanaka-Viertel, einem **Teil der Shitamachi,** der so genannten Unterstadt. Hier kann man einen **Eindruck vom vormaligen Tokyo** bekommen: Die Häuser sind klein, die Straßen schmal und die Atmosphäre doch so ganz anders als in Shinjuku oder Shibuya. Diese Gegend fiel weder einem Erdbeben zum Opfer noch wurde sie im 2. Weltkrieg bombardiert, sodass sich hier eine ursprüngliche Atmosphäre erhalten konnte.

Man geht bis zur Kototoi-dori, an der gegenüberliegenden Ecke folgt **Old Yoshida,** ein **alter Sake-Laden,** dessen Gebäude aus dem Jahr 1910 unter Denkmalschutz steht. Dort kann man noch heute Sake probieren und kaufen.

Man überquert die Kototoi-dori und lässt den Sake-Laden rechts hinter sich, dann folgt an der nächsten Ecke links **Scai,** ein ehemaliges öffentliches Bad, jetzt ein Ort für **zeitgenössische Kunst** und kleine individuelle Künstler.

In diese Straße biegt man links, und man kommt an vielen kleinen Tempeln vorbei. Etwas weiter und etwas erhöht in Richtung Bahnlinie liegt der **Yanaka-Friedhof,** von dem man einen schönen Blick auf das Viertel hat und auf dem man das Grab der Tokugawa-Familie findet. Der Yanaka-Friedhof liegt direkt an der JR bzw. Keisei Nippori Station.

Zwischen dem Yanaka-Friedhof und dem nördlichen Ende des Ueno-Parks liegt auch der **Kaneiji-Tempel,** der Haupttempel der Tendai-Schule und Familientempel *Tokugawas.* Der Tempel ist auch leicht vom Südausgang der U-Bahnstation Uguisudani zu erreichen.

Praktische Tipps

Unterkunft

Ueno ist die Altstadt und das traditionelle Tokyo. **Viele günstige Ryokans** akzeptieren hier ausländische Touristen, und die Nachbarn der Umgebung zeigen sich oft hilfsbereit, den Weg zu weisen.

Sawanoya Ryokan, ①, 12 Zimmer im japanischen Stil. Das Ryokan beherbergt viele ausländische Besucher und ist immer ausgebucht, Reservierung sehr empfohlen. Das Gemeinschaftsbad ist im Erdgeschoss, jede Menge Hinweisschilder in englischer Sprache helfen. Beim Einchecken erhält man das Handblatt „Let's find out the Japanese life" mit Infos zur näheren Umgebung des Ryokans vom Nezu Shrine bis hin zu JR Ueno Station. WLAN und Computer im Gemeinschaftsraum. LAN Verbindung im Zimmer. 2-3-11 Yanaka, Taitō-ku, U: Nezu (Chiyoda-Linie), Ausgang 1, von dort die Kototoi-dori runter bis zur nächsten Ampel und dann links. Dann nicht die erste rechts, sondern an der etwas größeren nächsten Abbiegung rechts und nach wenigen Metern folgt das Ryokan. Tel. 3822-2251, www.sawanoya.com.

Suigetsu Hotel Ōgai sou, ②, 126 Zimmer. Hotel, das nach dem Schriftsteller *Mori Ōgai* benannt ist, der in Deutschland studierte und nach seiner Rückkehr in jenem Hotel seinen Roman „Maihime" niederschrieb. Originalzimmer erhalten, Zimmer im japanischen und westlichen Stil erhältlich. 3-3-21 Ikenohata, Taitō-ku, U: Nezu (Chiyoda-Linie), 3 Minuten. Tel. 3822-4611, www.ohgai.co.jp.

Annex Katsutaro Ryokan, ②, 17 Zimmer. Nahe Yanaka in der Shitamachi gelegen. Außen Beton, innen aber sehr freundlich. Kostenloses Internet. 3-8-4, Yanaka, Taitō-ku, U: Sendagi (Chiyoda-Linie), 2 Minuten. Tel. 3828-2500, www.katsutaro.com.

Essen und Trinken

Ueno ist eine **relativ preisgünstige Gegend** in Sachen Restaurants. Wer nicht suchen will und nicht gerade Wert auf etwas Exquisites legt, wird zum Beispiel im Einkaufskomplex Atre (Ueno Station) oder rund um Ameyoko fündig werden.

Ueno Yabusoba, ②, sehr empfehlenswertes Soba. Do bis Di 11.30–20.30 Uhr, JR Ueno, 5 Minuten, Tel. 3831-4728.

jap_201 oh

Tokyo mit dem Rad

Überraschende Perspektiven bieten Radtouren durch Tokyo **mit englischsprachiger Führung.** Mit Tokyo Bay, Edo-Tokyo Culture Ride und Cool Tokyo Ride sind 3 Routen im Angebot. Die Touren dauern 6 Stunden und kosten rund 10.000 Yen.

- **Tokyo Cycling Tour,** Tel. (03) 4590-2995, www.tokyocycling.jp.

- **Izuei,**②, Spezialität des Hauses ist Unagi. Mit Blick auf den Ueno-Park. Tägl. 11–22 Uhr, 2-12-22 Ueno, JR Ueno, 10 Minuten, Tel. 3831-0954, www.izuei.co.jp.
- **Ueno Atre,** großes Einkaufszentrum, das direkt mit JR Ueno verbunden ist. Hier finden sich auch viele Cafés und Restaurants, wie z.B. das Hardrock Café oder Ichiran Ramen. Die Öffnungszeiten variieren je nach Geschäft.
- **Sasanoyuki,**③, Tokyos berühmtestes Tofu-Lokal seit 1691 mit verschiedensten Tofu-Gerichten. Spezielle vegetarische Varianten ohne Fischbrühe etc. sind vorhanden. Di-So 11:30 -20 Uhr, 2-15-10 Negishi, Taito-ku, Tel. 3873-1145, www.sasanoyuki.com.

UNSER TIPP: **Kabaya Coffee,**①, das Café existiert bereits seit 1938. Die Inhaberfamilie hatte das Geschäft nach 70 Jahren aufgegeben, aber die Nachbarschaft hat sich bemüht, das Lokal wieder zu beleben. Das schöne alte japanische Haus wurde inzwischen geschmackvoll und dezent renoviert. Man bekommt hier jetzt Kaffee und kleine Snacks, wie einen Butter-Toast oder ein kleines Sandwich. Perfekt für die kleine Kaffeepause. Di–So 8–18 Uhr, 6-1-29 Yanaka, Taito-ku, U: Nezu, 10 Minuten, Tel. 3823-3545, http://kayaba-coffee.com.

Asakusa

Was bei keinem Tokyo-Aufenthalt fehlen sollte, ist der Besuch des Sensōji-Tempels, dessen Eingangstor mit der riesigen Laterne das Wahrzeichen des historischen Tokyo ist.

Asakusa kann als **Zentrum von Shitamachi** betrachtet werden, jener Gegend, in der sich zu Edo-Zeiten Künstler und herrenlose Samurai niederließen. Hier befand sich früher ein florierendes Vergnügungsviertel, das Yoshiwara.

Zusätzlich wurde die Gegend Asakusa jüngst durch die Eröffnung des 634 Meter hohen **Tokyo Skytree** aufgewertet – hier trifft man also eine besondere Mischung aus sehr alt und sehr neu an.

Sensōji-Tempel (Asakusa-kannon)

Den Sensōji-Tempel, auch bekannt als Asakusa-kannon-Tempel, erreicht man bequem von der **U-Bahnstation Asakusa.** Dort findet sich auch eine gut ausgestattete **Touristeninformation.** Pro Jahr kommen rund 30 Millionen Besucher zum **ältesten Tempelareal Tokyos** – der Hauptweg vom Eingangstor zur Haupthalle muss regelmäßig neu verlegt werden, da sich der Untergrund mit den vielen Besuchern immer wieder absenkt.

Man betritt die Anlage durch das **Kaminarimon-Tor** mit der überdimensionalen Laterne. Touristen schießen hier ihre Fotos, an den Seiten des Tores schützen gewaltige Wächterfiguren den Eingang. Links und rechts auf dem Weg zum Haupttempel werden an 90 alteingesessenen **Ständen** *(Nakamise)* Souvenirs, Tempelzubehör, O-bentō und Omiyage angeboten.

Vor dem Haupttempel kommt man an der **Weihrauchstätte** vorbei, an der Pilger den Weihrauch zu jener Stelle des Körpers wedeln, die der Hilfe bedarf. Rechts ist eine Wasserstelle zur Reinigung, links vor dem Haupttempel steht die **Pagode,** die der Überlieferung nach die Asche *Buddhas* beheimatet.

Die **Haupthalle des Tempels** wurde 645 gebaut, um die goldene Statue der *Kannon,* der Göttin der Gnade, zu beherbergen. Der Legende nach fischten 628 zwei Fischer dieses goldene Kannon-Bild mit ihren Netzen aus dem Sumida.

Neben der Haupthalle steht der **Asakusa-Jinja-Schrein,** 1649 zu Ehren der beiden Fischer von *Iemitsu Tokugawa* errichtet und heute noch im Original erhalten. Verlässt man das Tempelareal nach rechts, so kommt man durch das **Nitenmon-Tor,** das ebenfalls im Original erhalten ist und einst dem Shōgun als Eingangstor vorbehalten war.

Wasserbus

Neben den Türmen der Asahi-Brauerei befindet sich die Bootsanlegestelle für den „Wasserbus", mit dem man **vom Sumida** aus **einen Blick auf Tokyo** werfen kann. Entlang dem Fluss sieht man viele kleine blaue Boxen und Verschläge – dies sind die Behausungen Obdachloser, die sich hier am Fluss aneinanderreihen.

Der Wasserbus steuert **verschiedene Ziele** an, unter anderem kann man in 40 Minuten zum **Hama-Rikyū-Garten** fah-

Sanja Matsuri

Die Szenerie gleicht einem heiteren Chaos: Tausende von Menschen drängen sich um schwitzende, schreiende und tanzende Männer, die kleine Schreine durch die Straßen Asakusas tragen. Dies ist das **Sanja-Festival im Mai,** das **größte und berühmteste Festival Tokyos.** Der Name „Sanja" bezieht sich auf den Sanja-Gongen-Schrein, wie der Asakusa-Jinja-Schrein früher hieß.

Die **kleinen tragbaren Schreine, „Mikoshi"** genannt, sind wesentlicher Bestandteil des Festivals. Sie sind üblicherweise aus Holz und kunstvoll dekoriert oder glänzen golden. Die Kanji-Zeichen für Mikoshi bedeuten einzeln „Gott" und „Sänfte", also sind Mikoshi die „Sänften der Götter". Der Volksglaube besagt, dass die Götter den Ritt in den Mikoshi um so mehr genießen, je stärker die tragenden Männer die Mikoshi auf und ab bewegen. Deswegen gibt jeder sein Letztes, um den Schrein in Bewegung zu halten.

Das Festival dauert drei Tage und bringt viel **Musik und Tanz** in die Straßen von Asakusa. Am ersten Tag stehen Tänze im Vordergrund, z.B. der Binzasara-mai oder der Sasara-mai-Tanz, die vom klackenden Rhythmus der *Binzasara* (Musikinstrument) begleitet werden. Am zweiten Tag werden 100 kleine Mikoshi durch die Straßen getragen, ehe sich das Festival am dritten Tag seinem Höhepunkt nähert. Die drei riesigen Mikoshi starten am Asakusa-Jinja-Schrein und werden von jeweils 70 Männern durch die Straßen getragen. Eine wahrlich schweißtreibende Angelegenheit, schließlich wiegt jeder große Mikoshi ungefähr 1000 Kilogramm.

ren und bekommt unterwegs in der Bucht links die aufgeschütteten Inseln zu Gesicht, die nach und nach gebaut wurden, zum Beispiel **Odaiba** als boomendes Zentrum 1996. Rechts sieht man das große Dock für Fischerboote, mit direktem Zugang zum Tsukiji-Fischmarkt.

Der futuristische **Wasserbus „Himiko“** verkehrt zwischen Asakusa, Odaiba und Hinode-Pier. Der „Himiko“ wurde vom großen Manga-Autor *Reiji Matsumoto* („Ginga-Tetsudō/Galaxy-Express 999“) entworfen. Zwischen 10 und 18 Uhr verkehren ein bis zwei Boote pro Stunde.

Kappa-bashi dōgugai-dori

Viele Restaurants in Japan stellen **in** ihren **Schaufenstern Wachsmodelle der angebotenen Gerichte** aus. Was für Touristen kurios anmutet, ist für die japanische Gastronomie normal. In der Kappa-bashi dōgugai-dori, der **größten Einkaufsstraße Japans für Haushaltwaren,** können solche Modelle aus Wachs gekauft werden. Hier finden sich auch Spezialgeschäfte, die für Restaurants oder Cafés spezielle Modelle anfertigen. Vom modellierten Hummer, Kuchen, Bier bis hin zu Sushi, Würstchen, Baguette und Eiskrem findet man einfach alles. Als Tellergericht, als Magnet oder als Schlüsselanhänger.

Die Kappa-bashi dōgugai stellt insgesamt eine **günstigere Gelegenheit zum Einkauf** dar als die großen Department Stores. Hier bekommt man preiswertes Geschirr und Küchenwaren, daneben auch ausgefallenere Accessoires wie Lampions oder speziellen Rāmen- bzw. Yakitori-Bedarf.

■ **Kappa-bashi dōgugai-dori,** U: Tawaramachi, 5 Minuten vom Ausgang Nr. 3, www.kappabashi.jp.

Tokyo Skytree

Der Tokyo Skytree ist mit seinen 634 Metern der **höchste freistehende Fernsehturm der Welt** und ist seit seiner Eröffnung 2012 zum neuen Wahrzeichen des modernen Tokyo geworden. Die Aussichtsplattform auf 350 Meter Höhe erlaubt einen beeindruckenden Blick über die Stadt – bei guter Sicht kann man in der Ferne sogar den Fuji erkennen. Wem das noch nicht reicht, der kann in die **Tembo Galleria** auf 450 Meter hochfahren – dort wartet ein 110 Meter langer gläserner Boden. Wie üblich in Japan gehört zu jeder Touristenattraktion auch ein **großes Einkaufszentrum** mit dazu – „Tokyo Solamachi“ heißt das in diesem Fall.

Wer lange Wartezeiten am Skytree vermeiden möchte, kauft das Ticket am besten vorher online.

■ **Tokyo Skytree,** 1-1-2 Oshiage, Sumida-ku, Tokyo, Tel. (0570) 55-0634, Mo–So 8–22 Uhr, Eintritt: 2000 Yen (+ 1000 Yen Tembo Galleria), Tokyo Skytree Station oder 15 Min. Fußweg von Asakusa, www.tokyo-skytree.jp/en/.

Asahi Beer Tower

Die Gebäude von Asahi Beer am Sumida-Fluss sind aufgrund ihrer besonderen Architektur weithin sichtbar. Besonders markant ist das schwarze Gebäude, das in seiner Form an ein Bierglas erinnern soll und auf dem eine 300 Tonnen schwere Skulptur in Form einer goldenen Flamme liegt.

Übersicht S. 20

Asahi gehört zu den **größten Getränke-Unternehmen** in Japan, hier werden Bier, Whisky, Wein und auch Softdrinks produziert. In der 22. Etage des Hauptgebäudes gibt es ein Café – natürlich mit Bier und mit Blick auf den Skytree.

■ **Asahi Beer Tower,** Asahi Sky Room Café, 10–22 Uhr, 3 Min. von U: Asakusa.

Praktische Tipps

Unterkunft

Asakusa bietet **gute und günstige Übernachtungsmöglichkeiten.** Wer die altstädtische Atmosphäre rund um den Sensōji Tempel dem modernen Nachtleben vorzieht, der ist hier richtig.

UNSER TIPP: **Andon Ryokan,**①, 24 Zimmer. 2003 eröffnet, mit zahlreichen Design- und Architekturpreisen ausgezeichnet. Viele internationale Gäste, Designer und Szene-Leute. 24 Zimmer, alles 4-Tatami-Zimmer, gleicher Preis für das Zimmer, egal ob man alleine oder zu zweit übernachtet. Internet, Kaffee und Tee umsonst, verschiedene Workshops wie Teezeremonie, Ikebana, Sushi Cooking etc, alle sprechen Englisch. Sehr schönes Jacuzzi im obersten Stockwerk. U: Minowa, Exit Nr. 3, gleich links gehen, die nächste große Kreuzung schräg überqueren, in die erste Seitenstraße links und nach wenigen Metern rechts das Glasgebäude, insgesamt 5 Minuten zu Fuß. 2-34-11 Nihonzutsumi, Taitō-ku. Tel. 3873-8611, www.andon.co.jp.

■ **New Kōyō,**①, 76 Zimmer. Partner-Ryokan des Andon, genießt den Ruf der „günstigsten Unterkunft Tokyos". Viele Einzelzimmer für Individualtouristen, Zimmer im westlichen und japanischen Stil. Internet umsonst und Fahrradleihe für 500 Yen pro Tag möglich. 2-26-13 Nihonzutsumi, Taitō-ku, U: Minowa (Hibiya-Linie), 10 Minuten. Tel. 3873-0343, www.newkoyo.com.

Kultureller Wandel in Tokyo

In jüngster Zeit ergeben sich zwangsläufig mit den großen Veränderungen im Stadtbild – den neuen Vierteln Odaiba, Roppongi oder Shiodome – auch Veränderungen in der kulturellen Landschaft. In den **Neubauten** sind immer Veranstaltungsorte vorgesehen, die dem Kulturbetrieb zuzuordnen sind.

Hinzu kommt, dass **Fernsehgesellschaften** aus der japanischen Kultur nicht wegzudenken sind – und das nicht nur mit ihrem Programm, sondern auch vor Ort werden sie immer wichtiger. Nahezu jeder große Sender präsentiert eine Ausstellung oder bietet eine Tour durch den Sender in seinem Gebäude an, die Interaktion nimmt zu. Es kann passieren, dass bei einem Quiz zwischen Moderator und einem Sänger der Sänger solch armselige, aber zugleich witzige Antworten gibt, dass der Moderator ankündigt, dieses Papier am nächsten Tag in der Ausstellung des Senders zu präsentieren. Diese Sender-Touren sind inzwischen so populär, dass es nur eine Frage der Zeit zu sein scheint, bis sie sich vollständig in den Erlebnistourismus integriert haben.

Die Sendergesellschaften wiederum sind in den vergangenen Jahren oft in die neuen Zentren gezogen, weg aus ihren zu kleinen und alten Gebäuden, in neue Gegenden wie Odaiba (Fuji TV), Roppongi (TV Asahi) oder nach Shiodome (Nihon TV).

■ **Ryokan Shigetsu,**②, 23 Zimmer. Ryokan in der Nähe des Sensōji-Tempels. Aus dem japanischen Bad im obersten Stockwerk kann man den Blick auf Asakusa genießen. Internet umsonst. 1-31-11 Asakusa, Taitō-ku, U: Asakusa, 4 Minuten. Tel. 3843-2345, www.shigetsu.com.

■ **Sukeroku No Yado Sadachiyo,**③, 20 Zimmer im japanischen Stil. Unterkunft, in der Edo noch spürbar ist, mit Ukiyo-e-Bildern und traditioneller japanischer Kunst. Geisha-Tanz und Sumo-Training wird angeboten. 2-20-1 Asakusa, Taitō-ku, U: Tawaramachi (Ginza-Linie), 8 Minuten. Tel. 3842-6431, www.sadachiyo.co.jp.

■ **Retrometro Backpackers,**①, Gemütliches Backpackerhostel mit einem gemischten Schlafsaal und einem Frauen-Schlafsaal. 2-19-1 Nishiasakusa, Taito-ku, U: Asakusa, 10 Minuten, Tel. 6322-7447, http://retrometrobackpackers.com.

■ **Toco Tokyo Heritage Hostel,**①, Schlafsäle als auch Privatzimmer in einem alten japanischen Haus. Junges Publikum und Bar-Lounge am Abend. 2-13-21, Shitaya, Taito-ku, U: Iriya, Ausgang 4, 5 Minuten, Tel. 6458-1686, http://backpackersjapan.co.jp.

■ **The Gate Hotel Asakusa Kaminarimon,**③, 137 Zimmer. Modernes Design-Hotel, nur ca. 100 Meter vom Kaminarimon-Tor entfernt. 2-6-11 Kanarimon, Taito-ku, U: Asakusa, Ausgang 2, 3 Minuten, Tel. 5826 3877, www.gate-hotel.jp.

■ **Asakusa View Hotel,**④, 337 Zimmer. City-Hotel mit 28 Stockwerken und 4 Sterne-Standard. Die Zimmer mit Blick auf den Tokyo Skytree sind besonders beliebt. 3-17-1 Nishiasakusa, Taito-ku, U: Asakusa oder Tawaramachi, ca. 10 Minuten, Tel. 3847-1111, www.viewhotels.co.jp.

Essen und Trinken

Asakusa steht vor allem für **traditionelle Restaurants mit japanischer Küche.** Im Vergleich zu Ginza ist die Gegend wesentlich günstiger. Der kostenlose Stadtplan bei der Touristeninformation vor dem Kaminarimon-Tor hilft bei der Orientierung.

■ **Asakusa Sometaro,**①, günstiges Okonomiyaki-Restaurant mit englischer Speisekarte. Am Wochenende oft zu voll. Tägl. 12–22.30 Uhr, nach der Kaminarimon-dori in die Kikusui-dori und dort nach zwei Blocks, Tel. 3844-9502.

■ **Daikokuya,**②, bekannt für sein Tempura-donburi (Tempura auf Reis). Geöffnet 11–20.30 Uhr, U: Asakusa (Ausgang 1), 5 Minuten, eine Straße westlich von Nakamise-dori. Tel. 3844-1111, www.tempura.co.jp.

■ **Iseya,**②, sehr traditionelles Tempura-Restaurant. Do bis Di 11.30–14 und 17–20 Uhr, U: Minowa, 8 Minuten, in der Dote-dori auf der linken Seite bevor man zur Kreuzung Yoshiwara-daimon kommt, Tel. 3872-4886.

■ **Enshuya,**②, Tipp unter den Bewohnern Asakusas für Sashimi, Tempura und Fisch zum vernünftigen Preis. Traditionelles Interieur mit Tatami. 2-2-7 Kotobuki, Taitō-ku, Mo bis Sa 11.30–14 und 17–23 Uhr, U: Tawaramachi (Ausgang 2), einen Block südlich gehen und nach rechts, dort neben dem Business Hotel, Tel. 3844-2363.

■ **Miuraya,**②, sehr gutes Kugelfisch-Restaurant mit Kugelfisch in verschiedensten Variationen. Tägl. 12–22 Uhr, von der Kreuzung Kototoi-Hisago einen Block in westlicher Richtung und dann links, dort kann man die Kugelfische nicht übersehen, Tel. 3841-3151.

■ **Oiwake,**②, Izakaya mit kleinen Gerichten und allabendlichen Shamisen-Vorführungen (19.30, 21 und 22.30 Uhr). Geöffnet Di–So 17.30–23 Uhr, U: Iriya (Ausgang 2), 10 Minuten, in der Kototoi-dori einen Block östlich der Kappabashi Dogu-gai, das grüne Gebäude an der Ecke, Tel. 3844-6283, www.oiwake.info.

› Roppongi Hills und Mori Art Museum

■ **Asakusa Imahan,**③, für Fans von Sukiyaki und Shabu-shabu. Tägl. 11.30–21.30 Uhr, U: Asakusa, 10 Minuten, auf der Kokusai-dori an der Bushaltestelle Asakusakōen-rokku, Tel. 3841-1114, www.asakusaimahan.co.jp.

Roppongi

Roppongi ist das Viertel der Nachtszene. Restaurants, Bars, Clubs und Diskotheken machen Roppongi zum **Mittelpunkt des Nachtlebens** in Tokyo. Außerdem besticht Roppongi durch seine **Internationalität,** Menschen unterschiedlichster Herkunft sind hier selbstverständlich. Von 127 Botschaften in Japan haben 69 ihren Sitz in Roppongi, darunter auch die von Deutschland, Österreich und der Schweiz.

Tagsüber kann Roppongi gelegentlich sogar verschlafen wirken, abends dagegen ist es mit der Ruhe vorbei. Nirgendwo sonst in Tokyo kann man so viele gute Clubs nebeneinander finden. In Roppongi lässt es sich bequem feiern, und man kann durchtanzte Nächte erleben, bei denen man garantiert einige der attraktivsten Seiten Japans kennen lernt.

Mittelpunkt Roppongis und guter Ausgangspunkt ist die **Roppongi-Kreuzung** an der Roppongi Station, wo sich Gaien-higashi-dori und Roppongi-dori treffen. Das **Café Almond** an der Ecke gilt als Wahrzeichen der Kreuzung.

Gleich gegenüber liegt das **Haiyūza-Theater,** das im Vergleich zu vielen anderen Theatern in Tokyo experimentellere und modernere Stücke auf die Bühne bringt.

Von der Roppongi-Kreuzung in südöstlicher Richtung gelangt man gleich zu

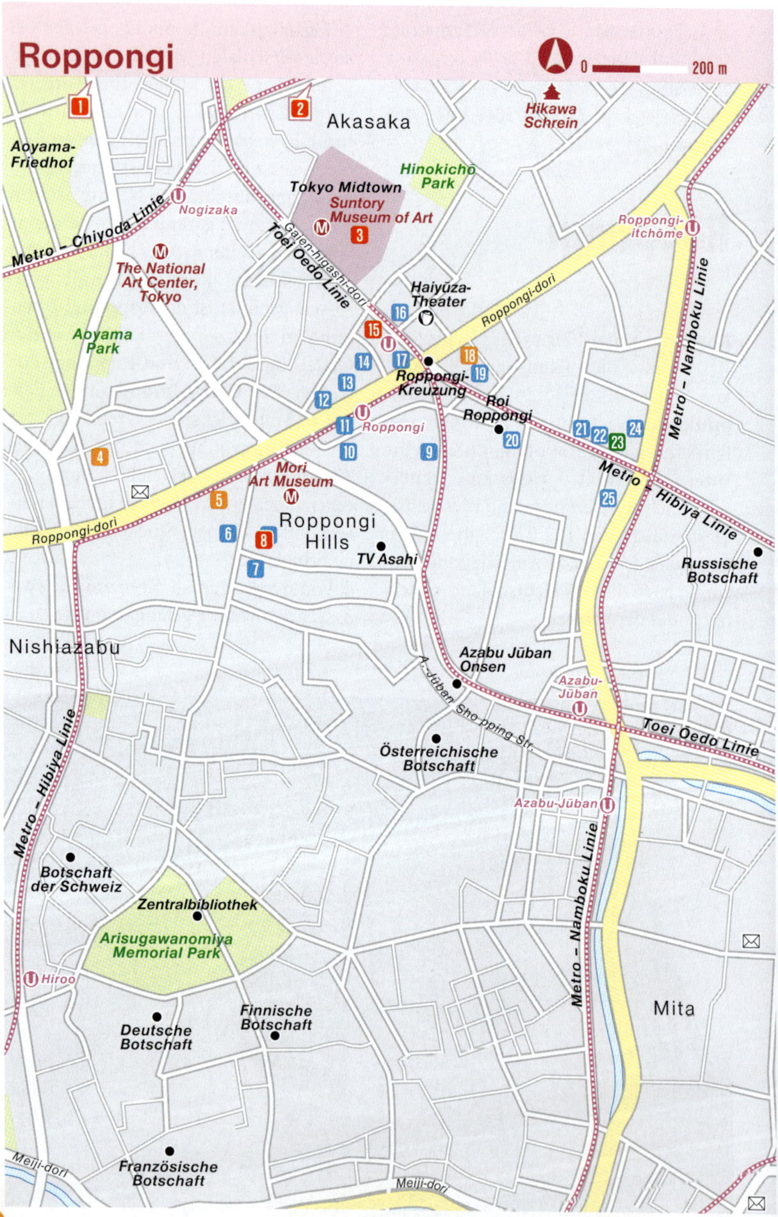
Roppongi
0 200 m
Akasaka
Hikawa Schrein
Aoyama-Friedhof
Hinokichō Park
Tokyo Midtown
Suntory Museum of Art
Nogizaka
Metro – Chiyoda Linie
Gaien-higashi-dori
Toei Oedo Linie
The National Art Center, Tokyo
Roppongi-itchōme
Haiyūza-Theater
Roppongi-dori
Aoyama Park
Roppongi-Kreuzung
Roi Roppongi
Roppongi
Metro – Namboku Linie
Metro – Hibiya Linie
Mori Art Museum
Roppongi Hills
TV Asahi
Russische Botschaft
Nishiazabu
Azabu Jūban Onsen
Azabu-Jūban
A.-Jūban Shopping Str.
Toei Oedo Linie
Österreichische Botschaft
Azabu-Jūban
Metro – Hibiya Linie
Botschaft der Schweiz
Zentralbibliothek
Arisugawanomiya Memorial Park
Hiroo
Metro – Namboku Linie
Mita
Deutsche Botschaft
Finnische Botschaft
Französische Botschaft
Meiji-dori
Meiji-dori
1 2 3 4 5 6 7 8 9 10 11 12 13 14 15 16 17 18 19 20 21 22 23 24 25

1

©Reise Know-How 2014
japan04

Übernachtung
1 Asia Center of Japan
2 Hotel Avanshell Akasaka
3 The Ritz-Carlton, Tokyo
8 Grand Hyatt Tokyo
15 Hotel IBIS
27 Hotel Okura

Essen und Trinken
6 Chinese Cafe Eight
7 Lauderdale
8 Keyakizaka
9 Sweet Basil 139
10 Tony Roma's
11 Moti, Fiesta Bar
12 Jidaiya
13 Agave
14 Tokyo Sports Café
16 Inakaya
17 Geronimo
19 Motown
20 Paddy Foley's, The Pink Cow
21 Hobgoblin
22 Legends
24 Hub (Bar/Pub)
25 Bernd's Bar
26 Zum Einhorn

Nachtleben
4 Eleven
5 SuperDeluxe
18 NewLex Edo

Einkaufen
23 Don Quijote Roppongi

Roi Roppongi, einem Gebäude mit vielen Bars, Clubs und Boutiquen.

Eine kleine Gasse südlich der Kreuzung (Imoarai-zaka) ist voll mit Läden und Restaurants und führt zum **Azabu Jūban Onsen,** einer der ältesten und ursprünglichsten Thermen Tokyos.

Folgt man die Roppongi-dori etwas in südwestlicher Richtung, sieht man auch schon gleich **Roppongi Hills,** den Gebäudekomplex mit mehr als 200 Geschäften, Restaurants, Hotels und kulturellen Einrichtungen. Hier lässt sich besonders gut die Mischung von **Kultur und Geschäft** erleben: Wollen Kunst und Kultur nicht weit in die Vororte abgedrängt werden, müssen Kooperationen mit großen Einrichtungen gesucht werden, die sich im Stadtzentrum befinden und die über einen ohnehin großen Zustrom an Menschen verfügen. Das **Mori Art Museum** zählt zu diesen kulturellen Einrichtungen, die an dieser Schnittstelle stehen. Es präsentiert zeitgenössische Kunst, fördert junge Künstler und bietet diesen eine Plattform im Herzen Tokyos. Das Museum ist ein Privatmuseum, das zum großen Firmenimperium der Mori-Baugruppe zählt. Das Museum ist sehr sehenswert, verfügt es doch über den Anspruch und die Konzeption eines internationalen Museums und sieht sich auf Augenhöhe mit den ganz großen Museen der Welt. Dieser Anspruch spiegelt sich in den Ausstellungen wider, die zum Feinsten gehören, was in Tokyo zu sehen ist. Die Ausstellungen wechseln bis zu sechsmal jährlich, immer jedoch kann man die Mega-Städte Tokyo, New York, Paris und Shanghai in nachgebauter Modellform bestaunen. Und dabei erscheint New York im Vergleich zu Tokyo doch gewaltig klein.

■ **Mori Art Museum,** Di 10–17 Uhr, Mi–Mo 10–22 Uhr, Mori Tower, 52. und 53. Stock, 6-10-1 Roppongi, Minato-ku. Eintritt ab 1500 Yen, Tel. 5777-8600, www.mori.art.museum.

Praktische Tipps

Unterkunft

Die Viertel Akasaka und Rappongi haben eine gute Anbindung ans Zentrum und ermöglichen ein aktives und **ausuferndes Nachtleben.** Das hat seinen Preis, **wenige günstige Übernachtungsmöglichkeiten** sind vorhanden.

■ **Asia Center of Japan,**②, 165 Zimmer. In Laufdistanz zum Nachtviertel Roppongi. 8-10-32, Akasaka, Minato-ku. U: Aoyama 1-chōme, 5 Minuten. Tel. 3402-6111, www.asiacenter.or.jp.

■ **Hotel IBIS,**③, 182 Zimmer. Sehr nah am nächtlichen Zentrum der Roppongi-Kreuzung. 7-14-4 Roppongi. U: Roppongi, 3 Minuten. Tel. 3403-4411, www.ibis-hotel.com.

■ **Hotel Avanshell Akasaka,**③, 71 Zimmer. Apartment-Hotel mit ruhigen, großen Zimmern und Mini-Küche zum akzeptablen Preis. 2-14-14 Akasaka, Minato-ku. U: Akasaka (Chiyoda-Linie), 2 Minuten. Tel. 3568-3456, www.solarehotels.com/collection/hotel-avanshell-akasaka.

■ **Grand Hyatt Tokyo,**④. Internationales Luxushotel mit Zimmern ab 50.000 Yen im Komplex Roppongi Hills. 6-10-3 Roppongi, Minato-ku. U: Roppongi. Tel. 4333-1234, tokyo.grand.hyatt.com.

■ **The Ritz-Carlton, Tokyo,**④, 248 Zimmer. Top-Hotel, erstreckt sich über den gesamten 9. Stock des 53-stöckigen Midtown Tower, dem höchsten Gebäude Tokyos (248 Meter). Tokyo Midtown, 9-7-1, Akasaka, Minato-ku, U: Roppongi, direkt am Ausgang 8, Tel. 3423-8000, www.ritzcarlton.com.

jap_231 oh

Essen und Trinken

Das internationale Viertel Roppongi dominiert mit seiner Fülle an Restaurants alle anderen Stadtteile. Es gibt **Tausende von Restaurants,** viele sind auch auf nicht japanisch sprechende Ausländer vorbereitet. Zentren sind die **Roppongi-Kreuzung** und **Roppongi Hills.** Zu den **Highlights** in der Weltklasse zählen L'Atelier de Joel Robuchon, Il Mulino New York, Sadler und Roppongi J Xen, die alle in Roppongi Hills anzutreffen sind.

Japanisch

- **Jidaiya,**②, atmosphärisches Izakaya mit antiker Volkskunst. Spezielles Test-Menü für Ausländer mit Sushi, Tempura, Sukiyaki etc. Tägl. 17–4 Uhr, U: Roppongi (Ausgang 2), Tel. 3403-3563.
- **Inakaya,**④, Spitzenrestaurant mit verwöhnter Kundschaft. Die Spezialität des Hauses ist Robatayaki, über Holzkohle zubereitetes Fleisch, Gemüse und Meeresfrüchte mit erstklassigem Sake. Geld sollte keine Rolle spielen. Tägl. 17–23 Uhr, U: Roppongi, 3 Minuten, Tel. 5775-1012, www.roppongiinakaya.jp.
- **Keyakizaka,**④, Teppanyaki Restaurant im Hotel Grand Hyatt Tokyo. Speisen in der Spitzenklasse: wer Wagyu essen möchte, ist hier richtig. Tägl. 11.30–14.30 Uhr und 18–21.30 Uhr, Grand Hyatt 4F, 6-10-3 Roppongi, Minato-Ku, Tel. 4333-8782.

International

- **Chinese Café Eight,**①, vorzügliche Peking-Ente und andere chinesische Gerichte zum unschlagbar günstigen Preis. 24 Stunden geöffnet, Court Annex Bldg., U: Roppongi, 5 Minuten, Tel. 5414-5708.
- **Moti,**②, eines der populärsten indischen Restaurants in Tokyo, nordindische Küche. Tägl. 12–22 Uhr, Hama Bldg., 3F, U: Roppongi, Tel. 3479-1939.
- **Tony Roma's,**②, Gerichte vom Grill und besonders für die Spare Ribs geachtet. Mo bis Fr 17.30–23 Uhr, Sa/So 12–23 Uhr, U: Roppongi, 3 Minuten, Tel. 3408-2748.
- **The Pink Cow,**②, besonders bei den in Tokyo ansässigen Ausländern beliebt. Freundliche Atmosphäre mit Ausstellungen und Künstlern. Westliche Küche. Lunch Mi–Fr: 11.30–15.30 Uhr, ansonsten tägl. ab 17 Uhr bis spät, U: Roppongi, 3 Minuten, B1F Roi Bldg. 5-5-1 Roppongi Minato-ku, Tel. 6434-5773, www.thepinkcow.com.
- **Zum Einhorn,**③, auch wenn die Räumlichkeiten etwas an der entsprechenden Atmosphäre vermissen lassen, so ist die deutsche Küche doch aller Ehren Wert. Der japanische Koch hat in Deutschland gelernt. Mo–Fri 11.30–22 Uhr, Sa 17–22 Uhr, U: Roppongi-itchōme, 3 Minuten, Roppongi 1st Bldg, B1F, 1-9-9, Roppongi, Minato-ku, Tel. 5563-9240, www.zum-einhorn.co.jp.
- **Lauderdale,**②, Brunch und gutes amerikanisches Frühstück. Am Abend Bistro-Küche. Beliebt bei den in Tokyo ansässigen Ausländern – für Qualität und Quantität. Mo–Fri 7–23Uhr, Sa/So 8-23 Uhr, 1F Roppongi Hills Keyakizaka Dori, 6-15-1 Roppongi Minato-ku, Tel. 3405 5533, www.lauderdale.co.jp.

Nachtleben

Wo anders als in Roppongi sollte man das Nachtleben genießen? Beim Streifzug durch Bars und Clubs trifft man auf eine **internationale Atmosphäre.**

Pubs

- **Paddy Foley's,** war eines der ersten Irish Pubs in Tokyo und lockt heute immer noch vor allem Gäste in ihren 30ern an. Wie üblich mit Guinness, Kilkenny, Shepherd's Pie und Fish'n'Chips. Live-Sportübertragungen. Mo bis Fr ab 17 Uhr, Sa/So ab 13 Uhr, Roi Bldg., B1F, U: Roppongi (Ausgang 3), 3 Minuten, Tel. 3423-2250.
- **Hobgoblin,** Tokyos größtes britisches Pub und Restaurant. Mo–Fr ab 17 Uhr, Sa/So ab 12 Uhr bis spät, U: Roppongi (Ausgang 3), 5 Minuten, Tel.

Nachtleben in Roppongi

3568-1280, www.hobgoblin.jp. Das **Legends,** ein amerikanisches Pub, ist gleich nebenan.

■ **Tokyo Sports Café,** bekanntestes Sport-Café in der Stadt mit sechs großen Bildschirmen, Billard und Dart. Mo–Sa 18–5 Uhr, U: Roppongi (Ausgang 4), 1 Minute, Tel. 5411-8939, www.tokyo-sports cafe.com.

Bars

■ **Motown,** immer voll, mit einer Mehrheit an Nicht-Japanern. Tägl. 18–6 Uhr, Com Roppongi, 2F, U: Roppongi, 3 Minuten, Tel. 5474-4605, www.motownhouse.com.

■ **Hub Roppongi,** ein Pub der Hub-Kette. Nicht spektakulär, aber einfach und solide. Tägl. 17–23 Uhr, 1F Haiyuza Bldg, 4-9-2 Roppongi, U: Roppongi, Ausgang 6, 5 Minuten. Tel. 3478-0414, www.pubhub.com.

■ **Geronimo,** robuste Trink-Bar an der Roppongi-Kreuzung mit vielen Stammgästen. Tägl. ab 18 Uhr, Yamamuro Bldg., 2F, U: Roppongi, 1 Minute, Tel. 3478-7449, www.geronimoshotbar.com.

■ **Agave,** schicke Tequila-Bar in der gehobenen Preiskategorie. Große Auswahl an Tequilas und Zigarren. Mo–Sa ab 17.30 Uhr. Clover Bldg. B1F, 7-15-10 Roppongi, Minato-ku, U: Roppongi, Ausgang 4B, 3 Minuten, Tel. 3497 0229, www.agave.jp.

■ **Bernd's Bar,** etablierte Bar und Kneipe mit deutschem Bier und Gerichten wie Schnitzel und Currywurst. Mo bis Sa 17–2 Uhr, Pure Bldg., 2F, U: Roppongi (Ausgang 3), 5 Minuten, Tel. 5563-9232, www.berndsbar.biz.

Clubs

■ **Eleven,** Nachfolgeclub des legendären Yellow; nach einer kurzen Auszeit war der Club Eleven am gleichen Ort geboren. Natürlich wieder mit cooler Musikauswahl in Richtung House. Die Gäste sind um die 30 Jahre alt. Die größte Herausforderung ist und bleibt es, diesen geheimnisvollen Ort zu finden. B1F/ B2F Thesaurus Nishiazabu, 1-10-11 Nishiazabu, Minato-ku. Tel. 5775-6206, http://go-to-eleven.com.

■ **NewLex Edo,** sehen und gesehen werden – hier treffen sich Models und die Stars der Szene. Third Goto Bldg., B1F, U: Roppongi, Tel. 3479-7477, www.newlex-edo.com.

■ **SuperDeluxe,** Bar, Club und Galerie in einem. Junge Kreative aus aller Welt zeigen ihre Werke bei der „Pechakucha"-Nacht – *pechakucha* bedeutet quatschen. B1F, 3-1-25 Nishi-Azabu, U: Roppongi, 5 Minuten in Richtung Nishi Azabu auf der Roppongi-dori. Tel. 5412-0515, www.super-deluxe.com.

Karaoke

■ **Fiesta,** Karaoke-Bar mit einer Auswahl an 30.000 japanischen und 10.000 nicht-japanischen Titeln. Mo 19–24 Uhr, Di–Sa 19–5 Uhr, B1F, Roppongi 662 Bldg., 6-2-35 Roppongi, Minato-ku. U: Roppongi, 3 Minuten. Tel. 5410-3008, www.fiesta-roppongi.com.

Jazz

■ **Sweet Basil 139,** einer der besten Jazz-Clubs in Tokyo mit italienisch orientierten Speisen. Veranstaltungen beginnen um 20 Uhr. Geöffnet 18–23 Uhr, Ruhetage unregelmäßig, U: Roppongi (Ausgang 3), 1 Minute, Tel. 5474-0139, http://stb139.co.jp.

Akihabara

Akihabara ist das **größte Geschäftsviertel für Elektronik in Japan.** Hier ist die Heimat der Technik- und PC-Fans, aber auch Manga- und Anime-Liebhaber kommen hier auf ihre Kosten. „Akibakun" nennt man die Freaks hier – jene, die fast jeden Tag durch die vielen Geschäfte ziehen. Das **lebhafte Viertel** ist geprägt von Neonreklamen, und seltsam **altmodische Kleinhändler,** die eine südostasiatische Straßenverkaufsatmo-

Tokyo für Anime- und Manga-Fans

Tokyo ist das Zentrum für Manga und Anime. Nicht nur die ganz großen Anime-Studios sind hier ansässig, mit denen auch der in Europa bekannte Anime-Meister *Hayao Miyazaki* („Prinzessin Mononoke" etc.) zusammenarbeitet. Auch allerlei kleine Produktionsstätten und Messen erlauben den Blick hinter die Kulissen – und nicht zuletzt auch die Erweiterung der eigenen Anime- und Manga-Sammlung. 80 Prozent der weltweiten Zeichentrick-Animation wird in Japan produziert, die Anime-Industrie ist ein Schwergewicht in Tokyo.

Treffpunkt für alle Liebhaber ist **Akihabara**, wo sich Anime- und Manga-Geschäfte aneinanderreihen. Neueste Errungenschaft sind dort die **„Meido-Cafés":** Bedienungen servieren in Manga-Kostümen und versetzen die – fast ausschließlich männliche – Kundschaft mit Miniröcken und anmutendem Habitus in eine fließende Manga-Welt.

Die große **Tokyo International Anime Messe** präsentiert alljährlich Anime made in Tokyo. Die Messe findet meistens Ende März/Anfang April im Tokyo Big Sight statt. Sie dient natürlich dazu, die internationalen Märkte zu bedienen, darüber hinaus gibt es aber auch Wettbewerbe und Symposien für junge Anime-Künstler.

Das **Ghibli Museum in Mitaka** gehört zur gleichnamigen bekanntesten und erfolgreichsten Anime-Produktionsfirma Ghibli, die **Hayao Miyazaki** selbst 1985 gründete. Der Anime-Meister hat mit den Ghibli-Studios seine internationalen Erfolge von „Prinzessin Mononoke" (1997) bis zu „Chihiros Reise ins Zauberland" (Goldener Bär 2002 und Oscar 2003) produziert. Für die Besichtigung des Museums ist eine vorherige Anmeldung und Reservierung erforderlich, entweder bei den Reisebüros in Japan oder beim Ghibli-Museum, www.ghibli-museum.jp.

Das kleine **Animation Museum in Suginami** zeigt die Geschichte des Anime und lässt die Entstehung eines Zeichentrickfilms miterleben (JR Ogikubo, Di bis So 10–18 Uhr, Eintritt 200 Yen).

Osamu Tezuka ist einer der größten Manga-Erfinder Japans, seine Charaktere und Serien schafften oft den Sprung vom Manga zum TV-Anime. Das **Tezuka Osamu World Entertainment Square** bietet jede erdenkliche Form des Merchandising rund um seine Figuren, darüber hinaus wird man hier immer auch jede Menge Manga- und Anime-Experten antreffen (Hatsudai Station, Etage B1 des Gebäudes Tokyo Opera City, Tel. 3379-8564).

Wer Anime-Artikel einkaufen möchte, ist im **Nakano-Broadway** richtig: Das Einkaufszentrum ist der Einkaufstempel für die Anime-Subkultur (JR Nakano, Nordausgang).

jap_208 oh

sphäre schaffen, gesellen sich zu den großen mehrstöckigen Elektrogeschäften der großen Konzerne.

Rundgang von Akihabara nach Ueno

Man nimmt die U-Bahn bis JR Akihabara und den Ausgang **„Exit for Akihabara Electric Town“.** Nach der Station geht man rechts, vorne an der Kreuzung wieder rechts und schon ist man inmitten vieler Geschäfte, die verschiedensten Elektronikbedarf anbieten (Schalter, Pins, Stecker etc.). Einige davon werben mit Duty Free, in den kleinen Gassen kann man die Preise auch verhandeln.

Geht man die Kuramaebashi-dori weiter runter, so findet man ganze **Buchhandlungen** nur mit Comics und Anime. Man überquert die Chūō-dori und geht irgendwann nach rechts; hier gab es früher viele **Geschäfte mit Edelsteinen,** jetzt sind nur noch wenige davon übrig. Dann kommt man auch schon zur **Hochbahn** und folgt dieser links bis zur JR Okachimachi Station. Immer geradeaus am 100 Yen-Shop vorbei, gelangt man schließlich zum **Ameyoko-Markt** (eigentlich Ameyayokochō). Hier herrscht richtige Marktatmosphäre: Fischverkäufer bieten schreiend ihren Fisch vom Tsukiji-Fischmarkt an, die Stühle der Restaurants machen die Gasse noch enger, Gemüsehändler, Hausfrauen und Touristen drängen sich – eine kleine Marktgasse mit ganz anderem Tokyo-Flair, als man das sonst gewohnt ist. Fisch vom Tsukiji-Markt bieten fast alle an, „Tsukiji“ muss man hier als Qualitätssiegel verstehen – ob tatsächlich aller Fisch von dort frisch eingetroffen ist, ist nicht sicher.

Geht man die Marktstraße hindurch und biegt am Ende links ab, so kommt man zur **Keisei Ueno Station** und man sieht auch schon die Treppen hoch zum Ueno-Park.

Buch- und Antiquitätenviertel, Musikgeschäfte

Atmosphärisch sehr angenehm und zudem spannend ist das kleine **Buch- und Antiquitätenviertel in Kanda,** vor allem Buchliebhaber kommen hier auf ihre Kosten. Von der **U-Bahn-Station Jimbōchō,** Ausgang A2, sind es nur wenige Minuten in die Straßen mit mehr als 150 Antiquariaten.

Etwas weiter nördlich, an der Meidai-dori entlang in Richtung Kandagawa-Fluss, trifft man auf viele **Musikgeschäfte,** von Fachgeschäften mit Musikinstrumenten bis hin zu Platten- und CD-Läden. Auch Noten westlicher bis japanischer Songs sind hier erhältlich. Wer nicht von Jimbōchō hochlaufen will, kann auch von JR Ochanomizu den Westausgang nehmen.

Zwei Minuten südöstlich von JR Ochanomizu liegt **Nicholai-dō,** die heilige Wiederauferstehungskathedrale des St. Nicholai, die im byzantinischen Stil erbaut ist. Die Kathedrale ist täglich 13–15.30 Uhr geöffnet.

Die große Sumo-Halle in Ryōgoku

Ryōgoku

Ryōgoku ist die Heimat der **Sumo-Ringer,** des **Sumo-Museums** (Mo bis Fr 10–16.30 Uhr, Eintritt frei, Tel. 3622-0366) und der **Ryōgoku-Kokugikan,** der großen Sumo-Halle. Seit mehr als 300 Jahren werden im Viertel neben dem Sumida Sumo-Wettkämpfe ausgetragen und einige der besten Athleten haben hier ihre Trainingsanlagen, sodass man mit etwas Glück auch außerhalb der großen Basho-Zeiten die schwergewichtigen Ringer antreffen kann.

Von JR Ryōgoku sind es nur wenige Meter bis zur Wettkampfhalle, die mit dem grünen Dach weithin erkennbar ist. Im Umfeld des Bahnhofs stehen **Sumo-Skulpturen** und Straßenzüge sind nach großen Yokozuna benannt. Die **Sumo-Turniere** in Tokyo finden 15 Tage lang im Januar, Mai und September statt, meistens erhält man früh am Morgen noch ein Ticket für den gleichen Tag; die Preise beginnen ab 2000 Yen. Als neuer Geheimtipp gilt das **öffentliche** gemeinsame **Schau- und Abschlusstraining am 29. April:** Alle Sumo-Ringer des kommenden Turniers treten vor den Yokozuna-Prüfungsausschuss und stellen ihre Fitness vor den Funktionären des nationalen Sumo-Verbandes zur Schau. Die Zeremonie dauert 7.30–11 Uhr, aufgrund des großen Andrangs sollte man frühzeitig an der Halle eintreffen.

Sumo-Trainingsgruppen

Die Struktur im Sumo-Sport sieht Athletengruppen vor, die sich um einen Trainer scharen, der üblicherweise selbst ein

jap_210 oh

großer Sumo-Sportler oder sogar Yokozuna war. Zu den in Ryōgoku ansässigen Gruppen zählen beispielsweise **„Dewanoumi"** (2-3-15 Ryōgoku, Sumida-ku, Tel. 3631-0090), **„Tatsunami"** (3-26-2 Ryōgoku, Sumida-ku, Tel. 5624-3797) und **„Kasugano"** (1-7-11 Ryōgoku, Sumida-ku, Tel. 3631-1871), die alle rund um den Eko-in-Tempel gelegen sind. Um bei einer Trainingseinheit (eines Nachwuchsathleten) mal einen kurzen Blick erhaschen zu dürfen, bedarf es neben dem wirklichen Interesse auch einer gehörigen Portion Überredungskunst.

Wo sich Sumo-Ringer aufhalten, da sind die klassischen **Chanko-Restaurants** nicht weit. Chanko ist eine Art kalorienreicher Eintopf mit Gemüse, Meeresfrüchten und Fleisch, der Aufbau an Masse unterstützen soll.

■ **Kappō Yoshiba-Restaurant,** nördlich des Yokoami-chō-Parks, hat sogar einen Sumo-Wettkampfring im Restaurant, was allemal ein interessantes Ambiente bietet. Mo–Sa 11.30–13.30 Uhr, 17–22 Uhr, 2-14-5 Yokozuna, Sumida-ku, Tel. 3623-4480.

■ **Tomoegata-Restaurant,** nahe der Trainingsanlagen rund um den Eko-in-Tempel. 2-17-6 Ryōgoku, Tel. 3632-5600.

■ **Ōuchi-Restaurant,** ebenfalls nahe des Eko-in-Tempels. 2-9-6 Ryōgoku, Tel. 3635-5349.

Edo-Tokyo-Museum

Gegenüber der großen Sumo-Halle liegt das Edo-Tokyo-Museum. Man mag über die Rekonstruktion immer wieder streiten, groß und eindrucksvoll ist das Museum aber zweifellos. **Geschichte** wird hier **als Übergang** gezeigt, von den Anfängen der Zivilisation und Kultur im mächtigen Edo hin zum industrialisierten und modernen Tokyo. Besonders stolz ist man auf die **nachgebaute Nihonbashi-Brücke** im Eingangsbereich, eindrucksvoll ist aber auch schon die moderne Architektur des Gebäudes. Kopfhörer-Service in Englisch und auch Führungen von ehrenamtlichen Führern sind verfügbar.

■ **Edo-Tokyo-Museum,** Di bis So 9.30–17.30 Uhr, Sa 9.30–19.30 Uhr, Eintritt 600 Yen, Tel. 5777-8600.

Erdbeben-Simulationen in Tokyo

Für Japaner ist die Simulationsmöglichkeit von Erdbeben wichtig für den Ernstfall. In Tokyo gibt es zwei große Simulationszentren, das **Disaster Center in Meguro-ku** und das **Disaster Center in Kita-ku.** Letzteres verteilt sich auf drei Stockwerke und bietet Individualisten wie Gruppen Training für den Ernstfall. Im 1. Stock werden ein Erdbeben und Rauchentwicklung simuliert, daneben findet sich ein Ausstellungsraum. Im 2. Stock beinhaltet das Training Rettungsübungen für sich und andere, der 3. Stock widmet sich der Bekämpfung von kleinen Bränden während der wichtigen ersten drei Minuten.

■ **Meguro-ku Disaster Center,** Earthquake Study Hall, 15 Minuten zu Fuß von Tōkyū Tōyoko: Gakugei-daigaku Station, Do bis Di 9–17 Uhr, Tel. 5723-8517.

■ **Kita-ku Disaster Center,** 5 Minuten von JR Kami-Nakazato, Eintritt frei, Di bis Do 9–17 Uhr, Tel. 3940-1811.

Odaiba

Odaiba ist ein **modernes** und **junges** Viertel. 1996 wurde Odaiba als neu aufgeschüttete Insel in der Tokyo-Bucht eröffnet, seitdem ist Odaiba als **Einkaufs- und Ausflugsziel** für junge Paare und Familien bekannt. Odaiba und weitere aufgeschüttete Inseln in der Tokyo-Bucht werden auch bei den **Olympischen Spielen 2020** in Tokyo eine wichtige Rolle spielen – hier wird also viel gebaut und verändert. Auch gibt es derzeit Überlegungen der Stadt, hier ein **Casino** zu öffnen. Einst hatte die Shogunats-Regierung *Tokugawa* in der Tokyo-Bucht einige kleine Inselareale im Kampf gegen Commodore *Perry* errichten lassen. Daher leitet sich auch der Name ab: „Daiba" bedeutet Kanonenstand. Mit der vollautomatischen **Bahnlinie Yurikamome** („Lachmöwe") fährt man von JR Shin bashi über die Rainbow-Brücke nach Odaiba.

Von der Bootsanlegestelle in Odaiba kommt man gleich zur **Promenade,** die auch nachts als guter Treffpunkt gilt: Von hier hat man einen schönen Blick auf die **Rainbow-Brücke,** die Odaiba in Richtung Shinagawa anbindet. Von der Promenade aus sieht man das markante Gebäude von Fuji TV mit der charakteristischen Kuppel. Bevor man aber dorthin und weiter zur Monorail kommt, passiert man noch die **Freiheitsstatue:** Merkwürdig anmutend, soll es sich um eine Leihgabe aus Frankreich und um das originale Vorbild der New Yorker Freiheitsstatue handeln. In Odaiba ist das **künstliche Konzept,** der Übergang von Kitsch zu Romantik, fließend. Die vielen jungen Paare an der Promenade haben sich für Letzteres entschieden. Zur großen künstlichen Welt Odaibas passt, dass der populäre Fernsehsender **Fuji TV** seinen Sitz nach Odaiba verlegt hat, was wiederum viele Menschen in die hauseigene Ausstellung lockt.

Ōedo Onsen

Onsen in Kombination mit der Edo-Zeit – das ist seit einigen Jahren eine der (auch künstlichen) Hauptattraktionen Odaibas. Das **Kur- und Erlebnisbad** verbindet die heißen Naturquellen mit dem Ambiente des frühen Edo: Man kleidet sich im Edo-Stil, kann am Eingang zwischen verschiedenen Yukatas auswählen und die Architektur erinnert an frühere Zeiten. Das Bad ist von 11 Uhr bis zum darauffolgenden Tag um 9 Uhr geöffnet. Der Preis hängt von der Verweildauer ab, man sollte mit rund 3000 Yen rechnen.

■ **Ōedo Onsen Monogatari** („Geschichte einer Thermalquelle in der Großstadt Edo"), 2 Minuten zu Fuß von Telecom Center Station, Tel. 5500-1127, www.ooedoonsen.jp.

Vorzeige-Technologien in Odaiba

Odaiba ist ein modernes Zentrum Tokyos und dementsprechend gut für japanische Firmen geeignet, ihre neuartigen und zukunftsweisenden Technologien zur Schau zu stellen. Das **Panasonic Center** mit seinem modernen Glasgebäude ist ein mit digitalen Technologien

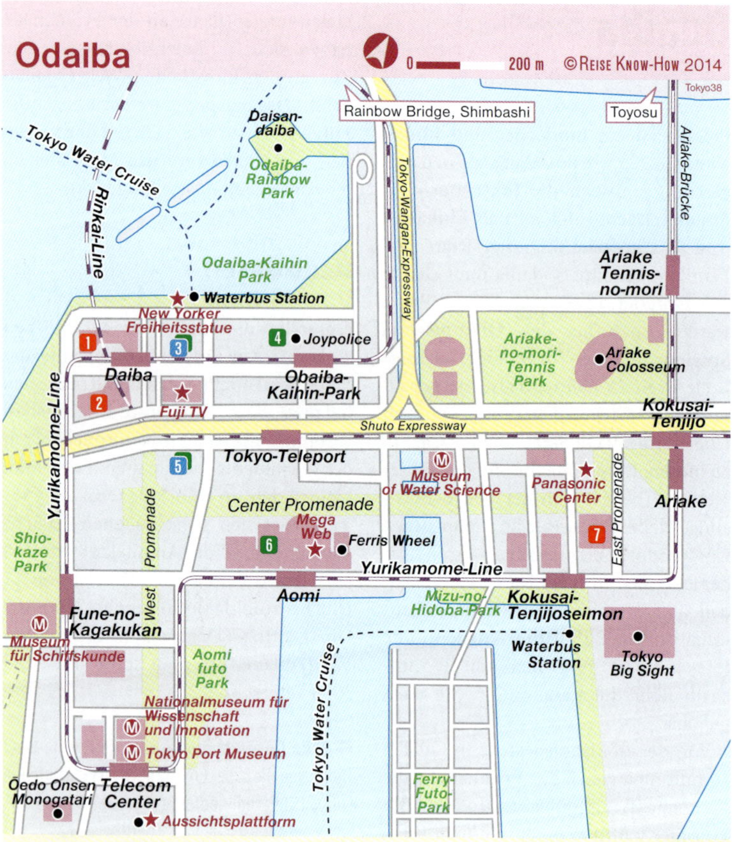

Übernachtung
1 Hotel Nikko Tokyo
2 Hotel Grand Pacific Meridien
7 Tokyo Bay Ariake Washington Hotel

Essen und Trinken
3 Gonpachi, Monsoon Café
5 Diver City Tokyo Plaza

Einkaufen
3 Aqua City Odaiba
4 Decks Tokyo Beach
5 Diver City Tokyo Plaza
6 Palette Town

vollgestopfter Ort, der Eintritt ist (mit Ausnahme der Dinosaurier-Abteilung) frei. Motto: Elektronik und Energieeffizienz. Der **Mega-Web-Pavillon** ist ein großer Ausstellungsraum mit überwiegend Toyota-Fahrzeugen und einigen Fahrsimulatoren, für die man auf jeden Fall seinen Führerschein mitbringen sollte. Im **Nationalmuseum für Wissenschaft und Innovation,** *Miraikan* auf Japanisch genannt, präsentieren Wissenschaftler und Ingenieure Ausstellungen mit den **neuesten Technologien** Japans. Es gibt viele interaktive Exponate und Vorführungen: man kann zum Beispiel eine virtuelle Reise um die Erde von einem Space Shuttle aus erleben oder die Kommunikation mit japanischen Robotern erproben. Der Museumsdirektor *Mamoru Mori* war früher selbst Astronaut.

- **Panasonic Center,** Kokusai-tenjijō Station, Di bis So 10–18 Uhr, Tel. 3599-2600, http:// panasonic.net/center/tokyo/.
- **Mega Web,** Aoumi Station, tägl. 11–21 Uhr, Tel. 3599-0808.
- **Nationalmuseum für Wissenschaft und Innovation** (Miraikan), Mi–Mo 10–17 Uhr, Eintritt 600 Yen, Tel. 3570-9151, www.miraikan.jst.go.jp.

Tokyo Tower, Tokyo-Bucht und Shiodome

Der Tokyo Tower ist eines der **Wahrzeichen Tokyos.** 1958 erbaut, misst der Fernsehturm 333 Meter und steht für den Aufstieg Tokyos in den Wirtschaftswunderjahren. Inzwischen gibt es den **Tokyo Skytree,** der für die Ausstrahlung digitaler Fernsehprogramme erbaut wurde, und der den „alten" Tokyo Tower deutlich überragt. Und auch wenn es zum Beispiel billigere Aussichtsplattformen in Tokyo gibt – wie etwa die kostenfrei zugängliche Aussichtsplattform im

Business hautnah in Tokyo

Einige interessante Stätten des japanischen Business erlauben gelegentlich **Blicke hinter die** eigenen **Kulissen,** einige bieten sogar Führungen in Englisch an. In jedem Fall sollte man sich einige Tage vor dem gewünschten Termin an die Verantwortlichen wenden.

- **Tokyo Stock Exchange,** Japans Börse, 2-1 Kabuto-chō, Nihonbashi, Chūō-ku, U: Kayabachō, Ausgang 11. Besuchergalerie: Mo–Fr 9–16.30 Uhr, englischsprachige Führung um 13.30 Uhr verfügbar. Anmeldung mindestens einen Tag vorher Tel. (050) 3377-7254, kohou-kn@ tse.or.jp
- **Asahi Shimbun,** Japans große Tageszeitung, 5-3-2 Tsukiji, U: Tsukiji-Shijō, Tel. 5540-7724. 105-minütige Führungen, von Mo bis Fr jeweils um 10.45 Uhr und um 12.45 Uhr. Anmeldung 5 Tage vorher erforderlich.
- **Bank of Japan,** 2-1-1 Nihonbashi-Hongokuchō, Chūō-ku, U: Mitsukoshimae, 60-minütige Führungen von Mo–Fr 10–16 Uhr (auf Japanisch), englischsprachige Führung am Di um 11 Uhr. Voranmeldung erforderlich, Tel. 3279-1111.
- **NHK Fernsehen Studio Park,** 2-2-1 Jinnan, Shibuya, Shibuya Station, 10 Minuten, Tel. 3485-8034. 60-minütige Touren zwischen 10 und 18 Uhr, keine englischsprachigen Führungen, dafür Infomaterial in Englisch.

jap_215 oh

Rathaus Shinjuku – so versprüht der Tokyo Tower doch noch eine wundervolle Nostalgie.

Mit dem gläsernen Fahrstuhl geht's in der ersten Stufe auf 150 Meter (Kosten 820 Yen), der zweite Fahrstuhl kostet nochmals 600 Yen. Von oben kann man einen wunderbaren **360-Grad-Rundumblick** auf Tokyo genießen. Mit dem Eintritt gibt's einen kleinen Flyer und auf der Observationsplattform sind Hinweise angebracht, was man wo sieht. Die Ansammlung der höchsten Wolkenkratzer ist Shinjuku, auch Roppongi Hills und Odaiba sind markante Orte.

■ **Tokyo Tower,** U: Akabanebashi Station, Ausgang Nakanohashi, 5 Minuten, tägl. 9–22 Uhr, Tel. 3433-5111.

Rundgang Tokyo Tower zur Bucht

Vor dem Tokyo Tower liegt der **Zōjōji-Tempel,** der Familientempel *Ieyasu Tokugawas* und Haupttempel der weit verbreiteten buddhistischen Jōdo-Schule. Hier sind die Tempelhalle und die unzähligen Buddha-Figuren besonders sehenswert. Innerhalb von 15 Minuten kann man über die Tempelanlage in Richtung Bucht bis zur Hamamatsu-chō Station laufen, dabei passiert man das **World Trade Center,** einst der erste

Buddha-Figuren vor dem Zōjōji-Tempel

Wolkenkratzer Japans. Nochmals 10 Minuten von Hamamatsu-chō entfernt kommt man zur **Tokyo-Bucht,** wo **Ausflugsschiffe und Schiffrestaurants** warten. Am **Takeshiba-Pier** liegt die „Vingt et un" (täglich 3 Cruises mit französischer Küche, ab 9200 Yen, www.vantean.co.jp). Von hier aus verkehren auch die **Fähren** zu den Inselketten Tokyos. Südlicher am **Hinode-Pier** ist die „Symphony" anzutreffen (tägl. 9–20 Uhr, Fahrkarte ohne Essen ab 1500 Yen, http://symphony-cruise.jp/). Vom Hinode-Pier verkehrt auch der **„Wasserbus",** der die Tokyo-Bucht oder auch den Sumida-Fluss entlang bis nach Asakusa fährt. Der Preis variiert je nach Haltestelle und Fahrtdauer, Info: www.suijobus.co.jp.

Hama-Rikyū-Garten

Nördlich des Takeshiba-Piers liegt der Hama-Rikyu-Garten, ein wunderbarer japanischer Garten, der auch vom Wasserbus angesteuert wird. Der Garten gehörte einst der Tokugawa-Familie und umfasst eine **schöne Teichanlage im Shioiri-no-ike-Stil.** Über einen kleinen, meist mit Enten bevölkerten Steg kommt man zum **Teehaus,** das sich in der Mitte des Teiches befindet. Hier kann man eine Teezeremonie genießen und zumindest einen kleinen Eindruck bekommen, wie entscheidend die Ruhe der Umgebung für die Teezeremonie ist. Eine Schale *o-cha* und eine Süßigkeit gibt's für 500 Yen. Die Anlage ist die einzig erhaltene in Tokyo, in die **Meerwasser** in die Teichanlagen einfließt und man so die durch die Gezeiten veränderte Landschaft erleben kann.

■ **Hama-Rikyū-Garten,** 7 Gehminuten von Tsukiji-Shijō, geöffnet tägl. 9–17 Uhr, Eintritt 300 Yen, Tel. 3541-0200.

Shiodome

Noch etwas weiter nördlich des Hama-Rikyō-Gartens kommt man nach Shiodome (Shiodome Station). Das Shiodome-Viertel ist eines jener jüngst **neu entstandenen Zentren Tokyos,** auch als das „letzte Großprojekt" Tokyos bezeichnet. Es mag charakteristisch für Tokyo sein, dass der traditionelle Hama-Rikyū-Garten und das moderne und sich verändernde Shiodome in unmittelbarer Nachbarschaft liegen. Das 31 Hektar große Areal bietet Arbeitsplätze für 61.000 sowie Wohnfläche für 6000 Menschen.

Vormals hatte **JR** hier einige Wartungshallen und Stellplätze für seine Züge. Nachdem die staatliche Bahngesellschaft privatisiert wurde, verkaufte das Unternehmen den Platz an die Stadt Tokyo, sodass hier eine neue Mischung von Geschäften und Büros entstehen konnte.

Praktische Tipps

Unterkunft

In Odaiba zu übernachten bedeutet, dass man ein Luxus City-Hotel am Wasser bucht. Vom Haneda-Flughafen kommt man bequem in rund 20 Minuten mit dem Limousine-Bus direkt zu den Hotels. Um in andere Stadtteile Tokyos zu gelangen, muss man von Odaiba aus jedoch immer mit der Yurikamome-Monorailbahn fahren. Man ist hier also nicht direkt an einer bequemen U-Bahn- oder JR-Station untergebracht – dafür direkt am Wasser …

■ **Hotel Nikko Tokyo,** ④. Alle Zimmer mit Balkon, schöner Blick auf die Tokyo Bucht und auf die Rainbow-Brücke. Hotel der JAL-Gruppe. 1-9-1 Daiba, Minato-ku, Yurikamome: Daiba Station, 1 Minute, Tel. 5500-5500, www.hnt.co.jp.

■ **Hotel Grand Pacific Meridien,** ④. Obwohl das Gebäude schon einige Jahre hinter sich hat, sind die Sauberkeit und der Service im Hotel der Meridien-Gruppe nach wie vor erstklassig. 2-6-1, Daiba, Minato-ku, Yurikamome: Daiba Station, 1 Minute, Tel. 5500-6711, www.grandpacific.jp.

■ **Tokyobay Ariake Washington Hotel,** ③, für Odaiba-Verhältnisse ein recht günstiges Hotel. Oftmals mit Messe-Gästen ausgebucht. 3-7-11, Ariake, Koto-ku, Yurikamome: Ariake Station, 3 Minuten, Tel. 5564-0111, http://tokyobay.washington-hotels.jp.

Essen und Trinken

Zahlreiche und abwechslungsreiche Restaurants sowie Cafés finden sich in den diversen Einkaufsmalls. Im Aqua City gibt es beispielsweise Restaurants mit tollem Ausblick. Eine große Auswahl findet man auch im Palette Town oder im Diver City Tokyo. Im Decks Tokyo Beach gibt es unter anderem ein „Takoyaki-Museum", in dem auch Oktopus-Bällchen verkauft werden.

■ **Gonpachi,** ②. Stylisches Izakaya mit schönem Blick auf die Rainbow-Brücke. Lange Öffnungszeiten bis tief in die Nacht. Tägl. 11.30–3.30 Uhr, Aqua City 4 F, Tel. 3599-4807, www.gonpachi.jp.

■ **Monsoon Café,** ②, nennt sich Café, ist aber eher ein Ketten-Restaurant mit einem Mix aus indonesischer, thailändischer und vietnamesischer Küche (siehe auch „Shibuya"). Beliebt sind die günstigen Mittagsmenüs. Abends vor allem von jungen Pärchen besucht – denn hier hat man einen schönen Blick auf die Rainbow-Brücke. Tägl. 11.30–3.30 Uhr, Aqua City 4 F, Tel. 3599-4805, www.monsoon-cafe.jp.

Shinagawa

Shinagawa hat nicht nur den Shinkansen-Stopp, sondern ist als neue Station modern und verkehrstechnisch bestens angebunden. In anderen Shinkansen-Haltestellen, wie Ueno oder Tokyo, ist der **Shinkansen** tief in die Station eingegraben und man muss viele Rolltreppen und Meter im Stationsgebäude zurücklegen. Das ist in Shinagawa bequemer gelöst. Zudem hat man in Shinagawa die **Yamanote-Linie,** die Loop-Linie, die einen zu den wichtigsten Punkten in Tokyo bringt.

Shinagawa ist modern und attraktiv, in der Nähe hat Sony seinen Hauptsitz, Bürokomplexe reihen sich aneinander und **6000 Hotelzimmer** rund um die Station sorgen für die höchste Hotel-Konzentration Tokyos. Früher war Shinagawa erste Raststation auf dem Weg von Edo nach Kyoto, nach der Modernisierung wird man nicht mehr viele Spuren von einst antreffen. Eine Ausnahme bildet der **Sengakuji-Tempel** mit einem kleinen Museum, das die Vorgänge um Asano Naganori aus dem beginnenden 18. Jahrhundert veranschaulicht.

Praktische Tipps

Unterkunft

Die Shinkansen-Station in Shinagawa hat neben den guten Verkehrsanbindungen **viele Übernachtungsmöglichkeiten** mit sich gebracht. Viele Hotels liegen direkt vor dem Bahnhof. Shinagawa bietet auch eine gute Anbindung zum Haneda-Flughafen.

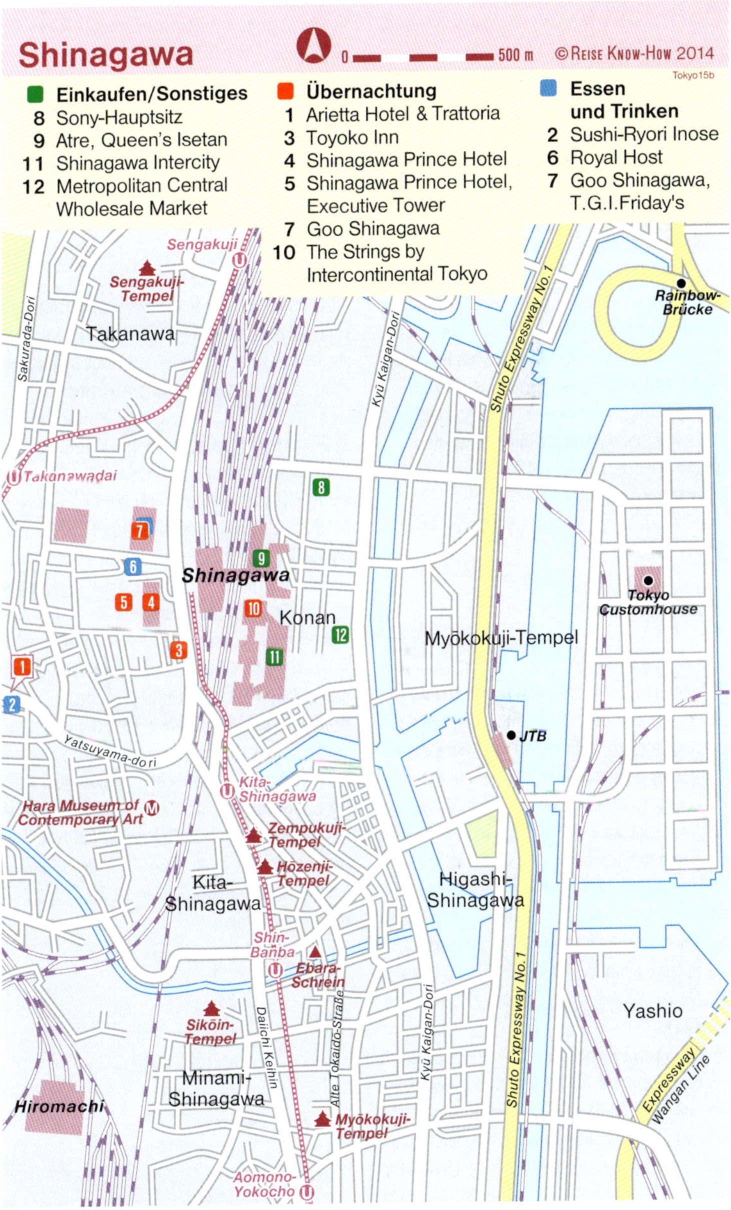
Shinagawa
0 500 m
© Reise Know-How 2014
Tokyo15b
Einkaufen/Sonstiges
8 Sony-Hauptsitz
9 Atre, Queen's Isetan
11 Shinagawa Intercity
12 Metropolitan Central Wholesale Market
Übernachtung
1 Arietta Hotel & Trattoria
3 Toyoko Inn
4 Shinagawa Prince Hotel
5 Shinagawa Prince Hotel, Executive Tower
7 Goo Shinagawa
10 The Strings by Intercontinental Tokyo
Essen und Trinken
2 Sushi-Ryori Inose
6 Royal Host
7 Goo Shinagawa, T.G.I.Friday's
Sengakuji
Sengakuji-Tempel
Takanawa
Sakurada-Dori
Takanawadai
Kyū Kaigan-Dori
Shuto Expressway No.1
Rainbow-Brücke
Shinagawa
Konan
Myōkokuji-Tempel
Tokyo Customhouse
JTB
Yatsuyama-dori
Kita-Shinagawa
Hara Museum of Contemporary Art
Zempukuji-Tempel
Hōzenji-Tempel
Higashi-Shinagawa
Shin-Banba
Ebara-Schrein
Sikōin-Tempel
Daiichi Keihin
Alte Tokaidō-Straße
Yashio
Expressway Wangan Line
Minami-Shinagawa
Hiromachi
Myōkokuji-Tempel
Aomono-Yokocho

Wo in Tokyo Zazen erleben?

Die traditionellen großen Tempel und Buddhismus-Schulen in Kyoto sind mit Sicherheit die erste und beste Anlaufstelle, um sich in **Zen-Meditation** zu üben. Aber auch in Tokyo hat man die Möglichkeit, die Erleuchtung jenseits der Worte und abseits der großstädtischen Hektik zu suchen.

■ **Tōshō-ji-Tempel,** Mo–Fr 5–7 Uhr, Sa 6–8 Uhr, ohne Gebühr. 5 Tage Vollzeit Zen-Training im April und Dezember (3000 Yen/Tag), 4-5-18 Yutaka-machi, Shinagawa-ku, 10 Fußminuten von U: Nakanobu, Voranmeldung empfohlen, http://homepage3. nifty.com/toshoji/.

■ **Rinsen-ji-Tempel,** Mo 6–7 Uhr, Mi 19– 21 Uhr, Bunkyō-ku, U: Myōgadani, Gebühr 500 Yen, Tel. 3943-0605.

■ **Toyoko Inn – Shinagawa-eki Takanawa-guchi,**②, 181 Zimmer. Standard Business Hotel mit kleinen Zimmern, dafür direkt vor dem Bahnhof. Oftmals ausgebucht, mit kleinem westlichen Frühstück. 4-23-2, Takanawa, Minato-ku. JR Shinagawa, Ausgang Takanawa, 2 Minuten. Tel. 3280-1045, www.toyoko-inn.com.

■ **Arietta Hotel & Trattoria,**②, 89 Zimmer. Zwei Stationen von Shinagawa nahe des Sony-Hauptquartiers. Gute Qualität zum vernünftigen Preis. 2-5-2 Higashi-Gotanda, Shinagawa-ku. JR Gotanda, Ost-Ausgang, 5 Minuten. Tel. 5448-9111, www.the-hotel.co.jp.

■ **Shinagawa Prince Hotel,**④, Mega-Hotel mit 3679 Zimmern und Pool, Theater, Kino. Gleich vor dem Bahnhof Shinagawa gelegen. Der moderne Annex-Tower ermöglicht einen wunderbaren Stadtblick. 1 Minute von Shinagawa Station (Takanawa-Ausgang). Tel. 3440-1111, www.princehotels.co.jp.

■ **The Strings by Intercontinental Tokyo,**④, 206 Zimmer. Zwischen dem 26. und 32. Stock des Shinagawa East One Tower, direkt vom Bahnhofsgebäude zugänglich. 2-16-1 Konan, Minato-ku. JR Shinagawa. Tel. 5783-1111, www.intercontinental-strings.jp.

Essen und Trinken

Abwechslungsreiche Restaurants findet man im Erdgeschoss der City-Hotels am Bahnhof Shinagawa. Da hier viele Business-Gäste aus dem Ausland übernachten, ist die Stimmung international.

■ **Sushi-Ryori Inose,** ②, kleines Sushi-Lokal mit altem und sehr lebendigen Inhaber-Paar. Der preiswerte Mittagstisch unter der Woche wird von Geschäftsleuten gut besucht. Mo–Fr 11.30–13 Uhr, Mo–Sa 18–23 Uhr, 2-20-2 Higashigotanda Minato-ku, Tel. 3443-1719.

■ **T.G.I.Friday's,** ②, amerikanisches Ketten-Restaurant mit Burgern, Steaks, Ribs und Cocktails. Tägl. 11–1 Uhr, 3-13-3 Takanawa, Minato-ku, Tel. 5798-2755, www.tgifridays.co.jp.

■ **Royal Host,** ②, wer etwas Einfaches essen will und auch nach dem Essen noch verweilen möchte, ist hier richtig. Das japanische Kettenrestaurant hat viele systemgastronomische Gerichte auf der Karte mit Bildern, was die Bestellung erleichtert. Entspannte Atmosphäre für die ganze Familie. Tägl. 6–4 Uhr, 4-10-8 Takanawa, Minato-ku, Tel. 5792-5777, www.royalhost.jp.

▷ Shinagawa Station

Allgemeine Praktische Tipps

- **Vorwahl: 03**

Anfahrt

Bahn

Vom Narita International Airport ins Zentrum nach Tokyo hat man die Wahl zwischen den **Zuglinien JR und Keisei:**

- **JR:** Mit dem Narita Express ab Narita Airport Station/Airport Terminal 2 Station über JR Narita nach Tokyo Station in rd. 1 Std., Kosten ca. 3000 Yen. Der Rapid Train „Airport Narita" braucht 1½ Std., verkehrt stündlich und kostet weniger als die Hälfte.
- **Keisei:** Die Keisei-Linie verbindet Narita Airport Station/Airport Terminal 2 Station mit Keisei Ueno Station. Der Keisei „Skyliner" verkehrt alle 20–40 Minuten, die Fahrtzeit dauert ca. 40 Minuten und kostet 2400 Yen. Der Limited Express benötigt 71 Minuten und kostet 1100 Yen, dies stellt die günstigste wenngleich nicht schnellste Verbindung von Narita nach Tokyo dar.

Vom Haneda Airport verkehrt die Keikyū-Linie nach Shinagawa und die Tokyo Monorail nach Hamamatsu-cho. Dort hat man dann jeweils Anschluss an die JR-Linie.

Bus

- Die **Airport-Limousine-Busse** verkehren alle 30 Minuten von Narita bzw. Haneda nach Tokyo Station, Fahrtzeit 80 bzw. 40 Minuten, Kosten 3000 bzw. 900 Yen.

jap_222 oh

Touristeninformation

■ **Tourist Information Center (TIC).** Das JNTO-Touristeninformationszentrum ist das einzige in Japan, das Informationen zu allen Regionen Japans bereithält. Erdgeschoss, Shin-Tokyo Bldg., 3-3-1, Marunouchi, Chiyoda-ku, Tokyo 100-0005. Tägl. 9–17 Uhr geöffnet (außer 1. Januar), 5 Minuten von U: Yūrakuchō, Exit D3, D5 oder JR Yūrakuchō International Forum Exit (s. Karte Zentral-Tokyo), Tel. 3201-3331. Kostenloses WLAN steht zur Verfügung.

■ **TCVB Touristeninformation,** im Rathaus Shinjuku, Zentrale der Touristeninformation der Stadt Tokyo mit den nützlichsten und praktischsten Tipps für Tokyo. Hier sind Stadtführer und Stadtpläne kostenlos in Englisch und Deutsch erhältlich. In den Broschüren finden sich Coupons, die den Eintritt zu Sehenswürdigkeiten oder Museen ermäßigen. Tägl. 9.30–18.30 Uhr, Tel. 5321-3077, www.tcvb.or.jp.

■ **Städtische Touristeninformation** vor der Keisei Ueno Station, Ueno-kōen 1-chōme, Taitō-ku. Tägl. 9.30–18.30 Uhr, Tel. 3836-3471.

■ **Tokyo Tourist Information Center TIC,** Haneda International Airport, International Terminal 2F, 9–23 Uhr geöffnet, Tel. 6428-0653.

Ehrenamtliche Führer der Stadt Tokyo

Die Stadt Tokyo will die Besucherzahl in den kommenden Jahren vervielfachen und bemüht sich dementsprechend um neue Arten der Tourismusbetreuung. Deswegen stellt die Stadt ehrenamtliche Fremdenführer zum günstigen Tarif zur Verfügung – eine gute Gelegenheit, mit Einheimischen ins Gespräch zu kommen und die Stadt hautnah zu erleben.

Die Führungen werden **auch in Deutsch** angeboten, **verschiedene Routen** sind wählbar. Es wird erwartet, dass man eventuelle Fahrtkosten bzw. Eintrittsgebühren für Museen etc. für den Ehrenamtlichen übernimmt. Nähere Informationen bekommt man bei der **TCVB-Touristeninformation** im Rathaus Shinjuku sowie unter www.gotokyo.org/de.

Verkehrsmittel

Zug

■ **JR:** Tokyo hat mit Tokyo Station, Ueno und Shinagawa drei Shinkansen-Haltestellen. Von diesen Verkehrsknotenpunkten gehen zahlreiche JR-Linien ab. Die hilfreichste ist sicherlich die Ringlinie **JR Yamanote,** auf der innerhalb von 1 Stunde das Stadtzentrum einmal umrundet wird. Alle 3 Minuten verkehrt ein Zug. Mit der Yamanote-Linie sind beispielsweise Tokyo Station, Shinagawa, Shinjuku, Ikebukuro, Ueno und Shibuya zu erreichen.

■ **Private Zuggesellschaften:** Neben JR sind acht private Zuggesellschaften in Tokyo vertreten (z.B. Odakyū, Keisei, Seibu), die jeweils eine bestimmte Region bedienen. Viele davon gehen von der JR Yamanote-Linie ab.

U-Bahn

Die **13 U-Bahn-Linien** der Betreiber **Tokyo Metro** und **Toei** verkehren größtenteils innerhalb des Yamanote-Rings.

Bus

Im Gegensatz zu den Zug- und U-Bahn-Linien sind die Anzeigen in den Bussen nicht immer zweisprachig, was Einiges an Sprachkenntnissen und/oder Mut voraussetzt.

Verkehrstickets

- **Pasmo** und **Suica** sind bequeme Varianten für Vielfahrer. Mit den Prepaid-Karten muss man nicht für jede Fahrt einen Einzelfahrschein kaufen, sondern führt nur die Karte ein, bis deren Guthaben verbraucht ist. Gültig für alle privaten Zuglinien, die U-Bahnen und Busse, an allen Stationen erhältlich.
- **One-day-ticket,** Ein-Tages-Ticket der Tokyo Metro für 710 Yen (gilt nicht für die Toei-U-Bahnen).
- **Tokyo Free Kippu,** Ein-Tages-Ticket für alle U-Bahnen (Tokyo Metro und Toei-U-Bahn) und für JR innerhalb Tokyos. Das Ticket gilt nicht für private Zuggesellschaften. Die Kosten von 1580 Yen lohnen sich nur, wenn man sehr viel an einem Tag in Tokyo unterwegs ist.
- **Tokyo Metro Open Ticket,** dieses Ticket kann man nur an den Flughäfen Narita und Haneda für 600 Yen (1 Tag) bzw. 980 Yen (2 Tage) erwerben.

Rauchen in Tokyo

Japan ist raucherfreundlich, im internationalen Vergleich muss man in Tokyo und Japan nicht mit verschärften Vorschriften rechnen. Trotzdem gilt es zu beachten, dass Rauchen an öffentlichen Plätzen und das Wegwerfen von Kippen teuer werden kann. **Jeder Stadtbezirk hat seine eigene Verordnung** und Handhabung, am strengsten sind die Vorschriften vor dem Kaiserpalast in Chiyoda-ku. Die Gesetzeslage erlaubt Bußgelder in Tokyo bis zu 50.000 Yen, normalerweise belassen es die Kontrolleure jedoch bei einer strengen Ermahnung.

Unterkunft

Besonders in den vergangenen Jahren – nach der städtebaulichen Erneuerung der Stadtteile Tokyo Station, Roppongi und Shinagawa – sind **viele internationale Tophotels** wie Pilze aus dem Boden geschossen. Gleichzeitig werden erfreulicherweise die **günstigen Ryokans,** die auch westliche Touristen willkommen heißen, immer mehr. Diese Umstände machen den Tokyo-Aufenthalt für Touristen leichter und auch billiger. Trotzdem sind billige und gute Unterkünfte in Tokyo nach wie vor limitiert, sodass sich eine frühzeitige Buchung empfiehlt.

Mit Ausnahme von Jugendherbergen, Kapsel-Hotels und Gaijin-Houses sind die Unterkünfte den **einzelnen Stadtteilen** zugeordnet (siehe dort).

Hotels in anderen Gebieten Tokyos

- **Kimi Ryokan,**①. Günstiges Ryokan für internationale Gäste, alle Zimmer im japanischen Stil. Hier zu übernachten kann ein Grund für einen Aufenthalt in Ikebukuro sein. 36-8-2 Ikebukuro, Toshima-ku. JR Ikebukuro, West Ausgang, 7 Minuten. Tel. 3971-3766, www.kimiryokan.jp.
- **Homeikan,**②, 54 Zimmer. Ryokan im Akademikerviertel nahe der Tokyo-Universität. Nur japanisches Frühstück. 5-10-5 Hongo, Bunkyō-ku. U: Kasuga. Tel. 3811-1181, www.homeikan.com.
- **Hotel Pulitzer Jiyugaoka,**③, 30 Zimmer. Modernes Hotel in Jiyūgaoka. 2-11-19 Jiyūgaoka, Meguro-ku. U: Tōkyū Jiyūgaoka. Tel. 5726-3361, www.pulitzerjiyugaoka.com.

Jugendherbergen

- **Tokyo Central Youth Hostel,** 3450 Yen für Mitglieder, 4050 Yen für Nichtmitglieder. Nur Schlafsäle, zum Teil im japanischen Stil. Männer und Frauen schlafen getrennt. Nur für ausgesprochene Jugendherbergsliebhaber zu empfehlen, da die Jugendherberge um 23 Uhr schließt und man sich zwischen 10 und 15 Uhr nicht in der Jugendherberge aufhalten darf. 1-1 Kagurakashi, Shinjuku-ku. JR

Tagestickets U-Bahn

Im Tokyoter Verkehrssystem aus U-Bahn und privaten oder JR-Bahnlinien behält man nicht leicht den Überblick. Wer nach einiger Zeit die Unterscheidung schafft, kann günstiger fahren. Mit der **Tokyo Metro-Tageskarte (Ichinichi-Jōshaken)** darf man für etwa 700 Yen einen ganzen Tag lang im Netz der Tokyo Metro (9 Linien) fahren, vom ersten bis zum letzten Zug. Dazu gibt es mit dem Ticket Vergünstigungen für einige Museen. Will man aber auch das Netz der Toei-U-Bahn (4 Linien) nutzen, benötigt man den **Common One Day Economy Pass (Kyōtsū Ichinichi-Jōshaken),** der etwa 1000 Yen kostet. Für den gleichen Tag kann man diese Tagespässe an den Automaten lösen, ansonsten an den Schaltern der Tokyo Metro oder in den Touristeninformationen.

Iidabashi, im 18. und 19. Stock des Central Plaza. Tel. 3235-1107, www.jyh.gr.jp/tcyh.

■ **Tokyo Ueno Youth Hostel,** 3300 Yen für Mitglieder, 3900 für Nichtmitglieder. Mehrbettzimmer, Einzel- oder Doppelzimmer nur begrenzt verfügbar. 4F, 1-13-6 Ueno Taito-ku, U: Yushima, Ausgang 6, 1 Minute, Tel. 5817-8570, www.jyh.gr.jp/ueno.

■ **Tokyo Sumidagawa Youth Hostel,** rund 3000 Yen für Mitglieder, ab 3600 Yen für Nichtmitglieder. Nicht nur Schlafsäle, sondern auch private Zimmer im japanischen oder westlichen Stil verfügbar. Um 23.30 Uhr schließt die Eingangstür und von 10 bis 16 Uhr darf man sich nicht in der Jugendherberge aufhalten. 2-21-4, Yanagibashi, Taito-ku, U: Asakusabashi, Ausgang A3, 5 Minuten, Tel. 3851-1121, http://sumidagawayh.net.

Kapselhotels

Wer die berühmten Kapselhotels ausprobieren möchte, ist in Tokyo richtig. Einige davon haben Erfahrung mit ausländischen Touristen und bieten englische Anleitungen an. Grundsätzlich sind Kapselhotels **für Geschäftsmänner nach der Arbeit** gedacht, jüngst gibt es aber auch Kapselhotels mit Frauenetagen.

■ **First Cabin Akihabara,** ab 4800 Yen, 149 Kapsel-Schlafplätze, die hier „Cabins" genannt werden. Die Schlafplätze liegen nicht übereinander, sondern nur nebeneinander. Auch mit einer Frauen-Etage. Jede Kapsel ist mit Fernseher und WLAN ausgestattet. Check-in: 17 Uhr. Man kann eine Kapsel auch für den Mittagsschlaf für 1000 Yen pro Stunde buchen (mindestens 2 Stunden). 3-38 Kandasakuma-cho, Chiyoda-ku. JR Akihabara, 4 Minuten, Tel. 6240-9798, www.first-cabin.jp.

■ **Shinjuku Kuyakusho-mae Capsule Hotel,** ab 3500 Yen, Standard-Kapselhotel mit Frauen-Etage in Kabuki-cho. Touyo Bldg. 3F, 1-2-5 Kabukichō, Shinjuku-ku, JR Shinjuku, Ausgang Ost, 4 Minuten, Tel. 3232-1110, http://capsuleinn.com/shinjuku.

■ **Green Plaza Shinjuku,** 4300 Yen, beeindruckend großes Kapsel-Hotel in Kabuki-chō mit 630 Schlafplätzen – Männer und Frauen getrennt. Sauna, Whirlpool und Restaurant vorhanden. 1-29-2 Kabuki-chō Shinjuku-ku, JR Shinjuku, 5 Minuten, Tel. 3207-4923, www.hgpshinjuku.jp.

Gaijin House

Ein „Gaijin House" ist vergleichbar mit einer **Ferienwohnung, voll möbliert** wöchentlich oder monatlich mietbar. Pro Monat sind in Tokyo zwischen 40.000 und 200.000 Yen fällig, je nach Lage und Ausstattung. Immobilien-Agenturen bieten verschiedene Möglichkeiten an.

■ **Sakura House,** Apartments und Gästehäuser in vielen Gegenden Tokyos, vielfältige Angebote. Tägl.

8.50–20 Uhr, Tel. 5330-5250, www.sakura-house.com.

Fontana, ähnlich wie Sakura House. Tägl. 9.30–19 Uhr, Tel. 3382-0151, www.tokyocityapartments.net.

Tokyo Cozy House, Wohnungen und Apartments, die zu einer Sprachschule gehören. Günstige Tarife für Rucksacktouristen, auch Kurzaufenthalte möglich. Tel. (047) 379-1539, www.tokyocozyhouse.com.

Essen und Trinken

Siehe dazu gleichnamiges Kapitel in „Reisetipps A–Z". Die hier empfohlenen Restaurants sind den **einzelnen Stadtteilen** zugeordnet (siehe dort).

Einkaufen

Von der Einkaufswelt Tokyos wird man sehr beeindruckt sein oder aber sich schnell im Trubel unwohl fühlen – das sind die möglichen Reaktionen auf die nicht endenden Arkaden und Passagen. Jedes Viertel hat mehrere Einkaufsmeilen und jeder auf der Straße trägt irgendwelche Errungenschaften nach Hause. Das ist Tokyo und der Konsumstil Japans.

Souvenirs aus Japan: Kunst, Antiquitäten, Kunstgewerbe

Oriental Bazaar, Nummer 1 in Sachen Souvenirs aus Japan. Vier Stockwerke, annehmbare Preise, von Kimonos und Postkarten bis hin zu Porzellan, japanischen Puppen und Möbel. 5-9-13 Jingūmae, Shibuya-ku (U: Omotesandō), Fr bis Mi 10–19 Uhr, Tel. 3400-3933.

Hayashi Kimono, Tokyos größtes Kimono-Geschäft für Ausländer. Traditionelle japanische Kleidung ist neu oder antik vorhanden. Neben den Kimonos auch Yukatas im Angebot. International Arcade, 2-1-1 Yūrakuchō, Chiyoda-ku (U: Yūrakuchō), tägl. 10–19 Uhr, Tel. 3501-4012.

Token Shibata, in Ginzas bester Einkaufsstraße für japanische Handwerkskunst, mit Samurai-Schwertern (Replica) und anderen scharfkantigen Vermächtnissen der Samurai-Zeit. 5-6-8 Ginza, Chūō-ku (U: Ginza, A1), Mo–Sa 9.30–18.30 Uhr, Tel. 3573-2801, www.tokensibata.co.jp.

Isetatsu, alles rund um japanisches Papier, mehr als 100 verschiedene Sorten und stets viele Kunden im kleinen Laden. 2-18-9 Yanaka, Taitō-ku (U: Sendagi), tägl. 10–18 Uhr, Tel. 3823-1453.

Tanabebunkaido Fudeya, Malerei- und Schreibbedarf, vom einfachen Pinsel bis zum Meisterwerk für Kalligraphie. 1-1-30 Yanaka, Taitō-ku (U: Nezu), So bis Fr 11–18 Uhr, Tel. 3821-5720.

Fujiya, gefärbte Baumwollstoffe, Tenugui-Tücher als beliebte Mitbringsel. Nahe der Einkaufsstraße Nakamise vor dem Sensōji-Tempel in Asakusa. 2-2-15 Asakusa, Taitō-ku (U: Asakusa), Fr bis Mi 10–19 Uhr, Tel. 3841-2283.

Museumsshop im Tokyo Nationalmuseum, viele Nachahmungen und Variationen der Ausstel-

Tokyo-Qualitätszeichen

Vielerorts in Tokyo ist es üblich, die eigene Gegend oder das eigene Geschäft durch ein Anhängsel aufzuwerten. **„Ginza"** ist so ein Anhängsel. „Yanaka-Ginza" z.B. bedeutet – obwohl Yanaka gar nicht Ginza ist –, dass an diesem Ort viele Geschäfte und viele Leute zu finden sind, denn dafür steht Ginza. Restaurants greifen gern auf **„Tsukiji"** zurück und hängen an ihren Namen einfach ein -Tsukiji dran: als Qualitätssiegel für frischen Fisch.

Wo in Tokyo die Teezeremonie erleben?

Chadō, die Kunst der Teezeremonie, lässt sich auch in Tokyo erleben. Meist dauert die kunstvolle Prozedur rund eine halbe Stunde, einige der großen Hotels bieten tägliche Zeremonien an (Reservierung empfohlen). Eine kleinere Variante, dafür in der netten und klassischen Atmosphäre eines japanischen Gartens, kann man im **Hama-Rikyū-Garten** erleben (7 Gehminuten von Tsukiji-Shijō, geöffnet tägl. 9–17 Uhr, Eintritt 300 Yen und für die Zeremonie nochmals 500 Yen). In der Regel montags findet auch die schöne Teezeremonie im **Andon-Ryokan** statt. Nicht-Übernachtungsgäste können auch daran teilnehmen. Reservierung 1 Tag vorher: www. andon.co.jp/event.

Teezeremonien in Hotels:

- **Seisei-an** im 7. Stock des Hotel New Otani, Do–Sa 11–16 Uhr, jeweils rund 20 Minuten, Akasaka, U: Akasaka-mitsuke, Kosten 1050 Yen, Tel. 3265-1111.
- **Happōen,** 30-minütige Teezeremonie, tägl. 11–16 Uhr, Shirokanedai, Minato-ku, U: Shirokanedai, Kosten 2100 Yen, Tel. 3443-3111.
- **Chōshō**-an im 7. Stock des Hotel Ōkura, Mo, Di, Do, Sa 11–16 Uhr, Minato-ku, U: Toranomon, Kosten 1500 Yen, Tel. 3582-0111.

Japanisch-Schnell-Kochkurs

Zwei oder drei Stunden reichen natürlich nicht für die vielen Facetten der japanischen Kochkunst, aber vielleicht für ein paar Sushi und das Bedienen der Reismaschine.

- **Cooking Class Tokyo mit Mari,** Lunch Class ab 9.30 Uhr, Dinner Class ab 16.30 Uhr (Reservierung notwendig!). Treffpunkt U: Shintomicho, Ausgang 5. 2-13-5, Shintomi, Chuo-ku, www.japanese-cooking-class-tokyo-mari.com.

Ikebana-Schnellkurs in Tokyo

Die **Kunst des Blumen-Arrangements** erfuhr ihren Aufschwung im blühenden Edo. Ikebana-Schnellkurse vermitteln innerhalb von meist zwei Stunden einen kurzen Einblick in die Verwendung von Blumenarten und wie diese um die metallische Kenzan-Platte drapiert werden. Kurse mit Anleitung werden in englischer Sprache gehalten, für alle ist eine vorherige Anmeldung erforderlich.

- **Sōgetsu Ikebana Schule,** Mo 10–12 Uhr, Kosten 3800 Yen (inkl. Blumen). 7-2-21, Akasaka, Minato-ku, U: Aoyama-Itchōme, Ausgang 4, 5 Minuten, Tel. 3408-1209, www.sogetsu.or.jp/e/.
- **Ōhararyu Ikebana Schule,** Do 10.30–14 Uhr, Kosten 4000 Yen (inkl. Blumen). Nur Zuschauen geht auch, kostet 1000 Yen. U: Omotesandō, Ausgang B1/ B3, 5 Minuten, Tel. 5774-5097, www.ohararyu.or.jp/english/lesson.html.
- **Ikenobō Ochanomizu Gakuin,** Kanda, einstündiger Kurs, Termine variieren, Kosten 3000 Yen, JR Ochanomizu, Tel. 3292-3071.

lungsgegenstände: Ukiyo-e, Fächer, Keramiken, Lackwaren, Taschen, Postkarten. Kleine Abteilung mit englischen Publikationen über japanische Kunst. 13-9 Ueno-kōen, Taitō-ku, (U/JR: Ueno), Öffnungszeiten dem Museum entsprechend, Tel. 3822-0088.

■ **Museumsshop im Mori Art Museum,** Souvenirgegenstände mit Bezug zur modernen japanischen Kunst. Drei Geschäfte in Roppongi Hills: Roppongi Hills Art and Design Store (tägl. 10–22 Uhr, Tel. 6406-6280); Mori Arts Center Museum Shop, im 50. und 52. Stock mit Produkten moderner japanischer Designer (10–22 Uhr, Tel. 6406-6270); Tokyo City View Shop (10–22 Uhr, Tel. 6460-6260.

■ **Kyugetsu,** japanische Puppen: Asakusabashi (JR Asakusabashi), speziell entlang der Edo-dori, ist das Zentrum für traditionelle japanische Puppen. Kyugetsu (www.kyugetsu. com) ist das älteste Geschäft Tokyos für diese Puppen, nur wenige Minuten vom Bahnhof.

■ **Shiho Nao,** Papiermacher-Meister *Naoaki Sakamoto* ist einer der größten Händler für handgeschöpftes Papier. Mo–Sa 10–18 Uhr, Hakusan 4-37-28, Bunkyō-ku, U: Sengoku, Tel. 3944-4470, www.papernao.com.

Mode

Mode **japanischer und internationaler Marken** kann man in vielen Teilen Tokyos kaufen, eine besondere Ansammlung findet sich in Aoyama und Omotesandō, wo die großen Modeschöpfer ihre Vorzeigegeschäfte von renommierten Architekten gestalten ließen. Die großen Modemarken sind auch oft in den zentralen Department Stores vertreten.

■ **Yohji Yamamoto,** der große Mode-Meister Japans. Einfach nach dem Gebäude mit der bronzenen Fassade Ausschau halten. 5-3-6 Minami-Aoyama, Minato-ku (U: Omotesandō), 11–20 Uhr, Tel. 3409-6006.

■ **Comme des Garçons,** *Rei Kawakubo* steht für eine charismatische Mode und ihre Schöpfungen rühmen sich, immer wieder Grenzen auszuloten. 5-2-1 Minami-Aoyama Minatoku, (U: Omotesandō), 11–20 Uhr, Tel. 3406-3951.

■ **Issey Miyake,** innovativer Designer, der Tokyo auf die Landkarte der Modewelt setzte. Inzwischen werden die Geschäfte von *Naoki Takizawa* geleitet. 3-18-11 Minami-Aoyama, Minatoku (U: Omotesandō), 11–20 Uhr, Tel. 3423-1407.

■ **Prada,** stolzes Gebäude in Minami-Aoyama, das von Herzog & de Meuron entworfen wurde und einen Blick von außen wie von innen wert ist. 5-2-6 Minami-Aoyama, Minato-ku (U: Omotesandō), 11–20 Uhr, Tel. 6418-0400.

■ **Bapexclusive Aoyama,** Designer/DJ *Nigo* verzeichnet große Erfolge beim jungen Publikum: wenn der Startschuss für den Verkauf neuer Produkte fällt, sieht man in Aoyama am Morgen junge Leute vor seinen Geschäften Schlange stehen. 11–20 Uhr, 1F 5-5-8 Minami-Aoyama, Minato-ku, U: Omotesandō, Tel. 3407-2145, www.bape.com.

■ **Undercover,** ebenfalls angesagte Trend-Marke vom Designer *Jun Takahashi.* 5-3 Minami-Aoyama, Minato-ku (U: Omotesandō), 10–20.30 Uhr, Tel. 3407-1232.

■ **Muji,** auch bekannt als Mujirushi Ryōhin, bedeutet No Name auf Japanisch und ist ein bisschen mit Ikea zu vergleichen: jede Menge Möbel zu vernünftigen Preisen, aber auch Kleidung und viele Dinge für den Haushalt. Geschäfte in vielen Teilen Tokyos. 1-12-7 Jingumae, Shibuya-ku (U: Harajuku und Meiji-jingū-mae), Tel. 5414-3531.

■ **Laforet Harajuku,** der Einkaufshimmel der Tokyoter Teenager. Über 100 Geschäfte auf sieben Stockwerken mit Museum im 6. Stock. 1-11-6 Jingū-mae, Shibuya-ku (U: Meiji-jingū-mae), Tel. 3475-0411.

■ **Shibuya 109,** zehnstöckiger Palast für Teenie-Mode und junge Frauen. Einmal drin, ist klar, warum alle Teenager in Shibuya identisch gekleidet sind. Kleine Größen. 2-29-1 Dogenzaka, Shibuya-ku (JR Shibuya), 10–21 Uhr, Tel. 3477-5111.

Juwelierwaren und Schmuck

■ **Mikimoto,** Schwergewicht unter den Juwelieren, zählt seit 1889 zu den Wahrzeichen Ginzas. 5-5-4 Ginza, Chūō-ku (U: Ginza), 11–18.30 Uhr, Tel. 3535-4611.

Musik

■ **Tower Records,** sieben Stockwerke mit Musik und Videos von A bis Z, Bücher, Magazine und Live-Events. 1-22-14 Jinnan, Shibuya-ku (JR Shibuya), 10–23 Uhr, Tel. 3496-3661.

Bücher/Zeitungen

■ **Tower Books,** im 7. Stock von Tower Records mit der besten Abteilung Tokyos für ausländische Magazine und Zeitungen. Gute Auswahl japanischer und ausländischer Literatur. 1-22-14 Jinnan, Shibuya-ku (JR Shibuya), 10–23 Uhr, Tel. 3496-3661.

■ **Kinokuniya,** einer von Japans führenden Buchhändlern mit mehreren Geschäften in Tokyo. Große Auswahl nicht-japanischer Titel. Takashimaya Times Square Bldg., 5-24-2 Sendagaya, Shibuya-ku (JR Shinjuku, Süd-Ausgang), 10–20 Uhr, Tel. 5361-3301.

Elektronik

■ **Big Camera,** High-Tech auf riesiger Verkaufsfläche. Ein Rundgang ist wie ein Trip durch Japans angesagteste Technologien, von Foto- und Videoequipment bis hin zu Phono- und Handy-Geräten. Shibuya-Higashiguchi Store, 1-24-12 Shibuya, Shibuya-ku (JR Shibuya Ost-Ausgang), Tel. 5466-1111, oder Yūrakuchō Store, 1-11-1 Yūrakuchō, Chiyoda-ku (JR Yūrakuchō), Tel. 5221-1111.

■ **Yodobashi Camera,** Elektronik- und Foto-Zubehör für Amateure und Profis. Große Auswahl an Computern. 1-11-1 Nishi-Shinjuku, Shinjuku-ku, 9.30–22 Uhr, Tel. 3346-1010.

■ **Akky International,** Elektronik-Fachhandel mit drei Geschäften in Akihabara. Beratung in Englisch möglich, Computer, Laptops und Software mit Bediensprache Englisch erhältlich. 1-12-1 Sotokanda, Chiyoda-ku (JR Akihabara), 10–20 Uhr, Tel. 5207-5027.

jap_237 oh

Schaufenster eines Anime-Geschäfts

Manga und Anime

■ **Mandarake,** alles für den Manga-Liebhaber: von Secondhand-Mangas aus den 1960er Jahren bis zum Magazin der letzten Woche. Daneben sind Figuren, Poster und Plakate erhältlich. B2F Shibuya Beam Bldg., 31-2 Udagawa-chō, Shibuya-ku, 12–20 Uhr, Tel. 3477-0777, www.mandarake.co.jp.

■ **Animate,** landesweite Verkaufskette von Anime und Manga. Hauptgeschäft in Ikebukuro. 3-2-1 Higashi-Ikebukuro, Toshima-ku, (JR Ikebukuro, Ost-Ausgang), 10–20 Uhr, Tel. 3988-1351.

Spielzeug

■ **Kiddy Land,** reichhaltiges Angebot der japanischen Spielzeugwelt. 6-1-9 Jingū-mae Shibuya-ku, 10–21 Uhr, Tel. 3409-3431. Weitere Geschäfte in Odaiba, Vienas Fort und in Ikebukuro, Metropolitan plaza.

■ **Hakuhinkan Toy Park,** neunstöckiger Spielzeug-Turm in Ginza. Große Auswahl an Videospielen, Puzzles, japanischen Puppen und Teddy-Bären. 8-8-11 Ginza, Chūō-ku, (JR/U: Shinbashi), 11–20 Uhr, Tel. 3571-8008, www.hakuhinkan.co.jp.

jap_725 oh

Roboter-Demonstration in Akihabara

■ **Tokyu Hands,** eigentlich eine Kette rund ums Heimwerken und für den Eigenbau-Fan, aber auch mit Merchandising-Produkten und Kostümen aus der Spielzeugwelt. 12-18 Udagawa-chō, Shibuya-ku (JR Shibuya), 10–20 Uhr, Tel. 5489-5111.

100-Yen-Geschäft

■ **The Daiso,** landesweite Kette. Das Geschäft in Harajuku hat mehr als 900 Quadratmeter Verkaufsfläche. 1-19-24 Jingū-mae, Shibuya-ku, (JR Harajuku), 10–21 Uhr.

Billig-Kaufhaus

■ **Don Quijote Roppongi,** eigentlich ein Billig-Discounter, gleicht das Kaufhaus doch mehr einem Erlebnispark. Vom Unterhemd bis zum Reiskocher gibt's hier alles zum Billigpreis. Das Geschäft in Roppongi hat, wie viele andere Don Quijotes auch, eine Erotik-Abteilung, die neben den üblichen Utensilien auch Kostüme und Uniformen (Schulmädchen, Serviererin, Politesse etc.) anbietet. Die Geschäfte haben durchgehend geöffnet, sodass man hier vor allem nachts junges Publikum antrifft, für die Don Quijote zum Nachtleben zählt. Geschäfte zum Beispiel in Shinjuku, Shibuya, Ikebukuro, Ginza und in den größeren Städten Japans. 3-14-10 Roppongi Minato-ku (U: Roppongi), www.donki.com.

Mega-Einkaufszentren

■ **Roppongi Hills,** leuchtendes Symbol für Tokyos glitzernde Einkaufswelt. Geschäfte, Restaurants, Cafés, Kinos, Hotels und Museen sind hier im 53-stöckigen Gebäudekomplex untergebracht. Das Geschäfts-Labyrinth umfasst die Größen Louis Vuitton, Issey Miyake oder Mikimoto, zusammen mit Bally, Byblos oder Cole Haan. 6-10-1 Roppongi (U: Roppongi), Tel. 5770-8777, www.roppongihills. com.

■ **Marunouchi Building,** besser bekannt als „Maru Biru", ist ein Einkaufskomplex auf „nur" 37 Stockwerken. Im Vergleich zu Roppongi Hills ist hier das Publikum etwas älter. Aushängeschilder sind die Geschäfte von The Conran Shop und Kurachika Yoshida. 2-4-1 Maruno-uchi, Chiyoda-ku (Tokyo Station), Tel. 5218-5100, www.marunouchi.com/marubiru.

■ **Shiodome,** Heimat des Caretta-Shiodome-Zentrums mit Geschäften, Restaurants, Werbemuseum und Fernsehstation. 1-5-2 Higashi-Shinbashi, Minato-ku (Shiodome), Tel. 03-6218-2100.

■ **Tokyo Midtown,** Fortschrittlicher Gebäudekomplex mit Einkaufszentren, Büros, Galerien und Museen (Suntory Museum of Art, 21_21 Design

Sight) in Roppongi. 9-7-1 Akasaka, Minato-ku, U: Roppongi, Ausgang 8.

Department Stores

- **Daimaru,** einer der größten und führenden Department Stores in Japan. In jeder größeren Stadt Japans mehrmals vertreten. Im 9. Stock mit Bonsai, im 10. Stock mit guter Auswahl an Kimonos, japanischen Schwertern und Utensilien für die Teezeremonie. 9-1-1 Marunouchi, Chiyoda-ku (Tokyo Station), 10–21 Uhr (9. und 10. Stock bis 19.30 Uhr), Tel. 3212-8011, www.daimaru.co.jp.
- **Isetan,** die Shinjuku-Niederlassung hat die besten Verkaufszahlen unter allen japanischen Department Stores. Mit Service-Zentrum für Ausländer. 3-14-1 Shinjuku, Shinjuku-ku (JR Shinjuku, Ost-Ausgang), 10–20 Uhr, Tel. 3352-1111.
- **Takashimaya,** Hauptgeschäft der weit verbreiteten Kette in Nihonbashi. 5-24-2 Sendagaya, Shibuya-ku (JR Shinjuku, Süd-Ausgang), 10–20 Uhr, Tel. 5361-1111.
- **Mitsukoshi,** älteste Department-Store-Kette Japans. Ginza-Geschäft als Flaggschiff. 4-6-16 Ginza, Chūō-ku (Ginza), 10–20 Uhr, Tel. 3562-1111.

Flohmärkte

- **Hanaszono-jinja-Schrein: Flohmarkt,** jeden Sonntag 6–15 Uhr. 10 Minuten von JR Shinjuku, Ost-Ausgang oder 5 Minuten von U: Shinjuku-sanchōme.
- **Tomioka-hachimangū-Schrein: Floh- und Antikmarkt,** 1., 2. und 4. Sonntag im Monat (außer 28.), 6–17 Uhr. U: Monzen-nakachō.
- **Yasukuni-jinja-Schrein: Flohmarkt,** 2. und 3. Sonntag im Monat. 3 Minuten von U: Kudanshita.
- **Ōedo: Antikmarkt,** 1. und 3. Sonntag im Monat, 9–16 Uhr. Im Erdgeschoss des Tokyo International Forum, Yūrakuchō Station, http://antique-market.jp/eng.

Reiseveranstalter

- **Iace Travel,** englischsprachige Reservierungshotline Tel. 5825-2034, 9–18 Uhr, Büro: 2F Shinjuku i-Land Tower Bldg. 6-5-1 Nishi-Shinjuku, Shinjuku-ku, Tel. 6890-4223, www.iace.co.jp.
- **Across No. 1 Travel,** 4F. Eouinia Shinjuku Bldg. 1-1-17 Kabukichō Shinjuku-ku. Tel. 3200-8871, www.no1-travel.com.
- **JTB Sunrise Center,** Paket-Touren für Ausländer mit englischsprachigen Führungen. 2-3-11 Higashishinagawa, Shinagawa, Tel. 5796-5454, www.jtb-sunrisetours.jp.

Festivalkalender Tokyo

Tokyo-spezifische Feste; zu japanweiten Festivals siehe im allgemeinen Teil A–Z das Kapitel „Feste und Feiertage".

Januar

- **2.: Shinnen ippan sanga,** kaiserlicher Palast.
- **6.: Dezomeshiki,** Neujahrsparade der Feuerwehrmänner Tokyos. Ort: Tokyo Big Sight in Ariake.
- **Später Januar: Usokae-sinji** im Kameido Tenjinsha.

Februar

- **3.: Daruma-kuyō** im Nishiarai Daishi.
- **3. oder 4.: Setsubun** im Hie-Schrein, im Sensōji- und Zōjōji-Tempel, das Bohnenwerfen („Mamemaki") wird sowohl zu Hause als auch in Schreinen und Tempeln praktiziert und soll für ein gutes Omen für das kommende Jahr sorgen. In den Tempeln und Schreinen treten Sumo-Ringer und andere Prominente als „Bohnenwerfer" auf und Tausende von Menschen drängen sich vor der Bühne, um ein paar der heilbringenden Bohnen zu ergattern.

März

- **3. oder 4.: Daruma-ichi,** Markt/Messe im Jindaiji-Tempel rund um japanische Puppen.
- **2. Sonntag: Hiwatari Matsuri.**
- **18. März: Jigen-e** im Sensōji-Tempel.
- **Ende März bis Anfang April: Ankunft der Kirschblüte** in Tokyo. Hanami und Hana matsuri vor allem im Ueno-Park.

April

- **1. Samstag: Yabusame** im Sensōji-Tempel.
- **2. Sonntag: Shirasagi-no-mai** im Sensōji-Tempel.

Mai

- **8. Mai: Hinode matsuri** im Mitake-Schrein.
- **3. Wochenende im Mai: Sanja Matsuri.**

Juni

- **Anfang des Monats: Namiyoke Inari Matsuri** im Namiyoke-Inari-Schrein.
- **Anfang des Monats: Torigoejinja Taisai** im Torigoe-Schrein.
- **Mitte des Monats: Sanno Matsuri,** ein weiteres der großen Festivals. Bekannt für seine *Mikoshis* mit Phönix-Figuren und prächtigen Kostümen der Teilnehmer. Ort: Akasaka, Hie-Schrein.

Juli

- **9. und 10.: Hōzuki-ichi** im Sensōji-Tempel, Asakusa. Mehr als 300 Stände, die *Hōzuki*, also Blasenkirschen, anbieten.
- **Mitte des Monats bis Anfang August: Ueno Natsumatsuri,** am Shinobazu-Teich im Ueno-Park.
- **Letzter Samstag: Sumidagawa Hanabitaikai,** Feuerwerk am Sumida-Fluss.

August

- **Anfang August: Sumiyoshi Jinja Reitaisai** im Sumiyoshi-Schrein.
- **Mitte des Monats: Tokyo-Wan Dai Hanabi-Sai,** großes Feuerwerk in der Bucht von Tokyo.
- **Mitte des Monats: Fukagawa Hachiman Matsuri** im Tomioka-Hachimangū-Schrein in Fukagawa.
- **26.–28. August: Tokyo Awa Dori,** JR Kōenji.

September

- **Letzter Sonntag: Daradara Matsuri** im Shiba-Daijingū-Schrein. Auch als „Ingwer-Fest" bekannt, da viele Stände Ingwer verkaufen.

Oktober

- **Monatsanfang: Hōnō-Sumo-Fest** im Meiji-Schrein. Der Herbst mit seinen roten Ahornblättern und den gelben Gingko-Bäumen zählt zur farbenfrohen Zeit in Japan und wird mit vielen Herbstfesten gewürdigt. Das Hōnō-Sumo ist das größte, der Yokozuna höchstpersönlich nimmt daran teil.
- **Ende Oktober bis Anfang November: Kanda Furuhon Matsuri,** Matsuri in den Buchstraßen Kandas.

November

- **1.–24.: Tokyo Kankō Kikka Matsuri** im Hibiya Park.
- **3 Tage Mitte des Monats: Tori-no-ichi.** Festival rund um den Hahn, vor allem im Otori-, aber auch im Hanazono-Schrein.

■ **Ende des Monats: Doburoku Matsuri** im Koami-Schrein.

Dezember

■ **17.–19.: Hagoita-ichi,** Markt für die dekorative Variante des japanischen Federballspiels aus Holz im Sensōji-Tempel.

■ **31.: Joya-no-kane** im Sensōji- und im Zōjōji-Tempel.

Museen

Die Museen, die im Rahmen der Stadtteilbeschreibungen vorgestellt werden, sind an dieser Stelle nicht noch einmal gelistet.

■ **Museum für zeitgenössische Kunst,** Avantgarde-Kunst vom Feinsten mit japanischen und internationalen Künstlern, 10 Minuten zu Fuß von U: Kiyosumi-shirakawa, Ausgang A3, Di bis So 10–18 Uhr, Tel. 5245-4111.

■ **Japan Football Museum,** geräumiges Museum als virtuelles Stadion mit Ausstellungsstücken und Datenbanken zur Fußball-Weltmeisterschaft 2002 in Japan, darüber hinaus zahlreiche Informationen zur Geschichte des Fußballs in Japan. JFA House 3-10-15 Hongō Bunkyo-ku, Di bis Fr 13–18 Uhr, Sa/So 10–19 Uhr, JR/U: Ochanomizu, 6 Minuten, Eintritt 500 Yen, Tel. 3830-2002, www.11plus.jp.

■ **Fuji-TV-Museum,** kugelförmige Aussichtsplattform und Einblicke hinter die sehr populären Fuji-TV-Programme. Odaiba, Daiba Station, Di bis So 10–20 Uhr, Eintritt 500 Yen, Tel. 0180-993-188.

■ **National Art Center Tokyo,** Das modernste und größte Nationalmuseum Japans mit 14.000 Quadratmetern Ausstellungsfläche. Wechselnde Ausstellungen, keine Dauerausstellung. U: Nogizaka Station, Ausgang 6, Mi bis Mo 10–18 Uhr, www.nact.jp.

■ **Museum für Schiffskunde,** Schiffskultur zum Anfassen, darunter ein ausgedientes Südpolexpeditions-Schiff. Odaiba, Funenokagakukan Station, tägl. 10–17 Uhr, Eintritt 1000 Yen, Tel. 5500-1111.

■ **Tokyo Metropolitan Teien-Kunstmuseum,** Museum im Art-déco-Stil und frühere Residenz des Prinzen *Asaka.* 6 Minuten von U: Shirokanedai, Di bis So 10–18 Uhr, Tel. 3443-0201.

■ **Fotomuseum** (im Yebisu Garden Palace), Werke aus Fotografie, bildender Kunst und Media-Art. U: Ebisu, Di bis So 10–18 Uhr (Do/Fr 10–20 Uhr), Tel. 3280-0099.

■ **Idemitsu-Kunstmuseum,** japanische Keramik, Porzellan und Ukiyo-e-Holzschnitte, daneben chinesische Bronzegefäße. U: Hibiya, Di bis So 10–17 Uhr, Tel. 5777-8600.

■ **Edo-Tokyo-Freilichtmuseum,** alte rekonstruierte Häuser der Edo-Zeit, ebenso wie Kauf- und Badehauser. Ab Bahnhof Hanakoganei mit dem Bus bis Musashi-koganei, Di bis So 9.30–17 Uhr, Tel. (042) 388-3300.

■ **Bier-Museum Yebisu,** 4-20-1 Ebisu, Shibuya, JR Ebisu, Tel. 5423-7255, Di bis So 10– 18 Uhr.

■ **New Otani-Kunstmuseum,** Ukiyo-e-Bilder und Werke moderner japanischer Malerei, *Ikeno Taigas* „Dotei-Sekiheki-Zu" oder Werke von *Kokei Kobayashi* sind ausgestellt. U: Aksaka-mitsuke, Ausgang D, Di bis So 10–18 Uhr, Eintritt 500 Yen, Tel. 3221-4111.

■ **Hatekayama,** Kunstgegenstände der Bereiche Kalligrafie, Keramik und Porzellan aus Japan, China und Korea. U: Takanawadai, Ausgang A2, Di bis So 10–16.30 Uhr, Tel. 3447-5787.

■ **Eisei-Bunko-Museum,** Kunstgemälde und Kunsthandwerk aus dem Besitz der Daimyō-Familie *Hosokawa,* darunter Rüstungen, Schwerter und Nō-Kostüme. 15 Minuten von U: Edogawabashi, Ausgang A1, Di bis Sa 10– 16.30 Uhr, Eintritt 600 Yen, Tel. 3941-0850.

■ **Kunstmuseum Tarō Okamoto,** ehemaliges Atelier des Malers *Tarō Okamoto,* Workshops und Kunst-Gespräche monatlich. 6-1-19 Minami-aoya-

Tokyo Disney Resort

Das **Tokyo Disney Land** (TDL) war 1985 der **erste Disney-Themenpark,** der **außerhalb der USA** errichtet wurde. 15 Zugminuten östlich von Tokyo in der Präfektur Chiba gelegen, ist das TDL seit kurzem um das **Tokyo Disney Sea** erweitert worden und trägt seitdem den Namen Tokyo Disney Resort. Das Resort ist auf künstlich gewonnenem Neuland in der Bucht gebaut und empfängt jährlich bis zu 20 Millionen Besucher – damit rangiert das TDL regelmäßig unter den drei bestbesuchten Freizeitparks der Welt. 90 Prozent der Besucher, so haben neue Zahlen ergeben, sind übrigens nicht zum ersten Mal im TDL. Die Attraktionen im TDL sind Star Tours, Grand Circuit Raceway, Splash Mountain, Goofy's Bounce House, StarJets und Space Mountain. In Tokyo Disney Sea heißen die neuesten Erlebnisparks Indiana Jones Adventure, StormRider, Aquatopia und Journey to the Center of the Earth. Natürlich finden sich viele Hotelanlagen im Park, die auch gerne für Hochzeitsfeiern genutzt werden.

■ **Tokyo Disney Resort,** JR Maihama, tägl. 8–21 Uhr, Tagespass 5800 Yen, Tel. (045) 683-3777.

ma, Minato-ku, U: Omotesandō, Mi bis Mo 10–18 Uhr, Tel. 3406-0801.

■ **Takagi-Bonsai-Museum,** prächtige, kunstvolle Bonsai-Sammlung. 1-1 Goban-chō, Chiyoda-ku (im Meikoshokai-Builing), U: Ichigaya, Ausgang Nr. 3, Di bis So 10–17 Uhr, Tel. 3221-0006.

■ **Toguri-Kunstmuseum,** 7000 Antiquitäten aus China, Korea und Japan, wichtiges Museum für Keramik und Porzellan in Tokyo. 1-11-3 Shoto, Shibuya-ku, U: Shibuya, Hachikō-Ausgang, Di bis So 9.30–17.30 Uhr, Eintritt 1000 Yen, Tel. 3465-0070.

■ **Ueno Royal Museum,** Ausstellungen mit jungen (japanischen) Künstlern und Themen wie Werbung und Neue Medien. 1-2 Ueno-kōen, Taitō-ku, U: Ueno, tägl. 10–17 Uhr (bei Ausstellungswechseln geschlossen), Tel. 3833-4191.

■ **Kunstmuseum Ōkura Shukokan,** das Museum war das erste private Kunstmuseum Japans, die Sammlung der japanischen Hotelkette umfasst Malerei, Skulptur und Kalligraphie, daneben die sehenswerte Holzstatue „Samantabhadra". 2-10-3 Toranomon, Minato-ku (vor dem Haupteingang des Hotels Ōkura), U: Kamiyachō, Di bis So 10–16.30 Uhr, Eintritt 800 Yen, Tel. 3583-0781.

Japanische Gärten

■ **Hama-Rikyū,** edler Garten der Togugawa-Familie. Tsukiji-Shijō-Station, tägl. 9–17 Uhr, Eintritt 300 Yen, Tel. 3541-0200.

■ **Kyū-Shiba-Rikyū,** einer der ältesten Daimyō-Gärten aus der Edo-Zeit, wie der Hama-Rikyū im traditionellen Shioiri-no-ike-Stil gestaltet. Hamamatsu-chō Station, Nord-Ausgang, 9–17 Uhr, Eintritt 150 Yen.

■ **Kiyosumi,** Teichanlage mit Wasser aus dem Sumida, Anlage im Kare-sansui-Stil, die Steinformationen stammen aus ganz Japan. Kiyosumi-shirakawa Station, Ausgang A3, tägl. 9–17 Uhr, Eintritt 150 Yen, Tel. 3641-5892.

■ **Kyū-Iwasaki-tei,** Gebäude im westlichen und japanischen Stil, als Kulturerbe eingestuft. Yushima Station, tägl. 9–17 Uhr, Eintritt 400 Yen, Tel. 3823-8340.

■ **Koishikawa-Kōrakuen,** konfuzianisch angehauchter Garten aus der Edo-Zeit. Miniatur „Berg Ro" (Sho-rozan) und Hügellandschaft. Kōrakuen Station, tägl. 9–17 Uhr, Eintritt 300 Yen, Tel. 3811-3015.

■ **Rikugien,** typischer Daimyō-Garten mit der Nachbildung 88 ursprünglicher Landschaften, die in den frühen Gedichtsammlungen Japans erwähnt sind. 7 Fußminuten von Komagome Station, tägl. 9–17 Uhr, Eintritt 300 Yen, Tel. 3941-2222.

Kyū-Furukawa, japanischer und westlicher Stil in einem. Tägl. 9–17 Uhr, Eintritt 150 Yen, Tel. 3910-0394.

Mukōjima-Hyakkaen, bürgerlicher Garten mit einer Vielzahl von Blumen das ganze Jahr über. Higashimukojima Station, tägl. 9–17 Uhr, Eintritt 150 Yen.

Tonogayato, Naturbrunnen und Musashino-Wiesengräser, westlicher Garten und japanischer Garten, die sich vereinen. Kokubunji Station, Südausgang, tägl. 9–17 Uhr, Eintritt 150 Yen, Tel. (042) 324-7991.

Zoos, Aquarien und Botanische Gärten

Ueno-Zoo, ältester Zoo Japans aus dem Jahre 1882 mit Pandas als Wahrzeichen. Gorillas, Tiger und große Reptilienhalle, stark frequentiert zu Ferienzeiten oder vormittags mit Schulgruppen. JR Ueno Station, Di bis So 9.30–17 Uhr, Eintritt 600 Yen, Tel. 3828-5171.

Tokyo Meeresaquarium, großes Glasdom-Aquarium mit 75.000 Meerestieren, darunter als Attraktion Blauflossen-Thunfische. 5 Minuten von Kasairinkai-kōen, Do bis Di 9.30– 17 Uhr, Eintritt 700 Yen.

Yumenoshima, großes Gewächshaus mit tropischer Flora. Shin-kiba Station, Di bis So 9.30–17 Uhr, Eintritt 250 Yen.

Inokashira Shizen Bunkaen, Garten, Vergnügungspark und Zoo mit Elefanten zum Anfassen. Di bis So 9.30–17 Uhr, Eintritt 400 Yen, Tel. (0422) 46-1100.

Jindai, Botanischer Garten. JR Mitaka, Di bis So 9.30–17 Uhr, Eintritt 500 Yen, Tel. (0424) 83-2300.

Tama-Zoo, 52 Hektar großer Zoo westlich von Tokyo. Tama-dobutsu-kōen Station, Do bis Di 9.30–17 Uhr, Eintritt 600 Yen.

Vergnügungsparks

Sanrio Puroland, Themenpark der japanischen Sanrio-Firma mit Figuren von Helden wie *Hello Kitty, Kiki & Lala.* 5 Minuten von Keiō-Tama-Center (Keiō-Linie), Mo bis Fr 10– 17 Uhr, Sa/So 10–20 Uhr, Eintritt ab 3000 Yen, Tel. (042) 339-1111.

Toshimaen, 35 Attraktionen bietender Vergnügungspark mit Erlebnisbad. U: Toshimaen, Do bis Mo 10–18 Uhr, Tageskarte 1000 Yen, Tel. 3990-880.

Vergnügungspark Asakusa-Hanayashiki, einer der ersten Freizeitparks in Japan mit Roller-Coster-Bahn aus dem Jahr 1953. U: Asakusa, Mi bis Mo 10–17 Uhr, Tel. 3842-8780.

Tokyo Dome City, Multifunktionsanlage mit Hotel, Restaurants und LaQua-Bad. 5 Minuten von U: Suidōbashi, Tel. 5800-9999.

Brauereibesichtigungen

Suntory, Musashino-Bierbrauerei, 3-1 Yazaki-chō, Fuchū-shi, Tel. (042) 360-9591, 5 Minuten mit dem Shuttle-Bus ab Bubaigawara Station. Touren starten alle 30 Minuten von 10–16 Uhr.

Koyama Shuzo Sake-Brauerei, 26-10 Iwabuchi-chō, kita-ku, U: Akabane-Iwabuchi, 5 Minuten, Tel. 3902-3451. 40-minütige Touren von Mo bis Fr, vorherige Anmeldung erforderlich (kein Englisch!).

TOKYOS UMGEBUNG – KANTŌ

Kamakura

- **Einwohner:** 150.000
- **Präfektur:** Kanagawa

Kamakura war **von 1192 bis 1333 Sitz der Militärregierung Minamoto** und stellt eine wichtige Epoche in der Geschichte Japans dar. Eine Stunde mit dem Zug von Tokyo entfernt, bietet Kamakura heute noch eine Reihe von **sehenswerten historischen Stätten** und verfügt darüber hinaus über einen **schönen Strand.** Wer es sich zeitlich und finanziell leisten kann, wohnt in der Nähe des Strandes und pendelt zur Arbeit nach Tokyo.

Viele der **Zen-Tempel** liegen um Kita-Kamakura Station, das südliche Zentrum rund um Kamakura Station; Hase Station ist dagegen Anlaufpunkt für den Daibutsu (Buddha-Figur) (s.u.) und den Strand.

Geschichte

Mit der Errichtung der Militärregierung unter *Yoritomo Minamoto* wurde Kamakura im ausgehenden 12. Jahrhundert zum **Zentrum der politischen Macht.** Diese Stellung konnte die Stadt – zuerst unter dem Minamoto-Shogunat, später unter der Hōjō-Herrschaft – bis ins 14. Jahrhundert behaupten.

Daibutsu in Kamakura

Japan befand sich im 12. und 13. Jahrhundert im Kriegszustand, rivalisierende Familien und Verbünde bekämpften sich. Hauptkontrahenten im **Bürgerkrieg** waren die Taira- und die Minamoto-Familie. Nachdem die in Kyoto ansässige Taira-Familie weitgehend den Sieg errungen hatte, verbannte sie den einzig überlebenden Sohn, **Yoritomo Minamoto,** in das ferne Gebiet der Izu-Halbinsel.

Minamoto gelang es in den Folgejahrzehnten, Provinzfürsten um sich zu scharen und seine Machtbündnisse auszubauen. Als sein Hauptquartier wählte er das strategisch günstig gelegene Kamakura: Östlich, westlich und nördlich ist das Gebiet mit kleinen Hügeln umgeben, südlich behindert der Pazifik mögliche Attacken.

Der neu entfachte Bürgerkrieg war blutig und grausam, *Minamotos* Samurai eroberten Kyoto und löschten die Taira-Familie aus. Auf dem Weg zur **Militärdiktatur** entledigte sich *Yoritomo* auch seiner einstigen Verbündeten und Heerführer, indem er seinen Halbbruder *Yos-*

jap_243 oh

0 — 50 km ©Reise Know-How 2014

hitsune und seinen Cousin *Yoshinaka* tötete. Diese Geschichten sind Gegenstand vieler Kabuki- und Nō-Stücke.

Das **erste Shogunat** war 1192 komplettiert, als der kaiserliche Hof *Yoritomos* Vormachtstellung offiziell anerkannte: Damit war das Ende der Heian-Zeit besiegelt und der Kaiserhof in Kyoto hatte nicht mehr die Macht, über die Geschicke Japans zu bestimmen. Die Macht lag bei der neuen Feudalregierung in Kamakura, die de facto eine Herrschaft des Militärs war.

Yoritomo starb 1199, seine Nachfolge entfachte neue blutige Kämpfe, und die Regentschaft vieler Shōgune war nicht von langer Dauer.

Die **Klasse der Samurai** stieg während der Kamakura-Zeit zur höchsten gesellschaftlichen Schicht auf, der Ehrenkodex Bushidō mit den Maximen Selbstdisziplin und Gehorsam beschrieb die ehrenvolle Lebensweise der Samurai.

In der Kamakura-Zeit gewinnt der gerade von *Eisai* (1141–1215) eingeführte **Zen-Buddhismus** großen Einfluss, die zen-buddhistischen Schulen Rinzai, Jōdo und Sōtō werden gegründet. Noch heute stellen die religiösen Bauten aus jener Zeit die Hauptattraktionen Kamakuras dar.

Sehenswertes

Daibutsu – der große Buddha

Der große Buddha von Kamakura stammt aus dem Jahr 1252 und misst 13,3 Meter in der Höhe – damit ist er die **zweitgrößte Buddha-Statue Japans** nach dem Daibutsu im Tōdaiji-Tempel in Nara. Die Bronzestatue des Amida Buddha stand ursprünglich in der großen Halle des Kōtokuin-Tempels (Jōdo-Schule), der jedoch schon im 15. Jahrhundert durch einen Tsunami zerstört wurde. Das Gewicht des Daibutsu wird auf 93 Tonnen geschätzt.

Man erreicht die Statue von Kamakura Station oder Hase Station.

Hase-Tempel

Unweit der Hase Station liegt auch der Hase-Tempel der Jōdo-Schule. Das Hauptgebäude wartet mit der **größten Holzskulptur Japans** auf, die die elfköpfige Gottheit der Gnade *(Kannon)* darstellt. Auf dem Tempelgelände findet sich ein kleiner Teich und man kann einen schönen Ausblick über die Bucht Kamakuras genießen.

Die fünf großen Zen-Tempel Kamakuras

Nördlich von Kamakura Station liegen fünf bedeutende Zen-Tempel, die zur Kamakura-Zeit bestimmend waren. Der Kenchōji- und der **Engakuji-Tempel** waren Tempel der ersten Zen-Praktiken. Sie wurden in hügeliger Landschaft errichtet und boten die nötige Abgeschiedenheit für die Meditationen der Mönche. Der Engakuji liegt an der Kita-Kamakura Station und beinhaltet mit der Tempelglocke und dem Quarzschrein (mit dem Zahn *Buddhas*) einige der ältesten Zen-Reliquien. Der Tempel selbst stammt aus dem Jahr 1282 und ist damit der **älteste Zen-Tempel Japans,** was auch seine heutige Bedeutung für Zen-Schulen begründet.

Kamakura
0
400 m
Kita-Kamakura Station
Engakuji-Tempel
Tōkeiji-Tempel
Meigetsuin-Tempel
Jōchiji-Tempel
Kenchōji-Tempel
Genji-Hügel mit Aussichtspunkt
Kanagawa Prefectural Museum Annex
Tsurugaoka Hachimangū-Schrein
Kanagawa Prefectural Museum
Kamakura Museum of National Treasures
Zeniarai-benten-Schrein
Eishōji-Tempel
Jufukuji-Tempel
Komachi-dori
Wakamiya-ōji
Kamakura Station
Kamakura
Hongakuji-Tempel
Myōhonji-Tempel
Kōtokuin-Tempel
Daibutsu
Enoden-Linie
Kamakura Literaturmuseum
Wadazuka
Yuigahama-dori
Hase-Tempel
Yuigahama
Nameri-Fluss
Hase
Shōnan Toll Road
Yuigahama-Strand
Sagami-Bucht
Zaimokuza-Strand
Kyūhonji-Tempel
Kōmyōji-Tempel

Auf der anderen Seite der Schienen steht der **Tōkeiji-Tempel,** auf dessen Friedhof einige berühmte Japaner liegen. Der Tempel war Zufluchtsort für Frauen und hatte sich den Namen des „Scheidungstempels“ erworben: Frauen war es zu jener Zeit nicht möglich, sich scheiden zu lassen, das Nonnendasein im Tempel war der einzige praktikable Ausweg. Im Frühjahr sind die vielen Pflaumen- und Irisblüten sehenswert. Südlich des Tōkeiji-Tempels folgt der **Jōchiji-Tempel.**

20 Minuten südlich vom Engakuji (nachdem man noch den **Meigetsuin-Tempel** passiert hat) folgt der erwähnte **Kenchōji-Tempel,** der 1253 gebaut wurde, 1415 abbrannte und im 17. Jahrhundert rekonstruiert wurde.

Noch einmal 20 Minuten weiter südlich, an der Galerie für moderne Kunst vorbei, folgt der **Tsurugaoka Hachiman-gū-Schrein.** Der farbenprächtige Schrein markierte das Zentrum des einstigen Kamakura und *Minamoto* persönlich ließ den Schrein 1180 an die heutige Stelle platzieren. Der Schrein gehört zu den großen Shintō-Heiligtümern Japans. Vom Hongū, der Haupthalle, hat man einen wunderbaren Blick über Kamakura.

Strände

Der **Yuigahama-Strand** ist einer der populärsten in der Tokyo-Gegend und vor allem im Sommer stark frequentiert; er bietet Wassersportmöglichkeiten für Anfänger. Man läuft 10 Minuten von Kamakura Station oder fährt bis Yuigahama Station.

Ebenso stark besucht, vor allem an Wochenenden, ist der **Zaimokuza-Strand.**

Enoshima-Insel

Enoshima ist eine kleine beschauliche Insel in der Bucht von Sagami, der Inselumfang beträgt gerade mal rund 4 Kilometer. Die 600 Meter lange **Enoshima Ōhashi-Brücke** verbindet die Insel mit dem Festland, man nimmt einfach die **Enoden-Zuglinie** (25 Minuten). Die Insel ist ein beliebter Ausflugsort der Tokyoter für Wochenendtrips, dementsprechend finden sich viele Ryokans, Minshukus und Restaurants. Beliebte Ausflugsorte sind der **Enoshima-Jinja-Schrein** und die nackte **Göttin Hadaka-Benten,** die den Fischern und Seefahrern gewidmet ist.

Außerdem bietet die Insel einen Botanischen Garten, schöne Klippen und die **Iwaya-Grotte,** an der man die Kräfte von 6000 Jahren Meereserosion ablesen kann.

Praktische Tipps

- **Vorwahl: 0467**

Anfahrt

- Von Tokyo oder Shinagawa Station mit der **JR Yokosuka-Linie** in einer Stunde, alle 10– 20 Minuten.

Touristeninformation

■ **Städtische Touristeninformation,** am Ostausgang von JR Kamakura Station, tägl. 9–17.30 Uhr (Okt. bis März bis 17 Uhr), Tel. (0467) 22-3350.

Verkehrstickets

■ **JR Kamakura-Enoshima Free Pass,** erlaubt zwei Tage lang uneingeschränkten Transport in Kamakura, gültig für JR, die Enoden- sowie Shōnan-Linie. Zudem gilt das Ticket für An- und Abfahrt aus dem Raum Tokyo. Beispielpreis: 1970 Yen für eine beliebige Station entlang der JR Yamanote-Linie. Das Ticket kann an JR-Schaltern erworben werden.
■ **Odakyū Enoshima-Kamakura Free Pass,** gilt für einen Tag und erlaubt beliebig viele Fahrten mit der Enoden- und Odakyū-Linie zwischen Fujisawa- und Katase-Enoshima Station. Der Preis hängt vom Startpunkt ab, ein Free Pass ab Shinjuku kostet zum Beispiel 1430 Yen. Infos und Tickets am Odakyū Service Center, Odakyū Shinjuku Station, West-Ausgang, 8–18 Uhr, Tel. 03-5321-7887, www.odakyu.jp/english.

Führungen

■ Kostenlose Führung mit **Goodwill Guides** der Touristeninformation, Tel. (0467) 23-3050.
■ Kostenlose Führungen am Wochenende mit dem **Kanagawa-Studentenverein,** Anmeldung unter Tel. (03) 3201-3331 oder kamakuraguide@hotmail.com.

Unterkunft

Kamakura ist nur 1 Stunde von Tokyo entfernt und erfordert deswegen nicht unbedingt eine Übernachtung. Kamakura hat den Nachteil, dass es kaum billige Unterkünfte gibt. Dafür ist man direkt am Pazifik, was auch seine Vorteile hat.

■ **Komachi-so,**①, 4 Zimmer. Billigste Unterkunft in Kamakura, Minshuku-Stil. 2-8-23 Komachi, Kamakura, 300 Meter von JR Kamakura, Tel. 23-2151.
■ **B.B. House,**②, 7 Zimmer. Modernes Ryokan am Meer, zum Pazifik nur eine Minute zu Fuß und auch der Daibutsu ist in Laufdistanz. Ein Gebäude nur für Frauen, das zweite Gebäude gemischt. 2-22-31 Hase, Kamakura, 2 Minuten zu Fuß von Hase Station, Tel. 25-5859.

Shōnan-Brise und Strandleben

Shōnan heißt die Gegend rund um die **Sagami-Bucht** westlich von Kamakura, in der **viele Strände** Besucher anlocken. Shōnan ist für Tokyoter der Inbegriff einer frischen Meeresbrise und die beste Art der Erholung, wie man sie nach heißen Sommertagen nur am Strand erleben kann.

An den Stränden von Yuigahama, Katase und einigen weiteren lassen sich Bikinis und Surfboards immer noch am besten präsentieren. Man folgt einfach denjenigen, die mit dem Fahrrad und dem Surfboard unter dem Arm zum Strand fahren, schon ist man am besten Ort.

Nachdem die Tagesaktivitäten abgeebbt sind, kommt der Strand zur Ruhe. Dann lässt sich Slow-Life und eine entspannte Atmosphäre erleben, die jüngst auch Künstler, Schriftsteller oder Angestellte für sich am Abend entdeckt haben. In Shōnan zeigt sich das japanische Strandleben von seiner besten Seite.

■ **Hotel Ajisai,**②, gute Lage in der Altstadt nahe Tsurugaoka-Hachimangū-Schrein. 20 Minuten zu Fuß zum Strand. 1-12-4 Yukinoshita, Kamakura, JR Kamakura, 5 Minuten, Tel. 22-3492, www.hotel-ajisai.com.

■ **Shangri La Tsuruoka Hotel,**②, 10 Zimmer. Business-Hotel-Stil, gleich vor dem Tsurugaoka-Hachimangū-Schrein gelegen. Gutes Preis-Leistungs-Verhältnis. 1-9-29 Yukunoshita, Kamakura, JR Kamakura, 7 Minuten, Tel. 25-6363.

■ **Kamakura Prince Hotel,**④, 98 Zimmer. Am Shichirigahama-Strand gelegen, alle Zimmer mit Blick auf Bucht, Mt. Fuji und Enoshima. 1-2-18 Shichirigahama Higashi Kamakura, Shichirigahama Station, 8 Minuten, Tel. 32-1111, www.princehotels.co.jp.

Jugendherberge

■ **Kamakura Hase Youth Hostel,** 3000– 4000 Yen, Schlafsaal. 10 Minuten zum Daibutsu, 3 Minuten zum Meer. Die Herberge schließt um 23 Uhr. 5-11 Sakanoshita Kamakura-shi, Hase Station, 3 Minuten, Tel. 24-3390, www.jyh.or.jp.

Essen und Trinken

■ **Kousen,**①, sehr beliebtes Inari-Sushi-Restaurant, das als Lieblingsrestaurant des Filmemachers *Yasujiro Ozu* gilt. 501 Yamanouchi, Kamakura, braunes Haus gegenüber JR Kita-Kamakura, Mi bis Mo 10–17 Uhr, Tel. 22-1719.

Hachinoki Honten,③, vegetarische Shōjin-Küche in traditionellem Ambiente mit japanischem Garten. Vor dem Kenchōji-Tempel gelegen, nur zur Mittagszeit geöffnet, Menus ab 2100 Yen. Di bis So 11.30–14.30 Uhr, 7 Yamanouchi, Kamakura, Tel. 22-8719.

■ **Café Restaurant Valencia,**②, Café und Paella-Restaurant neben dem Museum für moderne Kunst. 2-9-23 Yukinoshita, Kamakura, Di bis So 10–18 Uhr, 10 Minuten von JR Kamakura, Ost-Ausgang, Tel. 24-6154.

■ **Sea Castle,**②, deutsches Restaurant am Yuigahama-Strand mit 40-jähriger Tradition. Schöner Blick über die Sagami-Bucht. Bier und Schweinebraten. 2-7-15 Hase Kamakura, Yuigahama Station, 5 Minuten, Do bis Di 12–21 Uhr, Tel. 25-4335.

■ **Les Anges,**①, Café mit Kuchen und Süßigkeiten, vor dem Bahnhof Kamakura. 13-35 Onari-chō, Kamakura, JR Kamakura, West-Ausgang, 10–19 Uhr, Tel. 23-3636.

Fahrradleihe

■ **Kamakura Rent a Cycle,** am Ost-Ausgang von JR Kamakura. Ein Tag für 1500 Yen, 3 Stunden für 1000 Yen. 8.30–17 Uhr, Tel. 24-2319.

Grüner Tee im Tempel

■ **Jōmyōji-Tempel,** Eintritt zum Tempel 100 Yen, Grüner Tee und Süßigkeit 500 Yen.

■ **Hōkokuji-Tempel,** 200 Yen plus 500 Yen mit Ausblick zum Bambus-Garten.

Einkaufen

Eine der beliebtesten Einkaufsstraßen in Kamakura ist die **Komachi-dori** zwischen JR Kamakura und Hachimangū-Schrein.

■ **Kitō-Tenkundō,** japanische Räucherstäbchen und Tempelzubehör. 1-7-5, Yukinoshita, Kamakura, Kamakura Station, 10 Minuten, 10–18 Uhr, Tel. 22-1081, www.tenkundo.co.jp.

■ **Hakkōdō,** Kamakura ist bekannt für seine Holzschnitzereien, naturbelassen oder lackiert (Kamakura-bori). Geschäft am Eingang zum Tsurugaoka-Hachimangū-Schrein. 2-1-28 Yukinoshita, Kamakura, Tel. 22-2429, www.kamakurabori.org.

Kawasaki

- **Einwohner:** 1,2 Millionen
- **Vorwahl:** 044
- **Präfektur:** Kanagawa

Kawasaki liegt zwischen Tokyo und Yokohama und ist eine **Industriestadt,** die so rein gar nichts von einer touristischen Metropole hat. Wäre da nicht die Umi-Hotaru, jene beeindruckende Verkehrskonstruktion mitten im Meer, die als einmaliges Bauwerk das innovative Japan symbolisiert. Kawasaki liegt an der Tokyo-Bucht und die Distanz zum gegenüberliegenden Kisarazu (auf der Halbinsel Chiba) beträgt rund 15 Kilometer. Anstatt nun entweder eine Brücke oder einen Tunnel zu bauen, hat man beides gemacht: den **Aqualine Expressway.** Auf rund 5 Kilometern überspannt eine Brücke die Bucht, dann ist eine **künstliche Insel im Meer** errichtet **(Umi-Hotaru),** und von dort führt die Straße direkt in den Tunnel, was aussieht, als würde man direkt ins Meer fahren und was sich auch ein bisschen so anfühlt. Gigantisch. Man kann mit dem Bus auf die Umi-Hotaru fahren und auf der Insel Restaurants aufsuchen oder einfach die skurrile Szenerie beobachten, wenn Straße und Autos im Ozean versinken. Auch beliebt als Abend- und Nachttreffpunkt mit den Lichtern der Tokyo-Bucht.

Kawasaki ist geprägt von seinem Hafen und den ansässigen Industrien, allen voran die chemische Industrie und Produktionsstätten für Stahl, Fahrzeugbau (Mitsubishi und Isuzu) und Zement. Wer sich denn, zum Beispiel aus beruflichen Gründen, länger in Kawasaki aufhalten muss, wird neben einem breiten **Nightlife-Angebot** auch den **Kawasaki-daishi-Tempel** und das **Freiluftmuseum Nihon Minkaen** entdecken.

Einen Abstecher lohnt das **Toshiba-Wissenschaftsinstitut,** das regelmäßige Führungen von Mo bis Fr zwischen 9 und 17 Uhr anbietet (10 Fußminuten von der Bushaltestelle Komukai-koban, Anmeldung unter Tel. 549-2200).

Yokohama

- **Einwohner:** 3,5 Millionen
- **Präfektur:** Kanagawa

Yokohama besticht vor allem durch seine Vielseitigkeit. Es ist eine **moderne und futuristische Stadt,** die mancherorts auch westlichen Einfluss erkennen lässt. Die **Hafenstadt** ist mit rund 3,5 Millionen Einwohnern zweitgrößte Stadt Japans und wartet mit dem Charme einer **weltoffenen Metropole** auf.

Yokohama hat erkannt, dass Tourismus nicht mehr nur Anschauen und Bestaunen ist, sondern vor allem Erleben. Dem Erlebnis-Trend kann hier besonders gut nachgespürt werden. So entstanden in der Stadt ein **Onsen-Vergnügungsbad** sowie **Rāmen- und Curry-Museum,** die vor allem für japanische Touristen große Attraktivität besitzen. Will man Japan wirklich kennen lernen, so führt kein Weg an diesen sehr japanischen Sehenswürdigkeiten vorbei.

Die Bewohner Yokohamas gelten als weltoffen und **freundlich.** Wen sie in ihr Herz geschlossen haben, bezeichnen sie als „Hamakko“: als Einheimischen Yokohamas.

Orientierung

Yokohama liegt **30 Kilometer südlich von Tokyo** und ist **mit dem Zug** in rund einer halben Stunde zu erreichen. Yokohama Station bzw. Shin-Yokohama liegen etwas nördlich des Zentrums, das eigentliche **Zentrum** breitet sich rund um **Sakuragichō** aus und kann mit der U-Bahn erreicht werden. Von Sakuragichō kann man die Hafenmeile und nahezu alle wichtigen Sehenswürdigkeiten zu Fuß erkunden.

Geschichte

Yokohamas Geschichte beginnt mit der **Eröffnung des Seehafens 1859.** 1853 war Commodore *Perry* in der Bucht Tokyos gelandet, und für die erzwungene Öffnung Japans bevorzugten Tennō und Regierung Yokohama, konnte man damit doch die ersten Ausländersiedlungen noch etwas von Edo/Tokyo fernhalten. Vormals war Yokohama eher eine Ansammlung von kleinen Fischerdörfern, doch mit dem Hafen wurde Yokohama ein internationaler Umschlagplatz für Tee, Wolle und vor allem für Seide. Handelsfirmen ließen sich nieder und verschafften der Stadt einen **schnellen Aufschwung.** 1872 fuhr die erste Eisenbahn Japans von Yokohama nach Shinbashi (Ginza).

Internationalität begleitete die Gründung der Hafenstadt und 1889 lebten bereits 120.000 Menschen in Yokohama. Mit dem wachsenden Handel erlangten einige Familien Wohlstand und noch heute sind schöne **großzügige Bauten und Residenzen** in den entsprechenden Vierteln Yokohamas anzutreffen.

Sehenswertes

Von Sakuragi-chō nach Chinatown

Yokohamas Vielseitigkeit ist verlockend; an einem Tag kann man etliche der Sehenswürdigkeiten in der Hafengegend besichtigen. Man kommt in **Shin-Yokohama** mit dem Shinkansen an und nimmt die U-Bahn bis Sakuragi-chō. Über den Ausgang North 1 gelangt man zur Touristeninformation auf dem Vorplatz. Geht man die Rolltreppen hoch und die Laufbänder entlang, sieht man rechts schon bald das gewaltige **Riesenrad,** das das Zentrum der **Minato-Mirai-Gegend** markiert. Dieses Areal wurde aufgeschüttet und kennzeichnet das **futuristische Yokohama** mit gewagter Architektur, Vergnügungsparks, Hotel- und Kongresszentren. Vor allem für Geschäftsleute sind hier in den letzten Jahren Büroetagen entstanden.

Man passiert weiter das **ehemalige Ausbildungsschiff „Nippon Maru“** und das **Yokohama Maritime Museum.** Die Nippon Maru wurde 1930 für Schüler der Handelsschule gebaut, während das Museum Informationen über den Hafen und die Historie der Handelswege präsentiert (Di bis So 10–16.30 Uhr, Tel. 221-0280).

[>] Yokohama – Minato-Mirai-Gegend mit dem ehemaligen Ausbildungsseqelschiff „Nippon Maru“

Noch etwas weiter steht man schon vor dem **Landmark Tower,** dem nach wie vor höchsten Gebäude Japans mit 296 Metern. Der **schnellste Aufzug der Welt** führt in 40 Sekunden in den 69. Stock des Wolkenkratzers, was rund 1000 Yen kostet (tägl. 10–21 Uhr, Sommer bis 22 Uhr).

Durch den Landmark Tower hindurch geht man unter futuristischer Architektur zum **Queens Square.** Wenn man die Rolltreppen abwärts zur U-Bahn nimmt, sieht man links an der Wand ein großes Schiller-Zitat („Der Baum treibt unzählige Keime" aus den Briefen „Über die ästhetische Erziehung des Menschen") und man gelangt zur neu gebauten Minato-Mirai-U-Bahnlinie. Von hier aus kommt man innerhalb von 35 Minuten nach Shibuya. Die andere Richtung ist **Motomachi-Chūkagai.** Über den Namen der Endstation gab es bei der Errichtung lange Zeit Streit: Die Einkaufsstraße Motomachi machte ihren Anspruch deutlich, ebenso Chūkagai, also Chinatown; der Name ist ein Kompromiss.

In Motomachi-Chūkagai nimmt man Exit 2 und schon ist man auf der **Hauptstraße Chinatowns.** Hier gibt es mehr als 500 Restaurants und Läden. Viele Straßenrestaurants bieten schnelles und günstiges Essen. In jede Himmelsrichtung begrenzt ein großes **Tor** *(Pairo)* das eigenständige Viertel: Das östliche blaue Tor steht in der Überlieferungs-Arithmetik für Wohlstand, das westliche weiße für Frieden, das südliche rote für Glück und das nördliche schwarze für die Ahnen.

jap_253 oh

Yokohama
0 200 m
Shin-Yokohama Ramen Museum,
Yokohama Geschichtsmuseum,
Shin-Yokohama Station, Yokohama Stadion,
Yokohama Shimin Bōsai Center
Yokohama Station
Yokohama
Sea Bass Terminal
Helikopter Heliport
Sea Bass
Shin-Takashima
Takashimachō
Tobe
Minato-Mirai
Museum für moderne Kunst
Mitsubishi Industriemuseum
Minato-Mirai
Metro - Yokohama Linie
Landmark Tower
Minato Mirai Linie
Minato-Mirai
Nippon Maru
Yokohama Maritime Museum
Metro - Keihin-Kyūkō Linie
Sakuragichō
Bashamichi
Ōsanbashi-Pier
Historisches Museum der Kanagawa Präfektur
Bashamichi
Kannai-ōdori
Noge
Nihon-Ōdori
Silk Center
Seiden-Museum
Sangyō Bōeki Center
Minato-ōdori
Nihon-ōdori
Hinodechō
Kannai
Curry-Museum
Chinatown
Yokohama DASKA
Koganechō
Isezaki Einkaufstraße
Isezaki-Chōjyamachi
Ishikawachō
Motomachi Einkaufstraße
Bandōbashi
Yamate Park

©Reise Know-How 2014
japan20
Übernachtung
1 Guest House Kanalian
5 Yokohama Grand Intercontinental Hotel
7 Yokohama Royal Park Hotel
9 Yokohama Heiwa Plaza Hotel
10 Navios Yokohama
Einkaufen/Sonstiges
3 Kirin Bierbrauerei
6 Queen's Square Yokohama
11 Yokohama Red Brick Warehouse
21 Einkaufstraße
Essen und Trinken
2 Denbei
8 La Tenda Rossa
11 Motion Blue
12 Alte Liebe
14 Ali Baba
15 Tenkichi
16 Jyanome-ya
17 Ōta-nawa-noren
18 Wind-Jammer
19 Heichinrō Yokohama Honten
20 491 House
Nachtleben
4 Gaspanic Yokohama
13 Club Pure
Sea Bass
Royal Wing Terminal
Yokohama-Bay-Brücke
Yamashita-Pier
Sea Bass Terminal
Hikawa Maru
Yamashita Park
Marin Tower
Yokohama Puppenmuseum
Motomachi-Chūkagai
Harbor View Park
Ausländerviertel
Yamate-Gegend
Sankeien Garden
Yokohama Sea Paradise

jap_256 oh

Yamashita-Pier

Von Chinatown kann man bequem zum Yamashita-Pier laufen. Das Pier ist besonders abends und an Wochenenden gut besucht, wenn hier Paare flanieren, die vom Ausblick auf die Yokohama-Bay-Brücke angelockt werden. Die **Uferpromenade** war nach der Öffnung Yokohamas 1859 übrigens noch zweigeteilt: ein Abschnitt für Japaner und einer für Ausländer. Am Pier liegt die **„Hikawa Maru"**, ein 12.000-Tonnen-Passagierschiff, das zwischen 1930 und 1960 auf den Ozeanen unterwegs war und heute ein Museum ist.

Weiter die Promenade am Hafen entlang folgen das **Osanbashi-Pier** und die roten **Backstein-Lagerhäuser,** die zwischen 1911 und 1913 erbaut wurden. Hier wurde früher die Seide gelagert, die noch erhaltenen Schienen verraten die einstigen Verladewege. Die Lagerhäuser sind zu modernen **Shopping-Zentren** umgebaut worden, und zwischen den Hallen findet im Herbst das „Oktoberfest" nach Münchener Vorbild statt.

Noge-Gegend

Wer noch einen Abstecher in das nicht so touristische Yokohama machen will, nimmt an Sakuragi-chō den Ausgang South 2 und kommt in die Noge-Gegend, die mit kleinen Straßenzügen und typischen japanischen Kneipen eine **traditionelle Atmosphäre** parat hält.

Seidenzentrum

Seide war 1873 das Hauptexportgut und der Grundstein für Yokohamas Handelsreichtum. Die japanische Seidenstraße führte von Nagano hinunter nach Yokohama, wo die Seide verschifft wurde. Im Seidenzentrum gibt es neben Geschäften auch das interessante **Seiden-Museum,** das den Herstellungsprozess von Seide beleuchtet und verschiedene Seidenprodukte ausstellt.

■ **Silk Center,** Nihon-Ōdori Station, 3 Minuten, Di bis So 9–16.30 Uhr, Tel. 641-0841.

Harbor View Park und Ausländerviertel

Einen guten Ausblick über die Bucht bietet der **Harbor View Park,** der unweit der U-Bahn Motomachi/Chūkagai auf

⌃ Chinatown in Yokohama

einem Hügel liegt. Von hier aus sieht man schön die Dimension der **Yokohama-Bay-Brücke,** die 860 Meter Länge misst und in beide Fahrtrichtungen dreispurig gebaut ist.

Gegenüber der Aussichtsplattform geht's zum **Ausländerfriedhof,** auf dem viele Ausländer aus den Gründerjahren Yokohamas beigesetzt sind. Diese **Yamate-Gegend** hoch über der Stadt ist heute noch ein bevorzugtes Wohngebiet und neben der internationalen Schule trifft man **viele Häuser westlichen Baustils** an. Geht man am Ausländerfriedhof vorbei, kommen links einige schöne Häuser aus den 1930er Jahren mit netten Cafés darin, weiter rechts in der Kurve folgt das **Berrick-Haus,** das man kostenlos besichtigen kann und in dem gelegentlich Konzerte veranstaltet werden.

Sankeien Garden

Der Sankeien Garden ist ein schönes Beispiel für **präzise japanische Gartenarchitektur.** *Hara Tomitarō,* ein wohlhabender Seidenhändler, gründete den Garten 1906. Er ließ zahlreiche Kulturgüter für seinen Garten aus ganz Japan zusammentragen – die meisten erwarb er von Tempeln, die in wirtschaftliche Schwierigkeiten geraten waren.

Der **innere Garten** ist der Ort der Einkehr, welcher ausschließlich dem Besitzer und seinen Vertrauten vorbehalten war. Hier fanden die Teezeremonien statt. Der **äußere Garten** dagegen war schon immer allen Bevölkerungsschichten zugänglich und lockt auch heute viele Besucher zum Picknick an. Für den Rundweg sollte man sich insgesamt zwei Stunden Zeit nehmen, ein halber Tag erlaubt einen genaueren Blick auf die verschiedenen Architekturstile der Gebäude.

Einst grenzte der Garten direkt ans Meer, weswegen früher der Mittelweg zwischen innerem und äußerem Garten als Weg zum Strand genutzt wurde. Jetzt befinden sich hinter dem Garten eine Autobahn und eine Ölraffinerie, das Meer ist nur noch zu erahnen.

■ **Sankeien Garden,** tägl. 9–16 Uhr, mit Bus Nr. 8 oder Nr. 125 ab Sakuragi-chō bis Honmoku-Sankeien-mae, Eintritt 300 Yen pro Garten, Tel. 621-0634.

Rāmen-Museum

Japan ist Rāmen-Land und eine Unternehmensgruppe hatte vor ein paar Jahren die Idee, diese Vorliebe mit einem Rāmen-Museum zu bedienen. Es entspricht der gegenwärtigen (Tourismus-) Situation in Japan, dass sich die Investorengruppe nicht für einen Freizeitpark oder einen weiteren Bürokomplex entschieden hat, sondern man das sehr einträchtige **Food-Entertainment** gewählt hat. Zusammen mit einer Ausstellung über Rāmen finden sich denn auch neun Rāmen-Restaurants, die – aus verschiedenen Regionen Japans stammend – eine Dependance in Yokohama errichteten. Der stetige Wechsel belebt das Geschäft, sodass turnusmäßig auch die Restaurants im Museum wechseln. Im Erdgeschoss wird demonstriert, wie man Rāmen macht.

■ **Shin-Yokohama-Rāmen-Museum,** 2-14-21 Shin-Yokohama, Kōhoku-ku, JR Shin-Yokohama, 3 Minuten, 11–23 Uhr, Eintritt 300 Yen, Tel. 471-0503, www.raumen.co.jp.

Curry-Museum

Das Curry-Museum verfolgt ein ähnliches Konzept wie das Rāmen-Museum, nur dass dieses Mal Japan Curry-Land ist. **Curry-Reis** ist in der Tat eines der am meisten verbreiteten Gerichte Japans und Yokohama spielte bei der Entwicklung und beim Import indischer Gewürze eine wichtige Rolle.

- **Curry-Museum,** 3 Minuten zu Fuß von Kannai Station, 11–21.30 Uhr, Tel. 250-0833.

Yokohama Stadion

2002 unterlag im Stadion von Yokohama die deutsche Fußballnationalmannschaft im Endspiel der Weltmeisterschaft Brasilien mit 0:2, heute ist das rund **75.000 Zuschauer** fassende Stadion Heimat des J-League-Teams Yokohama Marinos. Seit 2005 heißt das Stadion **„Nissan Stadion"**, was einhergeht mit der Firmensitzverlagerung Nissans von Tokyo nach Yokohama. Zehnmal pro Monat gibt es eine 60-minütige **Führung** durchs Stadion in englischer Sprache (500 Yen pro Führung, Tel. 477-5000). Als Souvenir erhält jeder ein kleines Stück Rasen, was aufgrund der Ausfuhrbestimmungen aber nicht nach Deutschland exportiert werden darf …

Sankeien Garden

Praktische Tipps

- **Vorwahl: 045**

Anfahrt

- Mit dem **Shinkansen ab Tokyo** nach Shin-Yokohama in 16 Minuten.
- Ab Tokyo und Shinagawa mit **JR** (Tōkaidō-, Keihin und Yokosuka-Linien), Fahrtzeit zwischen 20 und 35 Minuten.
- Ab Shibuya verkehrt die **Tōkyu Tōyoko-Linie,** Fahrtzeit rund 30 Minuten.

Touristeninformation

- **Touristeninformation,** Yokohama Station, tägl. 9–19 Uhr, Tel. 441-7300.
- **Touristeninformation,** Shin-Yokohama Station, tägl. 9–18 Uhr, Tel. 473-2895.
- **Touristeninformation-Center,** vor der Minatomirai Station, tägl. 9–18 Uhr, Tel. 211-0111.
- **Yokohama Doll Museum Tourist Information Center,** Di–So 9.30–17 Uhr, Tel. 641-4759.
- **Kanagawa Touristenvereinigung,** Silk Center Bldg., Mo bis Fr 9–17.30 Uhr, Tel. 681-0007.

Verkehrsmittel

- Mit der **Minatomirai-Linie** gelangt man zu vielen Sehenswürdigkeiten Yokohamas. Eine Einzelfahrt kostet zwischen 180 und 230 Yen, eine Tageskarte gibt es für 450 Yen.

Führungen/Sightseeing

- **Kostenlose studentische Führungen mit Kanagawa Student Guides,** Anfragen an das Tokyo TIC unter Tel. (03) 3201-3331.

■ **Kanagawa SGG Club,** Good Will Guide Association in Kanagawa. Online Anmeldung: www.ksgg.org.

Hafenrundfahrten und Helikopter-Rundflüge

In der Hafengegend warten zahlreiche **Ausflugsschiffe,** die Hafenrundfahrten mit und ohne Essen anbieten. Das Preisspektrum reicht von 900–20.000 Yen. Nähere Informationen gibt es in der Touristeninformation.

Wer mehr Geld ausgeben und sich einen Luxus gönnen will, dem sei ein **abendlicher Helikopter-Rundflug** über Yokohama empfohlen.

■ **Sea Bass,** der Bootsservice verbindet Yokohama Station mit Minatomirai 21 und dem Yamashita-Park. Eine Station kostet 350 Yen, die gesamte Strecke 600 Yen. Täglich zwischen 10 und 19 Uhr in 15-Minuten-Intervallen. Die abendliche Rundfahrt um 20 Uhr kostet 1200 Yen für 40 Minuten. Tel. 661-0347.

■ **Royal Wing,** größtes Restaurant-Schiff in der Tokyo Bucht, ab 2000 Yen, Tel. 662-6125.

■ **Yokohama Heli Cruising,** der Helikopter startet ab Minatomirai 21. Ein fünfminütiger Flug über das nächtliche Yokohama kostet 4000 Yen pro Person. Nur am Wochenende und nur mit Anmeldung unter Tel. (047) 380-5555.

Unterkunft

■ **Yokohama Heiwa Plaza Hotel,**②, 122 Zimmer. Business Hotel der Welcome Inn-Gruppe. 5-65 Otacho, Naka-ku, U: Bashamichi, Tel. 212-2333.

■ **Navios Yokohama,**②, 135 Zimmer. Interessantes Hotel hauptsächlich für Seemänner, deren Schiff im nahen Hafen liegt. Seeleute aus aller Welt sind auch in der hoteleigenen Bar „Seamen's Club"

jap_259 oh

anzutreffen. 1-1 Shinko-2chōme, Naka-ku, U: Bashamichi, Tel. 633-6000, www.navios-yokohama.com.

■ **Yokohama Royal Park Hotel,**④, 603 Zimmer. Hotel im Landmark Tower, dem höchsten Gebäude Japans. Alle Zimmer sind mindestens in 210 Meter Höhe und bieten zwischen dem 52. und 67. Stock einen großartigen Blick. Ein Zimmer zur Bucht kostet extra. 2-2-1-3 Minatomirai, Nishi-ku, U: Minatomirai, 3 Minuten, Tel. 221-1111, www.yrph. com.

■ **Yokohama Grand InterContinental Hotel,** ④, 604 Zimmer. Großes Hotel mit internationaler Atmosphäre, Wahrzeichen von Minatomirai. U: Minatomirai, 2 Minuten, Tel. 223-2222, www.interconti.co.jp.

■ **Guest House Kanalian,**①, nur Schlafsäle und keine Privatzimmer. Dafür jedoch ziemlich gemütlich eingerichtet. 6-5 Daimachi Kanagawa-ku, JR Yokohama, West-Ausgang, 10 Minuten, Tel. 313-6442, www.kanalian.com.

Essen und Trinken

Themenpark

■ **Yokohama DASKA,**②, Themenpark, der wie das Rāmen- und das Curry-Museum Essen mit Event verbindet. Auf acht Stockwerken lässt das „China Museum" das Shanghai der 1920er und -30er Jahre wiederauferstehen. Die Restaurants finden sich zwischen dem 2. und 4. Stock und bieten verschiedenste chinesische Spezialitäten. Tägl. 10–22 Uhr, Eintritt 500 Yen. 97 Yamashita-chō, Naka-ku, U: Motomachi-Chūkagai (Ausgang 2), 2 Minuten.

Japanisch

■ **Tenkichi,**②, traditionelles Restaurant für Tempura, speziell Tempura donburi ist sehr empfehlenswert, günstige Mittagsgerichte. Di bis Sa 11.30–14.30 und 17–22 Uhr, So 11.30–21.30 Uhr. 2-9 Minatochō, Naka-ku, Kannai Station, Tel. 681-2220.

■ **Denbei,**②, Yakitori-Restaurant mit großer Auswahl an Sake und Shōchū. Tägl. 17–23.30 Uhr. 2-1-12 Kitasaiwai, Nishi-ku, Yokohama Station, West-Ausgang, 5 Minuten, Tel. 290-3434.

Deutsch-österreichische Küche

■ **Alte Liebe,**③, Wiener Kaffeehaus und Restaurant in einem, abends mit Live-Musik. Tägl. 11.30–16.30 und 17.30–23 Uhr, 11 Nihonōdori, Naka-ku, vor der U-Bahn-Station Nihon-Ōdori, Tel. 222-3346, www.alteliebe.co.jp.

Italienisch

■ **La Tenda Rossa,**②, Pizza aus dem Holzofen und exzellente Pasta. Di bis So 11.45–15 und 17.30–22.30 Uhr. 6-75 Ōta-chō, Naka-ku, U: Bashamichi, 3 Minuten, Tel. 663-0133.

Türkisch

■ **Ali Baba,**②, preiswerte türkische Spezialitäten mit relativ großen Gerichten. Mo bis Sa 11.30–14 und 17–23 Uhr. 1-2 Aioi-chō, Naka-ku, Kannai Station, 5 Minuten, Tel. 651-0388.

Chinesisch

■ **Heichinrō Yokohama Honten,**③, eines der größten und besten Restaurants für kantonesische Küche. 980 Sitzplätze und Gerichte vom einfachen Yam-cha bis hin zum Haifilet. Alles mit naturreinen Gewürzen. Tägl. 11–23 Uhr. 149 Yamashita-chō, Naka-ku, U: Chūkagai, 5 Minuten, Tel. 681-3001.

Nachtleben

Bars

Die Anzahl der Bars in Yokohama ist groß, irgendwie passt aber scheinbar Jazz am besten zur Hafenstadt.

■ **491 House,** Live-Jazz jede Nacht ohne extra Gebühr. Kleine Gerichte sind erhältlich. Tägl. 18–2 Uhr, Tokunaga Bldg., 82 Yamashita-chō, Naka-ku, U: Chūkagai, 3 Minuten, Tel. 662-2104.

■ **Wind-Jammer,** Jazz-Bar mit Schiffsambiente und Live-Jazz jede Nacht. Eintrittsgebühr 300–500

Yen. Tägl. 18–2 Uhr, Tōraku Bldg., 215 Yamashita-chō, Naka-ku, JR Ishikawa-chō, 5 Minuten, Tel. 662-3966.

■ **Motion Blue,** erstklassiger Jazz und andere Live-Musik. Lang gestreckte Bar mit edler Atmosphäre. Auftritte beginnen wochentags um 19 und 21.30 Uhr, am Wochenende um 18.30 und 21 Uhr. Mo bis Fr 11–15 und tägl. 17–24 Uhr. Yokohama Red Brick Warehouse, 2F, 1-1-2 Shinkō, Naka-ku, U: Bashamichi, 6 Minuten, Tel. 226-1919, www.motionblue.co.jp.

Clubs

■ **Club Pure,** beliebter Ort bei Ausländern, die japanische Frauen kennen lernen wollen. All-you-can-drink für 3500 Yen (Männer) und 2500 Yen (Frauen). Fr/Sa 19–5 Uhr. 1-15 Aioi-chō, Naka-ku, Kannai Station, 5 Minuten, Tel. 663-8485.

■ **Gaspanic Yokohama,** Bar/Club mit Darts, Billard und mehr. Gemischtes Publikum aus Japanern und Nicht-Japanern, der Club befindet sich im Einkaufskomplex „Jack Mall". Do bis Sa 18–5 Uhr, So bis Mi 18–24 Uhr. Jack Mall East, 4-8-1 Minatomirai, Nishi-ku, U: Shin-takashima, 2 Minuten, Tel. 680-0291.

Fahrradleihe

Für manche Sehenswürdigkeiten in Yokohama muss man den Bus benutzen, ersatzweise kann sich auch mal ein Fahrrad lohnen.

■ **Marin Tower Rent-a-Cycle,** 4 Stunden für 500 Yen, Leihstation vor dem Marine Tower. Ausweis mitbringen. Tägl. 10–18 Uhr, Tel. 641-7838.

Einkaufen

Fast unter jedem hohen Gebäude finden sich Einkaufsarkaden. Hier die populärsten Einkaufskomplexe in Yokohama.

■ **Queen's Square Yokohama,** wirklich großes Einkaufsareal in Minatomirai, von Sport- bis hin zu Möbelgeschäften. Daneben auch viele Restaurants wie Sushi, das Hard Rock Café oder das empfehlenswerte Rāmen-Restaurant Ippūdō. U: Minatomirai Station, www.qsy-tqc.jp.

Gyū-nabe – Yokohamas lokale Spezialität

Gyū-nabe entwickelte sich zur Meiji- Zeit mit dem Eintreffen der ersten Ausländer, die besonders nach Rindfleischgerichten verlangten. Gyū-nabe etablierte sich als weithin beliebtes Gericht, das **Rindfleisch** zusammen mit Zwiebeln und Miso oder Soja-Sauce in einem würzigen Topf vereint. Manche behaupten, Gyū-nabe wäre der Vorläufer von Sukiyaki. Ein paar Restaurants bieten Gyū-nabe in seiner ursprünglichen Form an.

■ **Ōta-nawa-noren,**④, sehr traditionelle Atmosphäre, Gyū-nabe mit Miso. Anmeldung erforderlich, Di bis So 17– 22 Uhr, U: Isezaki-Chōjamachi, 8 Minuten, Tel. 261 0636.

■ **Jyanome-ya,**③, sowohl traditionelle Tatami-Zimmer als auch gewöhnliche Tische. Gyū nabe mit Soja-Sauce. Reservierung ist empfehlenswert. Di bis So 17–21 Uhr, U: Isezaki-Chōjamachi, 7 Minuten, Tel. 251-0832.

- **Yokohama Red Brick Warehouse,** die ehemaligen Lagerhäuser als Einkaufs- und Unterhaltungskomplex mit vielen Restaurants und internationalen Produkten. Tägl. 11–20 Uhr.
- **Motomachi,** gilt als eine der großen Einkaufsstraßen Japans, vor allem für ältere und wohlhabendere Kunden. Wer hier kauft, bezahlt gerne mehr. Der Stil Motomachis wird vor allem von den populärsten Geschäften wie Kitamura, Popy oder Humidor verkörpert. Die Bäckereien entlang der Straße lohnen einen Besuch.

Festivals in Yokohama

- **Anfang Januar: Dezomeshiki,** Vorführung der Feuerwehrleute in Minato Mirai.
- **Februar: Shunsetsu,** der chinesische Neujahrstag mit vielen Festivals und Paraden in Chinatown.
- **Anfang Mai: Kokusai Kasō Gyōretsu,** internationale Kostümparade mit Folklore und Tänzen. Start ab Yamashita-Park, dann durch die Hauptstraßen Yokohamas.
- **Mitte Mai: Iseyama-Schreinfest** mit Tänzen und Zeremonien.
- **Ende Mai: Kaikō Kinen Bazaar,** großer jährlicher Basar im Yokohama Kōen.
- **Juni: Yokohama Kaikō-sai,** maritim geprägtes Festival im Rinko-Park.
- **20. Juli: Hanabi Taikai,** großes Feuerwerk im Yamashita-Park.
- **27. Juli: Theater** im Yamashita-Park.
- **Ende August: Yokohama-Karneval** mit großer abendlicher Straßenparade.
- **1. September: Shio-Matsuri,** kleine Boote werden zu Wasser gelassen, Nojiri-Brücke an der Kanazawa-Hakkei Station.
- **Mitte Oktober: Yokohama Jazz Promenade,** Hunderte von Jazz-Sessions an 70 Veranstaltungsorten.
- **Ende Oktober: Kyokudaimoku,** Festival im Myōrenji-Tempel.

Museen

- **Museum für moderne Kunst,** moderne und zeitgenössische Kunst, *Kenzō Tange* ist der Architekt des Gebäudes. Sakuragichō Station, 10 Minuten, Fr bis Mi 10–18 Uhr, Tel. 221-0300.
- **Yokohama Puppenmuseum,** das Museum zeigt rund 10.000 Puppen aus aller Welt. Motomachi-Chūkagai, Di bis So 10–18.30 Uhr, Tel. 671-9361.
- **Mitsubishi Industriemuseum,** Museum über Mitsubishi Schwerindustrie. Minato-Mirai Station, 3 Minuten, Di bis So 10–17.30 Uhr, Tel. 224-9031.
- **Historisches Museum der Kanagawa-Präfektur,** Ausstellungen über die Geschichte Yokohamas, des Hafens und die internationalen (Handels-) Beziehungen. Bashamichi Station, Di bis So 9.30–17 Uhr, Tel. 201-0926.
- **Yokohama Geschichtsmuseum,** Museum über die Bürger Yokohamas. Center-kita Station, 5 Minuten, Di bis So 9–17 Uhr, Tel. 912-7777.
- **Yokohama Portside Gallery,** moderne Kunst und zeitgenössische Ausstellungen. Yokohama Creation Square Bldg., Mo bis Sa 11–18 Uhr, JR Yokohama, 7 Minuten, Tel. 461-3033.

Attraktionen

- **Yokohama Shimin Bōsai Center,** Katastrophenschutz-Zentrum mit Erdbebensimulation, simuliert wird auch das Große Kantō-Erdbeben von 1923. Nordwestlich von JR Yokohama, 9–17 Uhr, Tel. 312-0119.
- **Zoorasia,** Zoo mit sechs Themenparks. Von Nakayama Station mit dem Bus nach Yokohama-dōbutsuen. Mi bis Mo 9.30–16.30 Uhr, Eintritt 600 Yen, Tel. 959-1000.
- **Yokohama Sea Paradise,** größtes Aquarium Japans, auf einer künstlichen Insel errichtet. Hakkeijima Station, 8.30–21.30 Uhr, Eintritt 2450 Yen, Tel. 788-8888.

Industriebesichtigungen

- **Kirin Bierbrauerei,** 1-17-1 Namamugi, Tsurumi-ku, Keihin Kyūkō Namamugi Station, 8 Minuten, Tel. 503-8250. 75-minütige Führung inklusive Bierprobe von Di bis So 10–17 Uhr, Broschüren in Englisch erhältlich.
- **Nissan,** außerhalb Yokohamas gelegen, Produktionsstätte Oppama, Natsushima-chō, Yokosuka-shi, 10 Minuten mit dem Bus ab Oppama Station. Zweistündige Führungen von Mo bis Fr, Anmeldung unter Tel. (03) 5565-2132.

Mt. Fuji

Der Fuji-San ist der heilige Berg. Wo auch immer man dem **3776 Meter** hohen Fuji nahe kommt, wird man auf Aussichtsplattformen und Viewpoints stoßen. Selbst in Tokyo weisen noch viele Namen und Straßenschilder auf den Fuji-Blick hin – auch wenn die Aussicht schon lange mit Hochhäusern verbaut ist.

Man muss dem Fuji schon etwas näher kommen, um ihn in seiner vollen Pracht erleben zu können. Der Fuji ist mehr als ein Berg, er ist **Symbol und Nationalheiligtum** zugleich: Jeder Japaner sollte den Berg mindestens einmal im Leben erklommen haben. Die zwei **Zentren** rund um den Fuji sind **Kawaguchi-ko** im Norden und **Gotemba** im Süden. Insgesamt gehört die Region um den Fuji zu den sehr gut erschlossenen touristischen Gebieten in Japan.

Der Fuji gilt als **ruhender Vulkan mit geringem Ausbruchsrisiko,** zuletzt brach er 1707 aus und blies seine Aschewolken ins nicht weit entfernte Edo. Die beste Sicht auf den Fuji hat man von der Seite Kawaguchi-ko/Fuji-Yoshida, denn hier hat der Berg die schönste symmetrische Kegelform, die man von allen Postkarten kennt. **Kawaguchi-ko** ist mit dem See, dem Busterminal und der Endstation des Zuges von Ōtsuki Hauptanlaufpunkt vieler Touristen. Das ist dann auch, vor allem im Sommer, das Hauptproblem, denn Kawaguchi-ko ist laut und geschäftig. Besser ist es da, auf das ruhigere **Fuji-Yoshida** auszuweichen, von dort den Fuji-Blick zu genießen und nur mal im Rahmen eines Tagesausfluges nach Kawaguchi-ko zu fahren. Insgesamt lohnt sich in der Gegend ein **Mietwagen,** da öffentliche Busse nicht gerade regelmäßig verkehren.

Aufstieg auf den Fuji

Der Aufstieg auf den Fuji ist **von Anfang Juli bis Ende August offiziell erlaubt.** Dementsprechend groß ist der Andrang in jener Zeit. Erfahrene Bergsteiger können sich auch im Frühjahr oder Herbst am Berg versuchen.

Es gibt verschiedene Routen, die auf den Fuji führen. Für die meisten beginnt das eigentliche Abenteuer ab den so genannten **5. Stationen** (der Fuji ist in insgesamt neun Sektionen unterteilt), denn bis zur jeweils 5. Station kann man mit dem Bus oder dem Auto fahren. Danach geht's nur noch zu Fuß weiter. Die beliebteste Variante sieht vor, am Nachmittag von einer 5. Station bis zu einer Hütte nahe des Gipfels aufzusteigen, dort zu übernachten, und noch vor Sonnenaufgang den restlichen Weg zurückzulegen, um den Sonnenaufgang auf dem Gipfel zu erleben.

Aufstieg über den Kawaguchi-ko-Yoshida-guchi-Weg

Der traditionelle lange Aufstieg beginnt **in Fuji-Yoshida ab dem Sengen Jinja-Schrein,** der 788 zu Ehren des heiligen Mt. Fuji erbaut wurde. Doch dieser Aufstieg wird kaum noch wahrgenommen. Die meisten nehmen den Bus bis zur 5. Station auf 2305 Meter, für den folgenden Aufstieg sollte man ungefähr 6 Stunden einkalkulieren, für den Abstieg rund 3. Auf der 6. Station ist ein **Hilfe- und Beratungszentrum** eingerichtet (Tel. 0555-24-6223), das im Juli und August geöffnet ist. Auf der 7. Station gibt es eine Erste-Hilfe-Versorgungsstation.

In der Hauptsaison dürfte man kaum Probleme haben, den richtigen Weg zu finden: In der Regel reiht man sich einfach in die Menschenmenge ein und folgt seinem Vordermann. Unterwegs gibt es rund 20 **Berghütten,** für die aber unbedingt eine Reservierung nötig ist. Dass der Aufstieg nachts mit größeren Risiken und Schwierigkeiten verbunden ist, versteht sich von selbst. Auch im Sommer liegt die Temperatur auf dem Gipfel am Tag kaum über 4 Grad.

■ **Anfahrt zur 5. Station:** ab Kawaguchi-ko-Busterminal direkt vor Kawaguchi-ko-Station, Busse verkehren von Anfang April bis Mitte November. Oder ab Tokyo, Westausgang JR Shinjuku-Station oder Tokyo Station.

Aufstieg über den Gotemba-guchi-Weg

Gotemba ist die südliche Ausgangsbasis für den Aufstieg. Hier ist die Anfahrt bis zur „New 5th Station“ möglich. Der Gotemba-Weg dauert länger, für den Aufstieg sollte man 7 Stunden einplanen, für den Abstieg 3. Busse verkehren im Juli und August ab Gotemba Station viermal täglich.

Aufstieg über den Fujinomiya-guchi-Weg

Ab Mishima mit dem Bus zur „New 5th station“, von dort rund 5 Stunden zum Gipfel, Abstieg in 3 Stunden. Rund 10 Berghütten sind unterwegs anzutreffen, ein Erste-Hilfe-Zentrum auf der 8. Station hat im Sommer geöffnet.

■ **Hinweis: Jedes Jahr sterben Touristen,** die den Fuji außerhalb der offiziellen Saison besteigen wollen. Die Erste-Hilfe-Zentren und die Unterkünfte sind nur im Juli und August geöffnet, sodass man zu anderen Jahreszeiten gänzlich auf sich alleine gestellt ist. Außer im Hochsommer liegt auf dem Fuji immer Schnee und die Wetterverhältnisse ändern sich schnell. Der Fuji außerhalb der Sommersaison ist garantiert nichts für ungeübte Bergsteiger, was trotz aller Verbote und Warnhinweise leider immer wieder vergessen wird.

Die fünf Fuji-Seen

Zu Fuße des Fuji rund um Kawaguchi-ko liegen fünf Seen.

Yamanaka-ko-See

Nahe Fuji-Yoshida dehnt sich der Yamanaka-ko-See aus, der **größte und schönste der fünf Seen.** Hier kann man im Sommer Wasserski fahren, Boote und Fahrräder mieten und die Aussicht

jap_265 oh

auf den Fuji genießen. Die Gegend rund um den See ist ein hervorragendes **Wandergebiet.** Nördlich des Ufers, ab dem Tama Art University Dormitory, kann man auf dem **Tōkai Natural Sidewalk** wandern, der auf über 50 Kilometer nördlich des Sees verläuft, sodass man immer auf See und Fuji-San im Hintergrund blickt. Der Wanderweg führt auf den **Ōhira** (1295 m), den **Ishiwari** (1413 m) und den **Tatsunozuka-Pass.** Ambitionierte Bergsteiger können vom Pass aus den Shakushi Climbing Course nehmen, der auf den **Mt. Shakushi** (1597 m), den **Mt. Takazasu** und den **Toriichi-Pass** führt. Die Wanderrouten

Fuji-San – der heilige Berg Japans

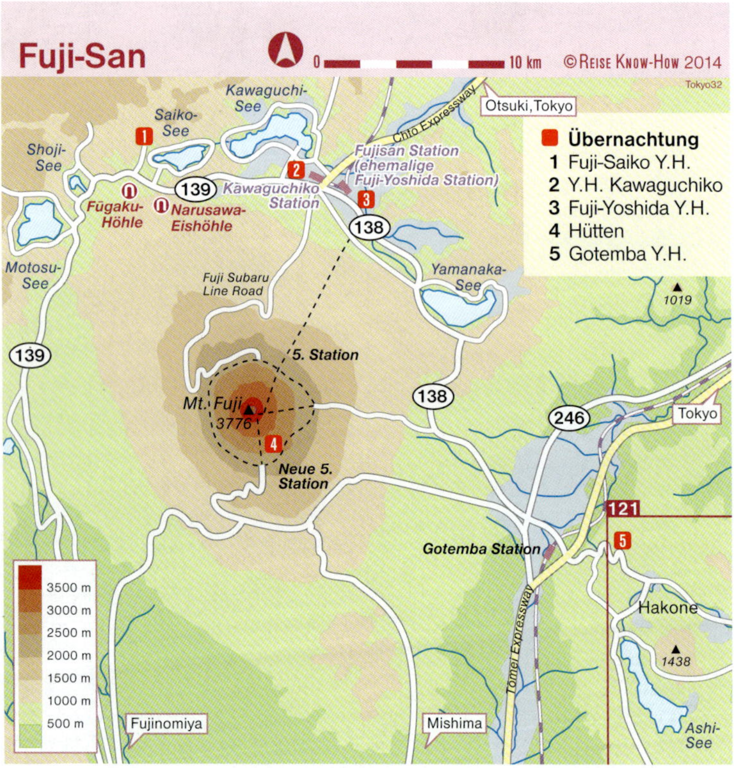

sind nicht immer gut gekennzeichnet, man sollte mehr Zeit einplanen, als die Wanderkarten vor Ort ausweisen. Die detailreichsten Karten sind leider nur auf Japanisch verfügbar.

Kawaguchi-ko-See

Von der Bahnstation Kawaguchi-ko geht man die Straße gegenüber geradeaus zum See hinunter. Rund um den See finden sich zahlreiche Omiyage-Läden, man kann Tretboote mieten und in einem der meist überfüllten Restaurants sitzen. Besser ist es, die **Aussichtsplattform auf dem Mt. Tenjō** aufzusuchen. Diese ist entweder mit der Seilbahn (etwas weiter rechts von der Anlegestelle) oder zu Fuß in rund einer Stunde zu erreichen. Von oben hat man eine wunderbare Aussicht auf den Fuji.

Den See selbst kann man auf einem **Wanderweg** leider nur halb umrunden. Rund um Kawaguchi-ko wird man auch auf einige **Museen** stoßen, die aber eher als künstlich kreierte Touristenattraktionen zu verstehen und deswegen vernachlässigbar sind. Vom Busterminal Kawaguchi-ko startet auch der **„Retro Bus“**, der den Kawaguchi-ko- und den Sai-ko-See in einer Schleife umrundet, die Fahrt ist jedoch vom Fujikyū Railpass ausgenommen.

Eine **größere Wanderung** führt von der Busstation Kawaguchi Kyokumae über den Kawaguchi Sengen-Schrein, an der Shirataki-Aussichtsplattform vorbei und hinauf **zum Mt. Kinashi,** von wo auch wieder ein schöner Blick auf den Fuji gegeben ist. Über den Mt. Shimo und den Mt. Tenjō kommt man auch wieder zum See hinunter.

Sai-ko-See

Südlich des kleinen Sai-ko verläuft ein beliebter Wanderweg, der an einigen Tempeln und Höhlen vorbeiführt. Ab Kawaguchi-ko-Busterminal nimmt man einen Bus in Richtung Motosu bis zur Haltestelle **Ōharashi Iriguchi.** Man passiert den Eingang vom **Ōharashi Rengeji-Tempel,** geht an der nächsten Kreuzung rechts und kommt zum Tenjin-Schrein. Auf dem weiteren Weg passiert man den Mt. Ashiwada (Goko-Dai) und den Sanko-Dai, bis man über den Kōyōdai wieder hinunter in Richtung Ryūgū-Höhle kommt. Man erreicht die **Narusawa-Eishöhle** (153 m tief, auch im Sommer sind die Wände mit Eis bedeckt) und kann noch einen Abstecher zur **Fūgaku-Höhle** machen, die vom Lavastrom geformt wurde, als der Fuji im Jahr 864 ausbrach. Von Fūgaku erreicht man die Busstation Fūketsu auf der Route 139.

In der Nähe der Fūgaku-Höhle geht auch ein Pfad durch den **Aokigahara-Urwald,** der auf der Lava des Fuji-Ausbruchs von 864 entstanden ist. Hier ist der Wald besonders unübersichtlich und man sollte sich etwas vorsehen, schon manche haben sich hier verirrt. Übrigens ist dieser dichte Wald ein beliebter Ort für japanische Selbstmörder, die sich im Wald erhängen.

Shōji-ko- und Motosu-ko-See

Der Shōji-ko- und der Motosu-ko-See liegen am weitesten von Kawaguchi-ko entfernt und sind dementsprechend die ruhigsten. Die Aussicht vom nördlichen Ufer des Motosu-Sees auf den Fuji ist auf der Rückseite des alten 5000-Yen-Scheines abgedruckt. Das Dorf **Kamikuishiki-Mura** zwischen Sai-ko- und Shōji-See erlangte traurige Berühmtheit als **Hauptquartier der Aum-Sekte.** Hier befanden sich einige Laboratorien, in denen das Sarin-Giftgas für den späteren Anschlag auf die Tokyoter U-Bahn hergestellt wurde.

Praktische Tipps

Anfahrt

- **Bahn:** Ab JR Shinjuku Richtung Kōfu bis Ōtsuki, Fahrtzeit rund 1 Stunde. Von Ōtsuki mit der privaten Fujikyū-Bahnlinie bis Kawaguchi-ko oder Fuji-Yoshida, ebenfalls rund 1 Stunde.
- **Bus:** Vom Bahnhof Shinjuku (Westausgang) oder Tokyo verkehren Busse direkt nach Kawaguchi-ko. Dies dauert rd. 2 Stunden und kostet 1700 Yen. Manche Busse fahren weiter bis Yamanaka-ko oder Motosu-ko, im Sommer auch bis zur 5. Station des Fuji.

jap_269oh

Informationen und Reservierungen: Fujikyū Highway Bus Center, Tel. (0555) 72-5111, http://bus.fujikyu.co.jp oder Keiō Highway Bus Center, Tel. (03) 5376-2222, www.keio-bus.com.

Hinweise zu Bahn und Bus

In Hakone und um den Fuji verkehrt nicht JR, sondern die Bus- und Bahngesellschaften sind in privater Hand. In Hakone ist dies **Odakyū Railway,** am Fuji **Fujikyū Railway.** Die beiden Gesellschaften errichten in den Gegenden zunehmend Museen, Freizeitparks, Seilbahnen und andere Attraktionen, um mehr Touristen in die Gegend zu locken. Sie bieten **verschiedene Ausflugs- und Tageskarten** an, die zur Fahrt mit den Transportmitteln berechtigen und zu Vergünstigungen bei Attraktionen führen. Hier muss man sich überlegen, welches Ausflugsticket sich bezahlt macht. Der Überblick fällt nicht immer leicht.

- **Fuji Hakone Pass,** Gültigkeit 3 Tage, Kosten 7200 Yen, für die Gebiete Fuji und Hakone. Man darf Odakyū und Fujikyū beliebig benutzen, nur die Strecke zwischen Shinjuku und Odawara darf nur einmalig zurückgelegt werden.

Die besten Informationen zu den vielfältigen Pässen und Möglichkeiten bietet die Service-Zentrale von Odakyū am Bahnhof in Shinjuku; hier wird englisch gesprochen, da einige Pässe auch nur an Ausländer verkauft werden: **Odakyū Sight Seeing Service Center,** Shinjuku Station, Nähe West-Ausgang, Tel. (03) 5321-7887.

- **Fujisan & Fuji-Goko Passport,** 3-Tages-Pass für die Überland-Busse von Fujikyū rund um die 5 Seen. Kosten 3800 Yen, 2-Tages-Pass für 2500 Yen. Am Fujikyū-Bus Ticketschalter erhältlich.

Touristeninformation

- **Kawaguchi-ko Touristeninformation,** Kawaguchi-ko Station, Info-Material in Englisch, tägl. 9–17 Uhr, 3631-5 Funatsu, Fuji Kawaguchi-ko, Tel. (0555) 72-6700.

Der Mt. Fuji ist im Norden von fünf Seen umgeben

■ **Fuji-Yoshida Touristeninformation,** Fujisan Station, Info-Material in Englisch. 2-5-1 Kami-yoshida, Fuji-Yoshida, tägl. 9–17 Uhr, Tel. (0555) 22-7000.

■ **Mt. Fuji Tourist Information Center,** vor der Fujikyū-Highland-Station. WLAN & PC verfügbar. Tägl. 10–19 Uhr, Tel. (0555) 30-1888.

Unterkunft

Unser Tipp: **Fujitomita Inn,**①, 10 Zimmer. Sehr schönes traditionelles Ryokan, Zimmer mit Blick auf den Fuji-San. Betrieben von der freundlichen Amano-Familie, die einen kostenlosen Abholservice vom Bahnhof in Fuji-Yoshida (Fujisan Station) anbietet. Am besten vorher telefonisch vereinbaren. 3235, Shibokusa, Oshino-mura, Tel. (0555) 84-3359, www.tim.hi-ho.ne.jp/innfuji/

■ **Hotel Highland Resort,**③, 175 Zimmer. Hotel neben dem Freizeitpark Fujikyū Highland und dem Fujiyama Museum. Gute Restaurants im Hotel. Fujikyū Highland, Tel. (0555) 22-1000, www.highlandresort.co.jp.

Essen und Trinken

Kleine Restaurants gibt es rund um den Bahnhof Fuji-Yoshida, am Kawaguchi-ko-See sind die Lokale deutlich teurer. Am Yamanakako-See finden sich auch kleinere Familienrestaurants wie Denny's oder Royal Host, die auch Abbildungen von ihren Gerichten in den Speisekarten haben. Bei den Restaurantbesuchen sollte man bedenken, dass Busse in der bergigen Gegend rar sein können und man sich auch in den japanischen Bergen früh schlafen legt.

■ **Restaurant Fujiyama,**②, Restaurant in einer Bierbrauerei. Pils, Weizen und dunkles Bier werden mit deutscher Brautechnik und Wasser vom Fuji hergestellt. Deftige Gerichte wie Würstchen und Sauerkraut vorhanden. Geöffnet 11–21 Uhr, die Ruhetage variieren, Bushaltestelle Sun-Park-Fuji, Tel. (0555) 24-4800.

Festivals

■ **Ende Januar bis Anfang Februar: Sai-ko- und Kawaguchi-ko-Eisfestival.**

■ **4./5. Aug.: Kawaguchi-ko-Herbstfestival.**

■ **26./27. August: Yoshida no Himatsuri,** das Feuerfestival markiert das Ende der Aufstiegssaison zum Fuji; den Berggöttern wird mit drei Meter hohen Fackeln gedankt. Hintergrund des Festivals im Sengen-Jinja-Schrein in Fuji-Yoshida: Der Name „Fuji" geht auf das Ainu-Wort für „Feuergott" zurück. Der Gottheit musste mit Riten und Darreichungen die Ehre erwiesen werden. Mangelnder Respekt hätte den „Feuergott" erzürnen und dies wiederum den Vulkanberg zum Ausbrechen bringen können. Mit dem Feuerfestival verbeugt man sich also vor der Gottheit und dem Berg.

Hakone

Hakone ist eine der beliebtesten Touristenregionen für Japaner und dementsprechend immer gut frequentiert. Nur 1½ Stunden von Tokyo entfernt, ist Hakone quasi das **Naherholungsgebiet der Hauptstadt** und Nationalpark mit Fuji-Aussicht in einem. Wenn im Reiseplan internationaler Reiseveranstalter der Programmpunkt Fuji ansteht, handelt es sich eher um Aufenthalte in Hakone, als direkt am Fuße des Fuji. Hakone bietet zwar nicht die Option, den Fuji direkt zu besteigen, dafür sind die Möglichkeiten des Naturerlebnisses vielfältig: **Aktive Vulkane, Seen und Wanderwege** warten auf den Naturliebhaber.

Hakone bezeichnete ursprünglich den **Vulkan Hakone,** inzwischen steht der Name jedoch für die ganze Kraterregion. Der Vulkan, der aufgrund seiner Ausstöße und Anordnung als Dreifach-Vulkan klassifiziert ist, hat seinen Ursprung vor 400.000 Jahren und war einst fast so hoch wie der Fuji-San. Noch heute kann man in der Region **Vulkanismus** hautnah erleben. Es brodelt vielerorts, dementsprechend ist Hakone die Region schlechthin für **Onsen.** Das Gros der Besucher kommt wegen der heißen Quellen.

Im Inneren des riesigen aufgesprengten Kraters liegt der große **Ashino-ko-See,** der sich bei der letzten Vulkaneruption vor rund 3000 Jahren bildete. Der Ashino-ko gilt als das Symbol der Region, liegt er doch wunderbar ruhig und bildet die malerische Kulisse für den Fuji im Hintergrund.

Hakone liegt auf dem ehemaligen **Tōkaidō-Weg** von Kyoto nach Edo, daher finden sich viele Relikte aus jener Zeit. Diese kulturellen Zeugnisse sind neben den Naturerlebnissen die Vorzüge der Region, die jährlich 19 Millionen Touristen anlockt – denen 15.000 Einwohner gegenüberstehen.

Orientierung

Hakone ist Teil des **Fuji-Hakone-Nationalparks** und liegt **80 Kilometer westlich von Tokyo** in der Präfektur Kanagawa. Man reist über Odawara an, von dort verkehren Bahn- und Buslinie zum **Zentrum der Region: Hakone-Yumoto.** Von dort aus geht's dann weiter in Richtung Ōwakudani, Ashino-ko-See oder nach Miyanoshita, einer vielbevölkerten Onsen-Kleinstadt.

Ōwakudani

Ōwakudani liegt im alten Kraterbereich des **Mt. Kamiyama,** mit der Seilbahn ab Sonzan zu erreichen. Oben liegt Schwefelgeruch in der Luft, Dampf steigt aus dem Boden und heiße Quellen blubbern. Neben den unvermeidbaren Omiyage-Shops kann man einige Meter ab der Seilbahn-Station weiter hoch laufen und über dem heißen Schwefeldampf gekochte Eier kaufen – damit lebt man sechs Jahre länger, sagt die Überlieferung beziehungsweise der Verkäufer von nebenan ... Einst hieß der vulkanische Abschnitt Ōjigoku, also „Hölle", doch als der Meiji-Kaiser 1876 den Berg besuchte, wollte man ihn nicht in die „Hölle" schicken und benannte den Berg schnell um.

Ashino-ko-See

Der Ashino-ko liegt idyllisch zwischen den Bergen, an einem klaren Tag spiegelt sich der Fuji in seinem Wasser. Der See hat einen Umfang von 20 Kilometern und lädt zu **Wanderungen** in der Umgebung ein. Ein **Ausflugsschiff** verkehrt zwischen Tōgendai/ Kojiri im Norden und Moto-Hakone/Hakone-Machi im Süden.

Hakone liegt wie erwähnt am Tōkaidō-Weg. Als Nadelöhr zwischen Bergen und See war es ein idealer Ort, um die Strecke zu kontrollieren. 1616 errichtete das Shogunat eine **Kontrollanlage,** die vor allem den Verkehr der Daimyōs und deren Frauen kontrollierte. Heute sind gleich neben dem See noch Reste der Anlage zu sehen (Bushaltestelle Sekishoato-Iriguchi).

Blumen und Pflanzen

Hakone ist ein **Naturparadies,** was sich nicht am Wegesrand findet, das kann man in einigen **Botanischen Gärten** bewundern. Ganzjährig blühen verschiedenste Pflanzen, Kataloge der Botanischen Gärten helfen beim Identifizieren.

- **Gōra Park,** nicht nur mit tropischem Garten und vielen Pflanzenarten der Höhenlagen, sondern auch mit dem größten Steinpark Asiens. 5 Minuten zu Fuß von Gōra Station.
- **Hakone Botanical Garden of Wetlands,** Pflanzenlandschaft der Auen- und Sumpfgewässer Hakones, 1700 Pflanzenarten. 817 Sengokuhara, Hakone, Tel. (0460) 84-7293.
- **Hakone Ashinoyu Flower Center,** von Begonien und Orchideen bis hin zu tropischen Pflanzen und Kakteen. 84-55 Ahinoyu, Hakone, Tel. (0460) 83-7350.

Onsen

Onsen-Zentren in Hakone sind Yumoto und Miyanoshita. **Yumoto-Onsen** ist das älteste Onsen-Dorf, das am Zusammenfluss von Sukumo und Hayakawa entstanden ist. Einige Ryokans liegen an der verträumten Schlucht, Zugstation ist Hakone-Yumoto.

Miyanoshita ist 20 Minuten mit dem Zug von Yumoto entfernt und eindeutig touristischer. Miyanoshita kann auch als guter Ausgangspunkt für Wanderungen dienen.

Praktische Tipps

Anfahrt

- **Bahn:** Mit der privaten **Odakyū Railways** ab Shinjuku oder Odawara. Von Odawara gelangt man weiter nach Hakone-Yumoto Station oder mit dem Bus (Bus-Terminal 4) nach Hakone.
- **Hakone Free Pass,** Gültigkeit: 2 oder 3 Tage. Der Pass erlaubt die An- und Rückreise mit Odakyū und die beliebige Nutzung von Odakyū-Zügen und Hakone-Tozan-Bussen. Darüber hinaus erhält man Vergünstigungen für 60 touristische Attraktionen. Der Preis richtet sich nach dem Ausgangsort: Ab Shinjuku kostet das Ticket für 3 Tage 5500 Yen, ab Odawara 4400 Yen. Wer also den JR Rail Pass besitzt, der fährt am besten mit JR bis Odawara und löst erst dort den Hakone Free Pass. Das Ticket ist in allen Odakyū-Bahnhöfen erhältlich. Darüber hinaus wird ein spezieller Wochentagspass für Hakone angeboten. Nähere Informationen sind bei der Service-Zentrale von Odakyū in JR Shinjuku erhältlich: Odakyū Sight Seeing Service Center, Shinjuku Station, Nähe West-Ausgang, Tel. (03) 5321-7887.

Touristeninformation

- **Hakone Touristeninformation,** außerhalb der Hakone-Yumoto Station, tägl. 9.30–17.45 Uhr, Tel. (0460) 85-5700, www.hakone.or.jp.
- **Odawara Touristeninformation,** Odawara Station, tägl. 9–17 Uhr, Tel. (0465) 22-2339.
- **Odakyū Sight Seeing Service Center,** im Bahnhof Odakyū Odawara, tägl. 9.30–17.30 Uhr, www.odakyu.jp/english/.

Führungen

- Kostenlose Führungen werden vom **Odawara Hakone SGG Club** angeboten, Tel. (0465) 22-1132, www.ohsgg.com.

Unterkunft

- **Fuji-Hakone Guesthouse,**①, 20 Zimmer. Schönes traditionelles Ryokan, Zimmer Nr. 7 mit schöner Glasfassade und Blick auf Bach und Berge. Ab Odawara mit dem Bus in Richtung Togendai bis zur Bushaltestelle Senkyōrō-mae, Guesthouse wird in Englisch angekündigt. Die Unterkunft besteht seit 1984 und hat drei Onsen-Bäder (eines davon Freiluft). Der Vater des jetzigen Besitzers kaufte die Onsen-Lizenz, man kann also sicher gehen, dass hier richtiges Onsen-Wasser aus der Leitung kommt. Das Wasser beinhaltet 18 verschiedene Mineralien. 912 Sengokuhara Hakone, Tel. (0460) 84-6577, www.fujihakone.com.
- **Moto Hakone Guesthouse,**①, unweit vom See gelegen und in Kooperation mit dem Fuji-Hakone Guesthouse geführt. Mit dem Bus ab Odawara in Richtung Moto-Hakone, Bushaltestelle Ashinokōen-Mae. Tel. (0460) 84-6577, www.motohakone.com.
- **Fujiya Hotel,**④, 146 Zimmer. Bekanntestes Hotel in Hakone, das für stilvollen Erholungsurlaub steht. Tradition seit 1878, die Zimmer sind im westlichen Stil gehalten. Wer über die Homepage bucht, übernachtet günstiger. Bus Hakone Tozan Railway Miyanoshita, 10 Minuten, Tel. (0460) 82-2211, www.fujiyahotel.jp.

▷ Onsen im Fuji-Hakone Guesthouse

jap_274 oh

Einkaufen

- Populäres Omiyage aus der Region: **Ōwakudani-Holzdosen** aus verschiedenfarbigen Hölzern gefertigt.

Museen

- **Hakone Open-Air Museum mit Picasso-Museum,** Picasso-Originale, tägl. 9–16 Uhr, Chōkoku-no-mori Station, Tel. (0460) 82-1161, Eintritt 1600 Yen.

- **Historisches Museum,** 266 Yumoto, Hakone, Do bis Di 9–16.30 Uhr, Tel. (0460) 85-7601.
- **Meißen-Museum,** Meissner Porzellan in Hakone, tägl. 9–17.30 Uhr, Eintritt 800 Yen, Tel. (0460) 84-2027, www.hakone-meissen.com.
- **Hakone-Kunstmuseum,** hauptsächlich Töpfereien und Porzellan, an der Seilbahnstation Kōen-kami, Fr bis Mi 9–16 Uhr, Tel. (0460) 82-2623, Eintritt 900 Yen.
- **Narukawa-Kunstmuseum,** moderne japanische Malerei, Bushaltestelle Moto-hakone, tägl. 9–17 Uhr, Eintritt 1200 Yen.

Festivals

- **27. März: Sengokuhara Yudate Shishimai,** „Löwentanz" im Sengokuhara Suwa-Schrein.
- **16./17. April: Ōhiradai Onsen-Festival.**
- **5. Mai: Kintoki-Festival** im Kintoki-Schrein.
- **15. Juli: Miyagino Yudate Shishimai,** „Löwentanz" im Miyagino Suwa-Schrein.
- **31. Juli: Kosui Matsuri,** großes See-Festival mit Feuerwerk und Laternen.
- **5. August: Torii Yaki,** Festival am See, bei dem zwei große Torii im See in Brand gesetzt werden.
- **3. November: Hakone Daimyō Gyōretsu,** Parade in Kostümen der Feudalherrenzeit durch die Straßen Yumotos.
- **23. November: Kämpfer-und-Birnie-Festival,** Festival zu Ehren *Engelbert Kämpfers* und *Cyril Montague Birnies,* die sich im 17. bzw. 19. Jahrhundert für die Erhaltung der Natur Hakones einsetzten.
- **1. Samstag im Dez.: Ashino-ko Green Cup Powerboat Race.**

Chichibu-Tama Kai Nationalpark

Tokyo und das Ballungsgebiet sind durchgängig bebaut, man wird nicht viel an Natur finden. Wer nicht bis nach Hakone will, kann am Stadtrand Tokyos im Chichibu-Tama Kai Nationalpark **wunderbar wandern** und ohne größere Mühe bis auf 2000 Meter Höhe steigen. Vor allem vormittags ist eine herrliche Aussicht über die Kantō-Ebene bis hin zum Fuji zu erwarten. Geeignet für einen Tagesausflug.

Das Gebiet ist **gut erschlossen** und bietet oftmals Ausschilderungen in Romaji; es empfiehlt sich immer eine zweisprachige Wanderkarte. Die Wanderwege an sich sind in gutem Zustand, an steileren Passagen finden sich Seile und Stege. Private Berghütten bieten Unterkünfte an, die Unterbringungen der Nationalparksverwaltung garantieren ein Dach, alles Weitere muss man selbst mitbringen.

Okutama

Von Shinjuku über Tachikawa erreicht man Okutama mit JR in rund 2 Stunden. Highlights sind hier der **Okutama-See,** an dessen nördlichem Ufer schöne Wanderwege warten. Der Stausee wurde 1957 als Wasserreservoir für Tokyo angelegt. Mitte April blühen hier über **10.000 Kirschbäume** auf der nördlichen Seite.

40 Minuten mit dem Bus von JR Okutama sind es bis zur größten Tropfsteinhöhle des Kantō-Gebietes. Die **Nippara Stalactite-Höhle** ist 800 Meter tief und kann tagsüber begangen werden, die Nachbarschaft bietet illustre Felsformationen.

Südlich von Okutama liegt der Berg **Mitake.** Eine Seilbahn fährt auf fast 1000 Meter Höhe, wo schöne Wanderwege in Angriff genommen werden können.

Praktische Tipps

Touristeninformation

- **Okutama Visitor Center,** Wanderkarte erhältlich (auf Japanisch), Di–So 9–16.30 Uhr, JR Okutama, 2 Minuten, Tel. (0428) 83-2037, www.okutama-vc.com.
- **Mitake Information Center,** neben JR Mitake, Di–So 9–16 Uhr, Tel. (0428) 78-8836.

Unterkunft

- **Komadori Sansō,**①, 10 Zimmer, jahrhundertealte Berghütte, 1776 für die ersten Pilger eröffnet. Auf dem Mt. Mitake gelegen und mit Internet. Von JR Mitake mit dem Bus in 15 Minuten bis Cable-car-shita, dort die Seilbahn hoch und noch 5 Minuten zu Fuß. Tel. (0428) 78-8472, www.komadori.com.
- **Mitake Youth Hostel,** zwischen 2880 und 3880 Yen, auf dem Mt. Mitake gelegen. Von JR Mitake mit dem Bus in 15 Minuten bis Cable-car-shita, dort die Seilbahn hoch und noch 5 Minuten zu Fuß. Die letzte Seilbahn fährt um 18.30 Uhr. Tel. (0428) 78-8774.
- **Hinohara Youth Hostel,** zwischen 2500 und 3500 Yen, umgeben von Natur pur. Die Jugendherberge ist von Dezember bis März geschlossen. Von JR Musashi-Itsukaichi in rund 35 Minuten mit dem Bus in Richtung Fujikura, Haltestelle Hinohara-mura-Kyōdo-Shiryōkan, Tel. (042) 598-1131.

Chichibu

Chichibu liegt etwas weiter nördlich und kann gut von Ikebukuro aus erreicht werden. Mit seinen vielen Schreinen und Tempeln in bergiger Gegend ist Chichibu **Pilger- und Wanderort** in einem. Eine Pilgerroute führt an den 34 Tempeln vorbei, die Gesamtdistanz beträgt ungefähr 100 Kilometer. Nähere Informationen zur Route entlang der Tempel der Rinzai-, Sōtō- und Shingon-Schulen gibt's beim Chichibu Silver Service-Center, Tel. (0494) 22-4454, oder bei der Chichibu Kannon Holy Sites Union, Tel. (0494) 25-1170.

Eine **beliebte Wanderroute** führt vom Mt. Mitsumine **nach Oku-Chichibu** (ungefähr 10 Kilometer); einige Lodges unterwegs bieten auch Übernachtungsmöglichkeiten. Der Weg führt vom Mitsumine-Schrein über Kirimo-ga-mine, Mt. Shiraiwa, Mt. Kumotori, Nanatsu-Ishiyama bis hin zu Kamosawa.

Praktische Tipps

Unterkunft

- **Oku-Chichibu Lake View Hostel,**②, Übernachtung, 2 Mahlzeiten im Preis inbegriffen. Von Mitsumine-guchi in 35 Minuten mit dem Bus bis zur Haltestelle Chichibuko, dann 15 Minuten zu Fuß, Tel. (0494) 55-0056.

Nagatoro

Nagatoro liegt nördlich von Chichibu und ist ein beliebter **Picknick-Ausflugsort.** Ein **naturhistorisches Museum** und ein **Felsengarten** bieten neben dem **Arakawa-Fluss** (mit Booten zu den

Stromschnellen im Sommer) ein schönes Naturerlebnis. Auf den Berg **Hōdo** führt eine Seilbahn.

Meijinomori Takao-Quasi-Nationalpark

Rund um den Berg **Takao** erstreckt sich der Quasi-Nationalpark. Der Berg zählt zu den Kantō-Bergen und gilt als heilige Stätte: Kaiser *Shōmu* ließ 744 den Yakuo-in-Tempel auf halbem Weg zum Gipfel errichten. Seitdem ist der Berg **Pilgerort;** derzeit kommen jährlich drei Millionen Tokyoter zum Tempel. Insgesamt sechs Wanderwege führen auf den 600 Meter hohen Gipfel. Von Tokyo Station fährt man mit JR in einer Stunde nach Takao Station.

Nikkō

- **Einwohner:** 20.000
- **Präfektur:** Tochigi

Nikkō, nördlich von Tokyo, ist reich an Kultur und Natur. Seit 1999 gehören die **Tempel und Schreine** Nikkōs zum Weltkulturerbe der UNESCO. Die Gegend rund um den 2484 Meter hohen **Vulkan Nantai-San** ist ein beliebtes Ausflugsgebiet der Tokyoter, da sich die Umgebung Nikkōs bestens für Wanderungen eignet. Der Nantai-San ist offiziell von Mai bis Oktober fürs Bergsteigen freigegeben. Früher war die abgelegene Berggegend das Refugium buddhistischer Meditation in der Kantō-Region.

Tōshōgū-Schrein

Hauptattraktion Nikkōs ist der Tōshōgū-Schrein, der als **Mausoleum für den ersten Shōgun,** *Ieyasu Tokugawa,* errichtet wurde. Die 1636 fertig gestellte Schreinanlage beeindruckt mit ihren riesigen Ausmaßen, es ist zweifelsohne die **gewaltigste und prachtvollste Anlage Japans.** 36 Bauten zählen zum Tōshōgū-Schrein. Die Schätzungen über die damaligen Baukosten und die Zahl der am Bau beteiligten Personen bewegen sich in unnachprüfbaren Höhen. Eine Summe beziffert die Baukosten, umgerechnet auf heutige Verhältnisse, auf rund 40 Milliarden Yen. Fakt ist, dass alle Daimyōs ihren Beitrag zu den Bauarbeiten leisten und zigtausende Arbeiter abstellen mussten. Nachprüfbar ist auch, dass rund 140.000 Bäume zum Bau nötig waren und ein Daimyō, *Matsudaira Masatsuna,* 200.000 japanische Zedern pflanzen ließ, von denen heute noch 13.000 prächtige Alleen bilden. Das allein mag die Dimension des Bauvorhabens beleuchten, das unter dem dritten Shōgun *Iemitsu* abgeschlossen wurde.

Die Architektur der Anlage besticht durch die **Fülle an Verzierungen und Dekorationen,** die im Kontrast zur Einfachheit buddhistischer Kunst steht. Die Schnitzereien umfassen mythische Fabelwesen, und zum Wahrzeichen sind

⊡ Tōshōgu-Schrein (alle Bilder)

die **drei Affen** geworden, die nichts Böses sehen, nichts Böses sprechen und nichts Böses hören.

Nicht weit westlich des Tōshōgū-Schreins liegt der **Futarasan-Schrein,** seit dem 8. Jahrhundert Ziel religiöser Pilger. Die meisten der heutigen Gebäude stammen aus dem 17. Jahrhundert.

Noch etwas weiter westlich gelangt man zum **Daiyūinbyō,** dem Mausoleum von *Iemitsu Tokugawa.*

Will man sowohl den Tōshōgū- als auch den Futarasan-Schrein sowie die zugehörigen Museen und Tempel besichtigen, muss man insgesamt rund 3000 Yen bezahlen.

jap_276 oh

jap_277b JNTO

jap_277a oh

■ **Anfahrt:** Von JR Nikkō mit dem Bus zur Haltestelle Shinkyō Bus Stop, von dort 10 Minuten zu Fuß.

Von JR/Tōbu Nikkō zum Tōshōgū zu Fuß

Wer die rund drei Kilometer zum Tōshōgū-Schrein läuft, passiert im kleinen Örtchen zuerst viele Ryokans, Lokale und Souvenirgeschäfte. Nach etwa 20 Minuten kommt man zur **heiligen Shinkyō-Brücke,** die den Fluss Daiya überspannt. Danach beginnt die Omotesandō, die – so wie die Omotesandō in Harajuku (Tokyo) zum Meiji-Jingū führt – den Hauptweg zum Schrein darstellt. Der Weg geht an Zedern vorbei, man passiert den **Rinnōji-Tempel** der Tendai-Schule und sieht anschließend auch gleich die Pagode und das **Niōmon-Tor,** die schon zur Tōshōgū-Anlage gehören.

Rund um den Chūzenji-See

Wer nur für einen Tagesausflug nach Nikkō kommt, wird neben der Tōshōgū-Anlage nicht mehr viel Zeit übrig haben. Falls doch, lohnt sich der Chūzenji-See, der besonders schön im Mai und Okto-

ber glänzt. Ein **Ausflugsboot** verbindet (außer im Winter) das Ojiri-Pier mit Shobugahama.

Zum See nimmt man den Bus die Haarnadelkurven hinauf bis zur Haltestelle **Chūzenji Onsen.** Wie der Name verrät, hat man hier am nördlichen Ufer des Sees viele Onsen und Übernachtungsmöglichkeiten. Zum „Programm" gehört hier auch der nahe gelegene **Kegon-Wasserfall,** den jedes Kind in Japan kennt und dem man bequem mit einem Aufzug näher kommt. Die Höhe des Wasserfalls beträgt 100 Meter.

Vom See beginnt auch der Aufstieg hinauf zum **Mt. Nantai,** Aufstiegsdauer 3–4 Stunden und mit teils steilen Passagen. Weniger beschwerlich ist eine Wanderung zum etwa 10 Kilometer entfernten **Yuno-ko-See,** die über das schöne Senjōgahara-Plateau führt.

- **Busse** ab JR Nikkō und Tōbu-Nikkō bis Chūzenji Onsen, Fahrtzeit 50 Minuten, Preis 1100 Yen. Dem Bus kann man auch an der Shinkyō-Brücke zusteigen.

Praktische Tipps

- **Vorwahl:** 0288

Anfahrt

- **Mit JR:** Von Ueno mit Umsteigen in JR Utsunomiya nach JR **Nikkō**. Fahrtzeit mit dem Rapid-Zug ca. 2 Stunden, Preis ca. 2500 Yen.
- **Mit Tōbu Railways:** Von Tōbu-Asakusa bis Tōbu-Nikkō. Die Tōbu-Asakusa Station liegt wenige Fußminuten von JR Asakusa entfernt. Fahrtzeit rund 2 Stunden, Preis je nach Zugtyp von 1300–2600 Yen

Touristeninformation

- **Tōbu Nikkō Informationszentrum,** Tōbu-Nikkō Station, 8.30–17 Uhr, Tel. 53-4511.
- **Nikkō Informationszentrum** (Nikko Kyōdo Center), WLAN & PC verfügbar, tägl. 9–17 Uhr, Tōbu Nikkō, 10 Minuten, Tel. 54-2496, www.nikko-jp.org/english.
- **Utsunomiya Informationszentrum,** JR Utsunomiya, 8.30–20 Uhr, (028) 636-2177.

Verkehrsverbundpass

- Der **All Nikko Pass** berechtigt für die Zug- und Busstrecken der Tōbu-Linie rund um Nikkō und den

jap_280 oh

Chūzenji-See ab Tōbu-Asakusa. Der 4-Tagespass kostet 4400 Yen.

■ Der **2 Day Nikko Pass** kostet 2600 Yen und erlaubt die Zug- und Busfahrten der Tōbu-Linie rund um Nikkō ab Tōbu-Asakusa. Der Limited-Express-Zug kostet etwas mehr.

Verkauf und Info: Tōbu Sightseeing Service Center, im Bahnhof Tōbu Asakusa, tägl. 7.45–17 Uhr, Tel. (03) 3841-2871, www.tobu.co.jp/foreign.

Führungen

■ **Nikkō SGG Club,** Führungen rund um den Tōshōgū-Schrein, Anmeldung mindestens zwei Wochen vorher per E-Mail: wisteriayoshiko@yahoo.co.jp.

■ **Utsunomiya SGG Club,** Anmeldung beim Utsonomiya Informationszentrum oder per E-Mail: nrn04954@nifty.com.

Unterkunft

Im kleinen Touristenörtchen **Nikkō** gibt es **mehr als 150 Unterkünfte,** neben Hotels und Ryokans auch vielen Pensionen und Minshukus. Viele davon bieten Mahlzeiten an und verfügen über ein Onsen-Bad.

■ **Turtle Inn Nikkō,**①, 10 Zimmer. Entspannte Atmosphäre, für Individualtouristen geeignet. Englisch sprechendes Personal hilft bei Fragen zur Umgebung, Internet umsonst, Onsen, Zimmer im westlichen und japanischen Stil. 2-16 Takumi-chō, Nikkō, mit dem Bus 7 Minuten ab Nikkō Station bis Sōgō Kaikan-mae, von dort 5 Minuten zu Fuß, Tel. 53-3168, www.turtle-nikko.com.

■ **Nikkō Cottage Inn Fu-Sha,**②, 3 Zimmer. Beliebte kleine Ferienwohnung, ruhig gelegen in Nikkō. 15 Minuten Fußweg zum Schrein. Die Wohnung ist im japanischen Stil eingerichtet und mit einer kleinen Küche ausgestattet. Vom Bahnhof Nikkō 30 Minuten zu Fuß oder 10 Minuten mit dem Bus

⌃ Wahrzeichen des Tōshōgu-Schreins: die drei Affen

bis zur Haltestelle Sōgō Kaikan-mae und dann noch 5 Minuten zu Fuß. Tel. 54-2206, www.fu-sha.co.jp.

■ **Nikkō Kanaya Hotel,**③, 70 Zimmer. Nikkōs traditionsreichstes Hotel auf dem Hügel nahe der Shinkyō-Brücke. Bis zur Bushaltestelle Shinkyō, dann den kleinen Hügel hoch, Tel. 54-0001, www.kanayahotel.co.jp.

■ **Guesthouse Sumica,**①, gute Lage in der Nähe des Bahnhof Nikkō. Freundliche Atmosphäre. Schlafsäle und Privatzimmer verfügbar. 5-12 Aioicho, Nikko, www.nikko-guesthouse.com.

Jugendherberge

■ **Nikkō Spa Travel Inn Nikkō Shi Kōryū Sokushin Center,** zwischen 3600 und 4100 Yen für Schlafsaal bzw. normales Zimmer. Die Unterkunft gehört der Stadt Nikkō, dementsprechend ist keine Mitgliedschaft in einer Jugendherbergsvereinigung nötig. Frühstück 600 Yen, Abendessen 1200 Yen. 2854 Tokorono, 25 Minuten zu Fuß von JR/Tobu Nikkō, Tel. 54-1013, www.nikko-kazenohibiki.com.

Essen und Trinken

Viele Restaurants finden sich auf dem Weg zum Tōshōgū-Schrein. In den angegebenen Lokalitäten sind gewöhnlich sowohl Touristen als auch Einheimische anzutreffen.

■ **Hippari Dako,**②, freundliches Yakitori und Nudel-Café. Kleines Restaurant mit nur drei Tischen, relativ billig und mit englischer Speisekarte. An den Wänden hängen die Kommentare früherer Gäste und wer noch Platz findet, kann seine Notiz hinterlassen. Tägl. 11–19 Uhr, auf dem Hauptweg zum Tōshōgū-Schrein, nach dem großen Papierdrachen Ausschau halten, Tel. 53-2933.

■ **Gusto,**②, Restaurant mit japanischer und westlicher Küche. Die Speisekarte hat Abbildungen der Gerichte, sodass man einfach mit dem Finger bestellen kann. Längste Öffnungszeiten Nikkōs, nämlich bis 2 Uhr nachts. Mo bis Fr 10–2 Uhr, Sa/So 7–2 Uhr, auf dem Weg zum Toshogu-Schrein, Tel. 50-1232.

■ **Hinokuruma,**②, Okonomiyaki wird direkt vor dem Gast zubereitet. Spezialität: Okonomiyaki mit Yuba und Yuba-Salat. Do bis Di 12–15 und 17–21

Yuba

In Nikkō ist man stolz auf Yuba: Jedes Restaurant, jede Unterkunft, jeder Souvenirladen bietet irgendetwas mit Yuba an. Aber was ist Yuba? Beim Anblick hat man eigentlich keine Vorstellung, aus was es einmal produziert wurde.

Yuba basiert auf **Soja.** Sojamilch wird erhitzt, bis sich eine kleine Haut darauf bildet. Diese Haut ist **Nama-Yuba,** also „reines Yuba". **Hoshi-Yuba** dagegen ist die getrocknete Sojamilchhaut; für beide Varianten existieren zahlreiche Rezepte.

Nikkō-Yuba hat eine **lange Tradition:** Viele Pilger kamen für ihre buddhistischen Übungen in die Gegend des Rinnoji-Tempels. Zur asketischen Lebensweise zählte vegetarisches Essen, für das Yuba das nötige Protein lieferte. Bei ihren Wanderungen griffen die Mönche auf die getrocknete Variante zurück.

Aufgrund der Verknüpfung mit der buddhistischen Lebensweise war Yuba nicht nur seit langem in Nikkō bekannt, sondern – wie so vieles, was in Japan einst begann – auch in Kyoto. In Nikkō ist man jedoch davon überzeugt, dass Yuba zuerst in Nikkō verwendet wurde. Unabhängig davon: Yuba ist **gesund, nahrhaft** und schmeckt auch noch gut. Es hat seinen Platz im ernährungsbewussten Japan längst gefunden.

Uhr, Bushaltestelle Nikkō-Kyōdo-Center-mae, Tel. 54-2062.

- **Sawamoto,**②, Aal-Restaurant, besonders bei Einheimischen beliebt. Una-jū (gegrillter Aal auf Reis) für nicht billige 3000 Yen, aber absolut zu empfehlen. Geöffnet 11–14 und 17–19 Uhr mit unregelmäßigen Ruhetagen, an der Bushaltestelle Shinkyō, Tel. 54-0163.
- **Ebisuya,**③, gilt als Pionier der Yuba-Küche in Nikkō. Menüfolgen mit verschiedenen Arten von Yuba, also interessant für Yuba-Liebhaber und doch etwas eintönig auf Dauer für alle anderen. Mi bis Mo 11.30– 14.30 Uhr, Bushaltestelle Nikkō-Kyōdo-Center-mae, Tel. 54-0113.

Nikkōs Kunstgewerbe

Nikkōs Kunstgewerbe bietet vor allem **Schnitzereien** und **kunstvoll verzierte Holzgegenstände, Nikkō-bori** und **Nikkō-geta** genannt. Eine Ausstellung zu diesen Gegenständen befindet sich in der Touristeninformation.

Nikkō-bori entstand ursprünglich als Nebenprodukt von Schreinern, die am Bau des Tōshōgū-Schreins beteiligt waren und noch ein zusätzliches Einkommen (vor allem für Tabak) verdienen wollten. Für die Schnitzereien kam die *Hakkaki* zum Einsatz, eine Mischung aus Schnitzmesser und geschwungenem Stichel. Die hergestellten Gegenstände reichen von Tabletts bis hin zu Teetischen.

Die Muster für die Schnitzereien stammen ursprünglich aus der Pflanzenwelt: Chrysanthemen, Pfingstrosen und Kirschblüten stehen ganz oben auf der Liste. Zu den verwendeten Hölzern zählen Kastanie sowie die Hölzer von Katsura- und Hou-Baum.

Öffentliches Onsen

- **Nikkō Onsen Public Hot Spa,** städtische Onsen-Einrichtung. Mi bis Mo 10–21 Uhr, 400 Yen. 680-1 Shichiri, Nikkō Tel. 53-3630.

Kunstgewerbe

- **Murakami Toyohachi Shōten,** über 100-jährige Tradition mit Nikkō-bori-Schnitzereien. 256 Matsubara-chō, Nikkō, 5 Minuten zu Fuß von Nikkō Station entlang der Route 120, Tel. 53-3811.
- **Kurata Kōbō,** Fachhandel für Nikkō-Geta. Die hölzernen Clogs (auch Gomen-Geta genannt) gehören zur offiziellen Kleidung der Priester Nikkōs. 2835-49 Tokorono, Tel. 53-3154.

Umgebung von Nikkō

Kinugawa Onsen ist ein touristisches Zentrum mit vielen Ryokans, Minshukus und heißen Quellen. Auf dem Fluss Kinu verkehren im Sommer kleine Boote, und ein schöner Wanderweg führt durch die Ryūōkyō-Schlucht.

[>] Kegon-Wasserfall bei Nikkō

jap_283 oh

Fünf Minuten sind es mit dem Bus von Kinugawa Onsen zum **Tōbu World Square,** einem **Miniaturenpark** mit unzähligen Reproduktionen aus aller Welt. Zu den Modellen im Maßstab 1:25 zählen auch 42 Stätten des UNESCO-Weltkulturerbes, und so findet man Nôtre Dame neben der Sphinx und das Colosseum neben der Tower Bridge (tägl. 9–17 Uhr, im Winter bis 16 Uhr, 2500 Yen).

Ebenfalls nahe Kinugawa Onsen liegt der **Freizeitpark Nikkō Edomura Village,** der das Leben und die Kultur Edos nachstellt. Zum permanenten Programm gesellen sich tagesspezifische Attraktionen. Eintrittsgebühr 4500 Yen, für spezielle Aufführungen wie die Ninja-Show oder Inszenierungen im Gekijo-Theater muss man extra bezahlen (tägl. 9–17 Uhr, im Winter 9.30–16 Uhr, von Kinugawa Onsen Station verkehrt ein Bus, Infos unter Tel. (0288) 77-1777, www.edowonderland.net).

Narita

- **Einwohner:** 98.000
- **Präfektur:** Chiba

Viele Tokyo-Touristen erleben Narita zumindest bei An- und Abflug: In Narita befindet sich der **Internationale Flughafen Tokyos.** Wer also eigentlich nach Tokyo fliegt, wird sich bei der Landung in Narita vielleicht wundern, nichts von der Stadt, sondern nur Land und Reisfelder zu sehen.

Narita liegt **80 Kilometer östlich von Tokyo.** Die Stadt wirbt vor allem mit Kurzaufenthalten für Reisende, die noch einige Stunden Zeit bis zum nächsten Flug haben.

Sehenswertes

Naritasan Shinshōji-Tempel

Der Shinshōji ist der **Haupttempel der Chizan-Schule,** die wiederum der Shingon-Schule angehört. Der Tempel wurde im Jahr 940 erbaut und lockt heute jährlich rund 13 Millionen Besucher an. Auf dem Weg zum Tempel passiert man den **Narita Tourist Pavillon** (Narita Kankōkan), der den Shinshōji zu Zeiten Edos audiovisuell präsentiert und auch Videos über die großen Festivals Naritas zeigt. Gleich rechts hinter der Haupthalle des Tempels beginnt der schöne **Naritasan-Park,** der einen Abstecher lohnt.

Nationalmuseum für japanische Geschichte

Das Museum ist Japans einziges Nationalmuseum speziell für **historische Wissenschaft und Archäologie.** Die gut sortierte Ausstellung erlaubt einen systematischen Einblick in Japans Geschichte, Kultur und Folklore. Von den insgesamt 110.000 Ausstellungsgegenständen finden sich 8000 in der permanenten Ausstellung.

- **Nationalmuseum für japanische Geschichte,** Di bis So 9.30–16.30 Uhr, 20 Minuten von Keisei Sakura Station, Tel. (043) 486-0123.

Praktische Tipps

- **Vorwahl:** 0476

Touristeninformation

- **Touristeninformation,** JR Narita Station, tägl. 8.30–17 Uhr, Tel. 24-3198.
- **Narita Tourist Pavillon,** Di bis So 9–17 Uhr (Sommer 10–18 Uhr), Tel. 24-3232.

Führungen/Home Visit

- **Home-Visit-Programm,** Touristen besuchen japanische Familien zu Hause. Infos und Anmeldung bei den Touristeninformationen in Narita oder bei den TICs am Narita Airport.
- Ehrenamtliche **Führungen** mit der **Association of Narita Volunteer Guides,** Buchung der kostenlosen Rundgänge rund um dem Naritasan Shinshōji-Tempel unter: naritasan_guide@yahoo.co.jp.

Unterkunft

Grundsätzlich bestehen für Narita zwei Möglichkeiten: Entweder man übernachtet **komfortabel nahe des Flughafens** in einem der internationalen Hotels, die einen (kostenlosen) Bustransport zwischen Flughafen und Hotel bereitstellen. Oder, und das ist **billiger,** man wählt die **Gegend um den Bahnhof Narita,** der eine Station vom Flughafen entfernt ist und mit JR und Keisei erreicht werden kann. Vor dem Bahnhof JR Narita sind einige günstige Restaurants und auch Hotels in Laufdistanz gelegen.

- **Azure Narita,**①, geboten werden billige Schlafsaal-Plätze im japanischen Stil. 2-6-7, Hiyoshidai, Tomisato, JR/Keisei Narita, zu Fuß zwischen 10 und 15 Minuten, Tel. 91-5708, www.azure-guesthouse.com.
- **Kirinoya Ryokan,**①, 12 Zimmer. Traditionelles Ryokan mit freundlicher Besitzerfamilie. Traditionell eingerichtete japanische Zimmer und ein Gemeinschaftsraum mit viel Deko aus Samurai-Zeiten. Keisei Narita, 7 Minuten, Tel. 22-0724, www.naritakanko.jp/kirinoya.
- **Narita Airport Rest House,**②, 210 Zimmer. Sehr komfortabel direkt am Flughafen gelegen, ein kostenloser Shuttle-Bus zu beiden Terminals verkehrt alle 20 Minuten. Tel. 32-1212, www.apo-resthouse.com.
- **Hilton Tokyo Narita Airport,**④, 548 Zimmer. Luxushotel in Flughafennähe mit kostenlosem Bus-Zubringer. Tel. 33-1121, www.hilton.co.jp.

Hitachi

- **Einwohner:** 190.000
- **Präfektur:** Ibaraki

In der **nördlichen Ibaraki-Präfektur** liegt die Stadt Hitachi, in der der gleichnamige Konzern früher seinen Hauptsitz hatte und heute noch einige Forschungslaboratorien unterhält.

Das **Tokugawa-Museum** nahe **JR Mito** hat 30.000 Gegenstände des ersten Shōguns *Ieyasu Tokugawa* zu einer Ausstellung versammelt. Nicht weit entfernt, auch in Mito, erstreckt sich der **Kairaku-en-Garten,** den man zu den schönsten Daimyō-Gartenanlagen Japans zählt.

Praktische Tipps

- **Vorwahl: 0294**

Führungen

- Ehrenamtliche Führungen mit dem **Tone Machi SGG Club,** Anmeldung unter Tel. (0297) 68-6850 oder per E-Mail: odachikashi@hotmail.com.

Inselketten Tokyos

Izu-Inseln

Zur Präfektur Tokyo zählen einige kleine Inseln, die mit dem Schiff oder dem Flugzeug erreicht werden können und immer für einen Kurzausflug gut sind.

Ōshima

Ōshima ist die **größte der Izu-Inseln** und hat mit dem **Mihara-yama-Vulkan** die touristische Hauptattraktion. Man kann zu Fuß bis an den Kraterrand des aktiven Vulkans gehen und aus dem Krater weißen Rauch emporsteigen sehen. Der letzte große Ausbruch war 1986. Bei klarer Sicht kann man vom Vulkan aus über Tokyo bis hin zum Fuji-San blicken. Ein Vulkanmuseum zeigt die Geschichte. **Mountainbiker** tragen gern ihr Mountainbike den harten Weg hinauf, um dann eine wilde Abfahrt vom Gipfel zu genießen – durch den relativ jungen Ausbruch stört nicht besonders viel an Vegetation die waghalsige Fahrt. Es besteht die Möglichkeit, auf der Insel Fahrräder auszuleihen.

Die Insel ist der Tokyo-Bucht am nächsten gelegen und daher stets gut frequentiert.

- **Vorwahl: 04992**

Anreise

- **Flugzeug:** Ab Haneda auf die Inseln Ōshima, Miyakejima und Hachijojima.
- **Fähre:** Ab Takeshiba-Pier, Tōkai Kisen-Fährterminal, 7 Minuten von JR Hamamatsu-chō. Mit dem Albatross-Hovercraft in 2½ Stunden. Infos bei Tōkai Kisen, Tel. (03) 5472-9999.

Touristeninformation

- **Ōshima Touristeninformation,** am Motomachi-Hafen, Tel. 2-2177.

Unterkunft

- **Umi-no furusato-mura,** Campingplatz mit Lodge und mit Blick auf den Ozean. Die Übernachtung in der Lodge kostet 2000 Yen, im eigenen Zelt 200 Yen, Zeltleihe 2000 Yen. Mahlzeiten können bestellt werden, was sich empfiehlt, da kaum Restaurants oder Geschäfte in der Umgebung sind. Ōshima-kōen Park, vom Pier mit dem Bus bis Ōshima-kōen, von dort ist ein Abholservice eingerichtet, falls man reserviert hat. Tel. 4-1137, http://oshimakoen.jp/uminohurusatomura/index.html (nur auf Japanisch).
- **Nodahamaen,**②, 24 Zimmer, Minshuku in Nodahama. Ein Abholservice vom Pier oder vom Flughafen wird angeboten. 234 Shinkai, Okada, Ōshima-chō, Tel. 2-8341, www16.ocn.ne.jp/~noda hama.
- **Hotel Yamatokan,**②, Ryokan-Hotel nahe vom Motomachi-Hafen, in Laufweite zum Hamanoyu-Onsen. 1-11-13 Motomachi Ōshima-chō, Tel. 2-1118, www.yamatokan. com.

Freiluft-Onsen

- **Hamanoyu,** Onsen, das mit dem Ausbruch des Mt. Mihara 1986 entstanden ist, nahe des Motomachi-Hafens. Nur mit Badesachen (können geliehen werden), gemischtes Onsen. Großartiger Blick auf Ozean und Vulkan. Beliebteste Zeit zum Sonnenuntergang. Tägl. 13–19 Uhr, 400 Yen.

Fahrradleihe

Normale Fahrräder oder Mountainbikes kosten zwischen 1500 und 2000 Yen pro Tag und sind über die Touristeninformation buchbar.

- **Asaumi Rent a cycle,** Tel. 2-8407.
- **Ranburu rent a cycle,** Tel. 2-3398.

Niijima

Niijima ist bei **Surfern** beliebt und Anlaufpunkt für alle **Wassersportfans.** Auf der Insel macht sich der Einfluss der städtischen Kurzurlauber bemerkbar, hier gibt es mehr als 200 Unterkünfte. Die meisten Pensionen und Ryokans haben einen Einheitspreis, der nur zur Hauptsaison höher liegt. Man sollte nicht viel an Englischkenntnissen erwarten.

Unterkunft

- **Pension Oasis,**②, 4 Zimmer im westlichen Stil mit Bad, nahe des Fährterminals. Preis inklusive Frühstück und Abendessen mit Gemüse und Fisch von der Insel. Fahrradleihe für 1500 Yen pro Tag. 278 Kawahara, Motomura, Niijima-mura, Tel. 5-1775, http://island.geocities.jp/niijimaoasis.

Freiluft-Onsen

- **Yunohama hot spring,** 5 Min. vom Niijima-Hafen. Mit Blick auf den Ozean, 24 Std. geöffnet und kostenlos. Nur mit Badekleidung, da gemischtes Onsen. Nicht über den griechischen Stil wundern.

Fahrradleihe

Fahrradleihe ist bei einigen Autovermietern möglich. Einheitspreis 2000 Yen pro Tag, kaum Englisch sprechendes Personal.

- **Ōnuma rent a car service,** Tel. 5-0126.
- **Morita motors,** Tel. 5-0029.

Ogasawara-Inseln

Chichijima und **Hahajima** sind die Hauptinseln der Ogasawara-Inselkette, die 1000 Kilometer südlich des Tokyoter Stadtgebietes liegen, zur Präfektur Tokyo zählen und insgesamt **rund 30 Inseln** umfassen. Mit der Fähre dauert die Überfahrt 25 Stunden. Die Inseln sind für ihr klares Wasser bekannt und locken vor allem **Taucher** an. Im Vergleich zu Izu sind die Ogasawara-Inseln weniger touristisch und mit dem smaragdgrünen Wasser und der unberührten Landschaft im Naturvorteil. Ganzjährig können **Delfine** beobachtet werden, saisonal (Februar/ April, Sommer, Herbst) auch **Wale.**

Seit 2011 sind die Ogasawara-Inseln neben Shiretoko, Shirakami Sanchi und Yakushima eine der vier **UNESCO-Weltnaturerbestätten** Japans.

Unterkunft Chichijima

- **Ogasawara Youth Hostel,** zwischen 3100 und 4100 Yen, in der Nähe des Hafens und des Besucherzentrums. Frühstück 630 Yen, Abendessen 1050 Yen. Nishi-machi Chichi-jima, Ogasawara-mura, Tel. (04998) 2-2692.

Unterkunft Hahajima

- **Anna Beach Hahajima Youth Hostel,** zwischen 3300 und 4400 Yen. Das gelbe Gebäude nahe des Piers. Frühstück 630 Yen, Abendessen 1050 Yen. Kleine Küche vorhanden. Shizukazawa, Hahajima, Ogasawara-mura, Tel. (04998) 3-2468.

jap_701 oh

2 Kansai

Prächtige Tempel, ehrwürdige Schreine, feudale Burgen – in Kansai gibt's Geschichte pur. Allein in Kyoto zählen 13 Tempel zum Weltkulturerbe ...

< Kinkakuji in Kyoto

KANSAI

Kansai liegt im Westen Japans – **Kyoto, Osaka** und **Nara** bilden das Herzstück der Region. Vor allem die alte Kaiserstadt Kyoto beeindruckt – Touristen entdecken hier das **kulturelle Herz Japans** …

☒ Das Paradebeispiel eines Zen-Tempels: der Ginkakuji in Kyoto

NICHT VERPASSEN!

- Das **Gion-Viertel** in Kyoto ist das traditionelle Viertel der Stadt mit historischen Bauwerken und interessanten kulturellen Veranstaltungen | **154**
- Der 1394 erbaute und prächtig verzierte **Kinkakuji-Tempel** (Goldener Pavillon) ist Ziel zahlreicher Touristen und Schulklassen | **157**
- Der **Daitokuji-Tempel** ist der bedeutendste Zen-Tempel Japans | **158**
- Den besten Ausblick über Kyoto hat der Besucher des **Kiyomizu-dera-Tempels** | **167**
- Der meistbesuchte und berühmteste Schrein Japans ist der **Fushimi-Inari-Schrein** | **177**

Diese Tipps erkennt man an der gelben Hinterlegung.

jap_711 oh

Einleitung

Kansai bezeichnet die Region im Westen Japans, in der – ähnlich wie im Großraum Tokyo – viele Städte zu einem **riesigen urbanen Gebiet** verschmolzen sind. **Osaka, Kyoto, Kobe und Nara** (nur um die großen Städte zu nennen) gehen hier fließend ineinander über und sind der Lebensraum für rund 20 Millionen Menschen.

Kansai bedeutet wörtlich übersetzt **„Westlich der Pässe“,** was seine Entsprechung in der Kantō-Ebene, dem Land „Östlich der Pässe“, findet. Die Bezeichnungen beziehen sich auf das alte Japan, als die Hakone-Berge auf dem Handelsweg zwischen dem Kantō-Teil im Osten, dem heutigen Tokyo, und dem westlichen Teil Japans überquert werden mussten.

Kansai ist das **frühere Machtzentrum Japans,** weswegen einst der Begriff „Kinki“ für die Region geläufiger war, was in etwa „Um die Hauptstadt“ bedeutet. Heute findet man die Bezeichnung Kinki beispielsweise noch auf den Wetterkarten bei der Wettervorhersage im Fernsehen.

Mit **Kyoto** als kulturellem Herz und Seele Japans sowie dem 1994 eröffneten Kansai-Flughafen in **Osaka** ist die Kansai-Region für viele Touristen der erste Schritt nach Japan.

Verkehrsverbundpass Kansai

Wer nicht ohnehin mit dem JR Rail Pass unterwegs ist, hat in Kansai die Möglichkeit zum **Kansai-Thru-Pass.** Damit darf das gesamte Privatschienennetz in der Kansai-Region benutzt werden. Bis auf ganz wenige Ausnahmen hat man freie Fahrt mit Keihan, Kintetsu, Nankai, Hanshin, Hankyū etc. – eben fast alles außer JR. Ein 3-Tages-Pass kostet 5000 Yen, ein 2-Tages-Pass 3800 Yen. Die Tage müssen nicht zusammenhängend genutzt werden.

■ **Surutto Kansai Association,** Tel. (06) 6258-3636, www.surutto.com.

Kansai

0 20 km

KYOTO

- **Einwohner:** 1,5 Millionen
- **Vorwahl:** 075

Kyoto ist das **kulturelle Herz Japans** und kann auf eine über tausendjährige Geschichte als Hauptstadt Japans zurückblicken. Von **794–1868** war Kyoto **Kaisersitz** und übte wirtschaftliche, kulturelle und politische Macht aus. Jährlich kommen 58 Millionen Besucher in die Stadt, um Kyotos einmalige Kultur, Kulturschätze und Zeremonien zu genießen.

Die **Heian-Kultur** ist lebendig, unzählige Kulturdenkmäler warten, die Zahl der Tempel und Schreine in Kyoto wird auf rund 2000 geschätzt.

Kyotos Stil und Charme werden sich jedem Besucher schnell erschließen. Bauvorschriften verbieten im Zentrum die Errichtung hoher Gebäude, sodass Kyoto im Gegensatz zu anderen japanischen Städten keine Wolkenkratzer aufweist. Die **traditionellen Holzhäuser** bestimmen noch das Bild, selbst wenn manche nach und nach Neubauten aus Beton und Stein weichen müssen. Die Tradition wird bewahrt und so muss sich zum Beispiel auch McDonald's dem Stadtbild fügen und seine Farbe in Kyoto etwas dunkler wählen.

Kyoto steht für die Entwicklung Japans und Kyoto ist ein unerreichbares Qualitätssiegel. Oft wird man in Japan auf Städte treffen, die sich wegen einiger Tempel oder Kulturschätze gern als „kleines Kyoto" bezeichnen.

Orientierung

Kyoto liegt nördlich von Osaka, umgeben von zahlreichen dicht bewaldeten Bergen, weswegen das Klima im Ver-

Kansai – Privatlinien- und U-Bahn-Netz

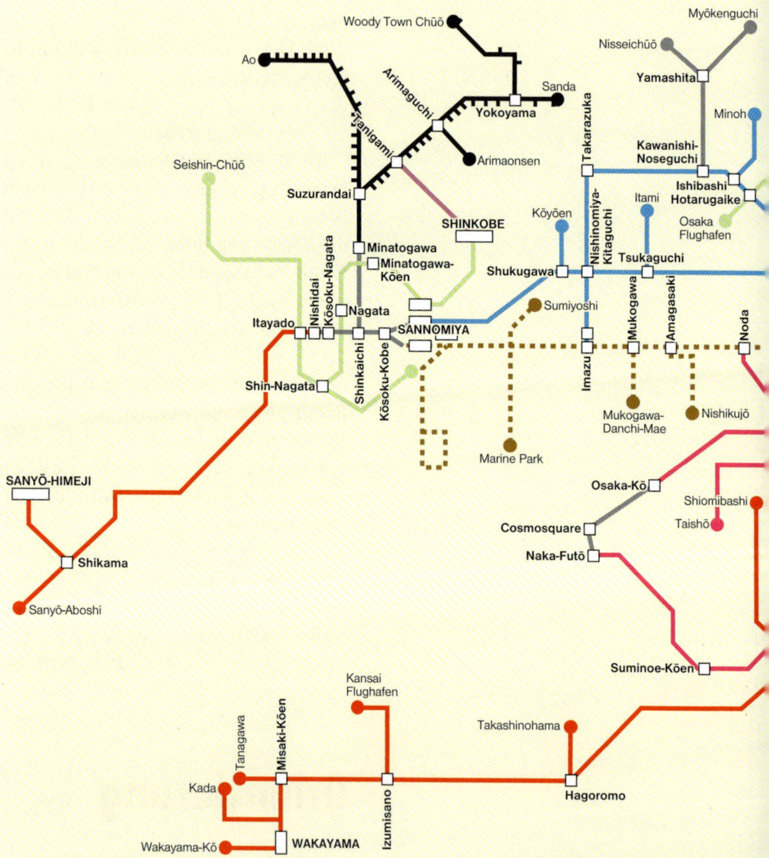

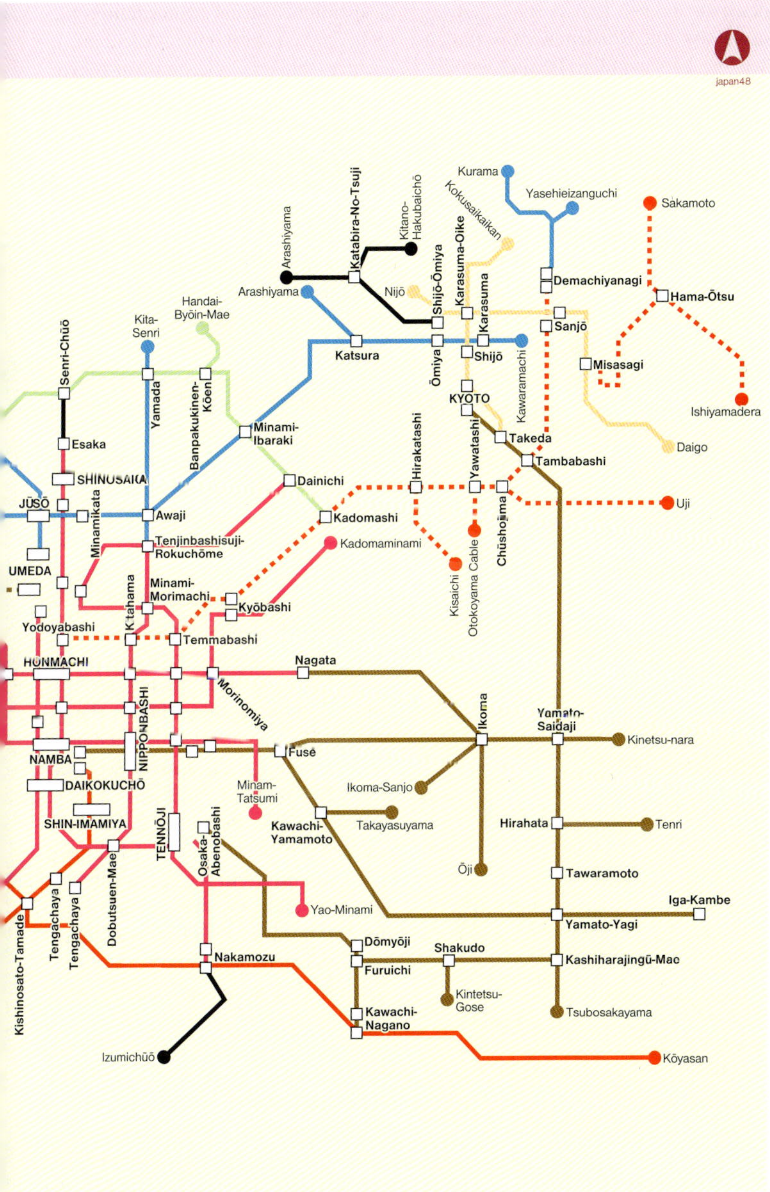
japan48
Kurama
Yasehieizanguchi
Sakamoto
Kokusaikaikan
Kitano-Hakubaichō
Katabira-No-Tsuji
Arashiyama
Arashiyama
Nijō
Shijō-Ōmiya
Karasuma-Oike
Karasuma
Demachiyanagi
Hama-Ōtsu
Sanjō
Handai-Byōin-Mae
Kita-Senri
Senri-Chūō
Katsura
Ōmiya
Shijō
Kawaramachi
Misasagi
Ishiyamadera
KYOTO
Yamada
Banpakukinen-Kōen
Minami-Ibaraki
Takeda
Daigo
Esaka
Tambabashi
SHINOSAKA
Hirakatashi
Yawatashi
Dainichi
JŪSŌ
Minamikata
Awaji
Kadomashi
Chūshojima
Uji
Tenjinbashisuji-Rokuchōme
Kadomaminami
UMEDA
Kisaichi
Otokoyama Cable
Minami-Morimachi
K'tahama
Kyōbashi
Yodoyabashi
Temmabashi
HONMACHI
Nagata
Morinomiya
NIPPONBASHI
Ikoma
Yamato-Saidaji
Kinetsu-nara
NAMBA
Fusé
DAIKOKUCHŌ
Ikoma-Sanjo
Minam-Tatsumi
SHIN-IMAMIYA
TENNŌJI
Osaka-Abenobashi
Kawachi-Yamamoto
Takayasuyama
Hirahata
Tenri
Ōji
Tawaramoto
Dobutsuen-Mae
Tengachaya
Tengachaya
Kishinosato-Tamade
Yao-Minami
Iga-Kambe
Yamato-Yagi
Dōmyōji
Shakudo
Nakamozu
Furuichi
Kashiharajingū-Mae
Kintetsu-Gose
Kawachi-Nagano
Tsubosakayama
Izumichūō
Kōyasan

gleich zu anderen Kansai-Städten etwas kühler ist. Im **Norden Kyotos** finden sich die bedeutenden **Tempel** wie der Goldene Pavillon (Ginkakuji), der Daitokuji- und Gingakuji-Tempel.

Zentral liegt der **Kaiserpalast,** in dem einst die Kaiser residierten. Kyoto Station befindet sich südlich davon an der Hachijō-dori (in Richtung Shichijō-dori). Das Zentrum für Shopping und Nachtleben ist zwischen Sanjō und Shijō.

Kyotos Straßen sind schachbrettartig angelegt. Oftmals wird man Adressangaben finden, die sich an den Kreuzungen großer Straßen orientieren. Wenn es zum Beispiel heißt, das Restaurant liege „östlich von Kawaramachi-Shijō", dann findet man es auf der Shijōdori östlich der Kreuzung mit der Kawaramachi-dori. Die erstgenannte Straße verläuft oft in Nord-Süd-Richtung, die zweite von Ost nach West. Die meisten Straßen im Zentrum Kyotos führen Namen, sodass hier eine Orientierung leichter fällt als beispielsweise in Tokyo.

Stätten des Weltkulturerbes in Kyoto

17 Stätten in Kyoto wurden von der UNESCO seit 1972 zum Weltkulturerbe erklärt, alle sind für die Öffentlichkeit zugänglich:

- **3 Schreine:** Kamigamo-jinja, Shimogamo-jinja, Ujigami-jinja;
- **13 Tempel:** Kiyomizu-dera, Ryōanji, Kyōgokokuji, Enryakuji, Daigoji, Ninnaji, Byōdō-in, Honganji, Jishōji, Rokuonji (Kinkakuji), Tenryūji, Saihōji, Kōzanji;
- **das Schloss Nijō.**

Geschichte

Kaiser *Kammu* verlegte im Jahr 794 seinen Sitz ins neu erbaute **Heian-kyō,** der „Hauptstadt des Friedens". Später hieß Heian auch **Miyako,** also „Kaiserliche Hauptstadt", ehe Kyoto („Hauptstadt-Stadt") seinen heutigen Namen erhielt. Von 794 bis 1868 blieb Kyoto kaiserliche Hauptstadt.

Die Ebene, in der Kyoto errichtet wurde, war zuerst von der chinesisch-stämmigen **Hata-Familie** zu Beginn des 7. Jahrhunderts besiedelt worden. Der **Kōryūji** als deren Familientempel ist ein ganz frühes Kunstwerk des Buddhismus in Japan und wird heute oft mit der Gründung Kyotos gleichgesetzt.

Die **Heian-Periode** bis 1185 brachte Kunst und Kultur in der neuen Hauptstadt zur Blüte. Die Stellung des Kaisers war unangefochten und das höfische Leben ließ ganz Heian erstrahlen.

Gegen Ende des 12. Jahrhunderts wandelten sich die Machtverhältnisse: Der Kaiser in Kyoto verfügte nicht mehr über die uneingeschränkte Macht und die **Zeit des Kamakura-Shogunats** begann, bei der die Kamakura-Shōgune (Generäle) über die Geschicke des Landes entschieden.

Im 14. und 15. Jahrhundert erlangte das in Kyoto ansässige **Ashikaga-Shogunat** die Macht, sodass die politische Entscheidungsgewalt zurück nach Kyoto kehrte, wenngleich sie nicht beim Kaiser lag. Aus jener Zeit stammen einige der bedeutendsten **Zen-Tempel** Kyotos. Jene Zeit war auch geprägt von unzähligen **Bürgerkriegen,** die Teile Kyotos immer wieder in Schutt und Asche legten.

Oda Nobunaga (1534–1582) beendete schließlich den Bürgerkrieg und sein Nachfolger **Hideyoshi Toyotomi** (1536–1598) sorgte für die Renaissance Kyotos: Kaiserpalast und Tempel wurden wieder aufgebaut, die Stadt modernisiert.

Nach *Hideyoshis* Tod erlangte dessen einstiger Verbündeter *Ieyasu Tokugawa* die Macht und gründete 1603 sein **Tokugawa-Shogunat** in Edo. Der Kaiser blieb mit seinem Hof in Kyoto, hatte jedoch seine Macht wieder verloren. Für Kyoto setzte nach den Kriegsjahren eine Zeit des kulturellen Aufschwungs ein.

Mit der **Verlegung des Kaisersitzes 1868 nach Tokyo** endete die Zeit Kyotos als Kaiserstadt – 1000 Jahre in dieser Position hinterließen einen kulturellen Reichtum, wie er heute nirgendwo sonst in Japan anzutreffen ist.

Während des 2. Weltkrieges war Kyoto in den ersten US-amerikanischen Überlegungen – wie so viele andere Städte Japans – als mögliches Ziel für den Abwurf der **Atombombe** in Betracht gezogen. Aufgrund seiner kulturellen Bedeutung verschwand Kyoto jedoch wieder von der Liste.

In jüngster Zeit ging die ehemalige Hauptstadt in Verbindung mit dem **Kyoto-Protokoll** durch die Medien, als Kyoto Gast- und Namensgeber für die Klimaschutzkonferenz der Vereinten Nationen war.

Kyoto ist nicht nur das kulturelle Herz Japans, sondern auch **Bildungshochburg:** Rund 125.000 Studenten studieren an den 37 Universitäten und Hochschulen der Stadt.

Industrie

In Kyoto findet man noch viele traditionelle Industriezweige, daneben aber auch moderne Unternehmen wie etwa Nintendo oder Kyocera, die ihren Hauptsitz in Kyoto haben. Zu den **traditionellen Industrien** zählen zum Beispiel Nishijin (Weberei), Kyōyūzen (Färberei), Kiyomizu Yaki (Keramik), Takeseihin (Bambusprodukte) und Tango Chirimen (Seidenflor). Die kunsthandwerklichen Produkte wird man in Kyoto vielerorts antreffen und in manchem Museum oder Handwerkszentrum kann man die alten Techniken selbst ausprobieren.

Großindustrie wurde größtenteils im Süden Kyotos angesiedelt, also abseits der kulturträchtigen Stätten.

Zentral-Kyoto

Das Zentrum Kyotos umfasst die Gegend **von Kyoto Station über Shijō und Sanjō bis zum Kaiserpalast** und in östlicher Richtung **bis zur Higashiōji-dori.**

Der Kaiserpalast Gosho

Der Alte Kaiserpalast (Kyoto Gosho) war der **Sitz der japanischen Kaiser von 794–1868,** ehe der Meiji-Tennō nach Tokyo umzog. Der Palast liegt im **Kyoto-Gyoen-Park** und ist von großen Steinmauern umgeben, die sich 450 Meter von Nord nach Süd und 250 Meter von Ost nach West erstrecken. Sechs Tore

Kyoto – Übersicht

Übernachtung
1 Tani House
5 Guest House Kingyoya
6 Shunkō-in
8 Jyōren-in-Tempel
9 The Palace Side Hotel
16 Kyoto Hotel Ōkura
17 Ryokan Hotel Nishiyama
18 Hiiragiya Ryokan
19 Hotel Gimmond Kyoto
21 Gojō Guest House
22 Chishakuin-kaikan
24 K's House
27 Tour Club
29 Budget Inn
30 Hotel Granvia Kyoto

Nachtleben
10 Jittoku
14 Metro

Essen und Trinken
2 Ikkyū
4 Sarasa
7 Tsuruya Yoshinobu
15 Dublin
20 Guilo Guilo
23 Tea Ceremony Juan
31 Katsukura

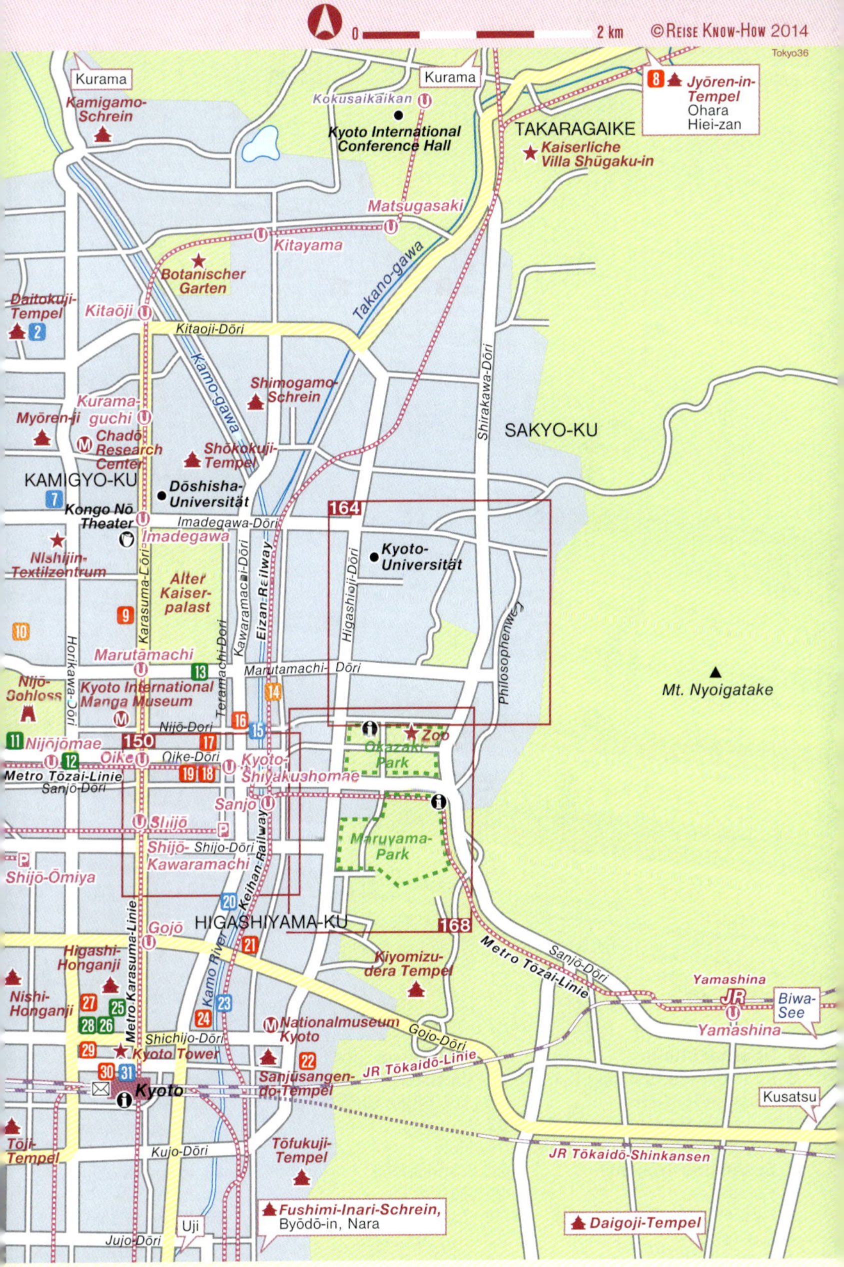

- **Einkaufen/Sonstiges**
- 3 Funaoka Onsen (Gemeinschaftsbad)
- 11 Kaiyō-dō
- 12 Kuraya Hashimoto
- 13 Uruwashi-ya
- 25 Yodobashi Camera
- 26 JTB Sunrise Tour
- 28 KCTP (Fahrradverleih)

Kyoto – Downtown Shijō-Sanjō

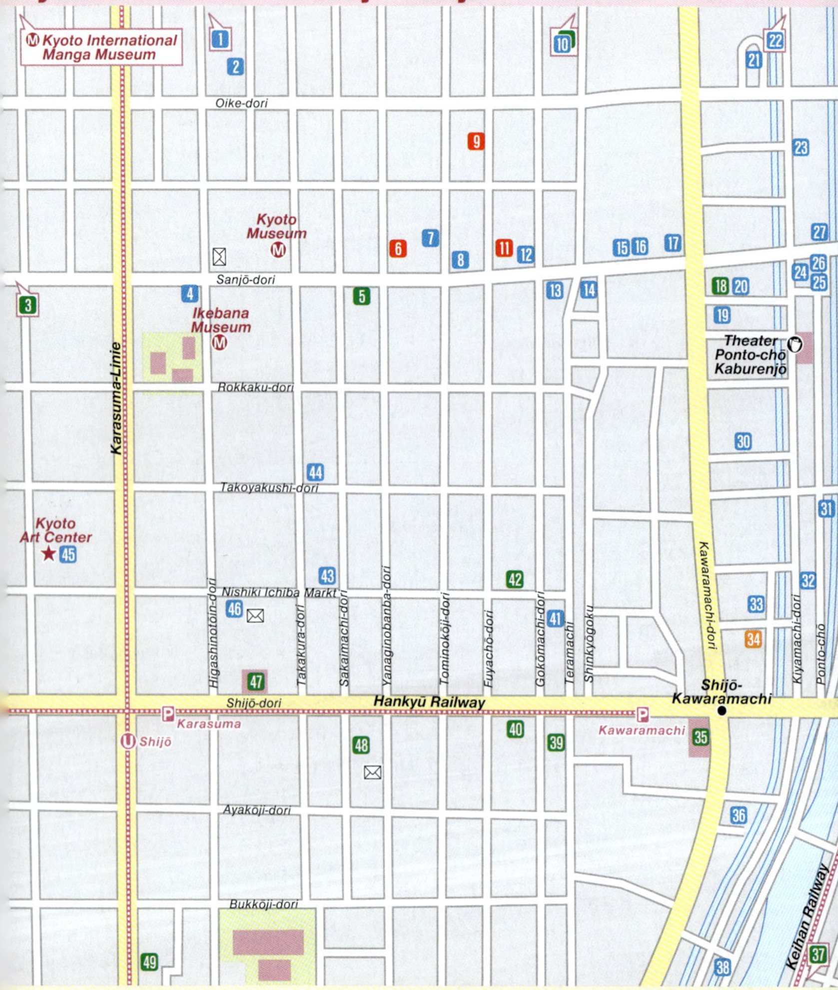

Übernachtung
6 Kyo-no-Yado Ishihara
9 Hiiragiya Ryokan
11 Tawaraya Ryokan

Essen und Trinken
1 Yoramu
2 Kushi Kura
4 Bio-Tei
7 Tempura Yoshikawa Inn
8 Restaurant Nakamura
10 Ippōdo
12 Red Rubber Ball Café
13 Café Independants
14 Mishima-tei
15 Katsukura
16 Sun Shine Café
17 Musashi
19 Hub
20 Capricciosa
21 Dublin
22 Ganko Nijō-en
23 Live Spot Rag
25 Ohsho
26 Sujata
27 Starbucks
28 Pig and Whistle
30 Daikokuya
31 Ajigasane
33 A Bar
36 Chikyū-ya
38 Setsugetsuka
41 Yak & Yeti
43 Konna-Monja
44 Divo Diva
45 Maeda Coffee
46 Ippū-dō

Nachtleben
24 Rub a Dub
32 Bar Hachimonjiya
34 World

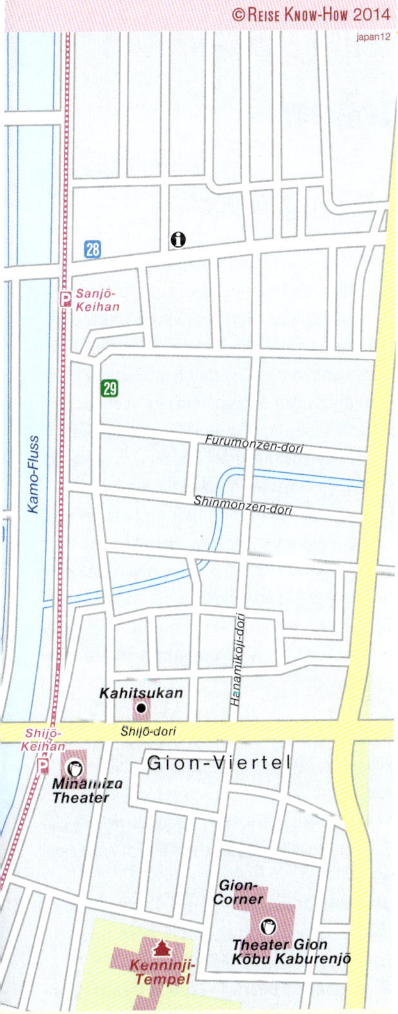

Einkaufen/Sonstiges
3 Eirakuya Hosotsuji-Ihen
5 Ishiguro Kōho
10 Kyūkyodō, Tadashi-ya
18 Media Shop
29 Chingire-ya
35 Takashimaya Department Store
37 Hanagiku (Geisha Bekleidung)
39 Taniyama Musen
40 JTB
42 Aritsugu
47 Daimaru Department Store
48 Nishiki-yu (Gemeinschaftsbad)
49 J-Cycle

führen in den Palast und die meisten der heutigen Anlagen wurden 1855 überarbeitet bzw. rekonstruiert. Der Park selbst ist das große grüne Zentrum Kyotos und ein entspanntes Refugium, das perfekt zur Atmosphäre Kyotos passt. Kaiserpalast und Kyoto-Gyoen erreicht man mit der U-Bahn in 10 Minuten ab Kyoto Station bis Imadegawa Station.

Besichtigungen des Kaiserpalastes sind von Montag bis Freitag jeweils um 10 und um 14 Uhr möglich. Man benötigt einen Ausweis und sollte mindestens zwanzig Minuten vorher anwesend sein, um die Formalitäten zu regeln. Dieser Service ist ausländischen Touristen vorbehalten – Japaner dürfen den Palast nur während einer Woche im Jahr besuchen. Anmeldungen können auch bei der Imperial Household Agency erfolgen, Tel. 211-1215.

Diese kaiserliche Hofagentur muss man auf jeden Fall kontaktieren, will man die sehenswerten **Kaiserlichen Villen** – **Shūgaku-in** im Nordwesten und **Katsura-in** im Südwesten Kyotos – besichtigen. Hierfür ist eine schriftliche Anfrage erforderlich, die rechtzeitig erfolgen sollte. Japaner warten oft Monate, ausländische Touristen werden bevorzugt, jedoch ist der Besucherandrang enorm. Die Touristeninformationen sind bei den Anträgen behilflich, manche Touristen verkürzen auch mit einem persönlichen Besuch bei der Imperial Household Agency die Wartezeit (Kunai-ch-, nahe Imadegawa-Station, Mo bis Fr 9–16 Uhr, 1. und 3. Sa 9–12 Uhr).

Nijō-Schloss

Der Bau des Nijō-Schlosses wurde ursprünglich vom ersten Tokugawa-Shōgun *Ieyasu* 1603 begonnen, fertig gestellt wurde es unter dem dritten Shōgun *Iemitsu* 1626. Dieser hatte für den Bau **Teile des Fushimi-Schlosses aus der Mo-**

Geisha und Maiko erleben

Kyotos fünf große **Unterhaltungsviertel** (jap. *Hanamachi)* – **Gion Kobu, Gion Higashi-shinchi, Pontochō, Kamishichiken und Miyagawa-chō** – entwickelten sich zur Edo-Zeit, als die wohlhabende städtische Bevölkerung ihren neu erlangten Reichtum mit Essen, Musik und Tanz zu genießen begann. Diese Viertel haben ihre kulturellen Traditionen bewahrt. **Königinnen der Unterhaltungsviertel sind die Geishas.**

1. Veranstaltungshäuser: Ochaya

Einen **Geisha-Abend** zu erleben, ist nicht einfach. Es bedarf einer japanischen Person, die einen an ein Ochaya vermittelt. Ein Ochaya ist eine Art Geisha-Veranstaltungshaus, das alles organisiert: Das Ochaya verfügt über die entsprechend großen Räumlichkeiten für Gesellschaften, es wählt mit dem Kunden die Geishas aus, sorgt sich um das Catering (japanische, französische oder auch deutsche Küche), bestellt das Taxi, besorgt die nötigen Geschenke und bezahlt alles für den Abend. Wenn alles vorbei ist, schickt es die Rechnung an den Kunden. Das sind normalerweise ein paar tausend Euro. Aufgrund dieser Vorgehensweise besitzen Vertrauen und die Vermittlung über eine vertrauenswürdige Person oberste Priorität.

Wenn man als Tourist schon meistens kein Ochaya von innen zu Gesicht bekommt, so kann man zumindest mit dem berühmten Ichirikichaya (an der östlichen Ecke der Kreuzung Shijō-Hanamikōji) eines von außen sehen.

2. Geisha-Tänze: Odori

Eine der besonderen Traditionen in den Hanamachi sind die **Frühlingstänze,** die rund um die Ankunft der Kirschblüte von Geishas und Maikos zelebriert werden. Die Tänze, in prächtigen Kostümen und in der Umgebung großartiger Bühnenkulissen dargeboten, sind ein lebendes Beispiel für Kyotos Anmut und Eleganz.

Wie bei jeder anderen Theaterveranstaltung kauft man einfach ein Ticket für die Odori-Vorführung. Normalerweise gibt es zwei bis vier Aufführungen pro Tag. Ein **Ticket** kostet zwischen 1900 und 4300 Yen, Grünen Tee gibt's gratis. Manche Tickets werden von den großen Ticketagenturen ab 1. März verkauft, hier muss man die jährlichen Konditionen beim TIC erfragen.

Frühling

- **Miyako Odori:** 1.–30. April, Theater Gion Kobū Kaburenjō, südlich von Hanamikōji-Shijō, Tel. 541-3391.
- **Kyō Odori:** 5.–19. April, Theater Miyagawa-chō Kaburenjō, südlich von Shijō und östlich vom Kamo, Tel. 561-1151.
- **Kitano Odori:** 15.–25. April, Theater Kamishichiken Kaburenjō, Onmae-dori, östlich vom Kitanotenmangū-Schrein, Tel. 461-0148.
- **Kamogawa Odori:** 1.–24. Mai, Theater Pontochō Kaburenjo, Ponto-chō südlich von Sanjō, Tel. 221-2025.

Herbst

- **Gion Odori:** 1.–10. November, Gion Kaikan, gegenüber Yasaka-jinja-Schrein, Tel. 561-0160.

3. Geisha-Touristentouren

Reiseagenturen wie JTB bieten für ausländische Touristen gelegentlich Maiko-Touren an. Die jeweiligen Angebote auf der Website oder vor Ort erfragen.

- **JTB Sunrise Center,** 608-9 Higashi Shiokōji-chō, Shimogyō-ku, Tel. 341-1413, www.jtb-sunrise-tours.jp oder www.japanican.com
- Das **Gion Hatanaka Ryokan** bietet einen „Kyoto Cuisine & Maiko Evening" für rund 18.000 Yen an. Das Programm beginnt um 18 Uhr und dauert rund 2 Stunden. Zum Abendessen kann man also einen Maiko-Tanz erleben, jede Menge Fragen stellen und sich auch gemeinsam fotografieren.
- **Kyoto Cuisine & Maiko Evening,** Reservierung erforderlich, Gion Hatanaka Ryokan, Tel. 541-5315, www.kyoto-maiko.jp.

4. Gion Corner und „Maiko Spotting"

Im Veranstaltungshaus Gion Corner erlebt man im Rahmen eines einstündigen Programms die **traditionellen japanischen Kunstformen im Schnelldurchgang** (siehe „Gion-Viertel"). Wer Geishas zufällig in den Straßen sehen will, hält sich am besten in den frühen Abendstunden in den jeweiligen Vierteln auf, wenn die Geishas vom Okiya auf dem Weg zur Party ins Ochaya sind. Die Hanamikōji in Gion ist diesbezüglich eine viel versprechende Straße.

Noch ein Hinweis: Geishas verlassen nie im traditionellen Kostüm und Erscheinungsbild ihr Viertel. Bei den scheinbaren Geishas am Kiyomizu-dera-Tempel oder an anderen touristischen Sehenswürdigkeiten Kyotos handelt es sich fast immer um Touristinnen, die sich von einem Veranstalter als Geisha/Maiko kleiden ließen, um ein paar schöne Erinnerungsfotos in Kyoto zu schießen.

jap_303 JNTO

▷ Maiko (Geisha in der Ausbildung)

moyama-Zeit (1573–1616) verwendet, weswegen die verschwenderischen Dekorationen des Nijō den Höhepunkt der Momoyama-Kultur widerspiegeln. Das Schloss diente als Symbol der Stärke der Militärherrschaft *Tokugawas.*

Als 1867 der letzte Shōgun *Yoshinobu* die Macht wieder dem Kaiserhaus übertrug, ging das Schloss in den Besitz der kaiserlichen Familie über. Diese vermachte es 1939 der Stadt Kyoto und seitdem ist das **275.000 Quadratmeter große Schlossareal** für die Bevölkerung zugänglich.

Die Anlage umfasst **23 Gebäude und Tore,** ursprünglich gehörte auch ein fünfstöckiger Hauptturm dazu, der allerdings durch einen Blitzeinschlag 1750 zerstört und nicht wieder aufgebaut wurde. Das Hauptgebäude, der **Ninomaru-Palast,** besteht aus 33 Räumen mit einer Größe von 800 Tatami-Matten. Das Gebäude ist ausschließlich aus japanischem Zypressenholz gebaut, die Fusuma sind von Meistern der Kanō-Schule bemalt.

Der **Rundgang** durch den Ninomaru-Palast führt durch alle Räume und im Gegensatz zu anderen Palästen kann man hier auch das ehemalige Wohn- und Schlafzimmer besichtigen. Besonders beeindruckend ist der **Raum Ōhiroma ichi-no-ma,** in dem *Yoshinobu* den versammelten Daimyōs das Ende der Militärherrschaft und damit das Ende des 250 Jahre währenden Tokugawa-Shogunats verkündete. Hinter den Fusuma befindet sich übrigens ein so genannter *Musha-kakushi-no-ma,* in dem bewaffnete Wächter bereitstanden, sollte der Shōgun angegriffen werden.

Beim Rundgang durch den Ninomaru-Palast wird **jeder Schritt ein** kleines **Geräusch** hinterlassen, dessen Ton wahlweise als Quietschen oder als Ruf der Nachtigall aufgefasst werden kann. Die Geräusche sind auf eine besondere Bodenarchitektur mit Nägeln und Hohlräumen zurückzuführen – es sollte jederzeit hörbar sein, wenn sich jemand im Schloss bewegt.

Der **Ninomaru-Garten** vor dem Palast ist mit einem zentralen Teich und einer Vielzahl an Steinen in unterschiedlicher Größe, Form und Farbe angelegt. Die drei Inseln im Zentrum des Teiches heißen „Insel des ewigen Glücks", „Kranich-Insel" und „Schildkröten-Insel". Das gesamte Gartendesign ist auf den Gartenarchitekten und Teemeister *Kobori Enshū* (1579–1647) zurückzuführen.

■ **Nijō-Schloss,** tägl. 8.45–16 Uhr (außer Di im Juli, August, Dezember und Januar), Nijō-jō-mae Station, Tel. 841-0096, www.city.kyoto.jp/bunshi/nijojo.

Gion-Viertel

Das Gion-Viertel ist das **traditionelle Viertel** in Kyoto, das wie aus einer anderen Zeit scheint und in dem man Maikos und Geishas (in Kyoto auch „Geikos" genannt) antreffen kann – oft erfüllt das Gion-Viertel also genau das, was Touristen von Kyoto erwarten. Ursprünglich war das Viertel eine kleine Ansiedlung, die sich rund um den **Yasaka-Schrein** entwickelte. Zur Edo-Zeit entstanden dann die ersten **Geisha-Häuser (Ochaya),** heute ist das Viertel ein **Zentrum der Unterhaltung,** der Restaurants und der sanft beleuchteten Straßenzüge. Holzhäuser mit den typischen lamellenartigen Gittern lassen kaum Licht nach draußen dringen und verleihen dem Viertel vor allem abends ein wunderbares Ambiente.

Mit dem **Bus** 10 Minuten ab Kyoto Station bis Shijō-kawaramachi oder mit der **U-Bahn** oder **Keihan** bis Shijō, von dort 3 Minuten zu Fuß.

Gion Corner

Gion Corner ist das **Bühnen- und Veranstaltungshaus** im Gion-Viertel mit täglichen Vorführungen traditioneller japanischer Künste. Wer innerhalb von einer Stunde die großen japanischen Kunstformen in einer kurzen Variante erleben will, ist hier richtig: von der Tee-Zeremonie über Bunraku (Puppenspiel), Kyōgen (Klassische Komödie), Kyōmai-Tänze (von Maiko und Geisha), Koto-Musik (Japanische Harfe) und Gagaku (Hofmusik) bis hin zu Kadō (Blumenstecken).

Gion Corner, zwischen März und Nov. tägliche Vorführungen von 19–20 und 20–21 Uhr, zu anderen Jahreszeiten Vorführungen erfragen. Kosten 2800 Yen, Anmeldung empfehlenswert, Tel. 561-1119, Gion-Viertel zwischen Yasaka-Schrein und Kenninji-Tempel.

Tōji-Tempel

Die **fünfstöckige Pagode** des Tōji-Tempels gilt als ein **Wahrzeichen Kyotos** und ist mit 57 Metern die höchste ihrer Art in Japan. Der Tempel der Shingon-Schule wurde im 9. Jahrhundert von *Kūkai* gegründet und beheimatet zahlreiche Kunstschätze des Esoterischen Buddhismus, darunter zum Beispiel die ältesten erhaltenen Statuen. Jeweils am 21. im Monat findet auf dem Tempelareal ein **Flohmarkt** statt.

Tōji-Tempel, Bushaltestelle Tōjihigashimonmae, tägl. 8.30–16.30 Uhr, Eintritt 500 Yen.

Honganji-Tempel

Der Higashi-Honganji ist das Hauptquartier der großen **buddhistischen Schule Jōdo-Shinshū** (Reines Land), die 1224 von *Shinran* gegründet wurde und die sich heute in rund zehn große Ausrichtungen gliedert. Jōdo-Shinshū zählt landesweit etwa 10.000 Tempel und 12 Millionen Anhänger und ist damit die **größte buddhistische Schule Japans.**

Besonders sehenswert sind die **Shinran- und Amida-Statue,** ebenso wie das dicke **geflochtene Seil,** das **aus Millionen Haaren** von Mitgliedern der Jōdo-Shinshū-Schule besteht.

Der westlicher gelegene **Nishi-Honganji** wurde 1272 auf dem Higashiyama-Hügel errichtet, ehe ihn *Hideyoshi Toyotomi* 1591 an seinen heutigen Ort versetzen ließ. Der Tempel ist für seine Verzierungen und Schnitzereien bekannt und steht für den Stil der Momoyama-Zeit.

Die Tempel können kostenlos besichtigt werden.

Kyoto Station

Der **Bahnhof** in Kyoto wurde 1997 neu gebaut. *Hiroshi Hara* zeichnet für die **moderne Architektur** verantwortlich, die ein anderes Bild von Kyoto präsentiert, als man das vielleicht mit Tempeln und Schreinen erwartet hätte. Der große Gebäudekomplex beinhaltet Department Stores, Einkaufspassagen, Hotels und Restaurants. Das Zentrum bildet ein 60 Meter hohes und rund 500 Meter langes Atrium mit Glasdach. An der Kyoto Station verkehren sowohl der Shinkansen als auch lokale und Express-Linien.

Gegenüber von JR Kyoto steht der weithin sichtbare **Kyoto Tower,** der im Stil einer japanischen Kerze gestaltet ist und auf dem sich eine **Aussichtsplattform** befindet (700 Yen). Der 131 Meter hohe Turm dient rund um Kyoto Station immer als gute Orientierungshilfe.

jap_304 oh

Shijō-Kawaramachi

Shijō ist die **Haupteinkaufsstraße im Zentrum** Kyotos, entlang der sich die größten Department Stores, die meisten Geschäfte und die großen Bankniederlassungen finden. Von der Shijō gehen die beiden großen Einkaufsarkaden, Teramachi und Shinkyōgoku, ab. Die **Kawaramachi** durchzieht das Zentrum Kyotos von Nord nach Süd, die Kreuzung von Kawaramachi und Shijō ist einer der geschäftigsten Orte in Kyoto.

Nishiki Ichiba-Markt

Der Besuch des Nishiki Ichiba-Marktes gehört irgendwie zum nachhaltigen Kyoto-Programm dazu. **Im Zentrum der Stadt** in der nördlichen Parallelstraße zu Shijō gelegen, verkaufen **mehr als 130 Stände** Fisch, Gemüse, Tofu, Süßigkeiten und vieles mehr. Der Markt besteht seit 400 Jahren und ist eine gute Gelegenheit, das lokale Leben hautnah zu erleben – so eng, wie es zwischen den Ständen zugeht, bleibt einem auch gar keine andere Wahl. Die meisten Stände und Geschäfte schließen um 18 Uhr.

< Nishiki Ichiba-Markt

Nördliches Kyoto

Im nördlichen Kyoto finden sich **viele der berühmten Tempel,** wie der Goldene Pavillon Kinkakuji, der Daitokuji und östlich auch der Ginkakuji. Das Gebiet umfasst den Bereich nördlich des Kaiserpalastes, etwa ab Imadegawa-dori.

Kinkakuji-Tempel

Der Kinkakuji **(Goldener Pavillon)** ist zweifellos **eines der berühmtesten Symbole Japans,** und die Zeit eines Besuchs will wohl überlegt sein, denn auch für Touristen und Schulklassen steht der Tempel ganz oben auf der Besuchsliste. Am besten sucht man den Kinkakuji an einem windstillen Tag auf, denn dann spiegelt sich der Goldene Pavillon am schönsten im davor liegenden Teich.

Gebaut von *Yoshimitsu Ashikaga* 1394 als dessen Residenz, wurde die einstige Villa nach dessen Tod zum **Zen-Tempel.** Der elegante und harmonische Kinkakuji besteht aus **drei Baustilen:** dem palastartigen Shinden-zukuri im Erdgeschoss, dem Chō-on-dō darüber, dessen Stil dem der Samurai-Häuser gleicht, und abschließend aus dem Karayō-Stil, dem Stil der Zen-Tempel (Kukkyō-chō).

Ursprünglich war nur der oberste Abschnitt des Tempels vergoldet. Ein Novi-

Zu Fuß vom Kinkakuji über Ryōanji zum Ninnaji

Die drei Tempel kann man bequem zu Fuß erkunden: Vom Kinkakuji die Straße Kinukakeno-michi entlang, braucht man für die Strecke etwa eine Stunde. Der Weg führt auch an der Ritsumeikan-Universität und an einem kleinen Bambus-Wäldchen vorbei. Rechter Hand hat man immer wieder einen Blick auf die bergige Umgebung Kyotos.

ze brannte den Tempel 1950 nieder, fünf Jahre später wurde er wieder aufgebaut und die beiden oberen Stockwerke vergoldet. Ein Weg durch das Tempelgelände führt am **Spiegelteich (Kyōko-chi)** entlang und am Teehaus vorbei, etwas erhöht mit schönem Blick auf Teich und Pavillon.

Yukio Mishima, berühmter Schriftsteller und exzentrischer Nationalist, erklärte in seinem 1961 erschienenen Roman „Der Tempelbrand“ die Niederbrennung vor allem mit der Eifersucht des Mönchsschülers auf die Schönheit der Welt, ausgedrückt durch den Kinkakuji.

■ **Kinkakuji** (weniger bekannt unter seinem ursprünglichen Namen „Rokuonji“), tägl. 9–17 Uhr, Bushaltestelle Kinkakuji-mae, Eintritt 400 Yen, Tel. 461-0013, www.shokoku-ji.jp/k_about.html.

Daitokuji-Tempel

Der Daitokuji, der **Haupttempel der Rinzai-Schule,** zählt zu den **bedeutendsten Zen-Tempeln Japans.** Aufgrund seiner langen Tradition genießt der Tempel seit jeher großen Einfluss und ist sicher einer der besten Orte, um sich über Zen-Kultur umfassend zu informieren.

Die Anlage zählt **sieben Haupttempel** und **21 Sub-Tempel,** von denen einige ihre Türen und Gärten für Besucher öffnen, andere schirmen sich konsequent ab. In der Gegend rund um den Daitokuji in Murasakino oder auf dem Gelände selbst wird man immer wieder auf junge Mönche stoßen – der Daitokuji unterhält eine eigene Schule und bildet **Zen-Schüler** in der Tradition der Rinzai-Schule aus.

Die zwei bedeutendsten Tempel innerhalb des Daitokuji sind der **Daisen-in** und der Kōtō-in, die beide auch Touristen willkommen heißen. Der Daisen-in war die Heimat des großen Teezeremonienmeisters *Senno Rikyū,* der im Daisen-in Tee für den Herrscher *Hideyoshi Toyotomi* zubereitete. Noch heute kann man im Daisen-in Tee genießen. Die Gebäude des Daisen-in können als Musterbeispiele großer Zen-Kultur gelten, die Klarheit und Einfachheit perfekt mit Funktionalität verbinden.

Bevor man am Hauptgebäude des **Kōtō-in** Eintritt bezahlen muss, durchquert man den idyllischen und präzise arrangierten Tempelgarten. Der Kōtō-in selbst beheimatet zahlreiche wertvolle Kulturgüter.

Im **Daiji-in** gibt es ein **Restaurant mit Shōjin-Ryōri-Küche,** in dem man also die vegetarische Mönchsküche erleben kann.

Geht man im Tempelareal parallel zur Kitaōji-dori, durchquert man eine kleine Allee an einem Bambus-Wäldchen, die rechts an der **Vorbereitungsschule für**

Mönche vorbeiführt. Mönche in blauem Gewand sind Mönchneulinge, während die braunen Gewänder einen Meister oder Lehrer signalisieren.

Weil die Interessen der einzelnen Tempel im Daitokuji nach wie vor so unterschiedlich sind, wurden bislang noch keine Anstrengungen unternommen, den Daitokuji als Weltkulturerbe registrieren zu lassen. Das soll sich nach jüngsten Überlegungen aber ändern und würde auch mehr Besucher auf den Plan rufen. Bislang finden sich trotz der großen Bedeutung und Tradition des Daitokuji **nicht so viele Touristen** auf dem Gelände, da die Hauptbesuchsroute entlang der Stätten des Weltkulturerbes verläuft. Noch kann man den Daitokuji also als „Geheimtipp" einstufen.

■ **Daitokuji,** 53 Daitokuji-chō, Murasakino, Kita-ku, Bushaltestelle Daitokujimae.

Hinter dem Daitokuji: Imamiya-jinja

Verlässt man die Tempelanlage des Daitokuji nach dem Bambus-Wäldchen und biegt an der Straße rechts ab, so sieht man schon das Eingangstor zum Imamiya-jinja-Schrein. Dieser alte **Schrein** dient oft als Filmkulisse für historische Samurai-Dramen. Man sollte nach dem Eingangstor rechts abbiegen, um zu zwei kleinen Läden mit **außergewöhnlichem Reiskuchen** zu gelangen. Die Mochi werden an einem kleinen Spieß über Holzkohle gegrillt und anschließend in eine weiße Soja-Sauce getaucht. Diese Art von Reiskuchen bekommt man nur hier.

Das Friedensmuseum der Ritsumeikan-Universität

Einen erfreulich **aufklärerischen Ansatz** verfolgt das Friedensmuseum der Ritsumeikan-Universität. Das Museum ist die Antwort auf die ernüchternde Feststellung, dass sich japanische Museen in der Betrachtung der Nachkriegszeit nur allzu oft auf die Atombombe und deren Folgen beschränken. Dem hält das Friedensmuseum auch die andere Seite entgegen und betont neben der Opferrolle Japans auch die **Täterschaft des Landes.** Das Museum spricht vom 15-jährigen Krieg (1931–1945), während andere Museen Japans Kriegsaktivitäten erst mit dem 2. Weltkrieg und dem Angriff auf Pearl Harbour 1941 beginnen lassen und damit verharmlosen.

Das Friedensmuseum weist darauf hin, dass die japanische Armee ab 1931 auf dem asiatischen Festland – in der Mandschurei, in China, in Korea – wütete und dass wissenschaftliche Forschungsarbeit jahrelang keine Unterstützung seitens der Regierung fand. Für japanische Verhältnisse sehr deutlich werden die Widerstände gezeigt, die einer konsequenten Aufklärung der damaligen Vorgänge entgegen stehen, so lange etwaige Verantwortliche noch leben. Kurz: sehr sehenswerte Ausstellung.

■ **Kyoto Museum for World Peace,** Ritsumeikan-Universität, 56-1 Kitamachi, Toji-in, Kita-ku. Ab Kyoto Station mit dem Bus Nr. 50 bis Ritsumeikan Daigaku-mae. Di bis So 9.30–16.30 Uhr, Eintritt 400 Yen, Tel. 465-8151.

Zazen – Zen-Praxis in Kyoto

Wo anders als in Kyoto sollte sich eine wahre Vielfalt an Zen-Meditationen finden. **Viele der Tempel Kyotos** öffnen ihre Tore zu bestimmten Zeiten **auch für ausländische Gäste,** die Zazen praktizieren möchten. Man nimmt an den Meditationen der Mönche teil und wird meistens von einem Mönch eingeführt, mal in besserem Englisch, mal in schlechterem. Manche Veranstaltungen sind auf eine Stunde Meditation beschränkt, andere dauern ein Wochenende, eine Woche oder länger. In einigen Tempeln ist eine Gebühr zu entrichten, die sich Spende nennt. Dabei gilt es natürlich, den Verhaltenskodex des Tempels zu beachten: Wer sich im Tempel aufhält und meditieren will, muss sich auch an die Regeln halten. Diese schreiben Ablauf, Disziplin und Haltung vor – letzterer helfen die Mönche auch schon mal mit einem Stock nach. Man kann jederzeit gehen – wer aber bleiben will, muss die Spielregeln beachten.

■ Ein beliebter Ort zur Meditation ist der **Daisen-in,** ein Tempel des großen Daitokuji-Tempels (Haupttempel der Rinzai-Schule). Hier wird Englisch gesprochen. Sa/So von 17 bis 18 Uhr (März–Nov.) und 16.30–17.30 Uhr (Dez.–Feb.), 1000 Yen, Anmeldung erforderlich. Tel. 491-8346, Bushaltestelle Daitokuji-mae, www.b-model.net/daisen-in.

■ Auch der **Ryōsen-an** gehört dem Daitokuji-Tempel an, Meditationen Mi bis So jeweils 7–8 Uhr (außer im August), Spende und Anmeldung erforderlich, Tel. 491-0543.

Weitere wichtige Tempel und deren Zazen in Kyoto

■ **Nanzen-ji Temple** (Rinzai-Schule), 2. und 4. Sonntag im Monat (außer August), 6–7 Uhr (Nov.–März 6.30–7.30 Uhr), im Ryuen-kaku-Gebäude, keine Spende, U: Keage, 10 Minuten, Tel. 771-0365, www.nanzen.net.

■ **Nanzenji-sōdō** (im Nanzenji-Tempel, Rinzai-Schule), 1. Sonntag im Monat, 8–10 Uhr, 200 Yen, Tel. 771-3855, www.nanzen.net.

■ **Myōshinji-Tempel** (Rinzai-Schule), 6., 7. und 8. im Monat, 6–8 Uhr, 500 Yen ohne Anmeldung, und jeden Samstag Zazen über Nacht, von 17.30–9 Uhr am nächsten Morgen, 2000 Yen. Tel. 461-5226 bzw. 463-3121, Bushaltestelle Myōshinji-mae.

■ **Shōkokuji-Tempel** (Rinzai-Schule), 2. und 4. Sonntag im Monat, 9–11 Uhr, 300 Yen. Tel. 231-0301, U-Bahn-Station Imadegawa.

■ **Ichiyō-in** (Ōbaku-Schule), 3. Sonntag, 9–16 Uhr (außer im August), 2000 Yen mit Anmeldung, Tel. 491-7571, Bushaltestelle Yamanomae-chō.

■ **Ōbakusan Manpuku-ji** (Ōbaku-Schule), Haupttempel der Ōbaku-Schule in Uji. Keine festen Termine, sondern individuell vereinbaren. 1000 Yen (60 Minuten), JR Ōbaku, Tel. (0774) 32-3900, www.obakusan.or.jp.

■ **Kenninji-Tempel** (Rinzai-Schule). 2. Sonntag, 8–10 Uhr, keine Gebühr, keine Anmeldung. Tel. 561-6363, Bushaltestelle Higashiyama-yasui, www.kenninji.jp.

■ **Tenryūji-Tempel** (Rinzai-Schule), 2. Sonntag 9–10 Uhr (außer Feb.). Keine Gebühr, keine Anmeldung, Tel. 881-1235, Bushaltestelle Arashiyama Tenryūji-mae.

■ **Mugekō-in** (Rinzai-Schule), jeden Samstag 18–19 Uhr, ohne Gebühr, Tel. 781-1227, Bushaltestelle Shimizu-chō.

Etwas außerhalb, am Stadtrand Kyotos, **in Kameoka,** liegt der **Jōtokuji-Tempel** mit dem **Internationalen Zendō-Zentrum** (Tekinshinjuku Kyoto Kokusai Zendo). Hier wird im Sinne der Rinzai-Schule das „Rinzai-shū Myōshinji-ha" praktiziert. Das Gelübde der Tekinshinjuku umfasst: 1. Als Mensch ergründe ich das fundamentale Prinzip des Universums. 2. Anstatt an anderen Kritik zu üben, sinne ich erst auf die Aufklärung von mir selbst. 3. Für die Gaben der Natur bin ich dankbar und schätze alles Leben mitfühlend. 4. Vergangenes wachhaltend, lebe ich heute erfüllt und schaffe eine leuchtende künftige Gegenwart. 5. Nation, Staat, Geschlechtsunterschied und Religion erkenne ich an und wünsche den Geist des Friedens.

Der **Tagesplan** im Tekishinjuku: 4.50 Uhr Tagwacht, 5.10 Morgen-Sūtra, 6 Zazen, danach Tee, 7 Morgenputz, 7.30 Frühstück, 9 Tageswerk, 12.30 Mittagessen, 14 freie Zeit für Zazen, 16 Abend-Sūtra, 17 Abendessen, 19 Zazen, Sanzen, 21 Nacht-Sūtra, anschließend Nachtruhe.

Kosten: Pro Nacht inkl. Verpflegung ist eine Spende in Höhe von 3000 Yen zu entrichten. Anmeldung erforderlich, bequeme Kleidung für Zazen empfehlenswert.

■ **Tekishinjuku Kyoto Kokusai Zendō,** Inukai, Sogabe-chō, Kameoka, Präfektur Kyoto, Tel. (0771) 24-0152, www.tekishin.org (deutsche Homepage), zen@tekishin.org. Anfahrt von JR Kyoto mit der Sagano-Linie bis Kameoka (ca. 30 Minuten), von dort den Bus Richtung Yono nehmen (verkehrt nur alle 2 Stunden) und in Inukai aussteigen, von dort 10 Minuten zu Fuß zum Haupttempel Jōtokuji.

jap_311 oh

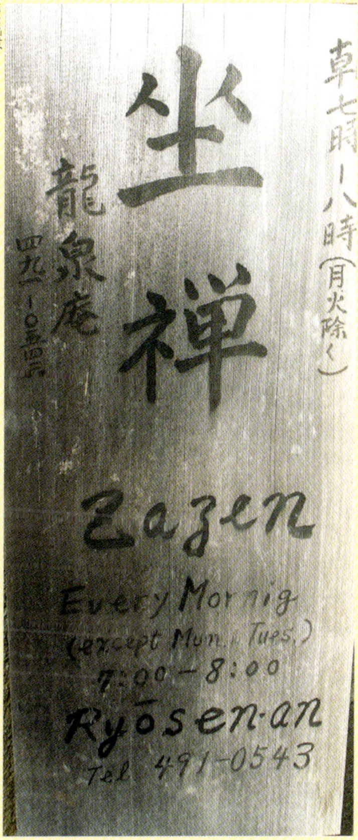

Ryōanji-Tempel

Der Zen-Tempel Ryōanji ist vor allem für seinen **berühmten** und ultimativen **Zen-Garten** bekannt, der beispielhaft für die hohe Kunst der Steingärten **im Karesansui-Stil** steht. Verteilt in fünf Gruppen finden sich auf der geharkten Kiesfläche 15 Felsblöcke, wobei jeweils maximal 14 Steine auf einmal zu sehen sind. Wer den Steingarten errichten ließ, lässt sich indes nicht mehr eindeutig klären. Die meisten Forscher nennen den großen Meister *Sōami* als Urheber des Gartens (1499). Fest steht, dass der Tempel zuerst eine aristokratische Villa war, ehe *Katsumoto Hosokawa* 1450 das Gebäude in einen Zen-Tempel umwandelte.

■ **Ryōanji-Tempel,** tägl. 8–17 Uhr (im Winter 8.30–16.30 Uhr), Eintritt 500 Yen, Bus bis Ryōanji-mae.

Ninnaji-Tempel

Der Tempel aus dem Jahr 888 ist Ausdruck der **Heian-Kultur.** Kaiser *Uda* hatte den Bau in Auftrag gegeben und in den Folgejahrzehnten wurde der Tempel in der **Monzeki-Tradition** geführt: Jeweils ein Sohn des Kaisers (oder ein enger Familienangehöriger) fungierte als Vorsteher des Tempels. *Chokuganji* nennt man insgesamt jene Tempel, die auf direkten Befehl des Kaisers gegründet wurden.

Die meisten der heutigen Gebäude stammen aus dem 17. bis 19. Jahrhundert. Besonders sehenswert sind das große **Niōmon-Tor,** die **Kondō-Halle** und die fünfstöckige Pagode. In den Hügeln hinter dem Ninnaji findet sich ein **kleiner Rundweg** entlang 88 kleinen **Replica-Tempeln,** die als Miniaturversionen der bekannten 88 Tempel auf Shikoku angelegt sind.

■ **Ninnaji-Tempel,** tägl. 9–16.30 Uhr, Tel. 461-1155, Bushaltestelle Omuro-ninnaji.

Kyoto-Filmstudio

Wie so oft bei Filmstudios, die auch Unterhaltung bieten, schwankt die Resonanz zwischen großer Bewunderung und eindeutiger Langeweile. Zumindest für Kids oder Fans der japanischen TV-Samurai-Dramen dürfte der Studiopark interessant sein, werden hier doch Teile der **Samurai-Serien** gedreht, die täglich über den Sender gehen. Die Tour führt durch die Kulissen der Samurai-Städte und meistens bekommt man auch ein paar Dreharbeiten live zu sehen.

■ **Eigamura,** tägl. 9–17 Uhr (im Winter 9.30– 16 Uhr), Eintritt 2200 Yen, Tel. 864-7716, www.toei-eigamura.com, Bushaltestelle Uzumasa Eigamuramae.

Kitano Tenmangū-Schrein

Der Kitano Tenmangū, in Kyoto auch vereinfacht als „Tenjin-san“ bekannt, ist vor allem im Februar beliebt, wenn in der Schreinanlage **2000 Pflaumenbäume** blühen. Jeden 25. im Monat findet hier ein großer **Flohmarkt** statt. Mit dem Bus fährt man bis Kitano Tenmangu-mae.

Shōkokuji-Tempel

Im nicht ganz so bekannten Shōkokuji-Tempel kann man gut und **ohne großen Andrang der Zen-Kultur nachspüren.** Einst gehörte der Tempel zu den großen Zen-Stätten Kyotos und war im 15. Jahrhundert Heimat von *Jōsetsu* und *Sesshū*, großen Meistern der japanischen Tuschemalerei. Heute trifft man abends öfters im Tempelvorhof Kindergruppen an, die in Karate unterrichtet werden. Das Tempelgelände schließt sich an die **Dōshisha-Universität** an, die zu den bedeutendsten Privat-Universitäten Japans zählt.

Nishijin-Textilzentrum

Wer einmal im Kimono gekleidet sein möchte, kann dies im Nishijin-Textilzentrum ausprobieren. Für rund 4000 Yen bekommt man den **Kimono** angelegt und kann sich den Tag über damit in Kyoto bewegen. Der Kimono ist nicht aus echter Seide, was aber zumindest für die Fotos keinen Unterschied machen dürfte. Touristinnen können sich auch als Maiko kostümieren lassen.

■ **Nishijin-Textilzentrum,** tägl. 9–17 Uhr, Tel. 451-9231, Bushaltestelle Horikawa Imadegawa.

Kamigamo-Schrein

Der Kamigamo-Schrein gehörte zu den einflussreichen und mächtigen Schreinen während der **Heian-Zeit,** vor allem Adelige und Mitglieder des Kaiserhofes suchten die Nähe zu den Shintō-Oberhäuptern des Schreins. Der Schrein wurde im späten 7. Jahrhundert gegründet und bereits im 11. Jahrhundert existierte die Anlage in ihrer heutigen Form. 1628 wurden die Gebäude rekonstruiert. Insgesamt werden **34 Gebäude** als nationale Kulturschätze eingestuft.

■ **Kamigamo-Schrein,** 33 Motoyama, Kamigamo, Kita-ku, mit dem Bus bis Kamigamojinja-mae oder bis Kamigamo-misonobashi.

Botanischer Garten

Der Botanische Garten Kyotos stammt aus dem Jahr 1924 und beheimatet **12.000 verschiedene Pflanzenarten** – damit ist er einer der größten seiner Art in Japan. Schön am Kamo-Fluss gelegen. Mit der U-Bahn bis Kitayama.

Old Canal – nordöstliches Kyoto

Ginkakuji-Tempel (Silberner Pavillon)

Der Ginkakuji ist das **Paradebeispiel eines Zen-Tempels.** Er stammt aus dem Jahr 1482 und war ursprünglich die Privatvilla des Shōguns *Ashikaga Yoshimasa,* ehe nach dessen Tod die Anlage zum Zen-Tempel wurde. Anders als beim Goldenen Pavillon wurden im Gingakuji die Pläne nicht ganz vollendet: Der Silberne Tempel (denn so lautet die Über-

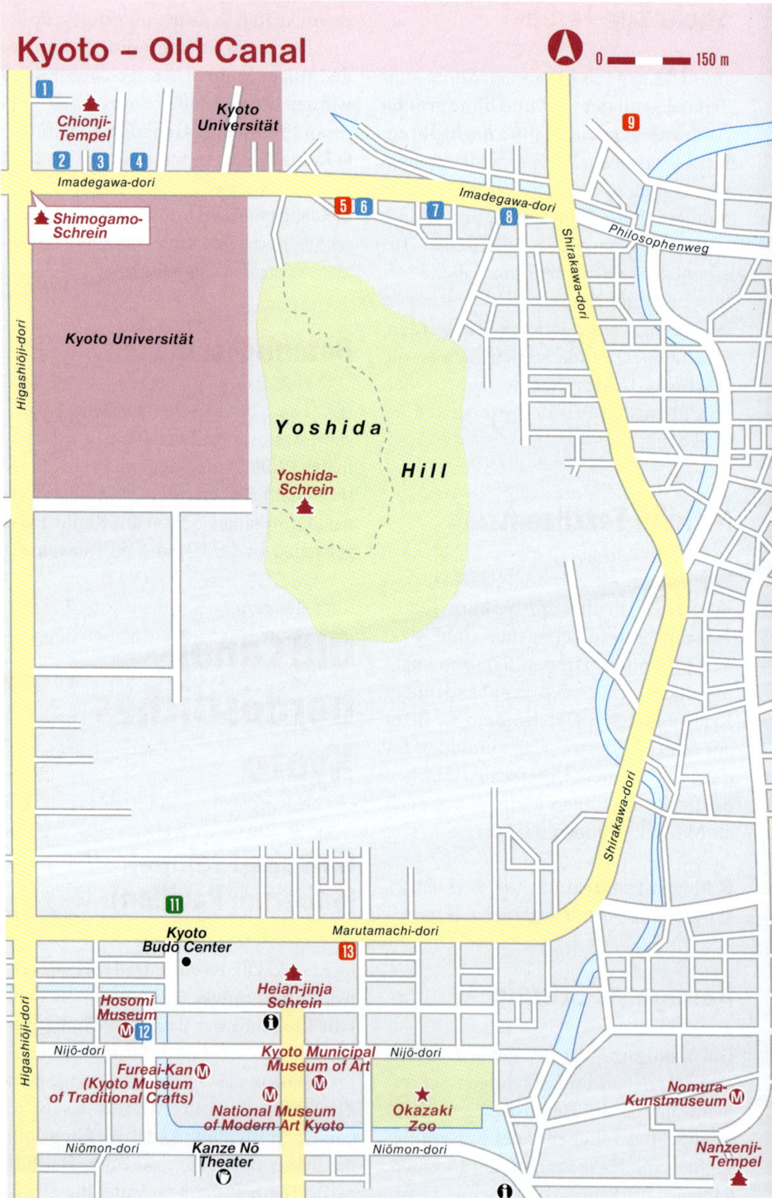
Kyoto – Old Canal
0
150 m
1
Chionji-Tempel
Kyoto Universität
9
2
3
4
Imadegawa-dori
5
6
7
8
Imadegawa-dori
Shimogamo-Schrein
Philosophenweg
Shirakawa-dori
Kyoto Universität
Higashiōji-dori
Yoshida
Hill
Yoshida-Schrein
Shirakawa-dori
11
Kyoto Budō Center
Marutamachi-dori
13
Heian-jinja Schrein
Hosomi Museum
12
Higashiōji-dori
Nijō-dori
Kyoto Municipal Museum of Art
Nijō-dori
Fureai-Kan (Kyoto Museum of Traditional Crafts)
National Museum of Modern Art Kyoto
Okazaki Zoo
Nomura-Kunstmuseum
Niōmon-dori
Kanze Nō Theater
Niōmon-dori
Nanzenji-Tempel

setzung) wurde nie silbern verziert. Direkt vor dem Ginkakuji liegt das **„Meer aus Silbersand“ (Ginshadan),** dessen geharkte Linien die Wellen des Meeres symbolisieren. Darin befindet sich der Steinhügel *(Kogetsudai)* in Form des Fuji-sans. Der Steinhügel und das Sandmeer reflektieren das Mondlicht direkt zum Silbernen Pavillon, so heißt es, und die Reflektionen hätten Gründer und Priester seit jeher erfreut.

■ **Ginkakuji,** 2 Ginkakuji-chō, Sakyō-ku. Tägl. 8.30–17 Uhr (im Winter 9–16.30 Uhr), Eintritt 500 Yen, Bushaltestelle Ginkakujimichi.

Philosophenweg

Unser Tipp: Die **kleine Allee** entlang dem alten Kanal vom Ginkakuji zum Nanzenji-Tempel wird oftmals als „Philosophenweg“ (Tetsugaku-no-michi) bezeichnet – in Anlehnung an die Philosophen (und Professoren der Kyoto-Universität) *Kitarō Nishida* and *Hajime Kawukami*, die die ruhige Gegend für ihre Spaziergänge wählten. Der Weg führt auf 1,8 Kilometern am Kanal entlang bis zum **Nyakuōji-Schrein,** von dort gelangt man vorbei am **Nomura-Kunstmuseum** bis hin zum **Nanzenji-Tempel**– der Weg ist definitiv einen Spaziergang wert.

Shimogamo-Schrein

Der Shimogamo-Schrein zählt zu den ältesten Schreinen Kyotos und repräsentiert die **Heian-Kultur.** Die Schreinanlage entstand im 11. Jahrhundert im Wald Tadasu-no-Mori, der jedoch zusammen

jap_313 oh

mit den Originalgebäuden im Ōnin-Krieg im 15. Jahrhundert abbrannte. Danach wurde die Anlage mehrmals wieder aufgebaut, die Haupthalle allein achtmal seit der Edo-Zeit. Die Umgebung des Schreins wird in den frühesten Geschichts- und Anekdotenbüchern Japans für ihre wunderbare Natur gerühmt. Die Anlage umfasst heute **53 Gebäude.**

■ **Shimogamo-Schrein** (auch „Kamomioya-jinja"), 59 Izumikawa-chō, Shimogamo, Sakyō-ku, Bushaltestelle Shimogamo-jinja-mae, tägl. 10–16 Uhr.

Spaziergang auf dem Philosophenweg

Higashiyama – östliches Kyoto

Higashiyama liegt zu Fuße der **Higashiyama-Berge,** die Kyoto im Osten umgeben. Das Gebiet umfasst Kyotos Stadtteile **östlich des Kamo-Flusses** ab der Higashiōji-dori. Higashiyama ist **reich an Museen und Tempeln** und hat mit dem Nationalmuseum, dem Kiyomizu-dera und dem Sanjūsangen-dō-Tempel drei große Sehenswürdigkeiten Kyotos zu bieten. Seit dem 14. Jahrhundert wurden in der schönen naturnahen Gegend Tempel, Schreine und Privatvillen von reichen Aristokraten errichtet.

Nationalmuseum Kyoto

Das Nationalmuseum Kyoto ist eine interessante Station für alle, die an der Geschichte Japans interessiert sind und mehr darüber erfahren wollen. Es zeigt – neben den beiden Nationalmuseen in Tokyo und Nara – die umfangreichste **Sammlung an Kulturschätzen.** Das Museumsgebäude wurde vom Architekten *Tokuma Katayama* im Barockstil konzipiert.

Die ältesten Fundstücke der Ausstellung stammen aus dem Paläolithikum und der Jōmon-Zeit vor rund 18.000 Jahren. Die **Ausstellungsräume** beherbergen zahlreiche archäologische Funde, Keramiken, Skulpturen, Gemälde, kunstvolle Kalligraphien, Lack- und Metallarbeiten sowie Textilien. Aus konservatorischen Gründen werden die Ex-ponate alle ein bis drei Monate gewechselt.

Viel versprechend ist ein Blick auf die **Skulpturen,** sehr imposant und aus der Zeit ab dem 8. Jahrhundert stammend. Interessant auch ein Vergleich mit den späteren Skulpturen der Kamakura-Zeit (13. Jahrhundert), die realistischer sind und in ihrer Darstellung wieder eher an den Nara-Stil des Tōdaiji-Tempels erinnern.

Nicht verpassen sollte man auch die **buddhistischen Malereien** sowie die **Rollbilder und Rollschriften** und wie sich die Idee der Einfachheit und Klarheit des Zen in den Bildern niederschlägt (z.B. in der Gedichtsammlung „Kokinwakashu").

■ **Nationalmuseum Kyoto,** Bushaltestelle Hakubutsukan Sanjūsangendō-mae, Tel. 541-1151, www.kyohaku.go.jp.

Sanjūsangen-dō-Tempel

Der Sanjūsangen-dō ist mit seinen **1001 goldenen Buddha-Statuen** ein Highlight Kyotos, das glücklicherweise nicht auf der Hauptbesichtigungsstrecke der Bustouren liegt. Die Statuen (Jūichimen-senju-sengen kanzeon) befinden sich aufgereiht in der 120 Meter langen Tempelhalle, die 1164 von *Taira-no-Kiyomori* gegründet wurde. Die Originalhalle brannte ab, die jetzige Halle im Wayo-Stil stammt aus dem Jahr 1266.

Die Statuen sind in zweimal 500 Statuen aufgeteilt, hinzu kommt eine große Buddha-Figur. 124 der stehenden Buddha-Statuen aus Zypressenholz wurden zur Gründung des Tempels im 12. Jahrhundert, die anderen 876 bei der Renovierung des Tempels im 13. Jahrhundert gefertigt. An manchen Statuen befindet sich ein kleines Schild, welches den Namen des ausführenden Künstlers trägt. Vor den 1001 Statuen sind Skulpturen von Wächter-Gottheiten aufgestellt, die als Höhepunkt des künstlerischen Schaffens der Kamakura-Zeit gelten.

■ **Sanjūsangen-dō,** Keihan Shichijo Station oder Bushaltestelle Hakubutsukan-Sanjūsangendō-mae, tägl. 8–17 Uhr (im Winter 9–16 Uhr), Eintritt 600 Yen.

Kiyomizu-dera-Tempel

Der Kiyomizu-dera thront erhaben über Kyoto und erlaubt einen **wunderbaren Blick auf die Stadt.** Der Tempel ist an einem Berghang errichtet und bekannt für seine **große Veranda,** die als Überhang gebaut und auf Pfähle gestützt ist. Die Geschichte des Tempels geht bis ins Jahr

798 zurück, als die Buddha-Halle erstmals errichtet wurde. Das jetzige Gebäude stammt aus dem Jahr 1633 und wurde ohne einen einzigen Nagel gebaut.

Mit seiner Lage am Berg und umgeben von dichten Wäldern ist der Kiyomizudera **einer der beliebtesten Tempel Kyotos** und fehlt bei keiner der Standard-Besichtigungstouren. Am besten besucht man den Tempel abends vor Sonnenuntergang, wenn die Abendsonne die Torii rot leuchten lässt und man

Übernachtung
4 The Westin Miyako Hotel Kyoto
5 Chion-in-Tempel - Wajun kaikan
6 Wajun kaikan
13 Gion Hatanaka Ryokan
15 Inakatei
17 Hanakiya Bed & Breakfast
18 Kyoto Kiyomizu Youth Hostel

Essen und Trinken
1 Daruman
7 Tea Ceremony Experience En
9 Tsujiri
10 Jūnidainya
11 Kasai
12 Yorozu Enraku
14 Minokō
16 Rakushō

Einkaufen/Sonstiges
2 Chingirō-ya
3 Ichizawa Hanpu
8 Kyoto Handicraft Center
13 Kyoto Cuisine & Maiko Evening

Spaziergang zwischen Kiyomizu-dera Tempel und Yasaka-jinja-Schrein
—— Kopfsteinpflasterweg
- - - Ohne Kopfsteinpflaster

den Sonnenuntergang über Kyoto beobachten kann.

■ **Kiyomizu-dera,** tägl. von 6 bis 18 Uhr, Eintritt 300 Yen, Bushaltestelle Kiyomizu-michi oder Gojō-zaka.

Kopfsteinpflaster-Spaziergang

Ein empfehlenswerter Spaziergang beginnt **ab dem Kiyomizu-dera-Tempel** und führt auf dem alten Kopfsteinpflaster durch Higashiyama – ohne dass man dabei von Autos beim Flanieren gestört wird. Die Fußgängerzone führt durch die **denkmalgeschützten Straßenzüge Sannen-zaka und Ninen-zaka,** wobei man speziell in letzterer schöne Antiquitätengeschäfte und Cafés antrifft. Weiter kommt man zur Straße Nene-no-michi und zum **Kōdaiji-Tempel,** ehe man in die wie gemalte Ishibe-kōji gelangt, eine ruhige Straße mit alten Ryokans und schönen Restaurants.

Die Route ist immer einen Spaziergang wert – abends aber ist sie besonders romantisch, und die Chancen stehen nicht schlecht, ein paar Schnappschüsse von passierenden Geishas zu bekommen.

Heian-jinja-Schrein

Der Heian-Schrein mit seinem **großartig leuchtenden Tor** erweckt den Eindruck eines altehrwürdigen Kulturdenkmals, tatsächlich stammt er aber erst aus dem Jahr 1895, als er anlässlich der 1100-Jahr-Feier Kyotos errichtet wurde. Die Gebäude sind den originalen kaiserlichen Strukturen im Maßstab 5:8 nachgebaut. Hinter dem Schrein schließt sich ein schöner **japanischer Garten** an.

■ **Heian-jinja-Schrein,** tägl. 8.30–17.30 Uhr (im Winter bis 17 Uhr), Eintritt 600 Yen, in Laufdistanz von Marutamachi-keihan-mae oder Bushaltestelle Kyoto-Kaikan-Bijutsukan-mae.

Nanzenji-Tempel

Der Nanzenji wurde 1291 von Tennō *Kameyama* gegründet und hatte seine Glanzzeit in der Momoyama-Ära gegen Ende des 16. Jahrhunderts, als er zum bedeutendsten Tempel jener Zeit wurde. Der Tempel gehört zur **Rinzai-Zen-Schule** und beheimatet einige **wertvolle Kulturschätze,** darunter 124 Fusuma der Kanō-Schule. Kabuki-Liebhaber finden den Nanzenji im Kabuki-Stück „Sanmon gosan no kiri" wieder.

■ **Nanzenji-Tempel,** den „Philosophenweg" vom Ginkakuji entlang oder 10 Minuten zu Fuß von der U-Bahn-Station Keage, tägl. 8.40–17 Uhr (im Winter bis 16.30 Uhr).

Eikandō-Tempel

Der Eikandō-Tempel liegt neben dem Nanzenji und ist einer der ältesten Tempel Kyotos. Besonders sehenswert ist die zurückblickende **Amida-Statue Mikaeri Amida.** Der Tempel ist für seine **3000**

⌃ Nationalmuseum Kyoto

jap_320 oh

Ahorn-Bäume berühmt, die vor allem im Herbst viele Besucher anlocken.

Nationalmuseum für moderne Kunst

Das Museum richtet seinen Fokus auf die **Kunst Westjapans** und beherbergt einige **Meisterwerke moderner japanischer Malerei** *(Nihonga)*. Zu den japanischen Künstlern zählen *Seihō Takeuchi*, *Shōen Uemura* und *Kunitaro Suda*, mit *Picasso* und *Matisse* sind auch große westliche Maler im Museum vertreten.

Ausstellungsgegenstände sind neben den Gemälden auch Keramiken, Textilien und Fotografien. Rund sechsmal im Jahr gibt es Sonderausstellungen, im Erdgeschoss finden sich ein schönes Café und ein Museumsshop. Im Gebäude schräg gegenüber befindet sich das **Städtische Kunstmuseum**, das sich vor allem modernen Künstlern aus Kyoto widmet.

■ **National Museum of Modern Art Kyoto,** Di bis So 9.30–17 Uhr (an den Freitagen im Sommer bis 20 Uhr), Eintritt 420 Yen, Bushaltestelle Kyoto-Kaikan-Bijutsukan-mae, Tel. 761-4111 oder 761-9900, www.momak.go.jp.

Shōren-in-Tempel

Der elegante Tempel ist auch als **„Awata-Palast"** bekannt, da er zum kaiserlichen Rückzugsort geriet, als im Jahr 1788 große Teile Kyotos vom Feuer zerstört wurden. Der Tempel präsentiert viele **sehenswerte Kulturschätze.** Im Frühjahr und Herbst wird der Garten zu besonderen Anlässen nachts kunstvoll beleuchtet.

■ **Shōren-Tempel,** tägl. 9–17 Uhr, Eintritt 500 Yen, U: Higashiyama, Tel. 561-2345.

Chion-in-Tempel

Der Chion-in ist der **Haupttempel der Honenshonin-Schule,** die der Priester *Honen* im 12. Jahrhundert innerhalb der Jōdo-Schule begründete. Der Tempel beeindruckt vor allem durch seine Ausmaße: Das **Sanmon-Tor** ist das größte seiner Art in Japan und auch die Tem-

In einem Tempel Kyotos übernachten

Einige Tempel in Kyoto haben **Übernachtungen für Touristen (Shukubō)** im Angebot. Diese Zimmer sind meist sehr puristisch: ein einfacher Raum im japanischen Stil, kein Fernsehen und oft mit Gemeinschaftsbad. Es besteht in der Regel die Möglichkeit, an der **Morgenzeremonie** teilzunehmen – das ist jedoch kein Muss ...

- **Myōren-ji,**①, Tempel der Hokke-Schule. Teilnahme an der Morgenzeremonie möglich. Kein Bad, man muss ins nahe gelegene öffentliche Bad gehen. Teranouchi, Ōmiya, Higashi-iru, Kamigyō-ku, Bushaltestelle Horikawa-Teranouchi, Tel. 451-3527.
- In der **Myōshinji-Tempelanlage** (Rinzai Schule) gibt es einige Sub-Tempel, die Übernachtungen anbieten. Der **Shunkō-in,**①, ist zum Beispiel eher auf ausländische Gäste fokussiert. Eine Gemeinschaftsküche ist vorhanden, und die Morgenzeremonie gibt's auch auf Englisch. JR Hanazono, 5 Minuten, Tel. 462-5488, www.shunkoin.com.
- **Daishin-in,**①, vegetarisches Frühstück inklusive. Wer möchte, kann an der Morgenzeremonie teilnehmen. Tel. 461-5714.
- **Chishakuin-kaikan,**②, Übernachtung mit Frühstück. Abendessen (vegetarisch oder nicht) mit vorheriger Bestellung möglich. Hier gibt es auch modernere Zimmer mit TV auf dem Tempelgelände. Bushaltestelle Hakubutsukan Sanjūsangendō-mae, Tel. 541-5363, www.chisan-ha.org/kaikan.
- **Wajun kaikan** im **Chion-in-Tempel,**②, neu renoviert, wirkt wie ein normales Hotel, Zimmer im japanischen und westlichen Stil. Frühstück und Abendessen möglich. Bushaltestelle Chionin-mae, Tel. 531-2111, www.wajun-kaikan.jp.
- **Jyōren-in-Tempel,**②, Übernachtung mit Mahlzeiten und Zazen. 407 Raigo-in-chō, Ōhara, Sakyō-ku, Bus bis Ōhara, Tel. 744-2408.
- **Rokuō-in,**①, Tempelunterkunft nur für Frauen. JR Saga-arashiyama, Tel. 861-1645.
- **Kosho Kaikan,**①, Übernachtung mit oder ohne Mahlzeiten. Horikawa Shichijō kado, Tel. 361-7666.

pelglocke ist in ihrer Größe unerreicht. 17 Mönche bedarf es, um die Glocke in Gang zu setzen, was man in der Silvesternacht erleben darf.

- **Chion-in-Tempel,** U-Bahn Higashiyama, tägl. 9–16.30 Uhr (im Winter bis 16 Uhr), Eintritt 400 Yen.

[>] Von einem prächtigen Garten umgeben – der Kōdaiji-Tempel

Yasaka-jinja-Schrein

Der Yasaka-Schrein wurde **im 9. Jahrhundert zum Zentrum des Kampfes der Stadt gegen Seuchen und Krankheiten,** in dessen Umfeld auch das Gion Matsuri entstand. Vom Yasaka-jinja starteten die Paraden durch die Stadt und die höchsten Shintō-Priester des Schreins baten auf kaiserliche Anordnung um Verschonung. Die Stadt wurde bekanntlich verschont und noch heute wird der Schrein von Menschen aus allen Teilen Japans aufgesucht, um für eine gute Gesundheit und die Verhinderung von Krankheiten zu bitten. Freier Eintritt, Bushaltestelle Gion.

Hinter dem Yasaka-jinja schließt sich unmittelbar der **Maruyama-Park** an, in dem einige Teegeschäfte und Restaurants (vor allem Taro und Yudōfu) ansässig sind. Im Frühling ist der Park ein beliebter Ort für die Kirschblüte.

Kōdaiji-Tempel

Der Kōdaiji wurde 1605 von *Hideyoshi Toyotomis* Frau, *Nene,* in Gedenken an den politischen und militärischen Strategen gegründet. Die Anlage ist speziell für das **prächtige Gartenarrangement** bekannt, zeigt aber auch Kunstschätze aus dem Besitz des Ehepaares. Im Frühjahr und Herbst wird der Garten zu besonderen Anlässen nachts beleuchtet, was man sich keinesfalls entgehen lassen sollte.

- **Kōdaiji-Tempel,** tägl. 9–16.30 Uhr, Eintritt 500 Yen, Bushaltestelle Higashiyama-yasui.

Kenninji-Tempel

Der Kenninji ist der **älteste Zen-Tempel Kyotos** und wurde 1202 von *Eisai* gegründet. Der Tempel lohnt einen Besuch vor allem aufgrund der Malereien, die auf den Meister *Tawaraya Sōtatsu* zurückgehen. Alljährlich im Frühjahr werden im Tempel große Teezeremonien abgehalten, um den Geburtstag *Eisais* zu feiern.

- **Kenninji-Tempel,** tägl. 10–16 Uhr, Eintritt 500 Yen, Bushaltestelle Higashiyama Yasui, Tel. 561-0190.

Jap_322 oh

Arashiyama – westliches Kyoto

Kokedera-Tempel – der Moos-Tempel

Der Kokedera-Tempel ist ein weiterer großer Zen-Tempel des Meisters *Musō Soseki*. Kokedera bedeutet übersetzt „Moos-Tempel": Im Garten des Tempels finden sich **120 verschiedene Moosarten,** die einen wunderbaren grünen Teppich bilden. Der Garten besteht aus einem unteren Teil mit einem Teich, der die Form des Kanji-Zeichens *Kokoro* (Herz) nachahmt, und einem Stein-Garten im oberen Teil. In dieser Kombination mit den eingebundenen Gebäuden markierte der Garten eine **neue Ära in der japanischen Gartenarchitektur** und übte nachhaltigen Einfluss auf spätere Gärten aus.

■ **Kokedera-Tempel** (auch „Saihōji-Tempel" genannt), 56 Jingatani-chō, Matsuo, Nishikyō-ku. Für einen Besuch ist eine vorherige Bewerbung erforderlich mit Name, Anschrift und dem gewünschten Besuchszeitraum. Zu entrichtende Spende: 3000 Yen. Bushaltestelle Kokederamichi, Tel. 391-3631.

Tenryūji-Tempel

Der Tenryūji zählt zu den fünf großen Zen-Tempeln Kyotos. Er stammt aus dem Jahr 1339 und besticht mit seiner **edlen Gartenarchitektur** und der **Aussicht zum Berg Arashiyama.** Seine Bedeutung erlangte der Tempel durch das Wirken des großen Zen-Meisters *Musō Soseki* im 14. Jahrhundert. Dieser zeichnet auch für die Gartenarchitektur verantwortlich: Der Garten fügt sich wunderbar in die Landschaft ein und ist ein **Meisterwerk des Karesansui-Stils.** Die Anordnung von Sanmon, Butsuden, Hatto und Hojo kann als typische Tempelarchitektur jener Zeit gelten.

■ **Tenryūji,** 68 Susukinobaba-chō, Tenryūji, Saga, Ukyō-ku, Bushaltestelle Keifukuarashiyama, Eintritt 500 Yen, Tel. 881-1235.

Jōjakkōji-Tempel

Der Tempel mit Garten und Umgebung gilt als einer der besten Orte Kyotos, um im Herbst die Laubfärbung der **Ahornbäume** im passenden Ambiente zu bewundern. Der Tempel liegt am **Mt. Ogura,** die 12 Meter hohe Pagode ist seine wesentliche Sehenswürdigkeit.

■ **Jōjakkōji,** tägl. 9–17 Uhr, Eintritt 300 Yen, Bushaltestelle Saga-shogakko-mae, Tel. 861-0435.

Daikakuji-Tempel

Der abgeschieden gelegene Daikakuji wurde ursprünglich als Palast für Kaiser *Saga* im 9. Jahrhundert erbaut, weshalb der Tempel auch den Beinamen **„Saga-Gosho"** trägt. Ähnlichkeiten in der Architektur zwischen Daikakuji und den kaiserlichen Gosho-Anlagen sind unverkennbar. Der zugehörige **Osawa-Teich** östlich des Tempels ist eine Miniaturausgabe des Dongting-Sees in China und diente dem Kaiser zum Bootfahren.

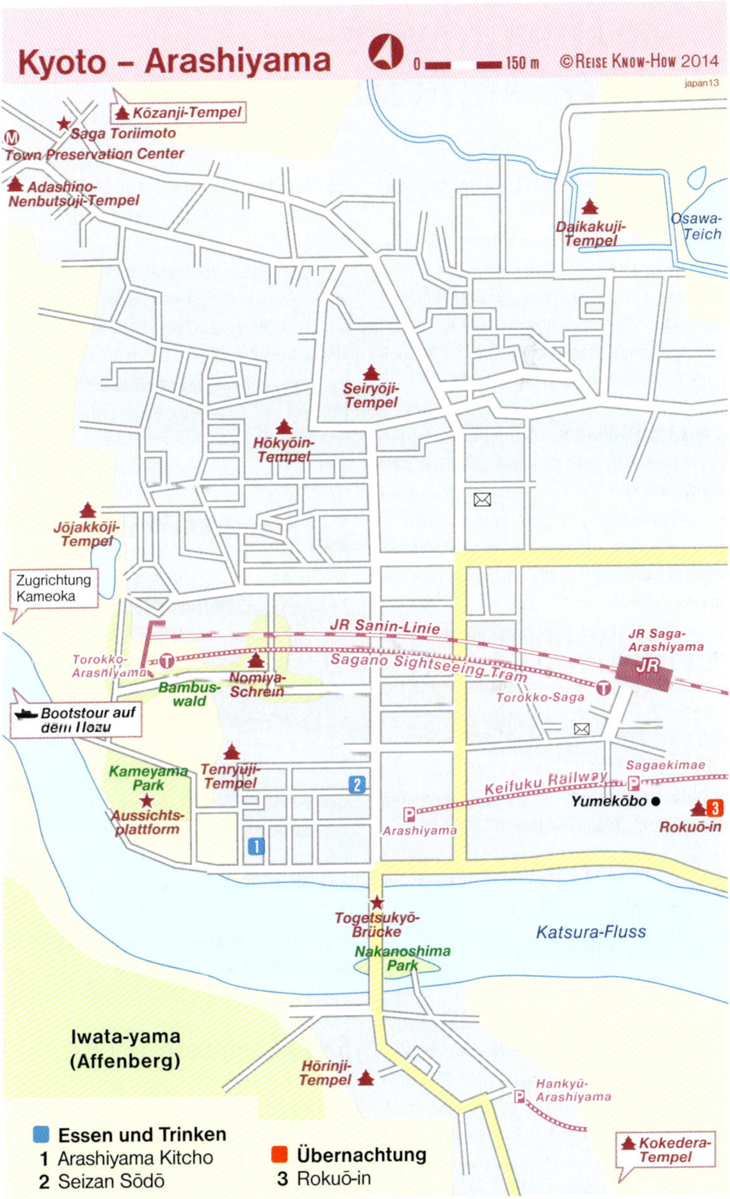
Kyoto – Arashiyama
0 150 m
©Reise Know-How 2014
japan13
Kōzanji-Tempel
Saga Toriimoto
Town Preservation Center
Adashino-Nenbutsuji-Tempel
Daikakuji-Tempel
Osawa-Teich
Seiryōji-Tempel
Hōkyōin-Tempel
Jōjakkōji-Tempel
Zugrichtung Kameoka
JR Sanin-Linie
JR Saga-Arashiyama
JR
Torokko-Arashiyama
Sagano Sightseeing Tram
Bambuswald
Nomiya-Schrein
Torokko-Saga
Bootstour auf dem Hozu
Kameyama Park
Aussichtsplattform
Tenryuji-Tempel
Sagaekimae
Keifuku Railway
Yumekōbo
Rokuō-in
Arashiyama
Togetsukyō-Brücke
Katsura-Fluss
Nakanoshima Park
Iwata-yama (Affenberg)
Hōrinji-Tempel
Hankyū-Arashiyama
Kokedera-Tempel
Essen und Trinken
1 Arashiyama Kitcho
2 Seizan Sōdō
Übernachtung
3 Rokuō-in

Wilde Affen in Kyoto – der Affenberg Iwata-yama

Wenn man vom südlichen Ende der **Togetsukyō-Brücke in Arashiyama** am Fluss entlangläuft, gelangt man bald zum **Ichitani-munakata-Schrein.** Durch das Torii hindurch und nach links, kommt man zum Eingang zum Affen-Berg Iwata-yama, der mit seinen wilden Affen eine außergewöhnliche Erscheinung in der Tempelstadt Kyoto ist. Von Togetsukyō braucht man zwischen 15 und 20 Minuten.

Rund 150 wilde Affen (Japan-Makaken) leben in den dicht bewaldeten Hügeln. Seit 1954 werden sie von der Forschungsabteilung der Kyoto-Universität gefüttert und beobachtet, weswegen sie wenig Scheu zeigen und an Menschen gewöhnt sind, anders als zum Beispiel die Affenpopulationen auf Yakushima.

Man geht etwas den Berg hinauf an den Warnschildern entlang und sollte sich auch an ein paar **Regeln** halten: Die Affen nicht anfassen, nicht füttern und den Affen nicht in die Augen stieren – das hilft den Affen und auch einem selbst.

Auf der Spitze des Hügels gibt es ein kleines Haus, aus dem man Affen geschützt von innen heraus füttern kann, was die Zooperspektive einmal umkehrt. Die beste Zeit für den Iwata-yama ist der Frühling mit den blühenden Kirschbäumen und den jungen Baby-Affen. Immer offenbart sich von oben ein wunderbarer Blick auf Kyoto.

■ **Iwata-yama Monkey Park,** tägl. 9–17 Uhr (im Winter bis 16 Uhr), bei wirklich schlechtem Wetter geschlossen. Offizielle Fütterungszeiten sind 10.30, 12.30 und 14.30 Uhr. Eintritt 550 Yen, 5 Minuten zu Fuß von Arashiyama Station, Tel. 872-0950, www.kmpi.co.jp.

■ **Daikakuji-Tempel,** tägl. 9–16.30 Uhr, Eintritt 500 Yen, Bushaltestelle Daikakuji, Tel. 871-0071.

Adashino Nenbutsuji-Tempel

Die Gegend des Tempels war ursprünglich ein Ort, an dem Verstorbene, die keinen engeren Angehörige oder Freunde hatten, begraben oder verbrannt wurden. Im Tempelareal stehen **8000 kleine Stein-Buddhas** als namenlose Gedenksteine für die unbekannten Verstorbenen. Jährlich am 23. und 24. August wird der **Friedhof** mit Tausenden von Kerzen beleuchtet. Am Tempel findet sich ein schöner Weg durch ein Bambus-Wäldchen.

■ **Adashino Nenbutsuji-Tempel,** tägl. 9–17 Uhr, Eintritt 500 Yen, Tel. 861-2221.

Saga Toriimoto

Die **Straßenzüge zwischen dem nördlichen Mt. Ogura und Kiyotaki** sind bekannt für ihr traditionelles Erscheinungsbild, denn hier haben sich einige **alte**

Bauernhäuser mit ihren charakteristischen Strohdächern erhalten. Das **Town Preservation Center** bietet Ausstellungen zur Geschichte.

■ **Town Preservation Center,** Di bis So 10– 16 Uhr, freier Eintritt, Bushaltestelle Saga-shaka-dō-mae, Tel. 864-2406.

Bootstour auf dem Hozu

Größtenteils ist der Hozu-Fluss eher ruhig und zieht sich durch **schöne Landschaften,** doch an manchen Stellen passiert man **mittlere Stromschnellen** und das kleine Boot muss durch enge Stellen manövrieren. Kein Rafting, aber auch nicht nur Omabutterfahrt, kann die zweistündige Flussfahrt durchaus ein Vergnügen sein. Die Strecke führt **von Kameoka nach Arashiyama.**

■ **Hozugawa-Boot,** von Mitte März bis Ende Nov. Mo bis Fr stündlich 9–15 Uhr, außerhalb dieser Zeiten Anfrage empfehlenswert. Erwachsene zahlen 3900 Yen, Kinder 2500 Yen, Charter-Boot für 78.000 Yen. Von JR Kameoka Station 10 Minuten zu Fuß, Tel. (0771) 22-5846, www.hozugawakudari.jp.

Kōzanji-Tempel

Der Kōzanji liegt ungefähr 45 Minuten nördlich von Arashiyama in der bergigen Umgebung Kyotos. 1206 gründete der Mönch *Myōe* den Tempel, aus der damaligen Zeit ist jedoch nur noch der **Sekisui-in** erhalten. Zu seiner Blütezeit bestand der Tempel aus vielen Gebäuden, heute stehen die Gebäude mit ihren geschwungenen Formen für die Architektur der **Kamakura-Zeit.**

Die Gegend eignet sich für einen Naturausflug. Die Tempelanlage ist von Zedern und Ahornbäumen umgeben, und auch das **älteste Teefeld Japans** findet sich hier – der Legende nach hat hier *Myōe* Tee angepflanzt, den der Zen-Pionier *Eisai* aus China mitgebracht hatte. Ein **Wanderweg** führt von der Bushaltestelle Kiyotaki am Fluss Kiyotakigawa entlang, zuerst auf einer Straße, dann auf einem Wanderweg neben dem Fluss (Distanz zum Kōzanji rund 5½ Kilometer).

■ **Kōzanji-Tempel,** 8 Togano-o-chō, Umegahata, Ukyō-ku, 9–17 Uhr, mit JR-Bus bis Kajino.

Südliches Kyoto

Im südlichen Kyoto liegen ein paar der sehenswertesten Attraktionen Kyotos. Aufgrund ihrer geografischen Lage auf halbem Weg zwischen den alten Hauptstädten Nara und Kyoto weist die Region **frühe kulturelle Zeugnisse** auf.

Fushimi-Inari-Schrein

Tagesausflugsziel erster Klasse: Der Fushimi-Inari ist einer der meistbesuchten und berühmtesten Schreine Japans. Dafür sorgen die rund **10.000 großen roten Torii,** die den kilometerlangen Weg zum Schrein hinauf begleiten. An vielen Stellen stehen die gespendeten Torii so eng, dass sie einen Tunnel bilden. Der Fushimi-Inari ist der Hauptschrein von rund 40.000 Inari-Schreinen in Japan.

Für die Besichtigung sollte man sich einen Tag Zeit nehmen. Nur wer den

vier Kilometer langen Weg zum **Mt. Inari** hinaufsteigt und einige Seitenwege probiert, wird das Ausmaß der Torii und die damit verbundene Spiritualität des Berges wahrnehmen können. Anfahrt mit Keihan bis Fushimi-Inari.

Daigoji-Tempel

Der Daigoji enthält mit der fünfstöckigen **Pagode Gojūnotō** das älteste exakt datierbare und erhaltene Gebäude Kyotos, erbaut 951. Die Tempelanlage wurde

jap_329 oh

auf Anordnung des Kaisers gebaut und zeigt mit den eingearbeiteten Mandalas die Nähe zum Esoterischen Buddhismus. Jahrhunderte später diente der Garten des Tempels als Refugium für *Hideyoshi Toyotomi*.

■ **Daigoji-Tempel,** 22 Higashiōji-chō, Daigo, Fushimi-ku, Daigo Station, tägl. 9–16.30 Uhr.

Tōfukuji-Tempel

Der Tōfukuji ist mit einer Fläche von 200.000 Quadratmetern der **größte Zen-Tempel Kyotos.** Der Tempel wurde 1239 erbaut und lockt die Massen vor allem im Herbst an, wenn sich die Ahornbäume färben und der Tempel von prächtigen Farben umgeben ist. Wer Menschenmengen scheut, sollte den Tempel im Herbst meiden.

■ **Tōfukuji-Tempel,** Bushaltestelle Tōfukuji, Tel. 561-0087.

Uji

Uji liegt südlich von Kyoto und war aufgrund des **Ujigawa-Flusses** wichtige Transportstation zwischen den frühen Hauptstädten Nara und Kyoto. Nicht nur zwei Stätten des Weltkulturerbes mit einigen der ältesten Strukturen Japans liegen hier, sondern auch der erste Roman „Die Geschichte des Prinzen Genji" hat in Uji und im Yamashiro-Gebiet ihren Ursprung.

Byōdōin-Tempel

Der Byōdōin-Tempel kann als repräsentativ für die klassische japanische Architektur der Heian-Zeit gelten. Der Tempel war einst feudales Anwesen der Fujiwa-

◁ Torii auf dem Weg zum Fushimi-Inari-Schrein

Uji-Tee

Uji hat eine lange Tradition im Teeanbau. Die klimatische und geografische Lage ließen Uji ab dem 14. Jahrhundert zu einer **Hochburg des Grünen Tees** werden, sodass der Uji-cha auch heute noch für seine feine Qualität bekannt ist. Probieren kann man den Uji-cha im Teehaus Taihō-an, das direkt gegenüber des Byōdōin-Tempels liegt.

■ **Teehaus Taihō-an,** tägl. (außer 21. Dez. bis 10. Jan.) 10–16 Uhr, Kosten 500 Yen.

ra-Familie, ehe die Anlage 1052 zur buddhistischen Stätte umgewandelt wurde. Im darauf folgenden Jahr wurden die **Phönix (Hō-ō)- und** die **Amida Buddha-Halle** errichtet. Der Hō-ō ist ein phönixartiger Vogel aus der japanischen Mythologie, der als Beschützer *Buddhas* angesehen wird. Zwei dieser Vögel zieren die Giebel der Haupthalle und spiegeln sich im **Aji-Teich.** Die architektonische Konstruktion der zentralen Halle ist einem aufsteigenden Phönix nachempfunden.

■ **Byōdōin-Tempel,** JR/Keihan Uji Station, 8.30–17.30 Uhr, Eintritt 600 Yen.

Ujigami-jinja-Schrein

Der Ujigami-jinja-Schrein wurde als „Beschützer" für den Byōdōin-Tempel erbaut. Der Ujigami-jinja ist das älteste erhaltene Schreingebäude Japans (14. Jahrhundert). Auffällig ungewöhnlich ist die Konstruktion des **Honden,** der aus drei inneren Schreingebäuden besteht, die Seite an Seite gebaut wurden (Nagare-zukuri-Stil).

■ Weitere Informationen zu Uji bei der **Uji Touristeninformation,** Tel. (0774) 23-3334, www.kyoto-uji-kankou.or.jp.

Nördliche Umgebung von Kyoto – Kurama und Ōhara

Kurama ist ein **entspannendes Ausflugsgebiet in den Hügeln nördlich von Kyoto** und leicht zu erreichen. In der bergigen Landschaft ist es stets etwas kühler als in der Stadt und deswegen kommen vor allem im Sommer viele Besucher aus dem heißen Kyoto herauf. Dann öffnen neben dem **Fluss Kibune** Yuka-Restaurants und man kann nach der Wanderung bequem seine Füße in den kalten Strom halten.

Von Demachiyanagi Station nimmt man Eizan Railways bis Kurama Station.

Wanderroute: Von Kurama nach Kibune (halber Tag)

Ab Kurama Station geht's an Souvenirläden und Restaurants vorbei hoch zum

Niōmon-Tor. Danach kommt man am **Yuki-Schrein** vorbei, gegründet 940 und über die Jahrhunderte immer stark frequentiert, wenn der Kaiser krank war. Der Weg schlängelt sich am **Ushikawa-Monument** und am **Amitaba-Altar** vorbei, anschließend folgen noch 150 Stufen hoch zur Haupthalle des **Kurama-Tempels.** Vor der Haupthalle befindet sich ein schöner **Aussichtspunkt,** von dem aus man einen Blick auf den **Mt. Hiei** werfen kann. Der Tempel selbst stammt aus dem 8. Jahrhundert und zeigt auch interessante Ausstellungen über die Flora und Fauna der Umgebung (tägl. 9–16.30 Uhr).

Zwischen Haupthalle und Tempelbüro geht durch ein kleines Tor der eigentlich Wanderweg weiter, der nach Kibune führt. Man passiert dabei den 513 Meter hohen Gipfel und geht durch schöne Wälder zum **Mao-den-Schrein,** bevor

„Genji monogatari" – Romangeschichte in Uji

Mit „Genji monogatari" (Die Geschichte des Prinzen Genji) verfasste *Murasaki Shikibu* in Uji den **ersten Roman der Weltliteratur.** Der Roman aus dem Jahr 1010 gilt als Dokument der Heian-Kultur, der die Ideale jener Zeit eindrucksvoll darstellt. Auch wenn die Geschichte frei erfunden ist, haben sich doch Wissenschaftler ganzer Generationen damit beschäftigt, welche Erfahrungen die Autorin – selbst Hofdame am kaiserlichen Hof – mit in ihre Geschichte eingebracht hat. Das voluminöse Epos umfasst 54 Kapitel, in denen – die namenlosen Bediensteten nicht mitgerechnet – rund 400 Charaktere erscheinen.

Der literarische Schauplatz ist Uji und **Uji** muss zu Beginn des 11. Jahrhunderts **als Gegenpart zu Kyoto** verstanden werden: Während die soziale und höfische Kultur in Kyoto ebenso entwickelt wie offiziell war, diente Uji als Landsitz und privater Rückzugsort der adeligen Familien. Der Roman charakterisiert Ujis Atmosphäre als privat und gelöst, in der sich persönliche Beziehungen und Gefühle entwickeln konnten.

Viele der historischen Stätten Ujis finden sich im Roman in frühen Beschreibungen wieder. Ein schöner **Rundweg („Uji-Jūjō")** führt an den Romanstätten vorbei. Für den Weg ab dem Byōdōin-Tempel sollte man einen halben Tag einkalkulieren. Verlauf der Strecke: Byōdōin-Tempel – flussaufwärts am Ufer entlang – Hashihime-Schrein – Yume-no-ukihashi – Uji-Brücke – Azumaya-Kannon – Ōchikata-Schrein – Tenarai-Monument – Mimurotoji-Tempel – Kagero-Monument – Genji monogatari-Museum – Agemaki – Ujigami-jinja – Sawarabi – Uji-Schrein – Uji-Jūjō-Monument.

Das **Genji monogatari-Museum** hat Räume und Szenen nach den Romanbeschreibungen modelliert, darunter die Hashihime-Szene im „Herbstraum", als *Kaoru* die Tochter des Achten Prinzen zum ersten Mal sieht und sich in sie verliebt. Eine Bibliothek erlaubt wissenschaftliches Arbeiten zum Roman.

Genji monogatari-Museum, Di bis So 9–17 Uhr, Eintritt 500 Yen, Tel. (0774) 39-9300.

sich der Weg wieder hinunter zum Kibune-Fluss schlängelt. Dort finden sich Restaurants und Geschäfte. Der **Kibune-Schrein** wird vor allem von Pilgern aufgesucht, die für eine gute Ernte oder guten Fischfang bitten. Jedes Jahr am 7. Juli wird hier ein großes **Festival** abgehalten.

Vom Westtor des Kibune-Schreins läuft man in ca. 20 Minuten am Fluss entlang zurück zur Kibune-guchi Station.

Kurama Onsen

Kurama Onsen kann der passende Abschluss des Wandertages oder einfach eine willkommene Abwechslung vom Städtischen sein. Das **Freiluft-Onsen** ist wunderbar gelegen und bietet neben einem Restaurant auch eine Unterkunftsmöglichkeit. Männer- und Frauen-Onsen sind getrennt.

■ **Kurama Onsen,** tägl. 10–21 Uhr, Eintritt 1100 Yen, 10 Min. von Kurama Station, Tel. 741-2131.

Ōhara

Ōhara ist ein naturnahes **Rückzugsgebiet,** das **am Fuße des Mt. Hiei** liegt. Traditionell war der Bezirk zur Heian-Zeit ein Zufluchtsort für alle, die den kaiserlichen Hof in Unfrieden verlassen mussten. Ein **Wanderweg** von 3½ Kilometern Länge führt vom Jakkō-in-Tempel zum Sanzen-in, noch etwas weiter gelangt man zum kleinen Wasserfall Otonashi-no-taki. Von JR Kyoto nimmt man den Kyoto-Bus 17 oder 18.

jap_334 oh

Sanzen-in-Tempel

Der Sanzen-in-Tempel gehört zur **Tendai-Schule** und stammt aus dem Jahr 1118. Die Hauptfigur des Tempels ist die Amida Nyorai-Statue. Der Garten beherbergt verschiedene Moosarten und zeigt sich zur Regenzeit von seiner besten Seite.

- **Sanzen-in-Tempel,** tägl. 8.30–16.30 Uhr, Eintritt 600 Yen, Tel. 744-2531.

Jakkō-in-Tempel

Der Jakkō-in-Tempel, einer der ältesten Tempel Kyotos, geht der Legende nach auf **Prinz Shōtoku** als Gründer zurück. Obwohl die Straße zum Tempel mit Teegeschäften und normalerweise vielen Menschen voll ist, verbreitet der Tempel an sich eine ruhige Atmosphäre.

- **Jakkō-in-Tempel,** tägl. 9–17 Uhr, Eintritt 500 Yen, Tel. 744-2545.

Shakyō – Sūtras schreiben in Kyoto

Das Schreiben von Sūtras per Hand wird als **meditativer Weg zu Entspannung und Erleuchtung** von einigen buddhistischen Schulen praktiziert.

- **Daikaku-ji-Tempel,** tägl. 9–16.30 Uhr, Bushaltestelle Daikakuji, Kosten 1000 Yen, Tel. 871-0071.
- **Unryū-in-Tempel** (Sub-Tempel des Sennyū-ji), Shakyō zusammen mit Grünem Tee und Süßigkeiten, 1½ Stunden für 1000 Yen, Bushaltestelle Daitokuji-mae, Tel. 541-3916.
- **Kurama-dera-Tempel,** am 7. und 18. eines Monats jeweils von 10.30–15 Uhr, mit der Eizan-Linie bis Kurama, Gebühr 500 Yen, Tel. 741-2003.
- **Kenninji,** im Gion-Viertel, ab 10–16 Uhr jederzeit für ca. 45 Minuten, Sūtra-Gebühr 1000 Yen, Tel. 561-6363, www.kenninji.jp.

Praktische Tipps

- **Vorwahl: 075**

Anfahrt

- **Bahn:** Von Tokyo mit dem Shinkansen in weniger als 3 Stunden. Von Shin-Osaka mit dem Shinkansen nach Kyoto 15 Minuten, mit Rapid-Zügen ungefähr 30 Minuten.

In der U-Bahn von Kyoto

Touristeninformation

- **Kyoto Touristeninformation,** JR Kyoto Station Bldg., 2F, helfen auch bei der Buchung von Unterkünften. Kostenloses WLAN vorhanden. Tägl. 8.30–19 Uhr, Tel. 343-0548, www.kyoto.travel.
- **Kyoto City Tourist Association,** tägl. 9–17 Uhr, 2F, Kyoto Sanjo Ohashi Bldg., Bahnhof Sanjo-Keihan, 3 Minuten, Tel. 752-7070.
- Karten und Informationsmaterial sind auch erhältlich in den **Seven-Eleven Convenience Stores** und den **Starbucks-Shops** in Kyoto.
- **Kyoto International Community House,** Infos aller Art, fremdsprachige Zeitungen und Magazine, Pinnwände, Internet, auch Anmeldungen zum **Home Visit Program,** in dessen Rahmen japani-

sche Familien ausländischen Touristen einen Einblick in ihr Zuhause geben. 2-1 Torii-chō, Awataguchi, Sakyō-ku, Di bis So 9–20 Uhr, Bushaltestelle Kyoto Kaikan Bijutsukan-mae, Tel. 752-3511.

Verkehrsmittel

Bus

■ **Fahrpläne** mit sehr guten Erläuterungen in Englisch sind beim TIC erhältlich. Eine Fahrt im Bus (Stadtbus oder Raku-Bus) kostet 220 Yen, egal welche Strecke man **im Stadtgebiet** zurücklegt.

Man betritt den Bus durch die hintere Tür und verlässt ihn durch die vordere, nachdem man beim Aussteigen das Geld (passend!) in die Box neben dem Fahrer geworfen hat.

■ Bei Fahrten **außerhalb des Stadtgebietes** hängt der Preis von der Distanz ab. Beim Einsteigen zieht man ein Ticket, das eine Nummer zeigt. Auf einer elektronischen Anzeige kann man für seine Nummer den erforderlichen Preis ablesen, den man wiederum beim Aussteigen bezahlt. Im Bus gibt es eine Wechselmaschine, die 1000-Yen-Banknoten wechselt, größere Scheine können nicht gewechselt werden, auch nicht vom Fahrer.

U-Bahn

■ Kyoto hat **zwei U-Bahn-Linien:** die **Karasuma-** und die **Tozai-Linie.** Ansagen und Anzeigen in der U-Bahn erfolgen auch in Englisch.

■ Hinzu kommen die **fünf privaten Zuggesellschaften** Hankyū, Keihan, Kintetsu, Keifuku und Eizan.

Tagestickets

■ **City Bus One Day Ticket,** Bus-Tagesticket, 500 Yen für beliebig viele Fahrten im Stadtbereich Kyotos.

■ **Kyoto Sightseeing One and Two-day Pass Card,** berechtigt für alle Busse und U-Bahn-Linien Kyotos. 1-Tages-Ticket 1200 Yen, 2-Tages-Ticket 2000 Yen. Die Tickets können in den Info-Zentren von Bus und U-Bahn gekauft werden, darüber hinaus in einigen ausgewählten Hotels.

■ **Umtausch des Gutscheins für den Japan Rail Pass** im grünen JR Service-Center, neben dem Eingangsbereich zum Shinkansen, tägl. 6–23 Uhr.

Führungen

■ Kostenlose Rundgänge mit **Kyoto SGG Club,** Infos und Anmeldungen unter Tel. 861-0540 oder kyotosgg@mbox.kyoto-inet.or.jp.

■ Klassiker-Rundgänge mit **Johnnie Hillwalker alias Hajime Hirooka** unter dem Motto „Walk in Kyoto, talk in English". Unzählige Touristen hat das Kyoto-Original durch „sein" Kyoto geführt. Die Rundgänge starten zwischen März und November jeden Mo, Mi und Fr um 10.15 Uhr ab Kyoto Station zwischen Taxi-Standort und Bus-Center, eine Anmeldung ist nicht erforderlich. Der Rundgang dauert rd. 5 Std. und kostet 2000 Yen pro Person, Tel. (090) 1890-0096, http://web.kyoto-inet.or. jp/people/h-s-love.

■ Rundgänge mit **Kyoto Zigzag,** gelegentliche thematische Rundgänge für Ausländer, Infos und Preise unter www.zigzagkyoto.jp.

Unterkunft

Zentral-Kyoto

■ **Tour Club,**①, 8 Zimmer. Die kleine Pension ist weithin als eine der besten preiswerten Unterkünfte bekannt. Dementsprechend ausgebucht ist der Tour Club oftmals. Man hat die Wahl zwischen einem Schlafsaal oder japanischen Doppelzimmern mit Tatami und Futons. Fahrradleihe möglich, Internet kostet extra. 362 Momijichō, Higashinakasuji,

Sich als Maiko kleiden

Eine wahre **Maiko-san (Geisha in Ausbildung)** trifft man in Kyoto nur in bestimmten Vierteln wie dem Gion-Viertel. Des Öfteren wird man aber an touristischen Orten Kyotos auf Touristinnen stoßen, die sich als Maiko-san kleiden und schminken lassen. Die Prozedur dauert mehrere Stunden und ist eine nicht billige Angelegenheit, dafür können interessante Fotos entstehen. Meistens ist im Preis inbegriffen, dass man mit dem Kostüm auch die Räumlichkeiten verlassen und sich einen Tag lang in der Stadt bewegen darf, besser fragt man aber noch einmal ausdrücklich nach.

- **Hanagiku,** ab 15.000 Yen, tägl. 9–17 Uhr, Bushaltestelle Shijō-Keihan, Tel. 561-7116.
- **E-Masa,** ab 16.500 Yen, tägl. 9.30–19 Uhr, englisch sprechend, Bushaltestelle Shichijō-Keihan, Tel. 532-1751.
- **Yumekōbo,** ab 10.000 Yen, tägl. 10–18 Uhr, drei Stationen nahe JR Kyoto, Gojōzaka- oder Arashiyama-Bushaltestelle, Tel. 661-0858.

jap_324 oh

Shōmensagaru, Shimogyō-ku, 9 Minuten von JR Kyoto, Tel. 353-6968, www.kyotojp.com. Der Inhaber betreibt auch das **Budget Inn,** das in Preis und Ausstattung vergleichbar ist. 295 Aburanokōji-chō, Aburanokōji, Shichijō-sagaru, Shimogyō-ku, 7 Minuten von JR Kyoto, Tel. 344-1510, www.budget innjp.com.

■ **K's House,**①, neu eröffnete Jugendherberge und Pension für Rucksacktouristen nahe Kyoto Station und Kamo. Neben Schlafsälen gibt's auch Einzel- und Doppelzimmer. Fahrradleihe möglich, Internet kostet extra. 418 Nayachō, Shichijō-agaru, Dotemachi-dori, Shimogyō-ku, 9 Minuten von JR Kyoto, Tel. 342-2444, www.kshouse.jp.

■ **Gojō Guest House,**①, Gästehaus in guter Lage zwischen Higashiyama, Downtown und Kamo. Das Kyoto-typische Holzhaus hat im Erdgeschoss ein Café, die Zimmer zur Straßenseite könnten etwas laut sein. Fahrräder werden verliehen, Internet ist verfügbar. 3-396-2 Gojōbashi-higashi, Higashiyama-ku, Bushaltestelle Gojō-zaka (ab JR Kyoto mit Bus Nr. 206), Tel. 525-2299, www.gojo-guest-hou se.com.

■ **The Palace Side Hotel,**①, 118 Zimmer. Guter Standard und gute Lage gegenüber dem Kaiserpalast. Terrassencafé, Internet umsonst sowie Waschmaschinen und Gemeinschaftsküche stehen zur Verfügung. Einige Zimmer sind auch mit einer kleinen Küche ausgestattet. Spezielle Rabatte für längere Aufenthalte können ausgehandelt werden. Karasuma Shimodachiuri Agaru, Kamigyō-ku, U: Marutamachi, Tel. 415-8887, www.palaceside hotel.co.jp.

■ **Ryokan Hotel Nishiyama,**②, 29 Zimmer. Ruhiges traditionelles Ryokan mit moderner Ausstattung. Gemeinschaftsbad mit Blick auf Wasserfall, zwei Gratis-Internet-Computer in der Lobby. Das Ryokan schließt um Mitternacht, Absprachen sind jedoch möglich. Gokomachi St.-Nijyō Sagaru, Nakagyō-ku, U: Kyoto Shiyakusho-mae, 10 Minuten, Tel. 222-1166, www.ryokan-kyoto.com.

■ **Hotel Gimmond Kyoto,**②, 140 Zimmer. Hotel im europäischen Stil in der Oike-dori im Zentrum Kyotos. Sehr gute Lage für Einkaufen und Nachtleben. Internationale Atmosphäre und viele ausländische Gäste. Takakura-Oike-dori, Nakagyō-ku, U: Karasuma-Oike, Ausgang 1-3, Tel. 221-4111, www. gimmond.co.jp.

■ **Kyo-no-Yado Ishihara,**③, 6 Zimmer. *Akira Kurosawas* Lieblings-Ryokan in Kyoto, in dem der Filmregisseur über 15 Jahre hinweg immer wieder logierte und schrieb. Wer will, kann in „seinem" Zimmer übernachten. Auch ohne die Kurosawa-Geschichte bietet das Ryokan eine angenehme und komfortable Atmosphäre. Das Ryokan schließt leider um 23 Uhr. 76 Anekōji-agaru, Yanaginobaba, Nakagyō-ku, U: Karasuma-Oike, 7 Minuten, Tel. 221-5612.

■ **Hotel Granvia Kyoto,**③, 539 Zimmer. Gutes Hotel der JR Railways-Gruppe im Bahnhofsgebäude von JR Kyoto. 901 Higashi-Shiokōji-chō, Shiokōji Sagaru Karasuma-dori, Shimogyō-ku, Tel. 344-8888, www.granvia-kyoto.co.jp.

■ **Kyoto Hotel Ōkura,**③, 322 Zimmer. Eines der Top-Hotels in Kyoto mit langer Tradition für ausländische Touristen. 1994 erregten der Neubau und die geplante Höhe des Hotels vorübergehend die Gemüter in Kyoto. Den Gästen bietet sich ein guter Blick auf die Stadt. Kawaramachi-Oike, Nakagyō-ku, U: Kyoto Shiyakusyo-mae, Tel. 211-5111, www.kyo tohotel.co.jp.

■ **Hiiragiya Ryokan,**④, eines der berühmtesten Ryokans in Japan, das in keiner Aufzählung fehlen darf. Seit 1818 besteht das Ryokan, dessen Zimmerpreise bis zu 84.000 Yen pro Nacht reichen. Der Preis beinhaltet zwei Mahlzeiten, sorgsam arrangiert und zelebriert. Nakahakusancho, Fuyachō Anekōji-agaru, Nakagyō-ku, U: Kyoto Shiyakusho-mae, Tel. 221-0151, www.hiiragiya. co.jp.

■ **Tawaraya Ryokan,**④, 18 Zimmer. Unglaublich elegantes Ryokan mit Glanz und Glorie und einer 300-jährigen Geschichte. Wer das nötige Kleingeld hat und würdiges japanisches Ambiente erleben will, der ist hier goldrichtig. Anekōji-agaru Fuyachō, Nakagyō-ku, U: Kyoto Shiyakusho-mae, Tel. 211-5566.

Nördliches Kyoto

■ **Tani House,**①, ab 1500 Yen vielleicht die billigste Unterkunft Kyotos, dazu noch in wunderbarer Lage direkt neben dem Daitokuji-Tempel. Nichts für Anspruchsvolle und mit einer Mischung aus exotisch und heruntergekommen, Tani House empfängt Touristen seit der Expo 1970 in Osaka. 8 Daitokuji-chō, Murasakino, Kita-ku, Bushaltestelle Kengunjinja-mae, Tel. 492-5489. http://tanihouse.kansaiconnect.com.

■ **Guesthouse Kingyoya,**①, gemütliches Gästehaus, in dem viel Holz verarbeitet wurde, im traditionellen Kyoto-Stadthaus-Stil (Machiya) in der Nishijin-Gegend. Gute Lage, um das alltägliche Leben in Kyoto zu erleben. Tel. 411-1128, http://kingyoya-kyoto.com.

Old Canal – Nordöstliches Kyoto

■ **Kyō no en,**①, eine gute Wahl am alten Kanal nahe dem Philosophenweg, Ginkakuji und Kyoto-Universität. Zahlreiche Cafés mit akademischer Atmosphäre in der Umgebung. Neben einem Schlafsaal stehen auch sowohl Einzel- wie auch Doppelzimmer zur Verfügung. Klassisches Kyoto-Holzhaus, dessen Räume mit allerlei Antiquitäten (der Eigentümer besitzt auch einen Antiquitätenladen) dekoriert sind. 27 Simoikeda-chō, Kitashirakawa, Sakyō-ku, Bushaltestelle Kitashirakawakō-mae (Bus Nummer 5 ab JR Kyoto), Tel. 721-8178, www.kyonoen.com.

■ **B&B Juno,**①, 3 Zimmer. Freundliche und geschmackvoll eingerichtete Unterkunft nahe dem Philosophenweg. Reservierungen nur per E-Mail, www.gotokandk.com.

■ **The Three Sister's Inn ANNEX,**②. Schönes Ryokan mit Fokus auf ausländische Touristen, nordöstlich vom Heian-Schrein gelegen. Leider schließt das Ryokan um 23.30 Uhr. 89 Okazaki, Irie-chō, Sakyō-ku, Bushaltestelle Dōbutsuen-mae (Bus Nr. 5 ab JR Kyoto), Tel. 761-6333.

Higashiyama – Östliches Kyoto

■ **Hanakiya Bed & Breakfast,**①, 3 Zimmer. Kleine familiäre Pension für ausländische Touristen, 5 Minuten vom Kiyomizu-dera-Tempel entfernt. Gemeinschaftsbad, alle Zimmer mit Tatami. Internet umsonst. 583-101 Higashirokuchō-me Gojō-bashi, Higashiyama-ku, Bushaltestelle Gojō-zaka, Tel. 551-1397, www.hanakiya.jp.

■ **Inakatei,**②, 6 Zimmer. Sehr empfehlenswertes Ryokan auf dem alten Kopfsteinpflaster Ishibe-kōji nahe Kōdaiji-Tempel. Das Ryokan besticht mit seiner ruhigen und nostalgischen Atmosphäre inmitten der touristischen Stätten. 463 Ishibe-kōji, Shimo-kawara, Gion, Higashiyama-ku, Bushaltestelle Gion, 10 Minuten, Tel. 561-3059, www.inakatei.com.

■ **The Westin Miyako Hotel Kyoto,**④, 502 Zimmer. Das beste Hotel Kyotos liegt schön in der hügeligen Umgebung Higashiyamas und bietet allen erdenklichen Komfort gepaart mit perfektem japanischen Service. Abholservice ab JR Kyoto. Keage, Sanjō, Higashiyama-ku, U: Keage, Tel. 771-7111, www.westinmiyako-kyoto.com.

Jugendherbergen

Zimmer in Kyoto sind oft sehr günstig, daher sind Jugendherbergen kaum zu empfehlen. Wer trotzdem will, für den gibt es zwei akzeptable Möglichkeiten.

■ **Utano Youth Hostel,** Schlafsaal, 2800 Yen, keine Mitgliedschaft erforderlich. In der Nähe von Kinkakuji und Ryōanji gelegen, mit Internet, Küche und Waschmaschine. Die Jugendherberge schließt um 22.30 Uhr. 29 Nakayama-chō, Uzumasa, Ukyō-ku, Bushaltestelle Youth-hostel-mae (Bus Nr. 26), Tel. 462-2288, www.jyh.or.jp.

■ **Kyoto Kiyomizu Youth Hostel,** zwischen 3360 Yen und 3960 Yen. 4 Zimmer – Gemeinschaftszimmer und Privatzimmer – im japanischen Stil. Nahe am Kiyomizu-Tempel. 6-539-16 Gojobashi-higashi, Higashiyama-ku, Tel. 541-1651, www.jyh.or.jp.

Wo die Teezeremonie in Kyoto erleben?

- **Chadō Kaikan,** ca. 800 Yen, Urasenke Center, Horikawa Teranouchi Bushaltestelle, jeweils ab 10, 11, 13, 14 und 15 Uhr mit vorheriger Anmeldung. Tel. 431-6474, www.urasenke.or.jp.
- **Kyoto International Community House,** jeden Dienstag 14 Uhr, 500 Yen mit vorheriger Anmeldung. Bus bis Kyoto Kaikan Bijutsukan-mae, Tel. 752-3511, www. kcif.or.jp.
- **Kanō-Shōjuan,** nicht auf Tatami, dafür auf einem bequemen und nicht authentischen Stuhl, geöffnet Do–Di 10–16.30 Uhr, 1050 Yen. Bushaltestelle Nanzenji Eikandō michi, Tel. 751-1077.
- **Hosomi Museum,** geöffnet Di–So 11–17 Uhr, 2000 Yen und vorherige Anmeldung. Bushaltestelle Higashiyama-Nijō, Tel. 752-5555, www.emuseum.or.jp.
- **Tea Ceremony Experience En,** Do–Di ab 15, 16, 17 und 18 Uhr für 2000 Yen. Chioin-mae Bushaltestelle, 272, Matsubara-chō, Higashiyama-ku, Tel. (080) 3782-2706, www.teaceremonyen.com.
- **The Tea Ceremony Room Juan,** im Ryokan Ginkaku. Vorherige Anmeldung erforderlich. JR Kyoto, 10 Minuten, Tel. (090) 1138 4480, www.teaceremonykyoto.com.

Essen und Trinken

Zentral-Kyoto

Im Zentrum Kyotos hat **jede Straße ihr eigenes Ambiente.** In der Kiyamachi-dori ist vor allem das Nachtleben mit Bars, Tanz- und Hostess-Clubs angesiedelt. In der Ponto-chō geht es traditioneller zu mit luxuriösen Restaurants, in den letzten Jahren kommen aber auch billigere Lokalitäten hinzu. Die Sanjō östlich von Teramachi ist ein neu aufkommendes Gebiet mit vielen Restaurants, Cafés und ein bisschen Designer-Atmosphäre. Der Downtown-Stadtplan vom TIC (JR Kyoto) kann bei der Suche hilfreich sein.

Japanisch

- **Mishima-tei,**③, leckeres Sukiyaki-Restaurant mit großer Tradition. Englische Speisekarte. Do bis Di 11.30–22 Uhr. An der Ecke Sanjō-Teramachi, nach dem Fleischgeschäft im alten Holzhaus Ausschau halten. Tel. 221-0003.
- **Tempura Yoshikawa Inn,**③, gutes Tempura am Tresen. Tägl. 11–14 Uhr und 17–20.30 Uhr. Übernachtung ist auch möglich. Tominokōji, südlich von Oike, Tel. 221-5544, www.kyoto-yoshikawa.co.jp.
- **Kushi Kura,**②, Yakitori über Holzkohle gegrillt. Mit großer Auswahl an verschiedenen Sake aus ganz Japan, darunter auch der lokale Sake aus der Fushimi-Brauerei. Speisekarte in Englisch. Tägl. 11.30–14.30 Uhr und 17–22.30 Uhr. Takakura, nördlich von Oike, Tel. 213-2211
- **Katsukura,**②, sehr gutes und günstiges Tonkatsu-Restaurant mit mehreren Filialen in Kyoto. Nachschlag von Reis, Miso-Suppe und Salat umsonst. Restaurant Sanjō Honten, tägl. 11–21.30 Uhr, enger Eingangsbereich in den Sanjō-Arkaden neben Lipton, Tel. 212-3581; Filiale auch im JR Kyoto Bldg. 11F, 11–22 Uhr, Tel. 365-8666.
- **Nakamura,**④, japanisches Spitzen-Restaurant, das 2010 mit drei Michelin-Sternen ausgezeichnet wurde. Saisonal zubereitetes Essen und erstklassiger Service der Familie *Nakamura*. Übernachten ist auch möglich. Reservierung erforderlich. Südlich von Tominokōji-Oike. Tel. 221-5511, www.kyoryori-nakamura.com.
- **Musashi,**②, Kaiten-Sushi, jeder Teller 120 Yen. Auch bei ausländischen Touristen sehr beliebt. Tägl. 11–22 Uhr, nordwestliche Ecke der Sanjō-Kawaramachi-Kreuzung, Tel. 222-0634.

Ganko Nijō-en,②, Tempura, Sushi und Kaiseki zum vernünftigen Preis. Der japanische Garten und die Bedienungen im Kimono können zum Japan-Feeling beitragen. Keine englische Speisekarte, dafür bebildert. Tägl. 11.30–22 Uhr, etwas südlich von Nijō-Kiyamachi, Tel. 223-3456.

Guilo Guilo,②, hier gibt es ein monatlich wechselndes Kaiseki-Menü – nicht mehr und nicht weniger. Lockere Atmosphäre mit Jazz und einer großen Auswahl an Sake und Wein. 17.30–23 Uhr,Tel. 343-7070, www.guiloguilo.com.

Daikokuya,②, Soba-Restaurant mit saisonal wechselnden Gerichten. Kalte und warme Soba-Gerichte im Angebot. Mi bis Mo 11.30–21 Uhr, westlich von Kiyamachi-Takoyakushi, Tel. 221-2818.

Ippū-dō,①, Ramen-Restaurant, das besonders für Tonkotsu-Rāmen bekannt ist. Gute Wahl für den kleinen Hunger. Oft mit einer Warteschlange davor. Tägl. 11–2 Uhr, 100 Meter westlich des Nishiki-Marktes neben der Post, Tel. 213-8800.

Rāmen-Straße,①, im 10. Stock von JR Kyoto, eine Ansammlung von Restaurants mit Rāmen aus mehreren Regionen, darunter Sapporo- , Kyoto- und Kyūshū Rāmen. Vor jedem Restaurant stehen Ticketautomaten, an denen man ein Rāmen-Gericht auswählt und bezahlt. Das Standard-Rāmengericht der jeweiligen Restaurants kostet um die 580 Yen, und das erhält man gewöhnlich auch, wenn man nur „Rāmen onegaishimasu" sagen kann.

International

Yak & Yeti,②, nepalesische Küche. Das Restaurant steht vor allem bei jungen Leuten hoch im Kurs. Die Preise sind annehmbar. Tägl. 11.30–15 und 17–22 Uhr, an der südöstlichen Ecke von Gokōmachi-Nishiki, Tel. 213-7919.

Divo Diva,③, authentisches italienisches Restaurant mit einer großen Auswahl an Weinen. Tägl. 11.30–14 und 18–21.30 Uhr, nordöstlich von Takoyakushi-Takakura, nach der italienischen Flagge Ausschau halten, Tel. 256-1326.

Capricciosa,②, nicht authentisch, dafür für den größeren Hunger und den kleineren Geldbeutel. Tägl. 11.30–23 Uhr, Parallelstraße südlich von Sanjō, 50 Meter östlich von Kawaramachi, Tel. 221-7496.

Ohsho,①, chinesische Küche, eine Entdeckung für Small-Budget-Reisende. Die Restaurant-Kette betreibt zahlreiche günstige Restaurants in ganz Japan. Englische Speisekarte mit Bildern ist vorhanden, jedoch sollte man kein Englisch-Sprachverständnis erwarten. Tägl. 11–2 Uhr, erste Straße südlich von Sanjō, westlich vom Kamo. An den ausgestellten Plastik-Gerichten vorm Getränkemarkt erkennbar.

Bio

Bio-Tei, Natur-Bio-Restaurant, oftmals belegt mit Einheimischen. Di bis Sa 11.30–14 und 17–20.30 Uhr, an der südwestlichen Ecke von Sanjō-Higashinotoin, 2F, Tel. 255-0086.

Sun Shine Café,①, eine Oase für Bio-Liebhaber. Das Café verfügt über scheinbar grenzenlose Kombinationen mit Bio-Zutaten. Tägl. 11–23 Uhr, Ishizumi Bldg., 5F, östlich von Sanjō-Teramachi, Tel. 251-1678.

Izakaya

A,②, guter Ort, um mit jungen Japanern mal einen über den Durst zu trinken. Nicht einfach zu finden, aber lohnenswert. Im Gebäude gibt's noch weitere interessante Kneipen zu entdecken. Tägl. 17–23 Uhr, nordwestlich von Shijō-Kiyamachi die enge Gasse parallel zur Kiyamachi in nördliche Richtung nehmen, nach drei Blocks auf der westlichen Seite, Tel. 213-2129, www.a-bar.net.

Chikyū-ya,②, billig, lärmend und lustig, mit Musikern und Studenten. Tägl. 17–24 Uhr, von Shijō-Kawaramachi südlich bis zur ersten Ampel, dann links und bis zur kleinen Erdkugel, Tel. 344-6159.

Cafés

Maeda Coffee,①, interessantes Café im Gebäude einer ehemaligen Grundschule, die heute als

Kyoto Art Center fungiert. Günstige Mittagsgerichte, oft aber auch voll. Tägl. 10– 21.30 Uhr, 50 Meter nördlich von Muromachi-Nishiki-kōji, Tel. 221-2224.

■ **Ippōdo,**①, gut sortiertes Teegeschäft, in dem man sich auch selbst am Zubereiten des Pulver-Grünteees probieren darf. Der Grüntee zusammen mit einer japanischen Süßigkeit kostet 525 Yen. Tägl. 11–17.30 Uhr, Teramachi-dori nördlich von Nijō-dori, am weißen Noren erkennbar, Tel. 211-3421, www.ippodo-tea.co.jp.

■ **Konna-Monja,**①, Soft-Eis und Donuts auf Soja-Basis. Beides schmeckt überraschend lecker. Tägl. 10–18 Uhr, an der Kreuzung vom Nishiki-Markt mit Sakaimachi, Tel. 255-3231.

Nur im Sommer – Yuka

In Kyoto erkennt man den Sommer daran, dass die Yuka-Saison **am Kamo-Fluss** startet. Yuka bezeichnet die speziellen Kyoto-Restaurants, deren Terrassen weit aus den Machiya-Häusern über das Ufer des Kamo ragen. Die Sommer in Kyoto sind heiß und von hoher Luftfeuchtigkeit gekennzeichnet, am Abend dagegen weht eine kühle Brise am Fluss, die man gern auf der Terrasse eines Yuka-Restaurants genießt. Die meisten Yukas bieten die **traditionelle Kyoto-Küche** an und sind immer etwas teurer als andere Restaurants. Rechtzeitige Reservierungen sind empfohlen.

■ **Setsugetsuka,**③, bekannt für seine neuen Kreationen der klassischen japanischen Küche mit einer feinen Auswahl an Sake und Shōchū. Ein Yuka-Platz kostet 500 Yen extra. Tägl. 11.30–15 und 17.30–23 Uhr, Kiyamachi-dori südlich von Shijō, Tel. 342-1777.

■ **Ajigasane,**③, japanische und chinesische Küche, englische Speisekarte. Di bis So 12–15 und 17–23 Uhr, Pontochō nördlich von Shijō.

■ **Starbucks Sanjo,** beliebtes Starbucks-Café mit Terrasse am Fluss. Wahrscheinlich die günstigste Variante, um ein bisschen Yuka-Gefühl zu erleben. An der Sanjo-Ohashi-Brücke, Tel. 213-2326.

jap_341 oh

Nördliches Kyoto

Shōjin-Ryōri

Im nördlichen Kyoto finden sich einige Shōjin-Ryōri-Restaurants mit **vorzüglicher vegetarischer Zen-Küche.** Die Gerichte können aus Gemüse, sojabasierten Produkten, Sesam, Walnuss und Algen bestehen, jedenfalls ohne Fleisch und Ei.

■ **Daitokuji Ikkyū,**③, bestes Shōjin-Ryōri in Kyoto und das Schwergewicht unter den Shōjin-Restaurants. In der bedeutenden Daitokuji-Tempelanlage gelegen, Reservierung ist erforderlich. Tägl. 12–18 Uhr, Ruhezeiten hängen von den Tempelzeremonien ab, nahe des Haupteingangs zum Daitokuji, Tel. 493-0019.

■ **Izusen Daiji-in,**②, im Daiji-in im Daitokuji-Tempelareal gelegen, mit ruhiger Atmosphäre und Blick auf den japanischen Garten. Tägl. 11–16 Uhr, durch das Haupttor des Daitokuji und nach 100 Metern links, Tel. 491-6665.

■ **Seigen-in,**②, Restaurant im Ryōanji-Tempel. Hier kann man essen und dabei den weltberühmten Steingarten bewundern. Tägl. 10–17 Uhr, Tel. 462-4742.

Andere

■ **Sarasa Nishijin,**①, exotisches Café, das in einem früheren öffentlichen Bad beheimatet ist. Do bis Di 12–23 Uhr, Kuramaguchi, 100 Meter westlich von Ōmiya-Kuramaguchi, nahe des Gemeinschaftsbads Funaoka, Tel. 432-5075.

■ **Tsuruya Yoshinobu,** Café und Geschäft für japanische Süßigkeiten nahe am Nishijin-Textilzentrum. Man kann zusehen, wie die kleinen farbenfrohen Süßigkeiten vor einem gefertigt werden. Do bis Di 9.30–16.30 Uhr, nordöstliche Ecke von Horikawa-Imadegawa, 1. Stock, Tel. 441-0105.

◁ Entspannung am Kamo-Fluss

Old Canal – Nordöstliches Kyoto

Vom Ginkakuji in Richtung Kyoto-Universität und Kamo gelangt man in eine akademisch gefärbte Gegend mit vielen lockeren Cafés und Restaurants.

■ **Grotto,**②, definitiv empfehlenswert. Im traditionellen Machiya-Haus gibt es nur eine Menüfolge mit zehn Gerichten von Antipasti bis zum Dessert für 4500 Yen. Oftmals ausgebucht, sodass eine Reservierung ratsam ist. Der Küchenchef arbeitete lange Zeit im Ausland und spricht englisch. Mo bis Sa 18–24 Uhr, auf der Imadegawa nahe der Bushaltestelle Kita-Shirakawa, Tel. 771-0606.

■ **Omen,**②, die Spezialität ist Kamaage-Udon für 1000 Yen. Die Udon-Nudeln werden in einer Holzschale serviert und man taucht sie selbst nach Belieben in die Sauce mit Soja, Lauch und Sesam. Fr–Mi 11–21 Uhr, Shishigatani-dori nahe der Bushaltestelle Ginkakuji-mae, Tel. 771-8994, http://omen.co.jp.

■ **Kushi-Hachi,**②, unkompliziertes und lebendiges Izakaya mit Bier und den dazugehörigen Gerichten wie Yakitori und Kushi-katsu. Zwei Filialen: Hyakumanben-ten an der nordöstlichen Ecke der Kreuzung Hyakumanben, Ginkakuji-ten östlich der Imadegawa, Tel. 751-6789.

■ **Second House,**①, bietet Gelegenheit für das Abendessen oder für kleine Café Gerichte. Hauptaugenmerk sollte der Pasta und den Kuchen gelten. Mehrere Filialen in Kyoto. Tägl. 11.30–23 Uhr, südliche Imadegawa, östlich der Kitashirakawa-dori, Tel. 752-9004.

■ **Didi,**①, indisches Café mit vegetarischen Gerichten, bei Ausländern besonders beliebt. Schön in studentischer Umgebung gelegen, etwas abseits der touristischen Route. Do bis Di 11–21.30 Uhr, 30 Meter nördlich der Bushaltestelle Eiden-Mototanaka, Tel. 791-8226.

■ **Shinshindo,**①, steht bei Einheimischen seit 1930 hoch im Kurs und hat akademische Atmosphäre mit Studenten und Professoren der nahe gelegenen Kyoto-Universität. Viele große Tische, an denen manche stundenlang bei nur einem Kaffee sitzen und den Tag mit Bücherlesen verbringen. Sehr entspannter Ort zum Ausruhen und Abhängen. Mi bis Mo 8–18 Uhr, auf der Imadegawa vor dem Nordtor der Kyoto-Universität, Tel. 701-4121.

■ **Sujata,**①, kleines vegetarisches Restaurant mit sehr herzlicher Inhaberin. Kleines japanisches Menü für unter 1000 Yen. Es gibt auch eine indische Variante. Mo–Fr 11.30–14.30 Uhr und 17–20.30 Uhr. Hyakumanben Bushaltestelle, 3 Minuten, Tel. 721-0789, www.sujata-cafe.com.

Higashiyama – Östliches Kyoto

Das **Gion-Viertel** ist als **Luxusadresse** für gediegenes Speisen in Kyoto bekannt. Dies hängt vor allem mit der Ochaya-Tradition zusammen, jüngst eröffneten aber auch neue Restaurants mit günstigeren Preisen. Gion nördlich von Shijō ist vom Nachtleben geprägt und man trifft auf viele Hostess-Bars.

■ **Minokō,**④, traditionelles Kaiseki-Restaurant mit großem Namen. Für alle, die sich Luxus leisten wollen, das Abendmenü beginnt ab 15.000 Yen. Blick in den japanischen Garten aus allen Räumen. Tägl. 11.30–15.30 Uhr und 17–22.30 Uhr (letzte Bestellung 20 Uhr), Shimo-kawaramachi zwei Blocks südlich des Yasaka-jinja, Tel. 561-0328, www.minoko.co.jp.

■ **Yorozu Enraku,**②, sehr empfehlenswertes japanisches Restaurant mit exzellenten saisonalen Gerichten, das Ganze im alten Ochaya-Haus. Oft von Kyoto-Kennern belegt. Tägl. 17.30–23 Uhr, von Hanamikōji-Shijō geht man vier Straßen südlich, dann in Richtung Osten und dann das drittletzte Haus (erkennbar an der roten Laterne davor), Tel. 533-1511.

■ **Daruman,**②, Obanzai-Restaurant in touristischer Umgebung nahe Heian-Schrein gelegen. Geöffnet 11–19 Uhr, Ruhetage unregelmäßig, Tel. 751-1123, www.daruman.com.

■ **Jūnidanya,**②, hier kann man Tempura, Shabu Shabu und Sukiyaki genießen. Besonders empfehlenswert ist das „Big shrimp Tempura Donburi". Eine englische Speisekarte ist verfügbar. Auf der Hanamikōji-dori südlich der Shijō-dori. Tägl. 11.30–14 und 17–22 Uhr, Tel. 561-1655.

■ **Tsujiri,**②, Grüntee-Eis, Brotaufstriche und teebasierte Süßigkeiten. Sollte man sich nicht entgehen lassen, wenn die Warteschlange davor nicht allzu lang ist. Tägl. 10–22 Uhr, 20 Meter westlich von Hanamikōji-Shijō, Tel. 561-2257. **Tsujiri Kōdaiji-ten** ist ein weniger überfüllter Ableger auf der Ne-

jap-721 oh

neno-michi nahe des Kōdaiji-Tempels, tägl. 11–18 Uhr, Tel. 541-1228.

■ **Rakushō,**①, schönes Ambiente für entspannten Teegenuss in altem Kyoto-Haus mit japanischem Garten und jeder Menge Koi im Teich. Spezialität ist Grüntee sowie der Warabimochi aus Uji. Englische Karte erhältlich. Tägl. 9.30–17.30 Uhr, Ruhetage uneinheitlich, Tel. 561-6892.

Arashiyama und Sagano – Westliches Kyoto

Die Gegend ist berühmt für seine **Yudōfu-Küche:** Yudōfu ist erhitzter Tofu in Algen-Dashi-Brühe, der dann zusammen mit Soja-Sauce und variablen Zutaten verzehrt wird. Der Geschmack variiert sehr von Restaurant zu Restaurant. Weitere Spezialität: **Kyoto-Yuba** und Tofu. Yuba basiert auf Sojamilch, die in einer kleinen Schale serviert und erhitzt wird. Zuerst isst man die dünne Hautschicht, die sich nach geraumer Zeit auf der Milch bildet. Anschließend gibt man einen kleinen Schuss Bitterlauge hinzu und erhitzt die Milch wiederum, woraufhin sich die Flüssigkeit verfestigt und Tofu formt.

■ **Seizan Sōdō,** ausschließlich ein Menü, das gibt's für 3000 Yen und ist absolut lohnenswert. Das Menü beinhaltet auch Tempura, Sesam-Tofu und Gemüse. Mi–Mo 11.30–17 Uhr, neben dem Tenryūji-Tempel (Keifuku Arashiyama Station), Tel. 861-1609.

Kaiseki-Küche

■ **Arashiyama Kitcho,**④, das luxuriöse Aushängeschild der Kaiseki-Küche. Die Betreiber haben mehrere Ableger in ganz Japan. Die unglaublich prächtigen und teuren Kaiseki-Gerichte kosten ab 47.200 Yen. Reservierung muss sein. Mo bis Sa 11.30–15 und 16.30–21 Uhr. 58 Susukinobaba, Tenryū-ji, Ukyō-ku, Tel. 881-1101, www.kitcho.com/kyoto/english.

Nachtleben

Die **Innenstadt** ist das Zentrum des Nachtlebens. Die letzten Busse fahren gegen 23 Uhr, danach hilft nur noch das Taxi.

Bars

■ **Yoramu,** Sake-Bar, in der man einfach eine ganze Reihe verschiedener Sake ordern und probieren kann. Ein Probierset mit drei Sake kostet 1200 Yen. Am frühen Abend kann man gut mit dem israelischen Besitzer über Sake und anderes plaudern. Mi–Sa 18–24 Uhr, Tel. 213-1512, www.sakebar-yoramu.com.

■ **Bar Hachimonjiya,** Künstler-Bar des Fotografen *Fusayoshi Kai.* Voll mit Zeitschriften, Büchern und Fotos. Nicht die sauberste Bar Kyotos, aber vielleicht die Abgefahrenste. Viele Künstler, Schriftsteller und internationale Gäste als Kunden. Jeden Monat droht der Bar die Schließung. Aushilfskräfte werden immer gesucht, egal welcher Nationalität. Ab 20 Uhr (aber nicht immer pünktlich), 3F, Hotta Bldg., nördlich von Shijo-Kiyamachi, Tel. 256-1731, www.honyarado-kai.com.

■ **Rub a Dub,** die älteste Reggae-Bar in Kyoto, die der Besitzer ursprünglich für seine jamaikanische Frau eröffnete. Trinkendes, tanzendes und junges Publikum. Tägl. 19–2 Uhr (am Wochenende bis 4 Uhr), südlich von Sanjō-Kiyamachi, Tujita Bldg., Stockwerk BF, Tel. 256-3122.

◁ Vorspeisenteller auf Japanisch: Fisch und Gemüse fein arrangiert

Die großen Festivals in Kyoto

Mit den unzähligen Tempeln und Schreinen kann man in Kyoto **fast jeden Tag ein Matsuri** erleben. Die großen Festivals sind Gion Matsuri, Aoi Matsuri und Jidai Matsuri. Besonders spektakulär ist darüber hinaus das Daimonji-Festival. Die Festivals besitzen alle eine lange Tradition und wer in Kyoto lebt, fühlt mit ihnen das Kommen und Gehen der Jahreszeiten.

Aoi Matsuri: 15. Mai

Das Aoi Matsuri *(Aoi* = Malve) ist das **älteste Fest Kyotos.** Die Ursprünge des Festivals reichen ins 6. Jahrhundert zurück, als eine Serie von Naturkatastrophen die Ernte vernichtete. Um die „wütenden Götter" zu besänftigen, ordnete Kaiser *Kinmei* Zeremonien und Riten an, die im Kamigamo- und Shimogamo-Schrein – gewidmet den Göttern der Dürre und der Flut – abzuhalten waren. Diese Riten haben sich im Laufe der Jahre zum Aoi Matsuri entwickelt.

Heute nehmen rund 600 Personen in historischen Kostümen an der prunkvollen Prozession vom Kaiserpalast über den Shimogamo- bis zum Kamigamo-Schrein teil. Der Star der Parade ist *Saiō,* eine unverheiratete Tochter des Tennō, die als Oberpriesterin dem Kamigamo-Schrein vorstand. Die Rolle der *Saiō* bei der Prozession übernehmen zu dürfen, ist eine große Ehre.

Gion Matsuri: 1.–31. Juli

Das Gion-Festival ist das **attraktivste Festival Japans.** Es dauert den ganzen Juli und bietet Paraden, Prozessionen, Tänze und eine Serie einzigartiger Rituale. Die Höhepunkte stellen die **Yoi-Yama-Nacht** und die **Yamaboko-Junkō-Parade** dar.

Die meisten Beobachter würden das lebendige und farbenfrohe Festival wohl kaum in Zusammenhang mit Tod und Krankheit bringen. Doch die Ursprünge des berühmten Festivals liegen im Jahr 859, als Kyoto von einer verheerenden Seuche bedroht wurde. Der Kaiser forderte angesichts der Gefahr alle Einwohner auf, am Yasaka-Schrein zu beten. Große Prozessionen mit den Priestern des Yasaka-Schreins an der Spitze zogen durch die Stadt. Wesentlich waren 66 gewaltige Hoko-Festwagen mit riesigen Lanzen darauf, die die Seuche von der Stadt fernhalten sollten. Wenig darauf war die Seuche beendet und der Anlass zum jährlichen Festival gegeben.

Festival-Höhepunkte

- **10.–13. Juli, Hoko-Tate:** Man kann die massiven Hoko-Festwagen bewundern, die ohne Nägel gebaut und hauptsächlich durch ausgeklügelte Seilverbindungen zusammengehalten werden.
- **12.–15. Juli, Yama-Tate:** Die Yama-Wagen werden geschmückt; sie sind mit kulturellen und religiösen Schätzen aus ganz Kyoto dekoriert.
- **14.–16. Juli, Yoi-Yama:** Während dieser Nächte werden die Kunstschätze zur Schau gestellt, die bei der großen Parade auf den Wagen zu sehen sein werden. Die Straßen sind gefüllt mit Buden und Ständen, Musiker spielen die spezielle Gion bayashi-Musik, Kinder tragen ihren Sommer-Kimono, Einheimische flanieren im Yukata und von überall her kommen Touristen. Schätzungsweise eine Million Menschen sind vor allem am 16. in den Straßen unterwegs. Privathäuser öffnen in jener Nacht ihre

Türen und zeigen ihre privaten Schätze (z.B. die traditionellen Byōbu-Wandschirme), weswegen die Nacht auch als „Byōbu Matsuri" bezeichnet wird.

- **17. Juli, Yamaboko Junkō** (Die große Parade): Bei der Yamaboko Junkō werden 32 prunkvolle Wagen durch die Straßen gezogen. Besonders eindrucksvoll sind die sieben mehrstöckigen Hoko-Festwagen, auf denen Musiker spielen. Ein begehrter Standort für Zuschauer ist Fuyachō, da dort in alter Tradition ein riesiges Seil mit einem Schwert getrennt wird, was sinnbildlich für den Übergang der Prozession in sakrales Gebiet steht.

Daimonji: 16. August

Das **Feuerfestival** Daimonji markiert das Ende des O-Bon-Festes und lässt die Berge um Kyoto leuchten. Mit dem Feuer werden dem buddhistischen Glauben nach die Seelen der Verstorbenen wieder in ihre Welt entlassen. An mehreren Stellen **in den Hügeln rund um Kyoto** werden **gewaltige Fackeln und Freudenfeuer** entfacht, die Kanji-Zeichen wie zum Beispiel *Dai* (= groß) oder *Myō* und *Hō* (Buddhas Lehre) formen. Das Spektakel beginnt um 20 Uhr mit dem Dai des Mt. Nyoigatake, das man am besten vom Flussufer des Kamo sieht. Myō und Hō werden um 20.10 Uhr angezündet. Myō sieht man in der Kitayama nördlich vom Notre Dame Women's College, Hō am Flussufer des Takano nördlich der Takano-Brücke.

Für Funagata um 20.15 Uhr begibt man sich in die Kitayama nordwestlich der Brücke Kitayama Ōhashi, für das zweite Dai in die Nishiōji zwischen Saiin und Kinkakuji-Tempel. Das abschließende Torii um 20.20 Uhr bekommt man von der Matsuo-Brücke oder dem Hirosawanoike-Teich zu sehen.

Vier der fünf Feuer sieht man vom Funaokayama-Park, für die Aussichtsplattformen der Hotels ist meistens eine Reservierung nötig. Jedes Feuer brennt ungefähr 30 Minuten lang.

Jidai Matsuri: 22. Oktober

Das Jidai Matsuri ist, verglichen mit den anderen Festivals, ein Newcomer. Als die Hauptstadt und der kaiserliche Hof 1868 von Kyoto nach Tokyo zogen, war dies ein Schock für die Stadt. 1895, aus Anlass der 1100-jährigen Gründung von Heian, beschloss man die großartige Geschichte Kyotos in einem Umzug darzustellen und gebührend zu feiern. Das Jidai Matsuri war geboren.

Jährlich nehmen rund 2000 Personen an der Parade teil und jede Gruppe widmet sich einem speziellen Geschichtsabschnitt der Stadt. Die großartigen und farbenprächtigen Kostüme sind dabei alle in Handarbeit und nach alter Tradition gefertigt.

jam_345 oh

Pubs

■ **Hub,** englisches Pub mit großem Bildschirm. Happy Hour von 17–19 Uhr, So bis Do 17–24 Uhr, Fr/Sa 17–3 Uhr. Eine Straße südlich von Sanjō, 50 Meter östlich von Kawaramachi, Tel. 212-9026.

■ **Pig and Whistle,** Pub mit vielen Nicht-Japanern. Tägl. 18–1 Uhr, auf der Sanjō 20 Meter östlich von Keihan Sanjō Station, Tel. 761-6022.

■ **Dublin,** irisches Pub mit Guinness. Tägl. 17–2 Uhr, auf der Oike östlich von Kawaramachi, Tel. 241-9155, http://dublin.kyoto-pontocho.jp.

Live

■ **Café Independants,** Café, Bar und Veranstaltungsort in einem. Tägl. 12–24 Uhr, braunes Gebäude an der südöstlichen Ecke von Sanjō-Gokōmachi, B1F, Tel. 255-4312, www. cafe-independants.com.

■ **Live Spot Rag,** Veranstaltungsort mit einem breiten Musikspektrum. Hier zu spielen, ist der Traum der jungen Musiker in Kyoto. Tägl. 18–3 Uhr (am Wochenende bis 4 Uhr), Ruhetage variieren. Kyoto Empire Bldg. im Norden von Kiyamachi-Sanjō, 5F, Tel. 241-0446, www.ragnet.co.jp.

■ **Jittoku,** Veranstaltungsort im ehemaligen Lagerhaus für etablierte Künstler und Newcomer gleichermaßen. Tägl. 17.30–24 Uhr, Live-Musik 19–21 Uhr. 15 Minuten nördlich von Nijō-jō, zweiter Block nördlich von Ōmiya-Marutamachi, Tel. 841-1691.

Clubs

■ **Metro,** bester Club in Kyoto. Exzellente DJs und Veranstaltungsreihen am Start. Publikum überwiegend in den 20ern. Keihan Marutamachi Station, Ausgang 2, Tel. 752-4764, www.metro.ne.jp.

■ **World,** große und lebendige Partywelt. Imagium Bldg., 50 Meter nördlich von Kiyamachi-Shijō, B1, 2, Tel. 213-4119, www.world-kyoto.com.

Unterhaltung

Kabuki

■ **Minamiza Theater,** die Geschichte des Kabuki begann 1603 in der Gegend Shijō-Kawaramachi und war von der Tänzerin *Izumo-no-Okuni* geprägt, die den Tanz „Nenbutsu-odori" am Kamo aufführte. Das Minamiza war das erste Kabuki-Theater Japans. Das 1991 renovierte Theater ist heute Veranstaltungsort für verschiedenste Aufführungen von Musicals bis hin zum modernen Theater. Vor allem im Dezember ist Kabuki-Hochsaison, wenn die großen Stücke mit den Stars der japanischen Kabuki-Szene aufgeführt werden. Tickets sind am Theater erhältlich. Bushaltestelle Shijō Keihan-mae, Tel. 561-1155.

Nō

■ **Kanze Nō Theater,** Tickets für die Nō-Aufführungen beginnen ab 3000 Yen. Den Aufführungsplan erhält man vor Ort oder beim TIC. Enshō-ji-chō Okazaki Higashiyama-ku, nahe der Bushaltestelle Kyotokaikan & Bijutsukan-mae, Tel. 771-6114.

■ **Kongo Nō Theater,** Karasuma-dori Ichijō-sagaru Kamigyō-ku, U: Imadegawa, Tel. 441-7222.

Event

■ **Lichterglanz in Tempel und Schreinen:** Zum Höhepunkt der Kirschblüte öffnen manche Tempel und Schreine ihre wunderbaren Gärten und beleuchten sie in den Abend- und Nachtstunden.

☒ Messerherstellung bei Aritsugu

Dazu zählen die Schreine Heian, Matsuo und Hirano. Im Herbst, wenn sich die Ahornblätter färben, kann man die beleuchteten Gärten der Tempel Enkōji, Eikandō und Shōrenin bewundern. Der Kiyomizu- und der Kōdaiji-Tempel öffnen sowohl im Frühjahr als auch im Herbst. Einige der Tempel stellen dabei ihre wertvollsten Buddha-Statuen aus, und im Rahmenprogramm gibt's Konzerte und Teezeremonien. Die aktuellen Termine erfährt man beim TIC.

Fahrradleihe

- **Kyoto Cycling Tour Project,** organisiert Fahrrad-Touren und verleiht Fahrräder. Mehrere Leihstationen in Kyoto, eine ist nahe JR Kyoto. Ein Tag kostet ab 1000 Yen. Tägl. 9–19 Uhr, Tel. 354-3636, www.kctp.net.
- **J-Cycle,** Shijo-Karayuma, 4 Minuten, ein Tag kostet ab 800 Yen, 10–19 Uhr, Tel. 341-3196, http://j-cycle.com.

Einkaufen

Kunsthandwerk

Als alte Hauptstadt verfügt Kyoto über lange gewachsene Handwerkstraditionen. Mit Nishijin-ori und Kyō-yuzen sind die bestimmenden **Webe- und Färbetechniken** für die Kimono-Herstellung in Kyoto angesiedelt. **Kiyomizu-Töpfereien** sind berühmt für ihr Design, das auf den Gründer *Nomura Jinsei* um 1600 zurückgeht. Weitere Kostbarkeiten Kyotos sind Lackwaren (als wichtiger Bestandteil der Teezeremonie), Fächer, japanische Puppen, Schwerter etc.

- **Kyoto Handicraft Center,** das größte Einkaufszentrum rund um Kyotos Kunstfertigkeiten und Souvenirs. Im Angebot findet sich auch große Palette an Vorführungen und Workshops, die ungefähr 1500 Yen pro Stunde kosten. Tägl. 10–18 Uhr, U: Higashiyama, 10 Minuten, oder Bushaltestelle Kumano-jinja, Tel. 761-5080, www.kyotohandicraftcenter.com/.

jap_343 oh

■ **Kyūkyodo,** Maltusche, Pinsel sowie Räucher- und Incense-Bedarf. Tradition seit 1633. Mo bis Sa 10–18 Uhr, auf der Teramachi 50 Meter südlich von Oike, Tel. 231-0510.

■ **Ishiguro Kōho,** Duftkissen-Geschäft mit Tradition seit 1885. Die Kissen sind mit klassischen Motiven bedruckt. Do bis Di 10–19 Uhr, Sanjō 10 Meter westlich von Yanaginobaba-Sanjō, Tel. 221-1780, www.ishiguro-kouho.com.

■ **Eirakuya Hosotsuji-Ihei,** Geschäft für Tenugui, japanische Taschentücher. Die Aufdrucke stellen meistens Festivals oder Frauen in Kimonos dar. Tägl. 11–19 Uhr, auf der Muromachi 30 Meter nördlich von Muromachi-Sanjō, Tel. 256-7881.

■ **Aritsugu,** berühmt für handgemachte japanische (Küchen-)Messer. Tägl. 9–17.30 Uhr, westlich von Gokōmachi-Nishiki, ein Block nördlich von Shijō, Tel. 221-1091.

■ **Kuraya Hashimoto,** japanische Schwerter, sowohl antik und original als auch Replica und Meisterwerke neuerer Produktion. Do–Mo 10–17.30 Uhr, gegenüber der südöstlichen Ecke vom Nijō-Schloss, Tel. 811-4645, www.japan-sword.com.

■ **Ichizawa Hanpu,** (Hand-) Taschenladen mit vielen Modellen in Naturfarben. Mo bis Sa 9–18 Uhr, westlich von Higashi-ōji, nördlich der Furumonzen-dori, Tel. 541-0436, www.ichizawa.co.jp.

■ **Kaiyō-dō,** antike Schwerter ab 300.000 Yen. Do bis Di 10–19 Uhr, Tel. 801-7227, 5 Minuten zu Fuß ab Bushaltestelle Horikawa-oike.

■ **Tozan-dō,** Schwerter und Martial-Arts-Zubehör, Mo bis Sa 10–19 Uhr, 5 Minuten ab Bushaltestelle Ōmiya-Nakadachiuri, Tel. 432-1600, www.tozando.com.

Antiquitäten

Kyoto ist das **Zentrum des japanischen Antiquitätenmarktes,** und die Sammler richten ihr Augenmerk auf die Schätze rund um Keramik, Zubehör für die Teezeremonie, Drucke und Möbel. Das Betreten der Antiquitätengeschäfte ist problemlos und unkompliziert, da die Läden an Touristen gewöhnt sind. Wer etwas kaufen will, für den bieten die Geschäfte auch den Versand nach Übersee an.

■ **Shinmonzen Street,** gilt als die Antiquitätenstraße mit vielen aufeinander folgenden Geschäften. Die Preise sind nicht billig, dafür sind die Verkaufsstücke weitgehend original, so sagt man. Die Verkäufer beeindrucken mit jeder Menge Wissen über die einzelnen Prunkstücke. Nördlich von Gion.

■ **Chingire-ya,** antike Textilien und Kimono. Die teuersten Stoffe kosten mehrere 10.000 Euro. Tägl. 10–19 Uhr, Keihan Sanjō, Nawate-Furumonzen, Tel. 561-4726.

■ **Tadashi-ya,** bietet eine feine Auswahl an Kimono von der Taishō- bis zur Shōwa-Zeit. Tägl. 11–18.30 Uhr, auf der Teramachi nahe Ebisugawa, Tel. 212-1167. Auf der Teramachi südlich von Marutamachi sind weitere Antiquitätengeschäfte gelegen.

■ **Uruwashi-ya,** antike Lackwaren. Mi bis Mo 11–18 Uhr, 30 Meter westlich von Teramachi-Marutamachi, Tel. 212-0043.

Flohmärkte

■ **Tōji temple Kōbō-ich,** am 21. eines jeden Monats von Sonnenauf- bis Sonnenuntergang. 1200 Stände präsentieren Antiquitäten, Kleidung, Keramiken etc. Die größten Märkte finden im Dezember und Januar statt. U: Kujō oder 20 Minuten zu Fuß von JR Kyoto. Jeden ersten Sonntag im Monat gibt es den **Tōji temple Garakuta-ich,** der deutlich kleiner ausfällt.

■ **Kitano Tenmangū Shrine,** am 25. eines jeden Monats, der zweitgrößte Flohmarkt Kyotos. Bushaltestelle Kitano Tenmangumae.

■ **Chionji Temple,** am 15. im Monat. Kleiner und persönlich gefärbter Flohmarkt mit rund 300 Ständen. Einheimische und junge Designer verkaufen ihre handgemachten Produkte wie Taschen oder Kekse. Nahe Kyoto-Universität, Bushaltestelle Hyakumanben.

Elektrowaren

■ **Yodobashi Camera,** Elektrowaren en gros, im Gebäude gibt's auch Restaurants und Mode-Geschäfte. Tägl. 9.30–22 Uhr, JR Kyoto, 3 Minuten. Tel. 351-1010, www.yodobashi-kyoto.com.

Bücher

■ **Media Shop,** große Auswahl an Büchern zu Design, Kunst und Architektur. Mit schöner Abteilung zur modernen japanischen Kunst. Tägl. 11.30–22 Uhr, Vox Bldg., eine Straße südlich von Sanjō, 50 Meter westlich von Kawaramachi, Tel. 255-0783.
■ **Green e Books,** Fundgrube für fremdsprachige Bücher, neu und gebraucht, vor allem Englisch. Mit kleinem Café. Mo, Mi bis Fr 13– 22 Uhr, Sa 11–22 Uhr, So 11–21 Uhr, östlich von Kawabata-Marutamachi, Tel. 751-5033. www.greenebooks.net.

Department Stores

Lebensmittel-Etagen im untersten Stockwerk, Souvenir-Etage in einem der Obergeschosse.

■ **Daimaru,** östlich von Shijō-Karasuma. Tägl. 10–20 Uhr, Tel. 211-8111.
■ **Takashimaya,** südwestlich von Kawaramachi-Shijō. Tägl. 10–20 Uhr, Tel. 221-8811.

Reiseagenturen

Hier kann man **Kurzurlaube nach Okinawa** buchen oder **internationale Flugtickets** kaufen. **JTB** ist die größte Agentur, die anderen bieten vor allem Reisen für in Japan lebende Ausländer an.

■ **JTB,** eine von vielen Filialen auf der Shijō westlich von Gokōmachi-Shijō. Tägl. 10.30–19 Uhr, Tel. 223-1558.

■ **JTB Sunrise Center,** bieten englischsprachige Führungen in Kyoto und in ganz Japan an. Nicht ganz billig. 608-9 Higashi Shiokōji-chō, Shimogyō-ku, Tel. 341-1413, www.jtb-sunrisetours.jp.

Museen

■ **Kyoto-Museum,** alles zur Stadtgeschichte. U-Bahn Karasuma Oike, tägl. 10–19.30 Uhr, Eintritt 500 Yen, Tel. 222-0888.
■ **Ikebana-Museum,** im 3. Stock des Ikenobō-Gebäudes, Zubehör zum Blumen-Arrangement. Dōnomae-chō, Higashinotōin Nishiiru, Rokkaku-dori, U: Karasuma Oike, Mo bis Fr 10–16 Uhr, Eintritt frei, Tel. 211-2686.
■ **Chadō Research Center,** Museum, Informationszentrum und Fachbibliothek mit 40.000 Büchern zur Teezeremonie. Teranouchi Agaru, Horikawa, Bushaltestelle Horikawa-Teranouchi, tägl. 9.30–16.30 Uhr, Eintritt 500 Yen, Tel. 431-6474.
■ **Kahitsukan,** Museum für zeitgenössische Kunst, Malerei, Fotografie, Kalligraphie. 271 Gion-chō Kitagawa, Keihan Shijō Station, tägl. 10–17.30 Uhr, Eintritt 1000 Yen, Tel. 525-1311
■ **Kanken Kanji Museum,** alles rund um Kanji-Zeichen. 398 Gojō, Karasuma chō, Matsubara Sagaru, Karasuma-dori, Hankyū Karasuma Station, Mo bis Sa 10–17 Uhr, Eintritt frei, Tel. 352 8300.
■ **Kyoto International Manga Museum,** die umfangreichste Manga-Sammlung Japans beeindruckt mit 300.000 Exponaten, U: Karasuma Oike, Do bis Di 10–20 Uhr, Eintritt 500 Yen, Tel. 254-7414.

Kurse zu Handwerkstraditionen

■ **Fureai-Kan (Kyoto Museum of Traditional Crafts),** Ausstellungen und Kurse zu Kyotos Handwerkstraditionen. Ein Kurs zu Yuzen-Färbetechniken kostet zum Beispiel 600 Yen. Wechselnde Kurse und

Zeiten, am Wochenende ist eine Anmeldung erforderlich. Tägl. 9–17 Uhr, auf der Nijō östlich von Higashiōji, Miyako Messe, B1F, Tel. 762-2670, www.miyakomesse.jp/fureaika.

■ **Kyoto Shibori Kōgeikan,** 90-minütiger Färbekurs für 3500 Yen. Anmeldung ist erforderlich. Geöffnet 10–17 Uhr, Ruhetage variieren. Südlich von Aburanokōji-Shijō, Tel. 221-4252, www.shibori.jp.

Papier vom Feinsten in Kurotani

Papier machen ist eine besondere Kunst – **Washi,** das **japanische Papier,** gilt als edel und geschmeidig. Obwohl der größte Teil heute natürlich industriell hergestellt wird, gibt es noch ein paar wenige **Oasen traditioneller Papiermacher:** in Kurotani, dem kleinen Tal nördlich von Kyoto. In Deutschland kennt man die Papierherstellung seit dem 14. Jahrhundert, in Japan reicht die Tradition bis ins 8. Jahrhundert zurück. Das hochwertige Washi wird heute überwiegend für Dokumente und Zeugnisse verwendet, ebenso für Elemente der Innenarchitektur wie Fenster und Schiebetüren.

In Kurotani kann man einigen Papiermachern in ihren Werkstätten über die Schulter blicken und dem Schöpfen des Washi beiwohnen. Informationen gibt's beim **Papiermuseum:**

■ **Kurotani Washi Kaikan,** Mo bis Fr 8.30–17 Uhr, am Wochenende gelegentlich, 3 Higashitani, Kurotani-chō, Ayabe-shi, von der JR Ayabe Station 20 Minuten zu Fuß, Tel. (0773) 44-0213.

Brauereibesichtigungen

■ **Gekkeikan Ōkura Memorial Hall,** Gekkeikan ist eine der ältesten Sake-Brauereien Kyotos. Die Ausstellung zeigt Brauutensilien, ein Video informiert über den Herstellungsprozess, eine Führung vermittelt einen Eindruck von der Produktion. Wer über 20 Jahre alt ist, darf Sake und Pflaumenwein auch probieren. Eintritt 300 Yen, Di bis So 9.30–16.30 Uhr, 247 Minamihama-chō, Fushimi-ku, Keihan Chūshojima, 5 Minuten, Tel. 623-2056.

■ **Suntory Yamazaki Distillery,** große Whisky-Brennerei des Getränke-Giganten Suntory. Yamazaki liegt 15 Zugminuten von Kyoto entfernt. Stündlich werden Führungen angeboten, die eine kostenlose Probe beinhalten. Die Führungen starten zur vollen Stunde zwischen 10 und 15 Uhr und werden auf Japanisch gehalten, jedoch finden sich auch immer einige ausländische Touristen unter den Teilnehmern. JR Yamazaki, 10 Minuten, Tel. 962-1423.

■ **Kizakura Kappa Country,** Sake- und Bierbrauerei mit Restaurant in der traditionellen Braugegend Fushimi. Von der Fabrikführung sollte man nicht zu viel erwarten, immerhin gibt sie einen kleinen Eindruck. Im Restaurant eine Auswahl an Sake. 10–17 Uhr, freier Eintritt, 228 Shioya-chō, Fushimi-ku, Keihan Fushimi-Momoyama, Tel. 611-9921.

Sonstiges

Kampfkunst

■ **Kyoto Budō Center,** Aikidō, die japanische Kunst der Selbstverteidigung, Tel. (072) 805-2905, www.aikidokyoto.com.

Gemeinschaftsbäder

Es gibt **viele öffentliche Bäder** in Kyoto, da vormals die traditionellen Holzhäuser über kein eigenes Bad verfügten und man ins Gemeinschaftsbad ging. Mit den Modernisierungen der Häuser gingen sinkende Kundenzahlen der Gemeinschaftsbäder einher und viele Bäder mussten schließen. Andere haben die Trendwende geschafft und das öffentliche Bad als **Wellness-Ort** definiert. Immer sind die Bäder ein hervorragender Ort, um Leute aus der unmittelbaren Umgebung zu treffen.

- **Funaoka-Onsen,** von Einheimischen verehrt, nur 410 Yen Eintritt. Diverse Bäderarten, vom Kräuterbad bis zum Freiluftbad und zur Sauna. Zwischendurch sollte man mal einen Blick nach oben werfen und die Deckengemälde bewundern. Mo bis Sa 15–1 Uhr, So 8–1 Uhr, 82-3 Minami-Funaoka-chō, Murasakino, Kita-ku, Kuramaguchi-dori, 300 Meter westlich von Kuramaguchi-Ōmiya.
- **Nishiki-yu,** ein altes Gemeinschaftsbad mittendrin in Kyoto. Mehrere Musik- und Kultur-Events pro Jahr machen aus dem Bad einen Treffpunkt der besonderen Art. Di–So 16–24 Uhr, südlich von Nishiki dori Sakai-machi, Tel. 221-6479.

Magazine

In Kyoto finden sich **viele Magazine und kostenlose Broschüren in englischer Sprache,** die in Cafés, Bars und in den Touristeninformationen ausliegen.

- **Kansai Scene,** das beste englischsprachige Magazin in Kansai, erscheint monatlich gratis und liefert unzählige wertvolle Tipps sowie interessante Hintergrund-Artikel, www.kansaiscene.com.
- **Kyoto Visitor's Guide,** kostenloses Magazin des Tourismusbüros mit aktuellen Infos, erscheint monatlich, erhältlich in der Touristeninformation und in vielen Ryokans, www.kyotoguide.com.

Zoo

- **Okazaki Zoo,** Japans zweitgrößter Zoo, nahe Heian-Jingū, März bis Nov. 9–17 Uhr, Eintritt 500 Yen, Tel. 771-0210.

Kyoto-Präfektur

Amanohashidate und die Halbinsel Tango

Kyotos Präfektur erstreckt sich in nördlicher Richtung bis ans Meer, die dortige Halbinsel Tango hat einige **sehr schöne Strände** zu bieten. Vor allem sollte man sich nicht Amanohashidate entgehen lassen – mit ihrem 3,6 Kilometer langen weißen Sandstrand und den darauf wachsenden Pinien **zählt** man die Region **zu den drei schönsten Küstenlandschaften Japans.** Der Name hält, was er verspricht: *Amanohashidate* heißt übersetzt Himmelsbrücke. Wer einen besonders guten Blick auf den gesamten Küstenabschnitt haben will, kann mit der **Seilbahn** den **Kasamatsu-Park** hinauffahren. Amanohashidate liegt zwei Zugstunden von Kyoto entfernt und eignet sich gut als Tagesausflug.

Praktische Tipps

Jugendherberge

- **Amanohashidate Youth Hostel,** zwischen 3098 und 4098 Yen. Saubere Jugendherberge, Fahrradleihe 600 Yen pro Tag. Von JR Amano-Hashidate mit dem Boot in 12 Minuten bis Ichinomiya, von dort 10 Minuten zu Fuß, Tel. (0772) 27-0121.

Kinosaki

Auf der anderen Seite der Halbinsel liegt Kinosaki-Onsen. Kinosaki zählt zu den bevorzugten Ausflugsgebieten der Kan-

Ausflug zum heiligen Berg Hiei und zum Enryakuji-Tempel

Der **Enryakuji-Tempel** (UNESCO-Weltkulturerbe) ist **einer der bedeutendsten buddhistischen Tempel Japans.** 788 von Saichō als Haupttempel der Tendai-Schule auf dem Hiei gegründet, war die Tempelanlage **Ausbildungsstätte** zahlreicher großer buddhistischer Priester, die später selbst ihre eigenen Schulen gründeten. Dazu zählen Hōnen, Shinran, Eisai, Dōgen und Nichiren. Das Tempelareal verströmt noch immer eine Atmosphäre des Lernens, denn im Enryakuji halten sich neben 100 Mönchen auch rund 1000 Mönchsschüler auf. Konponchūdō, Daikōdō, Shakadō, Yokawachūdō zählen zu den Hauptgebäuden der Tempelanlage.

■ **Enryakuji-Tempel,** tägl. 8.30–16.30 Uhr, Eintritt 550 Yen, 4220 Honmachi, Sakamoto, Ōtsu, Tel. (077) 578-0001.

Der **Berg Hiei** liegt zwischen der Kyoto- und Shiga-Präfektur, man kann ihn von beiden Seiten mit Seilbahnen ansteuern. Von Shiga hat man den besten Zugang ab Sakamoto, von Kyoto ab der Yase Station (Eizan-Linie) oder direkt mit dem Bus ab JR Kyoto.

Ein **Wanderweg** in Kyoto startet ab Shūgakuin Kirara-saka. Zur Hauptsaison können die Wege gut frequentiert sein. Die Touristeninformation Kyoto hat eine grob gezeichnete Karte, die sich zur besseren Orientierung auf jeden Fall empfiehlt.

sai-Bewohner, da man hier **Onsen mit der Kaninabe-Küche verbinden** kann, die Krebs- und Krabbengerichte in allen Varianten liefert. Durch die kleinen Straßen im Yukata oder Kimono (beides traditionelle japanische Kleidungsstücke) von einer heißen Quelle zur nächsten zu laufen, wird bei Japanern als würdige Entspannung vom Alltagsleben angesehen. Hotelinformationen und eine Möglichkeit zur Fahrradleihe gibt's vor dem Bahnhof. Mit dem Zug ab Kyoto dauert die Anreise ca. 2½ Stunden.

Praktische Tipps

Touristeninformation

■ **Kinosaki Tourist Information Center** im Kinosaki-Literaturmuseum in der Bungeikan-dori, Do bis Di 9–17 Uhr, Tel. (0796) 32-3663, www.kinosaki-spa.gr.jp.

Unterkunft

■ **Kinsui,**②, 17 Zimmer. Gut gelegenes Ryokan mit Krabbengerichten zum Abendessen. 6 Minuten zu Fuß von Kinosaki Station, Tel. (0796) 32-2024, www.kinsui.net.

■ **Nishimuraya Honkan,**④, 34 Zimmer, wohl die beste Adresse vor Ort. Traditionelles Ryokan mit wunderbarem Garten und vorzüglichem Abendessen. Der Preis beinhaltet zwei Mahlzeiten am Tag. 15 Minuten zu Fuß von Kinosaki Station, Tel. (0796) 32-2211, www.nishimuraya.ne.jp/honkan/english/.

Miyama-chō

In Miyama-chō ist Japan **ländlich** und landwirtschaftlich geprägt, hier - findet man traditionelle Bauernhäuser mit eindrucksvollen Strohdächern, und die Felder werden noch bestellt. Miyama-chō ist überaus beliebt bei Tagesausflüglern, da sich die Gegend bestens zum **Wandern und Campen** eignet. **Kajakfahren** ist auf dem **Yuragawa-Fluss** möglich.

Miyama-chō ist außerdem eine Entdeckung für Liebhaber von **Bio- und Naturnahrung,** da hier die Produkte naturnah erzeugt und auch gleich vertrieben werden.

Praktische Tipps

Anfahrt

- Anreise **mit dem Zug ab JR Kyoto** in ca. 2½ Stunden, Infos bei der **Touristeninformation,** Tel. (0771) 75-0310.

Jugendherberge

- **Miyama Heimat Youth Hostel,** zwischen 3360 und 4410 Yen. Altes Bauernhaus mit Reetdach, sehr lokale Küche mit saisonalem Gemüse. Fahrradleihe möglich. Von JR Wachi mit dem Bus bis Shizuhara in 25 Minuten, Bushaltestelle Ikuseienmae, Tel. (0771) 75-0997.

BIWA-SEE

Der Biwa-See ist der **größte See Japans** und gleichzeitig Trinkwasserreservoir für die Kansai-Region. Der Biwa-ko hat einen Umfang von 235 Kilometern und misst an seiner tiefsten Stelle über 100 Meter. Er bedeckt mit seiner Fläche rund ein Sechstel der **Präfektur Shiga.** Rund um den Biwa-ko können **einige interessante touristische Stätten** besichtigt werden.

Exotisch – Funazushi

Frischer Fisch, Muscheln und Wildenten gehören heute zweifellos zu den Spezialitäten rund um den Biwa-See. Das traditionellste Gericht der Gegend ist jedoch Funazushi. **Funa** ist die Karausche, eine **Karpfenart,** die nach einer vor rund 1000 Jahren aus China eingeführten Tradition in Salz konserviert und später verzehrt wurde. Funazushi kann – auch wenn heute wenig Ähnlichkeiten bestehen – als Vorläufer-Variante des modernen Sushi angesehen werden.

Das **Rezept** für Funa geht folgendermaßen: Der rohe Fisch lagert für ungefähr ein Jahr in Salz, ehe er getrocknet und mit Reis vermengt wird. Diese Mischung lagert man wiederum zum Fermentieren drei (!) Jahre lang ein. Den Reis wechselt man jährlich, den Fisch jedoch nicht, sodass sich dieser nach und nach zersetzt.

Wie man sich leicht vorstellen kann, beeindruckt Funazushi durch seinen **strengen Geschmack,** der viele auch gleich von einer Kostprobe abhält. Manche behaupten jedoch, er würde sich bestens zum Sake eignen. Funazushi ist extrem selten und wurde als kostbare Delikatesse angesehen.

- **Kitashina,**②, Händler für Funazushi mit einem kleinen Restaurant. Das Angebot sieht ein paar Funazushi-Varianten vor, die für den Anfänger scheinbar leichter verträglich sind. Außerdem jede Menge Auswahl an Sake, der meistens auch nötig ist. Geöffnet 11–20 Uhr, Ruhetage unregelmäßig, 7 Minuten von Ōmi-Takashima Station, Tel. 0740-36-0031.

Ōtsu

Ōtsu am südlichen Ende des Sees ist mit 300.000 Einwohnern die **Hauptstadt der Shiga-Präfektur** und war von 667–672 Sitz des kaiserlichen Hofes. Später erlangte die Stadt aufgrund der Lage am Tōkaidō Bedeutung. Aus dem 7. Jahrhundert ist der **Onjōji (Miidera)-Tempel** erhalten, der 686 in Gedenken an Kaiser *Kōbun* errichtet wurde. Des Weiteren sind im Stadtgebiet der **Hiyoshi-Taisha-Schrein,** der **Enryakuji-** und der **Ishiyamadera-Tempel** sehenswert.

Vom Hafen in Ōtsu startet die **„Michigan“,** ein **Schaufelraddampfer,** der zusammen mit der Universität von Michigan betrieben wird. Zwischen Mitte März und Ende November verkehrt das Schiff alle 1½ Stunden (Reservierungen: Tel. (077) 524-5000).

Hikone

Hikone ist das zweite große Zentrum rund um den Biwa-ko und liegt am östlichen Ufer. Die alte Burgstadt hat rund 100.000 Einwohner und mit der 1622 erbauten Burg eine ausgezeichnete Sehenswürdigkeit. Vom 3. Stock des **Donjon** hat man einen schönen Blick auf den Biwa-See. Um das Schloss herum erstreckt sich die **Yume Kyōbashi,** eine Straße im Stile der Edo-Zeit, voll mit Restaurants, Teehäusern und Geschäften mit lokaler Handwerkskunst. Die Straße vermittelt einen kleinen Eindruck vom Händlertreiben in Hikone zu Zeiten Edos.

Zwischen Ōtsu und Hikone liegt **Kusatsu,** das vor allem wegen des **Lake Biwa-Museums** am Seeufer einen Abstecher lohnt. Thematisch geht es um die Besiedlungsgeschichte der Region.

- **Lake Biwa-Museum,** Di bis So 9.30–17 Uhr, Tel. (077) 568-4811. Von JR Kusatsu zum Museum fährt man mit dem Ōmi-Tetsudō-Bus bis Karasuma Hantō.

Das **Ostufer des Sees** eignet sich zum **Baden,** rund 10 Kilometer nördlich vom Lake-Biwa-Museum liegt ein schöner Strand – viel versprechend als **„Miami-Beach“** bekannt.

Praktische Tipps

Anfahrt

Bahn

- **Ōtsu:** Ab JR Kyoto 10 Minuten mit der Linie JR Tōkaidō.
- **Hikone:** Ab JR Kyoto 60 Minuten mit der Linie JR Tōkaidō.

Touristeninformation

- **Ōtsu:** JR Ōtsu, 8.40–17.15 Uhr, Tel. (077) 522-3830.
- **Hikone:** JR Hikone, 9–17.30 Uhr, Tel. (0749) 22-2954.

Führungen

- **In Hikone** finden ehrenamtliche Führungen statt, **Volunteer Guide,** Anmeldung bei der Touristeninformation.

Unterkunft

■ **Tobaya Ryokan,**①, klassisches Ryokan mit freundlicher Atmosphäre, besteht seit der Meiji-Zeit. Auch mit Mahlzeiten sehr günstig. JR Hikone, 10 Minuten, Tel. (0749) 22-0325, www.tobaya.jp/e/.

■ **Biwako Hotel,**③, 171 Zimmer, das Resort-Hotel bietet Seeblick aus allen Zimmern. Keihan Hama-Ōtsu. Tel. (077) 524-7111, www.biwakohotel.co.jp.

Essen und Trinken

■ **Restaurant Würzburg,**②, deutsche Küche. Seitdem Würzburg und Ōtsu Partnerstädte sind, bemüht sich Ōtsu sehr um authentische deutsche Atmosphäre. Das Restaurant im Fachwerkhaus bietet fränkische Fleischgerichte, Wurst und Bier. Lokale Speisen sind auch erhältlich. Tägl. 11–22 Uhr, im Nagisa-Park gelegen, 10 Minuten zu Fuß von JR Ōtsu, Tel. (077) 526-3500.

Fahrradleihe

■ **Eki Rent a car JR Ōtsu,** Auto- und Fahrradleihe an JR Ōtsu, Tel. (077) 524-7016.

■ **Eco Style,** Fahrradgeschäft mit günstigen Leihangeboten. Hikone, 5 Minuten von JR Kawase, Tel. (0749) 26-2901.

■ **Rent a cycle Sakamoto,** Sakamoto Touristeninformation, Tel. (077) 578-6565.

Festivals

■ **8. August: Feuerwerk am Biwa-See,** eines der größten der Region und Magnet für junge Paare aus ganz Kansai. Am besten sieht man das Feuerwerk von Hama-Ōtsu, dafür muss man aber große Menschenmengen in Kauf nehmen.

■ **Wochenende um den 29. Oktober: Hikone Castle Festival.** Am 3. November kleiden sich Kinder in die Kostüme der Feudalherrenzeit.

Mt. Hira

Der Mt. Hira, etwas **westlich vom Biwa-See** gelegen, ist **eines der Hauptwander- und Naherholungsgebiete der Kansai-Region.** Es ist in nur 30 Minuten von JR Kyoto zu erreichen und bietet Gipfel mit einer Höhe bis zu 1214 Metern (Mt. Bungatake).

Praktische Tipps

Unterkunft

■ **Kiyomi-Sou,**①, 10 Zimmer. Nettes Minshuku am See, in das man auch sein eigenes Haustier mitbringen kann. Zur Besitzerfamilie zählen zwei Töchter – und Haustiere, nämlich drei Hunde und ein Mini-Schwein. Frühstück und Abendessen sind bestellbar. Das Shabu-Shabu-Menü wird natürlich mit dem bekannten Omi-Rind aus der Region zubereitet. Die Besitzer haben nicht viel Erfahrung mit ausländischen Gästen, bemühen sich aber sehr. 20 Minuten von JR Katata. Tel. (077) 573-7111, www.kiyomisou.com.

■ **BSC Backpackers Hostel,**①, am See gelegen und vom lokalen Segelclub betrieben, deswegen viele Wassersportmöglichkeiten im Angebot. Schlafsäle und Doppelzimmer. 5 Minuten zu Fuß von Hōrai Station, Tel. (077) 592-0127, www.bscjapan.info.

OSAKA

- **Einwohner:** 2,5 Millionen
- **Vorwahl:** 06

Osaka macht es einem nicht leicht. Die Millionenstadt an der Osaka-Bucht kann nicht mit den Sehenswürdigkeiten Tokyos und Kyotos konkurrieren. Doch für manchen hat sich Osaka als echte **Entdeckung** und als Geheimtipp entwickelt. Vor allem der südliche Teil Osakas, also Namba und Shinsaibashi, beeindrucken durch ihre junge und unabhängige Kultur: Trends wie Graffiti, Hip Hop, Punk oder Gothic sind hier nicht politisches Statement, sondern Mode.

Japaner schätzen die **offene Atmosphäre** Osakas und die **Aufgeschlossenheit seiner Bewohner,** was vor allem im Unterschied zu den als verschlossen verschrieenen Tokyotern zu verstehen ist. Osaka war das **erste große Handelszentrum Japans,** lange bevor Tokyo erbaut wurde. Die Metropole ist seit jeher Heimat einer umtriebigen und wuseligen Geschäftswelt, auch wenn die Spitzenposition der Wirtschaftskraft an Tokyo abgetreten werden musste. Lediglich als Hauptstandort des produzierenden Gewerbes hat sich Osaka seine Führungsrolle erhalten.

Osaka an sich zählt 2,5 Millionen Einwohner, in der Präfektur Osaka leben rund 9 Millionen Menschen. Osaka ist **unübersichtlich und verwirrend** für jemanden, der zum ersten Mal in Japan ist. Es dauert, bis man sich in den verschiedenen urbanen Zentren der Stadt orientieren kann – und bis man überhaupt weiß, welche einen Besuch lohnen. Der Charme Osakas entwickelt sich frühestens auf den zweiten Blick.

Osakas Bewohner sind bekannt für ihren Hang zu **Witz und Humor,** was die Kommunikation erheblich erleichtert, auch wenn man nicht japanisch spricht. Osaka ist beispielsweise Hauptstadt der

Übersicht S. 142, 208, Stadtplan S. 210

Comedians, hier findet sich die ausgeprägte **Kultur des Manzai,** eine Art Stand-up Comedy mit zwei Personen. Eine Person übernimmt die Rolle der armseligen Gags, die andere Person kritisiert ihn verbal oder auch heftiger mit Händen und Füßen. In der TV-Kultur ist der **Kansai-Dialekt** bei den vielen Comedy-Programmen auffällig stark vertreten. Diese Mischung hat inzwischen auch dazu geführt, dass der Kansai-Dialekt per se als witzig interpretiert und so als Stilmittel eingesetzt wird. In Osaka finden sich viele Manzai-Bühnen, auf denen man täglich sowohl junge als auch etablierte Comedians erleben kann.

jap_355 oh

Geschichte

Als sicher gilt, dass bereits vor etwa 10.000 Jahren Menschen dort lebten, wo heute Osaka liegt. Im 4. Jahrhundert gelangten kulturelle Einflüsse des asiatischen Kontinents über die koreanische Halbinsel nach Japan, und Osaka (damals noch als „Naniwa" bezeichnet) etablierte sich als größtes Handelszentrum. Unter Tennō *Nintoku* und verbunden mit einer vorübergehenden Steuerfreiheit wuchs Osaka schneller als andere Städte und bekannte sich zum **Handel als Grundlage für Wohlstand und Reichtum.** Im 7. Jahrhundert wurde Osaka (Naniwanomiya) die **erste** (wenn auch nicht permanente) **Hauptstadt Japans** – auch hierbei ist der Einfluss des asiatischen Festlandes erkennbar, denn die damalige japanische Hauptstadt folgte im Aufbau dem Modell der chinesischen Hauptstadt.

In der Folgezeit wurde die Hauptstadt nach Nara und Kyoto verlagert, Osakas Bedeutung lag vor allem im ausgepräg ten Handel, der in den nachfolgenden Jahrhunderten stetig ausgebaut wurde.

Im 16. Jahrhundert beendete *Hideyoshi Toyotomi* den lange währenden Bürgerkrieg und vereinte Japan wieder – als Zeichen seiner Macht ließ er die **Burg von Osaka** bauen, welche heute noch als Wahrzeichen der Stadt gilt.

Die Burg von Osaka

Osaka – Übersicht

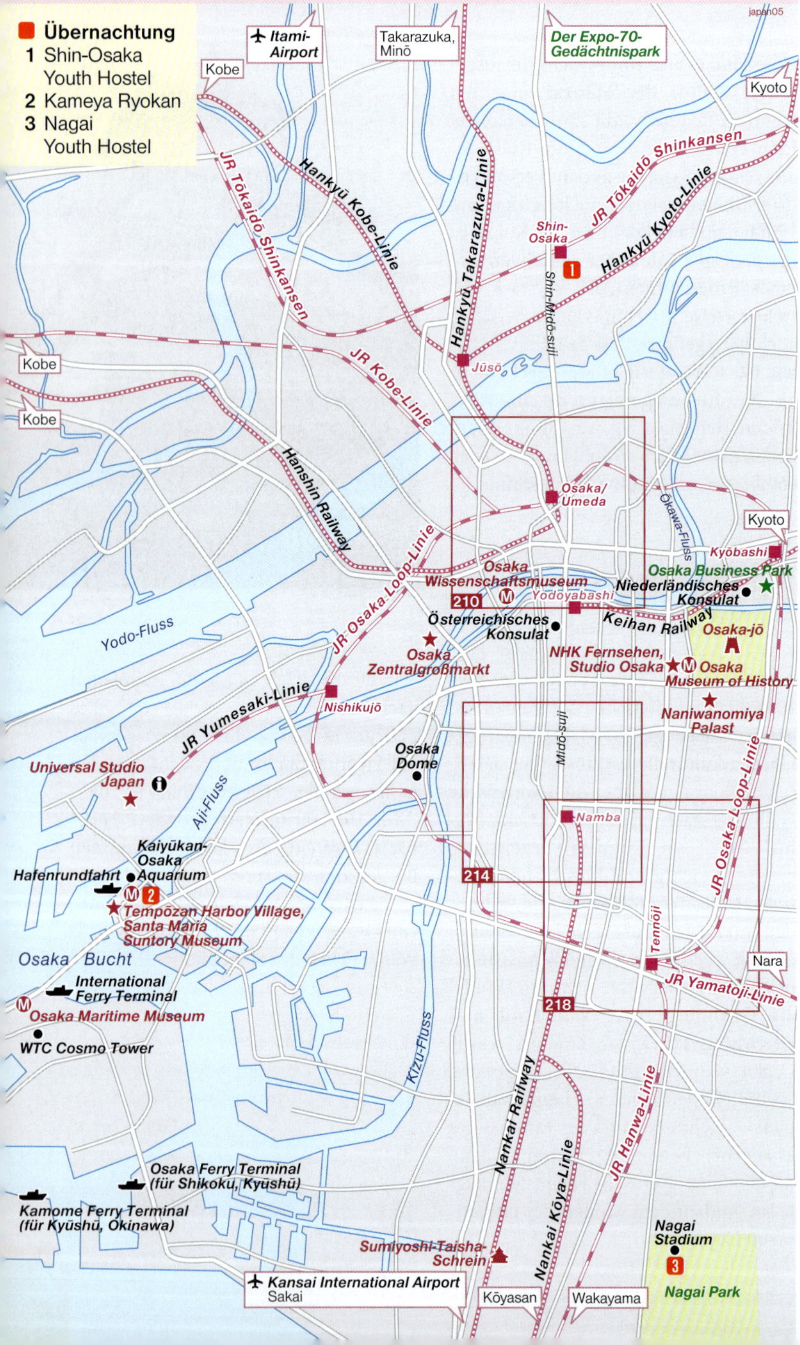

Die Edo-Zeit und schließlich die Meiji-Restauration verlagerten das Zentrum Japans weiter östlich und Osaka verlor seine wirtschaftliche Führungsrolle an Tokyo. Zur **Meiji-Restauration** leisteten die Geschäftsleute Osakas einen wesentlichen Beitrag: Der historischen Forschung nach war die Abschaffung des Feudalismus vor allem eine Folge der Allianz zwischen der Klasse der Samurai und der Klasse der Kaufleute – und zu jener Zeit saßen die größten Geldverleiher und geschätzte 70 Prozent des Kapitals in Osaka.

Die **Rezession Ende der 1990er Jahre** brachte für Osaka große Verluste an Arbeitsplätzen mit sich – die in Osaka ansässige Stahl-, Textil- und Chemieindustrie verzeichnete herbe Einbußen. Im Vergleich zum Durchschnitt Gesamtjapans verlor Osaka siebenmal so viele Arbeitsplätze, die auch mit dem erneuten Aufschwung nicht alle wiedergekehrt sind.

Orientierung

Von den **zahlreichen Zentren** in Osaka lassen sich zwei hervorheben: **Kita/Umeda im Norden** und Shinsaibashi und Namba im Süden. Die Gegend rund um Umeda gilt als **Geschäfts- und Regierungszentrum** und verfügt mit JR Osaka und Hankyū Umeda über die größten Bahnhöfe in Osaka. Viele Firmen haben ihren Sitz im OBP, dem Osaka Business Park.

Shinsaibashi und Namba sind die Orte des **Nachtlebens** und der **Einkaufsarkaden.**

Die **Burg** liegt zwischen den beiden Bezirken in östlicher Richtung. Entlang der Bucht sind viele Museen und Vergnügungsparks ansässig und ganz im Süden an der Bucht liegt der ins Meer gebaute **Kansai-Flughafen.**

Kita/Umeda

Osakas nördliches Zentrum Umeda ist ein **riesiges Geschäfts- und Einkaufsgebiet.** Rund um die beiden Bahnhöfe Hankyū Umeda und JR Osaka kann man jene Szenen mit unglaublich vielen Menschen erleben, wie man sie sonst vielleicht aus Shibuya in Tokyo kennt. In den großen unterirdischen Einkaufspassagen (insbesondere Whity Umeda und Diamor Osaka), zwischen JR Osaka und Kita-Shinchi, sind viele junge Boutiquen und Edel-Labels ansässig – und nicht nur Touristen haben hier schon die Orientierung in den weitläufigen Arkaden verloren. Osakas **unterirdische Einkaufspassagen** sind die **größten Japans.** Die Einkaufsarkade Tenjinbashi suji misst 2,6 Kilometer und ist damit konkurrenzlos die längste des Landes. Umeda ist also ein Paradies für alle, die einem kleinen Einkauf nicht abgeneigt sind.

Zu den neueren Errungenschaften rund ums Vergnügen in Umeda gehört der Komplex **Hep Five,** unmittelbar an der Hankyū Umeda Station. Weithin auffällig ist das weithin sichtbare rote **Riesenrad,** das neben den Restaurants und Bars zum abendlichen Treffpunkt avanciert ist und das einen großartigen Blick über Osaka erlaubt (tägl. 11–23 Uhr in Betrieb).

Osaka – Umeda

0
200 m
Nakatsu
Hankyū-Nakatsu
Hankyu Linie
Shin-Midō-suji
JR Kyoto Linie
Metro -Midōsuji Linie
Kappayokochō
Hankyū Umeda
Umeda Sky Building
Deutsches Generalkonsulat
JR Osaka
Umeda
Hanshin Umeda
Hankyū Higashi-dori
Ohatsutenjin-dori
Umeda Kagetsu Theater
Higashi-Umeda
Nishi-Umeda
Osaka Shiki Theater
Unterirdische Einkaufspassagen
Ohatsu Tenjin Schrein
Ekimae-Daiichi Bldg.
Ekimae-Daiyon Bldg.
Ekimae-Daini Bldg.
Ekimae-Daisan Bldg.
JR Kobe Linie
Hanshin Main Linie
JR Tozai-Linie
Kitashinchi
Belgisches Konsulat
Fukushima
Oimatsu-
Konsulat der USA
Kita-Shinchi
Konsulat der Schweiz
Hanshin Fukushima
Shin-Fukushima
Metro -Yotsubashi Lini
Dōjima-Fluss
Rathaus
1
2
3
4
5
6
7
8
9
10
11
12
13
14
15
16
17
18
19
21
22

Übernachtung

- **1** Umeda Dormitory
- **2** Westin Osaka
- **8** The Ritz-Carlton Osaka
- **11** Hilton Osaka
- **19** Hotel Il Monte
- **20** Capsule Inn Osaka
- **23** Pension Lee

Essen und Trinken

- **3** Solviva (im Umeda Art Theater)
- **5** Yakiniku Gyuta
- **6** Kaiten-Sushi Ganko
- **9** Loreley (im Kintetsu Dōjima Bldg.)
- **10** Osaka Blue Note
- **12** Takonotesu (im Maru-biru Bldg.)
- **13** Cante Grande
- **14** Mimiu
- **15** Fugetsu

Nachtleben

- **22** Sam and Dave Umeda

Einkaufen/Sonstiges

- **4** Kinokunnia
- **5** Yodobashi Camera World Currency Shop
- **7** Daimaru Department Store
- **10** Herbis Osaka
- **13** E-ma
- **14** Hanshin Department Store
- **16** Hankyū Department Store
- **17** Hep Five
- **18** Hep Navio
- **21** Across Travel Bureau

Der **OBP (Osaka Business Park)** ist das moderne Businesszentrum Osakas, das mit seinen Wolkenkratzern Büro- und Geschäftsräume en masse für die Kansai-Niederlassungen der großen japanischen (und ausländischen) Firmen bietet. In den **Twin 21,** den zwillingsartigen Wolkenkratzern, befindet sich das **Panasonic Center** – in mit High-Tech vollgestopften Ausstellungsräumen zeigt das Matsushita-Firmenimperium, wovon der Technikfreak nachts träumt. Die Video- und Computerspiel-Abteilung ist ab dem Nachmittag voll mit Kindern, kann man hier doch einige der aktuellsten Spiele kostenlos ausprobieren.

Man nimmt am besten JR bis **Kyōbashi Station** und gelangt über den Skywalk innerhalb von fünf Minuten zum OBP und hat unterwegs schon einen guten Eindruck vom Geschäftsleben Osakas. Zur Mittagszeit sind die Straßen des OBP oft voll mit Autos, aus denen Hausfrauen oder Händler O-bentō-Mittagsgerichte verkaufen.

Auf der anderen Seite von **JR Osaka Station** steht die imposante Konstruktion **„Umeda Sky Building".** 170 Meter misst die futuristische Architektur, deren beide Türme im 37. Stockwerk von der **Aussichtsplattform „Floating Garden Observatory"** verbunden sind. Von der Plattform kann man nicht nur die Aussicht bis nach Awaji genießen, sondern sich auch den oft recht kräftigen Wind um die Nase wehen lassen. Zur Jahreswende gibt es hier die beste und billigste Countdown-Party Osakas. Im Umeda Sky Building ist auch das Deutsche Generalkonsulat untergebracht. In JR Osaka/U: Umeda Ausgang Nr. 5 nehmen, Eintritt 700 Yen.

Minami/ Shinsaibashi

Rund um Shinsaibashi ist Osaka **in Bewegung.** Hier verändert sich das Stadtbild kontinuierlich, und **neue Bezirke** gehören plötzlich zu den angesagtesten in Osaka. In den 1990er Jahren war die Gegend um **America-mura** nördlich des Dōtombori-Flusses das Zentrum junger und Independent-angehauchter Kultur, weshalb viele Studenten und später Designer in die Gegend kamen. Inzwischen haben sich an der **Midō-suji-Straße** die großen Modelabels wie Chanel und Louis Vuitton niedergelassen, sodass das „junge Gesicht" Osakas ein paar Straßen weiter nördlich beziehungsweise westlich gezogen ist. **Horie** westlich und **Minamisenba** nördlich sind die neuen angesagten Trendbezirke der urbanen Kultur. Wer angesagte Straßenzüge und dazwischen viele Bürokomplexe erleben will, der kann die große Midō-suji-Straße entlanglaufen, die von Namba Station bis nach Umeda führt, was ungefähr eine Stunde dauert.

America-mura

America-mura deswegen, weil hier bei Entstehung des Viertels viele **Geschäfte mit US-Importen** zu finden waren und die Vorstellung vom „American Dream" (zum Beispiel mit einer Freiheitsstatue auf einem Gebäude) das Stadtbild beeinflusste. Inzwischen hat das Viertel seinen ganz eigenen Stil entwickelt, wie er in dieser Kombination wohl einzigartig sein dürfte. Wer sich davon überzeugen will, der sollte sich auf dem großen Platz (**Sankaku-Kōen**) mit den Großbildschirmen niederlassen. Während Videoclips an den Häuserwänden laufen, stellen die Jugendlichen die **abgefahrensten Modeerscheinungen** zur Schau: Hip Hop gepaart mit Gothic, Lolita-Stil mit Designer-Klamotten und japanisch schick in Kombination mit Punk – hier ist alles möglich.

America-mura dürfte einer der wenigen Orte Japans sein, wo man **Graffiti** antreffen kann. Ein Blick in die Seitenstraßen lohnt sich.

Dōtombori

Dōtombori **am gleichnamigen Fluss** ist Osakas **nächtliches Zentrum** und leuchtender Stern, denn der Bezirk ist für seine glitzernden und farbenfrohen Neonreklamen bekannt. Restaurants locken mit extravaganten Dekos: Die riesige Krabbe am Kani-doraku-Restaurant gilt als Symbol des südlichen Osaka. Die Brücke über den Dōtombori-Fluss ist ein beliebter Treffpunkt mit Straßenmalern und Händlern.

Den-Den Town (Nipponbashi)

Den-Den Town ist die sehenswerte **Einkaufsstraße** fast ausschließlich für **Elektronik.** Rund 300 Fachgeschäfte bieten alles Mögliche an Elektronik und Elektronikzubehör, von der Digitalkamera bis zum gebrauchten Notebook. Die Straßenzüge sind ein ausgewiesenes Männerparadies, daher finden sich neuerdings auch einige **Manga-, Anime- und Sexshops** zwischen den Elektronikkaufhäusern. Eine detaillierte Übersicht der Geschäfte mit Stadtplan kann man sich von der offiziellen Homepage herunterladen (www.denden-town.or.jp). Das billige **Kyabetsu-yaki** (Kohl und Ei im Okonomiyaki-Stil) der Straßenhändler für 100 Yen sollte man unbedingt probieren.

Kultur in Namba

Namba ist voll mit **erstklassigen Theatern.** An oberster Stelle dürfte wohl das **Bunraku-Nationaltheater** stehen. Hier sind nicht nur die besten Puppenspieler des Landes am Werk, hinzu kommen Ausstellungen und Archive, die Interessierten jederzeit Einblick in die Welt des Bunraku geben. Kabuki ist im **Shōchikuza-Theater** zu erleben, vor allem aber auch im **Shin-Kabukiza,** welches schon mit seiner augenfälligen äußeren Form besticht. Die schon eingangs erwähnte faszinierende Comedy-Kultur Osakas, **Manzai,** erlebt man am besten im **Namba Grand Kagetsu.** Hier finden jeden Tag Vorstellungen statt, was für japanische Verhältnisse einzigartig ist. Neben der Manzai-Comedy gibt es auch Aufführungen im Stile von Rakugo- und Slapstick-Comedy. Gegenüber dem Theater befindet sich das **Museum** der Präfektur Osaka **zur Kulturgeschichte der Comedy und darstellenden Künste in Osaka.** In der Kulturmeile rund um Namba Station liegt außerdem das kleine, aber feine **Museum Kamigata ukiyo-e.**

Osaka – Namba, Shinsaibashi

japan07

Übernachtung

13 Hotel T'point
17 Capsule Hotel Asahiplaza Shinsaibashi
18 B&S Eco Cube Shinsaibashi
21 Dōtombori Hotel
27 Hotel Kuramoto
28 Yamatoya Honten
32 Misono Hotel
37 Swissotel Nankai Osaka
38 Weekly Green In Namba

Essen und Trinken

1 Green Earth
2 Vietnam Café, Restaurant An Ngon
3 Hamac de Paradis
7 Muse Osaka
8 Rock Rock
11 Kamukura
14 Murphy's Irish Pub
16 Kōga-ryū
19 Hokkyokusei
22 Kani-doraku-Restaurant
24 Zuboraya
25 Imai
26 Kushikatsu Daruma
29 Jai Thai Restaurant
30 Kuromon Sanpei
31 Hon-Sekiguchi
32 Misono Restaurant/Bar

Einkaufen/Sonstiges

4 Louis Vuitton
5 Tokyu Hands
6 Chanel
9 OPA
10 Daimaru Department Store Nord
12 Daimaru Department Store Süd
15 Big Step
20 Minato-machi river place, Naniwa Tanken Cruise
23 Don Quijote
33 Dōguya-suji
34 Junku-dō
35 Rikuro's Cheese Cake
36 Takashimaya Department Store
39 Namba Parks
40 Matsuyamachi Einkaufstraße

- **Bunraku-Nationaltheater,** Kintetsu Nipponbashi, Ausgang 7, Tel. 6212-2531.
- **Shin-Kabukiza,** U: Namba, Ausgang Nr. 12, Tel. 6631-2121.
- **Namba Grand Kagetsu Theater,** U: Namba, Ausgang Nr. 4, Tel. 6641-0888.

Dōguya-suji

Dōguya-suji ist die **kleine Arkadenstraße,** die **alles für den Haushaltsbedarf** bietet – und das zu wesentlich günstigeren Preisen als in den großen Department Stores. Etwa 50 Geschäfte verkaufen alles vom Teller bis zum Tisch. Besonders augenfällig sind die **Wachsmodelle** – Restaurantbesitzer kommen hierher, um die Modelle **verschiedenster Gerichte** für ihre Schaufenster in Auftrag zu geben. Standardmodelle kann man jederzeit erwerben: Sushi, Spaghetti, Würstchen, Baguette, mit Teller oder ohne, die Varianten sind vielfältig. Neben

▲ America-mura

der Kappa-bashi dōgugai in Tokyo ist die Dōguya-suji Japans Haupteinkaufsstraße für modellierte Gerichte aus Wachs.

Yodoyabashi

Yodoyabashi liegt **zwischen Umeda und Shinsaibashi** und ist das **Viertel der Stadtregierung.** Das **Rathaus** ist ein seltsam europäisch anmutendes Gebäude im Neo-Renaissance-Stil, das aus dem Jahr 1918 stammt. In unmittelbarer Nähe gelangt man zum interessanten **Museum für orientalische Keramik.** 2700 vor allem aus China und Korea stammende EXPOnate machen die Sammlung zu etwas ganz Besonderem. Auch japanische Keramiken haben ihren Platz im Museum.

■ **Museum für orientalische Keramik,** Di bis So 9.30–17 Uhr, Tel. 6223-0055.

Tennōji und Shinsekai

Tennōji und Shinsekai sind für japanische Verhältnisse sehr ungewöhnliche Viertel. Hier regiert weder Chic noch Luxus. Shinsekai boomte einst in den Nachkriegsjahren – und seitdem hat sich nicht wirklich viel getan, was der Gegend eine ziemlich nostalgische bis heruntergekommene Atmosphäre vermittelt. Hier sind die Mieten billig und viele arbeitsuchende Tagelöhner ansässig. Abends erwacht die Gegend zu neuem Leben und zahlreiche kleine **Bars, Kneipen** und **Lokale** sind bestens besucht. In der Gegend gibt es viele günstige **Rāmen-Restaurants,** die schon lange keinen ausländischen Touristen mehr gesehen haben.

Im **Tennōji-Park** befindet sich der **Landschaftsgarten Keitakuen** mit großzügigen Blumenhängen und edlen Rosenarkaden. Der Garten gehörte ursprünglich der Sumitomo-Familie und wurde innerhalb von zehn Jahren zwischen 1918 und 1928 angelegt.

Shitennōji-Tempel

Nördlich des Tennōji-Parks steht mit dem Shitennōji-Tempel ein Zeugnis der **frühen Naniwa-Kultur.** Der von Prinz *Shōtoku* gegründete Shitennōji gilt als **einer der ältesten Tempel Japans,** seine Entstehung wird auf den Beginn des 7. Jahrhunderts geschätzt, was ungefähr der Zeit des ältesten Tempels in Japan (dem Hōryūji in Nara) entsprechen würde. Prinz *Shōtoku* stand für die **Einführung des Buddhismus,** und der Shitennōji war das mächtige Zeichen der neuen Religion. Heute werden hier jährlich die großen **Tempelfeste** Doya-Doya, Shōryōe und Shitennōji Wasso gefeiert. Am 21. und 22. eines jeden Monats wird auf dem Tempelgelände ein **Flohmarkt** abgehalten. 5 Fußminuten von Shitennōji-mae-Yūhigaoka.

Spa World

Unmittelbar westlich vom Tennōji-Park wartet eine außergewöhnliche Attraktion:

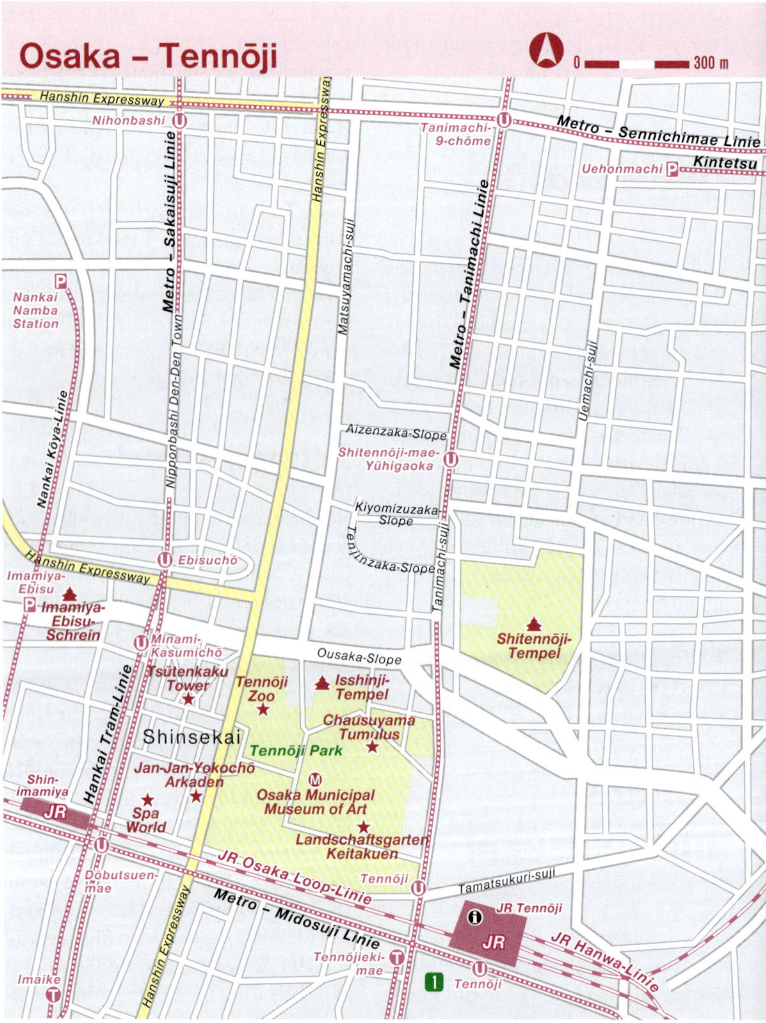

Spa World. Der **Freizeitbadekomplex** umfasst 16 verschiedene Bäder aus elf Ländern, darunter ein Hamam, ein Onsen-Bad japanischen Stils und eine Badelandschaft, die Baden-Baden nachempfunden ist. Das Bad ist fast 24 Stunden geöffnet, von 10 Uhr morgens bis zum nächsten Morgen um 8.45 Uhr.

Hartnäckig halten sich in Osaka Gerüchte, wonach man in Spa World immer wieder auch Paare beim Sex antreffen kann, die gern ihr Interesse am gegenseitigen Beobachten und Austausch signalisieren.

■ **Spa World,** der Eintritt kostet 2400 Yen, Massagen müssen extra bezahlt werden. JR Shin-imamiya, Tel. 6631-0001.

Tsuruhashi

Tsuruhashi ist nicht nur für Touristen ein Erlebnis, sondern auch für Japaner selbst. Tsuruhashi ist bekannt als **„Korean Town"**, denn hier lebt die größte koreanische Kolonie Japans. Dem Viertel eilt der Ruf voraus, dass hier jeden Tag ein Festival geboten wird. In einer farbenprächtigen und **lebendigen Atmosphäre** findet sich hier alles, was in irgendeiner Art und Weise mit Korea zu tun hat, darunter natürlich auch viele koreanische Restaurants. Südöstlich von JR Tsuruhashi gelegen.

Sumiyoshi

Der **Sumiyoshi-Taisha-Schrein** gilt neben dem Shitennōji als die bedeutendste religiöse Stätte Osakas: An den Neujahrsfeiertagen besuchen etwa 3 Millionen Besucher den Schrein, um für ein glückliches und erfolgreiches neues Jahr zu bitten. Der Schrein stammt aus dem 3. Jahrhundert und ist der Hauptschrein von mehr als 2000 Sumiyoshi-Schreinen in Japan.

Die Kami des Sumiyoshi gelten als Beschützer von Geschäftsmännern und Seeleuten, weswegen ursprünglich Sumiyoshi-Schreine oftmals in der Nähe von Häfen errichtet wurden (Sumiyoshi-taisha Station).

Rund um Osaka-jō

Die Burg von Osaka: Osaka-jō

Osaka-jō **gehört zu den prächtigsten Bauten Japans** und ist neben der Anlage in Himeji das Aushängeschild unter den japanischen Burgen. 1583 von **Hideyoshi Toyotomi** erbaut, spiegelt die Anlage dessen ganze Macht im Prozess der Vereinigung Japans wider. *Toyotomi* ließ die Burg an der Stelle des früheren Honganji-Tempels errichten, 100.000 Arbeiter sollen am Bau beteiligt gewesen sein.

Wenige Jahre nach *Toyotomis* Tod brannte die Burg 1615 vollständig ab, 1629 war der erste Wiederaufbau komplettiert. In der Folgezeit wurden Teile der Anlage **immer wieder zerstört,** der heutige Hauptturm stammt von 1931, jüngste Reparaturarbeiten fanden 1997 statt.

Das **Museum im Hauptturm** widmet sich dem Leben *Toyotomis* und den Auswirkungen des Bürgerkrieges auf Osaka, zahlreiche Kulturschätze sind ausgestellt. Der umliegende **Park** eignet sich für einen schönen Spaziergang und für eine Pause vom geschäftigen Umeda. Von der Burganlage oben hat man einen schönen Blick auf Osaka. Nicht umsonst ist das Osaka-jō das **Wahrzeichen Osakas.**

■ **Osaka-jō,** tägl. 9–17 Uhr, Eintritt 500 Yen, Kyōbashi oder Osaka-jō-kōen Station.

Osaka-Geschichtsmuseum

Das Museum macht Osakas Geschichte erlebbar: Auf jedem der insgesamt zehn Stockwerke wird multimedial ein anderer Zeitabschnitt der Metropole dargestellt. Im 10. Stock findet sich der **nachgebaute Naniwanomiya-Palast,** der den Besucher zurück in die Ursprünge Japans versetzt.

■ **Osaka Museum of History,** südöstlich der Burg gelegen, nahe NHK-Fernsehen, Mi bis Mo 9.30–17 Uhr, Tel. 6946-5728.

Etwas südlich vom Geschichtsmuseum, entlang der Uemachi-Suji und dann linker Hand, folgt die **archäologische Stätte des einstigen Kaiserpalastes Naniwanomiya.** Was man also vorher im Geschichtsmuseum nachgebaut erleben konnte, sieht man hier als Ruine, oder besser gesagt: sieht man kaum. Denn von dem Palast aus dem 7. Jahrhundert ist nichts mehr vorhanden, außer dass das freigelegte Areal einen Eindruck von der einstigen Größe vermittelt. Der Palast fungierte als Regierungssitz, ehe die japanischen Hauptstädte mit Nara und Kyoto gegründet wurden.

Die Bucht von Osaka

Neben Vergnügungsparks und Freizeitmöglichkeiten bietet die Bucht Osakas einige schöne Promenaden. Das Riesenrad am **Tempōzan-Hafen** soll mit 112 Metern das größte der Welt sein. Vor allem abends zum Sonnenuntergang suchen viele den Weg zum Tempōzan. Mit der Chūō Subway-Linie fährt man am besten bis zur Haltestelle Osakakō Station.

Universal Studio Japan (USJ)

Das USJ in Osaka ist der erste **Themenpark** von Universal Studio außerhalb der USA und bietet neun verschiedene Erlebniszentren sowie insgesamt 19 Attraktionen. Die Themenparks reichen von *E.T.* über *Jurassic Park* bis hin zu *Spiderman*. Hierher kommen ganze Firmenabteilungen, um einen Tag oder ein Wochenende zu verbringen. Der Großteil der japanischen Besucher besitzt für das USJ übrigens eine Dauerkarte, die 365 Tage im Jahr den Eintritt erlaubt. In

Wasserstadt Osaka

Osaka ist durchzogen mit **Flüssen und Kanälen.** Der Schifffahrt und den Wasserwegen verdankte Osaka seinen frühen Aufstieg zum Handelszentrum. Naniwa, so wie Osaka früher hieß, war als **„Stadt der 808 Brücken"** bekannt. Heute führen viele **Bootstouren** durch Osaka. Neueste städtebauliche Errungenschaft ist das Gebiet unter der **Dōtombori-Brücke** und entlang dem Fluss, **Naniwa Waterfront.** Hier wurden Flusspromenaden gestaltet, die zum Flanieren einladen, Straßenkünstler eine Bühne bieten und gut mit Restaurants und Cafés bestückt sind.

- **Naniwa Tanken Cruise,** 1½ Stunden auf dem Dōtombori-Fluss, ab Minato-machi River Place, Tel. 6441-0532.
- **Osaka Aqua-bus,** auf dem Okawa-Fluss, ab Osaka-jō-Pier, Temmabashi-Pier, Yodoyabashi-Pier, Tel. 6942-5511.

jan_365 oh

seiner Attraktivität steht das USJ dem Tokyo Disneyland in nichts nach.

■ **Universal Studio Japan,** USJ Station auf der JR Yumesaki-Linie, tägl. geöffnet, Öffnungszeiten je nach Jahreszeit, Tel. 4790-7000, Eintritt 5500 Yen.

Osaka Bay Cruise

Tages- und Nachtrundfahrten (zwischen 50 und 105 Minuten) im Hafengebiet mit der „Santa Maria", einem Nachbau von *Columbus'* Segelschiff, wenngleich doppelt so groß wie das Original. Fahrtpreise zwischen 1500 und 2500 Yen. Abfahrt am Tempōzan Harbor Village, Tel. 6942-5511.

Suntory Museum

Im großen **Kulturkomplex am Hafen** finden sich zahlreiche sehr sehenswerte Ausstellungen und Kunstveranstaltungen. Suntory ist einer der größten japanischen Getränkehersteller und engagiert sich im Kultursponsoring. Das Museum wurde 1994 anlässlich des 90-jährigen Bestehens am Gründungsort der Firma in der Bucht von Osaka eröffnet. Konzipiert wurde der beeindruckende Komplex von Osakas Star-Architekten *Tadao Andō*. 5 Minuten Fußweg von Osakakō Station.

Kaiyūkan – Osaka-Aquarium

Das Osaka-Aquarium liegt nur einen Katzensprung vom Suntory Museum entfernt, ebenfalls im Tempōzan Harbor Village. Das Aquarium mit dem ausgefallenen Design liefert Einblicke in das maritime Leben und gehört zu den größten seiner Art weltweit. **580 Tierarten und 39.000 Meerestiere** können hier hautnah erlebt werden.

■ **Osaka-Aquarium,** tägl. 10–20 Uhr, Eintritt 2000 Yen, Tel. 6576-5501.

Der EXPO-70-Gedächtnispark

Als **Gastgeber der Weltausstellung 1970** rückte Osaka in den Mittelpunkt der Weltöffentlichkeit, wenngleich nicht so glamourös, wie es Tokyo mit den Olympischen Spielen ein paar Jahre vorher gelungen war. Der EXPO-Gedächtnispark versammelt heute zahlreiche Museen auf dem Gelände und beinhaltet neben einem japanischen Garten auch einen frisch angelegten Vergnügungspark. Alle Sehenswürdigkeiten im EXPO-Park können von der Station Bampaku-Kinen-Kōen zu Fuß erreicht werden.

Museum der Kulturen

Das **Ethnologie-Museum** dient als Ausstellungs- und Forschungseinrichtung und vermittelt Wissen über unterschiedliche Kulturen. Der Schwerpunkt liegt dabei auf Informationen und Ausstellungsgegenständen aus dem asiatischen Kulturraum.

■ **National Museum of Ethnology,** Senri-banpaku-kōen, Suita-shi, Tel. 6876-2151, tägl. 10–17 Uhr, Mi geschlossen.

National Museum of Art

Das Nationalmuseum ist im zentralen Gebäudekomplex der EXPO 70 untergebracht, in dem bei der Weltausstellung Kunstwerke aus aller Welt gezeigt wurden. Heute gilt der Fokus **japanischer Kunst** und deren Entwicklungslinien, immer im Vergleich zu den jeweiligen Kunstepochen weltweit. Besonders sehenswert sind die Gemäldesammlung (darunter auch Werke von *Picasso*) und die Ausstellungen zu junger Fotografie-Kunst.

■ **National Museum of Art,** Di bis So 10–17 Uhr, Eintritt 420 Yen.

EXPO Land

EXPO Land ist der **Vergnügungspark** mit Riesenrad, Achterbahn und insgesamt rund 20 Attraktionen. Für die Kleinen gibt es japanische Karussels und Spielarkaden.

■ **EXPO Land,** Eintritt nach Jahreszeit unterschiedlich, gewöhnlich 1100 Yen für Erwachsene und 600 Yen für Kinder (3–12 Jahre).

Minō Onsen und Naturpark

Minō ist von Umeda in kurzer Zeit erreichbar und bietet doch gleich ein ganz anderes Bild als das städtische Osaka. Die Natur in Minō ist als Quasi-Natio-

Osaka und Roboter

Fußball spielende Roboter aus Japan schaffen es immer wieder mal als bunte Meldung in unsere Nachrichtensendungen, und Nippon selbst nutzt jede Gelegenheit, seine Robotertechnologie international zu präsentieren. Immer wieder lässt sich diese enge Verbindung von japanischen Unternehmen und Roboterforschung beim **RoboCup** bestaunen, der **Fußballweltmeisterschaft für Roboter.** Dieser erstmals 1997 in Nagoya ausgetragene internationale Pokal wird regelmäßig von japanischen Teams dominiert, in den letzten Jahren vor allem vom Team Osaka. Dieses besteht aus in Osaka ansässigen Firmen in Zusammenarbeit mit der Osaka-Universität. Als neue Sparte beim RoboCup wird neuerdings nicht nur Fußball gespielt, sondern der Wettbewerb umfasst auch Simulationen zum Einsatz von Robotern bei Naturkatastrophen. Die siegreichen Roboter der vergangenen Jahre gibt es inzwischen in Einzelhandelsversionen bei der Firma Vstone in Osaka zu kaufen. Während große Roboter für schlappe 8000 Euro erhältlich sind, gibt es neuerdings die kleinen „Robovie-X-Roboter" für ca. 900 Euro: als Bastelset und mit Software zum Programmieren.

■ **Infos zum RoboCup:**
www.robocup.org

nalpark eingestuft, in dessen Mittelpunkt der **Minō-Wasserfall** die meisten Erholungsurlauber anlockt. Der Wasserfall misst eine Höhe von 33 Metern. Rund um Wasserfall und **Minō-Fluss** erstrecken sich schön angelegte **Wanderwege und Aussichtspunkte,** die vor allem im Herbst aufgrund der Ahornbäume sehr verlockend sind. Minō ist bekannt für seine **wilden Affen,** die sich bevorzugt in der Nähe der Touristen, also am Wasserfall, aufhalten.

- **Anreise** bis Minō Station mit Hankyū, ab dem Bahnhof führt ein schöner Wanderweg in 45 Minuten am Fluss entlang zum Wasserfall.

Südlich von Osaka – Sakai

Die Stadt Sakai am südlichen Rand Osakas ist städtebaulich fließend mit der großen Metropole verbunden. Sakai ist vor allem für die **Grabstätte von Tennō Nintoku** berühmt. Der größte Grabhügel der Welt misst 480 Meter Länge, die Bauarbeiten im 5. Jahrhundert sollen 20 Jahre gedauert haben. Das Mausoleum selbst kann nicht besichtigt werden.

Sehenswert ist der **Nanshū-ji-Tempel,** dessen Spiritualität der große Meister der Teezeremonie, *Senno Rikyū,* sehr schätzte. Im ruhigen Tempelareal und in der schönen Gartenanlage entwickelten *Senno Rikyū* und *Jō Takeno* die Grundlagen der Teezeremonie. Der Nanshū-ji (tägl. 9–16 Uhr) gehört zur Rinzai-Schule des Daitokuji in Kyoto und ist zu Fuß vom Nintoku-Mausoleum zu erreichen. Für die direkte Anfahrt nimmt man die Nankai Kōya-Linie bis Sakaihigashi und von dort den Bus bis Daisen-nishimachi-danchi-mae.

Praktische Tipps

- **Vorwahl: 06**

Anreise

Flugzeug

- **Kansai International Airport** (s. auch „Reisetipps A–Z, Anreise"): Vom Flughafen bestehen JR-Zugverbindungen mit Osaka, Kyoto und Kobe. Die Nankai-Zuglinie verkehrt zwischen dem Flughafen und Namba. Eine komfortable Lösung ist oftmals der „Airport Limousine"-Bus, der den Flughafen mit allen Städten der Kansai-Region verbindet.
- **Itami-Airport:** Für den Itami-Flughafen empfiehlt sich unbedingt der „Limousine-Bus", der zwischen Itami und Umeda, Namba, Shin-Osaka und dem Kansai International Airport verkehrt. Die Zugverbindungen mit Osaka Monorail und der Hankyū-Takarazuka-Linie erweisen sich meistens als wenig hilfreich.

Bahn

- Von Tokyo mit dem **Shinkansen** bis Shin-Osaka in etwas mehr als 3 Stunden.

Touristeninformation

- **Osaka Visitors Information Center Umeda,** JR Osaka, Midō-suji Ausgang, 8–20 Uhr, Tel. 6345-2189.

- **Osaka Visitors Information Center Namba,** Nankai Terminal Bldg. 1F, 5-1-60 Namba, Chuo-ku, Tel. 6631-9100, tägl. 9–20 Uhr, www.osaka-info.jp/en.
- **Touristeninformation Tennōji,** JR Tennōji, 9–18 Uhr, Tel. 6774-3077.
- **Touristeninformation Shin-Osaka,** JR Shin-Osaka, 9–18 Uhr, Tel. 6305-3311.

Verkehrsmittel

Bahn

- **JR** deckt die gesamte Region ab. Sehr hilfreich ist die JR-Ringlinie **Osaka Kanjo Loop Line,** die – entsprechend der Yamanote-Linie in Tokyo – das Stadtzentrum auf einer Schleife umrundet und gute Anbindungen zu weiteren Zuglinien liefert.
- Einige **private Zuggesellschaften** bieten auf bestimmten Strecken eine gute und billigere Alternative. Die **Hankyū-Linie** verbindet Umeda mit Kyoto und Kobe, **Hanshin-Züge** verkehren zwischen Umeda und Kobe und die **Keihan-Linie** fährt vom nördlichen Osaka ab Yodoyabashi bis ins nördliche Kyoto nach Demachi-yanagi.

U-Bahn

- In Osaka verkehren **sieben U-Bahnlinien,** der überwiegende Teil des Streckennetzes liegt innerhalb der Osaka Kanjo Loop Line. Zwischen Kita und Minami stellt die U-Bahn die schnellste und bequemste Verbindung dar.

Bus

Im Gegensatz zu den Zug- und U-Bahn-Linien sind die Anzeigen in den Bussen nicht immer zweisprachig, was gute Sprachkenntnisse oder Mut voraussetzt.

Verbundpässe

- **Osaka Excursion Pass,** 1-Tages-Pass für alle Züge und Busse Osakas außer JR. Mit dem Ticket gibt's auch freien Eintritt zu einigen Sehenswürdigkeiten, wie der Osaka-Burg oder der Aussichtsplattform auf dem Umeda Sky Building. Der Preis beträgt 2000 Yen und lohnt sich dementsprechend nur, wenn man fährt und den freien Eintritt nutzt. Nähere Infos beim TIC Osaka.
- **Osaka city transportation One Day Pass (Enjoy Eco Card),** alle U-Bahnen und Busse können für 800 Yen genutzt werden. Ticket erlaubt kleine Vergünstigungen bei manchen Sehenswürdigkeiten. Das Ticket ist an den Automaten der U-Bahn-Stationen erhältlich. Die Variante fürs Wochenende und die Feiertage kostet 600 Yen. www.kotsu.city.osaka.lg.jp.

Home Visit und Führung

- **Home Visit Programm,** eine Familie in Osaka besuchen. Die Touristeninformationen helfen weiter.
- Kostenlose Rundgänge mit **Osaka SGG Club,** Infos und Anmeldungen: www.osakasgg.org.

Unterkunft

- **Umeda Dormitory,**①, Gästehaus nahe JR Osaka, das spezielle Tarife für mehrwöchige Aufenthalte anbietet. Nicht luxuriös, aber mit allem, was man so braucht: gemeinschaftliche Küche, Internet und Waschmaschine. Aoyagi Bldg., 1-6-13 Ōyodonaka, Kita-ku, JR Osaka, 15 Minuten, Tel. (090) 5650-9458, www.ne.jp/asahi/umeda/dormitory.
- **Kameya Ryokan,**①, 12 Zimmer. Kleines familiäres Ryokan nahe dem Kaiyūkan-Aquarium. Zimmer im westlichen und japanischen Stil. 4-1-22 Chikkō, Minato-ku, U: Osaka-kō (Chūō-Linie), Tel. 6571-0829, www.kameya-ryokan.jp.

■ **Yamatoya Honten,**①, 39 Zimmer. Mehrstöckiges Gebäude mit Zimmern im japanischen Stil, am Flussufer in Namba gelegen. U: Nihonbashi (Ausgang Nr. 6), 3 Minuten, Tel. 6211-3587, www.yamatoyahonten.co.jp.

■ **Weekly Green In Namba,**①, Hotel im Apartment-Stil für unbeobachtetes und anonymes Wohnen. Von einer Nacht bis zur Langzeitmiete. Alle Zimmer möbliert mit Küche. 2-7-23 Shikitsu-Nishi, Naniwa-ku, U: Daikoku-chō (Midō-suji-Linie, Ausgang Nr. 2), 5 Minuten, Tel. 6647-3719, www.osaka-hotelweeklygreen.com.

■ **Pension Lee,**②, 5 Zimmer. Kleine, gemütliche Pension in der Stadtmitte nahe Osaka Tenmangū-Schrein und Tenjinbashi-suji. Viele kleine Restaurants in der Umgebung, der Besitzer hilft bei den lokalen Erkundungen. 2-5-11 Tenjinbashi, Kita-ku, JR Osaka Tenmangū, Ausgang 3. Tel. 6353-0029, www11.ocn.ne. jp/~pen-lee.

■ **Dōtombori Hotel,**②, 120 Zimmer. Abgefahrener Eingangsbereich, drinnen ist aber alles sehr komfortabel eingerichtet. Im Zentrum Nambas. 2-3-25 Dōtombori, Chūō-ku, Namba Station, Ausgang 25, Tel. 6213-9040, www.dotonbori-h.co.jp.

jap_374 oh

■ **Hotel Kuramoto,**②, 24 Zimmer. Alle Zimmer im japanischen Stil, nahe Namba gelegen. Mahlzeiten gegen Aufpreis. Shimanouchi 2-11-7, Chūō-ku, U: Nihonbashi, 5 Minuten, Tel. 6211-3168, www.kuramoto-hotel.co.jp.

■ **Hotel T'point,**②–④, 45 Zimmer. Neues Konzepthotel im modeverrückten Shinsaibashi. Alle Zimmer weisen ein eigenes Design auf, manchmal finden Designer- und Künstler-Veranstaltungen im Hotel statt. Übernachtungen nur ohne Kinder. 1-6-28 Higashi-Shinsaibashi, Chūō-ku, U: Shinsaibashi (Ausgang 6), auf der Shimizu-dori, Tel. 6251-7170, www.tpoint.co.jp.

■ **Hotel Il Monte,**②, 122 Zimmer. Preiswertes Stadthotel im Zentrum Umedas. Computer, Internet und Drucker verfügbar. JR Osaka, 5 Minuten, über Tsutaya, Tel. 6361-2828, www.ilmonte.co.jp.

■ **Swissotel Nankai Osaka,**④, 548 Zimmer. Das hochklassiges Hotel befindet sich über der Nankai Namba Station. U: Namba, Tel. 6646-1111, www.swissotel.com/osaka.

■ **Westin Osaka,**④, 304 Zimmer. Luxuriöses Hotel auf 30 Stockwerken neben dem Umeda Sky Building. Die Hotelbäckerei im Untergeschoss bietet frische Brezen an. 1-1-20 Ōyodonaka, Kita-ku, Abholservice von JR Osaka, Tel. 6440-1111, www.westin-osaka.co.jp.

■ **The Ritz-Carlton Osaka,**④, 292 Zimmer. Bestes Hotel in Osaka, in Umeda gelegen. 2-5-25 Umeda, Kita-ku, JR Osaka, Tel. 6343-7000, www. ritz-carlton.com.

Kansai Flughafen

■ **Hotel Nikko Kansai Airport,**④, 576 Zimmer. Erstklassiges Hotel der JAL-Gruppe, das einzige Hotel, das direkt am Flughafen liegt. Für andere Hotels muss man erst den Zug benutzen. Tel. 0724-55-1111, www.nikkokix.com.

◁ Zentrum für Fashion und urbane Kultur: Namba

Kansai International Airport – Wunder der Architektur

Der Kansai International Airport ist eine der atemberaubendsten Flughafen-Konstruktionen und zählt zu den architektonischen Wundern des 20. Jahrhunderts. Der 1994 fertig gestellte Flughafen wurde als weltweit erster **komplett auf einer künstlich errichteten Insel gebaut.** Der Platzmangel in der Kansai-Region hatte die Planer sehr schnell überzeugt, dass man mit einer Neulandaufschüttung in der seichten Osaka-Bucht viele Probleme beseitigen könnte. Heute schwebt man beim Landeanflug lange über dem Wasser, ehe plötzlich, wie aus dem Nichts, die Landebahn auftaucht. Aufgrund seiner Lage sind keine Lärmschutzbestimmungen einzuhalten und der Flughafen kann als einziger Japans 24 Stunden täglich operieren.

Die Technik der Neulandaufschüttung ist nicht neu und vor allem nicht neu in Japan, sind doch vorher in Kobe und in der Bucht Tokyos auch künstliche Inseln errichtet worden. Neu war das Ausmaß der Aufschüttung und die Konzeption eines ganzen Flughafens. Die **Aufschüttungstechnik** an sich ist langwierig und kostspielig: Zuerst müssen mächtige Pfeiler tief in den Meeresboden getrieben werden, ehe anschließend die Umrisse der zukünftigen Insel als große Wannen angelegt werden. Innerhalb dieser Fläche wird dann nach und nach mit Schutt, Müll und Sand aufgefüllt, Wasser abgepumpt und trockengelegt, bis langsam das neue Areal entsteht. Für den Kansai-Airport mit einer Größe von 4,8 Quadratkilometern waren rund 180 Millionen Kubikmeter Füllmaterial nötig.

Durch das Gewicht des gesamten Flughafens und die Wechselwirkungen des Füllmaterials mit der Umgebung **sinkt** der Flughafen **jährlich um rd. 20 Zentimeter ab.** Das Absinken verläuft insgesamt schneller als den ursprünglichen Planungen zufolge, das müssen auch die Konstrukteure zugeben. Doch 1000 einzeln verstellbare Stahlpfeiler halten den Flughafen stets in der Balance. Einen Härtetest ganz besonderer Art erlebte der Flughafen kurz nach seiner Fertigstellung: Während beim großen Hanshin-Awaji-Erdbeben 1995 im 30 Kilometer entfernten Kobe ganze Stadtteile vernichtet wurden, blieb der Kansai-Flughafen ohne Kratzer.

Eine zweite, 4 Kilometer lange Flughafen-Insel mit mehreren Rollbahnen, wird gerade angebaut.

Jugendherbergen

- **Nagai Youth Hostel,** 2500 Yen plus 200 Yen für Bettzeug und 250 Yen für Klimaanlage im Sommer. Keine Mitgliedschaft erforderlich. Leider schließt die Jugendherberge täglich um 23 Uhr und jeweils am letzten Mittwoch und Donnerstag eines Monats komplett. 1-1 Nagai-kōen, Higashi-Sumiyoshi-ku, U: Nagai (Midō-suji-Linie), 10 Minuten, Tel. 6699-5631, www.nagaiyh.com.
- **Shin-Osaka Youth Hostel,** die Preise für eine Übernachtung liegen hier zwischen 3300 und 4500 Yen, sowohl ein Schlafsaal als auch private Zimmer sind verfügbar. Das Frühstück kostet 480 Yen, das Abendessen 1050 Yen. Nahe Shin-Osaka mit gutem Blick auf Osaka. Die Herberge schließt allabendlich um 23 Uhr. Koko Plaza, 10F, 1-13-13 Higashinakajima Higashiyodogawa-ku, JR Shin-Osaka, Tel. 6370-5427, http://osaka-yha.or.jp/shin-osaka.

Das erste Kapselhotel der Welt in Osaka

Die so merkwürdige wie faszinierende Erfindung Kapselhotel feierte **1979** in Osaka ihre Weltpremiere. Die Eröffnung des **„Capsule Inn Osaka"** mit den winzigen Schlafkabinen war eine sensationelle Neuerung, die Schule machen sollte. Die Geschäftsidee stammte von einer Firma, die Sauna- und Badelandschaften betrieb. Deren Gäste waren vor allem Geschäftsmänner, die in den Saunen bis in den frühen Morgen blieben, weil sie den letzten Zug verpasst hatten und nur die Sauna durchgehend geöffnet hatte und auch noch verhältnismäßig billig war. Nach kurzen Überlegungen mit dem Architekten *Kishō Kuroda,* der für die EXPO 1970 schon ein „Capsule House" gebaut hatte, war die neue Idee geboren. Das Hotel besteht auch heute noch, mit reichlich Inventar aus der Anfangszeit. Wie zu Beginn ist es nur für Männer.

■ **Capsule Inn Osaka,** New Japan Bldg., Hankyū Higashi-dori Arkaden, Tel. 6312-0610.

Kapselhotel

■ **B&S Eco-Cube Shinsaibashi,** ab 900 Yen (je nach Verfügbarkeit), auch für Frauen. 2-9-4 Nishi-Shinsaibashi, Chuo-ku, Tel. 6212-5110, www.eco-cube.jp.

■ **Capsule Hotel Asahiplaza Shinsaibashi,** 487 Kapseln. Kapseln ausschließlich für Männer, Frauen können nur im Hotelzimmer übernachten. Kapselpreis für Übernachtung 2600 Yen, für einen Mittagsschlaf bis zu fünf Stunden 2000 Yen. U: Shinsaibashi (Ausgang 7), Richtung Namba und an der dritten Ampel rechts, dann nach 200 Metern, Tel. 6213-1991, www.asahiplaza.co.jp.

Gaijin House

■ **Orange House,** Langzeitvermietung im südlichen Osaka. Termin vor Besichtigung vereinbaren. Tägl. 9–20 Uhr, Tel. 6627-0790, www.guesthouse osaka.com/jp/orange/index.html.

Essen und Trinken

Kita/Umeda

Manche Restaurants in Umeda sind in den Department Stores untergebracht, die meisten Lokale finden sich jedoch **in den unterirdischen Einkaufspassagen.** Unter Hankyū Umeda verläuft die Kappayokochō, die einige schöne Restaurants neben Buchantiquariaten bietet. Unter dem Bahnhof JR Osaka sind in den letzten Jahren vor allem moderne Esstempel entstanden. Wenn man nach etwas Günstigem sucht, kann man es in den **Arkaden Hankyū Higashi-dori** versuchen. Die lebendige Straße ist am Lärm und an den Neon-Reklamen zu erkennen.

Etwas südlich von Umeda beginnt die Gegend **Kita-Shinchi,** in der vor allem Luxusbars und Hostess-Clubs auf Kundschaft warten. Nach dem Ende der „Bubble economy"-Zeit haben sich hier aber auch ein paar Cafés mit günstigen Preisen niedergelassen.

> Blick auf Osaka

Japanisch

Mimiu,②, berühmtes Restaurant für Udon-suki und Shabu-shabu. Das Udon-suki ist eines der besten in Osaka. Tägl. 11–22 Uhr, Hanshin Department Store, 10F, Tel. 6345-6648.

Kaiten-sushi Ganko,②, Sushi-Karussel mit frischem und günstigem Sushi. Ein Teller zwischen 100 und 350 Yen. Tägl. 11–23 Uhr, Osaka Station Float Court, 2F, Tel. 4799-6811.

Fugetsu,②, wunderbares Okonomiyaki nach Osaka-Art. Öfters mit Warteschlangen davor. Englische Speisekarte. Tägl. 11–23 Uhr (Fr/Sa bis 3 Uhr), Hankyū Umeda, 5 Minuten, vor dem Theater Umeda Kagetsu, Tel. 6314-2233.

Takonotesu,①, für alle, die ihr Gericht gern selbst zubereiten: Hier kann man sein Oktopus-Gericht *(Takoyaki)* selbst formen. Oktopus mit Käse ist sehr empfehlenswert. Tägl. 11–22 Uhr, Maru-biru Bldg., B2F, U: Umeda, Tel. 6345-0301.

International

Loreley,②, deutsche Küche mit einer breiten Auswahl an deutschem Bier, Wein und Gerichten. Mo bis Fr 18–22.30 Uhr (Sa bis 21.30 Uhr), Kintetsu Dōjima Bldg., B1F, U: Nishi-Umeda, durch die Dōjima-Passage, Tel. 6341-0043, www.loreleyj.com.

Yakiniku Gyuta,②, beliebtes koreanisches BBQ-Restaurant, in dem man leckeres japanisches Rind grillen kann. Täglich 11–23 Uhr, Yodobashi Camera Bldg., 8F, Tel. 6292-6029.

Bio

Solviva,②, Bio-Restaurant und Café in Umeda. Man wählt die Zutaten, der Koch macht was Gutes daraus. Tägl. 11–23 Uhr, Umeda Art Theater, 1F, Hankyū Umeda, 10 Minuten, Tel. 6377-1333.

Café

Cante Grande,①, sehr beliebtes indisches Lokal. Hier bekommt man leckeren Chai, Curry und auch Kuchen. Täglich 11–23 Uhr, E-ma Bldg., 5F, Tel. 4795-7561.

Minami/Shinsaibashi

Die **Hōzenji Yokochō** ist eine kleine enge Gasse mit schöner Atmosphäre und angenehm leise im

jap_722 oh

Vergleich zur Umgebung. Viele kleine Restaurants und Izakaya mit überwiegend Einheimischen finden sich hier.
Auf der **Dōtombori** sind viele große und bekannte Restaurants angesiedelt, die meist an den übermächtigen Dekorationen zu erkennen sind.
In **Minami-senba** und **Horie** werden die Cafés und Restaurants jung und flippig, dort darf man einige Extravaganzen erwarten.

Japanisch

- **Kushikatsu Daruma,**②, *Kushikatsu* sind frittierte Spieße, das Lokal zählt zu den bekanntesten seiner Art in Osaka. Hier bestellt man Spieße nach Wahl: Fleisch, Fisch, Meeresfrüchte, Käse oder Gemüse. Die Spieße werden vor dem Gast kurz frittiert und gleich serviert. Vor dem Essen taucht man die Spieße in eine Soße. Am besten trinkt man dazu Bier, als Beilage rohen Weißkohl. Die große Kochfigur am Eingang zeigt die klaren Regeln des Lokals: Man darf die Spieße nicht zweimal in die Soße tauchen, da man diese gemeinsam mit dem Sitznachbarn nutzt. Ebenso sollte man den Spieß nicht noch mal in die Soße tauchen, wenn man schon abgebissen hat. In der Dōtombori-Straße, täglich 11.30–22.30 Uhr, Tel. 6213-8101.
- **Imai,**①, bekannt für Kitsune Udon (gebackener Tofu mit Udon). Auf der Dōtombori zwei Blocks östlich der Brücke Ebisubashi, Tel. 6211-0319, und im Daimaru Department Store in Shinsaibashi und Umeda anzutreffen. www.d-imai.com.
- **Zuboraya,** berühmtes Restaurant für Kugelfisch. Das Standard-Menü mit Tecchiri-nabe und Sashimi kostet 5500 Yen. Die Menüs beginnen ab 1700 Yen. Tägl. 11–0.30 Uhr, auf der Dōtombori westlich der Brücke Ebisubashi, mit Kugelfisch davor, Tel. 6211-0181.
- **Hon-Sekiguchi,**③, gute Sukiyaki-Küche, eine Reservierung ist empfehlenswert. Mo bis Sa 16–22 Uhr, U: Nihonbashi, 5 Minuten, Tel. 6641-2303.
- **Hokkyokusei,**①, sehr beliebtes Lokal, spezialisiert auf Omu-Reis (Omelette mit gebratenem Reis). Omu-Reis wurde hier angeblich erfunden. Zur Mittagszeit gibt es oft eine lange Schlange. Tägl. 11.30–22.30 Uhr, Tel. 6211-7829, www.hokkyoku sei.jp.
- **Kōga-ryū,**①, einer der besten Stände für Takoyaki, direkt am Sankaku-Kōen in America-mura. 10 Oktopus-Bällchen für 350 Yen. Tägl. 11–20 Uhr (Fr/Sa bis 22 Uhr).
- **Kamukura,**①, Osakas Ramen-Kette, vor der die Leute jeden Tag Schlange stehen. Die klare Suppe schmeckt recht simpel – und hat das Potenzial, abhängig zu machen. U: Shinsaibashi, 1 Minute, täglich 10–19 Uhr, Tel. 6213-1002.
- **Endo Sushi,**②, eine kurze Taxifahrt lohnt sich, um dieses Sushi-Lokal im Zentralgroßmarkt zu besuchen. Händler wie Anwohner gleichermaßen ste-

Osaka Gourmet

Osaka war gegen Ende des 16. Jahrhunderts das Geschäftszentrum Japans. Nachdem *Hideyoshi Toyotomi* die Burg errichten ließ, begannen die reichen Kaufleute, die Stadt mit Kanälen zu durchziehen, um die Wasserwege für ihren Warentransport nutzen zu können. Osaka wurde zum Umschlagplatz für Reis, aber auch für verschiedenste andere Lebensmittel aus allen Regionen, sodass sich schnell Osakas Bezeichnung fand: **Tenka no Daidokoro, „Japans Küche".** Als lokale Spezialitäten entwickelten sich zu jener Zeit Kugelfisch und Udon. Noch heute findet sich ein Wort, das an der Schnittstelle von Vielfalt und Reichtum steht und das die Bewohner Osakas charakterisiert: **Kuidaore.** Es meint, dass man zu viel Geld für Essen und Trinken ausgibt und dadurch arm wird. Wer sich daran beteiligen will, kann sich durch die lokalen Spezialitäten testen. Neben Udon und Tecchiri sind dies vor allem Hako-sushi, Shabu shabu, Tako-yaki und Okonomiyaki.

hen hier schon oft frühmorgens an, um das frischeste Sushi zu essen. Als „Jo-Maze Menü" gibt es 5 Sushi-Häppchen für 1000 Yen. Karte auf Englisch ist auch vorhanden. JR Noda /U: Tamagawa, 10 Minuten, oder 10 Minuten per Taxi aus der Shinsaibashigegend. Mo–Sa 5–14 Uhr, 1-1-86 Noda Fukushima-ku, Tel. 6469-7108, www.endo-sushi.com.

International

■ **551 Horai,** ②, auch als „Osakas Volksrestaurant" bekannt. Das chinesische Restaurant ist seit Langem etabliert und durch seine fröhliche Fernsehwerbung bekannt. Seine Spezialität *Buta-Man* (gedämpfte Schweinebällchen) kann man in fast jedem Warenhaus in Kansai kaufen. Natürlich gibt es im Restaurant auch andere leckere chinesische Gerichte. U: Namba, 2 Minuten, in der Ebisubashii-suji. Am 3. Dienstag im Monat geschlossen, 11–22 Uhr, Tel. 6641-0551.

■ **Vietnam Café Restaurant An Ngon,** ②, Café/Restaurant mit vietnamesischer Küche in der Gegend Minami-Senba. Mit englischer Speisekarte. Tägl. 12–23 Uhr, U: Shinsaibashi (Ausgang 3), die Midō-suji in Richtung Norden, am Benetton-Gebäude links, am Ende der Straße über dem Lawson, Tel. 6282-4567, www.anngon.com.

■ **Hamac de Paradis,** ②, der Trendsetter in Minami-Senba. Nachdem das Restaurant eröffnet hatte, zog es auch die Designer hierher. Mit Salon-Bar im 2. Stock, italienische und französische Küche. Tägl. 11.30–23.30 Uhr, U: Shinsaibashi (Ausgang 3), 3 Minuten in westliche Richtung, Tel. 6252-3341.

■ **Muse Osaka,** ②, lässt sich schwer einordnen, irgendwie bestimmt das Café-Restaurant jedoch, was in Horie angesagt ist. Überwiegend französische Küche, hohe Decken und die Glasfassade geben ein leichtes Gefühl. Tägl. 11.30–2 Uhr, westlich von Horie Kōen, Tel. 4391-3030.

Cafés

Unser Tipp: **Rikuro's Cheese Cake,** bester Käsekuchen in Osaka, frisch, fluffig, rund, groß, billig und zum Mitnehmen, 630 Yen, am besten ofenfrisch essen! Tägl. 9.30–21.30 Uhr, U: Namba, Ausgang 2, gegenüber Starbucks in den Arkaden.

Das erste Sushi-Karussel der Welt

Kaiten-Sushi, die unterhaltsame Variante mit den **Sushi-Tellerchen auf einem Förderband,** hat seinen Ursprung in Osaka. Das erste Restaurant dieser Art, „Genroku-sushi", besteht noch heute.

Die Betreiber hatten ursprünglich in den 1950er Jahren einen kleinen Sushi-Laden vor dem Bahnhof Fuse im östlichen Osaka. Der Stadtteil war bestimmt von jeder Menge Kleinindustrie und vielen Fabrikarbeitern, die sich nach der Arbeit mit dem billigen Sushi versorgten.

Der Andrang war permanent groß, die Sushi-Köche kamen kaum nach. Als der Besitzer eines Tages eine Bierfabrik besichtigte und die dortigen Förderbänder erblickte, war die Idee geboren. Nach einigen Versuchen war es denn **1958** auch ein ursprüngliches Bier-Förderband, das langsamer war und Sushi-gerecht angepasst wurde.

■ **Genroku-sushi,** Original-Restaurant nahe Fuse Station, Tel. 6736-0911.

■ **Genroku-zushi,** Dōtombori, östlich der Brücke Ebisubashi neben dem Kugelfisch-Restaurant Zuboraya, Tel. 6211-8414.

Vegan

■ **Green Earth,** ①, veganes Café-Restaurant mit sehr gutem Preis-Leistungsverhältnis. Mo–Sa

Misono

Diesen **großartigen Gebäudekomplex** mit Bars, Shows und Restaurants kann es so nur in Osaka geben. Jeder über 30 in Osaka hat eine Meinung zu Misono, so verwirrend und begeisternd zugleich war die Misono-Werbung in der Showa-Zeit. Bereits damals in den 1970er/-80er Jahren, als Japans Wirtschaft boomte, setzte das Misono Zeichen als Trendsetter. Im roten Neon-Gebäude gibt es heute ein **Restaurant** (5F) mit verschiedenen Räumen (entweder ganz klein oder für bis zu 500 Personen), wo man verschiedene Nabe-, Sukiyaki- oder Shabu-Shabu-Gerichte auf dem Tatami-Boden genießen kann. Als Angebot gibt es z.B. ein Sukiyaki-Menü für 3800 Yen. Dazu kann man ein 2-stündiges All-you-can-drink buchen für 1200 Yen – wovon hier auch reichlich gebrauch gemacht wird. Danach geht die Reise im Misono weiter zur **Bar-Straße** (2F). Hier gab's früher vor allem Hostess-Clubs, doch mit der Wirtschaftskrise wurden viele Hostess-Clubs geschlossen. Um die Schließung des gesamten Gebäudes zu vermeiden, wurde die Miete reduziert, und nun sind vor allem junge Barbesitzer eingezogen. Jede Bar hier hat ihren eigenen Underground-Charakter, so wie z.B. das Late-night-Café **Zenigeba,** das sich als Ort für die ewig 14-Jährigen versteht, mit vielen Comics und Spielzeugen. Im Irish Pub **The Little Clover** kann man die Nacht im Misono etwas einfacher beginnen und dann zu den umliegenden Bars weiterziehen. Falls man doch müde wird , gibt es hier auch ein sehr **günstiges Hotel,** das Einzelzimmer ab 3500 Yen anbietet. So aufmerksam ist man in Misono, ganz tief in Osaka.

■ **Misono,** 180 Meter östl. von U: Namba, Tel. 6641-7777, www.universe-misono. co.jp.

11.30–17 Uhr, Tel. 6251-1245, http://osaka-vege tarian-ge.com.

Kuromon-Ichiba Marktstraße

Wer Freude am Essen hat – und vor allem frischen Fisch mag – ist in der Kuromon-Ichiba genau richtig. Die Kuromon-Ichiba ist eine Marktstraße, in der viele lokale Köche und auch Hausfrauen ihre frischen Zutaten für den Tag besorgen. Man kann hier aber auch bereits gegrillte Fische, zubereitetes Sushi o.Ä. einkaufen. Empfehlenswert ist der **Fischhändler Kuromon Sanpei,** bei dem man auch gleich essen kann. Am besten am Vormittag die Straße entlang schlendern und dabei das lokale Leben und lokale Leckereien entdecken!

■ **Kuromon-Ichiba,** U: Nihonbashi, Ausgang 10, 2 Minuten.

■ **Kuromon Sanpei,**①, in der Kuromon-Ichiba Marktstraße, Mo–Fr 9–19 Uhr, Sa/So 9–18.30 Uhr, Tel. 6634-2611, www.kuromon-sanpei.co.jp.

☒ Szeneviertel Dōtombori (Namba)

Nachtleben

Pubs und Bars

■ **Murphy's Irish Pub,** eines der ersten irischen Pubs in Japan, mit Fußball-Liveübertragungen. So bis Do 17–1 Uhr, Fr/Sa 17–3 Uhr, U: Shinsaibashi (Ausgang 6), man läuft einen Block südlich zur gegenüberliegenden Seite von Daimaru, dann dreieinhalb Blocks östlich, das Murphy's ist zur Rechten im 6. Stock des Lead Plaza Building, Tel. 6282-0677, www.murphysosaka.com.

■ **Rock Rock,** für alle – genau – Rockmusik-Fans. Shinsaibashi Atrium Bldg., 3F, U: Shinsaibashi, 5 Minuten, drei Blocks von der Straße zwischen Hotel Nikko und dem Opa-Einkaufskomplex, Tel. 6244-6969, www.rockrock.co.jp.

■ **Sam and Dave Umeda,** der Club, in dem am meisten passiert und in den man nur geht, wenn man etwas für Flirts und durchtanzte Nächte übrig hat. Der Club hat täglich geöffnet, die Anfangszeiten variieren allerdings. An der Ecke von Shin-Midō-suji und Route 1, Tel. 6365-1688, www.samanddave.jp.

Einkaufen

Kunsthandwerk

■ **Matsuyamachi-suji,** die Haupteinkaufsstraße für Spielzeug aller Art und japanische Puppen. Die Angebote wechseln nach Jahreszeiten. U: Matsuyamachi.

jap_381 on

Danjiri Matsuri

Das Kishiwada Danjiri Matsuri am Wochenende vor dem dritten Montag im **September** hat die „Ehre", **eines der gefährlichsten Festivals in Japan** zu sein – gleichzeitig ist es auch eines der spektakulärsten, wenn die großen Wagen *(Danjiri)* mit einem Höllentempo durch die Straßen von Kishiwada im südlichen Osaka gezogen werden.

Erstmals wurde das Festival 1703 gefeiert, als der Feudalherr *Okabe Nagayasu* ein Erntedankfest abhielt und die Untergebenen in die Burg einlud. Jeder Bezirk schuf dafür einen möglichst prächtigen Wagen mit zwei Metern Länge und einem Gewicht von vier Tonnen, um *Nagayasu* zu beeindrucken. Zu jener Zeit war das Festival ruhig und geordnet.

In den Folgejahrzehnten begann sich der Charakter langsam zu verändern. Das Festival wurde zum **Wettbewerb,** wer seinen Danjiri am schnellsten durch die Straßen ziehen kann. Das Motto: Wer ausweicht, verliert. Als Höhepunkt hatten die Teilnehmer auch Waffen, um die anderen Danjiri zu zerstören.

So schlimm wie einst ist das Festival nicht mehr. Trotzdem kommt wohl jedes Jahr mindestens eine Person ums Leben, zahlreiche Verletzte sind schon vorprogrammiert. Zur Zeit des Danjiri Matsuri herrscht Ausnahmestimmung in Osaka: Die Schulen haben geschlossen und die Arbeiter bleiben zu Hause.

- **Danjiri Kaikan,** Ausstellung zum Danjiri-Festival: Filme, Bücher und Computer-Terminals mit Informationen. Di bis So 10–17 Uhr, Eintritt 600 Yen, Nankai Kishiwada, 10 Minuten.

Antiquitäten

- **Oimatsu-dori,** bekannt für viele Galerien und Antiquitätengeschäfte. Im Frühjahr und Herbst gibt's Antiquitäten-Festivals. Zwischen Umeda und Yodoyabashi.

Flohmärkte

- **Ohatsu Tenjin-Schrein,** am 1. und 3. Freitag im Monat, im Sommer 7–15 Uhr, im Winter 8–17 Uhr, nahe U: Higashi-Umeda (Ausgang 7).
- **Shitennōji Daishie,** am 21. im Monat, vor allem Kleidung und Antiquitäten. Beginn ist 8 Uhr, die Verkäufer lassen am besten nach 15 Uhr mit sich handeln. U: Shitennōji.

Multi-Media-Geschäfte

- **Yodobashi Camera,** großer Elektronik-Laden nördlich von JR Osaka, mit Café und Restaurant. Tägl. 9.30–21 Uhr, Tel. 4802-1010.

Andere

- **Don Quijote,** Discount-Geschäft, von Socken bis zum Flachbildschirm. Von der Brücke Ebisubashi in Namba sieht man schon das gelbe Riesenrad. Bis 5 Uhr morgens geöffnet, also vor allem nachts ein Treffpunkt junger Leute. Tel. 4708-1411.

Bücher

- **Kinokunnia,** in Hankyū Umeda, neben dem Treffpunkt „Bigman". Mit Büchern und Magazinen in Englisch. Tägl. 10– 22 Uhr, Tel. 6372-5821.
- **Junku-dō,** gute Auswahl an englischen Büchern. Namba, nördlich der Dōguya-suji. Tägl. 10–21 Uhr, Tel. 6635-5330.

Department Stores

■ **Hankyū,** einer der größten Department Stores, der bei den Verkaufszahlen unter den Top 3 in Japan rangiert. Hankyū Umeda Station, 10–20 Uhr, Tel. 6361-1381.
■ **Hanshin,** enthält einen großen Fan-Shop der Hanshin Tigers. Tägl. 10–20 Uhr, vor dem Hankyū Department Store, Tel. 6345-1201.
■ **Takashimaya,** Namba Station. 10–20 Uhr, Tel. 6631-1101.

Museen

■ **Osaka Museum of Housing and Living,** Ausstellung, wie man zu Edo-Zeiten in Osaka gelebt und gearbeitet hat. U: Tenjimbashisuji-6-chōme, Ausgang Nr. 3, Tel. 6242-1170.
■ **Kids Plaza Osaka,** Museum für Kids. Lernen durch Spielen. U: Ōgimachi, Ausgang Nr. 2, Tel. 6311-6601.
■ **Osaka-Wissenschaftsmuseum,** Planetarium/Technik-Museum mit Gelegenheiten zum Ausprobieren. U: Higobashi, Ausgang Nr. 3, Tel. 6444-5656.
■ **Osaka Maritime Museum,** großartige Kuppelarchitektur aus Glas. Osaka-Bucht, Cosmo Square Station, Tel. 4703-2900.

Festivals

■ **7. Januar: „Die sieben Götter des Glücks",** Imamiya-Ebisu-Schrein.
■ **9.–11. Januar: Tōka Ebisu,** Festival zur wirtschaftlichen Stärke Osakas, Imamiya-Ebisu-Schrein.
■ **14. Januar: Doya-Festival,** Shitennōji-Tempel.
■ **24./25. Juli: Tenjin Matsuri,** eines der drei größten Festivals Japans mit über 1000-jähriger Tradition. Mikoshis werden mit Booten transportiert und ein großes Feuerwerk erhellt den Okawa-Fluss. Viele Besucher bewundern das Lichtermeer am Fluss.
■ **Oktober: Kansai Rainbow Parade,** Schwule, Lesben, Bisexuelle und Transgender feiern entlang der Midō-Suji und machen darauf aufmerksam, dass sexuelles Anderssein in Japan immer noch Mut braucht. Osaka gilt als besonders tolerant – die Parade ist eine der größten des Landes. www.kansai-parade.org.

Post

■ **Osaka Central Post Office,** 3-2-4 Umeda, gegenüber der Westseite von JR Osaka Station, Ausgang Sakurabashi. Die Post hat rund um die Uhr geöffnet.
■ **Postinformationen per Telefon** in englischer Sprache: Tel. (06) 6944-6245.

Sonstiges

Besichtigung

■ **NHK-Fernsehen Osaka-Studio,** 60-minütige Führungen tägl. 10–18 Uhr. 3-43 Bamba-cho, Chūō-ku, U: Tanimachi Yonchome (Ausgang 9), 5 Minuten, Tel. 6937-6020.

Sumo-Turnier

■ **2. bis 4. Sonntag im März:** Sumo-Turnier, Osaka-Präfekturhalle.

Magazin

■ **Kansai Flea Market,** wöchentliches Gratis-Magazin mit Kleinanzeigen zu Partys, Wohnungen, Haushaltsauflösungen etc., liegt vielerorts aus. Tel. 6444-5535, www.kfm.to.

NARA

- **Einwohner:** 360.000
- **Vorwahl:** 0742

Nara kann getrost als die **Wiege Japans** bezeichnet werden. Von 710–784 war Nara-Heijō-kyō („Zitadelle des Friedens“) die **erste kaiserliche Hauptstadt,** ehe zu Ende des 8. Jahrhunderts Kaiser und Kaiserstaat ins 40 Kilometer nördlich gelegene Heian (Kyoto) zogen. Nara hat die ältesten Tempel und der **Hōryūji-Tempel** ist sogar das weltweit älteste Bauwerk aus Holz. Die Haupthalle des **Tōdaiji-Tempels** glänzt als größtes Holzgebäude der Welt. Und das sind nur zwei Beispiele der erhaltenen Schätze Naras.

Naras Innenstadt ist überschaubar – genauer genommen handelt es sich im Falle Naras weniger um eine Stadt, als vielmehr um eine ruhige **Mischung aus Dorf, Park und unzähligen historischen Sehenswürdigkeiten.** Vieles kann in Nara zu Fuß erlaufen werden, wobei man sich die Wege oft mit **Hirschen** und Schulklassen teilen muss. Erstere sind Naras Wahrzeichen; die zutraulichen Tier stehen auf und abseits der Wege und warten darauf, von den Touristen gefüttert zu werden. Für Schulklassen gehört Nara zum Pflichtprogramm ebenso wie Kyoto. Zur Hauptsaison der Schulausflüge im Frühling und Herbst ist Nara noch frequentierter als sonst. Jährlich kommen 38 Millionen Touristen in die Stadt.

Nara war **Geburtsort der japanischen Kunst und Literatur,** ebenso blühte der frisch importierte **Buddhismus** unter der Förderung der Nara-Herrscher auf und verbreitete sich über das Land. Nara beherbergt heute neben Kyoto die meisten Kulturschätze des Landes.

Orientierung

Im **Zentrum** Naras liegen Nara-Park, Museen und viele Tempel (darunter der Tōdaiji); alles kann bequem zu Fuß erreicht werden. Wenige Zugstationen **östlich** befinden sich der alte Nara-Kaiserpalast und der Tōshōdaiji-Tempel, noch etwas weiter die Hōryūji-Anlage.

Geschichte

Zwischen dem 2. und 4. Jahrhundert wurde das **Yamato-Gebiet,** wie die Region um Nara genannt wird, großflächig nutzbar gemacht. 645 teilte die Taika-Reform alles Land dem Kaiser zu und der Staat wurde als Beamtenstaat (mit erblichen Beamtentiteln) organisiert. Erste Versuche, mit Fujiwara-kyō eine zentral gelegene Hauptstadt zu gründen, scheiterten, sodass 710 die neue kaiserliche Stadt **Heijō-kyō** (Nara) in der nördlichen Yamato-Ebene gebaut wurde. Die **kaiserliche Hauptstadt** umfasste Paläste, Verwaltungsbüros und Wohnanlagen für Funktionäre auf einer Gesamtfläche von 4,3 x 4,8 Kilometern. Heijō-kyō ahmte städtebaulich die Architektur der chinesischen Hauptstadt Chang'an nach und beheimatete zur Glanzzeit rund 100.000 Einwohner.

Nachdem gegen Ende des 8. Jahrhunderts die Hauptstadt nach Heian (Kyoto) verlegt war, wurden die **Ruinen** des kaiserlichen Areals in Reisfelder umgewandelt. Die religiösen Stätten blieben von Zerstörungen vorerst verschont.

Anders 1180, als bei den **Angriffen** des Taira-Clans weite Teile der Stadt zerstört wurden, darunter auch Teile des Tōdaiji und des Kōfukuji. Das gleiche Schicksal ereilte die Stadt nochmals bei Kämpfen im Jahre 1560. Zu jener Zeit bestand Nara aus rund 200 einzelnen kleinen Dörfern, die zusammen schätzungsweise 25.000 Einwohner hatten.

Sehenswertes

Nara-Park (Nara-kōen)

Der Nara-Park liegt in der Stadtmitte und beherbergt auf acht Quadratkilometern **zahlreiche Tempel und Museen.** Seitdem im Park rund 1200 zahme **Rehe und Hirsche** anzutreffen sind, wird die Anlage vornehmlich als „Hirsch-Park" bezeichnet. Für die Wildtiere werden an Ständen waffelähnliche Snacks angeboten, die Touristen für 150 Yen kaufen und verfüttern.

Weltkulturerbe in und um Nara

- Tōdaiji-Tempel
- Kōfukuji-Tempel
- Kasuga-Taisha-Schrein
- Hōryūji-Tempel
- Gangōji-Tempel
- Yakushiji-Tempel
- Tōshōdaiji-Tempel
- Nara Heijō-kyō
- Kasugayama-Urwald

Übernachtung
1 Nara Youth Hostel
2 Nara Seishōnen Kaikan YH
3 Nara Club
4 People's Inn Hanakomichi
10 Ryokan Seikansō
11 Hotel Sunroute Nara
12 Nara Hotel

Essen und Trinken
6 Yanagi Chaya
7 Shizuka
8 Hirasou
9 Edogawa
13 Takabatake Salon

Sonstiges
5 Kintetsu Sun Flower
14 Rent-a-Cycle

Tōdaiji-Tempel

Der Tōdaiji im Nara-Park ist schon allein aufgrund seiner **riesigen Ausmaße** beeindruckend: Die Haupthalle gilt mit 57 Metern Länge, 50 Metern Breite und 49 Metern Höhe als das **größte Holzgebäude der Welt.** In seiner Originalversion war der Tempel sogar 80 Meter breit. 26.000 Bäume wurden zum Bau verwendet, was normalerweise für 4000 japanische Häuser ausreicht. So mag es kaum verwundern, dass der Tempel in der Liste der verehrten religiösen Stätten ganz weit oben rangiert.

Tennō *Shomu* ließ den kaiserlichen Tempel 728 erbauen. Das Hauptareal betritt man durch das große **Südtor Nandaimon,** das von 16 gewaltigen Säulen – aus japanischem Zypressenholz, jeweils 19 Meter hoch – getragen wird. Links und rechts schützen zwei Furcht einflößende **Wächterfiguren** den Tempel, die mit einer Höhe von 8 Metern die größten Kongō-Rikishi-Skulpturen Japans sind. Sie wurden im 13. Jahrhundert von den Bildhauern *Unkai* und *Kaikei* geschaffen und verkörpern den Realismus der damaligen Epoche.

Unübertroffen ist die große **bronzene Buddha-Statue** in der Mitte der Haupthalle, der **Nara-Daibutsu:** 16,2 Meter hoch und mit einem Gewicht von schätzungsweise 25 Tonnen. Durch Brände

und Rekonstruktion entstanden an der Statue unterschiedliche Farbverläufe, die auf unterschiedliches Alter hinweisen: Das Gesicht des Daibutsu ist rund 300 Jahre alt, der Körper 800 und das Fundament als ältestes Bestandteil 1250 Jahre. Interessant ist zudem die perspektivische Verzerrung: Die **kleinen Buddhas um den Daibutsu** messen zwischen 1,50 und drei Meter, sehen von unten aber alle gleich groß aus.

In der **Haupthalle** stehen zudem **Miniaturmodelle der früheren Tempelareale,** als der Tōdaiji noch mit zwei siebenstöckigen Pagoden flankiert war. Die Modelle mussten übrigens von jugendlichen Straftätern im Rahmen von Erziehungsmaßnahmen gefertigt werden. Etwas weiter in der Halle folgt eine **Holzsäule** mit einer Öffnung; schätzungsweise zwängen sich beim Besuch gerade einige Kinder nacheinander durch den Balken: Wer es schafft, hat angeblich ein gutes Jahr zu erwarten und kommt der Erleuchtung ein Stück näher. Ein paar Erwachsene sollen sich auch schon durch die schmale Öffnung gequetscht haben.

Ein etwas erhöht gelegenes Nebengebäude des Tōdaiji ist die **Sangatsu-Halle** – ein Ort für alle Liebhaber von kunstvollen Buddha-Skulpturen mit gewaltiger Größe. Daneben steht die **Nigatsu-Halle,** die nicht nur im März Schauplatz

jap_389 oh

des schönen Omizutori-Festivals ist, sondern von der man auch einen schönen Blick auf Nara und Umgebung genießen kann.

■ **Tōdaiji-Tempel,** tägl. 8–17 Uhr, Tel. 22-5511, Eintritt Haupthalle 500 Yen, Nebengebäude rund 400 Yen. Wer mehr religiöse Schätze sehen will, die in den vergangenen Jahrhunderten im Tōdaiji-Tempel verwendet wurden, muss in Nara das **Shōsō-in** aufsuchen, das Schatzhaus unter Verwaltung des Kaiserlichen Hofamtes (Mo bis Fr 10–15 Uhr, Tel. 26-2811, freier Eintritt).

Tōdaiji-Tempel

Hōryūji-Tempel

Die Tempelanlage wurde 607 von Prinz *Shōtoku* gegründet, Teile davon sind noch im Original erhalten, weswegen der Hōryūji als **weltweit ältestes Bauwerk aus Holz** gilt. 50 Gebäude umfasst die Anlage, die zusammen mit den beherbergten Kulturschätzen auf die Ursprünge von Religion, Architektur und Kunst in Japan verweist. Nicht umsonst wurde der Hōryūji als erste japanische Stätte 1993 in die Liste der UNESCO als Weltkulturerbe aufgenommen.

Die Tempelanlage gliedert sich in zwei unterschiedliche Bereiche: dem besonders wertvollen **Sai-in** (Westtempel) und dem **Tō-in** (Osttempel). Zu den besonderen Kulturgütern der Tempelanlage zählen die **Kudara-Kannon-Statue** und der **Tamamushi-no-zushi,** ein buddhistischer Altar aus der Asuka-Zeit. Herausragende Gebäude sind die **Haupthalle (Kondō),** das große **Südtor (Nandaimon),** die fünfstöckige **Pagode** und die **Yumedono-Halle,** die 739 in achteckiger Form erbaut wurde. In ihr wird auch zweimal jährlich eine **buddhistische Statue des Prinzen Shōtoku** gezeigt, gewöhnlich von Mitte April bis Mitte Mai und von Mitte Oktober bis Anfang November. Die 1,80 Meter hohe Statue ist in ihrer Originalvergoldung erhalten. Die Yumedono-Halle war die Meditationshalle Shōtokus, in welcher der Prinz der Legende nach schon kurz nach seiner Geburt im Stehen meditierte.

■ **Hōryūji-Tempel** (auch „Ikaruga-Tempel"), 12 Min. mit dem Zug von JR Nara bis Hōryūji Station, dann von dort 20 Min. zu Fuß oder fünf Min. mit dem Nara-Kōtsū-Bus (Nr. 97 oder 98) bis Hōryūjimae. Tägl. 8–17 Uhr (im Winter bis 16 Uhr), Eintritt 1000 Yen.

Kōfukuji-Tempel

Der Kōfukuji-Tempel, 710 im Nara-Park erbaut, war lange Zeit der starke Gegenspieler des kaiserlichen Tōdaiji-Tempels. Zur Blütezeit beheimatete die Tempelanlage der mächtigen Fujiwara-Familie Zehntausende Mönche und 175 Gebäude, von denen die meisten in den zurückliegenden Jahrhunderten zerstört wurden. Erhalten ist die weithin sichtbare fünfstöckige **Pagode** (Höhe: 50,8 Meter) aus dem Jahr 1426. Die dreistöckige Pagode, die **Tokondo-Halle** und die **Schatzkammer** lohnen ebenfalls eine Besichtigung (tägl. 9–17 Uhr, zusammen 800 Yen). Nahe gelegen ist der **Sarusawano-ike,** ein schöner ruhiger Teich, auf dem sich die Pagode spiegelt.

Tōshōdaiji-Tempel

Der Tempel wurde im Jahr 759 vom buddhistischen **Mönch Ganjin** gegründet, der den Buddhismus in Japan verbreitete. Der Überlieferung nach unternahm *Ganjin* fünf Anläufe, das japanische Meer zu überqueren, ehe es ihm nach zwölf Jahren gelang und er den Buddhismus in Japan lehren durfte. *Ganjin* war komplett erblindet und lebte bis zu seinem Tod im Tōshōdaiji-Tempel.

So wie es das Mahayana-Sūtra vorgibt, sitzt in der sehenswerten **Kondō-Halle** der große Buddha auf einer Lotusblüte. Der Tempel gehört der Ritsu-Schule an und ist jedes Jahr am **19. Mai** überfüllt, wenn bei der **Uchiwamaki-Zeremonie** herzförmige Papierfächer als Zeichen des Glücks in die Menge geworfen werden. Wer einen davon ergattert, dem steht ein glückliches Jahr bevor. Das Fest erinnert an den hohen Priester *Kakusei.*

■ **Tōshōdaiji-Tempel,** 7 Minuten zu Fuß von Kintetsu Nishinokyō Station, tägl. 8.30–17 Uhr geöffnet, Eintritt 600 Yen. In der Nähe ist der **Yakushiji-Tempel** gelegen, ebenfalls Weltkulturerbe mit der einzig erhaltenen Pagode aus der Hakuhō-Periode im 8. Jahrhundert (Tel. 33-6001, tägl. 8.30-17 Uhr, Eintritt 500 Yen).

Der Nara-Kaiserpalast: Heijō-kyō

Heijō-kyō war einst Sitz des Nara-Kaiserpalastes, heute ist es vor allem eine **archäologische Stätte,** die von einem **Museum** erläutert wird. Der gigantische Heijō-Palast im Zentrum der Hauptstadt-Anlage umfasste eine Fläche von insgesamt 120 Hektar.

Heijō-kyō ist eine von wenigen Stätten, die von der UNESCO zum Weltkulturerbe erklärt wurden, obwohl keine Anlagen mehr vorhanden sind. Kürzlich wurde das **Suzakumon-Tor** als erstes Gebäude wieder aufgebaut. Das Suzakumon war einst das Haupteingangstor zur Hauptstadt. Da keine Abbildungen vom Tor existierten, wurde es nach Beschreibungen aufgebaut.

Heijō-kyō ist ein interessantes Beispiel dafür, wie in Japan mit dem historischem Erbe verfahren wird. Ein zweites Gebäude soll bis 2010, der 1300-Jahrfeier Naras, wieder aufgebaut werden. Weitere Pläne existieren nicht, noch nicht. Erfahrungsgemäß wird in Japan die Tendenz des Wiederaufbaus aus touristischen Gründen bedient, da ein aufgebauter Kaiserpalast attraktiver als eine freie Kiesfläche ist. Viel wird hier von der Einschätzung der UNESCO und des japanischen Kulturministeriums abhängen, was mit dem Areal in den nächsten Jahrzehnten geschehen soll.

Gezeigt werden Fotos der Ausgrabungen und Modelle der einstigen Anlage.

■ **Nara-Kaiserpalast,** Bus Nr. 12 oder Nr. 140 ab JR oder Kintetsu Nara Station bis Heijōkyūseki, Eintritt Gelände und Museum frei, Di bis So 9–16 Uhr, Tel. 34-3931.

Hōkiji-Tempel

Der Tempel liegt nordöstlich des Hōryūji und ist vor allem aufgrund der **Jūichimen-Kannon** bekannt, einer Bodhisattva-Statue mit elf Gesichtern. Die Anlage ist Weltkulturerbe und beherbergt die älteste dreistöckige Pagode Japans.

■ **Hōkiji-Tempel,** mit dem Bus ab JR Ōji Station bis Hōkijiguchi, Tel. 75-5559, tägl. 8.30– 16.30 Uhr, Eintritt 300 Yen.

Gangōji-Tempel

Die Haupthalle und der Zen-Raum des Gangōji gehören ebenfalls zum Weltkulturerbe. Gegründet wurde der Tempel im 8. Jahrhundert vom buddhistischen Mönch *Chikō*.

■ **Gangōji-Tempel,** tägl. 10–17 Uhr, Eintritt 400 Yen.

Nationalmuseum Nara

Schwerpunkt des Nationalmuseums ist die **Sammlung früher buddhistischer Kunst,** die im modernen Flügel des Museum untergebracht ist. Im Jahr 1895 gegründet, ist das Museum ein umfassendes Zentrum für buddhistische Studien.

■ **Nationalmuseum Nara,** Tel. 22-7771, Di bis So 9–16.30 Uhr, Eintritt 420 Yen. 30-minütige Führungen (ohne zusätzliche Gebühr) finden um 10, 11, 14 und 15 Uhr statt.

Kasuga-Taisha-Schrein

710 gegründeter Schrein der mächtigen Fujiwara-Familie. Besonders zum **Mantoro-Festival** am **14. und 15. August** herrscht eine mystisch-bezaubernde Atmosphäre, wenn 3000 Laternen den Weg zum Schrein beleuchten.

■ **Jin'en-Park und Homotsuden-Halle,** Di bis So 9–16 Uhr, Eintritt 525 Yen (Park) und 420 Yen (Halle), Tel. 22-7788.

Hinter dem Kasuga-Taisha schließt sich der **Kasuga-Wald** an. Hier führen schöne Wanderwege auf den kleinen **Mt. Kasuga** (294 m) hoch.

■ Nähere Infos und Wanderkarten sind beim **Nara-Park-Büro** erhältlich, Tel. 22-0375. Bus Nr. 36, 37 oder 129 von JR oder Kintetsu Nara bis Wariishichō.

Praktische Tipps

■ **Vorwahl: 0742**

Anfahrt

Bahn

■ **Von Kyoto** mit JR oder Kintetsu innerhalb von 30–40 Minuten. Mit der Kintetsu-Linie ab Takeda bis Kintetsu Nara Station, mit JR ab JR Kyoto bis JR Nara.

■ **Von Osaka** ab JR Osaka bis JR Nara in 40 oder von Namba mit Kintetsu in 35 Minuten.

Touristeninformation

■ **Städtische Touristeninformation,** Kintetsu Nara Station, 1F, tägl. 9–21 Uhr, Tel. 24-4858.

■ **Touristeninformation,** JR Nara, tägl. 9–17 Uhr, Tel. 22-9821.

■ **Touristeninformation der Präfektur Nara,** Okumura Commemorative Museum, 4 Kasugano-chō, Di–So 10–17 Uhr, Tel. 27-2003.

■ **Städtisches Informationszentrum,** 23-4, Kami-sanjō-chō, tägl. 9–21 Uhr, Tel. 22-3900.

■ **Nara Sarusawa Touristeninformation,** tägl. 9–17 Uhr, Tel. 26-1991.

Führungen

■ **Kostenlose Rundgänge mit Goodwill-Guide-Gruppen,** vorherige Anmeldung entweder bei den Touristeninformationen oder bei den Gruppen direkt: **Ikaruga ICES SGG,** Tel. (0745)-74-6800 oder ikaruga@kcn.ne.jp; **Nara SGG Club,** Tel. 22-5595, https://sites.google.com/site/narasgg english/; **Nara YMCA EGG,** Tel. 45-5920, eggnaraymca@hotmail.com.

Verkehrsmittel

■ **Grutto-Bus-Linie,** Stadtbus mit Tour entlang der Sehenswürdigkeiten. Jede Fahrt kostet 100 Yen. Nur am Wochenende. Fahrplan und Karte sind bei der Touristeninformation erhältlich.

Unterkunft

■ **Ryokan Seikansō,**①, 9 Zimmer. Ruhiges Ryokan mit japanischem Garten nahe den Sehenswürdigkeiten. 29 Higashi-kitsuji-chō, Kintetsu Nara, 12 Minuten, Tel. 22-2670, www.nara-ryokanseikanso.com.

■ **People's Inn Hanakomichi,**②, 27 Zimmer. Kleines Hotel mit Zimmern im westlichen und japanischen Stil. Fahrradleihe möglich. 23 Konishi-chō, Kintetsu Nara, Tel. 26-2646.

■ **Hotel Sunroute Nara,**②, 95 Zimmer. Preisgünstiges Hotel in Naras Zentrum. 1110 Takabatake-chō, südlich von Nara-Kōen, Tel. 22-5151, www.sunroute-nara.co.jp.

■ **Nara Club,**②, 8 Zimmer. Kleine und gemütliche Pension nahe den Sehenswürdigkeiten, die als gute

Abwechslung dienen kann, wenn man einmal von Ryokans und Business Hotels genug hat. Alle Zimmer im westlichen Stil. Fahrräder werden umsonst zur Verfügung gestellt. 21 Kitamikado-chō, von Kintetsu Nara mit dem Bus Nr. 2 bis zur Haltestelle Imazaike, von JR Nara mit Bus Nr. 5, Tel. 22-3450, www.naraclub.com.

■ **Nara Hotel,**③, 132 Zimmer. Gutes Hotel mit langer Tradition, es gibt ein Originalgebäude und einen Neubau, die Atmosphäre ist im Originalgebäude besser. Fahrradleihe möglich. 1096 Takahata-chō, an der südwestlichen Ecke vom Nara-Kōen, Tel. 24-3011, www.narahotel.co.jp.

Jugendherbergen

■ **Nara Youth Hostel,** im Schlafsaal zwischen 2250 und 3150 Yen. Kōnoike-undō-kōen 1716 Horen-chō, von JR Nara mit den Bussen Nr. 108, 109, 111, 115 oder 130 in 5 Minuten bis zur Haltestelle Shiei-kyūjyō-mae, Tel. 22-1334, www.jyh.or.jp.

jap_393 oh

■ **Nara Seishōnen Kaikan Youth Hostel,** im Schlafsaal zwischen 2650 und 3050 Yen. Fahrradleihe möglich. 72-7 Ikenoue, Handabiraki-chō, von JR oder Kintetsu Nara mit den Bussen Nr. 12, 13, 131 oder 140 in 5 Minuten zur Haltestelle Ikuei-gakuen-mae, Tel. 22-5540.

Essen und Trinken

■ **Shizuka,**①, Kamameshi-Küche, man wählt seine Zutaten aus und diese werden dann frisch zubereitet und in einem Topf auf Reis serviert. Dauert etwas, dafür sehr lecker. Mi–Mo 11.30–20 Uhr, vor dem Nationalmuseum, Tel. 27-8030, www.kamameshi-shizuka.jp.

■ **Edogawa,**②, Unagi-Restaurant in einem 100-jährigen Holzhaus, das einst einem Kleiderhändler gehörte. Tägl. 11–22 Uhr, Kintetsu Nara, 10 Minuten, Tel. 20-4400.

■ **Hirasou,**②, Kakinoha-Sushi-Restaurant. Kakinoha-Sushi ist Makrele mit Sushi-Reis umgeben von grünen Kaki-Blättern. Auch andere japanische Gerichte erhältlich, auch zum Mitnehmen. Di bis So 10–20.30 Uhr, Kintetsu Nara, 10 Minuten, Tel. 22-0866.

■ **Yanagi Chaya,**③, die Spezialität ist Cha-meshi, Reis mit Bohnen und Tee, was als traditionelles Gericht der Mönche im Tōdaiji und Kōfukuji gilt. Di bis So 11–17 Uhr, südlich vom Kōfukuji-Tempel, Tel. 22-7560.

■ **Takabatake Salon,**①, Künstler-Café mit leckeren Kuchen. Do bis Mo 11–18 Uhr, südlich von Nara-Kōen, Tel. 22-2922.

Fahrradverleih

■ **Kintetsu Sun Flower,** nahe Kintetsu Nara Station, Tel. 24-3528, tägl. 9–17 Uhr, ab 300 Yen pro Stunde.

■ **JR Hōryūji Rent-a-cycle,** vor JR Hōryūji, Tel. 75-2251, Mi bis Mo 9–17 Uhr, ab 100 Yen/Std..

Einkaufen

- **Nara-machi,** aufkommende Gegend mit vielen alten Häusern und engen Gassen. Viele neue Kunsthandwerksläden und Cafés, um den Gongōji-Tempel und weiter in Richtung Süden.
- **Sanjō-dori,** Haupteinkaufsstraße der Bewohner Naras, zwischen JR Nara und Nara-Kōen.

Museen

- **Kunstmuseum der Präfektur Nara,** Kunst von Edo bis heute, sehenswerte, umfangreiche Ukiyo-e-Sammlung. Tel. 23-3968, Mo bis Fr 9–16.30 Uhr.
- **Nara-machi-Museum,** Nara-machi ist die Gegend der alten Privathäuser Naras aus dem 19. Jahrhundert, die heute noch gut erhalten und größtenteils bewohnt sind. Ein Streifzug durch die Straßen und das Museum geben einen Einblick in das Leben vor 150 Jahren. Infos: Nara-machi-Verein, Tel. 27-1820.

Festivals/Events

- **Januar: „Berg in Flammen" (Wakakusayama Yamayaki).** In der Nacht zum 2. Montag im Januar wird das Gras auf dem Wakakusayama-Hügel abgebrannt, ein Spektakel, das Besucher aus ganz Kansai anlockt und als Herausforderung für Fotografen gilt. Infos beim Nara-Park-Büro, Tel. 22-0375.
- **3. Februar: Onioi-Festival** im Kōfukuji- und Hōryūji-Tempel, Mantoro Laternen-Festival im Kasuga Taisha-Schrein.
- **1.–14. März: Omizutori** im Tōdaiji-Tempel.
- **1. Juli bis 31. Okt.:** Viele historische Gebäude werden nachts beleuchtet.
- **6.–15. August: Nara Tōka-e,** vier Plätze im Nara-Park erstrahlen im Glanz von 7500 Kerzen.
- **14. und 15. August: Chūgen Mantōrō-Festival,** 3000 Laternen illuminieren den Kasuga-Taisha-Schrein.
- **Ende Oktober bis Anfang November:** Ausstellung der Schätze im Shōsō-in.
- **Anfang bis Mitte Oktober: Shika-no-Tsunokiri,** an vier Tagen werden den Hirschen Naras zeremoniell die Geweihe gestutzt.
- **15.–18. Dezember: Kasuga Wakamiya Onmatsuri.**

Wanderung

- **Wanderweg Yagyū Kaidō** (Takisaka no michi), schöner Naturpfad auf 17 Kilometern Länge. Der Pfad war im 17. Jahrhundert als Abkürzung zwischen dem Dorf Yagyū und dem Zentrum Naras angelegt, die Steinplatten und die buddhistischen Statuen am Wegesrand sind größtenteils original. Bus bis Wariishichō. Info: Yagyū-Fremdenverkehr, Tel. 94-0002.

Nara-Präfektur

Asuka

Südlich von Nara und zentral in der Nara-Präfektur liegt Asuka, das – noch bevor in Nara die erste kaiserliche Hauptstadt errichtet wurde – reich an Kultur, Religion und Einfluss war. Hier residierten zwischen dem 4. und 6. Jahrhundert **Generationen von Kaisern** und mit den Palästen entwickelten sich politische, ad-

◁ Naras Wahrzeichen mit Schülern

ministrative und zeremonielle Aktivitäten in der Umgebung. Wer in Nara noch nicht genügend frühe Tempel besichtigt hat oder wer sein Wissen über das frühe Japan in Forschungszentren und Museen vertiefen will, wird zwischen Kashihara und Asuka fündig. Zu den Highlights der **archäologischen Forschungsstätten** zählen der **Asukadera-Tempel** aus dem Jahr 596 mit der großen Buddhastatue Asuka-Daibutsu, der **Tsubosakedera-Tempel** mit einer 20 Meter großen Buddhafigur und der **Tachibanadera-Tempel** als der Geburtsort Prinz *Shōtokus.*

Ishibutai-Steingrab

Die Grabkammer gehört zu den größten Japans und besteht aus **30 riesigen Steinen,** die der Kammer eine Größe von 19,1 x 7,7 x 3,9 Meter verleihen. Der große Stein auf dem Grab wiegt 77 Tonnen, alle Steine zusammen werden auf 2300 Tonnen geschätzt.

■ **Ishibutai-Steingrab,** Bus bis Ishibutai, tägl. 8.30–17 Uhr, Eintritt 250 Yen.

Man'yō-Kultur

Das Kulturzentrum widmet sich der Man'yō-Kultur und der Man'yō-Gedichtsammlung, die aus dem 8. Jahrhundert stammt und zu den ältesten Schriften Japans zählt. Auf dem Gelände befindet sich ein Informationszentrum mit Suchmaschine und Bibliothek zur Gedichtsammlung, in einer Ausstellung werden Gemälde gezeigt, die Man'yō-Gedichte bildlich umsetzen.

■ **Man'yō-Kulturzentrum,** ab Kintetsu Kashihara Jingū Mae bis Man'yō Bunkakan Nishiguchi, Tel. (0744) 54-1850, Do bis Di 10– 17.30 Uhr.

Archäologisches Museum Kashihara

Das Museum ist das **größte und älteste seiner Art in Japan.** Die meisten Exponate wurden nach 1938 ausgegraben, auch jüngste Forschungsergebnisse lassen sich im Institut studieren.

■ **Archäologisches Museum Kashihara,** Tel. (0744) 24-1185, Di bis So 9–17 Uhr, Eintritt 400 Yen.

Mysteriöse Steine

Asuka hat viele mysteriös geformte und mit Zeichen versehene Steine. Bis heute ist weitestgehend unklar, wann und warum die Steine bearbeitet wurden. Der **Kameishi-Stein** wiegt etwa 40 Tonnen, seine geschwungenen Linien erinnern an ein lächelndes Gesicht. Ein **Rundkurs** von etwa sieben Kilometern Länge führt an den merkwürdigen Objekten vorbei. Die **Gravuren** reichen dabei von Gesichtern bis hin zu geometrischen Formen. Startpunkt ist Kintetsu Asuka Station.

Praktische Tipps

Unterkunft

11 **Minshukus** sind in der Asuka-Gegend gelegen, die Buchung erfolgt über die Touristenorganisation Asuka (Asuka-kyo Kanko Kyōkai). Der Preis liegt bei allen bei rund 6000 Yen pro Nacht inkl. zwei Mahlzeiten.

■ **Asuka-kyo Kanko Kyōkai,** Tel. (0744) 54-2362.

Fahrradleihe

■ **Kintetsu Sun Flower Rent-a-Cycle Kashihara,** vor dem Ostausgang von Kintetsu Kashihara Jingū Mae, tägl. 9–17 Uhr, Tel. (0744) 28-2951.

■ **Asuka Rent-a-Cycle,** vor Kintetsu Asuka, tägl. 9–17 Uhr, Tel. 0744-54-3919.

Yoshino- und Ōmine-Gegend

Die Gegend um die Stadt und den Berg Yoshino in der südlichen Nara-Präfektur ist **Wander- und Pilgergebiet,** zahlreiche junge Mönche kommen auf ihrem Weg der Wanderschaft und Einkehr vom nahe gelegenen Kōyasan herüber. Von Yoshino bis hinunter an die Grenze der Nara-Präfektur zu Wakayama und an den Kumano Hongū-Schrein führt ein 170 Kilometer langer und schwieriger **Wanderweg** (Ōmine-okugake-no-michi), der sich durch die über 1000 Meter hohen **Kii-Berge** zieht und für den man mindestens sieben Tage einplanen sollte.

Auf dem ersten Drittel am **Mt. Sanjōgatake** (1719 m) findet sich ein Weg, der offiziell für Frauen gesperrt ist – eine Herausforderung und Einladung für alle AktivistInnen. Ähnlich wie früher auf dem Kōyasan, ist der Abschnitt Frauen aus „traditionellen und religiösen Motiven" untersagt, was immer das auch heißen mag. Zu diesem Abschnitt finden sich Eingangstore, die aber nicht kontrolliert werden und dementsprechend auch von Frauen passiert werden können. Trotzdem trifft man – wenn man in der bergigen Gegend überhaupt jemanden antrifft – ausschließlich **Yamabushi,** Männer in weißen Pilgergewändern mit Stöcken und kegelförmigen Hüten. Auf dem Mt. Sanjōgatake erwartet einen der **Ōmine-san-ji-Tempel,** der zum UNESCO-Weltkulturerbe zählt.

Für einen **Tagesausflug mit kleiner Wanderung** empfiehlt es sich, von Yoshino Station mit der Seilbahn nach oben zu fahren, wo ein schöner dreistündiger Weg an historischen Stätten wie dem **Yoshimizu-Schrein** (Weltkulturerbe) vorbeiführt. Das **Yoshino-yama Visitor Center** (Tel. 07463-2-8014) liegt 15 Minuten zu Fuß von der Seilbahnstation Yoshinoyama entfernt.

Von **Dorogawa Onsen** aus organisiert die dortige Ryokan-Vereinigung Yamabushi Sommerwanderungen zum **Ōmine-Tempel,** allerdings nur für Männer (Ōmine-san Dorogawa Onsen Ryokan Kumiai Association, Tel. 0747-64-0820). Dorogawa Onsen erreicht man mit dem Kintetsu-Zug und Bus ab Osaka in 1½ Stunden, als Unterkunftsmöglichkeit steht das **Tenkawa Youth Hostel** (Tel. 0747-63-0154) zur Verfügung. Weitere Informationen siehe auch im Kapitel „Wakayama-Halbinsel".

Praktische Tipps

Unterkunft

■ **Kizo-in,**①, Shukubō-Unterkunft im Tempel. Viele Asketen übernachten hier, die sich auf ihrer Pilgerschaft befinden. 20 Minuten von der Seilbahnstation Yoshinoyama. Tel. (07463) 2-0575.

■ **Chikurin-in,**④, eigentlich Shukubō, gleicht aber mehr einem reichen Ryokan. Wunderbarer Garten, Kulturschätze und ein großes Gemeinschaftsbad. Nicht billig. 7 Minuten von Yoshinoyama Station, Tel. (07463) 2-8081, www.chikurin.co.jp.

KOBE

- **Einwohner:** 1,5 Millionen
- **Präfektur:** Hyōgo

Kobe liegt eine halbe Zugstunde westlich von Osaka und zählt rund 1,5 Millionen Einwohner. Kobe kann sicherlich nicht mit den Attraktionen der Megacities Tokyo und Osaka oder mit dem kulturellen Reichtum Kyotos konkurrieren. Doch die **Hafenstadt** ist bekannt für ihren internationalen Charakter und ihren Charme, der sich aus den **Einflüssen unterschiedlichster Kulturen** und Einwanderer entwickelte. Die Bewohner Kobes sind in Japan besonders für ihren Hang zur **Mode** verschrien – dementsprechend gilt Kobe als gute Adresse, um sich auf Einkaufstour in Sachen Kleidung zu begeben. Kobe ist **Hauptstadt der Präfektur Hyōgo,** die sich von der Osaka-Bucht im Süden bis hinauf zum nördlichen Meer erstreckt.

Geschichte

Die Geschichte Kobes ist immer auch die Geschichte des Hafens, der bereits ab dem 8. Jahrhundert mit einem ausgeprägten **Seehandel** für ein prosperierendes und internationales Umfeld sorgte. Insbesondere der Handel mit China und anderen asiatischen Staaten bestimmte das Geschehen der Stadt jahrhundertelang, ehe dann im 17. Jahrhundert die Abschottung Japans unter dem Tokugawa-Shogunat zum Erliegen des internationalen Handels führte.

1868 war Kobe neben Yokohama der erste Hafen, der Ausländern wieder die Einreise nach Japan erlaubte. Noch immer sind im Kitano-Viertel die Spuren europäischer **Einwanderer** aus jener Zeit zu spüren; heute leben in der Hafen-

jap_397 oh

gegend vor allem Einwanderer aus dem asiatischen Raum.

In jüngerer Vergangenheit hat Kobe traurige Berühmtheit durch das **Erdbeben aus dem Jahr 1995** erlangt. Am 17. Januar 1995 erschütterte ein gewaltiges Beben der Stärke 7,2 die Bucht vor Kobe, in dessen Folge über 6400 Menschen ums Leben kamen. Ganze Stadtteile, vor allem nahe der Hafengegend, wurden komplett zerstört. In der unmittelbaren Zeit danach wanderten viele Bewohner aus Angst vor neuen Beben in benachbarte Städte ab. Heute ist Kobe wieder eine lebendige Stadt, die nur im Gedenkzentrum an die schrecklichen Ereignisse von 1995 erinnert.

Mehrere Fahrbahnen übereinander – der Hanshin-Expressway in Kobe

Orientierung

Kobe ist für eine Millionenstadt außergewöhnlich klein: Im Norden begrenzt das **Rokkō-Gebirge** die Stadt, im Süden verhindert die **Osaka-Bucht** die Erweiterung. Fast alle Sehenswürdigkeiten kann man zu Fuß erkunden.

Hauptanlaufpunkt in Kobe ist das geschäftige **Zentrum Sannomiya,** das dem vormaligen Zentrum um Kobe Station den Rang abgelaufen hat. In Sannomiya verkehren Hankyū- und Hanshin-Railway, die U-Bahn zu Shin-Kobe und auch der Bus zum internationalen Kansai-Flughafen. 10 Minuten zu Fuß Richtung Süden gelangt man zum **Hafen** und zum beliebten Einkaufsviertel rund um **Motomachi.**

Kobe

Übernachtung
1 Hotel Tor Road
2 Kobe Kitano Hotel
4 Kitagami Hotel Annex, Kobe Kitano Youth Hostel
18 Hotel Okura
20 Meriken Park Oriental Hotel

Essen und Trinken
3 Chicken George
5 Bistro Café de Paris
6 Freundlieb
7 Ryan's
9 Chalte Chalte
10 Kobe Stake Ramp-tei
11 Hub
14 Modernark Pharm Café
15 Ippūdō
16 Ikkanrō

Einkaufen
- 8 Sogō Department Store
- 12 Tokyu Hands
- 13 Tor Road Delicatessen
- 17 Daimaru Department Store
- 19 Tickets für Hafenrundfahrten

Sehenswertes

Kitano

Kitano ist das Viertel mit den meisten **Bars und Kneipen** in Kobe – und auch die Gegend mit den **meisten Touristen.** Hier findet sich die internationale Jugendherberge ebenso wie viele japanische Touristen, die in Kitano die kleinen Straßenzüge und Häuser bewundern, die europäische Einwanderer im 19. und zu Beginn des 20. Jahrhunderts hinterlassen haben. Einige dieser **auffälligen Häuser** lassen sich heute besichtigen, manche befinden sich in Privatbesitz, andere wiederum beherbergen Konsulate. Die **Jazz-Straße** in Kitano ist Anlaufpunkt für Musikliebhaber aus ganz Japan und das Jazz-Festival lockt jedes Jahr viele Besucher aus der Umgebung in die kleinen Straßenzüge.

Hafengegend

Der Hafen ist Kobes Aushängeschild und Grund für Internationalität und wirtschaftliche Kraft gleichermaßen. Hier treffen moderne Kreuzfahrtschiffe, kleine Fischkutter und große Containerschiffe aus Übersee aufeinander. Der **Kobe Tower** ist das Wahrzeichen der Stadt und für ungefähr 500 Yen gelangt man auf die **Aussichtsplattform,** von der aus man das gesamte Hafengebiet überblickt. Eine ähnlich überwältigende Aussicht ermöglicht das Riesenrad am **Mosaic Harbourland,** einem Vergnügungs- und Erholungspark mit Restaurants und Fahrgeschäften. Von hier aus starten auch viele **Hafenrundfahrten,** welche die Bucht bis zur Awaji-Insel abfahren und beispielsweise auch ein Abendessen zum Sonnenuntergang anbieten.

Ein paar Minuten weiter zu Fuß von Harbourland in Richtung Motomachi, nachdem man das **Kobe Maritim Museum** mit den ausgestellten Schiffen und U-Booten zur Seegeschichte Japans passiert hat, gelangt man zum **Meriken-Park,** dem Memorial zum großen Hanshin-Awaji-Erdbeben von 1995. Die Verantwortlichen bemühten sich nach dem Erdbeben, die Spuren der Vernichtung schnell aus dem Stadtbild verschwinden zu lassen, sodass heute in Kobe selbst wenig an das Erdbeben erinnert. Nur eine kleine Fläche am Hafen, eben der Meriken-Park, zeugt noch heute von den gewaltigen Naturkräften, die gewirkt haben müssen: Straßenlampen stehen quer, Beton ist geborsten, die Oberfläche deformiert. Eine Fotogalerie mit Erklärungen in japanischer und englischer Sprache gibt einen Einblick in die Dimension der Verwüstung. Besonders beeindruckend dürften die Bilder des eingestürzten Hanshin-Express-Highways sein, der heute wieder stelzenartig auf zwei Ebenen entlang der Osaka-Bucht verläuft.

Gedenkzentrum Hanshin-Awaji-Erdbeben

Wer sich genauer über das Erdbeben von 1995 informieren möchte, für den ist das 2003 eröffnete Erdbeben-Museum die richtige Adresse. Hier warten **zwei Kinosäle, etliche Ausstellungsebenen** und **eine Bibliothek** auf den Besucher. Das Museum wird vor allem von japanischen

jap_400 oh

Schulklassen stark frequentiert und ist dementsprechend mit vielen spielerischen und anschaulichen Elementen pädagogisch ausgerichtet. Die Betonung liegt hier auf dem Nacherleben des Bebens, sodass beispielsweise der Einführungsfilm auf einer überdimensionalen Kuppelleinwand mit vibrierendem Kinoboden präsentiert wird. Die Erklärungen zu den gezeigten Filmen und Ausstellungsgegenständen sind in englischer Sprache verfügbar.

Disaster Reduction and Human Renovation Center, 10 Fußminuten südlich von JR Nada Station, Mo bis Fr 9.30–17.30 Uhr, Sa/So 9.30–19 Uhr, Eintritt 500/800 Yen.

Luminarie

Luminarie startet jedes Jahr **Mitte Dezember** und lässt die Straße zwischen Daimaru Department Store und Sannomiya in den prächtigsten Farben erstrahlen. Meterhohe metallische Bögen und Konstruktionen mit unzählbaren Lichtern und Lampen locken Millionen von Besuchern an. Das Projekt Luminarie wurde 1995 ins Leben gerufen, um das Wiedererstrahlen Kobes nach dem Erdbeben zu symbolisieren. Jedes Jahr steht die **Lichtinstallation** unter der Regie verschiedener japanischer Künstler. Wer Luminarie beiwohnen will, der sollte Menschenmengen und langes Anstehen nicht scheuen, denn schon in den Nachbarstraßen organisieren viele Straßenpolizisten und Absperrgitter die geordnete Abfolge.

Hafengegend mit Kobe-Tower

Port Island, Rokkō Island

Kobes Möglichkeiten zur Erweiterung sind wie erwähnt durch das Meer und den Rokkō-Berg sehr begrenzt. Deswegen entstanden Mitte der 1980er Jahre ehrgeizige Pläne, die bewohnbare Fläche durch künstliche Inseln im Meer zu vergrößern. Inzwischen leben Hunderttausende in den Hochhaussiedlungen auf den **aufgeschütteten Inseln** Port Island und Rokkō Island, die jeweils mit einer Art Schwebebahn mit dem Festland verbunden sind. Die Wohnungen auf den künstlichen Inseln sind meistens günstiger als auf der Hauptinsel. Auf Rokko Island findet sich zudem das **Fashion-Museum.**

Rokkō-Gebirge

Das Rokkō-Gebirge sorgt dafür, dass die Temperaturen in Kobe immer ein paar Grad niedriger liegen als im benachbarten Osaka. Bis auf 900 Meter über dem Meeresspiegel erhebt sich das Gebirge und erlaubt vor allem abends einen faszinierenden Blick auf die Bucht von Osaka, bei gutem Wetter lässt sich der Kansai-Flughafen in der Ferne erkennen. **Von Shin-Kobe** aus führen **mehrere Seilbahnen** (Ropeways) bis ganz hinauf. Oben erwarten den Besucher eine **Aussichtsplattform,** ein Restaurant und ein groß angelegter **Kräuter- und Blumengarten,** von welchem man zu Fuß innerhalb von 45 Minuten wieder zu Shin-Kobe hinabgelangt.

Im Winter führen diese Ropeways auch zum kleinen **Skigelände,** welches vor allem von Schulklassen besucht wird. Im Rokkō-Gebirge wurde 1903 der **erste Golfplatz Japans** angelegt, der auch heute noch von privilegierten Golf-club-Mitgliedern bespielt wird.

Nankinmachi

Nankinmachi ist das Chinatown Kobes und beherbergt die **zweitgrößte chinesische Kolonie in Japan** nach Tokyo. Nankinmachi unterscheidet sich nicht viel von anderen Chinatowns, ist in der **Einkaufsumgebung von Motomachi** jedoch immer wieder eine gute Gelegenheit, um kurz an einem der Straßenstände einen kleinen Snack zu sich zu nehmen oder eines der unzähligen chinesischen Restaurants zu testen. Das Eingangstor zu Nankinmachi ist vor allem abends mit seiner Beleuchtung eine Attraktion und befindet sich direkt gegenüber dem Daimaru Department Store.

Praktische Tipps

- **Vorwahl:** 078

Anfahrt

Bus

- **Von den Flughäfen Itami und Kansai** verkehren Busse nach Sannomiya, Fahrtdauer 40 bzw. ca. 80 Minuten.

Bahn

- Shin-Kobe ist die Haltstelle des **Shinkansen,** der Kobe mit Tokyo in 3½ Stunden verbindet.

Schiff

Schiffsverbindungen bestehen zwischen **Kobe und Shikoku** bzw. zwischen **Kobe und Kyūshū** sowie **Okinawa.**

- **Orange Ferry,** Kobe – Niihama/Toyo, www.orange-ferry.co.jp
- **Hankyū Ferry,** Kobe – Kita Kyūshū, www.han9f.co.jp/en
- **Sun Flower Ferry,** Kobe – Ōita, www.ferry-sunflower.co.jp/language/english/
- **A"Line,** Kobe – Okinawa, www.aline-ferry.com.

Internationale Fähren steuern alle zwei Wochen nach **Shanghai,** www.shinganjin.com.

Touristeninformation

- **Kobe Touristeninformation,** JR Sannomiya, tägl. 9–19 Uhr, Tel. 322-0220. Verschiedene Infobroschüren und Stadtpläne sind erhältlich, einige Mitarbeiter sprechen englisch.
- **KICC, Kobe International Community Center,** ausgezeichnete Adresse für allerlei Informationen, Austausch und Internet. U: Boeki Center Building, 3 Minuten, Boeki Center Bldg., 2F, 5-1-14, Hamabe-dori, Chuo-ku, Tel. 291-0641, www.kicc.jp.

Verkehrsmittel

- **City Loop Bus,** der kleine grüne Bus verkehrt entlang der Sehenswürdigkeiten und hält z.B. in Sannomiya, Shin-Kobe, Kitano und Harbourland. Eine Fahrt kostet 250 Yen, ein Tagesticket 650 Yen.

Unterkunft

■ **Kitagami Hotel Annex,**②, 55 Zimmer. Gewöhnliches Business Hotel mit neuer Ausstattung. JR/Hankyū Sannomiya, 3 Minuten, Tel. 391-8781, www.kitagami.jp.

■ **Hotel Tor Road,**②, 78 Zimmer. Freundliches und nettes Hotel in der Tor Road, wo sich trendige Cafés und hippe Geschäfte die Ehre geben. JR Motomachi, 10 Minuten, Tel. 391-6691, www.hoteltor road.co.jp.

■ **Meriken Park Oriental Hotel,**③, 331 Zimmer. Großes Hotel am Hafen, an dem Kreuzfahrtschiffe direkt anlegen. Zimmer mit Hafen- oder Bergblick. JR Motomachi, 15 Minuten, es empfiehlt sich, den Shuttle-Bus ab JR Sannomiya in Anspruch zu nehmen. Tel. 325-8111, www.kobe-orientalho tel.co.jp.

■ **Hotel Okura,**③, 933 Zimmer. Top-Hotel am Hafen. 35 Stockwerke mit einer Cocktail-Bar ganz oben. JR Motomachi, 10 Minuten, Tel. 333-0111, www.kobe.hotelokura.co.jp.

■ **Kobe Kitano Hotel,**④, 30 Zimmer. Kleines Luxushotel mit gutem Restaurant. JR/ Hankyū Sannomiya, 10 Minuten, Tel. 271-3711, www.kobe-kitanohotel.co.jp.

Essen und Trinken

■ **Bistro Café de Paris,**②, authentisches französisches Bistro mit französischem Besitzer und schöner Terrasse in Kitano. Tägl. 10–24 Uhr, Kitanozaka, nach dem Miniatur-Eiffelturm Ausschau halten, JR/Hankyū Sannomiya, 8 Minuten, Tel. 241-9448.

■ **Chalte Chalte,**②, Kobe beheimatet die zweitgrößte indische Gemeinde in Japan, dementsprechend finden sich viele gute indische Restaurants. Das Chalte Chalte gilt als das Beste. Tägl. 12–15 und 17–24 Uhr, JR/ Hankyū Sannomiya, 3 Minuten, mit indischer Flagge davor, Tel. 391-3666.

■ **Ikkanrō,**②, Kobe hat viele chinesische Restaurants, viele davon teuer und wenig überzeugend. Anders das Ikkanrō: preiswert, schnell, lecker und immer voll. Gerichte auch zum Mitnehmen. Tägl. 10.30–1 Uhr (Mi nur bis 22 Uhr), JR Motomachi, 3 Minuten, Tel. 331-1974.

Modernark Pharm Café,①, Bio-Café mit großer Auswahl an Gerichten. Entspannte Atmosphäre. Tägl. 11.30–23 Uhr, westlich der Tor Road, JR Motomachi, 5 Minuten, Tel. 391-3060.

Deutsches Essen

■ **Freundlieb,** deutsche Bäckerei mit Café, 1924 in Kobe eröffnet. Tägl. 10–19 Uhr (Café bis 22 Uhr, Mi geschlossen), von der Ecke Flower Road/Yamatekansen einen Block entfernt, Tel. 231-6051.

■ **Tor Road Delicatessen,** wer Wurst vermisst, wird hier fündig: Würstchen, Leberpastete, Zungenwurst. Tägl. 9.30–18.30 Uhr, östlich der Tor Road, Tel. 331-6535.

Kobe-Rindfleisch

■ **Kobe Stake Ramp-tei,**③, Teppanyaki-Restaurant mit dem bekannten Kobe Beef. Tägl. 17–22 Uhr, Coast Bldg., 5F, südlich vom Ikuta-jinja-Schrein, JR/Hankyū Sannomiya, 8 Minuten, Tel. 332-1033. Auch in einigen Top-Hotels in Kobe bekommt man Teppanyaki mit Kobe Beef.

Nachtleben

Das Nachtleben spielt sich **rund um Sannomiya** und **in Kitano** ab.

■ **Chicken George,** Konzert- und Eventclub mit Live-Musik und Bar in Sannomiya, Tel. 392-0146.

■ **Hub,** English Pub gegenüber von Tokyu Hands mit auffälliger Music-Jukebox und Videoleinwand.

■ **Ryan's,** Irish Pub am nördlichen Eingang von Sannomiya Station, überwiegend nicht-japanisches

jap_404 oh

Publikum. So bis Do 17–24 Uhr, Fr/ Sa 17–2 Uhr, Tel. 391-6902.

Einkaufen

- **Sannomiya- und Motomachi-Arkaden,** zwischen Sannomiya Station und Motomachi Station finden sich in den Arkaden unzählige Geschäfte, überwiegend für Mode und Accessoires, aber auch Video-, Bücher- und CD-Läden.
- **Tor Road:** Die Straße westlich von Sannomiya ist die klassische Einkaufsstraße in Kobe und bietet zahlreiche Luxus-Modegeschäfte. Tor Road West ist ein kleines und junges Viertel wenige Straßenzüge weiter, in dem sich vor allem junge Design- und Fashion-Kultur findet. Ein großes Department Store ist Daimaru gegenüber dem Eingangstor von Chinatown, Sogō befindet sich zwischen Sannomiya Station und KICC.

⌃ Kobe aus der Vogelperspektive

Festivals

- **17. Januar: Gedenkfeier zum Großen Hanshin-Awaji-Erdbeben** im Higashi Yuenchi Park.
- **Anfang Februar: Chinesisches Neujahrsfest** in Nankinmachi.
- **Erster Samstag im August: Feuerwerk-Festival** im Meriken-Park.
- **Mitte bis Ende Dezember: Luminarie.**

Brauereibesichtigungen

Seit langer Zeit ist der **Bezirk Nada Gogo,** zwischen Sannomiya und Nishinomiya entlang der Küste gelegen, bekannt als Zentrum für die **Sake-Produktion.** 30 Prozent der japanischen Gesamtproduktion werden hier hergestellt, da das mineralhaltige Wasser, der Reis der Region und der kühle Wind vom Mt. Rokkō gute Bedingungen für die Fertigung darstellen. In der Gegend gibt es viele Brauereien, in denen man den Otoko-zake probieren kann. Eine englischsprachige Karte über die Brauereien ist bei der Touristeninformation erhältlich.

■ **Kikumasamune Sake-Museum,** das Museum präsentiert (alte) Utensilien der Produktion und erlaubt das Probieren von Sake. Freier Eintritt, Mi bis Mo 10–16 Uhr, Minami-Uozaki Station, 5 Minuten, Tel. 854-1029.

■ **Hamafukutsuru Ginjō Brewery,** kostenlose Sake-Probe und Einsicht in den Produktionsprozess. Freier Eintritt, Di bis So 10–17 Uhr, Minami-Uozaki Station, 10 Minuten, Tel. 411-0492.

■ **Kirin-Bierbrauerei,** 2-1-1 Akamatsudai, Kita-ku, 15 Minuten mit dem Shuttle-Bus von JR Sanda, Tel. 986-8001. 60-minütige Führungen Di bis So 9.30–16 Uhr.

Sonstiges

Industriebesichtigung

■ **Glico Kobe,** Süßigkeiten-Fabrik, 7-1 Takatsukadai, Nishi-ku, Bushaltestelle Takatsukadai-1-chōme, Tel. 991-3693. 60-minütige Führungen von 10–15 Uhr, vorherige Anmeldung empfohlen.

Aussichtspunkte

Kobe ist stolz auf seine Aussichtspunkte. Nachts eröffnet sich vom Mt. Rokkō ein wunderbarer Blick auf das Lichtermeer entlang der Bucht.

■ **Shin-Kobe-Seilbahn,** von JR Shin-Kobe zum Nunobiki Herb Park. Die letzte Gondel geht normalerweise um 17.30 Uhr zurück; sowohl täglich zwischen Mitte Juli und Ende August als auch an den Wochenenden zwischen Mitte März und Mitte Juli sowie von September bis November ist der Betrieb bis 21 Uhr verlängert. Kosten: 1000 Yen für Hin- und Rückfahrt.

■ **Kobe City Hall Observation Lobby,** liegt komfortabel im Stadtzentrum im 24. Stock des Rathausgebäudes. Café und Restaurant sind vorhanden. Tägl. 10–21 Uhr, Tel. 331-8181.

In der Umgebung Kobes

Arima Onsen

Arima Onsen zählt zu den ältesten Thermen Japans. Die Tradition dieses **Erholungsortes in pittoresker Berggegend** spiegelt sich in der einzigartigen Atmosphäre rund um die heißen Quellen wieder. Zwei Arten von **heißen Bädern,** nämlich „Gold“ und „Silber“, finden sich in Arima Onsen. Sie unterscheiden sich in ihrem Gehalt an Eisen-, Radium- und Salzanteilen. Zahlreiche kleine Ryokans bieten Übernachtungsmöglichkeiten, wochenends kommen viele Touristen aus den Kansai-Städten.

Suma-/Maiko-Strand

Suma und Maiko sind **kleine Badeorte** an der Küstenlinie, nur 20 Minuten mit Hankyū Railway von Sannomiya entfernt. Tausende von Stadtbewohnern kommen zur Hochsaison täglich zur Entspnnung an den Strand. Surfen und andere **Wassersportarten** sind hier besonders beliebt, ebenso wie der **Suma Aqualife Park,** der das maritime Leben mit exotischen Fischen, Seeottern und einer Delphin-Show abbildet. Abends erlaubt der Strand in Suma einen hervorragenden Blick auf die **Akashi Kaikyō-Brücke,** die Honshū mit der Awaji-Insel verbindet. Die Brücke erstrahlt in minütlich wechselnder Beleuchtung und trägt nicht umsonst den Beinamen „Perlen-Brücke“.

HIMEJI

- **Einwohner:** 470.000
- **Präfektur:** Hyōgo

Die Stadt Himeji liegt **50 Kilometer westlich von Kobe** und kann leicht als **Tagesausflug von Osaka oder Kyoto** angesteuert werden.

Sehenswertes

Burg Himeji

Himejis Attraktion ist die famose Burganlage, die seit 1993 **UNESCO-Weltkulturerbe** ist. Die Burg ist nicht nur die größte ihrer Art in Japan, sondern für viele auch die schönste. Neben der Burg

jap_406 oh

Osaka-jō ist sie ein **perfektes Beispiel japanischer Burgarchitektur.** Viele dürften die Anlage wohl aus der TV-Serie „Shōgun" kennen, die in Himeji gedreht wurde.

Im Gegensatz zu vielen anderen Schloss- und Burganlagen Japans ist Himeji **im Original erhalten.** Die Anlage wurde 1620 erbaut und niemand wagte es, die gut befestigte und 46 Meter hohe Wehranlage über die Jahrhunderte hinweg anzugreifen. Bei der Restaurierung zwischen 1956 und 1964 wurde penibel darauf geachtet, keine Veränderungen vorzunehmen.

Shirasagi-jō, also „Burg des weißen Reihers", wird die Sehenswürdigkeit erster Klasse auch genannt, da die **weiße Burgsilhouette** aus der Ferne wie ein graziöser Reiher erscheint. Den Mittelpunkt der Anlage stellt der **fünfstöckige Donjon** dar, der von drei kleineren Donjons flankiert wird und die zusammen die einzigartige Burgcharakteristik ergeben. Die Anlage zählt insgesamt 38 Gebäude und 20 Türme.

Ein eineinhalbstündiger **Rundgang** führt durch die Burg. In der Umgebung schließen sich **Parkanlagen und Gärten** an.

■ **Himeji-jō,** 9–17 Uhr (im Sommer bis 18 Uhr), Eintritt 600 Yen. Im Eingangsbereich stehen ehrenamtliche englischsprachige Führer bereit, die einen auf Wunsch durch das Schloss begleiten (Info-Tel. 285-1146). 15 Minuten zu Fuß von Himeji Station.

⌃ Burg Himeji mit fünfstöckigem Donjon

Kunstmuseum und Geschichtsmuseum

Die beiden Museen liegen **in unmittelbarer Nähe des Himeji-jō,** keine fünf Minuten in nordöstlicher Richtung. Das Interessantere von beiden ist das Geschichtsmuseum der Präfektur Hyōgo.

- **Himeji City Museum of Art,** Di bis So 10– 17 Uhr, Eintritt 200 Yen.
- **Hyōgo Prefectural Museum of History,** Di bis So 10–17 Uhr, Eintritt 200 Yen.

Praktische Tipps

- **Vorwahl:** 079

Touristeninformation

- **Himeji Tourist Information Center,** JR Himeji, westlich des Zentral-Eingangs, geöffnet 9–19 Uhr, WLAN & PC verfügbar. Kostenlose Fahrradleihe möglich. Tel. 287-0003, www.himeji-kanko.jp.

TAKARAZUKA

Takarazuka wird aufgrund der **„Takarazuka Revue"** gerne als „Musikstadt" bezeichnet, auch wenn diese Bezeichnung vielleicht etwas hochgegriffen erscheinen mag. Nichtsdestotrotz genießt die „Takarazuka Revue", die ausschließlich aus weiblichen Akteuren besteht, eine gewisse Aufmerksamkeit – hauptsächlich bei Frauen. Manchmal sieht man im Fernsehen junge aufgeregte Japanerinnen, die gerade die Aufnahmeprüfung zu einer Musical-Schule geschafft haben. Dann kann es sich durchaus um Takarazuka handeln.

- Das **Revueprogramm,** das westliche und japanische Elemente zusammenführt, hat sein Zuhause im **Takarazuka Grand Theater,** das 5 Minuten von JR/Hankyū Takarazuka entfernt ist. Das Programm variiert, Eintrittskarten kosten zwischen 3500 und 7500 Yen.

KŌYASAN

- **Einwohner:** 4000
- **Präfektur:** Wakayama

Der Kōyasan ist ein faszinierender und **mythischer Berg,** dessen spirituellen und kulturellen Reichtum man sich nicht entgehen lassen sollte. Das abgeschiedene Bergplateau ist das **Zentrum der buddhistischen Shingon-Schule** mit einer über 1200-jährigen Tradition. Von den rund 4000 Einwohnern auf dem Kōyasan sind schätzungsweise rund 1000 Mönche. **Übernachtungen in einer Tempelunterkunft (Shukubō)** und die Teilnahme an den **frei zugänglichen Morgenzeremonien** erlauben dem Touristen einen Einblick in die Welt des praktizierten Buddhismus.

Gegründet von *Kūkai* (nach seinem Tod *Kōbō Daishi* genannt) im Jahr 816, umfassen die spirituellen Anlagen **mehr als 2000 Tempel, Schreine, Stupas und Pagoden.** Rund eine Million Besucher und Pilger kommen jährlich hoch auf den Kōyasan und die Anzahl der Touristen ist in den letzten Jahren gestiegen, seitdem der Berg zum Weltkulturerbe der UNESCO erklärt wurde. Natur, Kultur und Spiritualität fügen sich hier einzigartig, heißt es in der Begründung.

Highlights sind der mystische **Okunoin** und die **Garan-Anlage.**

Geschichte und Shingon-Buddhismus

Kōbō Daishi (774–835) kehrte im Jahr 804 von seinen buddhistischen Studien aus Changan in China zurück und ersuchte bei Kaiser *Heizei* um die Erlaubnis, die gesammelten Texte und **Lehren des Mikkyo** (einer Form des Esoterischen Buddhismus) in Japan zu unterrichten. Anfänglich noch in Nara, suchte *Kōbō Daishi* schon bald nach einer abgeschiedenen Gegend, die fern vom Einfluss des Staates liegen und die ganz die Konzentration auf Kontemplation und Meditation ermöglichen sollte: Er wurde auf dem Kōyasan fündig.

Die **tantrische Shingon-Schule** zählt heute in Japan rd. 10 Mio. Anhänger. *Kōbō Daishi* ist der Tradition der Shingon-Schule nach nicht tot, sondern befindet sich im Zustand ewiger Meditation *(Samadhi)*. Rund um das Mausoleum *Kōbō Daishis* im Okunoin wurden nach und nach eine halbe Million Gräber errichtet – von ehemaligen Kaisern, Shōgunen, Daimyōs und Dichtern – die die Nähe zum erleuchteten *Kōbō Daishis* suchten.

Der Kōyasan gilt als besonders spirituell, da das Bergplateau von acht Bergen umgeben ist, was der achtblättrigen Lotusblüte in einem der Mandalas entspricht, sodass der Kōyasan leicht als **„Berg der Erleuchtung"** verstanden werden kann. Auf dem Kōyasan kann man den Synkretismus von Buddhismus und Shintō erleben, der sich vor allem zur Heian-Zeit vollzog.

Die **Shingon-Schule** meditiert mit Bildern, was sie von anderen Schulen wie etwa dem Zen-Buddhismus unterscheidet. Sie benutzt **Mantras** (ein Mantra ist ein kleiner Satz, der rezitiert wird), deren Rezitation den Weg zur Erleuchtung ebnen soll. Der Lehre nach spielt es dabei eher eine untergeordnete Rolle, welches Mantra man aufsagt: Ob es nun „Namu amida butsu" oder „Namu Daishi Henjō Kongō" oder ein anderes ist – wenn man es richtig macht, so sagt der Glaube, hilft jedes.

Die **Universität** auf dem Kōyasan unterrichtet derzeit ungefähr 700 Mönchstudenten; wer ein richtiger Mönch werden will, dem stehen Prüfungen und harte Meditationen bevor: Er hat als Übung der Konzentration 1.000.000 Mantras zu rezitieren, jeden Tag 20.000, und das ganze 50 Tage lang.

Sehenswertes

Okunoin

Der Okunoin ist großer **Friedhof und Naturerlebnis** in einem. Der zwei Kilometer lange Weg zum Okunoin-Tempel führt durch einen alten Wald und an

300.000 Grabsteinen vorbei. **Drei Brücken** überquert man auf dem Weg hoch zum Kōbō-Daishi-Mausoleum: Mit der ersten (Ichi-no-hashi) gelangt man ins Reich der Toten, die zweite (Naka-no-hashi) steht für die Reinigung, die dritte (Gobyō-no-hashi) führt ins Reich der Erleuchtung.

Die **900 Jahre alten Bäume** sind alle mit einer Nummer versehen und manchmal mit Seilen und Haken aneinander befestigt, um sie zu stützen. Trotzdem, vor allem nach heftigen Taifunen, muss gelegentlich ein Baum gefällt werden, worüber ein eigenes Gremium entscheidet. Die Fällarbeiten werden von Rezitationen begleitet.

Die **Stupas auf den Gräbern** sind innen hohl, mehrstöckig aufgebaut und bestehen aus einem Stein (die Lotusblüte symbolisierend), einem Graben, zwei Stellen für Blumen und Wasser und einem nach vorne klappbaren Stein, um Urnen zugeben zu können. Manchmal werden sie von einem Tor begrenzt, das die profane von der sakralen Welt trennt.

Vor der letzten Brücke stehen rechts die **bronzenen Jizō,** auf die Pilger Wasser gießen: Dies dient dem Glauben nach zum Reinigen der Karmas der Verstorbenen.

Im **Okunoin-Tempel** selbst steht man rechts vor einer Theke, an der verschiedene Dienste buchbar sind. Pilger bringen hierher Überreste von Verstorbenen, oft den Kehlkopf, um ihn im Knochenhaus des Okunoin zu lagern. Der Preis richtet sich danach, wie lange die Kno-

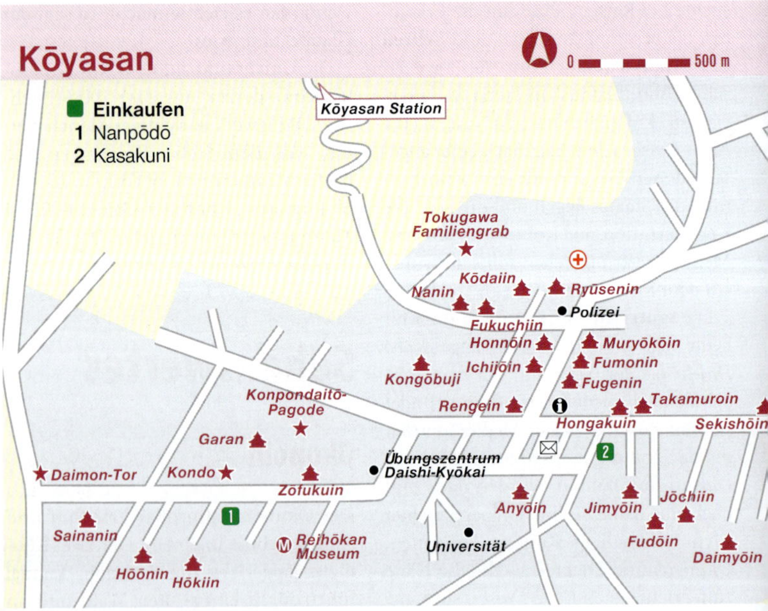

chen gelagert werden sollen und welche Meditationen oder Rezitationen gebucht werden.

In der **Eingangshalle** hängen auch zahlreiche Laternen, die von Pilgern gespendet wurden. Weiter links im Eingangsbereich kann man Wünsche „buchen", indem man Wunsch, Name und Alter aufschreibt und diese Angaben von den Priestern bei der nächsten Meditation miteinbezogen werden. Oftmals handelt es sich um standardisierte Wünsche, wie etwa „dass es der Familie gut geht" oder „dass der lang ersehnte Wunsch in Erfüllung gehen möge".

Geht man hinaus in den Vorbereich, kommt links das **Knochenhaus** und weiter hinten zentral das **Mausoleum Kōbō Daishis.** Davor rezitieren Pilger drei- oder siebenmal das zur Erleuchtung führende Mantra von *Kōbō Daishi:* „Namu Daishi Henjō Kongō".

Geht man vom Okunoin nicht den Hauptweg zurück, sondern links davon, so kommt man an vielen **Gedenksteinen von japanischen Firmen** vorbei. Zum Beispiel wird man auf das Monument des Autoherstellers Nissan für die verstorbenen Arbeiter treffen. Ein sehr skurriler Gedenkstein ist der eines Herstellers von Insektenvernichtungsmitteln, der ein Monument für die vernichteten Termiten und Ameisen errichten ließ.

Kongōbuji-Tempel

Der Kongōbuji (Diamant-Tempel) ist der **Haupttempel der Shingon-Schule,** erbaut von *Hideyoshi Toyotomi;* rund 200 Zeremonien finden hier jährlich statt. Sehenswert sind die Fusuma, die Papier-Schiebetüren und deren künstlerische Gestaltung, die die Geschichte und den Weg *Kōbō Daishis* darstellen. Im Ō-hiroma-Zimmer werden heute wichtige Zeremonien abgehalten, die dazugehörigen Fusuma wurden von *Tanyū Kanō* gestaltet. Etwas weiter kommt man zum Zimmer, in dem *Hidetsugu Toyotomi* Seppuku beging: Die Fusuma sind mit Trauerweiden gestaltet (gemalt von *Tansai Kanō).*

Der **Banryūtei-Steingarten** ist mit 2340 Quadratmetern Fläche einer der größten Japans und wurde für den Besuch des Kaisers angelegt. Die Steine stammen aus Shikoku, der Kies aus Kyoto.

■ **Kongōbuji-Tempel,** Eintritt 500 Yen, tägl. 8.30–16.30 Uhr, Tel. (0736) 56-2328.

Garan

Der Garan ist das **Zentrum des religiösen Lebens** auf dem Kōyasan. Hier errichtete *Kōbō Daishi* die ersten Tempel und Gebäude, heute findet hier ein Großteil der Zeremonien und Rituale statt. Der Kondō war das erste Gebäude auf dem Kōyasan, auch bekannt als die „Goldene Halle", in der *Kōbō Daishi* lehrte. Der gegenwärtige Kondō stammt aus dem Jahr 1932 und ist die siebte Rekonstruktion.

Des Weiteren sollte man sich im Garan nicht die **Große Daitō-Pagode** und die **Miedō-Halle** entgehen lassen. Vor allem von September bis November sieht man viele Mönchsschüler im Garan, die sich im 105-Tage-Ritrit befinden. Sie rezitieren jeden Tag im Garan, jeden dritten Tag auch im Okunoin.

Daimon-Tor

Das Tor war **ursprünglich der Haupteingang zum Kōya-Berg.** Das gegenwärtige Tor stammt aus dem Jahr 1705 und wird von zwei Torwächtern (Kongō-rikishi) flankiert.

[>] Junge Mönche im Garan

Zeremonien hautnah

Von den 117 Tempeln auf dem Kōyasan bieten **53 Tempel Unterkünfte (Shukubō)** an, in vielen Tempeln kann man der Morgenzeremonie beiwohnen. Je nach Tempel unterscheiden sich die Zeremonien in Umfang und Art der Rezitationen, sie dauern in der Regel zwischen 30 und 60 Minuten.

Beispiel Morgenzeremonie im Muryōkōin-Tempel

Die Morgenzeremonie im Muryōkōin verspricht eine ganz besondere Atmosphäre, denn sie verbindet die morgendliche Meditation mit dem Feuerritual. Die Rezitationen sind dabei melodisch und erinnern etwas an gregorianische Choräle. Jeder kann der Morgenzeremonie beiwohnen, die von 6–7 Uhr abgehalten wird. Im Verlauf der Zeremonie werden **verschiedene Stufen** durchlaufen: Mandalas werden aufgebaut, Mantras rezitiert und das Rishu-Kyō (ein tantrischer Text aus dem 7. Jahrhundert) gelesen. Dazu werden Gaben wie Öl, Reis und Holzarten gereicht, bis im Fudō-Myō 108 Hölzer verbrannt werden, die sinnbildlich für die 108 Illusionen stehen. Abschließend werden die Namen der Toten gelesen, denen die Meditation gewidmet ist. Nach dem Totenbuch werden aus einem zweiten Buch Wünsche vorgetragen, die in Auftrag gegeben wurden. Manchmal sind in den

Morgenzeremonien Angehörige der Verstorbenen anwesend, denen das Ritual gewidmet ist. Dass sich hier die Trauergemeinde mit Touristen mischt, ist für japanische Verhältnisse nicht ungewöhnlich.

Übungen des Shingon-Buddhismus für Touristen

Im **Daishi-Kyōkai-Zentrum** kann man an einem **Ajikan-Meditationskurs** teilnehmen, der von einem Shingon-Mönch geleitet wird. Ajikan bezieht sich auf die Meditationsübung mit dem Sanskrit-Buchstaben A, der auf eine Mondscheibe gezeichnet ist. Der Buchstabe symbolisiert „Dainichi Nyorai" (Sanskrit: „Mahavairocana Tathagata"), die Figur vollkommener Erleuchtung in der Shingon-Tradition.

Eine zweite angebotene Übung ist das **Sūtra-Schreiben.** Das Hannya Shingyō (Herz-Sūtra) ist das Resultat einer der zentralen Texte des Mahayana-Buddhismus und steht für das Konzept der Leere. *Kōbō Daishi* lehrte, dass die Übung des Herz-Sūtras und die Konzentration auf den Text den Weg zur Erleuchtung ebnen.

■ Beides im **Übungszentrum Daishi-Kyōkai,** Anmeldungen erforderlich, Tel. (0736) 56-2015. Darüber hinaus wird hier das **Ojukai** abgehalten, ein Ritual, bei dem Pilger von einem Mönch die zehn Gelübde *Boddhisattwas* entgegennehmen (500 Yen).

jap_413 oh

Buddhismus und Natur

Schon die rund zweistündige **Anfahrt aus Namba** ist ein Erlebnis, denn die Bahn schlängelt sich langsam zum Bergplateau hoch und bietet einen wunderbaren Blick auf Täler und umliegende Berge. Die Vegetation wechselt von Palmen und Bambuswäldern zu den Maki-Bäumen und dem Bambusgras weiter oben.

Japanische Touristen erleben den Kōyasan oft als kurzen Zwischenstopp auf der Route von Kyoto über Nara nach Himeji, doch sollte man für den Kōyasan auf jeden Fall zwei Nächte einplanen. Denn dann bleibt Zeit, um sowohl die religiösen Stätten zu erleben als auch die **Wanderwege** in der Umgebung auszutesten. Vor allem morgens, wenn die umliegenden Täler in Nebel getaucht sind oder die Wolken tief hängen, bietet sich ein bizarres Bild rund um den Kōyasan.

Spirituelles Wandern

Man wird auf dem Kōyasan auf **viele Pilger** treffen, ganz in Weiß gekleidet, die mit den 88 Tempeln in Shikoku (siehe Shikoku-Kapitel) starten und den Weg hoch zum Kōyasan bis zum Okunoin zurücklegen. Diese traditionelle Pilgerroute führte dazu, dass die Tempel auf dem Kōyasan einst erste Unterkünfte anboten, was sich bis zum heutigen Tag mehr und mehr entwickelt hat.

Vom Jison-in-Tempel in Kudoyama (am Fuß des Kōyasan) hoch zum Daimon-Tor führt ein **schöner Pfad durch dichte Wälder;** der 24 Kilometer lange Aufstieg dauert rund sieben Stunden. Alle 109 Meter ist der Weg mit zwei Meter hohen Steinpfählen markiert, insgesamt kann man 216 bis zum Okunoin zählen.

Für Frauen war der Klosterberg lange nicht zugänglich, sodass der so genannte **„Frauenweg“** um den Kōyasan herumführte. Diesen Weg kann man auch heute noch mit einer schönen sechsstündigen Wanderung ausprobieren. Vom Frauenweg gelangt man an vielen Stellen wieder hinunter zum Kōyasan, sodass man nicht die ganze Strecke zurücklegen muss.

Wer **weitere Wanderwege** erkunden will, kann durch die dichten Wälder bis nach Ōtaki, Kumano oder Hongū laufen, die Wege sind gut ausgeschildert (siehe dazu auch im Abschnitt „Die heiligen Berge der Kii-Halbinsel“).

Vegetarierfreuden

In den Shukubō wird das **traditionelle Shōjin Ryōri** serviert, dessen Gerichte alle vegetarisch sind und in Einklang mit dem Mönchskodex stehen. Ohne Fleisch, Fisch, Knoblauch und Zwiebeln werden die Gerichte zubereitet, Spezialität auf dem Kōyasan ist Gomadofu (Sesam-Tofu). Daneben finden sich in den Schälchen beim Abendessen Miso-Suppe, Tempura, Gemüse und Kōyadofu (Kōya-Tofu).

Praktische Tipps

- **Vorwahl:** 0736

Anfahrt

Ab Namba (Osaka) mit der **privaten Bahnlinie Nankai** bis zur Endstation Gokuraku-bashi und dort mit dem **Cable Car** weiter bis zur Kōyasan Station. Dort wartet ein **Bus,** der innerhalb weniger Minuten zu den Shukubō, zum Garan und zum Okunoin fährt. Anfahrtszeit insgesamt 2 Stunden. Kosten: von Namba zum Kōyasan und zurück rund 2500 Yen. Bahn, Cable Car und Bus können mit dem **„Kansai Thru Pass"** genutzt werden.

Touristeninformation

- **Kōyasan Tourist Association** und **Kōyasan Shukubō Association,** Karten zu Wanderwegen, Buchung einer Unterkunft und Fahrradleihe möglich. Hauptinfozentrale an der Haltestelle Odawara-dori im Zentrum, eine kleinere Infozentrale auch an der oberen Cable Car Station. Tägl. 8.30–16.30 Uhr. 600, Kōyasan, Kōya-chō, Itō-gun, Wakayama 648-0211, Tel. 56-2616, www.shukubo.net.

Unterkunft

Die **Shukubō** haben sich auf dem Kōyasan zu einer Organisation zusammengeschlossen, sodass die Preise recht einheitlich ab 9000 Yen pro Person (Übernachtung inkl. zwei Mahlzeiten) beginnen, je nach Abendessenswunsch kann der Preis noch steigen.

Unser Tipp: **Muryōkōin,**②, 30 Zimmer. Sehr empfehlenswertes, sehr authentisches Shukubō, Englisch sprechendes Personal, mit freundlichen Mönchen und beeindruckender Morgenzeremonie. Im Muryōkōin trifft man auf den Mönch und Buddhistenpriester *Kurt Genso,* gebürtiger Schweizer, seit zehn Jahren als Shingon-Mönch auf dem Kōyasan und kompetentester Kulturführer vor Ort. Tel. (0736) 56-2104, www.muryokoin.org.

- **Sekishōin,**③, 66 Zimmer. Modern mit privatem Bad und Toilette, einige Zimmer mit Blick auf Tempelgarten. Tel. 56-2734.

Essen

- **Süßigkeiten:** An der Hauptstraße zum Daimon-Tor hin findet sich links, etwa auf Höhe des Garan, der Süßigkeiten-Laden **Nanpōdō,** der Mochi verkauft und Tee gratis dazu serviert. In anderer Richtung auf dem Weg zum Okunoin gibt es nach der Touristeninformation auf der rechten Seite das **Kasakuni,** ein weiteres Geschäft mit eleganten Reiskuchen, wie Kurumi Mochi, Sakura Mochi und Uguisu Mochi, sowie kandierten „Buddhafingern" (Bushukan). Auch hier gibt's Tee gratis dazu.

Einkaufen

- **Kōyasan Daishidō,** Räucherstäbchen und Weihrauch-Produkte, verschiedene Größen für wenige Minuten oder bis hin zu drei Stunden, auch das teuere Kyara-Holz ist vorrätig. Hier kaufen auch die Tempel ein. Auf dem Weg zum Okunoin auf der linke Seite.
- **Gongs und Holzfischtrommeln** für die Rezitation sind an der Hauptstraße auf dem Weg zum Okunoin erhältlich.

Museum

- **Reihōkan-Museum,** Geschichte des Kōyasan, Buddha-Statuen, Rollbilder, Manuskripte, Porzellan. Kōya-chō, Itō-gun, Bushaltestelle Reihōkan-mae, Tel. 56-2254, Eintritt 600 Yen.

Festivals/Events

Eine Auswahl aus den **jährlich über 200 Zeremonien:**

- **1.–3. Januar: Shūshō-e.**
- **17. Januar: Zeremonie für die Opfer des Kobe-Erdbebens von 1995.**
- **20./21. März: Mie-dō,** unzählige Blumen und Kerzen im Garan; sonst nicht zugängliche Gebäude im Garan stehen dann offen.
- **15. Juni: Aoba-Festival,** Straßenparade und Zeremonie anlässlich des Geburtstages *Kōbō Daishis.*
- **7.–13. August: Fudangyo,** siebentägiges Lesen des Rishu-Kyō als Teil des Obon-Festes für die Seelen der Verstorbenen.
- **1. September: Gedenkzeremonie für die Opfer des Kantō-Erdbebens von 1923.**
- **1.–3. Oktober: Kechien Kanjō Kongōkai und Mandō-e,** Zeremonie der Zehntausend Lichter.

Onsen

- **Kōya Makinoyu Onsen,** wunderbar abseits gelegenes Onsen in bergiger Umgebung, der Besitzer holt auch gern vom Shukubō auf dem Kōyasan ab. Als Gericht sollte man sich den hausgemachten Wildschweintopf nicht entgehen lassen. Tel. 56-5050, Fax 56-4403.

▷ Die Kii-Berge – nicht nur im Morgennebel eine mystische Gegend

Umgebung: Wakayama-Halbinsel

Wer von Osaka oder Shikoku kommt, kennt die eine Seite des Kōyasans. Auch die andere Seite des Kōyasans in Richtung Ryūjin Onsen oder **Shirahama** kann interessant sein. Manche haben die Strecke auch schon mit dem Fahrrad bestritten, bequemer ist ein Mietwagen, mit dem man gut die Küste entlang kommt.

Die Halbinsel von Wakayama (auch **Kii-Halbinsel** genannt) hat etwas **Mediterranes,** die Küstenstraße führt vom Kansai-Flughafen über Wakayama, Shirahama, Katsuura bis hoch nach Matsusaka. **Shirahama** ist bekannt für seinen **weißen Sandstrand** und ein öffentliches, frei zugängliches Onsen, **Sakinoyu,** direkt am Meer. Das Onsen-Bad ist bei starkem Seegang geschlossen, ansonsten außer Mi von 8–17 Uhr und im Sommer von 7–19 Uhr geöffnet. Shirahama hat neben Dōgo Onsen und Arima Onsen die längste Tradition als Thermalbad in Japan. Am Bahnhof Shirahama kann man sich für 1000 Yen pro Tag ein Fahrrad leihen, dort gibt's auch eine Touristeninformation, Tel. (0739) 42-2900.

Etwas weiter, mit den Städten **Kushimoto** und **Kii-Katsuura,** kommt man ins **Zentrum des japanischen Walfangs.** Die offizielle Begründung Japans, man betreibe Walfang aus wissenschaftlichen Zwecken, schlägt sich hier auf der Speisekarte vieler Restaurants nieder. Es heißt, Wal-Curry sei sehr lecker. Vom

Ugui Port, zwischen Katsuura und Shingū, starten zwischen April und September Boote zum **Whale Watching.** In Kii-Katsuura/Taiji lagen die Ursprünge des Walfangs zur Edo-Zeit, hier gibt es ein **Walmuseum.**

Diese südlichste Spitze der Halbinsel ist auch bekannt für die **starken Winde** zur Taifun-Zeit, weswegen es immer wieder Touristen zum Taifun-Spotting in die Gegend zieht.

Praktische Tipps

Touristeninformation

- **Kushimoto Tourist Association,** Tel. (0735) 62-3171, www.kankou-kushimoto.jp.
- **Nachi-katsuura Tourist Association,** am Bahnhof JR Kii-Katsuura, Tel. (07355) 2-5311, www.nachikan.jp.

Unterkunft

- **Shiraraso Grand Hotel,**④, 100 Zimmer, Typisches japanisches Onsen-Hotel mit Halbpension. Zimmer mit Shirahama-Strandblick. Hallen-Onsen und Schwimmbad auch im Hotel. Kostenloser Shuttlebus von JR Shirahama, Tel. 0739-43-0100, www.shiraraso.co.jp.
- **Misaki Lodge Youth Hostel,** zwischen 3360 und 4460 Yen, direkt an der Südspitze Wakayamas am Kap Shiono-misaki gelegen. Von JR Kushimoto mit dem Bus 20 Minuten bis Shiono-misaki, Haltestelle Kuroshio-mae, Tel. 0735-62-1474.

Die heiligen Berge der Kii-Halbinsel

Die Kii-Berge durchziehen die gesamte Wakayama-Halbinsel und zählen zu den spirituellsten und mystischsten Gegen-

jap_416oh

den Japans. Die **spirituellen Hochburgen** sind **Kōyasan, Yoshino, Ōmine** und **Kumano-san-zan,** in deren Umgebung man auf zahlreiche Pilger trifft. Seit 2004 sind die religiösen Zentren UNESCO-Weltkulturerbe. Wie nirgendwo sonst verbinden sich hier Stätten des Shintō, Buddhismus und des Shugendō („Berg-Buddhismus") mit wahrer Pilgerschaft. Unterwegs wird man der Frage nachgehen können, unter welchen Voraussetzungen Orte als spirituell wahrgenommen werden, und eine beeindruckende Natur liefert vielleicht Antworten.

Kumano-san-zan fasst die heiligen Pilgerstätten Kumano Hongū Taisha-

Schrein (in Hongū), Kumano Hayatama Taisha-Schrein (in Shingū), Kumano Nachi Taisha-Schrein und Seigantoji-Tempel (beide in Nachisan) zusammen. Sie sind durch **vier traditionelle Pilgerrouten** verbunden: **Naka-hechi, Ō-hechi, Ko-hechi** und **Ise-ji,** die zusammen als **Kumano-kodō** bekannt sind. Naka-hechi ist der populärste Weg für alle aus Kyoto und aus westlicher Richtung, während der Ise-ji die Gegend mit dem Ise-Schrein in östlicher Richtung (Länge 160 Kilometer) verbindet. Der Ō-hechi verläuft auf 120 Kilometer im Süden und der Ko-hechi verbindet Kumano-sanzan mit dem Kōyasan und gilt als der anspruchsvollste Weg, weil er über mehrere Bergpässe führt. Naka-hechi und Ō-hechi starten ab **Kii-Tanabe** im Südwesten, das man mit JR von Osaka innerhalb von zweieinhalb Stunden erreicht. Dort gibt es auch eine **Jugendherberge** (Ōgigahama Youth Hostel, Tel. (0739) 22-3433).

Wer nicht die großen Wanderungen auf sich nehmen will, der kann zum Beispiel den Haupt-Wallfahrtsschrein Kumano Nachi Taisha mit dem Bus in 30 Minuten von **Kii-Katsura Station** oder in 20 Minuten von **Nachi Station** erreichen. Nachi ist außerdem für seinen atemberaubenden **Wasserfall** bekannt.

ISE-SHIMA

Ise und der Ise-Shima-Nationalpark liegen in der **Mie-Präfektur,** die sich östlich an Nara anschließt. Ise erreicht man aus Kyoto mit dem Zug in zwei Stunden.

Hauptattraktion ist der **Ise-Jingū-Schrein,** der auch einfach nur als „Jingū“, also als „der Schrein“, bezeichnet wird, da er das **höchste Shintō-Heiligtum Japans** darstellt. Der Schrein ist der Sonnengöttin *Amaterasu* gewidmet. Jährlich kommen sechs Millionen Besucher zur Shintō-Kultstätte – das sind also mehr als durchschnittlich 16.000 pro Tag. Jeder kann sich vorstellen, was das an Touristen- und Menschenmassen auf dem Areal bedeutet.

Der Ise-Jingū besteht aus zwei Teilen: dem **Kōtaijingū,** dem inneren Schrein, auch „Naikū" genannt, und dem **Toyouke-Daijingū** (Gekū), dem äußeren Schrein. Beide Anlagen umfassen rund 200 Gebäude und liegen etwa sechs Kilometer auseinander, sie werden von Bussen miteinander verbunden.

Klassischerweise beginnt die **Pilgertour** mit dem äußeren Schrein, dessen Hauptgebäude der Shogu ist. Anschließend nimmt man den Bus (10 Minuten) zum inneren Schrein. Man gelangt zur Ujihashi-Brücke, die die profane von der sakralen Welt trennt. Der innere Schrein wurde im 2. Jahrhundert v.Chr. gegründet und beheimatet angeblich den Heiligen Spiegel, eines der drei kaiserlichen Machtinsignien. Einige Schreine werden gemäß Shintō-Brauchtum alle 20 Jahre abgebrannt und wieder aufgebaut.

Anfahrt: Von Iseshi Station läuft man 5 Minuten zu Fuß zum Gekū.

Toba

Ein Stück die Ise-Bucht entlang kommt man nach Toba, einer kleinen Hafenstadt mit einigen vorgelagerten Inselchen. Toba ist das **Zentrum für Perlen** und Heimat des größten japanischen Perlen-Unternehmens, Mikimoto, das bereits seit 1893 in der Bucht Perlen züchtet. Die Firma betreibt auf Mikimoto Pearl Island ein **Museum** und demonstriert das Perlmuschel-Tauchen, das traditionell fest in Frauenhand ist.

jap_420 oh

„Ama“ ist die japanische Berufsbezeichnung für die ganz in Weiß gekleideten Taucherinnen, die stets ohne Sauerstoffgerät nach den Austern auf dem Meeresgrund tauchen.

Praktische Tipps

Anfahrt

Bahn

- **Ab Kyoto** mit Kintetsu bis Iseshi Station, Fahrtzeit 2 Stunden.
- **Ab Kintetsu-Uehonmachi** bis Iseshi Station, Fahrtzeit 1½ Stunden.

Touristeninformation

- **Ise City Touristeninformation,** im Bahnhof Kintetsu Iseshi, 9–17.30 Uhr, Tel. 080-1591-7251, www.ise-kanko.jp.
- **Ise Touristeninformation,** Kintetsu-Ujiyamada, gute Fahrradkarte erhältlich und Fahrradleihe möglich, kostenloses WLAN, 8.30–17.15 Uhr, Tel. (0596) 23-9655.
- **Toba Touristeninformation,** im Bahnhof Kintetsu Toba 2F, 9–17.30 Uhr, Tel. (0599) 25-2844, www.toba.gr.jp.

Unterkunft

- **Hoshidekan,**①, 6 Zimmer. Authentisches Ryokan mit öffentlichem Bad in der alten Einkaufsstraße von Ise. Fahrradleihe möglich. JR/Kintetsu Iseshi, 7 Minuten, Tel. (0596) 28-2377, www.hoshidekan.jp.
- **Kaigetsu,**②, 13 Zimmer. Ryokan in Toba mit guten Fischgerichten gegen Aufpreis. JR Toba, 4 Minuten, Tel. (0599) 26-2056, www.kaigetsu.co.jp.

Jugendherbergen

- **Taikōji-Jugendherberge,**①. Kleine Jugendherberge in Futamiga-ura. JR Futamigaura, 30 Minuten, Tel. (0596) 43-2283.
- **Ise-Shima-Jugendherberge,**①. Shima-Isobe, JR Anagawa, 12 Minuten, Tel. (0599) 55-0226.

Essen und Einkaufen

Okage-Yokochō ist das lebendige Viertel vor dem Naikū-Tor mit winzigen Straßen, vielen traditionellen Geschäften und mit insgesamt mehr als 40 Läden, die japanische Süßigkeiten verkaufen. **Akafuku Honten** ist der bekannteste davon und man sollte unbedingt die Akafuku-Mochi (Mochi mit roter Bohnenpaste) probieren. **Sushikyū** ist ein gutes Sushi-Restaurant mit der lokalen Spezialität Tekone-zushi. Das **Perlengeschäft von Mikimoto** ist nahe der Bushaltestelle Jingu-Kaikan-mae.

Festival

- **28.–30. April und 22.–24. September: Kagurasai-Festival,** Tänze und Gesänge werden auf einer Bühne am Naikū aufgeführt und Ensembles aus ganz Japan präsentieren Nō- und Kyōgen-Stücke.

◁ Der Ise-Jingū-Schrein – das höchste Shintō-Heiligtum Japans

3 Zentral-Honshū

Bis zu 30 Meter Neuschnee pro Winter machen die Japanischen Alpen zum Wintersportparadies. Zu viel? Dann lieber im Sommer die ländliche Idylle genießen …

< Spirituell: die Morgenzeremonie im Zenkōji-Tempel, Nagano

jap_422 oh

ZENTRAL-HONSHŪ

Die Landschaft Zentral-Honshū ist gekennzeichnet von den **Japanischen Alpen** – das Bergmassiv mit zahlreichen 3000ern lockt im Sommer **Wanderer** und im Winter die **Wintersportler.** Hier zeigt sich Japan von seiner natürlichen Seite …

[>] Ein gewaltiges Bergmassiv mit zahlreichen 3000ern – die japanischen Alpen

NICHT VERPASSEN!

- In der **Jigokudani** sind Vulkane aktiv. In den Wintermonaten können hier an den heißen Quellen **wilde Makaken-Affen** beobachtet werden | **304**
- Tagsüber auf der Piste, abends Entspannung in den Bädern: Das beliebte Skigebiet **Nozawa Onsen** macht's möglich | **306**
- **Kamikōchi** ist das Wandermekka im Zentrum der japanischen nördlichen Alpen | **310**
- Die Zeit scheint stillzustehen im beschaulichen **Kiso-Tal** inmitten der Japanischen Alpen | **313**

Diese Tipps erkennt man an der gelben Hinterlegung.

Einleitung

Viele Japan-Besucher sehen Zentral-Honshū nur aus dem Zugfenster, wenn sie mit dem Shinkansen von Tokyo nach Kyoto fahren. Wirtschaftlich dominiert wird die Region von **Toyota,** deren Firmensitz sich hier befindet. Für Touristen ist die Region jedoch vor allem aufgrund der Natur und der ländlichen Idylle interessant. Die **Wanderzentren** rund um Kamikōchi und Norikura im Nationalpark der Japanischen Alpen können hier gute Anlaufstellen sein, um Japan gemütlich auf den Wanderrouten kennenzulernen. Zur Hauptsaison sollte man sich auf jede Menge Wanderer gefasst machen. Ähnliches gilt für die Wintersaison: dann ist die Region mit den schneebedeckten Gipfeln das **Zentrum der Wintersportler.**

Zentral-Honshū

0 50 km

NAGOYA

- **Einwohner:** 2,2 Millionen
- **Präfektur:** Aichi

Es gibt nicht unbedingt viele Gründe, warum man seine kostbare Zeit ausgerechnet in Nagoya verbringen sollte. Die Stadt ist zwar nach Tokyo, Yokohama und Osaka viertgrößte des Landes, doch ist sie nicht gerade mit Sehenswürdigkeiten gesegnet. Eine große Ausnahme bildet die **Burg Nagoya-jō,** die neben den Burgen in Osaka, Kumamoto und Himeji zu den sehenswertesten in Japan gehört.

Nagoya ist **Industriestadt** und alles wird dominiert von Japans Autohersteller Nr. 1, **Toyota.** Das Firmenimperium liegt in der Nachbarschaft Nagoyas in – der Stadtname sagt alles – Toyota. Dem Einfluss Toyotas ist es auch zu verdanken, dass in Nagoya ein neuer **internationaler Flughafen** (Centrair) gebaut wurde, der den Flughäfen Narita und Kansai Konkurrenz machen will. Die Bevölkerung reagierte erst einmal skeptisch: Den Namen des Flughafens (Centrair als Mischung von *Central* und *Airport)* wollte man auch für die Präfektur verwenden, doch bei einer Volksabstimmung entschied sich die Bevölkerung für den alten Namen.

Sehenswertes

Nagoya-jō

Nagoya wurde als typische Burgstadt im 16. Jahrhundert gegründet. **Ieyasu Tokugawa** errichtete die Festung in Nagoya als Residenz für seinen Sohn. Nagoya ist *Ieyasus* Geburtsstadt; mit *Hideyoshi Toyotomi* und *Oda Nobunaga* werden zwei weitere große Herrscher

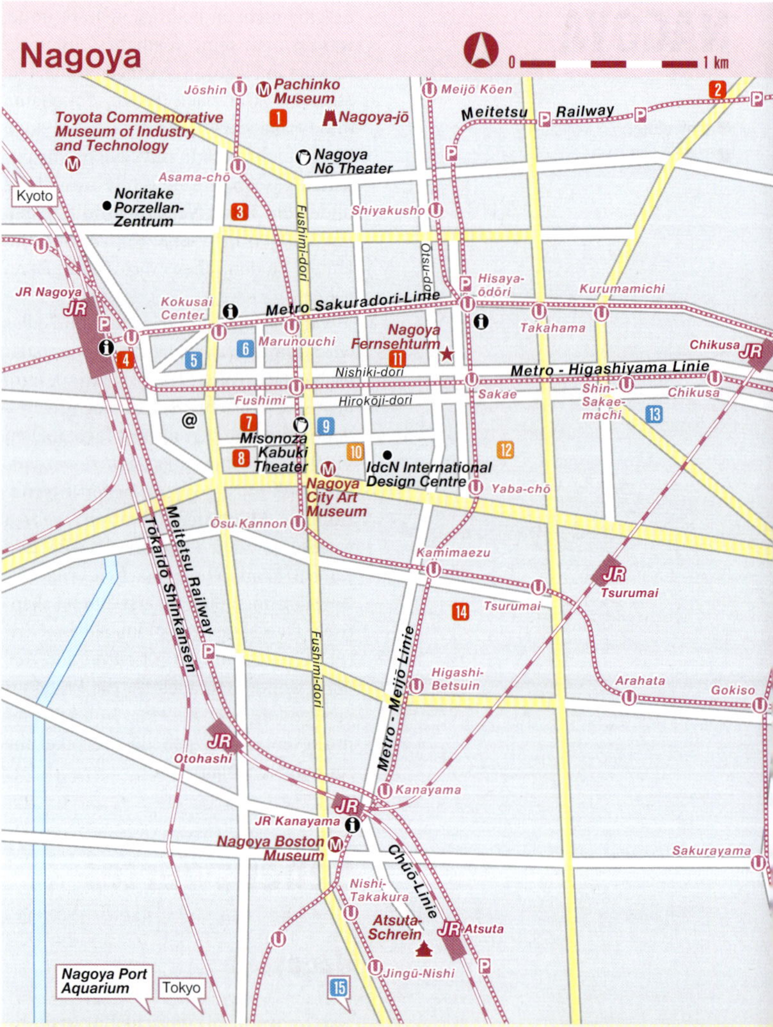

Übernachtung
1 Westin Nagoya Castle
2 Petit Hotel Ichifuji
3 Kyoya Ryokan
4 Nagoya Marriott Associa Hotel
7 Hilton Nagoya
8 Aichi Seinen Kaikan Youth Hostel
11 Daiichi Hotel Nishiki
14 Ryokan Meiryu

Essen und Trinken
5 Sekai-no-Yamachan
6 Tiger Café
9 Shooters Sports Bar & Grill
13 Ruffle's

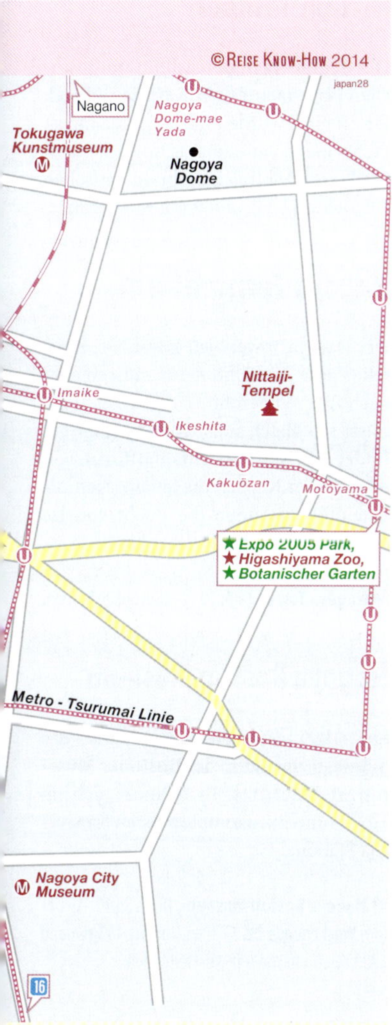

15 Atsuta Horai-ken
16 Zur Deele

Nachtleben
10 iD Café
12 Lush

aus der Feudalzeit als Söhne Nagoyas verehrt.

Die Burg wurde im 2. Weltkrieg vollständig zerstört und **1959 wieder aufgebaut.** Die Anlage ist ein Paradebeispiel frühmoderner japanischer Burgarchitektur mit einem zentralen Donjon von 48 Metern Höhe. Vom 1. bis 5. Stock werden darin **Kunstschätze** ausgestellt, die vor den Flammen gerettet werden konnten. Der 7. Stock dient als Aussichtsplattform. Insgesamt sind in der Ausstellung über 1000 Malereien zu bewundern, vor allem die Fusuma- und Deckengemälde sind sehenswert. Die beiden **goldenen Shachihoko** (kurz: *Shachi)* auf dem Dach, deren Form an eine Mischung aus Delfin und Karpfen erinnert, sind zum Symbol Nagoyas geworden.

■ **Nagoya-jō,** tägl. 9–16.30 Uhr, 10 Minuten mit dem Bus ab Nagoya Station, Eintritt 500 Yen.

Atsuta-Schrein

Gegründet im 2. Jahrhundert, ist der Atsuta-jingū neben dem Schrein von Ise und dem Izumo-Taisha in Matsue der wichtigste Schrein Japans. Der Atsuta-Schrein beherbergt das **Kasunagi-No-Mitsurugi,** das Herrscherschwert, welches als **eines der drei Machtinsignien des Kaisers** dient. Die anderen beiden Herrschaftssymbole sind der Herrscherspiegel im Ise-Schrein und die kaiserlichen Juwelen im Kaiserpalast. Der heutige Atsuta-Schrein ist ein Wiederaufbau aus dem Jahr 1935.

■ **Atsuta-jingū,** 5 Minuten zu Fuß von Jingū-mae.

jap_425 oh

Nittaiji-Tempel

Der Tempel befindet sich im nordöstlichen Nagoya **auf dem Kakuzan-Hügel.** Der Tempel wurde 1904 errichtet und ist nicht einer Schule zuzurechnen, sondern wird von zahlreichen buddhistischen Ausrichtungen genutzt (U: Kakuozan).

Nagoya-Fernsehturm

Der Nagoya Tower bietet zwar eine zweifellos gute Aussicht, dafür müssen aber auch 750 Yen bezahlt werden. Der Turm misst 180 Meter, auf 90 Metern Höhe befindet sich die **Aussichtsplattform,** von der man im Norden die Japanischen Alpen und im Süden die Bucht von Ise sieht.

■ **Nagoya Tower,** tägl. 10–21 Uhr, Sakae Station.

Tokugawa-Kunstmuseum

Herzstück des Museums sind **43 Original-Rollbilder des „Genji monogatari"** aus dem 12. Jahrhundert, die als Nationaler Kulturschatz registriert sind. Daneben zeigt das Museum Originaldokumente früherer Kaiser, Waffenausrüstungen, Schwerter und Gemälde.

■ **Tokugawa-Kunstmuseum,** 10 Minuten zu Fuß von Ozone Station, tägl. 10–17 Uhr, Eintritt 1200 Yen.

Neben dem Museum liegt der schöne **japanische Garten Tokugawaen,** der 1695 errichtet wurde. Montags geschlossen, mit der U-Bahn bis Ozone.

⌃ Nagoya-jō

Nagoya Boston Museum

Das 1999 eröffnete Museum ist das **Schwestermuseum des Bostoner Museum of Fine Arts.** Es befindet sich im Hotel- und Bürokomplex neben Kanayama Station.

■ **Nagoya Boston Museum,** Di bis So 10–19 Uhr (am Wochenende bis 17 Uhr), Eintritt 400 Yen und 1200 Yen für besondere Ausstellungen.

Noritake Porzellan-Zentrum

Das Kunsthandwerkszentrum zeigt **alle Arbeitsschritte** der Noritake-Porzellanherstellung: vom Tonkneten über das

Brennen bis hin zur Verzierung und Feinarbeit. Exponate aus den letzten 150 Jahren sind ausgestellt.

- **Noritake Porzellan-Zentrum,** 5 Minuten zu Fuß von Kamejima Station, Di bis So 10– 17 Uhr, Tel. 561-7112, Eintritt 500 Yen.

Toyota-Museum

Das Museum wurde im Jahr 1994 eröffnet und zeigt die **Technologie- und Entwicklungsgeschichte der Unternehmensgruppe.** Ursprünglich produzierte Toyota Maschinen für die Textilherstellung, ehe sich das Unternehmen nach und nach zum größten Autohersteller Japans entwickelte. Das Museum ist in dem Fabrikgebäude untergebracht, in dem mit Toyota alles seinen Anfang nahm.

- **Toyota Commemorative Museum of Industry and Technology,** 1-35, Noritake Shinmachi 4-chōme, Nishi-ku, Di bis So 9.30–17 Uhr, 500 Yen, Tel. 551-6115, 3 Minuten von Meitetsu Sako Station oder 10 Minuten von U: Kamejima (Ausgang 2).

Praktische Tipps

- **Vorwahl:** 052

Anreise

Bahn

- Mit dem **Shinkansen** aus Tokyo in 2 Stunden, aus Osaka 1 Stunde.

Flugzeug

- **Flughafen Centrair** (Central Japan International Airport), von allen nationalen Flughäfen, zahlreiche internationale Verbindungen.

Touristeninformation

- **Touristeninformation,** JR Nagoya Station, tägl. 9–19 Uhr, Tel. 541-4301.
- **Touristeninformation Oasis21,** Oasis21, BF1, Higashisakura, Higashi-ku, tägl. 10–20 Uhr, Tel. 963-5252.
- **Touristenzentrum,** Kanayama Station, Nordausgang, tägl. 9–19 Uhr, Tel. 323-0161, www.nagoya-info.jp.
- **Nagoya International Center,** Infos, Pinnwände und Internet, Nagoya International Center Bldg., 3F, 1-47-1, Nagono, Nakamura-ku, Tel. 581-0100, Di–So 9–19 Uhr. U: Kokusai Center Station, www.nic-nagoya.or.jp.

Führungen

- Kostenlose Rundgänge mit **Aichi Goodwill Guides Network,** Tel. (0561) 75-6977, www.aggn.jp.
- Kostenlose Rundgänge auch mit dem **Chita Peninsula SGG Club,** www.netnfu.ne.jp/lec/sgg/sgg. Anmeldung 2 Wochen vorher.

Unterkunft

- **Ryokan Meiryu,**①, 23 Zimmer. Ryokan, das auch Ausländer gern willkommen heißt. Internet vorhanden, Gemeinschaftsbad, englisch sprechendes Personal. Tel. 331-8686, www.japan-net.ne.jp/~meiryu.
- **Kyoya Ryokan,**②, 11 Zimmer. Ryokan mit wunderbarem japanischen Garten, nahe am Stadt-

zentrum gelegen. Zimmer mit Bad. JR Nagoya, 15 Minuten, Tel. 571-2588, www.kyoya.to.

■ **Daiichi Hotel Nishiki,**②, 233 Zimmer. Gutes Preis-Leistungsverhältnis, großzügige Betten, auch im Einzelzimmer. U: Sakae, Ausgang 1, Tel. 955-1001, www.tdh-nishiki.co.jp.

■ **Westin Nagoya Castle,**④, 225 Zimmer. Zimmer mit Sicht zur Burg ordern. U: Asama-chō, 10 Minuten, Tel. 521-2121, www.castle.co.jp.

■ **Nagoya Marriott Associa Hotel,**④, 780 Zimmer. Top-Hotel direkt über dem Bahnhofsgebäude JR Nagoya. Tel. 584-1111, www.associa. com/nma/.

Essen und Trinken

Die meisten Bars und Restaurants finden sich **in Nagoyas Zentrum** zwischen den U-Bahn-Stationen Sakae und Fushimi. Auch wenn Nagoya nicht über viele Sehenswürdigkeiten verfügt, reist man aus anderen Teilen Japans gern an, um die kulinarischen Spezialitäten in Nagoya zu testen: *Hitsumabushi* (gegrillter Aal auf Reis), *Miso-Katsu* (Schnitzel mit Miso-Sauce), *Kishimen* (fette hausgemachte Nudeln), *Ebi-fry* (frittierte Shrimps), *Tebasaki* (scharfe Hühnchenflügel) und *Tenmusu* (Shrimp-Tempura in Reis) gehören zu den beliebtesten Varianten.

■ **Atsuta Horai-ken,**②, berühmt für Hitsumabushi. Weil man beim Verzehr ein paar Regeln beachten sollte, liegt eine Anleitung in Englisch bereit. Mehrere Filialen in Nagoya. Di bis So 11.30–14 und 16.30–20.30 Uhr, U: Tenma-chō, Ausgang Nr. 4, 5 Minuten, Tel. 671-8686, www.houraiken.com.

■ **Sekai-no-Yamachan,**②, lebendiges Pub mit gutem Tebasaki. Jeder Teller kostet weniger als 500 Yen, hier kann man auch die anderen Spezialitäten Miso-katsu, Kishimen, Tenmusu und Ebi-fry mal probieren. Tägl. 17– 24 Uhr, JR Nagoya, Ost-Ausgang, 8 Minuten, nach der großen weißen Neon-Reklame Ausschau halten, Tel. 561-2871.

■ **Ruffle's,**②, südostasiatische Spezialitäten. Di bis Sa 18–23 Uhr, U: Shin-Sakae-machi, am Ausgang 2 nach rechts, die Hirokōji-dori überqueren und an der nächsten Ecke auf der linken Seite. Tel. 264-7782, www.rafflesnagoya.com.

■ **Tiger Café,**②, französisches Café mit englischer Speisekarte. Günstig gelegen und lange geöffnet. Tägl. 11–1 Uhr, U: Fushimi, Ausgang Nr. 10, 2 Minuten, Tel. 220-0031.

■ **Zur Deele,**③, deutsche Küche, nicht ganz billige Menüfolgen. Tägl. 17.30–21 Uhr, Ruhetag Di und 3. Mo im Monat, U: Mizuho-Undojo-Nishi, Ausgang Nr. 4, 2 Minuten, Tel. 842-2223, www.zurdeele.co.jp.

Nachtleben

■ **Shooters Sports Bar & Grill,** relaxte Atmosphäre mit Sportübertragungen auf Bildschirmen, italienische und mexikanische Küche. Tägl. 17–3 Uhr, U: Fushimi, 2 Minuten, Tel. 202-7077, www.shooters-nagoya.com.

■ **Lush,** der älteste Club in Nagoya mit cooler Musik an sieben Tagen in der Woche. Ab 22 Uhr, U: Sakae, Ausgang Nr. 13, 5 Minuten, Tel. 242-1388, www.underground.co.jp.

■ **iD Café,** größter Club in Nagoya auf sechs Ebenen. Do bis So ab 19 Uhr, U: Sakae, 8 Minuten, Tel. 251-0382, http://idcafe.info.

Museen

■ **Nagoya City Museum,** Ausstellung zur Stadtgeschichte mit den Themenschwerpunkten Archäologie, Geschichte, Kunst und Folklore. Di bis So 9.30–17 Uhr, Eintritt 300 Yen. 27-1 Mizuho-dori 1-chōme, Mizuho-ku, Tel. 853-2655, U: Sakurayama.

■ **Nagoya City Art Museum,** ausgestellt werden Werke von lokalen Künstlern wie *Shusaku Arakawa* oder *Tadaki Kuwayama* mit einer eigenen Abteilung für zeitgenössische Kunst. Di bis So 9.30–17 Uhr, Eintritt 300 Yen. 17-25, Sakae 2-chōme, Naka-ku, Tel. 212-0001, südlich von U: Fushimi (Ausgang 5).

■ **Toyota Municipal Museum of Art,** zwischen Nagoya und Toyota gelegen, modernes Kunstmuseum mit Werken von *Klimt, Munch* und *Schiele*. Di bis So 10–17.30 Uhr, Eintritt 300 Yen, Tel. (0565) 34-6610, 15 Minuten von Meitetsu Toyota City Station.

■ **IdcN International Design Centre,** alles rund ums Design, ein angesagtes Museum mit überraschenden Präsentationen. Mi bis Mo 11–20 Uhr, im Nadya Park Bldg., U: Yabacho (Ausgang 5 oder 6).

■ **Aichi-Keramikmuseum,** etwas außerhalb in Seto gelegen, mit bis in die Jōmon-Zeit zurückreichenden Ausstellungsstücken. Di bis So 9.30–16.30 Uhr, Tel. (0561) 84-7474, von Fujigaoka Station mit dem Bus bis zur Haltestelle Toji Shiryokan.

■ **Pachinko-Museum,** kleines Museum im Masamura Bldg., das *Takeichi Masamura* gewidmet ist, dem Begründer der modernen Pachinko-Spielhallen. Mo bis Fr 11–16 Uhr, U: Jōshin.

Festivals

■ **5. Juni: Jährliches Festival im Atsuta-Schrein.**

■ **Anfang August: Burg-Sommerfest** mit vielen Buden und Nō-Aufführungen.

■ **Mitte Oktober: Dreitägiges Matsuri in Nagoya.**

Sonstiges

Freizeitparks

■ **Nagoya Port Aquarium,** eines der größten Aquarien Japans präsentiert verschiedenste Unterwasserwelten. Das Aquarium liegt am Hafen südlich des Stadtzentrums. Im Komplex sind noch weitere Museen zum maritimen Leben untergebracht. Di bis So 9.30–17 Uhr, Eintritt 1300 Yen, Tel. 654-7080, U: Nagoyako.

■ **Higashiyama Zoo** und **Botanischer Garten,** tägl. 9.30–16.30 Uhr, Eintritt 500 Yen, U: Higashiyama-kōen.

Theater

■ **Nagoya Nō Theater,** tägliche Aufführungen ab 3500 Yen, Ausstellungsraum mit freiem Eintritt. U: Shiyakusho.

■ **Misonoza Kabuki Theater,** Kabuki-Theater mit über 100-jähriger Historie, vor allem im April und Oktober mit den großen Kabuki-Akteuren des Landes. U: Fushimi (Ausgang 6), Tel. 222-1481.

Sumo

■ **Juli:** Nagoya-Basho, im Aichi Prefectural Gymnasium.

Nagoyas Umgebung

Fabriktour Toyota Motor Corporation

Rund **2½ Stunden** dauert die Fabriktour, die Toyota durch seine Ausstellungsräume und einen Teil seiner Produktionsstätten anbietet. Normalerweise werden die Führungen in der **Motomachi- oder** der **Takaoka-Produktionsstätte** angeboten. Die Führungen sind in Englisch. Zuerst muss man sich per Telefon bei der Toyota Motor Corporation, Tel. (0565) 23-3922, anmelden (englisch). Darüber hinaus kann es sein, dass man schriftlich die Anzahl der Personen und die Namen einreichen muss. Die Führungen finden von **Montag bis Freitag zwischen 11 und 13 Uhr** statt. 10 Min. zu Fuß von Mikawa-Toyota Station.

Toyota-Automuseum

Das Museum ist eine große Hommage an das Auto. Die Ausstellung beinhaltet alle möglichen **Kostbarkeiten und Raritäten** aus der Automobilgeschichte: von den Anfängen im späten 19. Jahrhundert über das erste nach Japan importierte Auto bis hin zur eigenen Produktion bei Toyota. Benz, Bugatti, Cadillac, Rolls Royce, Volkswagen etc. – eine wahre Fundgrube für Auto-Fans.

- **Toyota Automobile Museum,** 41-100 Nagakuteyokomichi, Nagakute-chō, Aichi-gun. Di bis So 9–16.30 Uhr, Eintritt 1000 Yen, Tel. (0561) 63-5151, www.toyota.co.jp/Museum. Von Nagoya Station mit der U-Bahn bis Fujigaoka Station, von dort mit dem Bus bis Nagakute-shako oder mit der Magnetschwebebahn Linimo bis Geidai-dori-Station.

Expo 2005 Aichi

Auf dem Gelände der Expo 2005 – Thema damals: „Die Weisheit der Natur" – findet man heute u.a. ein Museum, einen japanischen Garten und ein Schwimmbad. Das Gelände erreicht man von Nagoya Station zuerst mit der U-Bahn bis Fujigaoka, von dort dann weiter mit dem **Linimo,** der **ersten Magnetschwebebahn Japans.** Das moderne Transportmittel passte gut zu einer Ausstellung, mit der sich Japan als Land der zukunftsweisenden Technologien präsentierte. Wohl auf keiner anderen Expo zuvor hatten Roboter – egal ob musizierend, Müll sammelnd oder wegweisend – einen so gewichtigen Anteil an der Veranstaltung.

Inuyama

- **Einwohner:** 74.000

Inuyama liegt weniger als eine halbe Zugstunde von Nagoya entfernt und kann ein lohnendes Ziel für einen Tagesausflug sein. Die Kleinstadt steht vor allem für die **älteste erhaltene Burganlage Japans** aus dem Jahr 1537, die sich schön am Fluss Kiso erhebt. **Meiji Mura** ist ein großes **Freilandmuseum,** das die dörfliche Atmosphäre der Meiji-Ära nachbildet. Der **Japan Monkey Park** stellt eine Mischung aus Zoo, Freizeitpark und Botanischem Garten dar und ist vor allem bei Kindern beliebt. Entlang dem **Kiso-Fluss,** der in Inuyama auch als „Japans Rhein" bezeichnet wird, kann man ein paar Ausflugsfahrten buchen, Infos: Nihon-Rhein Kanko, Tel. (0574) 28-2727.

▷ Blick über die Dächer von Takayama

GIFU

Die **Präfektur** Gifu liegt ziemlich genau **in der geografischen Mitte Japans** und hat als eine von wenigen Präfekturen des Landes **keine Küste.** Wer tiefer in die japanische Kulturgeschichte einsteigen will, kann in Gifu die Schnittpunkte von ost- und westjapanischer Kultur entdecken. Die gleichnamige Hauptstadt der Präfektur liegt 30 Kilometer nördlich von Nagoya, ist aber weniger attraktiv als die vielen kleinen historischen Dörfer in der Präfektur. Gifu bietet vor allem Natur und eine **abwechslungsreiche Landschaft.** Im Norden erheben sich die Berge auf über 3000 Meter Höhe. Attraktive Wanderrouten warten im **Hida-Gebirge** und im **Hakusan-Nationalpark.**

jap_723 oh

Takayama

- **Einwohner:** 67.000

Takayama ist ein rustikales Städtchen **tief in den Bergen Gifus.** Es ist landwirtschaftlich geprägt und die Straßen und Häuser zeigen, wie es wohl vor 300 Jahren überall in Japan ausgesehen haben muss. Noch heute ist Takayama im Winter oft von der Außenwelt abgeschnitten, weil die Straßen aufgrund der Schneemassen unpassierbar sind. Das Panorama mit vielen 3000-Meter-Bergen rund um die Kleinstadt ist beeindruckend.

Die Stadt liegt in der **Hida-Region,** weswegen sie, auch zur besseren Unterscheidung von anderen Takayamas in Japan, gern als Hida-Takayama bezeichnet wird. Die Region Hida zeichnet sich durch ihren **Reichtum an traditionellen**

Takayama
0 150 m
Übernachtung
1 Pension Cocotte
3 Best Western Hotel
5 Rickschaw Inn
6 Minshuku Kuwataniya
9 Hida Takayama Tenshō-ji Youth Hostel
Essen und Trinken
2 Myōgaya
4 Suzuya
7 Matsuki Sushi
8 Ostelia La Forchetta
Takayama Yatai Kaikan
Sakurayama Hachimangū-Schrein
Inrō-Museum
Shishi Kaikan
Hida Takayama Shunkei Kaikan
Yoshijima-Haus
Kusakabe Mingei-kan
Toyama
JR Takayama-Linie
Miya-Fluss
Miyagawa Morgenmarkt
Yasugawa-dori
Kokubunji-dori
Fujii Folk Craft Museum
Hirata Kinen-kan
Takayama-shi Kyōdo-kan
Hida Minzoku Kōko-kan
San-machi-suji
JR Takayama
Hirokōji-dori
Jinya-mae Morgenmarkt
Takayama Jinya
Hachikenmachi-dori
Hida-Museumsdorf
Nagoya

Handwerkskünsten mit zum Teil einzigartigen Techniken aus. Holzschnitzereien, Lackarbeiten und Strohartikel standen seit jeher im Mittelpunkt der lokalen Fertigung. Heute sind sie begehrte Souvenirs.

Wie andere historische Städte in Japan beansprucht auch Takayama für sich den Titel „Klein-Kyoto".

Sehenswertes

Altstadt

Das altstädtische Zentrum von Takayama ist **San-machi-suji,** das aus kleinen, engen Straßenzügen besteht und komplett unter Denkmalschutz steht. Entlang der Gassen mit den authentischen Privathäusern aus der Edo-Zeit ziehen sich viele traditionelle Geschäfte und Restaurants. Hier trifft man auf etliche kleinere **Museen,** deren Gebäude an sich mindestens so interessant sind wie die ausgestellten Gegenstände selbst. Beim Streifzug wird man auch auf Lagerhäuser stoßen, die die großen **Matsuri-Festwagen** beherbergen (Takayama Yatai Kaikan, Eintritt 820 Yen). Takayama zeichnet sich durch eine **ganzjährige Festival-Atmosphäre** aus, wobei die größten Matsuri im Frühjahr und Herbst abgehalten werden.

Auf der anderen Seite des Flusses gelangt man zum **Takayama Jinya,** dem **historischen Regierungshaus,** dem einzig erhaltenen seiner Art in ganz Japan. Das herrschaftliche Gebäude des Feudalherren *Kanamori* wurde 1615 erbaut und diente sowohl als Ort der Proklamation als auch als administrativer Sitz, um Steuern einzuziehen. Wie eine kleine

Festung ist die Anlage mit starken Steinmauern umgeben (tägl. 8.45–17 Uhr, 420 Yen).

Morgenmärkte

Wem sich die Gelegenheit bietet, der sollte sich die beiden Morgenmärkte (**Jinya-mae** und **Miyagawa**) nicht entgehen lassen. Hier bieten vor allem Bäuerinnen aus der näheren Umgebung ihr frisches Gemüse und verschiedenste Blumen an. Die Märkte haben ihren Ursprung in der Edo-Zeit, als zuerst Reis und Maulbeersträucher gehandelt wurden. Im Sommer 6–12 Uhr, im Winter 7–12 Uhr.

Die Altstadt von Takayama steht unter Denkmalschutz

Hida-Museumsdorf

Nur 20 Minuten zu Fuß vom Zentrum entfernt liegt das 99.000 Quadratmeter große Museumsdorf mit **mehr als 30 Gebäuden im historischen Hida-Stil.** In den charakteristischen Häusern mit den Schilf- und Steildächern werden Gegenstände des täglichen Gebrauchs ausgestellt, die die Alltagskultur der Berg- und Bauerndörfer veranschaulichen. In einigen Häusern werden **Workshops und Kurse** zu traditionellen Handwerkskünsten angeboten: vom Weben und Färben über das Strohflechten und das Sashiko-Steppnähen bis hin zur Fertigung von Hida-Keramiken.

Das **Museumsdorf** ist täglich von 8.30–17 Uhr geöffnet, Eintritt 700 Yen. Anmeldungen zur „Schule des Kunsthandwerks" unter Tel. 34-4711 oder www.hida.jp/hidanosato.

Shiroyama-Park

Im Shiroyama-Park trifft man auf die **Ruinen der einstigen Burg von Takayama,** die 1590 *Kanamori* erbauen ließ. Heute findet man noch Reste der Burgmauer und Überbleibsel des Donjons vor. Von der erhöhten Anlage hat man einen besonders schönen Blick auf die Alpen der Umgebung. Gleich daneben liegt der **Shōrenji-Tempel.**

Higashiyama Teramachi

Nordöstlich der Burgruinen beginnt der 3½ Kilometer lange **Higashiyama-Wanderweg,** der den Park mit den **Higashiyama-Tempelstätten** verbindet. Nach dem Vorbild Kyotos ließ *Kanamori* bei der Gründung der Burgstadt im frühen 17. Jahrhundert Tempelanlagen im östlichen Hügelgelände errichten. Insgesamt führt der schöne Weg an 13 Tempeln und fünf Schreinen vorbei, die alle ihre eigenen Kulturschätze aufweisen. Wer hier entlangläuft, versteht besser, warum Takayama die Bezeichnung „Klein-Kyoto" für sich beansprucht.

Praktische Tipps

- **Vorwahl:** 0577

Anfahrt

- **Bahn:** Von Nagoya mit dem **JR Limited Express „Hida"** in etwas mehr als 2 Stunden. Vom Bahnhof JR Takayama kann man alle Sehenswürdigkeiten zu Fuß erreichen.

Touristeninformation

- **Hida Touristeninformation,** JR Takayama Station, tägl. 8.30–18.30 Uhr (im Winter bis 17 Uhr), Tel. 32-5328, www.hida.jp.

Unterkunft

- **Minshuku Kuwataniya,**①, 9 Zimmer. Warmherziges, familiengeführtes Minshuku. Komfortabel gelegen und mit Zimmern im westlichen und japanischen Stil. Fahrradleihe umsonst, Mahlzeiten gegen Aufpreis. JR Takayama, 5 Minuten, Tel. 32-5021, www.kuwataniya.com.
- **Rickschaw Inn,**①, 8 Zimmer. Die Lieblingsunterkunft von ausländischen Touristen. Südostasiatische Dekorationen, Gemeinschaftsküche, Zimmer mit Bad gegen Aufpreis. JR Takayama, 6 Minuten, Tel. 32-2890, www.rickshawinn.com.
- **Pension Cocotte,**②, 10 Zimmer. Außerhalb gelegen mit großartiger Aussicht auf die südlichen Japanischen Alpen. Hier lässt sich eine gemütliche Zeit in schöner Natur verbringen. Der Preis beinhaltet zwei Mahlzeiten. Abholservice von JR Takayama möglich. Bushaltestelle Harayamaguchi, 5 Minuten, Tel. 34-5510, www11.ocn.ne.jp/~cocotte.
- **Best Western Hotel,**②, 78 Zimmer. Gutes Stadthotel im Zentrum. JR Takayama, 1 Minute, Tel. 37-2000, www.bestwestern.co.jp/ takayama.

Jugendherberge

- **Hida Takayama Tenshō-ji,** 3000 Yen für Mitglieder (sonst 3600 Yen), JH im Tempel. JR Takayama, 20 Minuten, Tel. 32-6345, www. jyh.or.jp.

Essen und Trinken

Lokale Küche: In der Hida-Region sind die Winter lang und der Ozean ist weit weg, sodass sich die Küche vom übrigen Japan stark unterscheidet. Haltbaren und proteinreichen Lebensmitteln gilt das Augenmerk. Die lokale Spezialität *Hōba Miso* ist aus dieser Tradition entstanden. Gemüse aus der Bergregion wird mit Miso-Paste auf einem Hoba-Blatt angerichtet und über Feuer gegrillt. Hida-Rindfleisch zeichnet sich durch einen höheren Fettanteil aus: Das Fleisch isst man als Steak, Sukiyaki oder als Sushi (also roh!).

■ **Suzuya,**②, lokale Küche mit Hōba Miso und mit Hida-Rindfleisch als Shabu-shabu, Nabe oder Sukiyaki. Englische Speisekarte erhältlich. Mi bis Mo 11–15 und 17–21 Uhr, JR Takayama, 7 Minuten, Tel. 32-2484, www7. ocn.ne.jp/~suzu-ya.

Myōgaya,①, vegetarisches Bio-Restaurant mit regionalen Zutaten. Die erfahrene Inhaberin kocht japanisch-makrobiotisch rund um braunen Reis. Do/Fr 8–15 Uhr, Sa 8–19 Uhr (Nachmittagspause variiert), 5-15 Hanasato-cho, Tel. 32-0426.

■ **Ostelia La Forchetta,**②, italienisches Restaurant mit vernünftigen Preisen. Tägl. 11.30–14 und 17.30–21 Uhr, JR Takayama, 15 Minuten, Tel. 37-4064.

■ **Matsuki Sushi,**③, hier bekommt man auch abseits des Meeres gutes Sushi. Natürlich wird auch Rindfleisch-Sushi angeboten. Eine englischsprachige Speisekarte ist vorhanden. Geöffnet 17–24 Uhr, Ruhezeiten variieren, JR Takayama, 7 Minuten, Tel. 34-4776.

Museen

■ **Kusakabe Mingei-kan,** Volksmuseum, Gebäude aus dem Jahr 1879 mit niedrigen Dachtraufen und gestampftem Lehmboden, zusammen mit dem **Yoshijima-Haus** daneben architektonische Musterbeispiele der damaligen Zeit. Beide 9–17 Uhr und jeweils 500 Yen.

■ **Inrō-Museum,** Inrō sind kleine, kunstvoll gestaltete und reich dekorierte Arzneimittelkästchen. Die Ausstellung zeigt rund 300 der tragbaren Medizinbehälter aus der Edo-Zeit. Di und im Winter geschlossen, sonst 9–16.30 Uhr.

■ **Hida Takayama Shunkei Kaikan,** Shunkei-Lackarbeiten, 1000 Ausstellungsstücke vom 17. Jahrhundert bis heute. Eintritt 300 Yen.

■ **Takayama-shi Kyōdo-kan,** Geschichtsmuseum mit sehenswerten Ausstellungsstücken, darunter einige wertvolle buddhistische Holzschnitzereien. Di bis So 8.30–17 Uhr, Eintritt 300 Yen.

■ **Hida Minzoku Kōko-kan,** archäologisches Museum. Tägl. 8.30–17 Uhr, Eintritt 400 Yen.

■ **Fujii Folk Craft Museum** und **Hirata Kinen-kan,** Volkskunstmuseen, beide tägl. 9– 17 Uhr, Eintritt 700 bzw. 300 Yen.

■ **Shishi Kaikan,** Ausstellung zu den lokalen Festivals mit über 800 Masken der traditionellen Löwen-Tänze und weiteren Accessoires. 8.30–17.30 Uhr, Eintritt 600 Yen.

Festivals

■ **Ende Januar bis Anfang Februar: Eisskulpturen-Festival.**

■ **14./15. April: Takayama-Frühlingsfest,** großes Festival, das auch japanweit Beachtung findet. Zwölf großartig dekorierte Festwagen werden durch die Straßen gezogen. Auf drei Festwagen sind sehr alte Reliquien ausgestellt. Ausgangsort der Prozession ist der Hie-Schrein.

■ **Ende April: Festivals in den Dorfschreinen** mit Drachentänzen und Tempelzeremonien.

■ **6./7. August: Tanabata-Festival.**

■ **9. August: Tezutsu-Feuerwerk,** Feuerwerkskörper werden in Bambusrohre eingesetzt und von jungen Männern als Mutprobe in der Hand gehalten.

■ **9./10. August:** Ema-ichi, Pferdebilder-Markt, auf dem Markt werden Pferdebilder versteigert, die

▷ Shirakawagō: Häuser im Gasshō-Stil

der Tradition zufolge neben dem Hauseingang als Glücksbringer fungieren sollen. Die Versteigerung wird in der alten Geldeinheit Ryō abgehalten. Ort: Matsukura Kannon.

- **9./10. Oktober: Takayama-Herbstfest,** vergleichbar in seiner Dimension mit dem Frühlingsfest.

Flohmarkt

- **Garakuta,** Antiquitäten-Markt in San-machisuji, zwischen Mai und Oktober jeweils am 7. im Monat.

Umgebung von Takayama

Okuhida Onsen bezeichnet die fünf kleinen Dörfer **Hirayu, Fukuchi, Shin Hirayu, Tochio** sowie **Shinhodaka** und liegt am Fuße der Nördlichen Alpen. Die **Kurorte** sind vor allem für die **heißen Quellen** im Freien berühmt (160 insgesamt): Nahezu jedes Ryokan hat ein heißes Freiluftbad für seine Gäste eingerichtet. Man badet genüsslich in dampfenden Quellen und hat die schneebedeckten Japanischen Alpen vor Augen. Neben Skifahrern und Wanderern finden sich hier Tagesgäste aus der näheren Umgebung.

Shirakawagō

- **Einwohner:** 600

Shirakawagō **im Nordwesten Gifus** ist ein Dörfchen, das 1995 zum Weltkulturerbe erklärt wurde. Charakteristisch für das entlegene Bergdorf sind die langen steilen Dächer und die massive Bauweise der **Bauernhäuser.** Mit einem Neigungswinkel von 60 Grad sollen die Dächer vor den Schneemassen im Winter

jap_439 oh

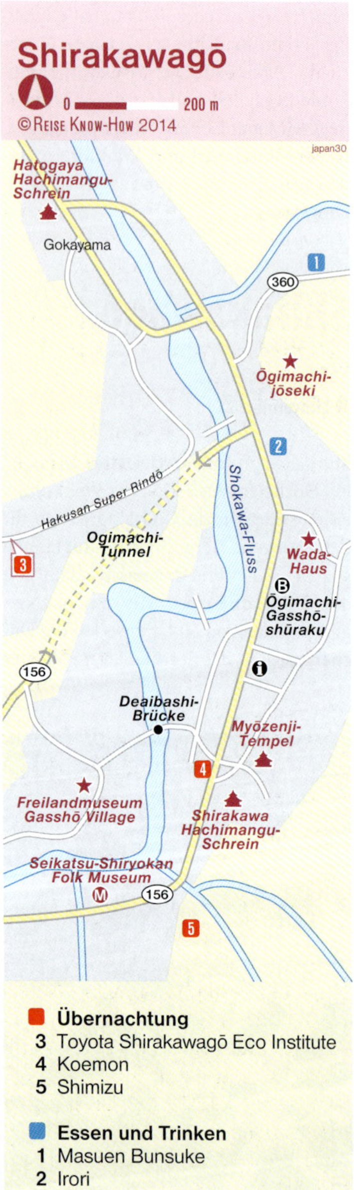

schützen. Dieser so genannte **Gasshō-Stil** der Häuser ist einzigartig: 18 Meter lang, 10 Meter breit und mit vier Stockwerken versehen, ermöglichen die großen Häuser seit jeher das Zusammenleben in der Großfamilie. Die Häuser sind in Nord-Süd-Richtung erbaut, um dem teils recht heftigen Wind weniger Widerstand zu bieten. Die steilen Dachkonstruktionen erinnern der Form nach an betende Hände, sagen zumindest die Einwohner. Alle 30 bis 40 Jahre müssen die **strohgedeckten Dächer** ersetzt werden, was heutzutage einem großen Spektakel gleicht, bei dem rund 200 Personen das Dach möglichst schnell (normalerweise in zwei Tagen) wieder decken. Dabei hilft die gesamte Dorfgemeinschaft *(Yui)* mit, die von Freiwilligen aus der Umgebung unterstützt wird. Etwa drei bis vier Gasshō-zukuri-Häuser werden jedes Jahr neu gedeckt. In den Häusern selbst wohnen zum Großteil nach wie vor einheimische Bauernfamilien. **Einige Häuser** sind für die Öffentlichkeit **zugänglich,** einige bieten auch **Übernachtungen** an.

Die beste Aussicht auf das Dorf hat man von der **Anhöhe Ōgimachi-jōseki,** wo sich die Ruinen der ehemaligen Burg befinden. Im **Freilandmuseum Gasshō Village** wurden 25 typische Häuser aus der Umgebung originalgetreu rekonstruiert. Hier werden auch Demonstrationen traditioneller Arbeiten wie Weben oder Färben angeboten (im Winter Do geschlossen, Eintritt 700 Yen).

Der lokale **Tempel Myōzenji** steht der Architektur der Bauernhäuser in nichts nach und weist ebenfalls das charakteristische Strohdach auf. Ein Bauernhaus stellt Utensilien des jährlichen Festivalhöhepunkts **Doburoku Matsuri** aus.

Doburoku ist hausgemachter und ungefilterter Sake. In seiner Konsistenz erinnert er mehr an einen Brei denn an ein Getränk. Während das Sake-Brauen normalerweise Privatleuten untersagt ist, gilt für Shirakawagō und die Zeit des Doburoku-Erntedankfestes eine Ausnahme. Beim Festival im Oktober präsentieren die Dorfbewohner die traditionellen **Löwentänze Shishimai.**

In Shirakawagō sind noch heute **Volkslieder** sehr verbreitet, die man beim Festival, aber auch bei anderen feierlichen Angelegenheiten wie etwa Hochzeiten zu hören bekommt. Diese Tradition von Gesang und Shamisen wurde von den Großfamilien besonders während der langen und abgeschiedenen Winter über die Jahrhunderte hinweg lebendig gehalten. Die bekanntesten Volkslieder der heutigen Zeit sind „Kodaijin", „Wajima" und „Shossho".

Praktische Tipps

- **Vorwahl:** 05769

Anfahrt

- Mit dem **Bus** ab Takayama in 1 Stunde 40 Minuten. Der Bus verkehrt sechsmal täglich. Am besten fährt man bis zur Haltestelle Ōgimachi-Gasshō-shūraku, dort ist auch gleich die Touristeninformation.

Touristeninformation

- An der **Haltestelle Ōgimachi-Gasschō-shūraku,** tägl. 9–17 Uhr, Tel. 6-1013, nur japanisch! http://shirakawa-go.org/english.

Unterkunft

Oft wird Shirakawagō als Tagesausflug von Takayama aus angesteuert, doch eine Übernachtung in einem der traditionellen strohgedeckten Häuser ist allemal eine Überlegung wert.

- **Shimizu,**②, 3 Zimmer. Bilderbuch-Unterkunft mit englisch sprechender Besitzerin, Mahlzeiten gegen Aufpreis. Tel. 6-1914, www.shimizuinn.com.
- **Koemon,**②, 5 Zimmer. Bilderbuch-Unterkunft II, die Innenräume sind komfortabel renoviert, Mahlzeiten gegen Aufpreis. Tel. 6-1446, www.shirakawago-kataribe.com.
- **Toyota Shirakawagō Eco Institute,**②, ein Hotel der Toyota-Gruppe, etwas entfernter vom touristischen Zentrum, dafür Natur pur. Abholung von der Bushaltestelle Shirakawagō möglich. Tel. 6-1187, www.toyota.eco-inst.jp.

Essen und Trinken

- **Irori,**②, hier sollte man gegrillten Tofu probieren. Mi bis Mo 9–17 Uhr, am nördlichen Ende des Dorfs gelegen, Tel. 6-1737.
- **Masuen Bunsuke,**②, lokale Küche, auch mit Forellen-Gerichten. Geöffnet 9–21 Uhr, die Ruhetage variieren, Tel. 6-1268.

Mino

Mino liegt **im Süden der Gifu-Präfektur** und ist ein **Zentrum für das hochwertige handgeschöpfte Papier Mino-Washi,** das sich durch seine feine Struktur und die hohe Beständigkeit gegenüber Wärme auszeichnet. Das japanische Papier wird beispielsweise für die Herstellung der Mino-Papierlampen verwendet. Das **Mino-Washi-Museum** weiht in die Geheimnisse der Papierproduktion ein (Mi bis Mo 9–16.30 Uhr, Bushaltestelle Washino-sato Kōen).

Die Kleinstadt hat darüber hinaus eine lange **Keramik-Tradition.** Die Fertigung von Töpferwaren reicht bis ins 8. Jahrhundert zurück. Zu Glanzzeiten im 16. Jahrhundert wurden für Teezeremonien kunstvolle Teeschalen gefertigt, heute kommen vor allem Geschirr und Blumenvasen mit der Bezeichnung „Shino-“ oder „Oribe-Keramik“ aus Mino.

Praktische Tipps

Unterkunft

- **Masunoya,**②, Ryokan, umgeben von Bäumen, mit gemütlicher Atmosphäre. Der Preis beinhaltet zwei Mahlzeiten. Abholservice innerhalb Minos möglich. Nagaragawa Yunohora-Onsen-guchi, 20 Minuten, Tel. (0575) 33-2083.
- **Yumotokan,**②, gutes Ryokan im nördlichen Teil der Stadt. Der Preis beinhaltet zwei Mahlzeiten. Im Winter darf man sich auf den Wildschwein-Topf freuen. Nagaragawa Yunohora-Onsen-guchi, 20 Minuten, Tel. (0575) 33-2020, www.mino-yumotokan.com.

NAGANO UND UMGEBUNG

Nagano

- **Einwohner:** 380.000

Nagano war **1998 Austragungsort der Olympischen Winterspiele** und steht ganz im Zeichen des Wintersports. Nagano ist eine **sympathische Kleinstadt** geblieben, die inmitten der Japanischen Alpen liegt und mit den umliegenden Bergen ein bezauberndes Bild abgibt.

Im Vergleich mit Sapporo ist die Wintersport-Saison in Nagano etwas kürzer: Nur von Anfang Dezember bis Ende Februar kann man in allen Resorts mit Schnee rechnen, einzig Hakuba gilt bis Ende April als schneesicher. Dafür ist Nagano wesentlich einfacher zu erreichen als Sapporo: Von Tokyo aus benötigt der Shinkansen weniger als zwei Stunden. Die meisten Touristen kommen im Winter, aufgrund der **großartigen Bergkulisse** finden aber auch im Sommer Bergsteiger und Wanderer ihren Weg in die Alpenregion. Religiöses Zentrum in Nagano ist der traditionsreiche Zenkōji-Tempel.

Orientierung

Das kulturelle Zentrum Naganos liegt zwischen Zenkōji-Tempel und JR Nagano Station. Die Olympiasportstätten liegen in südlicher Richtung.

Nagano-Präfektur
0
20 km
©Reise Know-How 2014
japan25
Japan Railways
andere Eisenbahnen
Busse
Mt. Hakuba Norikura (2469 m)
Mt. Shirouma (2932 m)
Oilo Linie
Tsugaike-Naturgarten
Hakuba
Illzuna Kōgen
Togakushi
Kurobe-Stausee
Alpenroute
Tateyama-Kurobe
Murodōdaira-Hochebene
Shinano Omachi
Daiō-Farm
Hotaka
Togari-Nozawa-Onsen
Iiama Linie
Shinetsu Linie
Liyama
Nozawa Onsen
Kijima
Yudanaka Shibu Onsen
Yudanaka
Shiga Kōgen
Nagano
Matsumoto Dentetsu Linie
Matsushiro Onsen
Vulkan Asama (2560 m)
Tokyo
Karuizawa
Nagano Shinkansen
Shinonoi Linie
Asama Onsen
Kamikochi
Norikura Onsen
Matsumoto
Utsukushigahara-Plateau
Mt. Norikura (3026 m)
Shin-Shimashima
Shiojiri
Suwa-ko-See
Chuo Linie
Narai
Kiso-Tal
Mt. Koma Gatake (2966 m)
Nagiso
Tsumago
Magome
Nagoya
Ski-Ressort
1 Tsugaike
2 Hakuba Cortina
3 Hakuba Norikura
4 Hakuba 47
5 Hakuba Goryū
6 Iizuna Kōgen
7 Nozawa Onsen
8 Mt. Akashiyama (2108 m)
9 Mt. Shiga (2036 m)
10 Mt. Yokote (2305 m)

Sehenswertes

Olympische Sportstätten

M-Wave-Halle

Die Halle mit der futuristischen Architektur ist heute **sowohl Olympia-Museum als auch Eventarena.** 1998 wurden hier die Eisschnelllauf-Wettbewerbe ausgetragen. Im Winter steht die 230 x 160 Meter große Halle als **Eislauffläche** zur Verfügung (Schlittschuhe können geliehen werden; Anfang Oktober bis Ende März 10–18 Uhr). Zwischen Frühling und Herbst finden hier Konzerte, Ausstellungen und Messen statt.

Das **Olympia-Museum** lässt die Spiele von 1998 Revue passieren, leider jedoch vor allem aus japanischer Sicht mit einem Schwerpunkt auf japanische Sportler. Trotzdem ist das Museum ein guter Ort für Olympiafanatiker sowie Sport- und Statistikfans. An Videoterminals kann man sich jeden Wettbewerb in einer ungefähr zehnminütigen Zusammenfassung ansehen und an Computer-Datenbanken lassen sich Informationen zu den Leistungen jedes einzelnen Sportlers abrufen. Der Bobfahrsimulator dürfte wohl eher Kinder begeistern.

■ **Olympia-Museum und M-Wave-Halle,** 700 Yen Eintritt, 15 Minuten mit dem Bus ab Nagano Station bis zur Haltestelle M-Wave-mae.

▷ Die Arena White Ring – eines der Wahrzeichen der Olympischen Winterspiele 1998

White Ring-Arena

Die Arena gilt neben der M-Wave-Halle als das Wahrzeichen der Olympischen Spiele von 1998. In ihr wurden die Eiskunstlaufwettbewerbe ausgetragen. Heute wird die Halle als **Sportstätte für lokale Sportclubs** genutzt und der Öffentlichkeit zugänglich gemacht. Jeder in Nagano hat Zutritt zu der großen Halle (200 Yen für 2 Stunden) und kann unter den olympischen Ringen Basketball oder Volleyball spielen.

Hinter der Arena gibt es nach wie vor einen kleinen umzäunten Grund, den der dortige Bauer bei der Errichtung nicht verkaufen wollte, sodass die Umgebung der Arena nicht so fertig gestellt werden konnte wie vorgesehen. Auf diesem kleinen Grund lagern heute vor allem Altreifen …

■ **White Ring-Arena,** freier Eintritt, 2268-1 Mashima, Mashima-chō, Bushaltestelle Yotsuhashi.

Minami Nagano Sports Park

Im Nagano Sports Park fanden die Eröffnungs- und Abschlussfeier zu den Olympischen Spielen statt. Die Bühne in Form eines Sumo-Rings war eines der einprägsamsten Bilder der Auftaktveranstaltung. Heute kann man das Stadion nur noch von außen betrachten, außer man besucht eines der **Baseballspiele,** die gelegentlich darin ausgetragen werden.

■ **Minami Nagano Sports Park,** Busstation Komori-Nishi, ab JR Nagano Station, nur morgens und abends, von dort aus 15 Minuten zu Fuß.

Zenkōji-Tempel

Der Zenkōji-Tempel besteht seit dem 7. Jahrhundert und **gehört zu den traditionsreichsten Tempeln Japans.** Der bedeutendste Schatz des Tempels ist die

jap_442 oh

goldene Buddha-Statue, die der Überlieferung nach 552 als erstes Buddha-Bildnis nach Japan kam. Das geheimnisvolle Original bekommt jedoch niemand zu sehen, es soll sich bis zum heutigen Tag im Tempelinneren befinden. Alle sieben Jahre wird beim **Gokaichō-Fest** eine Kopie der Statue im Tempel gezeigt, was unglaubliche Menschenmengen anlockt.

Der Zenkōji-Tempel ist für seine **liberale Ausrichtung** bekannt: Diverse buddhistische Schulen (Jōdo und Tendai) nutzen den Tempel und historisch betrachtet waren seine Tore bereits für **Frauen** geöffnet, als alle anderen Tempel noch ausschließlich Männern vorbehalten waren. Auch heute ist der Anteil von Frauen unter den Tempelbesuchern besonders hoch. Zeremonien werden von einem Oberpriester und einer Oberpriesterin geleitet.

Die **Morgenzeremonie** sollte man sich auf keinen Fall entgehen lassen. Sie wird mit dem Sonnenaufgang zelebriert, und jeder kann dem Zeremoniell beiwohnen. Zu Beginn knien die Besucher **vor der Haupthalle** (Zenkōji Hondō) nieder, um den Segen der Priester zu empfangen. Der Oberpriester bzw. die Oberpriesterin sind jeweils an einem roten Schirm zu erkennen. Nachdem die Reihe der Pilger abgeschritten wurde, gehen alle zusammen in den Innenbereich des Haupttempels („inner sanctuary"), für den man ein Ticket (500 Yen) lösen muss. Dieser Innenbereich ist ein 150 Tatami großer Raum, in dem früher, als man von weither anreiste, die Pilger ihr Futon ausrollten und übernachteten. Der Tempel hat bis heute seine Atmosphäre als Pilgerzentrum bewahrt.

Beim feierlichen Ritual **im Innenbereich** beten die Priester vor den Gläubigen für deren Erlösung und die Erlösung aller Menschen. Die **Rezitationen** sind besonders melodisch, was einen Unterschied zu anderen Tempelzeremonien ausmacht. Auf besonderen Wunsch (und gegen besondere Bezahlung) kann auch ein spezielles Gebet gelesen werden.

Im Unterschied zu anderen Tempeln ist die Haupthalle des Zenkōji-Tempels länglich angelegt. Im **Äußeren Heiligtum der Haupthalle** sind **Emma,** die Richterin über die Toten, und die **Binzuru-Statue** zu finden. *Binzuru* war Arzt und hochbegabter Schüler *Buddhas,* Gläubige berühren hier die abgenutzte Figur *Binzurus* und beten für die Linderung ihrer Leiden.

Im **Inneren Heiligtum** findet sich neben den Statuen des Tempelgründers auch der schwarze Tunnel unter dem Altar. Pilger fühlen im Dunkel nach dem „Schlüssel zum Paradies", der für alle, die ihn ertasten, Erlösung verspricht.

- **Zenkōji-Tempel,** 7 Minuten mit dem Bus ab Nagano Station, Haltestelle Kōen-mae. Innenbereich tägl. geöffnet 6–16 Uhr.

Praktische Tipps

- **Vorwahl:** 026

Touristeninformation

- **Nagano Touristeninformation,** JR Nagano Station, 1038-4, Kitagawara, Kurita, Tel. (026) 226-5626, tägl. 9–18 Uhr, WLAN und PC verfügbar, www.nagano-cvb.or.jp.

Unterkunft

Unser Tipp: Hanasaki-chō Shimizuya Ryokan, ①, 12 Zimmer. Überragend freundliches Ryokan mit fröhlicher Besitzerin *Kimiko*. Die wahrscheinlich günstigste Unterkunft in Nagano. Nahe am Zenkōji. Das Abendessen (gegen Aufpreis) sollte man sich nicht entgehen lassen. Altes Gebäude, top renoviert und mit dem modernsten WC weit und breit. Bushaltestelle Zenkōji Daimon, durch das Tor, danach links, an der nächsten Ampel rechts, eine Abzweigung überqueren und am 2. Strommast rechts das Ryokan. Tel. 233-3211, Fax 233-3225, www.geocities.jp/shimizuyajp.

■ **Chuōkan Shimizuya Ryokan,**①, 18 Zimmer. Freundliche Familie, erprobt im Umgang mit ausländischen Touristen. An der Hauptstraße zum Zenkōji. Bushaltestelle Zenkōji Daimon, 3 Minuten, Tel. 232-2580.

■ **Hotel Metropolitan Nagano,**②, 235 Zimmer. Hotel der JR-Gruppe mit westlichem Standard. Direkt am Bahnhof JR Nagano gelegen, spezielle Tarife für Reisende mit dem JR Rail Pass. JR Nagano Station, Ausgang Zenkōji, Tel. 291-7000, www.metro-n.co.jp.

Essen und Trinken

Nagano-Küche: Im Gegensatz zu fast allen anderen Regionen in Japan spielen Meeresfrüchte aufgrund der geografischen Lage Naganos keine Rolle auf der Speisekarte. Auch Viehzucht war in der bergigen Region kaum möglich, sodass sich einige ganz eigene und gewöhnungsbedürftige Gerichte entwickelten: *Hachinoko* sind in Honig zubereitete Bienenlarven, *Inago* sind Heuschrecken in Soja-Sauce (die auch genau wie tote Heuschrecken aussehen), *Basashi* ist rohes Pferdefleisch, das als Sashimi gegessen wird. Weithin akzeptierter ist da schon *Shinshū Soba,* das gern als bestes Soba neben *Izumo Soba* angesehen wird. Es ist ein bisschen gräulich und dünner als anderes Soba.

■ **Hyakumangoku,**②, hier kann man alle Nagano-Kuriositäten ausprobieren: Hachinoko, Inago, Basashi, Hirsch-Sashimi und Frösche. Gewöhnliche Gerichte wie Soba oder Tempura gibt's auch. Tägl. 15.30–24 Uhr, JR Nagano, im Hotel New Nagano, B1F, Tel. 228-6613.

■ **The Fujiya Gohonjin,**②, bis 2006 ein sehr traditionsreiches Ryokan mit 350-jähriger Geschichte, jetzt von einer Consulting-Firma in ein italienisches Restaurant verwandelt. Bushaltestelle Zenkōji Daimon, schräg gegenüber, Tel. 232-1241.

■ **Cho Bali Bali,**②, der Koch aus Bali bereitet indonesische, thailändische und vietnamesische Gerichte zu vernünftigen Preisen zu. Geöffnet 12–14.30 und 18–23.30 Uhr, Ruhetage variieren, JR Nagano, 2 Minuten, Tel. 229-5226.

■ **Winds,**②, der Eigentümer ist die Bierbrauerei Suntory, neben Bier gibt's auch kleine Gerichte. JR Nagano, 3 Minuten, Hotel Sunroute Nagano, B1F, tägl. 11.30–24 Uhr, Tel. 224-1681.

■ **Ogawa no Shō** ist die beste Adresse für den lokalen **Snack Oyaki,** ein Stück kostet 150 Yen, erhältlich vor Nagano Station und vor dem Zenkōji. Für Oyaki wird zuerst Mehl mit Wasser vermengt, nach einiger Zeit werden Bohnen, Auberginen oder Kürbis dazu gegeben, ehe der ganze Teig dann gebacken oder gedünstet wird.

■ Einige Tempel um den Zenkōji bieten **Shōjin Ryōri** an – die Organisation Zenkōji Shukubō Kumiai (Tel. 234-3591) arrangiert Zeit und Ort.

Einkaufen

Nagano ist bekannt für seine **Gewürzmischung,** die normalerweise aus sieben verschiedenen Gewürzen inklusive rotem Pfeffer besteht. Die Mischungen kaufte man traditionell am Zenkōji, um an den Samurai-Kontrollpunkten zu belegen, dass man sich auf Pilgerschaft befand. Die Standardvariante ist **Chūkara,** die 60–70 Prozent roten Pfeffer enthält. Die schärfste Kreation, **Ichimi Tōgarashi,** besteht ausschließlich aus rotem Pfeffer. Die mildeste Variante ist **Shōkara,** die überwiegend die anderen sechs Gewürze enthält.

- **Yahataya Isogorō,** traditionsreichstes Gewürzgeschäft vor Ort, über Jahrhunderte hinweg geführt, geöffnet 9–16.30 Uhr, Ruhetage variieren, nahe dem Nioh-Tor des Zenkōji, Tel. 232-3966.

Museum

- **Shinano-Kunstmuseum & Higashiyama-Galerie,** nahe Zenkōji. Gemälde des Landschaftsmalers *Kaii Higashiyama* und Arbeiten von lokalen Künstlern. Do bis Di 9–17 Uhr, Eintritt 300 Yen.

Togakushi

- **Vorwahl: 026**

Von Nagano aus schlängelt sich die Straße hoch nach Togakushi, das vor allem für seine **herrlichen Zedernwälder** bekannt ist. Der Wald mit einigen schönen Alleen beginnt nach dem **Chūshamiya-Schrein** (Bushaltestelle Chūshamiya-mae). Im Winter bietet sich oft ein bizarres Bild mit meterhohem Schnee.

⊡ Zeugnisse aus der Feudalzeit: wie hier in Matsushiro

Praktische Tipps

Jugendherberge

- **Togakushi Kōgen Yokokura,**①, günstig nahe dem Togakushi-Schrein und dem Togakushi-Skigelände gelegen. Bushaltestelle Togakushi-Chūshamiya-mae, Tel. 254-2030, www.jyh.or.jp.

Essen und Trinken

- **Sobanomi,**②, Restaurant für Shinshū Soba, diverse kalte und warme Soba. Fr bis Mi 10.30–16.30 Uhr, Tel. 254-2102.

Einkaufen

Die Region ist von den klimatischen Verhältnissen und von der Bodenbeschaffenheit her nicht geeignet, um Reis anzubauen. Reis war jedoch zur Feudalzeit das Zahlungsmittel, das Bauern an den Daimyō zu entrichten hatten. Anstelle von Reis bezahlte man in Nagano mit **Bambus** und noch heute sind einige traditionelle Betriebe erhalten.

- **Inoue Takezaiku,** alles rund um Bambus-Produkte: Körbe, Teller, Kellen, Taschen, Schnee-Schuhe etc. Tägl. 7.30–19 Uhr (im Winter 8–17.30 Uhr), an der Hauptstraße in Togakushi, Tel. 254-2181.

Festival

- **Ende September: Soba Matsuri,** man zieht mit kleinen Schälchen von Restaurant zu Restaurant.

Matsushiro

Matsushiro ist eine alte Feudalstadt, die für ihre **historischen Häuser** und das besonders braune Onsen-Wasser bekannt ist. In Matsushiro lässt sich mehr über die **Lebensweise der Daimyō-Familie Sanada** erfahren. Kulturhistorisch ist besonders die Gebäudeanlage interessant, die der Daimyō für seine Frau und deren Bedienstete erbauen ließ. Insgesamt sind 40 Gebäude erhalten bzw. wieder aufgebaut. Viele Häuser sind begehbar und gelegentlich werden Veranstaltungen im Gartenbereich abgehalten. Eine Ausstellung zeigt Alltagsgegenstände aus der Daimyō-Zeit.

■ Matsushiro ist eine halbe Stunde von Nagano entfernt. Am Wochenende verkehrt ein **Shuttle-Bus ab Nagano Station,** ansonsten fährt man mit den **Zügen** der Nagano Dentestu Railway.

Die olympischen Skigebiete von Nagano

Shiga Kōgen

Das 30 Kilometer von Nagano entfernte Weltklasse-Skigebiet Shiga Kōgen, in dem viele der alpinen Skiläufe der Olympischen Winterspiele ausgetragen wurden, ist das **größte und populärste Skigebiet Japans.** Unzählige Lifte, 64 Kilometer Skigelände mit feinem Pulverschnee und ein wunderbares Bergpanorama erwarten die Wintersportler.

Im Sommer kann man hier wandern, Tennis und Golf spielen oder Rad fahren. Die **Wanderrouten** führen auf einige 2000er-Berge, darunter zum Beispiel auf den Mt. Yokote (2305 m), Mt. Akas-

jap_724 oh

Jigokudani – wilde Affen in heißen Quellen

Die badenden Affen von Jigokudani, auf halbem Weg zwischen Yudanaka und Shiga Kōgen, sind eine Attraktion besonderer Art. Rund **300 wilde Makaken** leben am nördlichen Ende des Jigokudani-Nationalparks und werden dreimal täglich gefüttert. Gerade in den kühlen Jahreszeiten halten sich die Affen überwiegend in und um die heißen Quellen auf – und viele Touristen kommen, um Fotos von den einzigartigen Tieren zu schießen. Dieses Schauspiel, das Affen wie Touristen gleichermaßen schätzen, sollte man sich nicht entgehen lassen.

■ **Anfahrt:** Von Yudanaka Station mit dem Bus in 15 Minuten bis Kanbayashi Onsen, dann 30 Minuten von der Bushaltestelle zu Fuß die Yumichi-Promenade entlang. Tägl. 8.30–17 (Sommer) und 9–16 Uhr (Winter), Eintritt 500 Yen, Kinder 250 Yen.

■ **Unterkunft: Kōrakukan,**②, 12 Zimmer. Rustikales Berg-Minshuku mit Freiluft-Onsen, das man sich ab Oktober manchmal mit Affen teilen muss. Tel. (0269) 33-4376, Bushaltestelle Kanbayashi Onsen, 30 Minuten, www.mountaintrad. co.jp/kora kukan.

jap_450 oh

hiyama (2108 m), Mt. Terakoyamine (2125 m) oder Mt. Shiga (2036 m).

■ Beste Anlaufstelle für Wanderungen ist das **Shigakōgen Nature Preservation Center,** Bushaltestelle Hasuike Ropeway. Hier gibt's geführte Touren und jede Menge Infomaterial zu Routen und Umgebung. Vom 20. Juli bis 31. August tägl. (außer Do) 9–16 Uhr.

Praktische Tipps

Anfahrt

■ Von Nagano Station mit der **Nagano Dentetsu-Linie** bis Yudanaka Station (40 Minuten), von dort mit dem Bus bis Shiga Kōgen (35 Minuten).

■ Zur Winterzeit verkehrt ein **Express-Bus** zwischen JR Nagano und Shiga Kōgen. Fahrtzeit 70 Minuten, Kosten rund 1700 Yen.

Unterkunft

- **Villa Alpen,** ②, 28 Zimmer. Am Fuße der Piste Sun Valley. Die Besitzer sprechen fließend englisch, gute Basis auch im Sommer. Bushaltestelle Siga-Sun-Valley, Tel. (0269) 34-2731, www.shigakogen.jp/villa-alpen.
- **Hotel Ichinose,** ②, 60 Zimmer. Hotel in Ichinose. Nachteil: Manchmal mit vielen Schulklassen belegt, Vorteil: An der Rezeption wird deutsch gesprochen. Tel. (0269) 34-2802, www.shigakogen.jp/ichinose.
- **Hotel Shirakabasō,** ③. Das Hotel liegt recht komfortabel nahe dem Nature Preservation Center. Der Preis beinhaltet zwei Mahlzeiten. Bushaltestelle Hasuike, Tel. (0269) 34-3311, www.shirakaba.co.jp.

Liftpass

Für die **21 Skigelände** in Shiga Kōgen gibt es einen Liftpass, der die **Benutzung aller Lifts** erlaubt: Der 1-Tagespass kostet 4800 Yen, ein 2-Tagespass 9000 Yen und ein Halb-Tagespass 3800 Yen. Mit den Liftpässen darf man die Shuttle-Busse zwischen den einzelnen Gebieten benutzen. Manche Unterkünfte bieten Liftpässe zu vergünstigten Konditionen an.

Yudanaka

Als Basislager für Shiga Kōgen kann auch das im Tal gelegene und unweit entfernte Yudanaka fungieren. Yudanaka ist die zusammenfassende Bezeichnung für **neun Onsen-Gebiete.** Eines der populärsten, Shibu Onsen, hat allein wiederum neun öffentliche Onsen *(Sotoyu),* die zum Onsen-Hopping einladen. Jeder, der in einer Unterkunft in Shibu übernachtet, darf die Thermen benutzen. Der Legende nach hält derjenige Unglück fern, der in allen neun Onsen badet.

Praktische Tipps

Anfahrt

- Von Nagano Station mit der **Nagano Dentetsu-Linie** nach Yudanaka Station in 40 Minuten.

Unterkunft

- **Utoshi Ryokan,** ①, 8 Zimmer. Vor allem bei ausländischen Touristen beliebte preiswerte Unterkunft. Mahlzeiten gegen Aufpreis. Tel. (0269) 33-1215, www.avis.ne.jp/~miyasaka.

Onsen in und um Nagano

Nagano ist die **Präfektur mit den meisten Onsen.** Man sollte sich also nicht wundern, dass jede Stadt oder jedes Bergdorf mit heißen Quellen wirbt. Im Gegensatz zu anderen Präfekturen unterliegt die Deklarierung der Onsen in Nagano jedoch strengen Regeln. In Japan gibt es keine zentrale Kontrollinstanz für Onsen, sodass sich prinzipiell erst mal jeder das touristische Prädikat „mit Onsen" verleihen kann, ohne dass man weiß, ob die Quelle tatsächlich aus dem Boden oder aus einem Durchlauferhitzer kommt. In Nagano jedoch wird **behördlich geprüft,** die Qualitätssicherung umfasst vier Stufen. Bei Bestehen der Wassertests gibt es am Ende ein Zertifikat, sodass man sich an diesen Orten dann doch relativ sicher sein kann, dass es sich um echte heiße Quellen handelt.

■ **Shimaya Ryokan,**③, 12 Zimmer. Günstig gelegen in Yudanaka; wird oftmals von Gästen genutzt, die in Shiga Kōgen Ski fahren. Der Preis beinhaltet zwei Mahlzeiten. Tel. (0269) 33-2151, www2s.biglobe. ne.jp/~simaya.

■ **Kanaguya,**④, 26 Zimmer. Klassisches Ryokan mit langer Tradition. Das Gebäude gleicht einem Labyrinth mit vielen Winkeln und Treppen. In Shibu Onsen gelegen, berechtigt die Übernachtung zur Nutzung der Thermen. Tel. (0269) 33-3131, www.kanaguya.com.

Nozawa Onsen

Nozawa Onsen, nördlich von Shiga Kōgen, ist sowohl populäres **Skigebiet** als auch **Onsen-Hochburg.** Hier ist man tagsüber auf der Piste unterwegs und entspannt sich abends in den Bädern. Im Gebiet um Nozawa Onsen sprudeln die Quellen mit nahezu 100 Grad heißem Wasser aus dem Boden. Zahlreiche Unterkünfte rund um das Ski- und Snowboard-Resort verfügen über hauseigene Onsen.

Ganz besonders praktisch sind die **13 öffentlichen Sotoyu-Onsen.** Die – Benutzung ist nicht wie sonst üblich an eine bestimmte Unterkunft gebunden, sondern für alle, die in Nozawa übernachten, frei zugänglich und kostenlos. Onsen-Hopping und das Testen verschiedener Quellen sind also auf nur wenigen Metern im kleinen Städtchen möglich. Das beliebteste Onsen ist das Ō-yu, dessen Badehaus an die Edo-Zeit erinnert.

Das **Japan Ski Museum** ist zwar zum überwiegenden Teil japanisch orientiert, reflektiert aber auch die Geschichte des Skisports weltweit (9–16 Uhr, Eintritt 300 Yen).

Praktische Tipps

Anfahrt

■ 75 Minuten mit dem **Shuttle-Bus** ab Nagano Station. Oder mit **JR** von Nagano bis Iiyama Station, von dort mit dem Bus bis Nozawa Onsen Terminal, insgesamt 1½ Stunden.

Unterkunft

■ **House St. Anton,**②, 20 Zimmer. Jede Menge Österreich-Flair, die Besitzer waren selbst Teilnehmer bei Olympischen Spielen. Teile des deutschen Olympiateams von 1998 waren hier untergebracht. Der Preis beinhaltet zwei Mahlzeiten, günstig für Onsen-Hopping gelegen. Bushaltestelle Nozawa-Onsen, 10 Minuten, Tel. (0269) 85-3597, www.nozawa.com/stanton.

■ **Ryokan Kiriya,**③, 15 Zimmer. Ryokan mit japanischem Garten, gute Lage für Onsen-Hopping und mit eigenem Onsen im Ryokan. Bushaltestelle Nozawa-Onsen, 5 Minuten, Tel. (0269) 85-2020, http://kiriya.jp.

Liftpass

Ein-Tagespass 4600 Yen, 2-Tagespass 8500 Yen, Halb-Tagespass 3500 Yen. Manche Unterkünfte bieten einen verbilligten Liftpass an.

Hakuba

Hakuba ist vor allem durch die Skisprungwettbewerbe und die alpinen Abfahrtsläufe von Olympia 1998 bekannt geworden. Das Skigebiet ist unwesentlich kleiner als Shiga Kōgen und gilt **im Frühjahr länger** als **schneesicher.** Kilometerlange Abfahrten und rund 140 Lifte bieten alle Schwierigkeitsgrade für Skifahrer und Snowboarder.

Wer **im Sommer** in die 10.000 Einwohner zählende Kleinstadt kommt, hat Gelegenheit zum Wandern und auch zum Klettern. Für Wanderfreunde empfiehlt sich der **Tsugaike-Naturgarten,** in dem sich auf einem dreistündigen Wanderweg die Vielfältigkeit der alpinen Flora in 2000 Meter Höhe erleben lässt.

Empfehlenswert ist auch die beeindruckende Aussicht vom 60 Meter hohen Turm der **Skisprungschanze,** auf den man mit einem Lift für 360 Yen hochfahren kann (tägl. 8–16 Uhr, bei schlechtem Wetter geschlossen). Hakuba ist natürlich ebenfalls Onsen-Gebiet. Hier empfiehlt sich das **Onsen Mimizukunoyu,** das beim Baden eine spektakuläre Sicht auf Hakubas Berge bietet (Tel. (0261) 72-6542).

Praktische Tipps

Anfahrt

■ Von Nagano mit dem **Matsumoto Dentetsu-Bus** in 1 Stunde.

■ Von Matsumoto Station mit der **JR Oito-Linie** bis Hakuba Station in etwas mehr als 1 Stunde.

Unterkunft

Obwohl etwas kleiner als Shiga Kōgen, gleicht Hakuba doch mehr einem klassischen Skiort und bietet bei den Unterkünften eine größere Auswahl.

■ **B&B Snowbeds Backpackers,**①, Schlafsaal-Betten und private Zimmer. Freundliches, englisch sprechendes Team. Mitten in Hakuba gelegen mit guter Anbindung an die einzelnen Skigebiete. Tel. (0261) 72-5242, www.skijapantravel.com/accommodation/b-b-snowbeds-backpackers.

■ **Hakuba Back Packers,**①, am Fuße von Hakuba Goryū gelegen, Schlafsaal-Betten mit Gemeinschaftsküche und vielen internationalen Rucksacktouristen. Keine Mahlzeiten. JR Kamishiro, 3 Minuten, Tel. (0261) 75-4038, www.hakubabackpackers.com.

■ **Grove Inn Skala,**②, 14 Zimmer. Freundliche Unterkunft mit englischsprachigem Team und guten Informationen zu den Skigebieten. Nahe der Haltestelle für den Shuttle-Bus gelegen. Unterkunft und Liftpass gibt's hier zum günstigeren Kombipreis. JR Hakuba, Abholservice möglich, Tel. (0261) 72-4325, www.skalainn.com.

■ **La Neige Higashikan,**③, 20 Zimmer. Luxuriöses Hotel in ruhiger Atmosphäre nahe am Gelände Hakuba Happo. JR Hakuba, 10 Minuten mit dem Auto, Tel. (0261) 72 6663, www.laneige-honkan. com.

■ **Hotel Green Plaza Hakuba,**③, 260 Zimmer. Großes Hotel am Gelände Hakuba Cortina. Sehr lebhaft und oft mit jungen Tourgruppen belegt. Der Preis beinhaltet zwei Mahlzeiten und den Liftpass. JR Minami-Otari, 15 Minuten, Tel. (0261) 82-2236, http://hakubacortina.jp.

Ski Resorts und Liftpässe

Hakuba besteht insgesamt aus 14 Resorts, von denen elf nördlich von Hakuba liegen und drei südlich. Derzeit umfassen die Gebiete rund 140 Sessellifte, Tendenz steigend. Die fünf Hauptgebiete sind Hakuba Cortina, Hakuba Norikura, Tsugaike, Hakuba47 und Hakuba Goryū.

■ **Hakuba Cortina** gilt als familienfreundliches Skigebiet mit einer Art Ski-Kindergarten und Betreuungseinrichtungen. Außerdem bieten die Pisten mit einem Neigungswinkel von bis zu 42 Grad jede Menge Herausforderungen. Das Gebiet ist mit **Hakuba Norikura** verbunden, der gemeinsame Tages-Liftpass kostet 4000 Yen.

■ **Tsugaike** ist auch geeignet für Anfänger und besticht durch seine langen Abfahrten: Die längste misst 10 Kilometer. Im Frühjahr organisiert die Tsugaike Tourist Association (Tel. 0261-83-2515) Hubschrauber-Flüge für Skifahrer und Snowboarder auf 2200 Meter Höhe, sodass einen dann wahnsinnige 14 Kilometer an Abfahrt erwarten. Der Ein-Tages-liftpass kostet 4500 Yen.

■ **Hakuba47** ist das Spaß-Gelände mit anspruchsvollen Abfahrten, Snowboard-Park und Buckelpisten. Das Gelände ist mit **Hakuba Goryū** verbunden und gilt als das Erfahrenste im Umgang mit internationalen Gästen. Ein gemeinsamer Tages-Liftpass kostet 4800 Yen. www.hakuba47.co.jp.

Iizuna Kōgen

Iizuna Kōgen ist mit lediglich sechs Liften und acht Pisten klein und überschaubar. Das **Familienskigebiet** ist schon in einer halben Stunde aus Nagano zu erreichen und bietet Schnee von Dezember bis Ende Februar. Die spezielle Buckelpiste war der Wettbewerbsort für Olympia 1998.

Praktische Tipps

Anfahrt und Unterkunft

Ein Stadtbus fährt ab JR Nagano und ab der Zenkōji-Gegend nach Izuna Kōgen, sodass man bequem in Nagano übernachten kann.

Liftpass

Da hier alles etwas kleiner ist, sind die Liftpässe auch günstiger: Ein-Tages-Pass 3500 Yen, 3-Stundenpass 2200 Yen.

Matsumoto

- **Einwohner:** 202.000

Für japanische Touristen ist **in der Nagano-Präfektur** nicht Nagano selbst **der touristische Hauptort,** sondern Matsumoto, das vor allem für seine **Burg** und die folkloristischen Museen geschätzt wird. Von der Burg, erbaut 1504, sind noch die Burgmauern im Original erhalten. Die Festung hat den Beinamen **„Krähenburg“**, da die Außenmauern des Donjon überwiegend schwarz sind.

Direkt vor dem Donjon ist das **Folklore-Museum** zu finden, das 91.000 Gebrauchsgegenstände ausstellt und vor allem einen Blick auf das bäuerliche Leben ermöglicht. Der Eintritt zur Burg beinhaltet das Ticket für das Folklore-Museum.

Alle Interessierten an Drucken und Drucktechniken sollten sich das **Ukiyo-e Museum** nicht entgehen lassen. Die über 100.000 ausgestellten Holzdrucke zeigen einen Querschnitt unterschiedlichster Strömungen und Entwicklungen.

In der Umgebung von Matsumoto liegt mit der **Daiō Farm** das größte Landgut für den **Anbau von Wasabi,** dem japanischen Meerrettich. Die Farm in pittoresker Landschaft kann auf einem Wanderweg von Hotaka Station innerhalb von 40 Minuten erreicht werden. Rund um den Bahnhof gibt's auch Fahrräder zu mieten.

Praktische Tipps

- **Vorwahl:** 0263

Touristeninformation

- **Matsumoto Touristeninformation,** JR Matsumoto, Stadtplan in Englisch erhältlich, 1-1-1 Fukashi, von April bis Okt. 9.30–18 Uhr, von Nov. bis März 9–17.30 Uhr, Tel. 32-2814.
- **Matsumoto Tourism Information Center,** tägl. 9–17.45 Uhr, PC verfügbar, 3-8-13 Ote, Tel. 39-7176, www.matsumoto-tca.or.jp.

jap_455 oh

Führungen

■ **Kostenlose Rundgänge mit Matsumoto SGG Club,** von Mitte April bis Mitte Nov., eine Tour führt zur Burg, eine andere zum Folklore-Museum. Kontakt: *Masahiko Saito,* Tel. 32-7140, saito@maxon.co.jp, und Matsumoto Burg-Büro, Tel. 32 2902, oder am Eingang der Burg (zwischen 10 und 16 Uhr) nach der „Guided Tour" fragen.

Verkehrsmittel

■ Der **Town Sneaker** ist ein **Loop-Bus,** mit dem man schnell die Sehenswürdigkeiten „abarbeiten" kann. Eine Fahrt kostet 190 Yen, die Tageskarte 500 Yen. Busse verkehren zwischen 9 und 18 Uhr alle 30 Minuten, im Sommer sogar alle 15 Minuten.

⌃ Kappa-bashi-Brücke in Kamikōchi

Unterkunft

■ **Ryokan Seifusō,**①, 14 Zimmer. Vor der Shinshū-Universität außerhalb des Zentrums gelegen. Zimmer im japanischen Stil, Mahlzeiten gegen Aufpreis. Bushaltestelle Minami-Asama, 2 Minuten, Tel. 46-0639, http://homepage1.nifty.com/seihuso.

■ **Marumo,**①, 8 Zimmer. Kleines Ryokan mit langer Tradition, nahe der Nakamachi gelegen. Kleines Café im Gebäude. JR Matsumoto, 15 Minuten, Tel. 32-0115, www.avis.ne.jp/~marumo.

■ **Matsumoto Hotel Kagetsu,**②, 85 Zimmer. Nahe der Matsumoto-Burg, Zimmer im westlichen und japanischen Stil. JR Matsumoto, 20 Minuten, Tel. 32-0114, http://hotel-kagetsu.jp.

■ **Hotel Buena Vista,**②, 200 Zimmer. Modernes Stadthotel im Stadtzentrum. JR Matsumoto, 7 Minuten, Tel. 37-0111, www.buena-vista.co.jp.

Essen und Trinken

Die alte Burgstadt Matsumoto hat immer noch atmosphärische Ecken, in denen es sich besonders gut essen und trinken lässt. Südlich der Burg am Metoba-Fluss sind in der **Nawate-dori** Restaurants in ehemaligen Kaufmannshäusern untergebracht. Noch weiter südlich in der **Nakamachi-dori** reihen sich Restaurants und Cafés aneinander.

Einkaufen

- **Chūō Mingei Showroom,** Ausstellungsraum der geschätzten Matsumoto Mingei-Möbel, tägl. 9–18 Uhr, in der Nakamachi.

Wanderzentren Kamikōchi und Norikura

Kamikōchi

Kamikōchi ist das **Wandermekka** im Zentrum der nördlichen Japanischen Alpen und die beste Ausgangsbasis für alle Wanderer und Bergsteiger. Wer in Japan bergsteigen und nicht nur auf den Fuji will, muss hierher. Die Kleinstadt liegt im **Nationalpark Japanische Alpen** auf 1500 Metern Höhe und ist umgeben von 3000er-Bergen: Die höchsten Gipfel sind der Hotaka-dake mit 3190 Metern und der Yariga-take mit 3180 Metern. Zahlreiche anspruchsvolle Routen führen durch die Berge, die besten Informationen und Karten hat die lokale Touristeninformation in Kamikōchi. Kamikōchi ist aufgrund des heftigen Winters zwischen Mitte November und Ende April geschlossen. **Hauptsaison** ist **zwischen Ende Juli und Ende August.**

Kleinere Tages- und Halbtagesrouten führen idyllisch am **Azusa-Fluss** entlang. Startpunkt ist jeweils die **Kappa-bashi-Brücke** (das Symbol Kamikōchis), die fünf Minuten vom Busterminal entfernt liegt. Eine Wanderung führt von der Kappa-bashi zum **Relief von Walter Weston,** der von 1888–1894 die Hotaka-Berge vermessen hat und den Begriff „Japanische Alpen“ prägte. Bei der Wanderung passiert man den **Taishō-Teich,** der 1915 bei einem Ausbruch des **Mt. Yake,** dem einzigen aktiven Vulkan in den nördlichen Japanischen Alpen, geformt wurde. Die Atmosphäre am Lava-Teich mit den toten Bäumen mutet heute noch sehr mystisch und geheimnisvoll an.

Praktische Tipps

Anfahrt

- Zwischen November und April ist Kamikōchi geschlossen. Außerhalb dieser Zeit erreicht man Kamikōchi **von Matsumoto über Shin-Shimashima,** von dort verkehren **Busse** unregelmäßig nach Kamikōchi. Sofern die Passstraße geöffnet ist, fährt einmal pro Tag ein Bus von Norikura nach Kamikōchi, zur Hauptsaison fahren zwei Busse. Die Fahrtzeit beträgt rund 1 Stunde.

  Da man nach Kamikōchi aus Umweltschutzgründen nicht mit dem Auto fahren darf oder eine Sondergenehmigung braucht, sind die öffentlichen Busse oft voll. Zur Hauptsaison sind schon die Bushaltestellen überfüllt und großes Gepäck kann einen hier zur Verzweiflung bringen.
- Von Frühling bis Herbst verkehrt ein **Direktbus von Shinjuku** nach Kamikōchi, Infos/ Reservierung bei Matsumoto Dentetsu Bus, Tel. (03) 3320-0210.

Touristeninformation

- **Kamikōchi,** am Busterminal, mit Gepäckaufbewahrung, Tel. (0263) 95-2405.

■ **Nationalpark-Besucherzentrum,** nach der Kappa-bashi, Tel. (0263) 95-2606.

■ **Azumino Village Tourist Association,** Tel. (0263) 82-9363, www.azumino-e-tabi.net.

Unterkunft

Zur Hauptsaison geht ohne vorherige **Reservierung** gar nichts. Die Preise liegen dann höher, übertreffen aber auch nicht die anderer Bergregionen um Nagano. Im Winter haben die Unterkünfte geschlossen.

■ **Nishi Itoya,**②, 30 Zimmer. Sehr nützliche Unterkunft in einer Gegend mit vielen teuren Hotels. Privatzimmer und Betten im Schlafsaal, die hier „Wanderer-Betten" heißen. Der Preis beinhaltet zwei Mahlzeiten. Nahe am Bus-Terminal. Tel. (0263) 95-2206, www.nishiitoya.com.

■ **Sonei Kamikōchi Alpen Hotel,**②, in städtischem Besitz, mit Schlafsaal-Betten und teureren Privatzimmern. Der Preis beinhaltet zwei Mahlzeiten. Nahe am Bus-Terminal, Tel. (0263) 95-2231.

■ **Myōjinkan,**②, mit großartiger Morgenaussicht auf den Mt. Myōjin (2931 m). Normalerweise Privatzimmer und Schlafsäle, zur Hochsaison werden alle Zimmer zu Schlafsälen. Der Preis beinhaltet zwei Mahlzeiten. 50 Minuten vom Bus-Terminal, Tel. (0263) 95-2036, www.myojinkan.co.jp.

■ **Tokusawa-en,**③, in der ruhigeren Tokusawa-Gegend gelegen. Privatzimmer, Schlafsäle und Campingplatz. 1½ Stunden zu Fuß vom Bus-Terminal, Tel. (0263) 95-2508, www.tokusawaen.com.

■ **Gosenjaku Hotel,**④, sehr gutes Hotel am Fluss. Der Preis beinhaltet zwei Mahlzeiten, zum Abendessen wird ein französisches Menü serviert. Nahe am Bus-Terminal, Tel. (0263) 95-2111, www.gosenjaku.co.jp.

Essen und Trinken

Mittagessen bekommt man oft unterwegs, Frühstück und Abendessen bucht man am besten gleich in der Unterkunft mit. Manche Unterkünfte geben auch O-bentō für die Wanderung mit.

Norikura

Norikura (oder auch Norikura Onsen) ist die zusammenfassende Bezeichnung für das **Bergplateau,** das sich – nur einige Kilometer von Kamikōchi entfernt – ganz im Westen der Präfektur Nagano **an der Schnittstelle mit Gifu** erhebt. 23 Höhenzüge auf über 3000 Metern und ein landschaftlich reizvolles **Hochland mit Seen** locken auch Bergsteiger hierher, obschon die Anzahl der Touristen im Vergleich mit Kamikōchi deutlich geringer ist. Die Wanderwege sind oftmals in Englisch ausgeschildert.

Hier sind auch alle richtig, die mit dem **Fahrrad** nach neuen Herausforderungen suchen. Eine Reihe von anspruchsvollen Passstraßen bietet ausführliche Gelegenheit zum Training, zum Beispiel auch die **höchste Passstraße Japans,** die auf 2700 Meter Höhe führt. Die Zahl der Mountainbiker in der Gegend hat in den letzten Jahren nicht von ungefähr stetig zugenommen.

Praktische Tipps

Anfahrt

■ Von Matsumoto mit der **Bahn** bis Shin-Shimashima Station, von dort mit dem **Matsumoto Dentetsu-Bus.**

Unterkunft

■ **Alpine Inn Mizushiro,**①, 9 Zimmer. Freundliche familiengeführte Unterkunft, sehr gute Englischkenntnisse, Internet. Ausgesprochen leckere Mahlzeiten gegen Aufpreis. Bushaltestelle Naranoki, 5 Minuten, Tel. (0263) 93-2261, www.mizushiro.net.

■ **Pension Tengallon Hat,**①, 10 Zimmer. Freundliche familiengeführte Pension, Internet und

Teehäuser

Früher gab es **entlang der Handelsstraße Nakasendō** viele Teehäuser **(Chaya),** die als Raststationen für die Reisenden fungierten und neben Tee auch Sake servierten oder für Bekleidung und Unterhaltung sorgten. In manchen gingen auch Prostituierte ihrem Geschäft nach.

Heutzutage ist die Unterhaltung weniger geworden und in die Chaya haben **kleine Geschäfte mit lokaler Handwerkskunst** (Nurigushi-Kämme oder Magemono-Holzdosen) Einzug gehalten. Manche sind auch zum „modernen" Café umgestaltet worden, in denen leckere Mochi an Touristen verkauft werden.

Freiluft-Bad. Mahlzeiten gegen Aufpreis, westliches Abendessen und frische Brötchen zum Frühstück möglich. An der Bushaltestelle Norikura-Hoikuen-mae, Tel. (0263) 93-2360, http://tengallon.jp.

■ **Norikura Kogen National Park Resort Village,**②, 64 Zimmer. Unterkunft in öffentlicher Trägerschaft, nur Zimmer im japanischen Stil, Gemeinschafts-Onsen. Vor der Bushaltestelle Kyūkamura-mae, Tel. (0263) 93-2304, www.qkamura.or.jp.

Jugendherberge

■ **Norikura Kōgen Onsen Youth Hostel,** 3360 Yen für Mitglieder (sonst 4410 Yen). Gut ausgestattete Jugendherberge vor dem Skigelände mit Onsen. Mahlzeiten erhältlich. Bushaltestelle Norikura-Ski-jō-mae, 10 Minuten, Tel. (0263) 93-2748.

Onsen

■ **Yukemurikan,** öffentliches Onsen mit Freiluft-Onsen und angeschlossener Ruhehalle mit Bier und Snacks. Mi bis Mo 9.30–21 Uhr, zweimal im Jahr für längere Zeit geschlossen, Eintritt 700 Yen.

Karuizawa

■ **Einwohner:** 16.000

Das **Karuizawa-Hochland** liegt **im Osten der Nagano-Präfektur an der Grenze zu Gunma** und ist ein **gut erschlossenes Naherholungsgebiet.** Hierher kommt man im Sommer gern aus den schwülen und heißen Städten zum Fahrradfahren, Wandern oder Golfspielen. Die Gegend ist bequem mit dem Shinkansen zu erreichen und liegt auf einer Höhe von 1000 Metern am Fuße des **aktiven Vulkans Asama** (2560 m). Dieser gehört zu den aktivsten Vulkanen Japans und bringt sich regelmäßig mit Eruptionen in Erinnerung, zuletzt 2004, als er eine zwei Kilometer hohe Aschewolke ausstieß. Der letzte große Ausbruch ereignete sich 1783, als mehr als 1100 Menschen ums Leben kamen. Aufgrund der aktiven Phase des Vulkans ist es zurzeit nicht erlaubt, den Asama zu besteigen.

Das Zentrum der Gegend bildet das Städtchen **Kyū-Karuizawa.** Die Szenerie kann mitunter etwas bizarr wirken, wenn vor allem im Sommer alljährlich bis zu neun Millionen Touristen ins Städtchen einfallen. Dann verwandelt sich die Hauptstraße in eine einzige Einkaufsmeile mit schätzungsweise 500 Boutiquen und edlen Restaurants. Vielsagend nennt man die Straße „Karuizawa-Ginza".

Zwei beliebte **Wanderrouten** finden sich in der Umgebung. Eine 10 Kilometer lange Wanderung führt ab dem Mine-no-chaya-Teehaus durch den „Vogelwald" und die attraktive Höhenlandschaft. Die zweite Tour führt um den Shiozawa-See, an dem sich viele Unterkünfte mit Tennisplätzen finden.

Praktische Tipps

- **Vorwahl:** 0267

Anfahrt

- Mit dem **Shinkansen** von Ueno oder Tokyo Station in 70 Minuten.

Touristeninformation

- **Karuizawa Station,** tägl. 9–17.30 Uhr, Tel. 42-2491, http://karuizawa-kankokyokai.jp.

Unterkunft

- **Country Inn Bell's Cabin,**②, 9 Zimmer. Familiengeführtes kleines Hotel. Kitashinano Naka-Karuizawa, 10 Minuten, Tel. (0267) 45-1963, www.avis.ne.jp/~belcabin/.
- **Hotel de Karuizawa Wald,**②, 9 Zimmer. Kleines gemütliches Hotel mit klassischer Musik und Blumensteckkunst. Der Preis beinhaltet zwei Mahlzeiten. JR Karuizawa, 7 Minuten, Tel. 42-8133, www.wald.cside.com.
- **Mampei Hotel,**④, 80 Zimmer. VIP-Hotel und traditionelle Unterkunft der kaiserlichen Familie beim Erholungsurlaub. JR Karuizawa, 2 Minuten, Tel. 42-1234, www.mampei.co.jp.

Fahrradleihe

- **Viele Geschäfte** an den Bahnhöfen Karui-zawa Station und Naka-Karuizawa Station verleihen Fahrräder. Die Gebühr beträgt rund 1400 Yen für 4 Stunden.

Kiso

Das **Kiso-Tal** inmitten der Japanischen Alpen war früher berüchtigt. Hier führte die **alte Post- und Handelsstraße Nakasendō** hindurch, die Kyoto mit Edo verband. Für die dichten Wälder und steilen Anstiege der Region musste man ganze drei Tage einplanen. Von den elf ehemaligen Poststationen im Kiso-Tal sind drei besonders sehenswert: In **Tsumago, Magome** und **Narai** scheint die Zeit stehen geblieben zu sein, überall weisen Spuren auf die Vergangenheit hin. Im Gegensatz zu anderen Regionen, wo mit dem Bau neuer Straßen und Verkehrsadern die traditionellen Wege ihre Bedeutung verloren, legte man in Kiso seit den 1960er Jahren Kopfsteinpflaster wieder frei, ließ Poststationen restaurieren und siedelte Museen in den ehemaligen Unterkünften der Reisenden an.

Wer etwas Zeit für das alte und weit abseits gelegene Japan hat, sollte sich die dreistündige **Wanderung von Magome nach Tsumago** nicht entgehen lassen. Die Zeit der Samurai ist allgegenwärtig.

Praktische Tipps

Anfahrt

- Von Nagoya mit **JR** nach Nakatsugawa (45 Minuten). Von dort mit dem **Bus** in 30 Minuten nach Magome, weitere 30 Minuten nach Tsumago.

Touristeninformation

- **Magome Touristeninformation,** am Eishōji-Tempel, 8.30–17 Uhr, Tel. (0264) 59-2336. Reservierungen für Übernachtungen können arrangiert werden.
- **Tsumago Touristeninformation,** am Kōtokuji-Tempel, 9–17 Uhr, Tel. (0264) 57-3123. Reservierungen für Unterkünfte möglich.

Unterkunft

- **Tajimaya,**②, in Magome, unglaublich fotogenes Minshuku an der Nakasendō. Voll mit traditioneller Atmosphäre, freundlicher Besitzer mit etwas Englischkenntnissen. Der Preis beinhaltet zwei Mahlzeiten. Bushaltestelle Magome, 4 Minuten, Tel. (0264) 59-2048, www.takenet.or.jp/~marutaji.
- **Shimosagaya,**②, in Tsumago, atmosphärisches und warmherziges Minshuku. Der Normalpreis beinhaltet zwei Mahlzeiten, nur Übernachtung ist ebenfalls möglich. Bushaltestelle Tsumagobashi, Tel. (0264) 57-3124, www.takenet.or.jp/~sagaya.
- **Iseya,**②, 10 Zimmer, in Narai. Minshuku in einem früheren Händlerhaus. Der Preis beinhaltet zwei Mahlzeiten. JR Narai, 10 Minuten, Tel. (0264) 34-3051, www.oyado-iseya.jp.

⊡ Die Straße als Schneekorridor: über 10 Meter hohe Schneewände entlang der Alpenroute

ALPENROUTE TATEYAMA – KUROBE

Die **Alpenroute zwischen den Präfekturen Toyama und Nagano** bietet nicht nur einige der schönsten Berge Japans, sondern ist auch ein sehr interessantes Beispiel für arrangierten Tourismus: Von der 90 Kilometer langen Strecke muss man den geringsten Teil zu Fuß zurücklegen. Touristisch perfektioniert, ermöglicht ein **zusammenarbeitendes System aus Berg- und Seilbahnen sowie Bussen** die Tour an einem Tag. Die reine Fahrtzeit beträgt etwas mehr als 3 Stunden, mit Aufenthalten und kleinen Wanderungen sollte man 8 Stunden einplanen. Ein perfektes Tagesprogramm also. Die Alpenroute ist **von Ende April bis Ende November** geöffnet.

Die Alpenroute verläuft zwischen **Toyama** und Shinano-Ōmachi, üblicherweise startet man in Toyama. Von Toyama nach **Tateyama** nimmt man zuerst den Zug. Wer von Tateyama nicht gleich per Cable Car nach Bijodaira weiterreisen will, kann einen Abstecher zum **Shōmyō-Wasserfall** machen, der mit 350 Metern der höchste Japans ist (Shuttle-Busse sind im Einsatz).

Von **Bijodaira** fährt man mit dem Bus hoch in Richtung **Murodō.** Dabei stoppt man am **Midagahara-Plateau,** das bereits in 2000 Meter Höhe liegt. Den dortigen kleinen Wanderrundkurs kann man in ein bis zwei Stunden zurücklegen. Dabei bekommt man einen Blick auf den **Tateyama-Krater,** den größten nicht-aktiven Vulkan Japans.

Weiter geht's hoch mit dem Bus durch die gewaltigen **Schneekorridore Yuki no Ōtani,** die mit 10 bis 20 Meter hohen Schneewänden links und rechts der Straße wirklich beeindruckend sind. Die größten Schneemengen sind zur alljährlichen Eröffnung der Strecke Ende April anzutreffen.

Oben auf der **Murodōdaira-Hochebene** (2450 m) beginnt ein kleiner Wanderrundweg am Bus-Terminal und führt innerhalb von zwei bis drei Stunden durch eine faszinierende Berglandschaft. Man passiert die **Jigokudani,** unzählige blubbernde Erdlöcher mit siedend heißem Wasser. Hier ist die vulkanische Aktivität spürbar und Schwefelgeruch liegt in der Luft. Das Verlassen der Wanderwege ist nicht ratsam. Eine geführte und kostenlose Wanderung mit Naturführern der Toyama Präfektur startet im Tateyama Nature Preservation Center nahe des Murodō-Busbahnhofs (täglich von Mitte Juli bis Mitte Oktober).

Anschließend geht es mit dem Bus weiter nach **Daikanbō,** von wo aus man die 1700 Meter lange Seilbahn nach **Kurobedaira** nimmt. Von dort fährt man per Cable Car nach **Kurobeko** und zum **Stausee Kurobe,** danach weiter mit dem Bus nach **Ōgisawa** und anschließend zur **Shinano-Ōmachi Station.**

Praktische Tipps

Touristeninformation

- **Toyama Touristeninformation,** JR Toyama Station, 8.30–20 Uhr, Tel. (076) 432-9751.
- **Tateyama Nature Preservation Center,** in Murodo, 8.30–17 Uhr, Tel. (076) 465-5213.

jap_461 uli

Unterkunft

Viele Unterkünfte haben nur saisonal geöffnet – spätestens wenn die Alpenroute geschlossen wird, schließen auch die meisten Unterkünfte.

Tateyama (475 m)

- **Seiryūsō,**②, 15 Zimmer. Nahe Tateyama Station, gemütliche ganzjährige Unterkunft am Fluss, Tel. (076) 481-1006.

Midaigahara (1930 m)

- **People's Lodge Tatetama-sō,**②, 26 Zimmer. Unterkunft in öffentlicher Trägerschaft, direkt an der Bushaltestelle Midaigahara gelegen. Der Preis beinhaltet zwei japanische Mahlzeiten. Tel. (076) 442-3535, www.pref. toyama.jp/sections/3009/ tateyama.htm.

Murodō (2450 m)

- **Raichōzawa Hütte,**②, gute Lodge mit Onsen. Der Preis beinhaltet zwei Mahlzeiten. Vor allem im Herbst empfehlenswert. 40 Minuten zu Fuß von Murodō. Tel/Fax. (076) 465-5727, www. raichozawa.net.
- **Mikurigaike Onsen,**②, für die Region preisgünstige Unterkunft mit reinem Onsen. Der Preis beinhaltet zwei Mahlzeiten. 10 Minuten von Murodō, Tel. (076) 465-4595, www.mikuri.com.

Kurobe (1470 m)

- **Lodge Kuroyon,**②, am Kurobe-See. Der Preis beinhaltet zwei Mahlzeiten. 15 Minuten von Kurobeko Station, Tel. (076) 465-5776, www.kuroyon.com.

KANAZAWA UND NOTO-HALBINSEL

Kanazawa

- **Einwohner:** 438.000
- **Präfektur:** Ishikawa

Kanazawas Ursprünge reichen als Festungsstadt ins 16. Jahrhundert zurück. Die von der mächtigen Maeda-Familie errichtete **Burg Kanazawa-jō** wurde 1881 zu einem Großteil zerstört, seit 1998 sind jedoch wieder einige Anlagen aufwendig restauriert worden. Die Burg mit zugehöriger Parkanlage inmitten der Stadt ist mit dem Bus bis zur Haltestelle Kenrokuen-shita zu erreichen.

Kanazawa blieb im 2. Weltkrieg von Zerstörungen weitgehend verschont, weswegen sich in der Stadt noch heute viele alte Strukturen finden. Bestes Beispiel dafür ist **Nagamachi Bukeyashikiato,** das **Wohnviertel mit** erhaltenen **Samurai-Häusern.**

Außergewöhnlich ist der **japanische Garten Kenrokuen,** der zusammen mit den Gärten in Mito und Okayama zu den prächtigsten des Landes gezählt wird. Bereits 1676 kunstvoll angelegt, gehörte er ursprünglich als äußerer Garten zur Schlossanlage.

- **Kenrokuen-Garten,** tägl. 7–18 Uhr (im Winter 8–16.30 Uhr), Eintritt 300 Yen.

Praktische Tipps

- **Vorwahl:** 076

Anfahrt

- **Bahn: ab Kyoto** mit dem JR Limited Express in 2 Stunden 20 Minuten, **ab Nagoya** mit dem JR Limited Express in 3 Stunden.

Touristeninformation

- **JR Kanazawa Station,** 9–19 Uhr, Tel. 231-6311.
- **Kanazawa Internationales Zentrum,** Ryfare, 2F, 1-5-3 Honmachi, Tel. 220-2522.

Führungen

- **Kostenlose Rundgänge** mit **Kanazawa Goodwill Guide,** Tel. 232-3933 oder kggn@po1.nsk.ne.jp.

Unterkunft

- **Murataya Ryokan,**①, 11 Zimmer. Gemütliches Ryokan in günstiger Lage. Bushaltestelle Katamachi, Tel. 263-0455.
- **Kanazawa Youth Hostel,**①, auf dem Hügel mit großartiger Aussicht auf Kanazawa gelegen, dafür ist die Anfahrt etwas umständlich. Bushaltestelle Youth-Hostel-mae, Tel. 252-3414, www.jyh.or.jp.
- **Camellia Inn,**③, 7 Zimmer. Gute Unterkunft nahe Kenrokuen, sieht von außen sehr traditionell aus, präsentiert sich innen aber westlich. Tel. 223-5725, www.camellia.gr.jp.
- **Hotel Nikko Kanazawa,**③, 95 Zimmer. Hotel mit 30 Etagen, sehr günstig am Bahnhof Kanazawa

Schnee oder Rock in Naeba

Über 70 Ski-Resorts machen die **Niigata-Präfektur** zu einem Ski-Eldorado, das für seinen Pulverschnee weithin geliebt wird. Das **Zentrum für Skifahrer und Snowboarder** ist das **Naeba Resort,** für das man allein zwei Tage braucht, um alle Pisten abzufahren. Der Schwierigkeitsgrad des Geländes reicht dabei von Soft bis Hart.

Im Sommer wird Naeba zum Mekka für alle Rockfans, wenn das **Fuji Rock Festival** steigt und rund 100.000 Besucher anreisen. Das Ski-Gelände wird dann zu einer einzigen Bühne umfunktioniert, auf der internationale Stars und japanische Rockgrößen die Fangemeinde begeistern. Praktischerweise dient das Gelände dann auch als großer Campingplatz.

- **Fuji Rock Festival,** begann 1997 in einem Ski-Resort nahe des Fuji-San (daher auch der Name), zog dann aber nach Naeba um. Das Festival dauert normalerweise drei Tage und findet Ende Juli statt.

Anfahrt: Aus Tokyo in 75 Minuten bis Echigo-Yuzawa Station, dann mit dem Bus in 45 Minuten nach Naeba.

Infos: www.fujirockfestival.com.

gelegen. Je höher die Etage, desto besser. Tel. 234-1111, www.hnkanazawa.co.jp.

Museen

- **Yasue Blattgold-Museum,** Kanazawa ist das Zentrum für die Verarbeitung von Blattgold *(Kinpaku)* in Japan, die Ausstellung zeigt Meisterwerke wie vergoldete Altare, Schiebetüren oder auch Kimonos. Tägl. 9.30–17 Uhr, Eintritt 300 Yen inkl. Tee und Süßigkeit.
- **Kunsthandwerksmuseum,** von Töpfereien und Färbetechniken bis zu Blattgoldtechniken. 9–17 Uhr, am 3. Donnerstag geschlossen, Tel. 262-2020.
- **Kunstmuseum der Präfektur Ishikawa,** Gemälde und Kunsthandwerksgegenstände. Tägl. 9.30–17 Uhr, bei Ausstellungswechseln geschlossen, Eintritt 250 Yen.

Besichtigung

- **Kutani-Töpferwerkstatt,** gegründet 1870, hier kann man der Fertigung von Kutani-Töpferwaren beiwohnen. 20 Minuten mit dem Bus ab Kanazawa Station bis zur Bushaltestelle Nomachi, tägl. 9–17 Uhr.

Noto-Halbinsel

Wenige Kilometer nördlich von Kanazawa erstreckt sich die Noto-Halbinsel in das Japanische Meer. Die hügelige Halbinsel ist bekannt für eine **wilde Landschaft und raue Küstenstreifen.** Es ist sicherlich reizvoller, mit dem Auto auf der Küstenstraße zu fahren und die Steilklippen zu bewundern, als an einem der Strände Badeurlaub zu machen. Trotzdem kommen aus dem nahe gelegenen Kanazawa Urlauber, die vor allem den **Masuhogaura Kaigan,** den **schönen Strand an der Westküste nahe Togi,** aufsuchen. Dort und an zwei weiteren Stränden der Insel sind auch **Campingplätze** vorhanden.

Auf halbem Weg zwischen Kanazawa und dem Masuhogaura Kaigan liegt das extravagante **Ufo-Museum Cosmo Isle in Hakui,** dessen großer metallischer Bau schon sehr extraterrestrisch anmutet. Drinnen präsentiert das 50 Millionen teure Wissenschaftsmuseum alles zur Forschung rund um außerirdische Intelligenz.

Wajima (31.000 Einwohner) ist das Zentrum im Norden und für seinen bodenständigen Fischmarkt bekannt.

Praktische Tipps

Touristeninformation

- **Touristikzentrum Wajima,** Wajima Station, 10–18 Uhr, Tel. (0768) 22-1503.

Unterkunft

Zur Hauptsaison empfiehlt sich wegen der vielen japanischen Busgruppen für die Unterkünfte/Campingplätze eine **Reservierung.**

Suzu

- **Matsuda-sō,**②, 10 Zimmer. Relaxtes Minshuku nahe der Spitze der Halbinsel. Der Preis beinhaltet zwei Mahlzeiten. Zum Abendessen kann man zwischen Fleisch- und Fischgericht wählen. Bushaltestelle Azuma-bashi, 10 Min., Tel. (0768) 82-1117, www.matsudasou.com.

Masuhogaura

- **Resort Area Masuhogaura,** Campingplatz, Übernachtung mit eigenem Zelt 2100 Yen, Tel. (0767) 42-2125.

Wajima

- **Shinbashi Ryokan,**①, 10 Zimmer. Lebendiges Ryokan, sehr stilvolle Dekoration mit viel Washi. Nahe dem Markt gelegen. Tel. (0768) 22-0236, www.shinbashi-ryokan.jp.
- **Minshuku Mangetsu,**①, 14 Zimmer. Nettes Minshuku mit Onsen nahe dem Wajima-Busterminal. Mahlzeiten gegen Aufpreis. Tel. (0768) 22-4487, www.mangetsu.gr.jp.

NIIGATA

- **Einwohner:** 780.000
- **Präfektur:** Niigata

Niigata liegt **an der Schnittstelle von Zentral-Honshū mit Tōhoku.** Die Stadt **an der Mündung des Shinano,** des längsten Flusses Japans, blickt auf eine Tradition als größte Hafenstadt am Japanischen Meer zurück. Die **Industriestadt** besticht zwar nicht gerade durch außergewöhnliche Sehenswürdigkeiten, die internationale Touristen anlocken würden. Dafür heißt es aber in Japan, dass der **beste Reis** aus Niigata komme. Und außerdem konkurrieren alljährlich die **Koi-Züchter** Niigatas mit den Koi-Besitzern aus Hiroshima um die ersten Preise bei den großen Wettbewerben.

Das **Stadtzentrum** wird vom Shinano zweigeteilt. Der **Rainbow Tower** an der Bandai-Brücke steht im Zentrum und bietet von der Aussichtsplattform einen guten Blick auf Stadt und Umgebung. Der **Hakusan-Schrein** auf der gegenüberliegenden Flussseite ist nicht nur das spirituelle Zentrum der Stadt, sondern mit dem umliegenden **Hakusan-Park** auch eine grüne Oase in der City. Bei den zahlreichen Festivals am Hakusan sollte man sich die lokale Gebäckspezialität *Popoyaki* nicht entgehen lassen.

Aufgrund der besonderen Reis-Qualität in Niigata ist es naheliegend, dass auch Sake aus Niigata einen exzellenten Ruf genießt. Manche **Sake-Brauereien** sind für Touristen zugänglich. Empfehlenswert sind hier vor allem **Ito Shuzō** (10 Minuten zu Fuß von Uchino Station, Tel. 262-2008) und **Imayotsukasa Shuzō** (3 Minuten mit dem Taxi ab Niigata Station, Tel. 245-3231). Für beide ist eine vorherige Anmeldung erforderlich.

Praktische Tipps

- **Vorwahl:** 025

Anfahrt

- Von Tokyo mit dem **Shinkansen** in 2 Std.

Touristeninformation

- **Niigata Station,** 8.30–17.15 Uhr, Tel. 241-7914.
- **Niigata Visitors & Convention Bureau,** 2307-272 Yamada, Tel. 265-8000.

Unterkunft

- **B&B Fuu Fuu,**①, kleine und günstige Unterkunft, von relaxtem Fotografen betrieben. Abendessen gibt's gegen Aufpreis, es wird englisch gesprochen. Mit dem Bus ab JR Niigata in Richtung Tsukefune-chō bis zur Haltestelle Yokoshichiban-cho-ni-chōme, Tel. (070) 5453-1075, www.tiny.jp/~fufu.
- **Ueda Ryokan,**①, 10 Zimmer. Preiswertes Ryokan mit guten Zimmern, Mahlzeiten mit Niigata-Reis gegen Aufpreis. JR Niigata, 20 Minuten, Tel. 225-1111, www.uedaryokan.com.
- **Hotel Sunroute Niigata,**②, 231 Zimmer. Gutes Business Hotel nahe am Bahnhof. Wer alleine übernachtet, sollte statt des „Single Room" den „Deluxe Single Room" für nur 1000 Yen Aufpreis nehmen. JR Niigata, Tel. 264-6161, www.sunroutehotel.jp/niigata.
- **Hotel Nikko Niigata,**③, zwischen dem 22. und 29. Stock, alle Zimmer mit Computer-TV. Shuttle-Bus sowohl vom Flughafen als auch von JR Niigata verfügbar, Tel. 240-1888, www.nikkoniigata.com.

Museen

- **Bandaijima Art Museum,** Sammlung zeitgenössischer Kunst. 5-1 Bandaijima, Di bis So 10–18 Uhr, Tel. 290-6655.
- **Niigata City Folk Museum,** Museum zur Stadtgeschichte. Bushaltestelle Kyōdo Shiryōkan-mae, Di bis So 9–16.30 Uhr, Eintritt 100 Yen.
- **Niigata City Art Museum,** Werke zeitgenössischer lokaler Künstler. Di bis So 9–16.30 Uhr, Tel. 223-1622.
- **Tsurui Museum of Art,** vor allem Keramiken und Kalligrafie, JR Niigata (Bandai-Ausgang), 3 Minuten, Mo bis Sa 10–17 Uhr, Eintritt 500 Yen, Tel. 247-3311.
- **Yaichi Aizu Museum,** Museum über den Dichter, Kalligraphen und Formtheoretiker *Yaichi Aizu* (1881–1956), geöffnet Di bis So 10–17 Uhr, Eintritt 500 Yen, Tel. 222-7612, Bushaltestelle Nishi Ōata Sakaue.

Festivals

- **12.–18. April: Hakusan-Schrein-Frühjahrsfestival.**
- **5.–8. Mai: Gokoku-Schrein-Festival.**
- **7.–9. August: Niigata-Festival.**
- **12.–18. Juli: Hakusan-Schrein-Sommerfestival.**

Sonstiges

- **Niigata International Center,** eine der besten Adressen für alle, die sich in Niigata aufhalten: Bibliothek, Tageszeitungen und CNN-Fernsehen. Miyoshi Mansion, 3F, 6-1211-5 Kami-Okawamae-dori, Do bis Di 10–18 Uhr, Tel. 225-2777.

SADO-INSEL

- **Größe:** 857 Quadratkilometer
- **Bewohner:** 77.000

Sado ist ein Ausflugsziel erster Klasse, das man nicht nur aus dem nahe gelegenen Niigata ansteuert, sondern gern auch aus dem entfernten Tokyo. Sado wird für seine **Ursprünglichkeit** geschätzt, denn das Leben der Insulaner ist nach wie vor geprägt vom **Reisanbau und Fischfang.**

Ankunftshafen und größter Ort auf Sado ist **Ryōtsu.** Rund um Ryōtsu finden sich einige Onsen und Campingplätze, nördlich davon durchzieht eine Bergkette die Insel. Der **Mt. Donden** ist der populärste Berg mit einigen **schönen Wanderwegen.**

Den größten Aufschwung erlebte die Insel **1601,** als **Goldvorkommen in Aikawa** gefunden wurden. Die Goldgräberstimmung lockte Menschen scharenweise aus allen Teilen Japans an und die Shogunats-Regierung ließ das Gold nach Edo abtransportieren. Bevor die Goldader entdeckt wurde, gab es in Aikawa gerade mal zehn Häuser. Wenig später zählte die Region 100.000 Menschen. In Aikawa kann man heute einige **ehemalige Stollen als Museumsanlagen** besichtigen, in denen Roboter die vormalige Arbeit demonstrieren (z.B. in Sōdayū-Kō). In der Goldminen-Gegend erkundet man am besten alles zu Fuß. Man passiert dabei Souvenir-Shops, Museen und Denkmäler, die an versklavte Minenarbeiter erinnern.

Praktische Tipps

Anfahrt

- **Vom Hafen in Niigata** mit der Fähre oder dem Tragflächenboot nach Ryōtsu. Fahrtzeit zwischen 1 und 2½ Stunden. Mehrere Fahrten täglich. Infos bei: Sado Kisen, Tel. (025) 245-1234.
- **Von Ryōtsu** mit dem **Bus** nach Aikawa in 60 Minuten.

Touristeninformation

- **Touristeninformation,** 2F Ryotsu Port. Terminal Bldg. 353 Ryotsu-minato, tägl. 8.30–17.30 Uhr, WLAN verfügbar, Tel. (0259) 27-5000, www.visitsado.com.
- **In Aikawa,** Mo bis Fr 8.30–17.15 Uhr, Tel. (0259) 74-3318.

Führungen

- Kostenlose Führungen mit dem **Club Discover Sado Island.** Anmeldungen an mijintl@lapis.plala.or.jp, www.sadonosake.com/DSI/index.html.

Unterkunft

- **Sado Seaside Hotel,**①, 13 Zimmer. In Sumiyoshi Onsen nahe dem Ryōtsu-Hafen gelegen. Onsen und Internet stehen zur Verfügung. Ryōtsu-Hafen, 20 Minuten, Tel. (0259) 27-7211, www2u.biglobe.ne.jp/~sado.
- **Donden Sansō,**①, auf dem Mt. Donden gelegen, Schlafsaal-Betten und Campingplatz. Geöffnet von Mai bis Anfang Nov., Mahlzeiten gegen Aufpreis. 40 Minuten mit dem Auto ab dem Ryōtsu-Hafen, Tel. (0259) 23-2161, donden@crux.ocn.ne.jp.
- **Green Village Youth Hostel,**①, gute Jugendherberge, am Stadtrand von Ryōtsu gelegen, Fahrradleihe möglich. Bushaltestelle Uriuya, Tel. (0259) 22-2719, www.e-sadonet.tv/~gvyh.

jap_703 oh

4 Nord-Honshū (Tōhoku)

Im nördlichsten Teil von Honshū ist das Leben eher agrarisch und die Landschaft von Nationalparks geprägt – und neuerdings leider auch von den Folgen der Fukushima-Katastrophe …

Das farbenfrohe Tanabata-Festival lässt Sendai im August leuchten

NORD-HONSHŪ (TŌHOKU)

- **Einwohner:** 10 Millionen
- **Fläche:** 67.000 Quadratkilometer

Bis 2011 bot Tohōku vor allem **agrarisch geprägtes Leben** und vermittelte dabei, wie Japan früher einmal war. Dann kam 2011 das Erdbeben, der Tsunami, die Atomkatastrophe von Fukushima. Und seitdem ist irgendwie alles anders in der Region …

jap_466 oh

⊳ Hachimantai-Plateau

NICHT VERPASSEN!

- **Dewa San-zan** – die heilige Bergwallfahrtsstätte | **345**
- **Nyūtō Onsen** – Authentisch, abgeschieden und abenteuerlich | **361**
- **Sannai Maruyama Relic** – freigelegte Siedlungen aus der Jōmon-Zeit | **362**
- Das nahezu unberührte Naturschutzgebiet **Shirakami-Sanchi** ist UNESCO-Weltnaturerbe | **364**

Diese Tipps erkennt man an der gelben Hinterlegung.

Einleitung

Die **Tōhoku-Region im Norden Honshūs** war bis 2011 vor allem eine Region mit schönen Naturparks und landwirtschaftlich geprägten Dörfer. Doch seit dem 11. März 2011 steht Tōhoku leider vor allem für **Fukushima.** Infolge des großen **Seebebens** mit einer Stärke von 9,0 auf der Richter-Skala traf ein gigantischer **Tsunami** die Ostküste Tōhokus

Nord-Honshū (Tōhoku)

0 50 km

und zerstörte ganze Städte und Küstenabschnitte. Mehr als 18.000 Menschen wurden getötet oder sind noch immer vermisst. Durch den Tsunami wurde auch das **Atomkraftwerk Fukushima I** überflutet und geriet in Folge außer Kontrolle – Kernschmelzen mit Explosionen und die Freisetzung von Radioaktivität in den nächsten Tagen waren die Folge. Mehr als 300.000 Menschen können noch immer nicht in ihre ursprünglichen Gebiete zurückkehren – und daran wird sich so schnell leider auch nichts ändern.

Es bestehen derzeit **Reisewarnungen** seitens der Regierung für den 20-km-Sperrkreis um Fukushima und für den Ort Iitate, sowie teilweise für Katsurao, Minamisōma und Kawamata (siehe auch Evakuierungs-Karte). Das übrige Tōhoku gilt aus radiologischer Sicht als sicher. Aber sollte man eine Region, die vor allem an der Ostküste so viel Zerstörung jüngst erfahren hat, als Tourist bereisen? Und kann man sich außerhalb der offiziell gesperrten Gebiete in einer Region, in der 2011 massiv radioaktive Strahlung freigesetzt wurde, sicher bewegen und sich sicher ernähren? Das sind nur einige Fragen, die jeder Reisende für sich individuell beantworten muss.

In Tōhoku gibt es derzeit verschiedene Antworten auf diese Fragen. Das kleine **Fischerdorf Rikuzentakata,** das vom Tsunami fast komplett weggespült wurde, empfängt erste Touristengruppen. Das soll die zusammengebrochene lokale Wirtschaft wieder ankurbeln. Die Touristen bestaunen dabei, dass man noch immer gestrandete Schiffe landeinwärts sieht. Und dass die Aufräumarbeiten nur langsam vorankommen. Gleichzeitig haben auch viele Reiseanbieter Tōhoku aus gutem Grund komplett aus ihrem Programm genommen. Es gibt beides. Eines ist sicher: Eine Reise in die Gebiete erfordert auf jeden Fall eine **intensive Vorbereitung** und **Beschäftigung mit dem Thema.** Und es wird wohl keine einfache Reise sein.

Zu Tōhoku zählen **sechs Provinzen,** die insgesamt rund **10 Millionen Menschen** beheimaten: Aomori, Akita, Iwate, Yamagata, Miyagi und Fukushima. Die größte und grünste Stadt ist Sendai mit rund einer Million Einwohnern. Bei japanischen Touristen sind die historischen Städtchen Aizu Wakamatsu, Hiraizumi und Kakunodate beliebt, weil man dort auch Historie mit Onsen verbinden kann.

Klima

Die Region auf der nördlichen Seite Honshūs wird als **Yuki-Guni** („Schneeland“) bezeichnet, da hier jedes Jahr **gewaltige Schneemengen** vorzufinden sind. Im gar nicht so weit entfernten Tokyo kennt man dagegen Schnee kaum. Dieses Phänomen ist überwiegend durch die **Japanischen Alpen** bedingt, die Honshū als Gebirgskette quer durchziehen. Die feuchte Luft aus dem Norden vom Japanischen Meer stößt auf die Gebirgskette und verursacht auf der Nordseite Niederschläge, während die südliche Seite mit Tokyo trocken und schneefrei bleibt.

SENDAI

- **Einwohner:** 1 Million
- **Präfektur:** Miyagi

Sendais Image als **„Grüne Stadt"** und „Stadt der Bäume" besteht vollkommen zu Recht. Sendai kann stolz auf eine 400-jährige Stadthistorie zurückblicken und verfügt über zahlreiche Parks (Kotodai, Tsutsujigaoka), Boulevards und einige **Onsen** in der näheren Umgebung. Ein Ausflug zu den Thermalquellen lohnt sich. Sendai beheimatet mit der **Tōhoku-Universität** eine der bedeutendsten Hochschulen des Landes und ist kulturelles Zentrum im Nordosten Japans.

Sehenswertes

Burggelände Sendai: Aoba-jō

Masamune Date ließ 1603 als erster Feudalherrscher Sendais die Burg auf der Aobayama-Anhöhe bauen. 132 Meter über der Stadt thronend und von Felsen sowie Fluss begrenzt, festigte die Burg die Vormachtstellung des Herrschenden. *Date,* eine charismatische Figur der Edo-Zeit, kämpfte an der Seite *Ieyasu Tokugawas* in der Sekigahara-Schlacht 1600 und verhalf ihm zur Errichtung des Shogunats. Als Dank dafür

jap_469 oh

wurde *Date* der erste Feudalherrscher Sendais. Die Date-Familie sollte für 300 Jahre in Sendai amtieren.

Nicht mehr viele Gebäude sind heute von der Burganlage erhalten, doch die wenigen und die **imposanten Steinmauern** vermitteln noch immer einen guten Eindruck von der einstigen Größe der Festung. Am besten geht man unten von der Loople-Bushaltestelle Nr. 5 (Stadtmuseum) den kleinen Anstieg durch den Wald hoch, um die wuchtigen Burgmauern zu erleben. Das Burggelände und die Ruinen sind inzwischen zu einem **Park** umgestaltet worden, in dem sich eine Ausstellungshalle und der **Gokoku-Schrein** befinden. Der Burgvorplatz ist Standort der großen **bronzenen Statue,** die *Masamune* auf seinem Pferd zeigt und die weithin als Symbol Sendais bekannt ist. Vor dieser Statue stehend, bietet sich ein wundervoller Panoramablick auf Sendai bis hin zum Pazifik.

■ **Aoba-jō,** Loople-Bushaltestelle Nr. 5, 25 Minuten von JR Sendai, das Museum ist täglich von 9–16 Uhr geöffnet.

Stadtmuseum

Das Museum zeigt die **Geschichte, Kunst und Kultur Sendais** von der Altsteinzeit bis zur Gegenwart. Die Sammlungen umfassen rund 75.000 Exponate, darunter als Höhepunkt eine von *Masamune Date* getragene Rüstung. Zahlreiche historische Waffen und Gegenstände aus dem Alltagsleben sind in Themenausstellungen gegliedert, die viermal im Jahr wechseln. Das im gleichen Gebäudekomplex untergebrachte **Sendai International Center** hat viele nützliche Informationen zu Sendai, aber auch Broschüren zu anderen Regionen Japans, die man kopieren darf. Im Zentrum gibt es Internet umsonst sowie englisch- und deutschsprachige Magazine. An der Pinnwand finden sich Kontakte zum privaten Sprachaustausch.

■ **Sendai-Stadtmuseum,** Loople-Bushaltestelle Sendai City Museum/Sendai International Center (Nr. 5), Di bis So 9–16.15 Uhr, Tel. 225-2557.

Kunstmuseum

Das Museum beheimatet eine **Sammlung von über 2000 Werken.** Die Ölgemälde, Malereien und Skulpturen stammen zumeist von Künstlern, die mit der Region in Verbindung stehen. Aber auch Werke von *Klee, Kandinsky* und *Schiele* sind hier ausgestellt. Neben dem Kunstmuseum erinnert ein Zentrum an den Bildhauer *Chūryō Satō*

■ **Kunstmuseum der Präfektur Miyagi (Miyagi-ken Bijutsukan),** Di bis So 9.30–17 Uhr, Loople-Bushaltestelle Nr. 8, Tel. 221-2111.

Zuihōden-Mausoleum

Das Mausoleum beherbergt die **Überreste Masamune Dates.** Im Momoyama-Stil errichtet, wurde es im 2. Weltkrieg bei einem Bombenangriff auf Sendai völlig zerstört. Die aufwendige Restauration stammt aus dem Jahr 1979. Während des Tanabata-Festivals ist das

◁ Gewaltige Schneemassen müssen alljährlich entfernt werden

Mausoleum samt Umgebung wunderbar beleuchtet.

Zuihōden-Mausoleum, Loople-Bushaltestelle Nr. 4, tägl. 9–16 Uhr.

Mediathek

In der Mediathek kann man viel Zeit verbringen und neue Leute kennen lernen. Die **Multimedia-Einrichtung mit**

Bibliothek, Magazinabteilungen, Filmen und Videos sowie einem Café wird bevorzugt von Studenten und Rentnern genutzt. Für die kostenlosen Internet-Terminals lässt man sich in eine Liste eintragen und kann das Terminal dann für 40 Minuten nutzen.

Sendai-Literaturmuseum

Kein Ort für jedermann, denn hier braucht man ausgereifte **Japanischkenntnisse** und eine Vorliebe für **Literatur und Regionalgeschichte,** sonst kann es hier schnell langweilig werden. Wer sich trotzdem nicht abschrecken lässt, kann hier ausgestellte Dokumente studieren, die mit Sendai in Zusammenhang stehen. Die permanente Ausstellung widmet sich den Dichtern *Naobumi Ochiai, Tōson Shimazaki* und *Bansui Doi,* die einen wesentlichen Beitrag zur modernen Poesie in Japan geleistet haben.

- **Sendai-Literaturmuseum (Sendai Bungakukan),** 5 Minuten zu Fuß von Kitane 2-chōme/ Sendai Bungakukan-mae (Bus Nr. 13).

Praktische Tipps

- **Vorwahl:** 022

Anfahrt

Bahn

- **Aus Tokyo** mit dem **Shinkansen** in 2 Stunden.

Bus

- **Ab Tokyo Station** (Ausgang Yaesu-guchi, vor Tōbu Travel), Fahrtzeit 5–7 Stunden, eine Platzreservierung kann bei Reiseagenturen erfolgen.

Touristeninformation

- **Sendai-Touristeninformation,** JR Sendai, 2F, tägl. 8.30–19 Uhr, WLAN verfügbar, Tel. 222-4069, www.stcb.or.jp.
- **Sendai International Center,** mit Pinnwand für Kleinanzeigen, Japanisch-Kursen, u.v.m. Tägl. 9–20 Uhr, WLAN verfügbar. Aobayama, Aoba-ku, Tel. 265-2471, www.sira.or.jp/english.

Verkehrsmittel

Loople Bus

Um möglichst viele Sehenswürdigkeiten in Sendai in kurzer Zeit zu besichtigen, eignet sich besonders gut der Loople Bus. **Der Bus passiert innerhalb von einer Stunde alle Attraktionen in einer Schleife.** Man kann mit einem Tagesticket (600 Yen) beliebig oft ein- und aussteigen, zwischen 9 und 16 Uhr kommen Loople-Busse alle 30 Minuten an den Stationen vorbei. Im Loople-Bus wird man oft „NHK" hören. Die Ansagen verweisen auf Drehorte für zwei historische Serien des öffentlich-rechtlichen Fernsehens, die zu *Masamune Dates* Leben produziert wurden und sehr erfolgreich gelaufen sind.

Die Stationen

- **1:** JR Sendai Station
- **2:** Aoba dori/Ichibanchō
- **3:** Bansuisōdō
- **4:** Zuihōden-Mausoleum

⌃ Die gewaltigen Steinmauern der Burg Aoba-jō

- **5:** Sendai City Museum/ Sendai International Center
- **6:** Aoba-jō
- **7:** Naturkundliches Museum der Tōhoku-Universität
- **8:** Miyagi-Kunstmuseum
- **9:** Sendai-Mediathek
- **10:** Jōzenji-dori, Rathaus
- **11:** Hirose-dori

Unterkunft

- **Bansuitei Ikoi-sō,**①, 20 Zimmer. Gutes traditionelles Ryokan mit Gemeinschaftsbad, hauptsächlich japanische Gäste. U: Kita Yobanchō, 5 Minuten zu Fuß in Richtung Tōhoku Uni-Hospital, an der 3. Kreuzung links und gleich rechter Hand. 1-8-31 Kimachi-dori, Aoba, Tel. 222-7885, www.ikoi souryokan. co.jp.
- **Hotel Sumireh,**②, 18 Zimmer, Zimmer im westlichen und japanischen Stil. Wunderbares Hotel-Ryokan mit wunderbar freundlichen Eigentümerinnen und Katzenliebhabern, gleich neben dem Campus der Sendai Tōhoku-Universität gelegen. Beliebt bei Studenten und Professoren, auch Monats-Apartments vorhanden. Wer über die Welcome Inn-Homepage bucht, kommt billiger. JR Sendai, 12 Minuten, 1-13-5 Ichiban-chō, Aoba-ku, Sendai, Tel. 222-8100, www10.ocn.ne.jp/~sumireh/.

Essen und Trinken

Gyūtan (Rinderzunge) ist Sendais lokale Spezialität, die typischerweise in sehr dünnen Scheiben über Holzkohle gegrillt und mit Reis und Ochsenschwanzsuppe serviert wird. Man bekommt das Gericht an vielen Ecken in Sendai angeboten, idealerweise geht man aber in die Gyūtan-dori im Bahnhofsgebäude von JR Station (3F), denn dort sind zahlreiche Gyūtan-Restaurants versammelt. Rikyū und Date-no-Gyūtan sind die populärsten Lokale.

- **Ryūtei,**②, kalte chinesische Nudeln mit Schweinefleisch, Ei und Wassermelone in Soja- oder Sesam-Sauce. Tägl. 11.30–15 und 17–21 Uhr, Tel. 221-6377.
- **Capricciosa,**②, italienisches Ketten-Restaurant mit englischsprachiger Speisekarte. Tägl. 11.30–23 Uhr, JR Sendai, 5 Minuten, Tel. 211-8004.
- **Gyūkaku,**②, lebendiges koreanisches BBQ-Restaurant, in dem man selbst am Tisch grillt. Tägl. 17–24 Uhr, U: Yonbancho, 10 Minuten, Tel. 722-0429.
- **Kakitoku,**③, frische Austern aus der Matsushima-Bucht in zahlreichen Variationen, roh mit Essig und Soja-Sauce oder frittiert, ab 3500 Yen. Di bis So 11.30–14 und 17–21 Uhr, Tel. 222-0785.

Nachtleben

- **Club Shaft,** Sport-Kneipe mit Live-Übertragungen. Am Wochenende verwandelt sich die Kneipe in einen Club. Auf der Kokubunchō-dori, Tel. 722-5651, http://clubshaft.com.
- **Bar Isn't It?,** das Zentrum des Nachtlebens für Studenten und Partyfreunde. Nur am Wochenende geöffnet, ab 19 Uhr, im Club beginnt der Betrieb um 21 Uhr. Nahe Ichiban-chō, Date One Bldg., 3F, Tel. 262-0901, www.isnt-sendai.com.
- **Vilevan,**②, bekannt für die Jazz-Sessions am Wochenende. Tägl. 17–1 Uhr, JR Sendai, West-Ausgang, 5 Minuten, Sun Square Bldg., 3F, Tel. 225-2222.

Festivals

- **3. Mai-Wochenende: Aoba-Festival,** Samurai-Parade, Tanzwettbewerbe und Kunsthandwerksmärkte.
- **6.–8. August: Tanabata-Festival,** Bambusstäbe mit den farbenprächtigsten japanischen Papierdekorationen verziert, lassen Sendai erstrahlen.

MATSUSHIMA

- **Einwohner:** 20.000
- **Präfektur:** Miyagi

Matsushima zählt man **zu den drei schönsten Strand- und Küstenlandschaften Japans.** Zahlreiche **winzige vorgelagerte Inseln** geben der Bucht einen pittoresken Anstrich. Die Bucht vor Sendai und Matsushima wird von der **Oshika-Halbinsel** begrenzt und eine schöne Küstenstraße führt über Kilometer am Meer entlang.

Sehenswertes

Zuiganji-Tempel

Der **Zen-Tempel** ist der bedeutendste seiner Art in Tōhoku. Er wurde 1604 erbaut und diente der Date-Familie. Im östlichen Teil des Tempelareals zeigt eine **Ausstellung** kulturelle Schätze aus der Vergangenheit.

- **Zuiganji-Tempel,** 5 Gehminuten nördlich von Matushima-Kaigan Station, tägl. 8.30–15 Uhr, Tel. 354-2023.

Rund um den Pier

5 Minuten östlich von Matushima-Kaigan liegt der Pier, an dem die **Fähre aus Shiogama** anlegt. Unmittelbar nördlich davon erstreckt sich **Godaidō,** eine kleine Pinien-Insel, mit einer von *Date* eingerichteten Kultstätte. Sie kann über zwei kleine Brücken erreicht werden und taucht oft als Symbol Matsushimas auf.

Etwas südlich vom Pier liegt die **Ōshima-Insel.** Sie ist durch die Togetsukyō-Brücke mit der Hauptinsel verbunden und diente früher Priestern als Zufluchts- und Rückzugsort.

jpn 477 gh

Kinkasan-Insel

Die Kinkasan-Insel liegt vor der südlichen Spitze der Oshika-Halbinsel. Man erreicht sie mit der **Fähre ab Onagawa,** Fahrtzeit 30 Minuten. Im Zentrum der Insel ragt der 445 Meter hohe **Mt. Kinkasan** auf. In den dichten **Wäldern** leben **Rehe, Hirsche und Affen,** allesamt jedoch eher scheu und nur im Norden der Insel anzutreffen. In der Nähe des Hafens gibt es Straßen, ansonsten muss man sich die 20-Quadratkilometer-Insel zu Fuß erschließen. **Wanderwege** führen auf den Berg Kinkasan, auf halbem Weg zum Gipfel passiert man dabei den **Koganeyama-Schrein.** Zur Hochsaison ist die Ausflugsinsel gut besucht.

Praktische Tipps

- **Vorwahl:** 022

Anfahrt

Bahn

- **Von Sendai** mit der **JR Senseki-Linie** bis Matsushima-Kaigan Station. Verkehrt alle 30 Minuten, Fahrtzeit 35 Minuten.

Fähre

- **Ab Shiogama-Hafen,** alle 30 Minuten im Sommer und jede Stunde im Winter.

◁ Matsushima – pittoreske Strand- und Küstenlandschaften

Touristeninformation

- **JR Matsushima-Kaigan Station,** tägl. 9.30-16.30 Uhr, kostenlose Broschüren & WLAN. Tel. 354-2263, www.matsushima-kanko.com.

Führungen

- **Kostenlose Rundgänge** mit **Matsushima Goodwill Guide,** Anmeldung eine Woche vorher unter Tel. 258-1295.

Unterkunft

Günstig ist in Matsushima kaum etwas, vor allem nicht die Unterkünfte. Wer billig übernachten will, kann das in Sendai tun.

- **Taikansō,**②, 239 Zimmer. Gute Aussicht auf die Küstenlinie, Zimmer mit Blick aufs Meer kosten extra. Bushaltestelle Taikansō, Tel. 354-2161, www.taikanso.co.jp.
- **Century Hotel,**③, 128 Zimmer. Am Meer gelegen, der Preis beinhaltet zwei Mahlzeiten. JR Matsushima-Kaigan, 10 Minuten, Tel. 354-4111, www.centuryhotel.co.jp.

Jugendherberge

- **Pila Matsushima Okumatsushima,**①, nördlich von Matsushima etwas außerhalb gelegen, Privatzimmer und Fahrradleihe verfügbar. JR Nobiru, 15 Minuten, Tel. (0225) 88-2220, www.jyh.or.jp.

Ausflugsboot

- Das **Matsushima Pleasure Boat** verkehrt täglich 8–16 Uhr in der Bucht und passiert dabei viele der insgesamt 260 Inseln. 1400 Yen pro Person, Abfahrtsorte und -zeiten unter Tel. 354-2233.

AKIU ONSEN

Akiu Onsen gehört in Japan zu den beliebtesten Thermalquellen und besitzt eine **lange Tradition als Heilbad.** Während der Feudalzeit war Akiu Onsen der Frühlingskurort der Date-Familie, heute kommen zahlreiche Touristen aus ganz Japan hierher. Das Dorf mit weniger als 5000 Einwohnern ist ein Erholungsort für gestresste Städter, denn hier kann man bequem moderne Hotels in unberührter Natur beziehen. Heilende Wirkung sollen die Quellen vor allem bei Rheumabeschwerden besitzen.

Akiu Onsen entfaltet mit seinen **malerischen Schluchten und Bergen** einen besonderen Charme. Gleich am Eingang zu Akiu Onsen führt ein Weg in die **Rai-rai-kyō-Schlucht,** in welcher der Flusslauf bizarre Steine und Felsformen hinterlassen hat. **Wanderwege** folgen dem Flusslauf. Ein ganzes Stück weiter gelangt man zum **Akiu-Ōtaki-Wasserfall,** sechs Meter breit und 55 Meter hoch.

Für Touristen ist ein **Künstlermarkt** mit traditionellen Produkten aus der Region eingerichtet. In **Kursen** kann man erlernen, wie man beispielsweise die Kokeshi-Puppen richtig bemalt.

Praktische Tipps

Anfahrt

- Mit dem **Miyagi Kōtsū-Bus** ab JR Sendai bis zur Bushaltestelle Akiu Onsen Yumoto, Fahrtzeit 50 Minuten.

Touristeninformation

- **Akiu Onsen Informationszentrum,** mit Wanderkarten und Informationen zu möglichen Unterkünften, Tel. 398-2323.

Unterkunft

- **Ryokan Sansaisō,**②, 45 Zimmer. Vernünftiger Preis im Vergleich zu anderen Unterkünften in Akiu Onsen. Der Preis beinhaltet zwei Mahlzeiten. Bushaltestelle Akiu Onsen Yumoto, Tel. 398-2646.
- **Iwanumaso,**③, 156 Zimmer. Großes Ryokan-Hotel und Onsen-Resort. Bushaltestelle Akiu Onsen Yumoto, www.iwanumaya.co.jp.

SAKUNAMI ONSEN

Die Quellen in Sakunami wurden im 8. Jh. entdeckt und liegen **am Oberlauf des Hirose-Flusses.** Einige der Hotels bieten Onsen unter freiem Himmel inmitten einer wunderbaren Berggegend.

Praktische Tipps

Anfahrt

- Von **JR Sendai** (Westausgang), Bushaltestelle Nr. 10, bis zur Haltestelle Sakunami Onsen oder mit JR bis **JR Sakunami** und von dort mit dem **Bus.** Gesamtfahrtzeit ca. 60 Minuten.

Unterkunft

- Die Übernachtung in Sakunami Onsen kostet pro Person ab 11.000 Yen inkl. zwei Mahlzeiten. Buchungen beim **Sakunami Onsen Information Center,** 9–17 Uhr, Tel. (022) 395-2052.

AIZU-WAKAMATSU

- **Einwohner:** 120.000
- **Präfektur:** Fukushima

Aizu-Wakamatsu ist die **älteste Stadt der Präfektur Fukushima.** Im Stadtzentrum steht die **Burg Tsuruga-jō,** von deren Hauptturm aus man das gesamte Stadtgebiet überblicken kann. In den Steinmauern sind noch heute die Einschusslöcher aus dem **Boshin-Bürgerkrieg** (1868–1869) zu sehen, als die Truppen des Daimyo an der Seite des Togugawa-Shogunats gegen die kaiserlichen Truppen kämpften. Bei diesen Kämpfen wurde die 600 Jahre alte Burg zerstört, nur die Mauern und die Festungsgräben sind noch im Original erhalten. Im Nachbau des Turms ist heute ein Museum untergebracht.

Die besten Sehenswürdigkeiten der Stadt sind mit dem Erbe aus der Edo-Zeit verbunden: **Alte Samurai-Häuser (Aizu Buke Yashiki),** kleine verwinkelte Gassen und jede Menge historische Museen erzählen von der Geschichte der Stadt. In dem 600 Jahre alten **Garten Oyakuen** sind einige schöne Teiche und ein großer Heilkräutergarten angelegt.

Praktische Tipps

- **Vorwahl:** 0242

Anfahrt

Bus

- **Aus Shinjuku (Tokyo)** mit dem JR-Bus in 4 Stunden 20 Minuten.

Bahn

- **Mit JR aus Ueno/Tokyo** über Koriyama in 2½ Stunden.

Touristeninformation

- **JR Aizu-Wakamatsu,** geöffnet 9–17.30 Uhr, Tel. 32-0688, www.aizukanko.com.
- **Tsuruga-jō,** an der Burg Tsuruga-jō, tägl. 8.30–17 Uhr, Tel. 29-1151.

Unterkunft

- **Takaku,**①, preiswertes, familiengeführtes Minshuku nahe den Samurai-Häusern. Bushaltestelle Bukeyashiki-mae, Tel. 26-6299, www.naf.co.jp/takaku.
- **Nakamachi Fuji Grand Hotel,**①, 148 Zimmer. Business Hotel im Zentrum, kostenlose Fahrradleihe. JR Aizu-Wakamatsu, 15 Minuten, Tel. 28-3111, www.fujigrandhotel.co.jp.
- **Shibukawa-donya,**④, 4 Zimmer. Bekanntestes Ryokan in einem alten Kaufmannshaus aus der Meiji-Zeit. Der Preis beinhaltet zwei Mahlzeiten mit lokalen Spezialitäten im hauseigenen Restaurant. JR Nanukamachi, Tel. 28-4000.

Essen und Trinken

- **Ohide Chaya,**①, bei den Samurai-Häusern gelegen. Dengaku-Küche: eine Art Barbecue, bei dem mit Miso-Paste bestrichenes Fleisch, Fisch oder Gemüse über Holzkohle gegrillt wird. Ab 10 Uhr geöffnet, Tel. 27-5100.
- **Omachi Gasutō,**②, Bierhalle in einem traditionellen Holzhaus in der Noguchi-Hideyo, Mo bis Sa 17–23 Uhr, Tel. 29-5725.

Einkaufen

- **Shirakiya,** Aizu-nuri-Lackwaren in traditionellem und modernem Design. Tägl. 9–17.30 Uhr, Ruhetage variieren, Bushaltestelle Shirakiya-mae, Tel. 22-0203.

Museen

- **Museum der Präfektur Fukushima,** Geschichtsmuseum, in dem Besucher auch die traditionelle Kleidung der Landbevölkerung tragen können. Di bis So 9.30–17 Uhr, nordöstlich vom Tsuruga-jō, Eintritt 260 Yen.
- **Aizu Sake-Museum,** Museum über die Herstellung von Sake, nördlich vom Tsurugajō. Tägl. 9–16.30 Uhr, Eintritt 300 Yen.
- **Byakkotai Memorial Museum,** Ausstellung zu den letzten Tagen des Boshin-Bürgerkrieges. Tägl. 8–17 Uhr (im Winter 8.30–16.30 Uhr), Eintritt 400 Yen.
- **Kaishū Ichi-Kunstmuseum,** Kunstgegenstände und Utensilien der Tee-Zeremonie. Tägl. 8.30–17 Uhr, Eintritt 300 Yen.
- **Aizu Hankō Nisshin Kan,** Freiluftmuseum. Die Gebäude dienten dem herrschenden Aizu-Clan als strenge Erziehungsanstalt, aus der auch die Bürgerkriegs-Truppen hervorgingen. Heute können interessierte Besucher auf dem Gelände **Unterricht in Kendō oder im Bogenschießen** nehmen. Täg-

lich 8.30–17 Uhr (im Winter 9–16.30 Uhr), Eintritt 800 Yen, 30 Minuten mit dem Bus ab Aizu-Wakamatsu Station oder 20 Minuten zu Fuß ab Hirota Station.

Onsen

- **Higashiyama Onsen,** ruhiges Onsen-Gebiet mit vielen alten Ryokans. 20 Minuten mit dem Bus ab JR Aizu-Wakamatsu.
- **Ashinomaki Onsen,** Onsen-Gebiet in einem schönen Tal. 45 Minuten mit dem Bus ab JR Aizu-Wakamatsu.

Umgebung

Aizu-Hongō

Aizu-Hongō ist die **älteste Töpferstadt der Region.** In 15 der 18 erhaltenen Werkstätten können Besucher selbst zur Töpferscheibe greifen. Im **Museum Aizu-Hongō-yaki** stehen Meisterwerke der lokalen Porzellanproduktion, in der **Aizu-Hongō Pottery Hall** kann man auch kaufen.

Praktische Tipps

Anfahrt

- **Bahn:** Aizu-Hongō erreicht man mit JR in 14 Minuten ab JR Aizu-Wakamatsu.

Touristeninformation

- Nähere Informationen erhält man bei der **Touristeninformation** in Aizu-Wakamatsu oder bei der **Aizu-Hongō Tourist Society,** Tel. (0242) 56-4882.

BANDAI-ASAHI-NATIONALPARK

Das Gebiet rund um den 1819 Meter hohen **Vulkan Bandai** ist ein populäres Ziel von **Wanderern und Skifahrern.** Bei seinem letzten Ausbruch 1888 zerstörte der Vulkan nicht nur die gesamten umliegenden Dörfer, sondern formte mit seinen Gesteinsmassen auch neue Landschaften, als Flussläufe aufgestaut wurden und Seenlandschaften entstanden.

Der **Hibara-See** mit seiner charakteristischen gezackten Küstenlinie ist der schönste der Seenkette und touristisch gut entwickelt: Bungalows, Campingplätze, Ausflugsboote, ein Fahrradweg um den See und eine Seepromenade locken viele Besucher an. Von der Bushaltestelle **Bandai Kōgen-Eki** gelangt man nicht nur zum See, sondern auch zum Start einer beliebten Wandertour: Der einstündige **Goshikinuma-Wanderweg** führt an überschwemmten Gebieten, Tümpeln und Seen vorbei, deren Wasser sich aufgrund der vulkanischen Aktivitäten jeweils durch eine andere Farbe auszeichnet. Der Weg endet beim **Goshikinuma-Naturmuseum,** dort liegt auch die Bushaltestelle Goshikinuma-iriguchi. Von Bandai Kōgen-Eki startet ebenfalls der Gipfelaufstieg zum Bandai. Geübte können die Tour an einem Tag schaffen.

Der **Inawashiro-See** südlich von Inawashiro Station ist mit seinen **Stränden** eher das Ziel von Sommerurlaubern.

Erdbeben, Tsunami, Fukushima – und die Folgen

Am 11. März 2011 um 14:46 Uhr Ortszeit ereignete sich vor der Ostküste Japans eines der **größten je gemessenen Erdbeben:** mit einer Stärke von 9,0 auf der Richterskala und dem Epizentrum in 24 Kilometer Tiefe, rund 370 Kilometer nordöstlich von Tokyo und 130 Kilometer östlich von Sendai. Infolge des Erdbebens bildeten sich **mehrere Tsunamis,** stellenweise **bis zu 15 Meter hoch.** Die gewaltige Flutwelle schob sich an einigen Stellen der Küste bis zu 10 Kilometer ins Landesinnere voran und riss alles mit sich: Menschenleben, Häuser, ganze Dörfer und Städte. Heute zählt die Opferstatistik rund **18.000 Menschen – 16.000 geborgene Opfer** und noch **mehr als 2000 vermisste Personen.**

Rikuzentakata, Minamisanriku, Kesennuma oder Ōtsuchi: Die kleinen fast vollständig zerstörten Dörfer gaben der Katastrophe ihr mediales Bild, ohne dass man das wahre Ausmaß doch richtig verstehen konnte. Das skurrilste Foto mit großer Symbolkraft zeigt, wie in Ōtsuchi das Ausflugsschiff Hamayuri auf einem kleinen Hoteldach gestrandet lag. Der Besitzer der kleinen Pension, *Hitoshi Furudate,* kämpft heute wieder um seine Pension und will Gäste willkommen heißen.

Erdbeben und Tsunami waren aber erst der Beginn einer Katastrophe, die ihre Folgen noch über Jahre und Generationen ausbreiten wird: in **mehreren Atomkraftwerken** entlang der Küste kam es aufgrund des Tsunami zu **Störfällen.** Am schlimmsten entwickelte sich die Lage im **Atomkraftwerk Fukushima I.** Der am Meer gebaute Reaktor Fukushima I wurde von einer ca. 14 Meter hohen Flutwelle getroffen – die Höhe der Schutzmauer betrug lediglich 5,70 Meter. In der Folge standen die Reaktoren bis zu 5 Meter unter Wasser.

Schnell geriet die Lage außer Kontrolle – aller Dementis seitens der Betreibergesellschaft *Tepco* und der japanischen Regierung zum Trotz. In drei der sechs Reaktoren fanden **Kernschmelzen** statt. Radioaktivität wurde mit gewaltigen Explosionen freigesetzt – was sich im Erdreich und im Grundwasser unter den Reaktoren abspielt, weiß bis heute niemand so genau. Früh begann die Skepsis gegenüber der Informationspolitik der japanischen Behören, Regierung und Aufsichtsbehörden. Der Eindruck erhärtete sich früh, dass hier lieber verharmlost und vertuscht wird. Noch Monate danach verneinte die Atomaufsicht beispielsweise, dass es zu Kernschmelzen gekommen sei. Erst Jahre später korrigierte *Tepco* seine früheren Angaben. Doch bis heute bleibt: Die Verantwortlichen geben nur zu, was ohnehin schon längst in der Öffentlichkeit bekannt ist.

Wie viel **Radioaktivität** letztlich freigesetzt wurde, darüber gehen die Meinungen noch immer auseinander. Die japanischen Behörden behaupten, dass die bis heute freigesetzte Radioaktivität rund ein Zehntel derjenigen von **Tschernobyl** beträgt. Vor allem europäische Wissenschaftler bezweifeln das aus zwei Gründen: Insbesondere direkt nach dem Unfall fanden kaum Messungen statt, und die Stationen im unmittelbaren Umfeld von Fukushima wurden so stark verstrahlt, dass sie keine verlässlichen Werte liefern konnten. So gehen deren Schätzungen davon aus, dass die in Fukushima freigesetzte Menge an Cäsium-137 etwa die Hälfte dessen ist, was in Tschernobyl ausgestoßen wurde. Über diese Zahlen wird es auch in absehbarer Zeit keine Einigung geben.

Fest steht, dass der Wind in den Tagen nach dem 11. März 2011 den Großteil der radioaktiven Wolke auf das Meer trieb – rund 80 Prozent regnete über dem Pazifik ab. Glück im Unglück hatte **Tokyo,** als am 15. März die radioaktive Wolke über die Hauptstadt hinwegzog, es an diesem Tag aber **nicht regnete.** Unter den radioaktiven Niederschlägen litt am meisten die Region nordöstlich von Fukushima. Die höchste Konzentration wurde im 40 km entfernten Ort **Iidate** gemessen.

Wie ist der Stand heute? Erst jüngst musste die Betreibergesellschaft *Tepco* wieder einräumen, dass radioaktives Grundwasser in das Meer läuft. Die Gefahr ist also noch nicht unter Kontrolle. Offiziell dürfen radiologisch belastete Lebensmittel nicht in den Handel kommen. So sieht man manchmal in den japanischen Medien Bilder, dass Farmer aus Tōhoku ihre Ernte vernichten müssen. Dann gibt es aber auch wieder nicht so große Nachrichten, dass **Fleisch aus Tōhoku umetikettiert** wurde und im Namen einer anderen Präfektur verkauft wird. Laut japanischen Behörden und auswärtigen Ämtern können jedoch trotz einzelner Ausnahmen „alle im regulären Handel erhältlichen Lebensmittel als radiologisch unbedenklich angesehen werden".

Praktische Tipps

Anfahrt

- Mit **JR** von Aizu-Wakamatsu nach Inawashiro in 40 Minuten. Von dort weiter mit dem **Bus,** Fahrtzeit 30 Minuten.

Touristeninformation

- **Ura-Bandai Visitor Center,** Besucherzentrum des Nationalparks mit reichhaltigen Infos zum Wandern und Klettern. Bushaltestelle Goshikinuma-iriguchi, Mi bis Mo 9–17 Uhr (im Winter bis 16 Uhr), Tel. (0241) 32-2850.
- **Urabandai Tourism Association,** im gleichen Gebäude mit dem Besucherzentrum, täglich von 9 bis 17 Uhr, Tel.(0241) 32-2349, www.urabandai-inf.com.

Unterkunft

Viele Minshukus bieten in der Gegend eine Unterkunft mit zwei Mahlzeiten ab rund 6500 Yen an. Die **Buchungszentrale Goshikinuma Minshuku** (Tel. 0241-32-2902) an der Bushaltestelle Goshikinuma-iriguchi ist den Gästen bei der Reservierung behilflich.

- **Nijinouta,**②, 8 Zimmer. Gemütliche und warmherzige Unterkunft nahe Goshikinuma. Der Preis beinhaltet zwei Mahlzeiten. Bushaltestelle Goshikinuma-iriguchi, Tel. (0241) 32-2144, www.nijinouta.com.
- **Bandai-Kōgen National Park Resort Village,**②, 60 Zimmer. Unterkunft in öffentlicher Trägerschaft, Privatzimmer. Preis inkl. zwei Mahlzeiten. Der Campingplatz ist von Ende April bis Anfang November geöffnet. Bushaltestelle Kyukamura-

Shukusha-mae, Tel. (0241) 32-2421, www.qkamura.or.jp.

Jugendherberge

- **Ura-Bandai Youth Hostel,**①, freundliche und am Wanderweg gelegene Jugendherberge, von Dezember bis April geschlossen. Bushaltestelle Goshikinuma-iriguchi, 7 Minuten, Tel. (0241) 32-2811.

YAMAGATA

- **Einwohner:** 245.000
- **Präfektur:** Yamagata

Yamagata ist eine touristisch nicht besonders attraktive **Industriestadt,** die man höchstens auf dem Weg zu den umliegenden und beeindruckenden Berggegenden Dewa San-zan und Zao-san passiert. Yamagata ist **Hauptstadt der gleichnamigen Präfektur:** „Yama" bedeutet in diesem Fall Berg, was auf die zahlreichen Gebirge in der Region schließen lässt.

Am Stadtrand Yamagatas liegt das **Tempelareal Yama-dera,** das als Tagesausflugsziel von vielen Touristen angesteuert wird. Unzählige Steinstufen führen hinauf zu den Tempeln und Schreinen, deren älteste Gebäude 860 gegründet wurden.

Ein weiterer lohnender und machbarer Tagesausflug von Yamagata ist der Trip ins Städtchen **Takahata** (40 Minuten mit JR), wo ein sechs Kilometer langer Fahrradweg entlang historischer Stätten angelegt wurde. Der schöne **Mahoroba-no-Michi** („Paradies-Weg")

Yamagata – Aussicht vom Tempelareal Yama-dera

jap_483 oh

Tourismus nach dem Tsunami

Die **Aufräumarbeiten** nach dem verheerenden Tsunami werden noch lange andauern. Entlang der Küste sind die Zeichen der Verwüstung noch immer zu sehen: Trümmer, Schutt, Zerstörung. Oder auch einfach bedrückende Leere. Dörfer werden wieder aufgebaut, teils an den gleichen Orten wie einst, teils mit landeinwärts verlagerten Zentren.

Kann man ein Gebiet, das solches Leid erfahren hat, als Tourist bereisen? Und vor allem wenn der zeitliche Abstand noch so gering ist? Das sind Fragen, die jeder für sich beantworten muss – und die selbst die Verantwortlichen und die Bevölkerung vor Ort spalten.

Ein Beispiel dafür ist **Kesennuma.** Durch den Tsunami wurde das Fischereischiff *Kyotoku Maru* – mit einer Länge von 60 Meter und einem Gewicht von 330 Tonnen – ganze 600 Meter weit landeinwärts getragen. Wochenlang gab es keine TV-Berichterstattung, die nicht das gestrandete Schiff als Symbol für die unglaubliche Wucht des Tsunami benutzte. Die Stadtverwaltung von Kesennuma wollte das Schiff zum Gedenken an die Katastrophe und für den aufkommenden Tourismus erhalten. Doch beim Volksentscheid entschieden sich rund 70 Prozent der Bevölkerung Kesennumas für eine Beseitigung und Verschrottung des Schiffes.

Da einige Gemeinden an der Küste jedoch auf die wirtschaftliche Kraft des Tourismus hoffen und so glauben, den Wiederaufbau ihrer Städte fördern zu können, haben wir uns zur Aufnahme von einigen touristischen Angeboten in der so Leid geplagten Region entschieden.

Rikuzentakata

Rikuzentakata in der Präfektur *Iwate* wurde vom Tsunami fast völlig weggespült: Von den ehemals rund 8000 Häusern wurden 80 Prozent zerstört. Inzwischen gibt es vor Ort **„Earthquake Disaster Storytelling Tours“,** die Touristengruppen vor Ort überwiegend auf Japanisch führen. Tel. (0192) 54-5011, www.3riku.jp/kanko/kanko-guide/kanko-guide.html.

Minamisanriku

Minamisanriku in der Präfektur *Miyagi* wurde ebenfalls weitgehend zerstört. Viele der Einwohner wurden durch den Tsunami getötet. Minamisanriku liegt in Trümmern und gleicht einer Geisterstadt. Im Zentrum der heutigen touristischen Aktivität vor Ort steht das **Hotel Kanyo.** www.kanyo.co.jp.

- **Earth Camp Tour,** Freiwilligenorganisation mit Hilfsprojekten und mehrtägigen Touren beispielsweise nach Minamisanriku: http://ceco.jp/ec/

- **Weitere aktuelle Informationen** bietet die Präfektur Miyagi auf ihrer Homepage http://miyagi.fukkou-tourism.com. Fukkou bedeutet so viel wie Rekonstruktion und Wiederaufbau nach Katastrophen.

Evakuierungsgebiete

Gebiete mit eingeschränkter Aufenthaltsmöglichkeit und Gebiete, in denen Evakuierungsmaßnahmen getroffen wurden

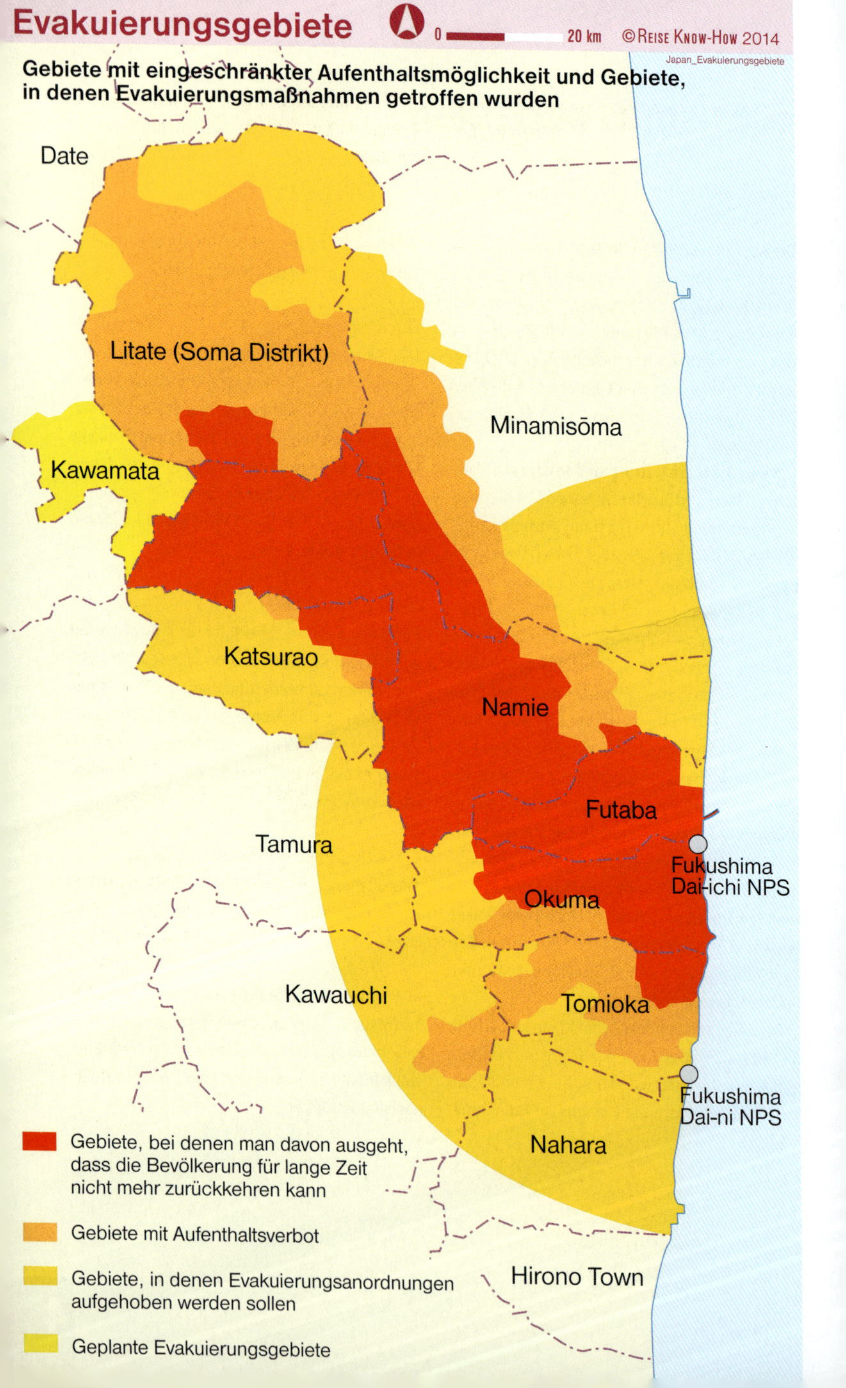

führt durch eine sehr ländliche Gegend und an Grabhügeln und Pagoden vorbei. Zum Abschluss der kleinen Tour kann man das Onsen im Bahnhofsgebäude (!) besuchen.

Praktische Tipps

- **Vorwahl:** 023

Touristeninformation

- Gegenüber JR Yamagata, 10–18 Uhr, Tel. 647-2333, http://yamagatakanko.com.
- Yamadera, 5 Minuten von JR Yamadera, gleich nach der Brücke rechts, Tel. 695-2816.

Unterkunft

- **Ryokan Sendaiya,**①, 17 Zimmer. Altes, aber komfortables Ryokan. Mahlzeiten gegen Aufpreis. JR Yamagata, 13 Minuten, Tel. 642-0913, www2.plala.or.jp/sendaiya.
- **Yama-dera Pension,**①, Yama-dera Station. Aufpreis für Zimmer mit Bad. Zum Abendessen kann Shōjin Ryōri bestellt werden. Tel. 695-2134, www.yamadera-onoya.jp.
- **Hotel Castle,**②, 160 Zimmer. Gutes und günstiges Stadthotel im Zentrum. JR Yamagata, Ost-Ausgang, 10 Minuten, Tel. 631-3311, www.hotelcastle.co.jp.

Essen und Trinken

- Die meisten **Restaurants und Cafés** verteilen sich in Yamagata rund um den Bahnhof, das zweite Zentrum der Stadt ist die Gegend Nanoka-machi, wo sich zahlreiche Geschäfte finden.
- Die **lokale Spezialität** ist **Imonikai,** eine Art Eintopf mit Kartoffeln, Rindfleisch, Aronwurz und Zwiebeln.

Festivals

- **5. August: Hanagasa-Tanzfestival.**
- **Oktober: Internationales Dokumentarfilm-Festival.**

DEWA SAN-ZAN

Die **heilige Bergregion** Dewa San-zan ist die zusammenfassende Bezeichnung für die **drei Berge Gas-san, Haguro-san und Yudono-san.** Die Gegend gehört zu den ältesten Bergwallfahrtsstätten Japans und dementsprechend zahlreich sind auch heute die **Pilger** in der Region unterwegs. Die weiß gekleideten Pilger mit kegelförmigem Hut, Stock und Glöckchen besuchen die spirituellen Stätten und nutzen die Natur für ihre asketischen Übungen.

Während der Haguro-san ganzjährig zugänglich ist, sind der Gas-san und der Yudono-san von Herbst bis Frühjahr offiziell gesperrt. Theoretisch kann man alle drei Gipfel an einem Tag erreichen, ratsam ist es indes nicht.

Der Weg zum **Gipfelschrein des Haguro-san** (414 m) führt über 2400 Steinstufen durch dichte Wälder und ist in knapp 1 Stunde zu bewältigen. Wer sich entscheidet, den Bus zum Gipfel zu nehmen, verpasst einiges. Vom Gipfel des Haguro-san kann man sich überlegen, mit dem Bus zur 8. Station des Gas-san zu fahren, dem mit 1984 Metern höchsten Berg der Region. Von der 8. Station zum **Gipfelschrein des Gas-san** braucht man noch etwa 2½ Stunden, der Weg ist ausschließlich im Sommer freigegeben. Geht man auf der anderen Seite hinab, erreicht man nach weiteren 2½ Stunden den **Yudono-san.** Weitaus einfacher hat man es, wenn man den Yudono-san separat von der anderen Seite in Angriff nimmt, ab der Bushaltestelle Yudanosan Hotel.

Praktische Tipps

Anfahrt

- Mit **JR** von Niigata nach Tsuruoka in 2 Stunden. Von dort weiter mit dem **Bus** zum Haguro-san.

Unterkunft

In der Region gibt es **rund 30 Shukubō,** die dem Shugendō zuzuordnen sind.

- **Miyashita-Bou,**②, Shukubō, das sehr gerne ausländische Gäste empfängt. Jeden Morgen lädt der Schrein zur Morgenzeremonie. Der Preis beinhaltet zwei Shōjin Ryōri-Mahlzeiten. Das Shukubō ist von Mai bis November geöffnet, 223 Touge, Haguro-machi, Tel. (0235) 62-2371, www.syuku bou. jp.
- **Haguro National Park Resort Village,**②, 29 Zimmer. Die Unterkunft befindet sich in öffentlicher Trägerschaft, gelegentlich werden von hier aus Pilgerwanderungen organisiert. Außerhalb der Hauptsaison kann man über die Homepage eine wirklich günstige Unterkunft buchen. Bushaltestelle Kyukamura-mae, Tel. (0235) 62-4270, www.qka mura.or.jp.

ZAŌ-SAN

Der **Quasi-Nationalpark** nahe Yamagata eignet sich von Dezember bis April hervorragend zum **Skifahren und Snowboarden,** im Sommer ist die Region um den Berg Zaō das Domizil von **Wanderern.** Vulkanische Bergketten, Onsen und Kraterseen bilden das Panorama.

Aushängeschild des Naturgebiets ist der mysteriös-faszinierende **Kratersee Okama,** dessen Farbe sich mehrmals täglich verändert und zu dem ein Sessellift hinauffährt. Auf dem Plateau finden sich einige Wanderwege, einer davon führt auch zu den **Juhyō-Schneemonstern:** tief eingeschneite und mit Eis überzogene Bäume, deren surreale Formen sich besonders zwischen Februar und März entfalten. Wer nach einem Ski- oder Wandertag einige bekannte Gesichter wieder treffen will, geht am besten in eines der öffentlichen Rotemburo in **Zaō Onsen,** in deren Freiluft-Thermen bis zu 200 Personen Platz finden.

Praktische Tipps

Anfahrt

- **Mit dem Bus von Yamagata Station** in 45 Min. nach Zaō Onsen (kurz auch mal nur als „Zaō" ausgeschildert).

Touristeninformation

- **Am Busbahnhof Zaō Onsen,** Tel. (0236) 94-9328.

Unterkunft

- **Lodge Scole,**①, Etagenbetten, Mahlzeiten oder Privatzimmer gegen Aufpreis. Sehr freundliche familiengeführte Unterkunft mit englisch sprechendem Team. Bushaltestelle Zaō Onsen, Tel. (023) 694-9320, http://lodgescole.com.
- **Pension Bokunouchi,**②, 8 Zimmer. Vor dem zentralen Lift des Zaō-Skigebiets und neben dem einzigen Convenience Store weit und breit gelegen. Das sportliche Team spricht englisch, der Preis beinhaltet zwei Mahlzeiten. Bushaltestelle Zaō Onsen, 5 Minuten, Tel. (023) 694-9542, www.bokunouchi.com.
- **Ishii Pension,**②, in der Gegend Zaō Bōdaira gelegen. Der Besitzer kennt die Gegend wie seine Westentasche und gibt gute Tipps zum Wandern, Gleitschirmfliegen, Langlauf oder Schneeschuh-Wandern. Verschiedenes Gerät zum Ausleihen vorhanden. Der Preis beinhaltet zwei Mahlzeiten. Bushaltestelle Bōdaira (kostenloser Bus von JR Kaminoyama-Onsen), Tel. (023) 679-2772, www.pension141.com.

Skigelände

- **Zaō Onsen** und **Zaō Bōdaira** als Skizentren, kostenlose Shuttle-Busse zwischen den 42 Lifts, Tages-Liftpass 4800 Yen.

MORIOKA

- **Einwohner:** 289.000
- **Präfektur:** Iwate

Die Geschichte der Stadt Morioka beginnt 1592, als der Feudalherrscher *Nambu* die Burg erbauen ließ. Noch heute sind viele **Schreine, Tempel und Kaufmannshäuser** im Stadtzentrum erhalten. Die engen und verwinkelten Straßen waren einst Teil der Verteidigungsanlagen. Das Stadtbild ist geprägt von den **drei Flüssen Nakatsu, Kitakami und Shizukuishi.**

Morioka ist umgeben von **Bergen,** der höchste davon ist der **Iwate** im Norden mit einer Höhe von 2038 Metern. Die Stadt dient Touristen als Ausgangspunkt für Ausflüge in die Natur der nördlichen Tōhoku-Region, sei es zu Wanderungen oder zum Skifahren.

Sehenswertes

Burg Morioka/Iwate-Park

Im Iwate-Park stehen die Reste der Morioka-Burg. Die Anlage wurde 1874 bei letzten Auseinandersetzungen rund um die Meiji-Restauration nahezu vollständig zerstört, nur die **Grundmauern** sind noch vorhanden. *Takuboku Ishikawa* (1886–1912) verfasste über den Park zahlreiche seiner Gedichte. Das grüne Zentrum erreicht man in 20 Minuten zu Fuß ab dem Bahnhof Morioka entlang der Saien-dori.

Handwerkszentrum

Wer an Handwerkstraditionen interessiert ist, kann im Handwerkszentrum **zusehen und selbst Hand anlegen.** In den Gebäuden werden traditionelle Industriewaren und Lebensmittel hergestellt. Zu den berühmtesten Produkten aus Morioka zählen Eisenwaren, Spielzeug (*Kin no Begokko,* Kokeshi-Puppen), gefärbte Kleidungsstücke mit kunstvollen Mustern *(Kodai Katazome)* und Stoffe, die mit Batiktechniken gefärbt sind *(Shikonzome).* Daneben kann man das **„Magariya"** besichtigen, ein **traditionelles Haus im Nambu-Stil.**

- **Handwerkszentrum,** mit dem Bus von JR Morioka in 30 Minuten bis zur Haltestelle Tezukuri-mura-mae. 64-102 Oirino, Aza, Tsunagi, Tel. 689-2201.

Hōonji-Tempel und die 500 Buddha-Statuen

500 Buddha-Statuen, jede mit einem eigenen Gesichtsausdruck, verleihen dem Hōonji-Tempel eine **besondere Spiritualität.** Sie sind von verschiedenen Bildhauern aus Kyoto angefertigt und mit japanischem Lack versehen. In den Reihen der Statuen sind auch Skulpturen von *Marco Polo* und *Kublai Khan* zu finden. Der Hōonji war der Haupttempel während der feudalen Nambu-Herrschaft, noch heute werden hier gelegentlich buddhistische Zeremonien abgehalten.

- **Hōonji-Tempel,** tägl. geöffnet von 9 bis 16 Uhr, 15 Minuten mit dem Bus ab Morioka Station bis Kitayama.

Praktische Tipps

- **Vorwahl:** 019

Anfahrt

- **Mit dem Shinkansen von Ueno/Tokyo** in 2½ Stunden.

jap_485 oh

Touristeninformation

■ **Nord-Tōhoku,** JR Morioka, tägl. 9–17.30 Uhr, Tel. 625-2090.

■ **Morioka,** Plaza Odette (südöstlich des Iwate-Parks), 1-1-10, Nakanobashi-dori, tägl. 9–20 Uhr, Tel. 604-3305.

Unterkunft

■ **Ryokan Kumagai,**①, 9 Zimmer. Gute Wahl in günstiger Lage, sehr relaxte Atmosphäre. JR Morioka, 8 Minuten, Tel. 651-3020.

■ **Hotel Ace Morioka,**②, 275 Zimmer. Angenehmes Business Hotel mit kleinem Frühstück. JR Morioka, 10 Minuten, Tel. 654-3811, www.hotel-ace.co.jp.

■ **Hotel Metropolitan Morioka New Wing,**③, 121 Zimmer. Als eines der besten Hotels der Stadt bekannt. JR Morioka, 3 Min., Tel. 625-1211, www.metro-morioka.co.jp.

Jugendherberge

■ **Iwate-ken Seishōnen Kaikan,** 3150 Yen für Mitglieder (sonst 4200 Yen), Bushaltestelle Seishōnen-kaikan-mae (Linie 9 ab JR Morioka), Tel. (019) 641-4550, www.jyh.or.jp.

☒ Freiluft-Therme in Zaō Onsen

Essen und Trinken

Morioka ist bekannt für seine spezielle **Variante der Buchweizennudeln, Wanko Soba.** In Moriokas eigenem Stil werden die Nudeln in kleinen Portionen in einer Schüssel serviert. Wer aufgegessen hat, bekommt von der Bedienung eine neue Portion.

■ **Azumaya,**②, Wanko Soba-Restaurant mit heiterer Atmosphäre. Tägl. 11–20 Uhr, JR Morioka, vor Ekimae-Hiroba, Tel. 622-2233.

Festival

■ **2. Sonntag im Juni: Chagu-Chagu Umakko Matsuri,** Festival rund um die Reissaison mit Pferdeparade und Kindern in bunten Kostümen.

Umgebung

Berg Iwate und Shizukuishi-Skigebiet

Das **Ski- und Sportgelände Shizukuishi** bietet 16 Pisten für Anfänger und Fortgeschrittene. 1993 fanden hier die Ski-Weltmeisterschaften statt. Die Gegend verfügt über alles, was man für ein paar Skitage braucht: Pulverschnee, Thermalquellen und Kinderstationen, in denen Betreuerinnen für ein paar Stunden auf die Kleinen aufpassen. Das Gelände ist von Mitte Dezember bis Ende März geöffnet, die Pisten von 8–21 Uhr. Ein Tagesskipass kostet 3000–3500 Yen. Das Sommerangebot sieht **Klettern, Golf, Paragliding und Surfen** vor. Mit dem Bus von Morioka Station in 50 Minuten oder von Shizukuishi Station in 30 Minuten bis Shizukuishi Ski Jō.

Amihari Onsen, 750 Meter über dem Meer gelegen, ist der Ausgangspunkt für **Wanderungen zum Gipfel des Vulkanbergs Iwate.** Am besten erkundigt man sich bei der Nord-Tōhoku Touristeninformation in Morioka, ob ein Aufstieg möglich ist oder ob der Berg aufgrund von vulkanischen Aktivitäten nicht begehbar ist.

Am Fuße des Iwate findet sich die **Koiwai-Farm,** die mit 3000 Hektar Land größte landwirtschaftliche Privatorganisation in Japan. Auf dem Gelände ist eine Art **„Freizeitpark Bauernhof"** mit Ställen, Fabriken, Geräten, Restaurant und Hotel errichtet. Die Farm liegt 12 Kilometer außerhalb von Morioka, mit dem Bus (Richtung Amihari Onsen) ab Morioka Station in 35 Min. erreichbar.

Unterkunft

Shizukuishi

■ **Sugisei-sō,**①, 8 Zimmer. Der englisch sprechende Besitzer hält viele Informationen über die Region parat. Der Preis beinhaltet zwei Mahlzeiten. Bushaltestelle Hayasaka, 3 Minuten, Tel. (019) 693-2873, www.h5.dion.ne.jp/~sugisei.

Amihari Onsen

■ **Amihari Onsen Nationalpark Resort Village,**②, 75 Zimmer. Unterkunft und Campingplatz, im Sommer sollte man das versteckte und gemischte Onsen entdecken. Bushaltestelle Amibari-Onsen, 2 Min., Tel. (019) 693-2211, www.qkamura. or.jp.

Koiwai-Farm

■ **SL Hotel,**①, 17 Zimmer. Auf dem Gelände der Farm, einfach ausgestattete Zimmer. Tel. (019) 692-4316.

SANRIKU FUKKŌ NATIONAL PARK

Die **Ostküste Tōhokus** verzauberte seit jeher mit ihrer faszinierenden Landschaft, die sich über 180 Kilometer entlang der Riaküste erstreckt. Dieser schöne Küstenabschnitt wurde 2011 stark vom **Tsunami** getroffen – Zerstörungen von ganzen Orten und Landschaften entlang der Küste waren die Folge. 2013 wurde der einstige Küstennationalpark Rikuchū Kaigan dann mit weiteren Nationalparks der Gegend vereint und symbolisch umbenannt: **Sanriku Fukkō National Park** (Recovery National Park) heißt der Küstenabschnitt jetzt, was den Blick der Region in die Zukunft zum Ausdruck bringen soll.

Das Zentrum dieser Gegend ist die Stadt **Miyako** mit rund einer halben Million Einwohner. Der **Jōdogahama-Strand** liegt an einem der spektakulärsten Küstenabschnitte mit scharfen und steilen Felsformationen. Von Morioka nimmt man den Zug nach Miyako, dann sind es mit dem Bus noch 15 Minuten zum Strand.

Etwas nördlich von Miyako liegt die **Ryūsendō-Höhle,** die eine der größten Tropfsteinhöhlen Japans ist. Auf dem Grund im Inneren der Höhle befindet sich ein 120 Meter tiefer See, dessen smaragdgrünes und unglaublich klares Wasser toll anzusehen ist. Hierfür nimmt man den Bus ab Omoto Station (40 Minuten) oder Iwaizumi Station (10 Minuten).

Praktische Tipps

Touristeninformation

- **Miyako,** gegenüber Miyako Station, Tel. (0193) 62-3534, www.kankou385.jp.

Unterkunft

- **Rikuchū Miyako Nationalpark Resort Village,** ②, 67 Zimmer. Gut ausgestattete Unterkunft mit Campingplatz, Nationalpark-Besucherzentrum im gleichen Gebäude. Tel. (0193) 62-9911, www.qkamura.or.jp.
- **Suehirokan,** ①, günstig in Miyako gelegen, JR Miyako, 2 Minuten, Tel. (0193) 62-1555.

HIRAIZUMI

- **Einwohner:** 10.000
- **Präfektur:** Iwate

Hiraizumis Geschichte beginnt im 11. Jahrhundert, als der mächtige Fujiwara-Clan die Stadt **nach dem Vorbild Kyotos** erbauen ließ und ein politisches und kulturelles Zentrum schuf. Damals sollte Hiraizumi mit Kyoto um die Vorherrschaft konkurrieren, in der Folgezeit fiel die Stadt allerdings kriegerischen Auseinandersetzungen zum Opfer. Von der Blütezeit Hiraizumis, die rund 100 Jahre dauerte, sind heute nur noch vergleichsweise wenige historische Stätten erhalten, wenngleich noch immer rund **3000 nationale Kulturschätze** in der kleinen Gemeinde verblieben sind. Hiraizumis bezeichnender Beiname ist **„Die vergessene Stadt"**. 2011 wurde Hiraizumi zum **UNESCO-Weltkulturerbe** erklärt.

Sehenswertes

Die **Tempelanlage Chūsonji** umfasste im 12. Jahrhundert bis zu 40 Gebäude, von denen aber nur noch wenige erhalten sind. In der Goldenen Halle *(Konjikidō)* sind unter den Altaren die sterblichen Überreste der Fujiwara-Herrscher *Kiyohira, Motohira* und *Hidehira* zu finden. Die Buddha-Statuen (in der Halle *Sankonzō)* sind eindrucksvolle Meisterwerke der frühen buddhistischen Kunst.

Der **Mōtsūji-Tempel** glich lange Zeit einer einzigen Ausgrabungsstätte, inzwischen sind einige Gebäude der Anlage wieder rekonstruiert. Besonders schön ist der japanische Garten mit dem Teich Ōizumi-ike.

Nicht im Zentrum, sondern etwas außerhalb findet sich der **Muryōkōin-Tempel,** der nach dem Vorbild des Byōdōin in Uji erbaut wurde. Der **Tempel Takadachi gikei-dō** am Fluss Kitakami erinnert mit einer Statue an die Geschichte von *Yoshitsune Minamoto,* der nach einer fehlgeschlagenen Rebellion gegen seinen Bruder *Yoritomo* unter die Fittiche der Fujiwara-Familie zurückkehrte. Diese Obhut währte jedoch nicht lange und *Yoshitsune* wurde auf dem Areal des Takadachi gikei-dō angegriffen, worauf er sich und seine Familie tötete.

Praktische Tipps

- **Vorwahl:** 0191

Anfahrt

- Mit **JR** von JR Sendai in 1 Stunde, Umsteigen in Ichinoseki.

Touristeninformation

- Gegenüber Hiraizumi Station, tägl. 8.30–17 Uhr, WLAN und PC verfügbar, Tel. 46-2110, http://hiraizumi.or.jp.

Unterkunft

Hiraizumi ist ein Phänomen: Die Stadt steht kurz davor, in die Weltkulturerbe-Liste der UNESCO aufgenommen zu werden, doch es gibt kaum eine Unterkunft für ausländische Touristen. Ein echtes Abenteuer!

- **Hotel Musashibo,**②, 47 Zimmer. Typisch japanisches Ryokan mit Onsen. JR Hiraizumi, 12 Min., Tel. 46-2241, www.musasibou.co.jp.
- **Ōsawa Hot Spring Inn,**②, 12 Zimmer, Ryokan mit Onsen, Preis beinhaltet 2 Mahlzeiten. Tel. 46-2059, www.oosawaonsenryokan.com.

Umgebung

Genbikei-Schlucht und Geibikei-Schlucht

Um Hiraizumi sind zwei wunderbare Schluchten gelegen, die jeweils rund zwei Kilometer lang sind. Die **Genbikei-Schlucht** folgt dem **Iwai-Fluss** und ist für ihre pittoresken Wasserfälle bekannt. Hier wandert man durch die Schlucht und holt sich seine Verpflegung in Form der **Kakkō-dango:** Dabei handelt es sich um Bambuskörbe, die durch ein Seil mit Geschäften auf der anderen Schlucht-Seite verbunden sind. Man legt zuerst Geld in den Korb und bekommt dann Snacks mit grünem Tee zurückgeschickt.

Entlang der **Geibikei-Schlucht** ist die Landschaft felsiger, die Klippen beeindrucken mit einer Höhe zwischen 30 und 100 Meter. Auf dem seichten Fluss kann man mit einer Art Kahn eine eineinhalbstündige **Bootstour** unternehmen – auch wenn man kein Wort Japanisch versteht, kann man doch den Gesang oder zumindest die Landschaft genießen.

Anfahrt

- **Nach Genbikei** mit dem Bus ab JR Hiraizumi bis zur Haltestelle Genbikei.
- **Nach Geibikei** mit dem Zug bis JR Geibikei.

▷ Genbikei-Schlucht

TOWADA-HACHIMANTAI-NATIONALPARK

Der Nationalpark ganz im Norden Tōhokus ist **eines der unberührtesten Naturgebiete Japans.** Die Abgeschiedenheit ist das große Plus der Region. Der Nationalpark ist reich an Naturwundern und arm an Touristen, von denen nur wenige den Weg hoch in den Norden finden.

jap_491 oh

Der Nationalpark hat eine Fläche von über 85.000 Hektar und gehört zu den Präfekturen Akita, Aomori und Iwate. Genau genommen besteht der Park aus zwei nicht zusammenhängenden Regionen: dem **Towada-See** und dem **Hachimantai-Plateau.**

Ein dichtes **Busnetz** durchzieht die Region, sodass alle interessanten Stätten problemlos erreicht werden können. Trotzdem sollte man sich gut informieren, denn die Abfahrtszeiten sind unregelmäßig, die Routen ändern sich und im Winter sind Verbindungen oftmals wegen Schnee gesperrt.

Towada-See

Der Nationalpark insgesamt wird von eher wenigen Touristen besucht, am Towada-See hingegen können zu Hauptzeiten viele Menschen anzutreffen sein. Der 327 Meter tiefe Kratersee ist Symbol und Hauptreiseziel in Tōhoku – kein Wunder, denn die **umliegende Natur mit Bergen, endlosen Wäldern und Wasserfällen** ist einfach schön. Der See hat einen Umfang von insgesamt 52 Kilometern, er lässt sich also mit dem Fahrrad locker in 6–8 Stunden umrunden; unterwegs finden sich auch Campingplätze.

Yasumiya (Towadako) an der südlichen Spitze des Sees ist ein guter Ausgangspunkt für eine Runde um den See. Hier befinden sich Hotels und Restaurants und von hier aus starten **Schiffe und Busse** für einen Rundtrip. Die Schiffe fahren normalerweise von April bis Januar, die meisten ab Yasumiya und

Nenokuchi (Information unter Tel. 017-739-0600). Auch Fahrräder bekommt man hier.

Im **Towada-Wissenschaftsmuseum** (nahe dem Pier für die Ausflugsschiffe) sind Informationen zur Entstehung des Sees zusammengetragen und eine Ausstellung zeigt geologische Fundstücke aus der Umgebung.

An der nordöstlichen Spitze des Sees, in **Nenokuchi,** gelangt man zum **Oirase-Fluss.** Dieser fließt in nördliche Richtung durch ein dicht bewaldetes Tal, das sich für eine Wanderung gut eignet. **Zwischen Nenokuchi und Ishigedo** führt eine **neun Kilometer lange Talpromenade** am Strom entlang, an kleinen Wasserfällen vorbei und durch herrliche Natur. Von Nenokuchi kann

Der Oirase-Fluss schlängelt sich durch ein dicht bewaldetes Tal

man noch einen Abstecher weiter nordwärts machen, in Richtung der **Onsen Towadako, Tsuta und Sukayu** (Hauptattraktion: Senninburo, ein Onsen-Bad für mehr als 1000 Personen; Unterkunftsinfo siehe im Abschnitt „Hakkōda-san“).

Nur wenige Kilometer südwestlich des Sees liegt **Ōyu Onsen,** in dessen Außenbad und Sauna sich gut entspannen lässt. Auf dem Weg dorthin überquert man den **Hakka-Pass,** einen von vier guten Aussichtspunkten, um auf den Kratersee hinunterzublicken (die anderen Aussichtsplattformen sind Kankodai, Mt. Ohanabe und Takinosawa).

Praktische Tipps

Anfahrt

- **Bahn:** Mit JR von Morioka bis Towada-Minami Station in 2 Stunden, dann weiter mit dem Bus zum See.
- **Bus:** Mit dem Towadako-Bus von Morioka Station über Ōyu Onsen in 2 Stunden. Mit dem Mizuumi-Bus von Aomori Station über Sukayu und Tsuta Onsen in 3 Stunden. Im Winter verkehrt oft nur der Bus ab Towada-Minami.

Touristeninformation

- **Towada Information Center,** Yasumiya, Tel. (0176) 75-2425.

Unterkunft

- **People's Lodge Towada-ko Onsen,**②, preiswerte Unterkunft in günstiger Lage nahe dem Informationszentrum. Mit Onsen, Dampfsauna und Fahrradleihe. Der Preis beinhaltet zwei Mahlzeiten. Busterminal Towadako, 5 Minuten, Tel. (0176) 75-2041, www.laketowada.co.jp.
- **Towada Hotel,**③, 50 Zimmer. Hotel aus den 1930er Jahren mit schönem Zedernholz, gute Sicht auf den See. Tel. (0176) 75-1122, www.towada-hotel.com.

jap_494 oh

Essen und Trinken

- **Spezialität** der Gegend sind die im See beheimateten **Kokanee-Lachse,** *Himemasu* genannt, die zum Beispiel kandiert oder geräuchert serviert werden.
- Zahlreiche **Restaurants** finden sich rund um den See.

Fahrradleihe

- **Towadako Marina,** Yasumiya, Mountainbikes für 4500 Yen pro Tag. Geöffnet von April bis Anfang November, 6–18 Uhr, bei Reservierung auch andere Zeiten möglich, Tel. (0176) 75-2156.

Hachimantai-Plateau

Das Hochplateau liegt südlich des Towada-Sees und nordwestlich von Morioka. Es schließt rund **40 kleinere vulkanische Berge** ein und bietet eine **außergewöhnliche Pflanzenwelt** in rund 1500 Metern Höhe. Mittelpunkt des Plateaus ist der **Hachimantai-Berg** (1613 m). Blubbernde Schlammpfützen und schwefelhaltige Rauchschwaden zeugen von unterirdischen Aktivitäten. Die Gegend hat sich auch als **Thermalquellen-Zentrum** entwickelt, die Anzahl der Onsen ist kaum noch überschaubar. Viele davon sind klein und sehr ursprünglich. Um das Plateau existieren zahlreiche **Wanderwege,** im Winter kann man **Ski fahren.**

Goshogake Onsen ist bekannt für seine Fülle an heißen Quellen. Fünf verschiedene Arten von Bädern stehen hier zur Auswahl. In der Umgebung lassen sich **außergewöhnliche vulkanische Phänomene** beobachten, wie etwa der „Schlammvulkan" (Doro-kazan) oder warme Sumpflandschaften (Oyanuma).

Tamagawa Onsen lockt mit seinem sehr heißen und **extrem säurehaltigen Quellwasser** Onsen-Urlauber aus ganz Japan an, die die Therme für ihre heilende Wirkung schätzen. Der pH-Wert der Therme liegt ohne Verdünnung bei unglaublichen 1,2. Zum Vergleich: Der pH-Wert des Magens liegt bei ungefähr 1,0. Ohne Übertreibung dürfte Tamagawa wohl die säurehaltigste Therme der Welt sein. Die Quelle sprudelt mit enormen 9000 Liter pro Minute.

Praktische Tipps

Anreise

- Mit dem **Bus** ab JR Morioka zum Plateau nach Hachimantai-chōjō in 2 Stunden. Busse verkehren nur zwischen April und Oktober.

Touristeninformation

- **Matsuo Hachimantai Visitor Center,** mit Wanderkarten für die Umgebung, geöffnet tägl. 9–17 Uhr, Tel. (0195) 78-3500, www.hachimantai.or.jp.

Unterkunft

- **Goshogake Onsen,**②, 30 Zimmer. Authentisches Onsen mit Zimmern für Langzeit-Kurgäste. Sieben verschiedene Onsen, nach Geschlechtern getrennt. Schlamm- und Dampf-Onsen sollte man unbedingt ausprobieren. Bushaltestelle Goshogake-Onsen, Tel. (0186) 31-2221, www.goshougake.com.

- **Tamagawa Onsen,** aufgrund der Säurehaltigkeit der Onsen sind ein paar Erklärungen und Baderegeln vorab zu beachten. Die Tazawako Touristeninformation (JR Tazawako, Tel. 0187-43-2111) nimmt die Einführung für ausländische Touristen vor und hilft bei der Reservierung von Unterkünften. Die Preise beginnen ab 7500 Yen und beinhalten zwei Mahlzeiten.

AKITA

- **Einwohner:** 318.000
- **Präfektur:** Akita

Die **Hafenstadt** Akita ist **Hauptstadt der gleichnamigen Präfektur** und liegt an der Westküste Nord-Honshūs. Rund um den Seehafen sind die größten Industriebetriebe angesiedelt, darunter auch **Erdölraffinerien,** da nördlich von Akita mit dem Jabase-Feld das einzige bedeutsame Erdölvorkommen Japans liegt.

Im beliebten Kapitel der Superlative weist Akita die **niedrigsten Lebensmittelpreise in Japan** auf – das ist immerhin etwas, zumindest für die, die in Akita leben. In anderen Teilen Japans wird Akita vor allem für seinen Reis und Sake geschätzt.

Akita gewann zur Edo-Zeit an Bedeutung, als *Yoshinobu Satake* 1604 im Yadome-Wald (dem heutigen **Senshū-Park**) seine **Burg Kubota-jō** errichten ließ und sich in der Umgebung Wohngegenden bildeten. Von der Burg sind heute nur noch Ruinen übrig.

Praktische Tipps

- **Vorwahl:** 018

Anreise

Flugzeug

- **Von Haneda** in 65 Minuten.
- **Von Itami** in 85 Minuten.

Bahn

- **Mit dem Shinkansen von Tokyo/Ueno** in 4 Stunden, aus **Morioka** in 1 Stunde 45 Min.

Touristeninformation

- **JR Akita,** 9–19 Uhr, Tel. 832-7941.

Unterkunft

- **Kohama Ryokan,** ①, 10 Zimmer, mit heimelliger Atmosphäre. JR Akita, 5 Minuten, Tel. 832-5739.
- **Akita City Hotel,** ①, 108 Zimmer. Eines der billigsten Business Hotels in der Stadt. Zimmer mit Mini-Küche verfügbar. JR Akita, 20 Minuten, Tel. 863-2525, www.hmi-hotel.co.jp/akita/city.
- **Akita Castle Hotel,** ③, 182 Zimmer. Wird gern als bestes Hotel der Stadt bezeichnet. JR Akita, 7 Minuten, Tel. 834-1141, www.castle-hotel.co.jp.

Essen und Trinken

- Am **Akita Citizen's Market** in der Nähe des Bahnhofs bekommt man nicht nur **Fisch und Gemüse** zu vernünftigen Preisen, sondern hier sind auch einige **preiswerte Restaurants** anzutreffen (Mo bis Sa 6–17 Uhr, JR Akita, 5 Minuten).

- **Lokale Küche:** Akitas Spezialität ist **Kiritanpo.** Reis wird um Bambusschößlinge gegeben und etwas über Holzkohle gegrillt, ehe das Ganze als Nabe zusammen mit Soja-Sauce, Hühnchen, grünen Zwiebeln, Petersilie und Pilzen zum Eintopf gekocht wird. In den traditionellen Ryokans erhält man das Gericht im Winter oft als Abendessen.
- **Hamaya,**②, eines der bekanntesten Restaurants für Kiritanpo. Das Hauptrestaurant liegt nahe am Fluss Asahi-gawa, einfacher zu erreichen ist die Filiale im Metropolitan Hotel, welches sich über dem Bahnhofsgebäude von JR Akita befindet. Tägl. 11.30–22 Uhr, Tel. 836-0755.

Museum

- **Hirano Masakichi Art Museum,** reiche Sammlung an Holzschnitten des Künstlers *Fujita Tsuguharu* (1886–1968), Di bis So 10–17 Uhr, Eintritt 610 Yen.

Festival

- **3.–6. August: Akita Kantō Matsuri,** eines der überragenden Festivals in Tōhoku. Junge Männer balancieren bei der Parade große Papierlaternen an Bambusstäben.

Umgebung

Oga-Quasi-Nationalpark

Die **Oga-Halbinsel** etwas nördlich von Akita ragt wie eine Axt (manche sagen wie ein Stiefel) in das Japanische Meer. Hierher kommt man, um **Klippen, Lagunen, Sonnenuntergänge** und **„Godzilla-Felsblöcke“** zu sehen. Die beste Aussicht auf die Felsformationen und die schöne Küstenlandschaft hat man vom **Aussichtspunkt Kanpūzan,** von dem man auch die **Lagune Hachirōgata** sieht. Vom **Aussichtspunkt Hachibōdai** blickt man auf zwei Kraterseen. Wer die Landschaft vom Wasser aus sehen will, nimmt am besten das Ausflugsboot, das vom **Oga-Aquarium** ablegt.

In der **Silvesternacht** wird auf der Halbinsel das berühmte **Brauchtumsfest Namahage** zelebriert, bei dem als Teufel und Dämonen verkleidete Männer von Haus zu Haus ziehen und kleine Kinder erschrecken. Wer nicht heult, hat den Test bestanden.

Praktische Tipps

Anfahrt

- Mit **JR** von Akita Station nach Oga Station in 1 Stunde.

Touristeninformation

- **Oga Tourist Information,** tägl. 8.30–17.15 Uhr, Tel. (0185) 24-4700.

Unterkunft

- **People's Lodge Oga,**②, 27 Zimmer. Preiswerte Unterkunft in Oga mit hauseigener Therme. Zwei Mahlzeiten sind im Preis inbegriffen. Bushaltestelle Oga-Grand-Hotel-mae, Tel. (0185) 33-3181, www.kokuminsyukusya-oga.jp.

KAKUNODATE UND TAZAWA-SEE

Kakunodate ist ein historisches Städtchen mit vielen **gut erhaltenen Samurai-Häusern;** die meisten sind rund 350 Jahre alt. Ursprünglich wurde Kakunodate als Burgstadt 1620 gegründet, heute kann vielen der feudalen Spuren bei einem kleinen Spaziergang durch die Stadt nachgegangen werden. Zu den beeindruckendsten Gebäuden zählen die Häuser Ishiguro, Aoyagi und Nishimiya.

15 Kilometer nordöstlich von Kakunodate liegt der **Tazawa-See,** der mit 423 Meter **tiefste See Japans.** Der Kratersee mit dem unglaublich klaren Wasser (nur noch übertroffen vom Mashū-See in Hokkaidō), den sanften Hügeln und den Onsen in der Umgebung ist ein bevorzugtes Ausflugsziel in der Region. Ein Bus ab dem **Busbahnhof Tazawa-kohan** verkehrt zwischen April und Oktober um den See. In der unmittelbaren Umgebung von Tazawa-kohan kann man auch Fahrräder leihen oder das **Ausflugsboot von Shirahama** nehmen.

Umfährt man den See, passiert man nicht nur Bergstraßen, Tunnel und Souvenirläden, sondern man wird auch mit der japanischen Vorstellung von den Bergen in der Schweiz konfrontiert: **Tazawa-ko Swiss-mura** ist eine **Mischung aus Bergdorf und Freizeitpark,** wo Straßenzüge und Häuser nach Alpen-Vorbild modelliert wurden. Ähnlich sind die entlang dem Seeufer verstreuten schweizerischen Sennhütten zu verstehen, die der Verbindung von Japan und „Heidi" ein weiteres Kapitel hinzufügen.

Von Tazawako Station verkehrt im Sommer ein Bus zur 8. Station des **Akita Komagatake,** mit 1637 Metern der höchste Berg der Präfektur. Von der 8. Station ist es nur noch ein einstündiger Spaziergang zum Gipfel.

Praktische Tipps

Touristeninformation

- **Kakunodate,** Kakunodate Station, tägl. 9–17.30 Uhr, Tel. (0187) 54-2700.
- **Tazawako,** JR Tazawako, tägl. 8.30–17.30 Uhr, Tel. (0187) 43-2111.

Unterkunft

Kakunodate

- **Kakunodate Plaza Hotel,**①, 63 Zimmer. Günstiges Business Hotel, jedoch hoher Aufpreis zur Hauptsaison. Tel. (0187) 54-2727, www.hana. or.jp/~kakupula/annai.html.
- **Tamachi Buke Yashiki Hotel,**③, 12 Zimmer. Gemütliches kleines Hotel in der Bukeyashiki-dori. JR Kakunodate, 15 Minuten, Tel. (0187) 52-1700, www.bukeyashiki.jp.

Tazawa-See

- **Tazawa-ko Youth Hostel,**①, die billigste Wahl am See, an der Bushaltestelle Koen-Iriguchi gelegen, Tel. (0187) 43-1281.

■ **That sound's good!,**②, 5 Zimmer. Relaxte Pension mit gelegentlichen Jazz-Konzerten. Der Preis beinhaltet zwei Mahlzeiten, Fahrradleihe ist möglich. Bushaltestelle Tazawa-kohan, 30 Minuten, Abholservice ist möglich, Tel. (0187) 43-0127, www.hana.or.jp/~takko.

AOMORI

■ **Einwohner:** 290.000
■ **Präfektur:** Aomori

Aomori ist die **nördlichste Präfektur auf Honshū** und über viele Monate hinweg tief verschneit. Über den 53 Kilometer langen **Seikan-Tunnel** ist Aomori mit Hakodate auf Hokkaidō verbunden. Der 1998 fertig gestellte Tunnel überbrückt die **Meerenge Tsugaru-Kaikyō** und verläuft auf einer Länge von 23 Kilometern unter dem Meer. Die Bauarbeiten dauerten 17 Jahre. Der Tunnel hat zur Folge, dass man ganz Japan vom äußersten Norden in Hokkaidō bis in die Südspitze Kyūshūs per Bahn durchqueren kann.

Aomoris jährlicher Kampf gilt den enormen **Schneemassen,** in denen die Stadt zwischen November und April versinkt. Durchschnittlich 7,8 Meter Schnee fallen jährlich in Aomori, was nicht nur ein Paradies für Wintersportler zur Folge hat, sondern auch eine Herausforderung für die Städtebauer darstellt. Lange Zeit hat man die zusammengetragenen Schneemengen in Ermangelung ausreichender Fläche ins Meer gekippt, doch damit stieg auch die Verschmutzung. Jüngst hat man in der Stadt Schneeschmelzanlagen errichtet, die den Schnee schmelzen, das Wasser reinigen und erst dann ins Meer leiten.

Aomori, was wörtlich **„Grüner Wald"** bedeutet, weist trotz seiner nahezu 300.000 Einwohner eher dörflichen denn städtischen Charakter auf. Aomori wurde als **Hafenstadt** 1625 gegründet und entwickelte sich zu einem **Zentrum des Fischfangs,** der noch heute wichtige Einnahmequelle vieler Einwohner ist. Die **Aomori Bay Bridge** ist eines der Wahrzeichen des heutigen Aomori. Das beste **Museum** der Stadt ist das **Munakata Shikō-kinenkan,** in dem die Holzschnitte und Drucke des berühmtesten Künstlers aus Aomori ausstellt werden. Ansonsten kennt man Aomori in anderen Teilen Japans für das **Nebuta Matsuri,** ein Fest, das jährlich mit großen Paraden vom 2. bis 7. August begangen wird. Ein eigenes Museum widmet sich dem Festival.

Praktische Tipps

■ **Vorwahl:** 0177

Anreise

Flug

■ Von Haneda und Itami mit **JAL** nach Aomori in 1 Stunde.

Bahn

■ Mit **JR** von Tokyo über Morioka in knapp 5 Stunden. Von Morioka in 2 Stunden 15 Minuten.

Nyūtō Onsen

Wenn Japaner reisen, ist manchmal die Unterkunft wichtiger als das, was man in der Umgebung eigentlich machen kann. Wer dies einmal näher erleben möchte und vor allem japanische Touristen treffen will, die nach diesem Prinzip vorgehen, der sollte nach Nyūtō Onsen. Hier sind nicht die Massen unterwegs, sondern die Freaks.

Sieben Onsen sind **an den Hängen des Mt. Nyūtō,** tief im Tazawa-Plateau, vorzufinden. Jedes Onsen-Gebiet hat nur eine Unterkunft, und in der isolierten Gegend trifft man wirklich nichts anderes als Onsen und Natur an. Wer nichts mit japanischem Frühstück anfangen kann, sollte entweder einen weiten Bogen um Nyūtō machen oder sich vertraute Lebensmittel in den Rucksack packen. In jüngster Zeit haben sich auch ein paar ausländische Onsen-Freaks unter die Besucher gemischt, sodass man also nicht mehr komplette Pionierarbeit leisten muss. Trotzdem: Abgeschieden und abenteuerlich ist es auf jeden Fall.

Anfahrt

- Mit dem **Bus** ab JR Tazawako in 45 Minuten.

Unterkunft

- **Tsurunoyu Onsen,**②, 30 Zimmer. Eines der beliebtesten Minshuku mit 350-jähriger Tradition. Viele Bäder, am berühmtesten ist das gemischte Freiluft-Onsen mit reinem weißen Quellwasser. Preis inkl. zwei Mahlzeiten. Fehlende Englischkenntnisse werden mit Freundlichkeit kompensiert. Bushaltestelle Tazawako-Kōgen-Onsen, es fährt auch ein Shuttle-Bus ab JR Tazawako, Tel. (0187) 46-2139, www.tsurunoyu.com.
- **Taenoyu Onsen,**②, 17 Zimmer. Moderne Unterkunft mit gold- und silberfarbenem Onsen. Gemischtes Onsen. Der Preis beinhaltet zwei Mahlzeiten, etwas englisch wird gesprochen. Bushaltestelle Taenoyu-Onsen-mae, Tel. (0187) 46-2740, www.taenoyu.com.

Touristeninformation

- **Städtische Touristeninformation,** JR Aomori, WLAN und PC verfügbar, tägl. 8.30–19 Uhr, Tel. 23-4670.
- **Aomori Welcome Card,** kostenlos, damit gibt es **Vergünstigungen** für einige Sehenswürdigkeiten. Die Welcome Card ist in der Touristeninformation erhältlich.

Unterkunft

- **Green Park Hotel,**①, 106 Zimmer. Preiswertes Business Hotel. JR Aomori, 20 Minuten, Tel. 23-5500, www.greenpark-hotels.com.
- **Aomori Grand Hotel,**②, 140 Zimmer. Verkehrsgünstig gelegenes Stadthotel. JR Aomori, Tel. 23-1011, www.agh.co.jp/.
- **Hotel JAL City Aomori,**②, 167 Zimmer. Eine der besten Adressen in Aomori. JR Aomori, Tel. 32-2580, http://aomori.jalcity.co.jp.

Essen und Trinken

Einen Block östlich vom Bahnhof JR Aomori schließ sich der rot-rosane **Gebäudekomplex AUGA** an, in dem sich zahlreiche **Restaurants und Geschäfte** befinden. An den **Marktständen** im Erdgeschoss wird man von freundlichen, resoluten Frauen zum Sake-Probieren aufgefordert.

Sannai Maruyama Relic

Die freigelegte Siedlung Sannai Maruyama Relic aus der Jōmon-Zeit ist **eine der wichtigsten archäologischen Stätten Japans.** Seit die Ausgrabungen 1992 begannen, liefern die Funde unzählige **unerwartete Erkenntnisse.** Während sich der Fokus der japanischen Archäologie lange Zeit auf die Yayoi-Zeit konzentrierte und die **Jōmon-Zeit** als prä-japanischer Vorläufer klassifiziert wurde, fördern die Ausgrabungen erstaunliche kulturelle Errungenschaften zu Tage, die an den bisherigen Theorien Zweifel aufkommen lassen.

Die **ehemalige Siedlung** ist heute eine Art **Freilandmuseum,** in dem Behausungen und Pfahlbauten rekonstruiert sowie Begräbnisstätten freigelegt wurden. Ein Ausstellungsraum widmet sich den gefundenen Gegenständen und Werkzeugen.

■ **Sannai Maruyama Relic,** tägl. 9–18 Uhr (im Winter bis 16.30 Uhr). Mit dem Bus ab JR Aomori in Richtung Menkyo-center bis zur Haltestelle Sannai-Maruyama-Iseki, Eintritt frei, Tel. 66-8282, http://sannaimaruyama.pref.aomori.jp.

■ **AUGA,** Marktzeiten 5–18.30 Uhr, Restaurants 10–22 Uhr.

Festival

■ **1. Woche im August: Aomori Nebuta,** das Festival ist eines der wilderen Art im japanischen Festivalkalender. Die Hauptattraktion sind die großen Wagen, hier „Nebuta" genannt, die mit allerlei Furcht einflößenden Figuren wie Kriegern oder Geistern geschmückt sind. Ursprünglich waren die farbenfrohen Pappfiguren und Wagen so klein, dass sie von einer Person getragen werden konnten, doch spätestens ab der Meiji-Zeit gerieten sie größer und größer. Heute werden die Wagen gezogen, und dazu sind manchmal 50 Personen nötig. Die größten Wagen sind beeindruckende acht Meter hoch und 15 Meter breit.

Umgebung

Hakkōda-san

Hakkōda-san ist der zusammenfassende Name einer **vulkanischen Bergkette** unmittelbar **südlich von Aomori,** die sich bis zum Towada-See hinunter erstreckt. Die Berge zwischen 1300 und 1500 Meter Höhe sind als Tagesausflugsziel innerhalb einer Stunde aus Aomori mit dem JR-Bus zu erreichen. **Sumpflandschaften** zeugen in der Region von vergangenen Vulkanausbrüchen. Ein breit gefächertes Netz an **Wanderwegen** durchzieht die Berge. Mit der **Seilbahn** (Hin- und Rückfahrt 1800 Yen) fährt man ab der Bushaltestelle Ropeway-mae innerhalb von 10 Minuten hoch zum **Gipfel des Tamoyachi** auf 1324 Meter. Von dort kann man unterschiedlich anspruchsvolle Wanderrouten einschlagen, unter anderem nach **Sukayu Onsen.**

Unterkunft

■ **Hakkōda Sansō,**②, 9 Zimmer. An der Seilbahnstation und am Start des Wanderwegs gelegen. Bergunterkunft mit freundlicher Atmosphäre, Infos zur Umgebung. Bushaltestelle Ropeway-mae, Tel. (017) 728-1512, www.hakkoda-sanso.com.

- **Sukayu Onsen Ryokan,**②, erstklassige Adresse. Beeindruckendes Onsen auf 265 Quadratmetern Fläche mit fünf verschiedenen Bädern. Es heißt, bis zu 1000 Personen fänden im großen Onsen-Raum Platz. Die Geschlechter sind gemischt, man badet überwiegend mit Rentnern und Kurgästen. Die Unterkunft bietet auch Zimmer für Langzeitaufenthalte an. Der Preis beinhaltet zwei Mahlzeiten. Von JR Aomori mit dem Bus bis zur Haltestelle Sukayu-Onsen-mae, Tel. (017) 738-6400, www. sukayu.jp.

HIROSAKI

- **Einwohner:** 178.000
- **Präfektur:** Aomori

Hirosaki ist eine Burgstadt aus dem 17. Jh. und war zur Edo-Zeit ein wichtiges kulturelles und politisches Zentrum im Norden Tōhokus. In der Stadt erinnert noch vieles an die alten Zeiten.

Sehenswertes

Hauptattraktion ist die zwischen 1601 und 1611 erbaute **Burg Hirosaki-jō,** die 260 Jahre lang der Sitz der herrschenden Tsugaru-Familie war. Von der Burg sind der dreistöckige Hauptturm, einige Tore sowie die Mauern erhalten bzw. restauriert, die heute alle in einer **schönen Parkumgebung** liegen. Nördlich davon grenzen **gut erhaltene Samurai-Häuser** an den Park: Dieses Viertel **Nakamachi Bukeyashiki** kann als Paradebeispiel angesehen werden, wie Samurai-Viertel in der unmittelbaren Umgebung der Burg angelegt wurden.

Praktische Tipps

- **Vorwahl:** 0172

Anreise

- Mit **JR** von Aomori Station bis Hirosaki Station in 45 Min. Von Tokyo in insgesamt knapp 5 Stunden.

Touristeninformation

- **Hirosaki Tourist Information Center,** JR Hirosaki, tägl. 8.45–18 Uhr, WLAN und PC verfügbar, Tel. 26-3600, www.hirosaki.co.jp.

Unterkunft

- **Ishiba Ryokan,**②, traditionelles Ryokan mit japanischem Garten. JR Hirosaki, 20 Minuten, Tel. 32-9118.
- **Hirosaki Plaza Hotel,**②, 100 Zimmer. Gutes Business Hotel ohne große Extras. JR Hirosaki, 10 Minuten, Tel. 35-0345, www.imgnjp.com/hiro_pla.
- **Best Western Hotel Newcity Hirosaki,**②, verkehrsgünstig vor dem Bahnhof gelegen. JR Hirosaki, Tel. 37-0700, www.bestwestern.co.jp/hirosaki.

Jugendherberge

- **Hirosaki,**①, nahe Hirosaki-jō. Pferdereiten möglich. Bushaltestelle Shiyakusho-mae, Tel. 33-7066, www.jyh.or.jp.

Essen und Trinken

Wer traditionelle Musik zum Essen mag, kann in einigen Kneipen oder Restaurants **Tsugaru-Jamisen** erleben, die **traditionelle Volksmusik der Region.**

- **Live House Yamauta,**②, lebendiger Mix aus Veranstaltungsort und Kneipe. Zweimal pro Abend spielen Tsugaru-Jamisen-Musiker. Tägl. 17–23 Uhr, Ruhetage variieren, JR Hirosaki, Tel. 36-1835.
- **Anzu,**②, lokale Spezialitäten mit frischem Fisch vom Hafen. Jeweils um 19.30 und 21.30 Uhr Tsugaru-Jamisen-Darbietungen. 17–24 Uhr, Ruhetage variieren, Bushaltestelle Shimodote-chō, Tel. 32-6684.

Museum

- **Neputa-mura,** eindrucksvolle Ausstellung zum großen Neputa Matsuri mit Trommel-Kursen und Seminaren zu den lokalen Handwerkskünsten. An der nordöstlichen Ecke des Parks gelegen, Tel. 39-1511.

Festival

- **1.–7. August: Neputa Matsuri.**

SHIRAKAMI-SANCHI

Das weitestgehend unberührte und artenreiche **Naturschutzgebiet** Shirakami-Sanchi erstreckt sich zwischen den Präfekturen Akita und Aomori auf einer Gesamtfläche von 1300 Quadratkilometern und wurde 1993 von der UNESCO zum **Weltnaturerbe** erklärt. Damit ist Shirakami-Sanchi neben Yakushima und Shiretoko eine der drei Weltnaturerbe-Stätten Japans.

Die **Buchenwälder** der bergigen Region mit ihrem einmaligen Ökosystem gelten als die letzten ursprünglichen Überbleibsel einer Vegetation, die sich einst über ganz Nord-Honshū erstreckte. Diese ursprünglichen Wälder fielen vielerorts der Besiedlung oder dem Landbau zum Opfer, doch in den unwegsamen **Shirakami-Bergen** mit den steilen Hängen konnte sich die natürliche Vegetation erhalten. In Shirakami-Sanchi sind rund **500 Pflanzenarten** vorzufinden, was die Vegetation eines europäischen Buchenwaldes um ein Vielfaches übertrifft. Das Naturreservat ist unter anderem Heimat des **Schwarzbären,** von 87 zum Teil einzigartigen Vogelspezies und von rund 2000 Insektenarten.

Die Bergkämme der Region erheben sich auf bis zu 1200 Meter, **zahlreiche Flüsse** (z.B. Okawa, Akaishi, Oirase, Sasanai, Kasuke) durchziehen die Region. Abschüssige Hänge, tiefe Schluchten sowie eine Vielzahl an Wasserfällen sind die Charakteristika der Region. Ein Muss und Hauptanlaufpunkt in Shirakami-Sanchi ist der **Wasserfall Anmon-no-taki,** unglaublich schön und makellos. Hier kann man stundenlang durch die schönsten Wälder wandern.

Nishimeya-mura mit dem gut sortierten **Informationszentrum** kann als Ausgangspunkt für Exkursionen zum Anmon-no-taki dienen. Beachten sollte man, dass der Wanderweg von Anfang November bis Ende Juni geschlossen ist.

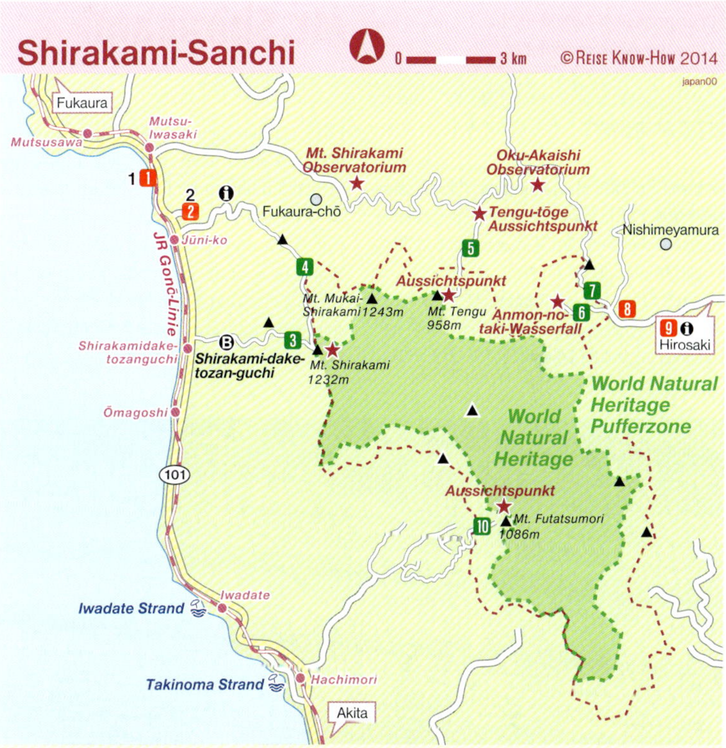

Übernachtung
1 Moriyama Coast Camp Ground
2 Santa Land Shirakami
8 Aqua Green Village Anmon
9 Buna-no-Sato Shirakamikan

Wanderwege
3 Mt. Shirakami Wanderweg (Mt. Mate-Strecke)
4 Mt. Shirakami Wanderweg (Jūni-ko-See-Strecke)
5 Mt. Tengu Wanderweg
6 Anmon-no-taki Wanderweg
7 Shirakami-Sanchi Natur-Wanderweg
10 Mt. Futatsumori Wanderweg

Praktische Tipps

Anfahrt

■ Von JR Hirosaki mit dem **Bus** in 55 Minuten bis Nishimeya-mura. Dann mit dem Bus Aqua Green Village Anmon in 40 Minuten zum Anmon-no-taki; der Bus verkehrt nur zwischen Juni und Oktober.

Touristeninformation

■ **Shirakami-Sanchi Visitor Center.** Das Besucherzentrum befindet sich in Nishimeya-mura,

Öffnungszeiten: Di–So 8.30–17 Uhr, Tel. (0172) 85-2810, www.shirakami-visitor.jp.

Unterkunft

- **Buna-no-Sato Shirakamikan,**②, nahe dem Shirakami-Sanchi Visitor Center gelegen, Zimmer im japanischen Stil, zwei Mahlzeiten sind im Preis inbegriffen. Tel. (0172) 85-3011.
- **Aqua Green Village Anmon,**②, am Wanderweg zum Anmon-no-taki gelegen, Unterkunft und Campingplatz mit Restaurant. Tel. (0172) 85-3021.

Mt. Shirakami

Fürs Bergsteigen am Mt. Shirakami – dem zweiten und deutlich kleineren Touristenzentrum des Nationalparks – ist **Fukaura-chō** der beste Ausgangspunkt. Der harte Aufstieg dauert in etwa 5 Stunden, dafür erlebt man vom Gipfel einen perfekten Blick auf das Meer und den Küstenabschnitt des Naturschutzgebietes. Die Gegend um Fukaura-chō ist

noch weniger international als Nishimeya-mura – für alle ohne Japanischkenntnisse kann der Aufenthalt hier zum Überlebenstraining in zweifacher Hinsicht werden.

Praktische Tipps

Anfahrt

- Mit der **Bahn** bis JR Jūni-ko Station. Vom Bahnhof läuft man oder nimmt den **Bus** zum zwei Kilometer entfernten **Zentrum Santa Land Shirakami.** Zur Bergsaison startet von hier aus ein **Shuttle-Bus** nach Shirakami-dake-tozan-guchi, dem Startpunkt des Aufstiegs. Abfahrt ist um 6.30 Uhr, Rückfahrt um 16.30 Uhr.

jap_729 Dreamstimecom© Eyeblink

Touristeninformation

- **Jūni-ko Visitor Center,** weniger Infos als im Besucherzentrum in Nishimeya-mura. Tägl. 8.30–16.30 Uhr, zwischen Dezember und April geschlossen, Tel. (0173) 77-2138.

Unterkunft

- **Awone Shirakami Jyuniko,** Unterkunft in Zimmern und kleinen Ferienwohnungen, Mahlzeiten verfügbar. Tel. (0173) 77-3311, http://shirakami-jyuniko.jp.

☐ Buchenwald in Shirakami-Sanchi

5 Hokkaidō

Die nördlichste Insel Japans ist nur spärlich besiedelt. Perfekt – denn hier kann man sogar einen Ausflug bis an das „Ende der Welt" riskieren ...

◁ Schnee so weit das Auge reicht: in Hokkaidō ist der Winter lang

HOKKAIDŌ

Die nördlichste Insel Japans hat viele **Nationalparks** und wenig Touristen. Das macht es so entspannt. Klimatisch **mild** im Sommer, **schneereich** im Winter. Und **Sapporo** ist die Ausgangsstation für die Erkundungen …

NICHT VERPASSEN!

Diese Tipps erkennt man an der gelben Hinterlegung.

[>] Großartige Natur in Hokkaido

jap_704 JNTO

Einleitung

Hokkaidō, die **nördlichste Insel Japans,** ist geprägt von einer einzigartigen Natur und zahlreichen Nationalparks. Das Klima kann rau und hart sein, von November bis April, also die Hälfte des Jahres, liegt hier Schnee. Die gesamte Region ist nur **spärlich besiedelt:** Hokkaidō macht 22 Prozent der Gesamtfläche Japans aus, der Bevölkerungsanteil beträgt jedoch lediglich 5 Prozent. Das dominierende Zentrum in Hokkaidō ist die **Millionenstadt Sapporo.** Aus anderen Teilen Japans kommen nur Wintersportler oder ausgesprochene Naturliebhaber nach Hokkaidō. Für kurze Erholungsausflüge liegt Hokkaidō einfach zu weit entfernt.

Hokkaidō ist auch die **Heimat der Ainu, der Ureinwohner Japans,** die im Laufe der Besiedlung Japans immer weiter nach Norden und schließlich nach Hokkaidō verdrängt wurden. Ihre Anzahl wird heute auf etwa 20.000 geschätzt. Ainu bedeutet in der Sprache des indigenen Volkes „Mensch".

Empfehlenswert ist Hokkaidō im **Februar,** denn dann trifft man in vielen Städten **„Schneefestivals"** an, deren Hauptattraktionen riesige Eisskulpturen sind. Immer mehr Touristen entdecken die Tour durch die gestalteten Eislandschaften für sich.

JR Hokkaidō Rail Pass

Der JR Hokkaidō Rail Pass bietet **3 Tage uneingeschränkte Nutzung der JR-Züge und JR-Busse** in Hokkaidō für 14.000 Yen. Entweder kauft man den Pass vor der Reise bei Organisation wie JTB, JAL-Pak oder der Nippon Travel Agency, oder man erwirbt den Pass vor Ort an den großen Bahnhöfen in Hokkaidō, was im Gegensatz zum Japan Rail Pass für Gesamt-Japan möglich ist.

Hokkaidō

139°
140°
141°
142°
45°
44°
43°
42°
391
Wakkanai
Rishiri-tō
392
Rishiri-Rebun-Sarobetsu National Park
40
Teshio Sanchi
Nayoro
Rumoi
233
386
Asahikawa
12
Asahi-dake 2290
38
1
Ishikari
Iwamizawa
Otaru
2
Ebetsu
375
SAPPORO
Kitahiroshima
Iwanai
Eniwa
274
237
Niseko-Shakotan-Otarukaigan Quasi National Park
5
382
Shikotsu-Tōya N.P.
Chitose
37
36
Tomakomai
Noboribetsu
235
Muroran
Shinhidaka
Okushiri-tō
384
Hakodate
279
Mutsu
AOMORI
Niigata
Sendai

0
50 km
© Reise Know-How 2014
KapitelK05
143°
144°
145°
146°
o. Kunašir
Monbetsu
401
Shiretoko N.P
394
Abashiri
Kitami Sanchi
39
Kitami
RUSSLAND
396
Akan National Park
Shibetsu
Nakashibetsu
388
Daisetsuzan-National Park
Nemuro
400
Kushiro-shitsugen N.P
Konsen Daichi
HOKKAIDŌ
44
3
399
Kushiro
Obihiro
236
Hidaka Sammyaku
Hokkaidō
PAZIFISCHER OZEAN
Sendai

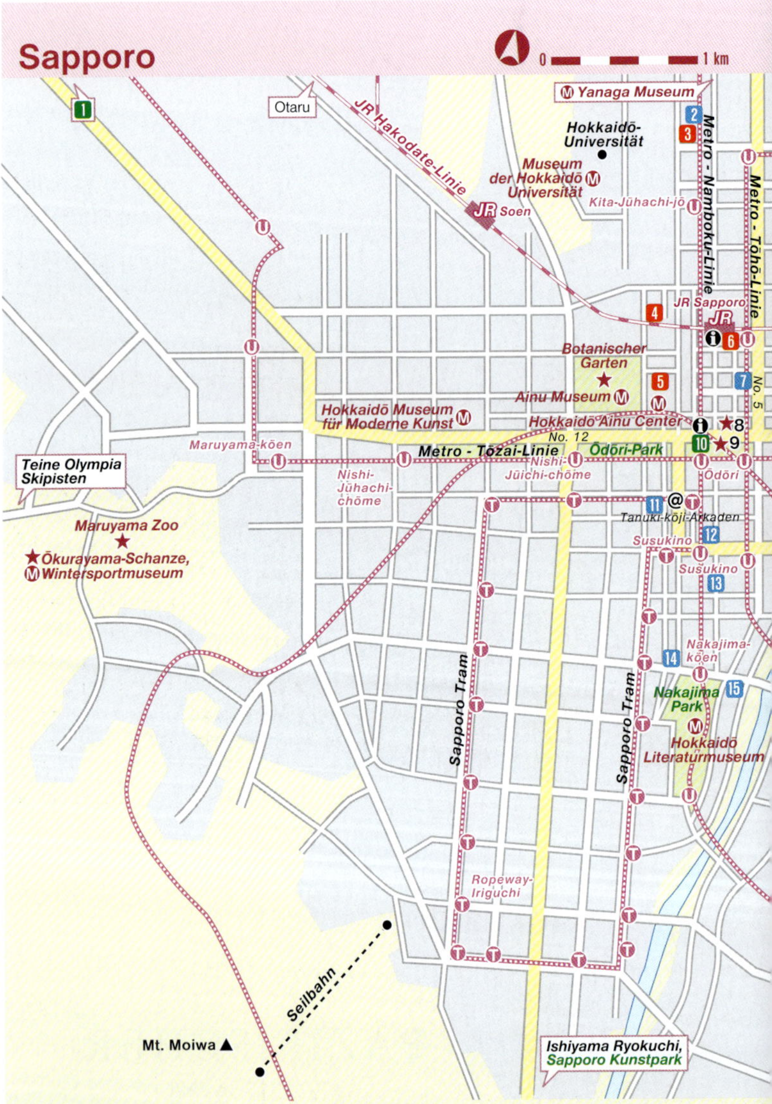

Einkaufen/Sonstiges
1 Ishiya Schokoladenfabrik
10 Ōdōri-Arkaden
17 Kirin Chitose Brauerei
20 Asahi Brauerei
★ 8 Clock Tower
★ 9 Sapporo Fernsehturm

SAPPORO

- **Einwohner:** 1,84 Millionen

Sapporo ist das **Zentrum Hokkaidōs** und vor allem **Wintersportgebiet.** Von November bis April ist Sapporo in Schnee gehüllt, an den Straßen türmen sich die Schneemassen dann meterhoch. Sapporo war 1972 Gastgeber der Olympischen Winterspiele; rund um die Stadt existieren zahlreiche erstklassige Skigebiete.

Sapporo ist zudem **Ausgangspunkt für** Reisende aus Honshū in **das östliche Hokkaidō.** Im Norden Japans werden die Entfernungen größer und die Züge langsamer, sodass man es z. B. aus dem fernen Tokyo nicht an einem Tag bis in den Nationalpark Daisetzusan oder ins Weltnaturerbe Shiretoko schafft. Für einen kurzen Zwischenstopp eignet sich Sapporo auch im Sommer allemal.

Absolute **Hochsaison** in Sapporo herrscht beim **„Schneefestival"** von Anfang bis Mitte Februar: Wer hier nicht Monate im Voraus eine Unterkunft gebucht hat, sollte einen Bogen um die Stadt machen.

Sehenswertes

Kleiner Stadtrundgang im Zentrum

Verlässt man den Bahnhof in Sapporo in Richtung **Ōdōri,** so präsentiert sich die Nord-Metropole eher unspektakulär.

jap_512 oh

Das Stadtzentrum ist für die Verhältnisse Hokkaidōs groß, verglichen mit Tokyo oder Osaka jedoch eher kleinstädtisch. Nach einiger Zeit gelangt man zum Uhrenturm, dem Wahrzeichen Sapporos. Gegenüber des **„Clock Tower“** findet sich die **Touristeninformation** mit allerhand nützlichen Informationen, darunter auch ein aktueller Wegweiser zu den Skigebieten (Hokkaidō Ski Guide, 300 Yen) und Informationen zu den Schneeverhältnissen.

Man stellt schnell fest, dass im Vergleich zu anderen Städten wenige Menschen auf der Straße anzutreffen sind – das liegt daran, dass sich ein Großteil des (Einkaufs-) Lebens in Sapporo **unterirdisch** abspielt. Geht man also an der Touristeninformation einen Stock tiefer, gelangt man zu den **Shopping-Arkaden Ōdōri** mit vielen hundert Boutiquen und Restaurants. Die Übersicht im Getümmel zu behalten ist nicht ganz einfach: **Pole Town** verbindet Ōdōri mit Susukino, **Aurora Town** verläuft zwischen Ōdōri und dem Fernsehturm. Die **Tanuki-Kōji-Arkaden** mit ihren sieben Blocks runden das Untergrund-Erlebnis ab.

Geht man in **Susukino** (U: Susukino) wieder hoch, steht man im **Ausgehviertel Sapporos,** das mit seinen schillernden Neonreklamen anderen japanischen Großstädten kaum nachsteht. Nach Sapporo kommt man bestimmt nicht des Nachtlebens wegen, doch wenn man zwischen Ski und Snowboard das Verlangen nach Bars und Musik hat, muss man nach Susukino, dem mit rund 5000 Restaurants und Bars größten Vergnügungsviertel nördlich von Tokyo.

In Susukino ist auch die **Rāmen-Straße** zu finden, die beliebteste Attraktion bei japanischen Touristen. Rāmen, das Nudelgericht mit den unendlichen Facetten, soll seinen Ursprung in Sapporo haben. Der Legende nach war das Restaurant Takeya vor der Hokkaidō-Universität der Entstehungsort. Die Spezialität Sapporos ist **Miso-Rāmen,** also Rāmen mit Schweinefleisch in einer Suppenbrühe auf Miso-Grundlage. In der Rāmen-Straße sind insgesamt 16 verschiedene Geschmacksrichtungen vertreten, darunter *Asahikawa Rāmen, Kyūshū Tonkotsu, Shina Soba* und lokale Varianten (U: Susukino, 3 Minuten).

⌃ Der Clock Tower – Wahrzeichen Sapporos

› Sapporo-Biermuseum

Sapporo-Fernsehturm

Der 1957 erbaute Fernsehturm steht **im Ōdōri-Park** und erlaubt einen guten 360-Grad-Panoramablick über die Stadt. Insgesamt misst er 147,2 Meter, die **Aussichtsplattform** befindet sich auf einer Höhe von 90 Metern.

- **Fernsehturm,** tägl. 9–21 Uhr (im Sommer und zu besonderen Anlässen wie dem Schneefestival bis 22 Uhr), U: Ōdōri, Kosten 700 Yen.

Zwei Straßen südlich des Fernsehturms gelangt man zum **Nijō-Fischmarkt,** dem besten Ort für frischen Fisch mit über 60 Geschäften und Sushi-Restaurants.

Brauereien in und um Sapporo

Sapporo verfügt über kühles Wetter und jede Menge landwirtschaftliche Anbaufläche. Da verwundert es nicht, dass die japanischen Brauereien Sapporo als Standort für ihre großen Produktionsstätten entdeckt haben. Alle Brauereien bieten **kostenlose Führungen** durch ihre Museums-, Ausstellungs- oder Produktionsräume an.

Bei den Museums-Rundgängen wird man auch hin und wieder auf **technische Anlagen aus Deutschland** stoßen, die gegen 1900 zusammen mit Gärungsstoffen und Weizen aus dem süddeut-

jap_513 oh

jap_514 oh

schen Raum importiert wurden. In den Brauereien von Asahi und Kirin bekommt man zum Abschluss der Tour **Freibier.** Bei Sapporo-Bier, dem größten Museum und schönsten Backsteingebäude, war die Bierprobe auch kostenlos, doch seit einigen Jahren kostet jedes Bier 200 Yen. Seitdem hat sich die Besucherzahl drastisch verringert …

- **Asahi-Brauerei,** telefonische Reservierung nötig. Nach 90-minütiger Führung gibt's 20 Minuten Freibier. Tägl. 9.30–15 Uhr, U: Nango-nanachōme, 7 Minuten, Tel. 863-3515.

Sapporo-Schneefestival – Treffen der „Eisbildner"

- **Sapporo-Biermuseum und -Biergarten,** 1878 als erste Brauerei Japans gegründet, tägl. 9–17 Uhr, Tel. 731-4368.
- **Kirin Chitose-Brauerei,** außerhalb in Chitose gelegen, telefonische Reservierung nötig. 60-minütige Führung mit Freibier gegen Ende. Touren außer Mo 9–11.30 und 13–15.30 Uhr (im Winter 10–11.30 und 13–15.30 Uhr), JR Osatsu, 10 Minuten, Tel. (0123) 24-5606.

Rund um die Hokkaidō-Universität

Das Areal der Hokkaidō-Universität im Zentrum der Stadt ist eine grüne Oase. Auf dem 176 Hektar großen Campus sind mit dem **Museum der Hokkaidō-Universität** und dem **Yanaga-Museum** zwei sehenswerte wissenschaftliche Museen angesiedelt, die Mineralien, Fossilien und Forschungsergebnisse präsentieren.

Südlich des weitläufigen Campus (auf der anderen Seite der Bahnschienen) ist im Botanischen Garten das **Ainu-Museum** der Hokkaidō-Universität anzutreffen, das mit einer feinen Ausstellung von rund 200 Alltags- und Gebrauchsgegenständen über die Ainu informiert (Di bis So 9–16 Uhr, Tel. 251-8010). Wer seine Ainu-Studien noch weiter vertiefen will, findet vor dem Botanischen Garten das **Hokkaidō Ainu Center,** das ebenfalls eine Ausstellung beheimatet und mit einer Bibliothek umfangreiche Recherchen erlaubt (Mo bis Sa 9–17 Uhr, Eintritt frei, Tel. 221-0462).

Mt. Moiwa (531 m)

Der kleine Berg fünf Kilometer vom Stadtzentrum entfernt ist ein **beliebtes Wandergebiet** und bietet den besten Blick auf die Stadt. Vor allem abends kommen jede Menge junge Paare – oder solche, die es werden wollen – herauf, um das Lichtermeer zu bestaunen. Dafür muss man nicht laufen, sondern man nimmt einfach die **Seilbahn.** Oben befindet sich natürlich auch ein Restaurant. Die Seilbahn verkehrt im Sommer von 9.30 bis 21 Uhr, im Winter von 10–19 Uhr, Tramhaltestelle Ropeway-Iriguchi.

Olympiastadt Sapporo

In **Maruyama,** südwestlich des Stadtzentrums, findet man die Sprungschanzen und das Sapporo-Wintersportmuseum zu den Olympischen Spielen von 1972. Die große **Ōkurayama-Schanze** erreicht man von der U-Bahn-Station Maruyama Kōen mit dem City Bus Nishi 14 bis zur Haltestelle Ōkurayama Kyōgijō Iriguchi, von dort zehn Minuten zu Fuß. Mit dem Lift kann man auf den höchsten Punkt der Schanze fahren und einen Blick auf Sapporo und die Ishikari-Ebene werfen (9–16 Uhr, geschlossen vom 01.–15. April, 500 Yen).

Von der gleichen Bushaltestelle aus erreicht man das **Wintersportmuseum,** das die größten Leistungen der Spiele von 1972 Revue passieren lässt und Datenbanken für Statistikfans parat hält. Historische Exponate und ein Skisprung-Simulator komplettieren die Ausstellung (tägl. außer letzter Dienstag im Monat, 9–17 Uhr, 600 Yen).

Skigebiete rund um Sapporo

Teine Olympia-Skipisten

40 Minuten vom Zentrum entfernt liegt das **größte und beliebteste Skigebiet Sapporos,** in dem die olympischen Skiläufe 1972 ausgetragen wurden. Eine Seilbahn führt auf den 1024 Meter hohen Teine, insgesamt kann man sich auf eine sechs Kilometer lange Abfahrt bis Shirakaba Daira freuen. Die Pisten eignen sich gleichermaßen für Anfänger wie Fortgeschrittene, Slalompisten und Nachtbeleuchtung sind vorhanden.

■ **Anfahrt:** Mit dem Bus von U: Miyanosawa in 25 Minuten, von Teine Station in 18 Minuten; www.sapporo-teine.com.

Sapporo Kokusai Ski Slopes

Meistens mit gutem Pulverschnee ausgestattete Pisten, zwei Lifte führen direkt zum Gipfel in 1100 Metern Höhe. Eine für japanische Verhältnisse supergünstige **Pakettour** ist von Mitte November bis Anfang Mai ab JR Sapporo Station verfügbar, die man einfach am Ticketschalter von JR löst. Das Paket umfasst die Busfahrt hin und zurück, den 1-Tages-Liftpass sowie die Ski- oder Snowboardleihe für 5000 Yen pro Tag. Abfahrtszeiten ab JR Sapporo zwischen 7 und 10 Uhr, Rückfahrten zwischen 15 und 19 Uhr, einfache Fahrtzeit 90 Min.

Kiroro Snow World

Das Gebiet umfasst **21 Pisten** rund um die Stadt Kiroro, **Onsen** sind in der Nähe. Die Saison geht von Ende November bis Anfang Mai.

- **Informationen:** www.kiroro.co.jp.
- **Anfahrt:** Mit dem Auto 80 Min. aus dem Zentrum Sapporos, mit dem Bus 40 Min. ab Otaru.

Praktische Tipps

- **Vorwahl:** 011

Anreise

Flug

- **Von Haneda (Tokyo)** zum Flughafen Shin Chitose in 1½ Stunden.
- **Von Itami (Osaka)** in 2 Std. 10 Min.

Bahn

- **Von Sendai** mit JR in 8½ Stunden.
- **Von Tokyo** mit JR (Schlafwagen) in 17 Std.

Touristeninformation

- **JR Sapporo,** Nord-Ausgang, WLAN und PC verfügbar, tägl. 8.30–20 Uhr, Tel. 213-5088, http://sapporo-kankou.jp.
- **Sapporo International Communication Plaza,** gegenüber dem Uhrenturm, Sapporo MN Bldg., 3F, N1 W3, Chuo-ku, tägl. 9–17.30 Uhr, Tel. 211-2105, http://plaza-sapporo.or.jp.
- **Touristeninformation am Flughafen Shin Chitose,** 9–17.15 Uhr, Tel. (0123) 23-0111.

Verkehrsmittel

- Mit einer **Tageskarte** für 1000 Yen darf man die **U-Bahnen** sowie **Busse** und **Straßenbahnen** unbegrenzt nutzen. An allen Fahrkarten-Automaten in der U-Bahn und in Bussen erhältlich.

Unterkunft

- **Hotel Sapporo Met's,**②, 104 Zimmer. Nahe am Campus der Hokkaidō-Universität. Zimmer mit Küche, Kühlschrank und Waschmaschine (mit integriertem Trockner!). U: Kita-Jūhachijō, Tel. 726-5511, www.hotelmets.co.jp.
- **Nakamuraya,**②, 27 Zimmer. Für alle, die in Sapporo in einem klassischen Ryokan übernachten wollen. Vor dem Botanischen Garten gelegen, JR Sapporo, 10 Minuten, Tel. 241-2111.
- **JR Tower Hotel Nikko Sapporo,**③, 350 Zimmer. Einfaches und doch qualitativ hochwertiges Hotel zwischen dem 22. und 36. Stock im JR Tower, der direkt mit dem Bahnhofsgebäude verbunden ist. Wer Sapporo tief verschneit erlebt, wird die Lage

zu schätzen wissen. Tel. 251-2510, www.jrhotels.co.jp.

Jugendherbergen

Ino's Place Backpackers Hostel,①. International ausgerichtete, freundliche Jugendherberge mit Schlafsälen und einem 2er-Zimmer. Gemeinschaftsküche, ‚Infomaterial der Umgebung verfügbar, Internet 10 Yen pro Minute. 5 Minuten von U: Shiroishi Station, Ausgang Nr. 1, von dort an der 4. Ampel rechts, Tel. 832-1828, www.inos-place.com.

Sapporo House,①. Nicht mehr die jüngste Unterkunft, aber immer noch in guter Lage. JR Sapporo, 7 Minuten, Tel. 726-4235.

Sapporo Kokusai,①. Neue und gut ausgestattete Unterkunft, keine Mitgliedschaft nötig. Die Jugendherberge schließt um 24 Uhr. U: Gakuen-mae, 2 Minuten, Tel. 825-3120, www.jyh.or.jp.

Essen und Trinken

Lokale Küche

Besonders attraktiv in Hokkaidō ist die **große Auswahl an Fisch und landwirtschaftlichen Erzeugnissen.** Die Spezialitäten sind Spargel, Lachs, Krabben, Sapporo Rāmen, Bier und *Genghis Khan* (Lammfleisch mit Gemüse, das in einer speziellen Pfanne direkt am Tisch zubereitet wird). In der gesamten Stadt finden sich viele Restaurants dazu.

Japanische Touristen kommen hierher, um **Sushi** zu essen, das im kühleren Hokkaidō als besonders frisch und lecker gilt.

Nijō-Fischmarkt,②, gewaltiger Markt mit Fisch- und Gemüseständen sowie vielen Sushi-Restaurants. Hier gibt's frisches und leckeres Sushi bis zum Abwinken – und das sehr billig! Tägl. 7–18 Uhr (kann von Geschäft zu Geschäft variieren), U: Ōdōri, 10 Minuten, S2E2, Tel. 222-5308.

Azuma-sushi,③, Sushi- und Tempura-Restaurant mit langer Tradition. Mittagsgerichte wesentlich günstiger. Geöffnet 11–24 Uhr, Ruhetage variieren, U: Susukino, Tel. 261-7161.

Sapporo Kanihonke,②, populäres Restaurant für *Kani-suki* (Krabbentopf) vor JR Sapporo. Tägl. 11.30–22 Uhr, Tel. 222-0018.

Kirin Beer-en,②, große Bierhalle der Kirin-Brauerei. Die All-you-can-eat-Büffets mit Genghis Kahn erlauben 100 Minuten lang freie Auswahl. Ansonsten allerlei lokale Gerichte. Tägl. 11.30–22 Uhr, U: Nakajima-kōen, 2 Minuten, Tel. 533-3000.

Andere

Apatrida,①, vom Studentenaustausch-Zentrum der Hokkaidō-Universität betrieben, Thai-Curry und andere Köstlichkeiten zum vernünftigen Preis. Mo bis Sa 18–22.30 Uhr, am Wochenende bis 1 Uhr, U: Kita-Jūhachi-jō, 746-1133.

Magic Spice,②, Suppen-Curry, war einst der Vorreiter einer ganzen Welle in Japan. Sieht eher nach Suppe aus, schmeckt aber nach Curry, den Schärfegrad kann man selbst bestimmen. Fr bis Di 11–15 Uhr und 17.30– 22 Uhr, U: Nangō-nana-chōme, 3 Minuten, Tel. 864-8800.

Dolphy,①, deutsche Bäckerei in JR Shin-Sapporo. Schwarzbrot, Mohn-Brötchen und mehr. Mo bis Sa 8–19.30 Uhr, Tel. 892-8455, www.dolphy.jp.

Neu Garden Court,②, bayerische Küche: Schweinebraten, Eisbein, Schnitzel, Bratwürste. Geöffnet 17–24 Uhr, Ruhetage variieren, auf der Tanuki-kōji 7-chōme, Tel. 242-5078.

Nachtleben

Mugishu-tei, Kneipe mit amerikanischem Besitzer und rund 300 Biersorten. Amerikanische und mexikanische Küche. Eintritt 900 Yen. Tägl. 19–3 Uhr, U: Nakajima-kōen-eki, 5 Minuten, S8W6 Onda Bldg., B1F, Tel. 512-4774, www.ezo-beer.com.

■ **Gaijin Bar,** freundliche Atmosphäre mit vielen Touristen und Ausländern. Tägl. 18.30–2 Uhr (am Wochenende bis 4 Uhr), nahe Tanuki-kōji 6-chōme, Tel. 272-1033.

Museen

■ **Hokkaidō-Museum für Moderne Kunst,** Bilder und Skulpturen in Zusammenhang mit Hokkaidō. U: Nishi Juhatchōme, 5 Minuten, Tel. 644-6881.
■ **Hokkaidō-Literaturmuseum,** Autoren mit Bezug zu Hokkaidō gewidmet. Di bis So 10– 17 Uhr, Eintritt 300 Yen, U: Nakajima Kōen, 7 Minuten, Tel. 511-7655.
■ **Ishiya-Schokoladenfabrik, Museum und Produktionsstätte,** tägl. 9–18 Uhr, U: Miyanosawa, 8 Minuten, Eintritt 600 Yen, Tel. 666-1481.
■ **Ishiyama Ryokuchi,** ehemaliger Steinbruch, jetzt zum Kunstpark umgestaltet. Von U: Makomanai mit dem Bus bis Ishiyama Rikkyo, Tel. 588-2800.
■ **Sapporo-Kunstpark,** Skulpturengarten und Museum für zeitgenössische Kunst. Di bis So 9.45–17 Uhr, von U: Makomanai mit dem Bus bis Art Park Entrance, Tel. 592-4123.

Festivals

■ **Mitte November bis Anfang Februar: Sapporo Weiße Beleuchtung.**
■ **Anfang bis Mitte Februar: Sapporo Yuki Matsuri (Sapporo-Schneefestival)** mit großen Eisskulpturen.
■ **21. Juli bis 20. August: Sommerfest.**

Sonstiges

Botanischer Garten

■ **4000 Pflanzenarten** im 1886 angelegten und damit ältesten Botanischen Garten Japans. Di bis So 9–15.30 Uhr (im Winter nur Gewächshäuser), Eintritt 400 Yen, U: Sapporo, 10 Minuten, Tel. 221-0066.

Freizeit

■ **Langlauf im Nakajima-Park,** U: Nakajima-kōen. Langlaufski können kostenlos im Nakajima Taiiku Center geliehen werden.

Umgebung

Shikotsu-Tōya-Nationalpark

Nur 20 Kilometer südlich von Sapporo beginnt der Shikotsu-Tōya-Nationalpark. Die Gegend zieht seit einigen Jahren immer mehr reiche Luxusurlauber an. Der schöne **Kratersee Tōya** wurde durch vulkanische Aktivitäten zu Beginn des 20. Jahrhunderts geformt und ist vor allem zwischen April und Oktober ein beliebtes Ausflugsziel in der Region. Gleich neben dem See finden sich zwei **Vulkane,** der **Shōwa Shinzan** und der **Uzu-san,** der immer wieder brodelt und Schlammmassen ausstößt. Zuletzt musste die Region im Jahr 2000 vorsorglich evakuiert werden. Die vulkanischen Aktivitäten um den See sorgen dafür, dass das Städtchen **Tōyako** über viele **Onsen**

Im Shikotsu-Tōya-Nationalpark

verfügt und dass der See nie, auch nicht bei tiefsten Minustemperaturen im Winter, zufriert. Auf dem See verkehrt ein **Ausflugsboot,** das auch die vier kleinen Inseln des Sees abfährt. In Tōyako Onsen sollte man das **Volcano Science Museum** besuchen, das mit eindrucksvollen Bildern und Filmen die Eruptionen erklärt (in der Nähe des Bus-Terminals); die Vorführungen sind nichts für empfindliche Ohren.

Der **Shikotsu-See** weiter nordwestlich nahe **Chitose** ist ein vor 30.000 Jahren entstandener Kratersee. Das **östliche Seeufer am Chitose-Fluss** ist das **touristische Zentrum** mit zahlreichen Unterkünften und Ausflugsbooten, die zwischen April und November auf dem See unterwegs sind. 20 Kilometer südlich vom See stößt man auf das Städtchen **Shiraoi** und ein **rekonstruiertes Ainu-Dorf** mit angeschlossenem **Ainu-Museum.** Während nicht alle Ainu-Museen in Hokkaidō halten, was sie versprechen, erfährt man hier tatsächlich mehr über die Kultur und Lebensweise der Ureinwohner. Darüber hinaus werden für Touristen Tänze demonstriert und Handwerkstechniken vorgeführt (tägl. 8–16.30 Uhr).

Praktische Tipps

Anfahrt:

- **Bus:** Mit dem Direktbus von Sapporo Station bis Shikotsu-ko Bus-Terminal (1.15 Stunde), Noboribetsu Onsen (2.30 Stunden) oder Tōyako Onsen (2.40 Stunden).
- **Bahn:** Mit JR von Sapporo Station bis JR Tōya, dann mit dem Bus nach Tōyako Onsen, Gesamtfahrtzeit knapp über 2 Stunden.

Touristeninformation:

- **Tōya-ko Visitor Center,** Besucherzentrum des Nationalparks. Das Volcano Science Museum ist im gleichen Gebäude untergebracht. Tägl. 9–17 Uhr, 3 Minuten von Tōya-ko Onsen Bus Terminal, Tel. (0142) 75-2555, www.toyako-vc.jp.
- **Shikotsu-ko Visitor Center,** Besucherzentrum des Nationalparks mit Informationen zu Natur und Aktivitäten. Tägl. 9.30–17.30 Uhr (im Winter Mi bis Mo 9.30–16.30 Uhr), Shikotsu-ko Bus-Terminal, Tel. (0123) 25-2404, www.15.ocn.ne.jp/-sikotuvc.

jap_507b oh

Unterkunft am Tōya-See

■ **Gokiraku Tei,**①, 22 Zimmer. Kleines Ryokan in Tōya-ko Onsen mit 100% reinem Onsen-Wasser. Rabatt für Gäste, die die Futons selber hinlegen oder die keine Mahlzeiten benötigen. Ein Shuttle-Bus fährt direkt vom Bahnhof Sapporo (735 Yen, Reservierung 7 Tage vorher). Vom Bahnhof Tōya dauert es mit dem Donan-Line-Bus 20 Minuten bis zur Haltestelle Motomachi. Tel. (0142) 75-2144, www.gokirakutei.com.

■ **Kohan-tei,**②, 205 Zimmer, am See gelegen. Mittelgroßes Ryokan mit Freiluft-Onsen auf dem Dach und Blick auf den Tōya-ko. Wenn man hier übernachtet, ist der Shuttle-Bus vom Bahnhof Sapporo kostenlos. Tel. (0142) 75-2211, www.toya-kohantei.com.

■ **The Windsor Tōya,**④, 398 Zimmer. Absolutes Luxusresort, in dem 2008 der G8 Summit stattfand. Auf dem Berg (625 m) gelegen mit wunderschönem Blick zum See. Im Hotel gibt es natürlich 3-Sterne-Restaurants wie z.B. das Kicho aus Kyoto. Vor allem von reichen Gästen aus Hongkong, China und Singapur gebucht. Kostenloser Shuttle-Bus vom Bahnhof JR Tōya. Tel. (0142) 73-1111, www.windsor-hotels.co.jp.

■ **Shōwa Shinzan-Jugendherberge,**①, am Eingang des Wanderwegs zum Shōwa Shinzan gelegen. Ein Restaurant mit dem vielsagenden Namen „Bayern" liegt um die Ecke. Bushaltestelle Tozanguchi, Tel. (0142) 75-2283, www.jyh.or.jp.

Unterkunft am Shikotsu-See

■ **Log Bear,**①, uriges Holzhaus mit coolem Besitzer, der nicht nur gut englisch spricht, sondern auch jede Menge Humor mitbringt. Abendessen gegen Aufpreis. Bus-Terminal Shikotsu-ko, Tel./Fax (0123) 25-2738.

■ **Itō Ryokan,**②, 13 Zimmer. Altes Ryokan am Ufer, nur von April bis November geöffnet. Nicht die modernste Unterkunft, dafür mit großartigem Blick auf den See und Freiluft-Onsen am See. Freundliche Atmosphäre, Abholservice vom Bus-Terminal möglich. Tel. (0123) 25-2620, www.shikotsuko.co.jp.

■ **Shikotsu-Jugendherberge,**①, Ausleihe von Fahrrädern, Schneeschuhen und Langlauf-Ski möglich. Bushaltestelle Shikotsu-Kohan, Tel. (0123) 25-2311, www.jyh.or.jp.

HAKODATE

■ **Einwohner:** 284.000

Hakodate ist bestimmt nicht der Ort, an dem man länger verweilt. Man muss den **Verkehrsknotenpunkt** aber auf jeden Fall passieren, denn sowohl mit der Fähre als auch mit dem Zug ist Hakodate die erste bzw. letzte Station auf Hokkaidō.

Sehenswertes

Bekannt ist der **Fischmarkt Asa Ichi,** der jeden Morgen an der Bucht nahe des Bahnhofs öffnet. Ferner trifft man in der Stadt auf einige **europäisch anmutende Bauten und Kirchengebäude,** die vom internationalen Austausch der Hafenstadt zeugen. Hakodate war ab 1859 einer der ersten Häfen, die mit der Meiji-Restauration wieder für Ausländer geöffnet wurden. Auch die Überreste der **Burg Goryōkaku** machen diesen Einfluss deutlich.

Zur Dämmerung lohnt sich eine Fahrt mit der **Seilbahn** auf den 334 Meter hohen **Mt. Hakodate,** denn die Stadt liegt direkt an der Bucht und formt einen engen Landstreifen, der von beiden Seiten mit Wasser umgeben ist, was zusammen

mit den Fischerbooten für einen schönen nächtlichen Anblick sorgt. Hakodates früherer Ainu-Name „Usukeshi" bedeutet nichts anderes als Bucht.

Praktische Tipps

- **Vorwahl:** 0138

Touristeninformation

- **Neben JR Hakodate,** 9–19 Uhr (im Winter bis 17 Uhr), Tel. 23-5440.

Unterkunft

- **Nice Day Inn,**①, die Unterkunft selbst hat schon bessere Zeiten gesehen, dafür ist sie wirklich preiswert und mit sehr freundlichem und englisch sprechendem Team. JR Hakodate, 10 Minuten, Tel. 22-5919.
- **Hakodate Green Hotel,**①, günstiges Business Hotel mit anonymer Atmosphäre. JR Hakodate, 8 Minuten, Tel. 26-8876.
- **Pension Hakodatemura,**①, 16 Zimmer. Gemütliche Pension. JR Hakodate, 12 Minuten, Tel. 22-8105, http://bb-hakodatemura.com.
- **Hakodate Danshaku Club,**③, 52 Zimmer. Moderne Wohnanlage, in der auch Haustiere erlaubt sind. In manchen Zimmern blickt man aus der Badewanne zum Hafen und Mt. Hakodate. JR Hakodate, 3 Minuten. Tel. 21-1111, www.danshaku-club.com.

Essen und Trinken

Am Morgenmarkt und in dessen Umgebung finden sich viele Restaurants mit der **lokalen Spezialität Kaisen-don:** frische (rohe) Meeresfrüchte auf Reis. Zum Einsatz dafür kommen vornehmlich Kammmuschel, Seeigel, Lachslaich oder Tintenfisch. Die Restaurants öffnen sehr früh, da Kaisen-don vor allem Frühstücks- und Mittagsgericht ist.

- **Kikuyo Shokudō,**②, das beste Restaurant für Kaisen-don mit großartiger Frische, wunderbarem Geschmack und resoluten Bedienungen. Für weniger Geübte gibt es gegrillte Gerichte. Englische Speisekarte vorhanden. Tägl. 5–14 Uhr, nach dem

^ Hakodate bei Nacht

grün-gelben Zeichen auf dem Markt Ausschau halten, Tel. 22-3732, www.abs-plaza.com/kikuyo.

- **Raymon House,** Wurst, Schinken und Salami, nur zum Mitnehmen. Tägl. 9–21 Uhr, nahe der Motomachi-Kirche, Tel. 22-4596.
- **Hakodate Beer,**②, große und lebendige Bierhalle mit lokal gebrautem Bier und guter Auswahl dazu passender Gerichte. Zweimal pro Abend Live-Musik. Geöffnet 11–22 Uhr, Ruhezeiten variieren, JR Hakodate, 7 Minuten, das rote Backsteingebäude in der Meijikan-dori, Tel. 23-8000.
- **Restaurant Genova,**②, auf dem Mt. Hakodate gelegen, japanische, chinesische und westliche Küche. Tägl. 10–21.45 Uhr (im Winter bis 20.45 Uhr), Tel. 27-3127.

Umgebung

Ōnuma

Nördlich von Hakodate gelangt man zur **Kleinstadt Ōnuma** und zum **Ōnuma-Quasi-Nationalpark.** Die Seen und Wanderwege rund um den **Mt. Komagatake** sind das lokale Ausflugsgebiet der Region. Im Vergleich mit den großen Nationalparks Hokkaidōs sind die Möglichkeiten hier jedoch eher beschränkt.

Unterkunft

- **Crawford Inn Ōnuma,**②, 28 Zimmer. Amerikanisch anmutende Unterkunft mit komfortablen Zimmern und einem breiten Angebot an Freizeitaktivitäten: Reiten, Schneeschuh-Wandern, Langlauf, Bootfahren. Eine Wanderkarte der Umgebung ist erhältlich. JR Ōnuma-kōen, 3 Minuten, Tel. 67-2964, www.crawford.jp.

ASAHIKAWA

- **Einwohner:** 360.000

Asahikawa ist Hokkaidōs zweitgrößte Stadt und **wichtiger Verkehrsknotenpunkt** der Insel. Auf allen Stadtporträts thronen im Hintergrund die schönen Berge des Daisetsuzan-Nationalparks. In der Umgebung der überwiegend industriell geprägten Stadt finden sich zahlreiche **gute Ski- und Wandergebiete.** Die aktuellen Busverbindungen zwischen Asahikawa und den Bergregionen erfährt man bei der lokalen Touristeninformation.

Kulinarisch wird Asahikawa in Japan mit **Asahikawa-Rāmen** in Verbindung gebracht, entsprechend stolz ist man in der Region auf die eigene Rāmen-Variante.

Sehenswertes

Kawamura Ainu-Museum

Die Region war früher reich an Ainu-Siedlungen, heute trägt das Kawamura Ainu-Museum diesem Umstand Rechnung. Das Besondere am Museum ist, dass es **von Ainu selbst betrieben** wird und demzufolge wesentlich authentischer ist als manche Ainu-Touristenattraktionen in Hokkaidō. Der Museumsdirektor ist zum Sprachrohr der ethnischen Minderheit geworden und taucht regelmäßig im japanischen Fernsehen auf, wenn es um Ainu-Fragen geht. Das

Museum präsentiert Ausstellungen zur Ainu-Kultur und ist als Zentrum des Austauschs zu verstehen. Hier erfährt man auch alles über kulturelle Veranstaltungen der Ureinwohner in anderen Teilen Hokkaidōs (Bushaltestelle Ainu Kinenkan-mae).

Praktische Tipps

- **Vorwahl:** 0166

Anfahrt

- **Mit JR von Sapporo** in 1½ Stunden.

Touristeninformation

- **JR Asahikawa,** Ost-Ausgang, WLAN verfügbar, Mi–Mo 8.30–19 Uhr, Tel. 26-6665, www.city.asahikawa.hokkaido.jp.

Unterkunft

- **Guest House Asahikawa,**①, ein kleines Hostel mit 16 Gemeinschaftszimmern und einer Dusche für alle. Die Einrichtung ist vielleicht etwas bescheiden, dafür ist die Inhaberfamilie sehr herzlich und bemüht. JR Asahikawa, 10 Minuten, Tel. 73-8269, www.guesthouseasahikawa.jp.
- **Fitness Hotel 330 Asahikawa,**②, 114 Zimmer. Gutes Hotel mit Fitness-Studio. JR Asahikawa, 2 Minuten, Tel. 26-0330, asahikawa@hotel330.co.jp.
- **Asahikawa Grand Hotel,**③, 237 Zimmer. Als eines der besten Hotels der Stadt bekannt. 5 Min. mit dem Taxi von JR Asahikawa, Tel. 24-2111, www.asahikawa-grand.com.

Essen und Trinken

Asahikawa bedeutet Rāmen. Unzählige Restaurants finden sich in der Stadt, die Stars in der Zubereitung sind:

- **Santōka,**①, mehrere Filialen in ganz Japan, man sollte Shio-Rāmen probieren. Geöffnet 11–20 Uhr, Ruhetage variieren, JR Asahikawa, 10 Minuten, 3jō 8chō, Tel. 25-3401.
- **Aoba,**①, nachdem eine Filiale im Yokohama Rāmen-Museum eröffnete, kommen Gäste aus ganz Japan. Hier sollte man sich Shōyu-Rāmen nicht entgehen lassen. Do bis Di 9.30–14 und 15.30–20 Uhr, JR Asahikawa, 8 Minuten, 2jō 8chō, Tel. 23-2820.

Nachtleben

- Das Nachtleben spielt sich **rund um Sanroku-gai (3jō 6chō)** ab, nördlich von JR Asahikawa.

Museen

- **Asahikawa Museum of Art,** Kunstgegenstände in Zusammenhang mit Nord-Hokkaidō. Im Tokiwa-kōen-Park, Di bis So 10–17 Uhr, Tel. 25-2577.
- **Otokoyama Sake-Museum,** berühmte Sake-Brauerei, die seit dem 17. Jahrhundert besteht. Ausstellung zum Produktionsprozess und Ukiyo-e-Museum. Tägl. 9–17 Uhr, Eintritt frei, mit dem Bus ab dem Department Store Marui Imai in 15 Minuten bis Nagayama 2-6, Tel. 47-7080.

Festivals

- **Anfang Februar: Schneefestival Asahikawa Fuyu Matsuri** mit famosen Eisskulpturen.
- **Ende September: Ainu Kotan Matsuri,** großes Ainu-Fest mit Bräuchen, Riten, Tanz und Musik.

Sonstiges

Skigebiete

- **Furano,** großes und sehr populäres Skiresort südlich von Asahikawa, Austragungsort des Ski-Weltcups, Schnee von Anfang Dezember bis Ende April, Tages-Liftpass für 4200 Yen. Ab Asahikawa Station mit dem Asahikawa Denki Kidō-Bus oder mit JR in 75 Minuten.
- **Kamui Ski Links,** kleiner als Furano, dafür näher an Asahikawa. Tages-Liftpass für 2800 Yen. Erreichbar mit dem Dōhoku-Bus.

Zoo

- **Asahiyama Zoo,** einer der populärsten Zoos in Japan, tägl. 9.30–17.15 Uhr (im Winter 10.30–15.30 Uhr), letzte Woche im Oktober geschlossen, Eintritt 1000 Yen, Kinder 500 Yen. Bus ab Asahikawa Station bis Asahikawa Zoo, Tel. 36-1104.

Umgebung

Daisetsuzan-Nationalpark

Der Daisetsuzan-Park (auch „Taisetsuzan" geschrieben) ist mit 2309 Quadratkilometern Fläche der **größte Nationalpark Japans.** Das wunderbare Naturgebiet besteht aus mehreren dicht **bewaldeten Berggruppen, Vulkanen, Seen und Onsen-Gebieten.** Wörtlich übersetzt bedeutet Daisetzusan „Große verschneite Berge", von denen der **Asahidake** mit 2290 Metern der höchste ist. Der Nationalpark ist im Winter ein Paradies für **Skifahrer,** im Sommer kommen **Wanderer** dank des weit verzweigten Wegenetzes bestens auf ihre Kosten.

jap_524 oh

Asahidake Onsen

Das **Dörfchen** Asahidake Onsen liegt am Fuße des Asahi-dake und besteht lediglich aus ein paar kleinen Unterkünften. Es ist bequem von Asahikawa aus zu erreichen und wird zum Ziel aller, die den **Aufstieg zum Asahi-dake** planen. Eine **Seilbahn** fährt von Juli bis Oktober auf 1600 Meter, von wo aus man in einem zweistündigen Aufstieg zum Gipfel gelangen kann. Weitere Wanderwege führen rund um die obere Seilbahnstation; immer wieder sind **vulkanische Aktivitäten** zu beobachten.

Ambitionierte Bergsteiger können vom Gipfel des Asahi-dake über einige Bergkämme und den Gipfel des **Kuro-dake** in einer langen Tagestour bis nach **Sōunkyō Onsen** gelangen. Eine englischsprachige Karte mit den anvisierten Zeiten erhält man im Besucherzentrum in Asahidake.

Hinweis: Auch im Daisetzusan-Nationalpark – wie in allen anderen Nationalparks in Hokkaidō – besteht die Gefahr, auf **Bären** zu stoßen. Das Besucherzentrum hat die neuesten Informationen zu eventuellen Bären-Aktivitäten sowie Tipps zu Sicherheitsvorkehrungen. An den Seilbahnstationen werden Glöckchen verkauft.

Landschaft im Daisetsuzan-Nationalpark

Anfahrt

- **Mit dem Bus** von Asahikawa Station nach Asahidake Onsen in 100 Minuten. Die einfache Fahrt kostet 1320 Yen. Zwischen dem 15. Juni und dem 15. Oktober verkehren vier Busse pro Tag, ansonsten zwei. Der erste Bus fährt gegen 9 Uhr.

Touristeninformation

- **Asahidake Visitor Center,** Besucherzentrum mit guten Wanderkarten in Englisch. Hier kann man sich auch registrieren lassen, bevor man zu einer größeren Bergtour aufbricht. Schneeschuh-Leihe möglich, das Team ist bei der Buchung von Unterkünften behilflich. Nahe der Seilbahn-Station, Tel. (0166) 97-2153, www.welcome-higashikawa.jp.

Unterkunft

- **Daisetsu-zan Shirakawasō,** ①, idealer Ort für Bergsteiger, Skifahrer und Langläufer. Die Unterkunft fungiert als Jugendherberge und Ryokan mit Privatzimmern oder günstigeren Schlafsaal-Betten. Mahlzeiten gegen Aufpreis, Gemeinschaftsküche, Onsen. 7 Minuten von der Seilbahnstation entfernt, Bushaltestelle Camp-jō-mae, Tel. (0166) 97-2246, http://park19.wakwak.com/~shirakaba.
- **Lodge Nutapukaushipe,** ②, 5 Zimmer. Gemütliche Unterkunft, ebenfalls nahe der Seilbahnstation gelegen, mit Onsen. Zwei große Mahlzeiten sind im Preis inbegriffen. An der Bushaltestelle Camp-jō-mae, Tel. (0166) 97-2150.

Onsen

- **Nakadake Onsen,** verstecktes Berg-Onsen, fünf Kilometer von der oberen Seilbahnstation des Asahidake entfernt und beliebt bei Bergsteigern. Am Besucherzentrum vorher nach der genauen Route erkundigen.

Skigebiet

- **Asahidake,** das höchste Skigebiet Japans, dementsprechend lang ist die Saison von Anfang Dezember bis Anfang Mai. Der Tages-Liftpass kostet 3800 Yen.

Sōunkyō Onsen

Sōunkyō Onsen ist das **touristische Zentrum des Nationalparks** und liegt in einem wunderschönen Tal nördlich von Asahidake Onsen. **Wasserfälle, Schluchten, Thermalquellen und unzählige Wandermöglichkeiten** machen das Städtchen zu einem idealen Touristenziel.

Eine **Seilbahn** fährt in sieben Minuten zur 5. Station des **Mt. Kurodake** auf 1300 Metern. Zahlreiche Wanderwege führen von hier aus in die Umgebung. Wer dem Gipfel bequemer näher kommen will, nimmt den **Sessellift** weiter bis zur 7. Station, von der man den Gipfel des Kurodake bequem in einer Stunde erreicht.

Die **Sōunkyō-Schlucht** mit ihren 100 Meter hohen Felswänden bietet einige schöne Touren am **Ishikari-Fluss,** dabei passiert man auch die wunderbaren **Wasserfälle Ginga no Taki** und **Ryūsei no Taki.** Beim **Sōunkyō Hyōbaku Eis-Festival** von Anfang Februar bis Ende März sind nicht nur Eisskulpturen zu bewundern, sondern man kann mit Schneeschuhen und im Rahmen organisierter Touren durch die tief verschneite Schlucht ziehen. Ambitioniertere können sich am Eiswasserfall-Klettern versuchen. Auf Menschenmassen sollte man jedoch gefasst sein.

Anfahrt

- **Mit dem Bus** von JR Asahikawa in 50 Minuten oder von JR Kamikawa nach Sōunkyō Onsen in 30 Minuten.

Touristeninformation

- **Sōunkyō Visitor Center,** Besucherzentrum mit Informationen zum Nationalpark, zum Wetter sowie zu Bären-Aktivitäten. Nahe der Seilbahnstation, Tel. (01658) 9-4400, www.sounkyo.net.
- **Touristeninformation,** Busbahnhof Sōunkyō, tägl. 10–17.30 Uhr (im Winter 10–16.30 Uhr), zweisprachige Wanderkarten der Umgebung erhältlich, Tel. (01658) 5-3350.

Unterkunft

In der Stadt sind **überwiegend große Hotels und Massen-Ryokans** angesiedelt, aber auch ein paar kleine und angenehme Pensionen finden sich vor Ort.

- **Resort Pension Yamanoue,**②, 14 Zimmer. Zimmer im japanischen Stil, der Besitzer ist ein exzellenter Kenner der Berge. Der Preis beinhaltet zwei Mahlzeiten. Die Unterkunft ist mit dem öffentlichen Onsen Kurotake-no-Yu verbunden. Sōunkyō Onsen Bus-Terminal, 5 Minuten, Tel. (01658) 5-3206, www.p-yamanoue.com.
- **Hotel Northern Lodge,**②, 36 Zimmer. Entspanntes kleines Hotel mit Zimmern im westlichen und japanischen Stil. Nahe der Seilbahnstation. Zwei Mahlzeiten sind im Preis inbegriffen. Fahrradleihe möglich. Sōunkyō Onsen Bus-Terminal, 3 Minuten, Tel. (01658) 5-3231, www.h-northern lodge.com.
- **Sōunkyō-Jugendherberge,**①, nur von Juni bis Oktober geöffnet. Hochbetten oder Privatzimmer vorhanden, Mahlzeiten gegen Aufpreis. Sōunkyō Onsen Bus-Terminal, 7 Minuten, Tel. (01658) 5-3418, www.youthhostel.or.jp/sounkyo.

☒ Kap Soya – der nördlichste Punkt Japans

Onsen

■ **Kurotake-no-Yu** ist ein öffentliches Onsen im Zentrum. Das Rotemburo bietet ein perfektes Bergpanorama. Auch Sauna vorhanden. Tägl. 10–22 Uhr (im Winter 11–21 Uhr), Eintritt 600 Yen.

WAKKANAI

■ **Einwohner:** 44.000

Wakkanai ist die **nördlichste Stadt in Japan** und liegt **direkt am Okhotskischen Meer.** Das Klima ist über weite Teile des Jahres rau und ein heftiger Wind fegt an nicht wenigen Tagen durch die Hafenstadt. Wer in Wakkanai nicht vom Fischfang leben kann, muss das Geschäft mit den kurz verweilenden Touristen machen. Diese kommen nach Wakkanai, um die **Fähre zu den Inseln Rishiri-tō und Rebun-tō (Rishiri-Rebun-Sarobetsu-Nationalpark)** zu nehmen.

30 Kilometer östlich von Wakkanai kommt man zum **nördlichsten Punkt Japans,** dem **Kap Soya.** Dort wartet neben einem nicht gerade sehenswerten Steinmonument eine umso bessere Aussicht, denn bei klarem Wetter kann man die **Umrisse der russischen Sakhalin-Insel** erkennen. Rund um Sakhalin wurden vor nicht langer Zeit massive Erdgas- und Erdölvorkommen entdeckt, Japan bezieht große Mengen Flüssiggas aus der Region. Eine regelmäßige **Fähre** verkehrt **zwischen Wakkanai und Korsakov** auf russischer Seite (das nächste russische Konsulat für Visumfragen befindet sich in Sapporo).

jap_527 oh

Praktische Tipps

- **Vorwahl:** 0162

Anreise

Flug

- **Von Haneda** nach Wakkanai in 1 Stunde 45 Min.

Bahn

- Mit **JR** von Sapporo in 5 Stunden.

Touristeninformation

- **JR Wakkanai,** Tel. 22-2384.
- **Wakkanai Tourist Association,** Tel. 24-1216, www.welcome.wakkanai.hokkaido.jp.

Unterkunft

Im nördlichen Hokkaidō sollte man nicht zu viel an Englischkenntnissen in den jeweiligen Unterkünften voraussetzen.

- **Wakkanai Sun Hotel,**②, 72 Zimmer. Hotel mit guter Lage am Bahnhof. JR Wakkanai, 2 Minuten, Tel. 22-5321, www.sunhotel.co.jp.
- **Wakkanai ANA Hotel,**③, 143 Zimmer. Das Top-Hotel in der Stadt. JR Wakkanai, 3 Minuten, Tel. 23-8111, www.ana-hotel-wakkanai.co.jp.

Jugendherberge

- **Wakkanai Moshiripa,**①, in der Stadtmitte gelegen, hier können Fahrräder ausgeliehen werden. Im Winter geschlossen. JR Wakkanai, 5 Minuten, Tel. 24-0180.
- **Wakkanai,**①, überwiegend Privatzimmer, aber auch Schlafsaal-Betten. Auf einem Hügel gelegen, von dem man die Stadt, das Meer und manchmal Russland sieht. Fahrradleihe möglich. JR Minami-Wakkanai, 10 Minuten, Tel. 23-7162.

Festivals/Events

- **31. Januar bis Ende März: Snowmobile Land Tokkari,** 1½ Kilometer lange Schneemobil-Strecke für jedermann im Park Kūkō-kōen. Kosten für das Schneemobil ab 200 Yen, Leihe für Helm und Kleidung umsonst. Schneemobile mit 80 cc, 125 cc und 250 cc erhältlich. Nähere Infos bei der Kūkō-kōen-Touristeninformation, tägl. 10–16 Uhr, Tel. (0162) 26-2470.
- **Anfang Februar: Wakkanai Schnee- und Eisfestival,** alljährliches Motto: Der Winter ist unser Freund.
- **Letztes Wochenende im Februar: Großer Japan Cup im Schlittenhunderennen.**

Umgebung

Rishiri-Rebun-Sarobetsu-Nationalpark

Die Wandermöglichkeiten im Rishiri-Rebun-Sarobetsu-Nationalpark sind ähnlich vielfältig wie im Daisetzusan-Nationalpark, nur dass weitaus weniger Touristen unterwegs sind. Der **abgelegenste aller Nationalparks** genießt den Ruf – bedingt durch die lange Anreise nach Wakkanai und die nötige Fähre –, nur die wahren Naturfreaks anzulocken.

Rishiri ist die **größere der beiden Inseln,** deren gesamte Landschaft vom **Vulkan Rishiri-zan** (1721 m, auch gern „Rishiri-Fuji" genannt) bestimmt wird. Den Auf- und Abstieg von Meereshöhe zum Gipfel schafft man in einer langen Tagestour. Die Mehrzahl der Wander-Touristen zieht es jedoch ohnehin vor, nicht ganz bis zum Gipfel zu steigen, sondern die attraktive Natur in der inseleigenen Ruhe und Gemächlichkeit zu erleben. Wer dennoch aufsteigen will, kann die Routen ab den **Hafendörfern Oshidomari oder Kutsugata** in Angriff nehmen. Die beliebteste Tour beginnt ab Oshidomari, da hier auch die Fähre aus Wakkanai anlegt.

Um die 180 Quadratkilometer große Insel führt eine **Küstenstraße,** auf der ein **öffentlicher Bus** alle Dörfer abfährt. Eine Umrundung dauert in etwa 2 Stunden und kostet 2200 Yen. Mit dem **Fahrrad** kommt man gut an der Küste entlang; Fahrräder kann man in der Nähe der Fährstationen oder in Jugendherbergen leihen.

Die **Insel Rebun** weist mit ihrer flachen Landschaft und einer ausgesprochenen **Pflanzenvielfalt** eine ganz andere Charakteristik als Rishiri auf. Nur eine kleine Straße führt an der Ostküste entlang, sodass große Teile der Insel Natur pur bieten. Der populärste **Wanderweg** führt an der unberührten Westküste entlang, von der Nordspitze der Insel bis fast ganz zur Südspitze. Dafür sollte man acht Stunden einkalkulieren. Steile Küsten und unendlich viele Wildblumen bilden die Kulisse. Ein bisschen Proviant kann für die Wanderung nicht schaden, denn hier dürfte einer der wenigen Orte in Japan sein, wo es ein paar Stunden Fußweg bis zur nächsten Siedlung sind und man auch kein Taxi rufen kann. Trotzdem, vor allem zwischen Mai und September, ist man bestimmt nicht alleine unterwegs.

Praktische Tipps

Anfahrt

- Von Wakkanai **mit der Fähre** nach Oshidomari (auf Rishiri) und nach Kafuka (auf Rebun), Fahrtzeit jeweils rund 2 Stunden. Fähren verkehren auch zwischen Oshidomari und Kafuka, im Sommer auch zwischen Kutsugata und Kafuka.

Touristeninformation

- **An jeder Fährstation** befindet sich eine kleine Touristeninformation, wo man nützliche Wander- und Umgebungskarten erhält.

Unterkunft auf Rishiri

Zur Hauptsaison im Juli und August sollte man für beide Inseln auf jeden Fall rechtzeitig eine Unterkunft buchen

- **Rishiri Green Hill-Jugendherberge,**①. Informationen zu Wanderstrecken erhältlich, Fahrradleihe möglich. Es gibt weder Mahlzeiten noch ein nahe gelegenes Restaurant, man sollte sich Verpflegung mitbringen. Im Winter geschlossen. Oshidomari-Hafen, 25 Minuten, Tel. (01638) 2-2507, http://rishiri-greenhill.net.
- **Island Inn Rishiri,**②, 44 Zimmer. Gutes Hotel nahe am Hafen Kutsugata. Preis inkl. zwei japanische Mahlzeiten. Ein Shuttle-Bus verkehrt zum Ausgangspunkt für den Aufstieg. Im Winter geschlossen. Tel. (01638) 4-3002, www.island-inn-rishiri.com.
- **Rishiri Fuji Kanko Hotel,**③, 50 Zimmer. Am Hafen Oshidomari gelegen, außerhalb der Saison mit günstigeren Angeboten. Zwei Mahlzeiten sind im Preis inbegriffen. Tel. (01638) 2-1531, www.15.plala.or.jp/fujikan.

Unterkunft auf Rebun

- **Momoiwa-sō-Jugendherberge,**①. Etwas heruntergekommene Unterkunft, die gerne als die ungewöhnlichste Jugendherberge Japans beschrieben wird. Strenge Regeln erlauben keinen Alkohol. Jeden Tag gibt's eine abendliche Versammlung mit Tanz und Gesang. Die Teilnahme am achtstündigen Gruppen-Wanderangebot ist zum Glück nicht verpflichtend. Das Team holt vom Hafen ab und bringt einen leider auch meistens mit Gesang und Getöse wieder zurück, noch an der Fährstation „Itterasshai!" skandierend, was so viel heißt wie „Wir erwarten dich zurück." Im Winter geschlossen. Bushaltestelle Momoiwa-so-iriguchi, 8 Minuten, Tel. (01638) 6-1421, www.jyh.or.jp.
- **Field Inn Seikansō,**①, Unterkunft mit Privatzimmern und Schlafsaal-Betten sowie weniger strikten Regeln. Mahlzeiten gegen Aufpreis, im Winter geschlossen. In Sukoton-misaki gelegen, Abholservice nach Vereinbarung, Tel. (01638) 7-2818.
- **Minshuku Kāchan Yado,**②, 10 Zimmer. Warmherzige Unterkunft wie bei Mama („Kāchan" bedeutet übrigens auch Mutter). Hier wird kaum englisch gesprochen, dafür alles mit Freundlichkeit ausgeglichen. Im Preis sind zwei japanische Mahlzeiten inbegriffen. An der Südspitze der Insel gelegen, Tel. (01638) 6-1406.
- **Petit Hotel Corinthian,**④, 23 Zimmer. Luxuriöses Hotel im westlichen Stil, Abholservice vom Hafen verfügbar, im Winter geschlossen. Tel. (01638) 7-3001, www.corinthian.co.jp.

☒ Okhotskisches Meer – unterwegs auf einem Eisbrecher

ABASHIRI

- **Einwohner:** 40.000

Abashiri liegt **am Okhotskischen Meer** in Ost-Hokkaidō und ist zwischen Ende Januar und Anfang März Touristenhochburg, wenn das **Treibeis aus Russland** ankommt und die ganze See unter der Eisdecke verschwindet. Dann kommen auch viele Touristen, die die **Eisbrecher-Ausflugsboote** besteigen, um sich den Weg durch die ein Meter dicke Eisschicht zu bahnen und das Knacken der Platten von Deck aus miterleben zu können. Mit dem nahen **Flughafen Memambetsu** ist Abashiri bequem zu erreichen.

Sehenswertes

Wissenschaftliche Erklärungen und Anschauungsmaterial zum Treibeis-Phänomen bietet das **Museum Okhotsk Ryūhyō.**

- **Okhotsk Ryū-hyō-Museum,** tägl. 8–18 Uhr (im Winter 9–16.30 Uhr), Eintritt 520 Yen.

Sehenswert ist auch das **Abashiri Prison Museum,** das ehemalige Gefängnis, das bis 1984 in Betrieb war. Abashiri wird in Japan gern als „Gefängnis-Stadt" bezeichnet, da man hier Hochkriminelle fernab der großen Städte untergebracht hatte. Eine erfolgreiche TV-Serie trug ihr Übriges dazu bei, Abashiri mit Gefängnis zu assoziieren. Wachsfiguren verkör-

jap_530 oh

pern ehemalige Inhaftierte. Das einstige Gefängnisgebäude und jetzige Museum erreicht man mit dem Bus ab JR Abashiri.

■ **Abashiri Prison Museum,** tägl. 8–18 Uhr (im Winter 9–17 Uhr), Eintritt 1050 Yen.

Das **Hokkaidō Museum of Northern Ethnic Groups** ist eine Art Völkerkundemuseum und widmet sich den nördlichen ethnischen Minderheiten, von Skandinavien bis Japan. 15 Minuten mit dem Bus ab JR Abashiri in Richtung Tentozan.

■ **Hokkaidō Museum of Northern Ethnic Groups,** Di bis So 9.30–16.30 Uhr, Eintritt 300 Yen.

Praktische Tipps

■ **Vorwahl:** 0152

Anreise

Flug

■ **Von Haneda (Tokyo) mit JAL** nach Memambetsu in 1 Stunde 40 Minuten. Vom Flughafen verkehren Busse nach Abashiri.

Bahn

■ **Von Sapporo mit JR** in 5½ Stunden.

Unterkunft

■ **Minshuku Lamp,**①, 10 Zimmer. Günstiges Minshuku, das gerne von Motorradfahrern genutzt wird. JR Abashiri, 7 Minuten, Tel. 43-3928.

■ **Wani-no-ie,**②, 7 Zimmer. Kleine Pension auf dem Hügel mit guter Sicht auf den Abashiri-See. Das Besitzerpaar spricht Englisch. Preis inkl. Frühstück und Abendessen; sehr empfehlenswert. Bushaltestelle Abashiri-ko-sō-mae, 5 Minuten, Tel. 48-2838, www3.ocn. ne.jp/~waninoie.

■ **Abashiri Royal Hotel,**②, 56 Zimmer. Für alle, die einen anonymeren Aufenthalt wünschen. Mit Sauna. Es wird Englisch gesprochen. JR Abashiri, 4 Minuten, Tel. 43-1888, http://abashiri-royal.jp.

Jugendherberge

■ **Abashiri Ryūhyō-no-oka,**①, Jugendherberge auf einem Hügel mit Blick auf das Okhotskische Meer. Besichtigungstouren und andere Freizeitaktivitäten werden angeboten. Bushaltestelle Meiji-iriguchi, 7 Minuten, Tel. 43-8558.

Essen und Trinken

■ **Kanigen,**②, Kaiten-Sushi mit frischem Fisch vom Hafen. Di bis So 11–22 Uhr, auf der Route 39, 4 Minuten westlich des Bahnhofs, Tel. 43-8383.

■ **Abashiri Beer-kan,**②, Weizen und Pils, dazu Hühnchen- und Curry-Gerichte. 11.30–14.30 und 17–21.30 Uhr, Ruhetage variieren, auf der Route 23, 7 Min. östlich des Bahnhofs, Tel. 45-5100.

Ausflugsboote

■ **Eisbrecher „Aurora",** verkehrt normalerweise zwischen dem 20. Januar und dem 1. Sonntag im April, Kosten 3000 Yen. Der Hafen in Abashiri liegt 10 Taxi-Minuten von JR Abashiri entfernt.

AKAN-NATIONALPARK

Die Hauptattraktion des Akan-Nationalparks sind die **drei großen Seen Mashū, Kussharo und Akan.** Darüber hinaus zeichnet sich der 905 Quadratkilometer große Nationalpark durch ausgezeichnete **Berge** und sehr vorzeigbare **Onsen-Gebiete** aus. Das wissen auch die Touristen zu schätzen; mehr als sechs Millionen Besucher kommen jährlich in den Nationalpark. Wer also eine **touristisch gut entwickelte Infrastruktur** erwartet, ist hier sicher besser aufgehoben als in Shiretoko oder im Rishiri-Rebun-Sarobetsu-Nationalpark. Wer alleine sein will, sollte zumindest nicht im Sommer anreisen.

Das Zentrum des Nationalparks ist **Kawayu Onsen,** das nicht nur die meisten Unterkünfte bietet, sondern auch ideal zwischen den beiden Seen Kussharo und Mashū liegt. Der **Mashū-See** genießt den Ruf, der **See mit dem klarsten Wasser der Welt** zu sein – wer das unglaublich klare kristallblaue Wasser sieht, mag dem kaum widersprechen. Von **Aussichtsplattformen** kann man den perfekten See überblicken. Mit dem **Akan-Bus** gelangt man sowohl zum hochfrequentierten Observatorium Nr. 1 (Bushaltestelle Mashū-ko Dai-ichi Tembōdai), als auch zum ruhigeren Observatorium Nr. 3 (Bushaltestelle Mashū-ko Dai-san Tembōdai).

Wer wirklich viele Touristen erleben will, geht weiter zum **Kussharo-See** und speziell nach **Sunayu Onsen,** dem kleinen Thermalbad am Seeufer. Zahlreiche Rotenburo reihen sich am Ufer, sind kostenlos – und meist auch schon besetzt mit anderen Touristen. Daher gräbt man einfach im Sand und mischt das 60 Grad heiße Wasser, das dann erscheint, mit dem Seewasser – schon hat man sein eigenes „Sand-Onsen". Am See kann man auch Fahrräder und Kajaks mieten, schöne Wanderwege sind um die **Wakoto-Halbinsel** anzutreffen.

Der **Akan-See** liegt rd. 25 Kilometer weiter südlich; das Dörfchen **Akanko Onsen** am Südufer ist nach Kuwayu Onsen das zweite Zentrum des Nationalparks. Zwischen April und Mitte November verkehrt ein Ausflugsschiff auf dem See (Fahrtzeit 85 Min., 1220 Yen).

Zehn Minuten von der Bushaltestelle Akanko entfernt stößt man auf **Ainu Kotan,** ein Ainu-Dorf mit 36 Häusern und rund 200 Einwohnern. Das Dorf ist gut auf die interessierten Touristen vorbereitet: Souvenirgeschäfte sind zahlreich vertreten, Tanzvorführungen werden geboten und ein paar Einwohner sorgen immer dafür, dass Touristen ihre Ainu-Fotos schießen können.

Wanderrouten

Die beiden höchsten Berge des Akan-Nationalparks liegen in der direkten Umgebung des Akan-Sees. Zum Gipfel des **Meakandake,** dem mit 1499 Metern höchsten Berg des Nationalparks, führen drei unterschiedliche Wege, für die man jeweils etwa 6 Stunden kalkulieren muss. Gute Wanderkarten gibt es bei der Touristeninformation in Akanko Onsen. Dort erfährt man auch, ob eine Besteigung momentan möglich ist. Denn immer wieder stößt der aktive Vulkan gefährliche Gase in die Umgebung. Der Aufstieg zum inaktiven Vulkan **Oakandake** (1370 Meter) beginnt gleich bei Ainu Kotan und dauert 4–5 Stunden.

Praktische Tipps

Anfahrt

- Den Nationalpark steuert man entweder von Abashiri aus dem Norden oder von Kushiro aus dem Süden an. Von beiden Orten mit **JR** bis Mashū Station, von wo aus man in wenigen Minuten zu Fuß das Bus-Terminal für den **Akan-Bus** erreicht. Mit dem Akan-Bus gelangt man dann zu den Seen und den Onsen-Dörfern.
- Zwischen Kushiro und dem Akan-See verkehrt zweimal täglich ein **Direktbus,** Fahrtzeit 2 Std.

Touristeninformation

- **Touristeninformation Kawayu Onsen,** Wanderkarten der Umgebung erhältlich, tägl. 9–18 Uhr, Tel. (015) 483-2670.
- **Akan Tourist Association,** am Akanko Onsen Bus-Terminal, nützliche Wanderkarten, tägl. 9–18 Uhr, Tel. (0154) 67-2254.
- **Akankohan Eco Museum Center,** Akanko Onsen, tägl. 9–17 Uhr (im Sommer bis 19 Uhr), Tel. (0154) 67-2785.

Verkehrsmittel

- Der **Akan-Bus** (eigentlich: Akan-Mashū-Kokuritsu-Kōen-sen) ist die einzige Variante für alle, die ohne Auto unterwegs sind. Der Tour-Bus fährt viele Sehenswürdigkeiten ab und stoppt an den interessantesten Plätzen jeweils 10–20 Minuten.

■ **Zwischen Akan und Mashū** verkehren 2–4 Busse täglich, im Winter nur einer.

Unterkunft

Kawayu Onsen

Kawayu Onsen liegt günstig zwischen Mashū-See und Kussharo-See, dafür muss man sich im touristischen Zentrum aber die Unterkünfte eventuell auch mit großen Reisegruppen teilen.

■ **Kawayu Misono Hotel,**②, 102 Zimmer. Als eines der besten Hotels vor Ort angesehen, verschiedene Onsen mit Freiluft-Onsen. Verschiedene Raten, je nachdem, mit welchen Mahlzeiten oder ganz ohne. An der Touristeninformation in Kawayu Onsen, Tel. (01548) 3-2511, www.misonohotel.com.

Mashū-See

■ **Hotel Masyū,**①, 28 Zimmer. Relaxtes klassisches Ryokan mit Onsen nahe am Bahnhof JR Mashū. Fahrradleihe möglich, Mahlzeiten gegen Aufpreis. JR Mashū, 15 Minuten, Tel. (01548) 2-2141, www.hotel-masyu.com.

Kussharo-See

■ **Lake Kussharo Tsuruga Auberge SoRa,**④, 2 Zimmer, sehr komfortabel und groß. Die Preise sind inklusive Halbpension (französische Küche). JR Kawayu, 15 Auto-Minuten. Tel. (015) 484-2538, www.auberge-sora.com.

■ **Gasthof Papilio,**②, 7 Zimmer. Kleine und gemütliche Pension im Wald, 3 Minuten von Sunayu Onsen entfernt und mit Onsen. Das Abendessen wird mit lokalen Produkten zubereitet. Ein Kanu kann kostenlos ausgeliehen werden. Abholservice vereinbaren! Tel. (015) 484-2201, www.gasthof-papilio.com.

Akanko Onsen

Direkt am Akan-See sind **viele große Hotel-Ryokans** vertreten, in der zweiten Reihe folgen dann freundliche **familiengeführte Pensionen.**

■ **Minshuku Yamaguchi,**①, 10 Zimmer. Nahe Ainu Kotan, familiengeführtes Minshuku mit kleinem Onsen. Zwei hausgemachte Mahlzeiten sind im Preis inbegriffen. Kaum Englischkenntnisse, dafür alles sehr entspannt und freundlich. Akan Bus Center, 5 Minuten, Tel. (0154) 67-2555, http://www.tabi-hokkaido.co.jp/~yamaguchi/index.html.

■ **Akan Yuku-no-sato Tsuruga,**③, 243 Zimmer. Sehr gutes Hotel mit sehr vielen verschiedenen Onsen. Akan Bus Center, 3 Minuten, Tel. (0154) 67-2531.

Jugendherbergen

Mashū-See

■ **Mashū-ko,**①, 5½ Kilometer südwestlich vom See gelegen, Jugendherberge in modernem Bauernhaus mit eigenem Restaurant The Great Bear. Viele Freizeitaktivitäten im Angebot, Fahrradleihe möglich. Von Anfang bis Mitte Dezember geschlossen. Von JR Mashū mit dem Bus in Richtung Bihoro oder Kawayu bis zur Haltestelle Youth-Hostel-mae. Tel. (01548) 2-3098, www.jyh.or.jp.

☒ Kushiro – ein Zentrum des Fischfangs

Kussharo-See

■ **Kussharo Genya,** ①, Kajak- und Kanuaktivitäten oder Mountainbike-Touren im Angebot. Gute Mahlzeiten gegen Aufpreis. Nicht am See gelegen, dafür aber komfortable Unterkunft, die öfters ausgebucht ist. Vorherige Reservierung und Anfrage empfohlen, da die Jugendherberge zweimal im Jahr für längere Zeit schließt. Abholservice von JR Mashū, Tel. (01548) 4-2609, www.jyh.or.jp.

Onsen

■ **Kotan Onsen,** am südlichen Ufer des Mashū-Sees. Von Steinen umgeben, hat man hier fast den Eindruck, im See zu baden. Gemischtes Onsen, nur ein großer Fels in der Mitte markiert eine Art Trennung von Männer- und Frauenbereich.

KUSHIRO

■ **Einwohner:** 200.000

Kushiro ist die größte Stadt im östlichen Hokkaidō. Die Hafenstadt an der Südküste gilt als das **Zentrum des Tiefseefischfangs** und präsentiert sich oft in dichten Nebel eingehüllt. Einzige wirklich sehenswerte Attraktion in der Stadt ist der **Washō-Markt,** dessen Fischstände den ganzen Reichtum der umliegenden Gewässer offenbaren: verschiedenste Arten von Lachs, Seestint, Krabben, Muscheln, Algen, aber auch zahlreiche andere Arten, die man noch nie gesehen, geschweige denn gegessen hat.

jap_534 oh

Wer nach Kushiro kommt, reist eigentlich zum **Kushiro-Shitsugen-Nationalpark** weiter, dem **größten Sumpfgebiet Japans.** Das Feucht- und Naturschutzgebiet dient der Erhaltung der vertretenen **Wasservögel,** weswegen man sich in der 27 Hektar großen Region auch besonders an die vorgegebenen Wanderwege halten sollte. Die erstrangige Pflanzen- und Tierwelt mit mehr als 2000 Arten lässt sich gut von einigen **Aussichtsplattformen** beobachten. Am populärsten ist das Hosooka-Observatorium, das 10 Gehminuten von JR Kushiro Shitsugen entfernt liegt. An einem klaren Tag kann man über das gesamte Gebiet bis zu den Akan-Bergen blicken.

Praktische Tipps

- **Vorwahl:** 0154

Anreise

Flug

- **Von Sapporo** in 40 Minuten.
- **Von Haneda** in 90 Minuten.

Bahn

- **Von Sapporo mit JR** in 4 Stunden.

Touristeninformation

- **JR Kushiro,** tägl. 9–17.30 Uhr.
- **Kushiro Tourism & International Relations Center,** 3-3 Saiwai-chō, tägl. 9–21 Uhr, Tel. 31-1993.

Unterkunft

- **Yasumizaka,**①, Unterkunft für Billig-Reisende mit Schlafsaal-Betten. JR Kushiro, 35 Minuten, Tel. 41-5503, http://homepage3.nifty.com/yasumizaka.
- **Kushiro Royal Hotel,**②, 153 Zimmer. Business Hotel in günstiger Lage direkt am Bahnhof, mit Frühstücks-Büffet. JR Kushiro, Tel. 31-2121, www.royalinn.jp.
- **Shirarutoro,**②, 10 Zimmer. Unterkunft nahe am Shirarutoro-See. Viele Naturexkursionen werden angeboten. Der Preis beinhaltet zwei Mahlzeiten. Abholservice von JR Kayanuma, Tel. (01548) 7-2325, www.sirarutoro. in.

Jugendherberge

- **Kushiro Shitsugen Tōrō,**①, auf einem Hügel gelegen mit gutem Nationalpark-Panorama. Gute Basis für Erkundungstouren, verschiedene Aktivitäten wie Kanufahren im Angebot. JR Tōrō, 2 Minuten, Tel. (01548) 7-2510.

Essen und Trinken

Am Washō-Markt finden sich viele **Sushi-Restaurants,** die ab dem frühen Morgen geöffnet haben.

Das **Kushiro Fisherman's Wharf Moo** ist ein Einkaufskomplex am Fluss Kyū-kushiro, in dem auch einige Restaurants untergebracht sind.

Bars und Kneipen trifft man vornehmlich in **Suehiro** an, südöstlich des Bahnhofs.

- **Kushiro Minato-machi Beer,**②, Weizen und Pils aus lokaler Brauerei mit passenden kleinen Gerichten. Ein Bier kostet 500 Yen, für 2000 Yen gibt's 90 Minuten lang Bier, so viel man schafft – die Atmosphäre ist dementsprechend ... Geöffnet 17–22 Uhr, Ruhetage variieren, JR Kushiro, 15 Minuten, Tel. 43-1122.

SHIRETOKO

Shiretoko bedeutet nicht weniger als **„das Ende der Welt“**, wenn man das Ainu-Wort aus der Sprache der Ureinwohner übersetzt. Hier an der **nordöstlichsten Spitze Japans** konnte sich ein **Naturparadies** weitgehend ungestört entwickeln und erhalten. Im Winter sinken die Temperaturen unter minus 25 Grad, im Sommer steigen sie auf über 30 Grad. Eine der größten Attraktionen ist das **Treibeis** im Winter, das aus dem Norden kommt und die See komplett unter einer Eisdecke verschwinden lässt.

Shiretoko wurde im Jahr 2005 von der UNESCO aufgrund des unverwechselbaren Ökosystems zum **Weltnaturerbe** erklärt. **Zahlreiche Trekking- und Wan-**

derrouten führen durch den Nationalpark, Straßen dagegen kaum. Die Spitze der Halbinsel, von der man bei gutem Wetter die südlichen Kurilen-Inseln sehen kann, erreicht man entweder mit dem Boot oder im Rahmen einer mehrtägigen Wanderung. Im Nationalpark leben rund **200 Braunbären,** was in Anbetracht der relativ kleine Fläche des Parks eine sehr hohe Konzentration darstellt. Es gibt nicht viele Orte, an denen es wahrscheinlicher ist, auf Bären zu stoßen.

Der **Tourismus** in der Region steckt **noch in den Anfängen.** Touristen aus Japan oder auch aus Hongkong sind vor Ort, westliche Touristen dagegen kaum. Englische Broschüren werden erst vorbereitet, die Naturführer sprechen kaum englisch. Wer nur wenige Touristen und trotzdem eine atemberaubende Natur um sich haben will, ist hier richtig. In den nächsten Jahren wird sich in Shiretoko vieles ändern. Mit der Erklärung zum Weltnaturerbe internationalisiert sich das Gebiet.

Geschichte

Zu Beginn des letzten Jahrhunderts schwappte die erste Besiedlungswelle von außerhalb Hokkaidōs nach Shiretoko. Das Land sollte **als Ackerland nutzbar gemacht werden,** doch der felsige Lavaboden und harte Witterungsbedingungen verhinderten eine landwirtschaftliche Nutzung weitgehend. In einer zweiten Welle zwischen 1937 und 1960 wurde vor allem nahe der Küste Waldfläche großzügig abgeholzt, um besseren Boden zur landwirtschaftlichen Nutzung zu erhalten. 1977 startete eine **National Trust Initiative in Shari,** die sich die Rückgewinnung der ursprünglichen Lebens- und Natursituation zum Ziel setzte. Mit dem Geld der Beitragszahler konnte die Stadt die Flächen von Bauern und Grundstücksspekulanten zurückgewinnen und die Renaturierung des Naturparadieses einleiten. 1997 waren 97 Prozent der Fläche zurückerworben.

In Shiretoko leben die Menschen vor allem vom **Fischfang.** Fischer waren es auch, die der Entwicklung eines weiterreichenden Naturreservats kritisch entgegensahen, da mit der Ernennung zum Weltnaturerbe die Schutzzonen an der Küste erweitert und damit ihre Fangbereiche vermindert wurden. Das Umdenken kommt langsam voran.

Bei der Bergkette in Shiretoko handelt es sich um **aktive Vulkane.** Eine neueste Untersuchung hat ergeben, dass der **Mt. Rausu** innerhalb der nächsten 50 Jahre sehr wahrscheinlich ausbrechen wird.

Orientierung

Shari ist die letzte JR Station. Ausgangspunkt für Exkursionen in den Nationalpark ist **Utoro** mit guter Infrastruktur. Von Utoro führt die einzige richtige Verbindungsstraße (Nr. 334) an den Südteil der Küste nach **Rausu.** Von dort geht eine Küstenstraße weiter nach **Seseki Onsen** und **Aidomari Onsen,** den äußersten Punkten, die mit dem Auto zugänglich sind.

Attraktion Treibeis

Das Treibeis entsteht im Winter vor der russischen Küste und treibt mit der Zeit bis zur Nordspitze Shiretokos. Das Spektakel erreicht **im Februar** seinen **Höhepunkt,** wenn der ganze Küstenstreifen mit Treibeis bedeckt ist. Als besondere Attraktionen wird **in Utoro Treibeis-Wandern** und der **Sprung ins Eis** angeboten – beides nur im Neopren-Anzug und am besten nur mit Führung, da es sonst zwischen den Eisschollen lebensgefährlich werden kann. Die Führungen sind mit 5000 Yen nicht gerade billig.

Wanderrouten

Die zugänglichen Wanderrouten sind **von der Jahreszeit abhängig.** Im Winter sind drei Wege rund um das Nature Center zugänglich, alle paar Kilometer und mit den Schneeschuhen aus dem Nature Center leicht begehbar. Eine sehenswerte Route führt zum **Furepe-Wasserfall,** der im Winter zum Teil gefroren ist. Man passiert dabei viele **Hirsche und Rehe,** die in geringer Entfernung die Rinde von den Bäumen fressen. Am Wasserfall gibt es einen kleinen **Aussichtspunkt,** der einen schönen Blick auf das Treibeis auf dem Okhotskischen Meer erlaubt.

Zu den übrigen Jahreszeiten hat man noch die Möglichkeit, **weiter zu den fünf Seen** vorzudringen, die dicht nebeneinander liegen und einige Wanderungen wert sind. Die Wege um die Seen werden vom Nature Center geschlossen, wenn Braunbär-Aktivitäten zu verzeichnen sind.

Darüber hinaus gelangt man zu den **Kamuiwakka-Wasserfällen,** einer Attraktion ganz besonderer Art, denn beim Kamuiwakka-yu-no-taki handelt

jap_539 oh

Winterwandern im Shiretoko-Reservat

es sich um eine Mischung aus Wasserfall und Onsen, sodass man direkt unter dem Wasserfall in der heißen Quelle baden kann (Badesachen mitbringen!). Um dorthin zu gelangen, läuft man entweder den steilen Hang entlang oder besser gleich durch das warme Flussbett des kleinen Baches. Nass wird man ohnehin. Im Juli und August herrscht auf der Strecke und unter dem Wasserfall Hochbetrieb.

Für die Strecke von Kamuiwakka bis zum **Kap der Halbinsel** muss man schon ein erprobter Outdoor-Sportler sein, um sich in mehreren Tagen durch das Bärengebiet zu schlagen. Wege sind kaum angelegt. Beeindruckend ist immer wieder die **Steilküste** zum Okhotskischen Meer. Am Kap selbst hat der schroffe Wind ein Plateau frei von jeglicher Vegetation geschaffen.

Bergsport

Von Juli bis Oktober sind die Wege auf die hohen Berge begehbar. Die Strecken sind keine Wanderwege für Ungeübte, sondern man sollte schon ein bisschen Bergerfahrung mitbringen. In Iwaobetu Onsen beginnt der **Mt. Rausu Trail Head,** der hinauf zum Rausu auf 1661 Meter führt. Für den Auf- und Abstieg sollte man 10 Stunden einplanen. Man erlebt dabei sehr unterschiedliche Vegetation, da der Startpunkt mit 200 Metern nur wenig über dem Meeresspiegel liegt.

Vom Rausu aus kann man weiter die Bergkette Shiretokos abarbeiten, über den **Mt. Mitsumine,** den **Mt. Okkabake** und den **Mt. Iou,** bis man schließlich wieder hinunter zum Meer gelangt. Hierfür muss man mindestens einmal in den Bergen übernachten. Es gibt zum **Camping** freigegebene Flächen, beispielsweise in Rausu-Daira und Futatsuike, die jedoch keinerlei Einrichtung haben, sodass man alles mit sich führen muss. Insgesamt hat die Bergkette sechs Gipfel mit mehr als 1500 Metern Höhe, die die meiste Zeit des Jahres mit Schnee bedeckt sind.

Tierarten

Hirsche und Rehe bevölkern nicht nur den Nationalpark in großen Mengen, sondern auch die wenigen Straßen der Halbinsel. Wer mit dem Auto unterwegs ist, wird des Öfteren zum Anhalten gezwungen sein. Die Küstenregion beheimatet vom Aussterben bedrohte **Seevögel, Seeadler, Seehunde** und **Riesenfischuhus.**

Die Halbinsel ist auch Heimat von rund **200 Braunbären,** deren Population langsam ansteigt, was auch auf das 1985 erlassene Jagdverbot zurückzuführen ist. Die jetzige Bärengeneration hat also den Menschen bislang nicht als Feind erlebt. Das könnte ein Grund sein, warum es insgesamt zu wenigen Zwischenfällen kommt.

Utoro

Das Dorf Utoro ist der praktischste **Ausgangspunkt für Erkundungen** im Na-

Nördliches Territorium – die Kurilen

Von der Spitze der Shiretoko-Halbinsel oder vom Shiretoko-Pass sieht man bei gutem Wetter die Kurilen. Wie eine Inselbrücke verbindet die Inselkette auf einer **Länge von 1200 Kilometern** Kamtschatka mit Hokkaidō und trennt den Pazifik vom Okhotskischen Meer.

Der **Streit** um die Kurilen **zwischen Japan und Russland** währt schon lange. Die 30 Inseln gehören heute zu Russland, rund die Hälfte wird jedoch nach wie vor von Japan beansprucht und deswegen von Japan als „Nördliches Territorium" **(Hoppō ryōdo)** bezeichnet.

Zu Zeiten des Kalten Krieges gehörte diese Region zu den bestgeschützten Grenzen der Welt, denn an der schmalsten Stelle trennen Japan von Russland gerade mal 10 Kilometer.

Alljährlich am **7. Februar** begeht Japan den **„Tag des Nördlichen Territoriums"** (Hoppō ryōdo no hi), der auf den **Shimoda-Vertrag von 1855** verweist und auf den Japan seinen Anspruch auf die Kurilen-Inseln gründet. In dem Vertrag zwischen dem zaristischen Russland und Japan wurde vereinbart, dass alle Inseln nördlich von Etorofu zu Russland und alle südlich inklusive Etorofu zu Japan gehören sollten. Gegen Ende des Zweiten Weltkriegs besetzte die russische Armee alle Kurilen-Inseln. Japan fordert seitdem die Rückgabe der südlichen Kurilen-Inseln Etorofu (russisch Iturup) und Kunashiri (russisch Kunashir).

Die **Verhandlungen** auf politischer Ebene dauern an. Die Diskussionen in Japan reichen von einer Teilrückgabe bis hin zur Schaffung eines autonomen Gebietes. Unabhängige schlagen die Gründung eines Naturschutzgebietes oder eines Reservats für die Ainu vor, wenngleich auf den Kurilen heute weder Japaner noch Ainu leben, sondern ausschließlich Russen. Moskau signalisiert prinzipiell Gesprächsbereitschaft zur Neuordnung, ohne dass jedoch eine schnelle Lösung zu erwarten wäre.

tionalpark. Vom Hafen verkehren im Sommer **Schiffe die Küste entlang** zur Spitze der Halbinsel (hin und zurück 4 Stunden). Der **große Felsen (Oronko-Iwa) am Hafen** ist begehbar, von oben hat man einen schönen 360-Grad-Blick auf die Umgebung. Zwischen Utoro und dem Nature Center liegt das kleine **Kap Puyuni Misaki,** das gern als Aussichtspunkt zur Treibeis-Saison angesteuert wird.

Praktische Tipps

Verhalten im Naturreservat

Die verhältnismäßig hohe Dichte an **Braunbären** gibt zumindest Anlass zur Vorsicht. In den letzten zehn Jahren waren keine Zusammenstöße von Mensch und Tier an der Küste und den Seen zu verzeichnen, trotzdem sind einige **Vorsichtsmaßnahmen** zu berücksichtigen. Wer alleine in den Nationalpark geht, sollte sich an die vorgegebenen Wege halten und zum Beispiel eine Glocke mit sich führen, um Geräusche zu erzeugen. Normalerweise wird sich jeder Bär von den frequentierten Wegen und den Geräuschen fernhalten. Beim Camping sollte man keine Essensreste vergraben oder gar offen liegen lassen. Sollte es trotzdem einmal zum Kontakt mit Bären kommen, gilt es vor allem Ruhe zu bewahren: Nicht rennen, nicht hektisch sein, sich ganz langsam entfernen und keineswegs näher gelangen wollen, um eventuell ein Foto zu schießen! Im Servicecenter des Naturparks gibt es auch ein Bärenabwehr-Spray zu leihen, doch es hat nur eine Reichweite von 2 Meter, und so nah sollte man einen Bären erst gar nicht zu Gesicht bekommen.

Anreise

Flug

- Mit dem Flugzeug **nach Memambetsu,** von dort aus mit dem Bus nach Abashiri oder nach Utoro; letzterer fährt nur einmal am Tag am Nachmittag.

Bahn

- Mit dem Zug **von Sapporo** über Abashiri bis JR Shari. Weiter mit dem Bus von Shari nach Utoro (50 Minuten); der Bus verkehrt im Sommer achtmal täglich, im Winter siebenmal.

Touristeninformation

- **Shiretoko National Park Nature Center,** das Zentrum im Nationalpark und beste Anlaufstelle für Infos aller Art. Wanderkarten erhältlich, im Winter kann man Schneeschuhe und Langlauf-Ski für je 1800 Yen pro Tag leihen. Auch Naturführer buchbar. Tel. (0152) 24-2114, www.shiretoko.or.jp.

Verkehrsmittel

- **Von Utoro zum Nature Center** verkehrt ein **Bus** (im Sommer achtmal täglich, im Winter viermal, Fahrtzeit 10 Minuten). Einige Busse fahren weiter bis zum Kamuiwakka-Wasserfall.

Unterkunft

Am besten übernachtet man **in Utoro,** denn Shari ist für Naturerkundungen zu weit entfernt und die Busse verkehren zu selten.

- **Iruka Hotel,**②, 13 Zimmer. Kleines familiengeführtes Hotel, der Besitzer ist Kameramann und Naturfilmer. Naturführungen und andere Aktivitäten im Angebot. Der Preis beinhaltet zwei Mahlzeiten. Bushaltestelle Komatsu-taku-mae, 2 Minuten, Tel. (0152) 24-2888, www.iruka-hotel.com/.
- **Shiretoko Grand Hotel Kitakobushi,**③, 185 Zimmer. Bestes Hotel im Zentrum von Utoro, das westlichen Standard mit japanischer Ryokan-Atmosphäre verbindet. Das Okhotskische Meer beginnt hinter dem Hotel, von manchen Zimmern sowie vom Freiluft-Onsen sieht man direkt auf die See. Der Bus von Shari nach Utoro hält vor dem Hotel. Utoro-Onsen Bus-Terminal, Tel. (0152) 24-2021, www.shiretoko.co.jp.

Jugendherberge

- **Iwaobetsu,**①, im Naturpark fünf Kilometer von Utoro entfernt gelegen. Viele Natur- und Freizeitangebote. Von Ende April bis Ende November geöffnet. Bushaltestelle ShiretokoIwaobetsu-Youth-Hostel-mae, Tel. (0152) 24-2311, www.jyh.or.jp.

Ausflugsboote

Sieben Firmen betreiben Ausflugsboote, die **ab Utoro entlang der Küste bis zur Spitze der Halbinsel** fahren. Vom Boot aus sieht man viele Wasserfälle und wenn man Glück hat auch eine Bärenfamilie. Im Winter ist der Betrieb wegen des Treibeises eingestellt.

■ **Shiretoko Kankōsen Aurora,** großes Ausflugsschiff „Aurora", das fünfmal täglich fährt. Die Tour Shiretoko – Misaki dauert 4 Stunden und kostet 6000 Yen, die Tour Iō-san zum Kamuiwakka-Wasserfall dauert 1½ Stunden und kostet 2700 Yen. Ab Utoro-Hafen, zur Hauptsaison ist eine Reservierung hilfreich, Tel. (0152) 24-2147.

■ **Gojiraiwa Kanko,** verschiedene Bootstouren wie „Morgen-Tour", „Sonnenuntergangs-Tour" oder „Bären-Tour", zwischen 1 und 3 Stunden von 3000–8000 Yen, mehrmals täglich. Ab Utoro-Hafen, Reservierung empfohlen, Tel. (0152) 24-3060.

Sonstiges

Freizeit

■ **Mit dem Kajak entlang der Küste,** angeboten vom **Shiretoko Outdoor Guide Center,** welches auch die Jugendherberge nahe Utoro betreibt. Die Tour führt zu den Klippen der Halbinsel und kostet 10.000 Yen, gesamte Ausleihe und Versicherung inklusive. Die Tour dauert 4 Stunden, Anfänger sind willkommen. Mehr Informationen bei der Iwaobetsu Jugendherberge, Tel. (0152) 24-2311.

Event

■ **Anfang Februar bis Mitte März: Aurora Fantasy,** Laser- und Musik-Show am nächtlichen Himmel von Utoro, entworfen und dargeboten von einheimischen Arbeitern und Fischern. Jeden Abend kommen rund 30 Reisebusse vollgepackt mit Touristen, um das inszenierte Polarlicht für 30 Minuten zu erleben. Oronko-Iwa ab 20 Uhr.

Onsen

■ **Seseki Onsen** und **Aidomari Onsen,** zwei kostenlose Thermalquellen direkt am Meer, von Rausu aus die einzige Straße an der Ostküste 20 Kilometer hoch zur Spitze der Halbinsel.

PAIX
平和

6 West-Honshū

Sich einfach mal einreihen und wie die anderen rund 1,2 Millionen Besucher pro Jahr das Friedensmuseum in Hiroshima besuchen. Oder einen Papier-Kranich falten. Schön ...

jap_706 oh

☐ Der Friedenspark in Hiroshima zum Gedenken an die Opfer der Atombombe

WEST-HONSHŪ

Klassische Japan-Rundreisen machen oft einen kurzen Abstecher nach West-Honshū: nach **Hiroshima.** Dort ist im **Friedenspark** alles dem Gedenken an die Opfer der Atombombe gewidmet. Wer länger in der Region bleibt, kann auch **faszinierende Natur** erleben …

jap_542 oh

> Aneinander gewöhnt:
Rehe und Touristen auf der Insel Miyajima

NICHT VERPASSEN!

- **Friedenspark Hiroshima** – zum Gedenken an die Opfer der Atombombe | **415**
- **Konishi Koi Farm** – Alles rund um Koi | **419**
- Shintō, Natur und ein großes Torii im Wasser bietet die **Insel Miyajima** | **423**
- **Izumo Taisha** – Japans ältester Schrein | **434**
- **Tottori** – Sanddünen und Gleitschirmfliegen am Meer | **436**

Diese Tipps erkennt man an der gelben Hinterlegung.

Einleitung

West-Honshū – und hier allen voran **Hiroshima** – ist auf jeden Fall einen Besuch Wert. Die Region ist mit dem Shinkansen schnell erreichbar, von Osaka aus dauert die Fahrt nach Hiroshima weniger als 2 Stunden. Hiroshima spricht mit dem **Atombombendom** und dem **Friedenspark zum Gedenken an die Opfer der Atombombe** für sich. Aber auch malerische Landschaften warten hier auf den Besucher: wie etwa der Itsukushima-Schrein auf der Insel Miyajima. Die Region ist bequem als Tagesausflug von Hiroshima aus erreichbar.

131°
132°
36°
35°
34°
PAZIFISCHER
OZEAN
Izumo
Oda
Daisen-Oki
National Park
Gōtsu
SHIMANE
Hamada
Masuda
Kitanagatokaigan
Quasi National Park
Fukuoka
Busan
Hagi
Nagato
YAMAGUCHI
Yamaguchi
Chu
HIROSHIMA
Higashi-
hiroshima
Hatsukaichi
HIROSHIMA
Kure
Iwakuni
Tokuyama
Kudamatsu
Shimonoseki
Ube
Hōfu
Kokura
KITAKYŪSHŪ
Nōgata
Yukuhashi
Iizuka
Tagawa
Kyūshū
Ōsaka
Matsuyama
EHIME
438
434
414
457
9
54
35
27
28
2
37
3
10

0
50 km
©Reise Know-How 2014
JapanK06
133°
134°
135°
Dogō
Daisen-Oki National Park
Niigata
Daisen-Oki National Park
San-inkaigan National Park
178
433
Matsue
9
Yonago
Kurayoshi
436
Tottori
Toyooka
KYOTO
Miyazu
Maizuru
TOTTORI
29
Fukuchiyama
27
Sanchi
53
HYOGO
23
Tsuyama
Chugoku
27
Kasai
Sanda
OKAYAMA
53
2
Himeji
KŌBE
30
28
Kakogawa
428
Sōja
Okayama
Akashi
ŌSAKA
Fuchū
431
Kasaoka
Kurashiki
427
28
2
Awaji-shima
Onomichi
427
Tamano
Mihara
Fukuyama
440
Sumoto
169
Marugame
Takamatsu
Wakayama
Askaide
Setonai Kai National Park
11
11
KAGAWA
Naruto
473
Imabari
31
32
32
Tokushima
Shikoku
Niihama
Saijō
33
TOKUSHIMA
42
Tsurugi-san
Anan
Ishizuchi-san
34
32
1955
1982
KOCHI
55
Kitakyūshū, Miyazaki
Tokyo
Tanabe

HIROSHIMA

- **Einwohner:** 1,2 Millionen
- **Präfektur:** Hiroshima

Hiroshima ist die **größte Stadt West-Honshūs** und untrennbar mit dem ersten **Atombombenabwurf** in der Geschichte am 6. August 1945 verbunden. Die Stadt kann mit dem Shinkansen von Osaka aus in weniger als zwei Stunden erreicht werden. Im Friedenspark mit Friedensgedächtnismuseum, Atombombendom, Bibliotheken, Ausstellungen und Datenbanken lässt sich leicht ein kompletter Tag verbringen.

Wer noch einen Tag länger bleibt, der sollte sich die **Insel Miyajima** nicht entgehen lassen, die bequem von Hiroshima aus als Tagesauflug angesteuert werden kann. Die Küstenlinie von Miyajima zählt zu den schönsten Landschaften Japans.

jap_545 oh

Geschichte

Zur Edo-Zeit war Hiroshima eine strategisch wichtige Burgstadt. Nach der Meiji-Restauration hatte Hiroshima eine Doppelrolle als Zentrum für **Kultur** und als Standort für Japans zunehmende Militarisierung. Während des Japanisch-Chinesischen Krieges 1894/95 hatte die japanische **Armee** ihr Hauptquartier in Hiroshima. Als Anfang 1945 auch die kaiserliche japanische Heeresführung die Niederlage nahen sah, rief das Kommando den „ehrenvollen Tod von 100 Millionen“ aus. Um gegen die bevorstehende Invasion der Alliierten besser reagieren zu können, teilte das Oberkommando Japan am 7. April 1945 in zwei Hauptquartiere: Tokyo war das östliche Hauptquartier, Hiroshima das westliche.

Am **6. August 1945** um 8.15 Uhr wurde die **erste Atombombe der Geschichte** über Hiroshima abgeworfen. Die Stadt wurde dabei fast vollständig zerstört, von den schätzungsweise 300.000 Einwohnern verlor bis Ende 1945 rund die Hälfte ihr Leben: entweder direkt durch die Hitze- und Schockwelle oder durch die Folgen der radioaktiven Strahlung.

Seit 1945 steht Hiroshima als **Mahnmal für den Frieden.** Wie keine andere Stadt hat Hiroshima die Abschaffung nuklearer Waffen als Voraussetzung für eine friedliche Zukunft gefordert. Jedes Jahr versammeln sich zum Gedächtnis Zehntausende in Hiroshima und der Bürgermeister der Stadt kann deutliche Worte an die Weltmächte und die Regierung Japans gleichermaßen richten.

Sehenswertes

Friedenspark

Der Friedenspark im Zentrum Hiroshimas ist der **zentrale Ort des Gedenkens an die Opfer der Atombombe.** Hier finden sich die verschiedenen Mahnmale zusammen mit Ausstellungen und Museen in einer großen Parkanlage. Jedes Jahr versammeln sich am 6. August Zehntausende im Friedenspark, um der Opfer zu gedenken und für eine friedvolle Zukunft zu demonstrieren. Unter dem **Bogen des Cenotaphs,** dem Mittelpunkt des Parks, befindet sich die **Truhe mit den Namen der Opfer.** Jedes Jahr werden die Namen der Opfer hinzugelegt, die innerhalb des letzten Jahres an den Spätfolgen der Bombe verstarben.

Der Friedenspark wurde von *Kenzō Tange* gestaltet, der beim Wettbewerb 1949 den Zuschlag erhielt. Die Fertigstellung des Parks erfolgte 1960. Ein wesentlicher Bestandteil der Parkanlagen ist **Wasser:** Dies soll dem Schrei der Überlebenden nach Wasser Ausdruck verleihen. Als neueste Einrichtung wurde die **National Peace Memorial Hall** eröffnet, die die größte Datenbank zu den Folgen der Atombombe beinhaltet.

An mehreren Stellen im Park wird man auf **Papier-Kraniche** stoßen. Diese gehen auf die Geschichte der Schülerin *Sadako* zurück, die 1954 infolge der Strahlung an Leukämie erkrankte. Sie glaubte daran, durch das Falten von 1000 Kranichen wieder gesund werden zu können. Sie verstarb innerhalb von acht Monaten, als sie 644 Kraniche gefertigt hatte. Seitdem bringen Schüler bei ihrem Besuch des Parks Papier-Kraniche mit, die als Symbole des Friedens und der Hoffnung verstanden werden.

■ Den **Friedenspark** erreicht man innerhalb von 12 Minuten mit der Straßenbahn ab Hiroshima Station bis Genbaku-Dome-Mae.

Atombombendom (Genbaku Dome)

Der Atombombendom befindet sich gegenüber dem Friedenspark am Fluss und ist sowohl das Symbol Hiroshimas als

◁ Friedenspark – Cenotaph mit der Truhe, die die Namen der Bombenopfer enthält

auch das weltweite Mahnmal gegen atomare Zerstörung. Was heute als Atombombendom bekannt ist, war einst die Ausstellungshalle der Präfektur, die 1915 erbaut worden war. 1996 wurde das Gebäude von der UNESCO zum **Weltkulturerbe** erklärt. Geht man vom Atombombendom in Richtung Einkaufsarkaden, gelangt man zum **Hypozentrum des Abwurfs:** Eine Tafel markiert die Stelle, über der in 580 Meter Höhe die Bombe explodierte. Anfahrt mit der Straßenbahn ab Hiroshima Station bis Genbaku-Dome-Mae.

Hijiyama-Park

Der Hijiyama-Park formt einen kleinen Hügel südöstlich des Bahnhofs von Hiroshima. Zu Zeiten der **Kirschblüte** spektakulär, erlaubt er zu anderen Jahreszei-

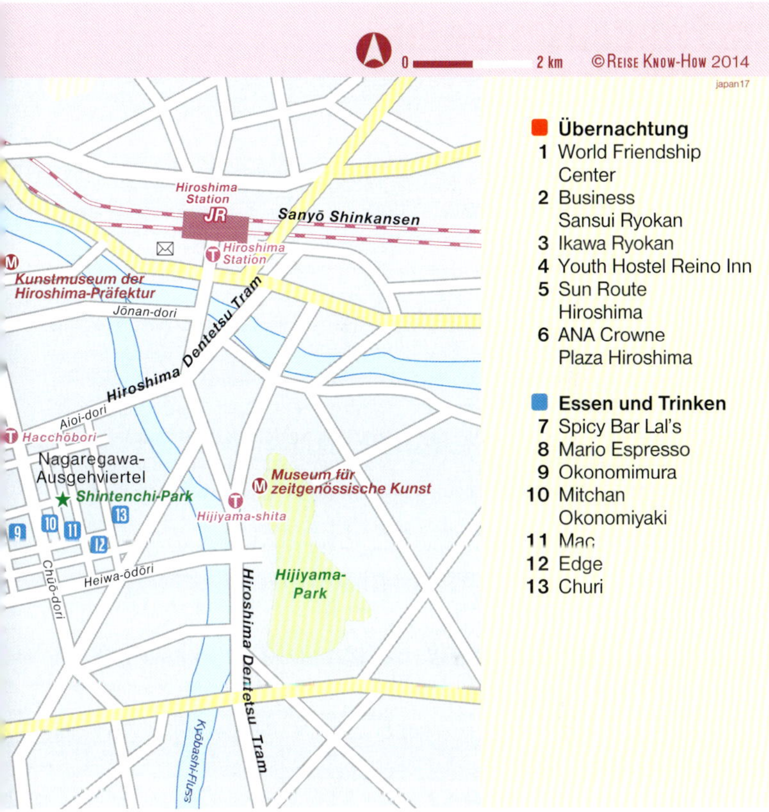

ten einen schönen **Blick auf den Hafen.** Im Park steht das **Museum für zeitgenössische Kunst** (Di–So 10–17 Uhr).

Shukkeien-Garten

Der Garten nahe dem **Fluss Kyōbashi** umfasst eine Fläche von vier Hektar und wurde vom Feudalherren *Nagakira Asano* 1620 angelegt. **Inseln, Brücken und** natürlich **Koi** verleihen dem Park eine schöne Atmosphäre.

■ **Shukkeien-Garten,** Di bis So 9–18 Uhr (Okt. bis März bis 17 Uhr), Eintritt 250 Yen, 15 Minuten zu Fuß von Hiroshima Station.

Unweit des Gartens liegt das **Kunstmuseum der Hiroshima-Präfektur.**

■ **Kunstmuseum der Hiroshima-Präfektur,** Di bis So 9–17 Uhr, Eintritt 500 Yen, Tel. 221-6246.

Im Friedensmuseum von Hiroshima

Nicht in allen japanischen Geschichtsmuseen erfährt man unbedingt Neues, im Friedensmuseum von Hiroshima dagegen schon. **Detailreich, anschaulich, wissenschaftlich und hintergründig** informiert das Museum. Das Ostgebäude zeigt die Entwicklung der Stadt vor und nach der Atombombe, während das Westgebäude Gegenstände aus dem Besitz der Opfer, Fotografien und Zeichnungen präsentiert. 1,2 Millionen Besucher kommen jährlich – das entspricht der Einwohnerzahl Hiroshimas.

Die Ausstellung beginnt mit der Vorkriegsgeschichte Hiroshimas und beschreibt die steigende **Bedeutung der Stadt als militärischer Stützpunkt** gegen Ende des 19. Jahrhunderts. Wie anderen japanischen Museen fällt es auch dem Friedensmuseum nicht ganz leicht, **Japan als eindeutigen Aggressor im Zweiten Weltkrieg** zu benennen, der „Mandschurei-Vorfall 1931" wird eher passiv beschrieben, eindeutig ist dagegen das Bekenntnis, 1942 den „Pazifischen Krieg begonnen zu haben".

Die Ausstellung macht deutlich, welche Rolle Hiroshima im 15-jährigen Krieg mit China innehatte: Von hier aus wurden Soldaten verschifft, private Fabriken wurden zu Rüstungsschmieden umfunktioniert. Zwangsarbeiter (vor allem aus Korea) und später Kriegsgefangene wurden zur Waffenproduktion eingesetzt, die Stadt wurde zu einem **Zentrum der Rüstungsindustrie.**

Warum war Hiroshima das Ziel des Atombombenabwurfs?

Das Museum zeigt auf, wie und warum letztlich Hiroshima zum Ziel des atomaren Angriffs geriet. Der erste erfolgreiche Atombombentest gelang den USA am 16. Juli 1945 in der Wüste von New Mexico. Schon am 27. April 1945 hatten die USA 17 mögliche japanische Gebiete für den Einsatz der Atombombe ausgewählt, darunter die Tokyo-Bucht, Kyoto, Yokohama, Hiroshima, Nagasaki u.a. Am 25. Juli wurden die Ziele auf Hiroshima, Kokura, Niigata und Nagasaki eingeschränkt, ehe am 1. August der endgültige Befehl erteilt wurde, dass Hiroshima das erste Ziel sein sollte. Ein entscheidendes Kriterium neben der Geschichte Hiroshimas und der Bedeutung als Rüstungsstandort war dabei die **Stadtgröße,** die dem Wirkungskreis der Bombe entsprechen sollte. Demnach kamen vor allem Städte in Frage, deren Durchmesser etwas weniger als fünf Kilometer betrug. Als weiteren Grund für die finale Entscheidung nennt die Ausstellung, dass Hiroshima die einzige der ausgewählten **Städte ohne Kriegsgefangenenlager** war.

Der Abwurf

Bildschirme im Museum zeigen historische Aufnahmen mit dem **US-Bomber „Enola Gay".** Am Morgen des 6. August starteten drei Flugzeuge vom amerikanischen Stützpunkt Tinian mit dem Ziel Hiroshima: die „Enola Gay" mit der Atombombe, ein Begleitflugzeug zum Abwerfen von Messinstrumenten und ein weiteres Flugzeug für Foto- und Filmaufnahmen. Ziel der Bombe war die T-förmige Aioi-Brücke. Die Atombombe explodierte in einer Höhe von rund 580 Metern, ca. 300 Meter südöstlich von der angepeilten Brücke über dem Krankenhaus Shima.

Der Fotograf Matsushige

Die Fotografien im Museum sind alle mit einer Angabe markiert, in welcher Entfernung vom Hypozentrum der Explosion sich der jeweilige Fotograf befand. Einige Fotografien existieren von der Atompilzwolke, nur wenige Fotos zeigen **verbrannte und verwundete Menschen:** Diese Fotos stammen von *Yoshito Matsushige*. Der Fotograf und Zeitungsredakteur befand sich in der Nähe und hatte einen 12-Bilder-Film in seiner Kamera, nur siebenmal aber betätigte er in den folgenden Stunden den Auslöser. In einem ergreifenden Video in der Ausstellung schildert er, wie schwer es ihm fiel, das Leid der Opfer in Bildern festzuhalten.

An den Video-Terminals kann man mehrere **Augenzeugenberichte von „Hibakusha"**, den Überlebenden der Atombombe, abrufen.

Im Kampf gegen die nukleare Aufrüstung und als Mahnung für Frieden dokumentiert das Museum alle **Kernwaffenversuche** bis zum heutigen Tag.

■ **Hiroshima Peace Memorial Museum,** tägl. 9–18 Uhr (im Winter bis 17 Uhr), Eintritt 50 Yen, Tel. 241-4004. Audio-Führer 300 Yen.

Hiroshima-jō

Die Burg in Hiroshima hat den schönen Beinamen **„Karpfenburg" (Ri-jō).** 250 Jahre lang beherbergte sie den lokalen Asano-Clan. Das heutige fünfstöckige Gebäude ist eine Rekonstruktion des Originals von 1589. Das Gelände wird als **öffentlicher Park** genutzt und ermöglicht einen schönen Blick auf die Bucht und Miyajima.

■ **Hiroshima-jō,** tägl. 9–16.30 Uhr, Eintritt 320 Yen.

Konishi Koi Farm

Die Gegend um Hiroshima hat eine lange Tradition für die Aufzucht von Koi. Früher fand sich wie selbstverständlich zu jedem Haus in Hiroshima ein Teich mit Koi; inzwischen hat diese Tradition etwas nachgelassen. Trotzdem ist **Hiroshima** nach wie vor das **Zentrum für Koi** und **Joji Konishi** ist der Haupthändler in Hiroshima, dessen Geschäft seit 1910 besteht und damit zu den etabliertesten in Japan zählt. Er erlaubt in seiner Konishi Koi Farm auch Touristen einen interessanten Einblick in die **Nishikigoi-Zucht.** Seine Wasserbassins in der Verkaufshalle sind gefüllt mit jungen Karpfen, die je nach Größe zwischen 525 und 84.000 Yen pro Stück kosten. In einer weiteren Halle sind die bis zu zehnjährigen Exemplare untergebracht, die an Wettbewerben teilnehmen und die mit einer Größe bis zu 70 Zentimetern mehrere tausend Euro kosten.

In seinen Räumen trifft man fast immer eine Schar von **Experten** an, die gerade Koi für ihre Teiche aussuchen,

Fischfutter (Fischmehl und Weizen) kaufen oder über Koi diskutieren. Viele Besucher reisen auch aus anderen Präfekturen an, um sich hier einen Koi mit gutem Stammbaum zu holen. Wer sich für einen Experten in Sachen Koi hält, der ist hier unter Gleichgesinnten. Neben den Karpfen an sich gibt es hier auch Informationen zu den neuesten Filteranlagen oder ein paar **Souvenirs,** wie etwa Kalender mit den farbenprächtigen Siegern der letzten Wettbewerbe oder Koi-Tassen.

■ **Konishi Koi Farm,** 3-4-2, Misasa-chō, Nishi-ku, mit dem Taxi ab dem Bahnhof für 1030 Yen, Tel. 237-3412, www.nishikigoi.co.jp.

Kois

Praktische Tipps

■ **Vorwahl:** 082

Anfahrt

Bahn

■ **Mit dem Shinkansen von Tokyo** in 5 Stunden, **von Osaka** in knapp 2 Stunden.

Schiff

■ **Von Matsuyama** mit dem „Superjet" in 70 Minuten oder per Fähre in knapp 3 Stunden. Eine Fähre verkehrt auch von Beppu nach Hiroshima, jedoch nur einmal pro Tag und nicht im Februar.

Touristeninformation

■ **Hiroshima Convention und Besucherbüro, Peace Memorial Park,** 1-1 Nakajima-chō, Naka-ku, tägl. 9.30–18 Uhr (April bis Sept.), 8.30–17 Uhr (Okt. bis März), Tel. 247-6738.

Führungen/Home visit

■ **Home visit Program,** durchgeführt von der Stiftung Hiroshima Peace Culture. International Exchange Lounge, 1-5 Nakajima-chō, Naka-ku, tägl. 10–18 Uhr, Tel. 247-9715.

■ **Kostenlose Rundgänge** vom gemeinnützigen **Hiroshima SGG Club.** Kontakt: *Kiyoshi Tai,* Tel. 843-9030 oder E-Mail: taif@freai-ch. ne.jp.

Verkehrsmittel

■ Hiroshima ist eine der wenigen Großstädte Japans, in denen eine **Tram** verkehrt. Innerhalb des Stadtgebietes gilt ein Einheitspreis, man bezahlt 150 Yen beim Aussteigen. Ein Tagesticket gibt's für 600 Yen, es gilt bis Hiroden Miyajima-guchi.

Unterkunft

■ **Sansui Ryokan,**①, 6 Zimmer. Ryokan nahe dem Friedenspark mit Teezeremonie und Kalligrafie-Kursen. Fahrradleihe für 300 Yen pro Tag möglich. Tramhaltestelle Koami-chō, Tel. 293-9051. www.sansui-ryokan.com.

■ **Ikawa Ryokan,**①, 28 Zimmer. Modernes Ryokan mit Zimmern im westlichen und japanischen Stil. Nahe dem Friedenspark, Tramhaltestelle Dobashi, Tel. 231-5058.

■ **Sun Route Hiroshima,**②, 284 Zimmer. Hotel mit gutem Preis-Leistungsverhältnis zwischen Friedenspark und Stadtmitte, Zimmer mit Blick auf Park und Fluss. Internet umsonst in der Lobby. Tramhaltestelle Fukuromachi, Tel. 249-3600, www.sunroute.jp.

■ **ANA Crowne Plaza Hiroshima,**③, 409 Zimmer. Top-Hotel in der Heiwa-Ōdori, Tramhaltestelle Fukuromachi, 5 Minuten, Tel. 241-1111, www.anacrowneplaza-hiroshima.jp.

Jugendherbergen

■ **Youth Hostel Reino Inn,** 2400 Yen für Mitglieder, 2700 Yen für Nicht-Mitglieder. Private Zimmer sind auch vorhanden. Ganz nah am Friedenspark. Straßenbahnhaltestelle Chūden-mae (Linie 1), 5 Minuten, Tel. 236-7003, www.reinoinn.com.

■ **World Friendship Center,** 3500 Yen inklusive Frühstück, betrieben von einem gemeinnützigen Verein gegen die Verbreitung von Nuklearwaffen. Organisieren auch Führungen durch den Friedenspark. Tramhaltestelle Koami-chō, 10 Minuten, Tel. 503-3191, www.wfchiroshima.net.

Essen und Trinken

Das Stadtzentrum schließt sich östlich des Friedensparks an. **Bars und Kneipen** sind vor allem in der **Nagarekawa-dori** und der **Yagenbori-dori** (Tramhaltestelle Ebisuchō) anzutreffen.

Okonomiyaki ist die **Spezialität Hiroshimas:** Der Teig wird auf einer heißen Platte ausgerollt und mit Gemüse, Fleisch und Udon-/Rāmen-Nudeln bestückt – lecker!

Unser Tipp: **Okonomimura,**①, mehrstöckiges Gebäude mit vielen Okonomiyaki-Restaurants in einer Seitenstraße zur Hauptarkade. Sehr gutes Okonomiyaki im 2. Stock, nach hinten durch und auf der linke Seite, mit englischer Speisekarte.

■ **Mitchan Okonomiyaki,**①, eines der beliebtesten Okonomiyaki-Restaurants, die Zutaten kann man selbst wählen. Mit englischer Speisekarte, auf Warteschlangen muss man gefasst sein. Di bis So

jap_552 oh

11–15.30 und 16.30– 21 Uhr, Tramhaltestelle Hacchōbori, 5 Minuten, auf der Chūō-dori, Tel. 221-5438.

■ **Churi,**①, Kebab, Falafel und Schawarma, gemütlicher kleiner Laden mit israelischem Besitzer inmitten der Trinkmeile. Mo bis Sa 18–3 Uhr, Yagenbori-dori, Tel. 249-7553.

■ **Spicy Bar Lal's,**②, sehr gute indische und nepalesische Küche, englische Speisekarte vorhanden. Tägl. 11–14.30 und 17–22 Uhr, Tramhaltestelle Tatemachi, Tel. 504-6328.

■ **Mario Espresso,**②, lebendiges italienisches Restaurant mit vernünftigen Preisen, insbesondere mittags. Tägl. 11–22 Uhr, Tramhaltestelle Fukuromachi, 5 Minuten, vor dem Fukuromachi-Park, Tel. 241-4956.

Nachtleben

■ **Mac,** Bar und Treffpunkt, besonders bei den in Hiroshima lebenden Ausländern beliebt. Gemischtes Publikum aller Nationalitäten und unterschiedlichsten Alters. Mo bis Fr 18 Uhr bis in den frühen Morgen, in der Parallelstraße zur Nagaregawa-dori südlich vom Shintenchi-Park, Tel. 243-0343.

■ **Edge,** kleiner, cooler Club mit Garage, House, R&B. Nagaregawa-dori, B1F, ab 20 Uhr, Tel. 248-8146, www.geocities.jp/djbaredge.

Industriebesichtigung

■ **Mazda** hat seinen Hauptsitz in Hiroshima, eine Führung durch eine Fabrikationsstätte und Ausstellung wird angeboten. 3-1 Shinchi, Fuchu-chō, Aki-gun, 5 Minuten von JR Mukainada, englischsprachige Tour Mo/Mi/Fr von 13–14.30 Uhr. Anmeldung und Infos unter Tel. (082) 286-5700.

⌃ Zubereitung von Okonomiyaki, der kulinarischen Spezialität Hiroshimas

Umgebung

Yuki Onsen und Yunoyama Onsen

Yuki Onsen und Yunoyama Onsen (jeweils 1½ Stunden mit dem Bus ab dem Hiroshima Bus Center) sind **kleine Onsen-Resorts für Wanderer und Naturliebhaber.** Man läuft gern am **Minochi-Fluss** entlang und ist in Gesellschaft von quakenden Fröschen und Glühwürmchen im Sommer.

Sandankyō

Sandankyō gilt vor allem **im Herbst** als gute Adresse, wenn sich die Wälder rot färben und sich die Landschaft mit ihren Schluchten, Wasserfällen und Strömungen von ihrer schönsten Seite präsentiert. Sandankyō liegt am **Ōta-Fluss** 70 Kilometer nordwestlich von Hiroshima.

Praktische Tipps

Anfahrt

- Mit dem **Bus** ab dem Hiroshima Bus Center oder mit der **Bahn** bis Sandankyō Station in jeweils rund 2 Stunden.

Unterkunft

- **Yuki People's Lodge,**②, 35 Zimmer. Vernünftiger Preis mit zwei Mahlzeiten, saubere Unterkunft in Yuki Onsen mit Gemeinschaftsbad und Sauna. Bushaltestelle Yuki-Kokumin-shukusha-mae, Tel. (0829) 85-0111.
- **Sandankyō Hotel,**③, 15 Zimmer. In Sandankyō am Fluss gelegen. Die Zimmer sind im japanischen Stil gehalten und bieten einen schönen Blick auf die Schlucht. Der Preis beinhaltet zwei Mahlzeiten. Bushaltestelle Sandankyō, 3 Minuten, Tel. (0826) 28-2308.

Insel Miyajima

Miyajima eignet sich bestens als **Tagesausflug** von Hiroshima. Miyajima, wörtlich übersetzt „Schrein-Insel", beheimatet den 593 gegründeten **Itsukushima-Schrein** und gilt seitdem als **heilige Insel.** Die Insellandschaft zählt zusammen mit Amanohashidate und Matsushima zu den drei **schönsten Landschaften Japans.**

Zuerst erwarten den Besucher die eindrucksvollen **Schrein- und Tempelanlagen,** dann kann man auf den 520 Meter hohen **Mt. Misen** wandern und den Blick auf die Bucht genießen. Beides lässt sich an einem Tag erledigen.

Gleich bei der Ankunft am Vorplatz der Fährstation stößt man auf **Rehe und Hirsche** – diese wird man dann auch überall auf der Insel antreffen: beim Einkaufen, auf den Wanderwegen, auf dem Gipfel und auch am Torii, wenn gerade Ebbe ist. Die Wildtiere an der Fährstation sind alles andere als wild und werden von Touristen gefüttert. Die Tiere fressen alles, auch Papier, deswegen sollte man auf seine Karten und Geldscheine aufpassen!

Itsukushima-Schrein

Faszinierend ist das **gewaltige Torii** des Schreins, das im Wasser zu schweben

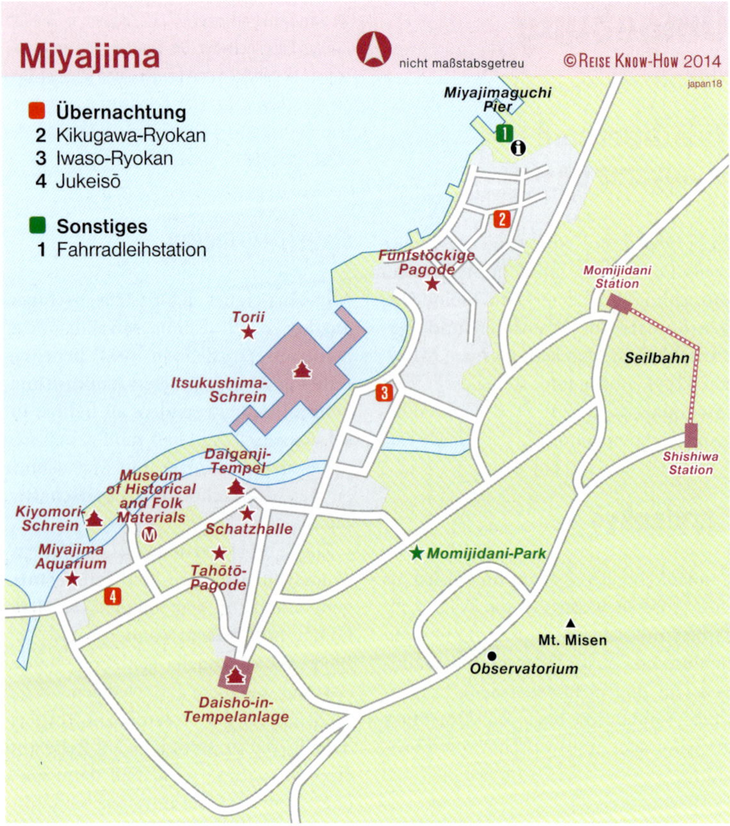

scheint. Bei Ebbe kann man bis zum Torii hinauslaufen und die außergewöhnliche Verbindung aus Shintō-Kultur und Meer näher betrachten. Nachts wird das Tor beleuchtet.

Der Schrein selbst besteht aus Haupthalle und untergeordneten Gebäuden, die alle mit Korridoren verbunden sind. Er gilt als ein gutes Beispiel des **Synkretismus,** sodass sich auch buddhistische Tempel in der Shintō-Anlage befinden. Sollte man den Komplex übrigens vollständig vorfinden, so darf man sich glücklich schätzen: Nahezu jedes Jahr hinterlässt ein Taifun mehr oder weniger sichtbar seine Spuren, sodass der Schrein immer wieder neu aufgebaut oder zusammengesetzt wird. Zwei Bühnen für Nō-Aufführungen komplettieren die Anlage.

▷ Torii des Itsukushima-Schreins

■ **Itsukushima-Schrein,** tägl. 6.30–17 Uhr (im Sommer bis 18 Uhr), Eintritt 300 Yen.

Mt. Misen

Der Mt. Misen gilt als geweihter Berg, viele der Tempelanlagen in der bergigen Gegend wurden von *Kōbō Daishi* zu Beginn des 9. Jh. gegründet. Auf den 530 Meter hohen Berg führen **zwei** unterschiedliche **Routen:** Die **nahe der Seilbahn** ist etwas steiler, die **Daishō-in-Route** dagegen dauert etwas länger, führt aber an zahlreichen Tempeln und Schreinen der **Daishō-in-Tempelanlage** vorbei. Die Strecken dauern 1½ bis 2 Std. Auf dem Gipfel erwartet einen neben den obligatorischen Rehen eine wunderbare Aussicht auf das Inlandmeer.

Praktische Tipps

Anfahrt

■ Mit **JR** von Hiroshima Station bis JR Miyajimaguchi Station, 30 Minuten. Gleich neben der Zugstation befindet sich das Miyajimaguchi-Pier, das Übersetzen mit der **JR-Fähre** (im Rail Pass inbegriffen) dauert 10 Minuten.

Touristeninformation

■ **Miyajima Touristeninformation,** Miyajima-Fährstation, tägl. 9–17 Uhr, Tel. (0829) 44-2011.

Unterkunft

Es empfiehlt sich allein aus atmosphärischen Gründen direkt auf Miyajima zu übernachten. Wer es jedoch nicht mehr zur letzten Fähre schafft, kann auch auf der Hiroshima-Seite rund um JR Miyajimaguchi gut die Nacht verbringen.

■ **Kikugawa,**②, 8 Zimmer. Gutes traditionelles Ryokan auf Miyajima mit Zimmern im westlichen und japanischen Stil. Mahlzeiten gegen Aufpreis. Miyajima-Fährstation, 3 Min., Tel. (0829) 44-0039, www.kikugawa.ne.jp.

■ **Jukeisō,**②, 14 Zimmer. Sehr schöne Unterkunft auf Miyajima, wer es sich leisten kann, sollte ein Zimmer mit Aussicht zum Itsukushima-Schrein reservieren. Miyajima-Fährstation, 20 Minuten, Abholservice möglich, Tel. (0829) 44-0300, www 5a.biglobe.ne. jp/~jukeiso.

■ **Aki Grand Hotel,**②, 188 Zimmer. Auf der Hiroshima-Seite am Meer gelegen, eine Hafenrundfahrt

jap_555 oh

jap_543b oh

am Abend führt gegen Aufpreis zum beleuchteten Torii des Itsukushima. JR Miyajimaguchi, 10 Min., Tel. (0829) 56-0111.

■ **Iwaso,**④, sehr schönes Ryokan mit langer Tradition am Fuße des Mt. Misen. Der Preis beinhaltet zwei Mahlzeiten. Miyajima-Fährstation, 15 Minuten, Abholservice nach 15 Uhr möglich, Tel. (0829) 44-2233, www.iwaso.com.

Jugendherberge

■ **Miyajima-guchi,** zwischen 2730 und 3885 Yen, auf der Hiroshima-Seite gelegen. JR Miyajimaguchi, Tel. (0829) 56-1444, www. jyh.or.jp.

Essen und Trinken

Auf Miyajima gibt es in der **Hauptstraße** zwischen Fährstation und Itsukushima-Schrein viele kleine Restaurants, die meisten davon schließen jedoch abends frühzeitig.

■ **Anago-meshi Ueno,**②, sehr geschätzt für *Anago-meshi* (gegrillten Meeraal auf Reis), auch zum Mitnehmen, oftmals mit Warteschlange vor dem Geschäft. Im 2. Stock findet sich ein gemütliches japanisches Restaurant. Auf der Hiroshima-Seite in der Straße vor JR Miyajimaguchi gelegen, Do bis Di 11–14 und 17–21 Uhr, Tel. (0829) 56-0006.

Einkaufen

Von einem Mangel an Souvenirgeschäften kann man auf Miyajima wahrlich nicht sprechen. Die beliebtesten Mitbringsel sind **Shamoji, hölzerne Löffel** zum Zubereiten und Servieren von Reis (oder auch nur als Dekoration). **Momiji-manjū** sind die kleinen ahornblattförmigen und mit roter Bohnenpaste gefüllten **Süßigkeiten,** deren Fertigung man in einigen Geschäften hautnah erleben kann.

Festival

■ **17. Juni:** Kangensai, farbenfrohes Matsuri mit Priestern, Musikern und reich geschmückten Booten.

FUKUYAMA UND ONOMICHI

Fukuyama

- **Einwohner:** 371.000
- **Präfektur:** Hiroshima

Fukuyama entstand zur Feudalzeit als Festungsanlage und gilt heute als Stadt der Rosen: Der **Rosenpark** mit 4500 Rosensträuchern ist der Stolz der Stadt. 1986 wurde mit der „Rose Fukuyama" eine eigene Rosenart gezüchtet, die das Wahrzeichen der Stadt darstellt. Besonders zur Rosenblüte im Mai und Oktober kommen viele Besucher in den Park.

Das **Fukuyama-jō** stammt aus dem Jahr 1619, wurde in den Kriegen mehrmals zerstört und nach dem 2. Weltkrieg wieder aufgebaut. Heute beheimatet es ein Museum. Zu den sehenswertesten Tempeln der Stadt zählt der **Myōōin.** Fährt man mit dem Bus zwei Stunden in Richtung Norden, erreicht man die **Taishakukyō-Schlucht** und den **Hiba-Dogu-Taishaku-Quasi-Nationalpark.**

◁ Bergwanderung am Mt. Misen

Praktische Tipps

- **Vorwahl:** 0849

Anfahrt

- Mit dem **Shinkansen** bis Fukuyama ab Shin-Osaka in 80 Minuten.

Unterkunft

- **Fukuyama Oriental Hotel,**①, 125 Zimmer. Business Hotel mit kostenlosem Internetzugang in der Lobby, Fahrradleihe möglich. JR Fukuyama, Nord-Ausgang, Tel. (084) 927-0888.

Onomichi

- **Einwohner:** 95.000
- **Präfektur:** Hiroshima

Onomichi südwestlich von Fukuyama ist das **Tor zur Shimanami Kaidō,** der wunderbaren Route über die Inseln der Inlandsee hinüber nach Shikoku (siehe Shikoku-Kapitel). Die Stadt selbst ist für den **Senkōji-Tempel** bekannt, der hoch über der Stadt thront und 806 erbaut wurde. Man nimmt am besten die **Seilbahn** hoch (Dauer: 3 Minuten) und läuft dann den **„Literatur-Weg"** entlang, an dem Steine mit eingravierten Kurzgedichten stehen. Vom Senkōji aus hat man einen wunderbaren Blick auf die Inseln der Inlandsee. Für den Weg nach unten zur Seilbahnstation braucht man in etwa 30 Minuten, man passiert alte Häuser und kleine Tempel. Die Seilbahnstation erreicht man von Onomichi

Station mit dem Bus innerhalb von 5 Minuten, Haltestelle Nagaeguchi.

Praktische Tipps

- **Vorwahl:** 0848

Unterkunft

- **Green Hill Hotel,**②, 92 Zimmer. Günstig gelegenes Hotel. JR Onomichi, 2 Minuten, Tel. 24-0100, www.hotwire.co.jp/gho.
- **Takemuraya,**④, 12 Zimmer. Klassisches Ryokan im Stile der Taishō-Zeit, auch der große Regisseur *Yasujiro Ozu* übernachtete hier gern. Nur für den großen Geldbeutel geeignet. Tel. 37-1112.

OKAYAMA

- **Einwohner:** 630.000
- **Präfektur:** Okayama

Okayama ist die **Schnittstelle zwischen Honshū und Shikoku.** Viele Besucher werden Okayama nur am Bahnhof als kurze Durchgangsstation auf ihrem Weg nach Shikoku oder ins kleine Städtchen Kurashiki erleben. Okayama ist neben Hiroshima das wirtschaftliche Zentrum in West-Honshū. Die Sehenswürdigkeiten in Okayama sind alle zu Fuß erreichbar.

Sehenswertes

Okayama-jō

Die Burg stammt ursprünglich aus dem 16. Jahrhundert, der weithin sichtbare und markante vierstöckige Donjon wurde jedoch 1966 rekonstruiert. Ihren Beinamen **„Krähenburg"** verdankt die Burg der schwarzen Farbe des Donjon.

- **Okayama-jō,** tägl. 9–17 Uhr, Eintritt 300 Yen, Bushaltestelle Bijutsukan-mae.

Blick über Onomichi

Unweit der Burg liegt das **Hayashibara-Kunstmuseum,** das Kulturschätze der einstigen Herrscherfamilie *Ikeda* ausstellt (Eintritt 300 Yen).

Okayama-Orientmuseum

Das Museum war das erste in Japan, das sich den Kulturen des Orients verschrieb. Rund 3000 Artefakte und archäologische Fundstücke werden präsentiert, die meisten davon stammen aus den Regionen des heutigen **Syrien und Iran.** Zu den Ausstellungsgegenständen zählen vor allem Tonprodukte, Steinwerkzeuge sowie Glas- und Keramikwaren.

■ **Okayama City Orient Museum,** Di bis So 9–17 Uhr, Eintritt 300 Yen, Bushaltestelle Bijutsukan-mae.

Kōrakuen-Garten

Der schöne japanische Garten erstreckt sich östlich **entlang des Asahi-Flusses.** Auf 14 Hektar Fläche versammelt er in ruhiger Landschaft kleine Bäche,

jap_557 oh

Hügel, Teiche und jede Menge **Kirsch- und Ahornbäume,** die vor allem im Frühjahr und Herbst die Besucher anlocken.

Praktische Tipps

- **Vorwahl:** 086

Anfahrt

- Von Kyoto mit dem **Shinkansen** in 70 Min.

Touristeninformation

- **JR Okayama Station,** tägl. 9–18 Uhr, Tel. 222-2912.
- **Okayama International Center,** 2-1-1, Hokan-chō, Di bis So 9–17 Uhr, Tel. 256-2000.

Unterkunft

- **Matsunoki Ryokan,**①, 58 Zimmer. Zimmer im westlichen und japanischen Stil, großes Abendessen gegen Aufpreis. JR Okayama, 2 Minuten, Tel. 253-4111, www3.tiki.ne.jp/~matunoki.
- **Hotel Granvia Okayama,**③, 328 Zimmer. Stadthotel, direkt mit dem Bahnhofsgebäude JR Okayama verbunden. Tel. 234-7000, www.granvia-oka.co.jp.

▷ Die Seto-ōhashi-Brücke südlich von Okayama verbindet Honshū mit Shikoku

Jugendherberge

- **Okayama Seinen Kaikan,**①. JR Okayama, 15 Minuten, Tel. 252-0651, www.seinenkan.com.

Essen und Trinken

Das Zentrum für Restaurants und Bars liegt **zwischen den Straßen Momotarō-dori und Kenchō-dori.**

- **Tsubohachi,**②, *Izakaya* mit vernünftigen Preisen, Speisekarte mit Bildern vor dem Eingang. Tägl. 16–1 Uhr, JR Okayama, 6 Minuten, auf der Kenchō-dori westlich vom Fluss, Tel. 227-2626.

Museum

- **Museum der Präfektur Okayama,** Museum zur Geschichte der Region mit rund 5000 Ausstellungsstücken, von der Skulptur über Töpferwaren bis hin zu Schwertern und Rüstungen. Tägl. 9–18 Uhr (im Winter 9.30–17 Uhr), Eintritt 200 Yen, neben dem Orientmuseum.

Umgebung

Seto-ōhashi-Brücke

Die große Doppeldeckerbrücke Seto-ōhashi südlich von Okayama **verbindet Honshū mit Shikoku** und bedurfte einer Bauzeit von zehn Jahren. Sie **überquert fünf Inseln** der Inlandsee und wird sowohl für den Auto- als auch für den Zugverkehr genutzt. 13 Kilometer ist die imposante technische Konstruktion lang. Touristenbusse zur Brücke verkehren ab Okayama, ein **Ausflugsschiff** rund um die Brücke startet ab dem Hafen in Kojima (5 Minuten von Kojima Station). Die 45-minütige Bootsfahrt kostet 1550 Yen, die Abfahrtszeiten variieren und sind bei der Touristeninformation in Okayama zu erfahren.

KURASHIKI

- **Einwohner:** 430.000
- **Präfektur:** Okayama

Kurashiki ist eine **historische Stadt mit altem Stadtkern,** in der vieles vom alten Japan zeugt. Zur Feudalzeit war Kurashiki ein wichtiges Handelszentrum und Sitz reicher Kaufleute, denn der Hafen war ein Hauptumschlagplatz für Reis. Viele **alte Getreidespeicher und Gebäude** sind noch erhalten, die die Stadt zusammen mit zahlreichen **Museen** zum Tagesausflugsziel machen. Die Sehenswürdigkeiten sind alle zu Fuß in 15 Minuten ab dem Bahnhof zu erreichen.

Sehenswertes

Kurashiki Museum of Folkcraft

Drei alte Reisspeicher wurden in Ausstellungsräume umfunktioniert und beherbergen das Heimatmuseum. Vor allem **Keramiken, Textilien und Haushaltszubehör** werden ausgestellt.

- **Kurashiki Museum of Folkcraft,** Di bis So 9–17 Uhr, Eintritt 700 Yen.

jap_550 oh

Ähnliche Gegenstände zeigt auch das unweit entfernte **Japanese Rural Toy Museum** (Eintritt 500 Yen).

Ōhara Museum of Art

Das Museum im Pantheon-Stil präsentiert eine reiche Kollektion moderner Meister: *Picasso, Gauguin, Rodin* und andere. Eine Galerie zeigt Werke junger japanischer **Maler,** neuerdings widmet sich ein Abschnitt auch **Wandteppichen** und **Holzdrucken.**

- **Ōhara Museum of Art,** Di bis So 9–17 Uhr, Eintritt 1000 Yen.

Archäologisches Museum

Das Museum in einem ehemaligen Lagerhaus präsentiert 1400 archäologische **Funde aus der Umgebung sowie aus China.**

- **Archäologisches Museum,** geöffnet Di bis So 9–17 Uhr (im Winter bis 16.30 Uhr), Eintritt 400 Yen.

Praktische Tipps

- **Vorwahl:** 086

Anfahrt

- **Mit der Bahn ab Okayama** in 15 Minuten (JR Sanyō-Linie).

Touristeninformation

- Gegenüber **JR Kurashiki Station,** tägl. 9–18 Uhr (Winter bis 17 Uhr), Tel. 424-1220, http://kankou-kurashiki.jp.
- **Kurashiki-Kan Information Center,** 1-4-8 Chūō, tägl. 9–17 Uhr, Tel. 422-0542.

Führungen/Home visit

- **Home Visit Program,** Anmeldung bei der **Kurashiki Association of International Friendship,** Tel. 475-0543.
- **Kostenlose Führungen** mit dem **Kurashiki Goodwill Guide,** Anmeldung eine Woche im Voraus, GWG_Kurashiki@kurashiki-v.net.

Unterkunft

- **Kurashiki Tokusankan,**①, 16 Zimmer. Gutes Minshuku zum vernünftigen Preis im alten Stadtkern, leckere Mahlzeiten gegen Aufpreis. JR Kurashiki,15 Minuten, Tel. 425-3056.
- **Young Inn Kurashiki,**①, 39 Zimmer. Business Hotel mit kleinen Zimmern ohne Bad oder etwas teurere Zimmer mit Bad. JR Kurashiki, Süd-Ausgang, 3 Minuten, Tel. 425-3411, www.kurashiki.jp.
- **Ryokan Misono,**②, 22 Zimmer. Klassisches Ryokan und einst herrschaftliche Villa. Freundlicher Service für ausländische Touristen. JR Kurashiki, 8 Minuten, Tel. 422-3618, www.misono21.com.
- **Ryokan Kurashiki,**④, 15 Zimmer. Erstklassiges und elegantes VIP-Ryokan aus der Edo-Zeit. Der Preis beinhaltet zwei Mahlzeiten. JR Kurashiki, 10 Minuten, gegenüber dem Kurashiki-Kan Information Center, Tel. 422-0730, www.ryokan-kurashiki.jp.
- **Hotel Nikko Kurashiki,**④, 70 Zimmer. Top-Hotel in Kurashiki. Alle Zimmer haben mindestens 40 Quadratmeter. JR Kurashiki, 10 Minuten. Tel. 423-2400, www.nikko-kurashiki.com.

Essen und Trinken

Viele **Restaurants im alten Stadtzentrum** sind mit englischsprachigen Speisekarten oder mit Abbildungen der Gerichte auf ausländische Gäste vorbereitet.

Mamakari ist **Okayamas Spezialität** und eigentlich ein Kosename für *Sappa*, die lokale Heringsart. „Mama" bedeutet Reis, „kari" heißt ausleihen. Mamakari ist also der Fisch, der so gut schmeckt, dass man immer zu wenig Reis gemacht hat und man sich diesen irgendwoher borgen muss. Die verschiedenen Mamakari-Gerichte werden von Mamakari-sushi angeführt.

- **Mamakari-tei,**②, sehr gutes Mamakari-sushi neben weiteren Fischgerichten. Das Mamakari-tei befindet sich im Komplex Achino-sato im alten Stadtzentrum, wo historische Gebäude zu Restaurants umfunktioniert wurden. Der Straße vom Kurashiki-Kan Information Center folgen, nach dem Kanal auf der linken Seite, Di bis So 11–14 und 17–22 Uhr, Tel. 427-7112.
- **Kurashiki Beer-Kan,** kleine Gerichte neben Bier vom Fass, Alt, Weizen und Kölsch. Ebenfalls im Komplex Achino-sato.

Fahrradtour

Zwischen Okayama und Kurashiki liegt die überschaubare **Kibi-Ebene,** die ab und an Fahrradtouristen anlockt. Eine kleine Tour von 3 Stunden **an Tempeln und Schreinen vorbei** lässt sich vom Bahnhof Bizen-Ichinomiya starten. Dabei passiert man den Kibitsuhiko-Schrein, den Kibitsu-Schrein, das Mausoleum Tsukuriyama, den Bicchū Kokubunji-Tempel sowie den Grabhügel Tsukuriyama Sakuzan. Ziel ist Sōja Station, dort kann man ebenso Fahrräder leihen wie in Bizen-Ichinomiya. 2 Stunden kosten 400 Yen, ein Tag kostet 1000 Yen.

MATSUE UND SHIMANE-PRÄFEKTUR

Matsue

- **Einwohner:** 150.000
- **Präfektur:** Shimane

Matsues Erscheinungsbild wird vom Wasser bestimmt: Die Stadt liegt **am Schnittpunkt von Nakaumi-Lagune und Shinji-See.** Sehenswert in Matsue ist das fünfstöckige **Matsue-jō,** das mehr einer Festung als einem Schloss gleicht und 1611 erbaut wurde.

Matsues prominentester Bürger ist der griechischstämmige **Lafcadio Hearn,** der 1890 nach Japan kam und zahlreiche Bücher über Japan veröffentlichte. Einige der Kurzgeschichten und Essays des Autors, der später den japanischen Namen *Yakumo Koizumi* annahm, sind in Matsue angesiedelt. Zwei Museen widmen sich seiner Lebensgeschichte.

Praktische Tipps

- **Vorwahl:** 0852

Anfahrt

- **Von Kyoto** mit der Bahn über Kurayaoshi in 5½ Stunden.

- **Von Okayama** mit dem Limited Express „Yakumo“ in 3 Stunden.

Touristeninformation

- **JR Matsue Station,** tägl. 9–18 Uhr, Tel. 21-4034. Anmeldungen zu Führungen mit dem Matsue Goodwill Guide möglich.

Unterkunft

- **Young Inn Matsue,**①, 12 Zimmer. Die billigste Unterkunft in Matsue, der Besitzer betreibt auch die Jazz-Bar, Tel. 25-4500.
- **Terazuya,**②. Schönes Ryokan, englisch wird gesprochen, der Normalpreis beinhaltet zwei Mahlzeiten, es kann aber auch ohne Mahlzeiten gebucht werden. Tel. 21-3480, www.mable.ne.jp/~terazuya.
- **Ten-ten Temari,**③, 17 Zimmer. Sehr hübsches Ryokan am See mit einigen Onsen-Bädern, manche Zimmer mit Privat-Onsen. Der Preis beinhaltet zwei Mahlzeiten. Tel. 21-2655, www.tententemari.co.jp.

Shimane-Präfektur

In der Umgebung Matsues finden sich kleine **Onsen-Dörfer** und der **Nationalpark Daisen-Oki** entlang der Küste zum Japanischen Meer. Aushängeschild der Region ist jedoch der **Izumo-Taisha, Japans ältester Schrein.** Der Izumo-Taisha wird bereits in den ersten Geschichtschroniken Japans („Kojiki“ und „Nihonshoki“) als der älteste Schrein gewürdigt.

jap_562 oh

Streit um Takeshima

Die Shimane-Präfektur geriet in jüngster Zeit immer wieder aufgrund der **Takeshima-Insel** in die Schlagzeilen. Die Insel gehört zu Japan und zur Shimane-Präfektur, wird jedoch **von Korea** als eigenes Territorium **beansprucht.**

Takeshima liegt ungefähr 150 Kilometer nordwestlich der japanischen Oki-Inseln und rund 190 Kilometer südöstlich der koreanischen Halbinsel. Takeshima (koreanisch Tokdo, neutral auch mal als „Liancourt-Felsen" bezeichnet) besteht lediglich aus zwei winzigen Inseln und einigen Riffen: Die Gesamtgröße entspricht mit 0,23 Quadratkilometern ungefähr der Fläche eines mittleren japanischen Parks.

Per Gesetzesbeschluss erklärte die japanische Regierung 1905 die Insel zum japanischen Hoheitsgebiet, was von Korea in der Folgezeit nicht anerkannt wurde. Eine Lösung des Problems konnte nie erzielt werden.

Neuen Wirbel gab es jüngst, als die Shimane-Präfektur den **„Takeshima-Tag"** ausrief und für diplomatische Störungen zwischen Japan und Korea sorgte. Die Regierung in Tokyo behauptet, sie könne der lokalen Präfekturregierung keine Vorschriften machen; Korea zeigt sich verärgert, und in Shimane fühlt man sich wiederum von der Regierung in Tokyo zu wenig unterstützt. Eine Lösung scheint nicht in Sicht.

An den verschiedenen Gebäuden lässt sich die **ursprüngliche und reine Schrein-Architektur (Taisha-Tsukuri)** nachvollziehen, auch wenn die meisten Gebäude im Jahr 1668 rekonstruiert wurden. Die Haupthalle misst heute 24 Meter Höhe, soll ursprünglich jedoch mit 96 Metern Höhe auch das höchste Schrein-Gebäude Japans gewesen sein.

Der Schrein ist *Okuninushi-no-Mikoto,* dem Neffen der Sonnengöttin *Amaterasu,* gewidmet. Das riesige Areal lockt viele Touristen an, darunter vor allem viele **junge Paare,** die um eine glückliche Hochzeit und Ehe bitten. Deswegen klatscht man am Schrein auch nicht – wie sonst üblich – zweimal, sondern viermal, nämlich für sich und seinen Partner.

[<] Matsue-jō

Praktische Tipps

Anfahrt

■ Den Izumo-Taisha erreicht man ab Matsue-Onsen Station mit der **Ichibata Electric Railway** mit Umsteigen in Kawato, Fahrtzeit 55 Minuten. Vom Bahnhof Izumo-Taisha-mae geht man in 15 Minuten zum Schrein.

Unterkunft Izumo

■ **Izumo City Cycling Terminal,** ①, 14 Zimmer. Hier kann man nicht nur Fahrräder mieten, sondern auch zum günstigen Preis übernachten. Zimmer im japanischen und westlichen Stil. JR Izumo-shi, 12 Minuten, Tel. (0853) 23-1370.

■ **Green Hotel Morris,** ①, 198 Zimmer. Brauchbares Stadthotel für den anonymen Aufenthalt. JR Izumo-shi, direkt am Süd-Ausgang, Tel. (0853) 24-7700, www.hotel-morris.co.jp/izumo.

- **Minshuku Inaba,**②, 10 Zimmer. Behagliches Minshuku im Zentrum. Zwei Mahlzeiten inklusive. JR Izumo-shi, 18 Minuten, Tel. (0853) 22-6178.

Essen und Trinken

- Die **lokale Spezialität** ist **Izumo-soba.** Charakteristisch sind die nussfarbenen Nudeln und die gestapelten Warigo-Schüsselchen, in denen das kalte Nudelgericht serviert wird.
- Viele **Restaurants** finden sich auf dem Weg zum Izumo-Taisha.

Silberminen

Seit 2007 gehören die **Iwami-Ginzan-Silberminen** zum UNESCO-Kulturerbe. Zwischen dem 16. und 20. Jahrhundert wurde hier hochwertiges Silber gefördert und an die Küste (Yunotsu Onsen) zur Verschiffung transportiert. Anfahrt: mit JR bis Odashi Station, dann mit dem Bus nach Ryugenji Mabu.

TOTTORI UND DAISEN

Tottori

- **Einwohner:** 146.000
- **Präfektur:** Tottori

Nach Tottori kommt man, um die **Sanddünen (Tottori-sakyū)** zu sehen. Auf einer Länge von 16 Kilometern und an manchen Stellen einige Kilometer breit zieht sich das größte Dünengebiet Japans die Küste entlang. Der raue Wind verursacht wellenförmige Sandoberflächen, was für jeden Fotografen ein begehrtes Motiv abgibt. Die höchste Sanddüne misst rund 90 Meter und ist das Domizil von **Gleitschirmfliegern.** Paragliding-Kurse werden angeboten. Die Dünen erreicht man in 20 Minuten mit dem Bus ab JR Tottori bis zur Bushaltestelle Sakyū-Sentā.

Praktische Tipps

- **Vorwahl:** 0857

Anfahrt

- **Mit der JR-Linie San'in aus Matsue** in 1½ Stunden, die Strecke führt schön an der Küste entlang.
- **Von Osaka mit JR** in 2½ Stunden.

Touristeninformation

- **Tottori City International Tourist Support Center,** JR Tottori, 100 Meter östlich, 9–18 Uhr, Tel. 22-7935, www.tottori-guide.jp.

Unterkunft

Die Touristeninformation in JR Tottori ist bei der Buchung von Unterkünften behilflich.

- **Tottori Green Hotel Morris,**①, 202 Zimmer. Gutes Business Hotel nahe am Bahnhof. JR Tottori, 2 Minuten, Tel. 22-2331, www.hotel-morris.co.jp.
- **Hotel New Otani Tottori,**②, 136 Zimmer. Stadthotel direkt vor dem Bahnhof. JR Tottori, Tel. 23-1111, www.newotani.co.jp.

jap_565 oh

⌃ Tottori-Sanddünen

Aktivitäten

■ **Zero Paraglider School,** Ein-Tages-Kurs im Paragliding für 10.000 Yen, Halbtages-Kurs für 6500 Yen. Reservierung empfohlen unter Tel. (072) 753-8890 oder Tel. 29-9098.

Daisen

Der 1729 Meter hohe **Daisen-san** an der Küste zwischen Matsue und Tottori erlaubt eine schöne Bergtour und bietet vom Gipfel einen wunderbaren Blick auf die Küste. Man nimmt zuerst den Bus bis zum Bergstädtchen **Daisen-ji,** von dort kann man, je nach Wanderroute, den Auf- und Abstieg in 6–7 Stunden bewältigen. Auf Wetterumschwünge sollte man sich einstellen. Die Saison dauert von Juni bis November.

Der kürzeste und einfachste **Weg** führt **über den westlichen Gebirgsgrat** nach oben. Die Strecke ist gut ausgeschildert, man kann sich kaum verirren, die Wege sind meistens gut befestigt. Anspruchsvoller ist der **Weg ab dem Daisen-ji-Tempel.** Am besten holt man sich die kostenlose Wanderkarte in der Touristeninformation am Bus-Terminal in Daisen-ji.

Praktische Tipps

Anfahrt

- **Mit JR bis Yonago Station.** Vom Bahnhof 50 Minuten mit dem **Bus.**

Touristeninformation

- **Daisen Touristeninformation,** Tel. (0859) 52-2502.

Unterkunft

- **Hotel Daisen,**②, 56 Zimmer. Hotel mit Zimmern im japanischen Stil am Daisen-Skigelände. Der Preis beinhaltet zwei Mahlzeiten. Bushaltestelle Daisen-ji, 15 Minuten, Tel. (0859) 52-2111, www.hotel-daisen.jp.
- **Yamabiko-sō,**②, nahe Daisen-ji, gutes Quartier für die Daisen-Bergtour. Zimmer im japanischen Stil, keine Englischkenntnisse, dafür sehr freundlich. Bushaltestelle Daisen-ji, 3 Minuten, Tel. (0859) 52-2725, http:// homepage2.nifty.com/yamabiko-apple.

⊡ O-Bento – die japanische Lunchbox für unterwegs

HAGI, TSUWANO, AKIYOSHI-PLATEAU

Hagi

- **Einwohner:** 48.000
- **Präfektur:** Yamaguchi

Eines der bevorzugten Ausflugsgebiete auf West-Honshū ist die **Küstenregion** am Japanischen Meer **an der Westspitze Honshūs.** Hagi ist eine alte Festungsstadt, die von Besuchern oft als „lebendes Geschichtsmuseum“ beschrieben wird. Noch heute kann man die einstigen Stadt- und Lebensbereiche gut nachvollziehen: **Horiuchi** ist die Gegend für die bestens erhaltenen **Samurai-Residenzen,** während die Häuser der reichen Kaufleute etwas weiter östlich gelegen sind, in der eigentlichen Altstadt entlang dem **Aiba-Kanal.** Von der ehemaligen Festung am Meer sind nach der Zerstörung im 19. Jahrhundert nur noch Ruinen übrig. Heute befindet sich ein schöner **Park** rund um die Ruinen. Nahe des Parks haben sich einige **Töpfer- und Keramikwerkstätten** (Jōzangama Kiln, Tempōzangama Kiln etc.) angesiedelt, für deren Produkte *(Hagi-yaki)* die Stadt einen sehr guten Ruf genießt. Welche

Töpferstätten man wann besichtigen kann, erfährt man bei der Touristeninformation.

Praktische Tipps

- **Vorwahl:** 0838

Anfahrt

- **Bahn:** Von Matsue nach Higashi-Hagi mit der **JR Sanin-Linie** in 3 Stunden.
- **Bus:** Von Osaka/Umeda mit dem **Kintetsu-Bus** in 10 Stunden.

Touristeninformation

- **Rainbow Bldg.,** Higashi-Hagi Station, Tel. 25-3145.
- **Städtische Touristeninformation,** Tel. 25-1759.

Verkehrsmittel

- Der rote **Māru-Bus** verkehrt in einer Schleife, die Busse kommen alle 30 Minuten, eine Fahrt kostet 100 Yen.

Unterkunft

- **Minshuku Higashi Hagi,**①, kleines Minshuku, das Ausländer gerne willkommen heißt. JR Higashi-Hagi, 2 Minuten, Tel. (0838) 22-7884.
- **Petit Hotel Clanvert,**②, 18 Zimmer. Gemütliches Hotel mit großzügigen Räumen. Ofenfrische Brötchen zum Frühstück. JR Higashi-Hagi, 7 Minuten, Tel. (0838) 25-8711.
- **Ryokan Tomoe,**④, 25 Zimmer. Wer die gehobene und teure Klasse bevorzugt, ist hier richtig.

jap_568 oh

Das klassische Ryokan bietet Zimmer mit Blick auf den japanischen Garten. Der Preis beinhaltet zwei Mahlzeiten, im Winter kann man Kugelfisch zum Abendessen ordern. JR Higashi-Hagi, 7 Minuten, Tel. (0838) 22-0150, www.tomoehagi.jp.

Jugendherberge

- **Hagi,** zwischen 2940 und 3990 Yen, gut ausgestattet, Fahrradleihe möglich, JR Tamae, 15 Minuten, Tel. (0838) 22-0733, www.jyh.or.jp.

Fahrradvermietung

- **Rainbow Rent a Cycle,** JR Higashi-Hagi, tägl. 8–17 Uhr, an regnerischen Tagen oft geschlossen, Tel. (0838)-25-0067.

Tsuwano

- **Einwohner:** 7000
- **Präfektur:** Shimane

Tsuwano hat eine mit Hagi vergleichbare Atmosphäre, ist aber kleiner und auf seine Art nostalgischer. Man schlendert am besten zu Fuß durch die **engen Gassen** an den Samurai-Häusern entlang. In den Festungs- und Bewässerungsgräben wird man Tausende **Koi** entdecken, die zwischen dem 17. und 19. Jahrhundert für den Fall einer Hungerskatastrophe als Notration gehalten wurden.

Das Dörfchen mit seiner 700-jährigen Geschichte steht nahezu komplett unter **Denkmalschutz,** viele der Einwohner leben noch heute von **traditionellen Handwerkskünsten** wie etwa dem Papierschöpfen. Zu den berühmten Söhnen Tsuwanos zählen der Philosoph *Nishi Amane* (1829–1897) sowie der Arzt und Schriftsteller **Mori Ōgai** (1862–1922). *Ōgai* lebte und arbeitete lange Zeit in Berlin und München, und sein umfangreiches literarisches Werk umfasst rund 60 Romane sowie zahlreiche populäre Übersetzungen, darunter auch *Goethes* „Faust". Der beste Ort für Informationen über die Lokalgeschichte und prominente Persönlichkeiten ist das **Kyōdokan-Geschichtsmuseum,** welches sich in der Nähe der Ōhashi-Brücke befindet.

Der **Taikodani-Inari-Schrein** liegt 40 Minuten zu Fuß vom Bahnhof entfernt und beeindruckt durch seine **1000 Torii,** die den Weg hoch zum Schrein säumen. Der Taikodani ist eine kleinere Variante des Fushimi-Inari-Schreins in Kyoto; auch Tsuwano bezeichnet sich – wie einige andere Orte in Japan auch – gern als „Klein-Kyoto".

Festival-Höhepunkte in Tsuwano sind das **Yabusama,** das berittene Bogenschießen im Frühling, sowie die **Sagimai-Tänze** im Sommer.

Von der einstigen großen **Festung** auf dem Berg sind nur noch Ruinen erhalten, zu denen ein schöner Wanderweg hinaufführt.

Praktische Tipps

- **Vorwahl:** 0856

Anfahrt

- Mit **JR** von Shin-Yamaguchi in 1 Stunde, von Matsue in 3 Stunden 20 Minuten.

Touristeninformation

■ **Tsuwano Tourist Association,** Tsuwano Station, Tel. 72-1771, www.tsuwano.ne.jp.

Unterkunft

■ **Minshuku Wakasagi-no-yado,**②, 7 Zimmer. 1. Wahl in Tsuwano. Freundliches Familien-Minshuku, der Preis beinhaltet zwei große Mahlzeiten. JR Tsuwano, 15 Minuten, Abholservice, Tel. 72-1146.
■ **Ryokan Meigetsu,**②, 13 Zimmer. Schönes klassisches Ryokan, Mahlzeiten gegen Aufpreis. JR Tsuwano, 5 Minuten, Tel. 72-0685.

Fahrradvermietung

■ **Kamai Shōten,** vor dem Bahnhof, 800 Yen pro Tag. Tägl. 8–19 Uhr, Tel. 72-0342.

Akiyoshi-Plateau

Das Akiyoshi-Plateau in der **Yamaguchi-Präfektur** ist die **größte Karstformation Japans,** Erosionsvorgänge haben hier am Kalkgestein zerklüftete Felsen und Höhlen geschaffen. Insgesamt gibt es in der Gegend 300 Höhlen, von denen die meisten klein und unzugänglich sind. Die **Höhle Akiyoshi-dō** dagegen erstreckt sich über eine Länge von 10 Kilometern und ist damit die größte Höhle Japans; auf einem Abschnitt von einem Kilometer ist sie für Besucher zugänglich. In der Höhle führt ein **Aufzug hoch zum Plateau.**

■ **Höhle Akiyoshi-dō,** tägl. 8.30–16.30 Uhr, Eintritt 1240 Yen.

Praktische Tipps

Anfahrt

■ Ab Shin-Yamaguchi oder Higashi-Hagi mit dem **Bōchō-Bus** in 45 bzw. 70 Minuten bis Akiyoshi-dō Bus Center, von dort zu Fuß. Vom Plateau fährt wiederum ein Bus in 10 Minuten zurück zum Bus Center.

Unterkunft

Es bietet sich an, in Hagi oder Tsuwano eine Unterkunft zu nehmen und das Plateau als Tagesausflug zu besichtigen. Wenn man sich am Plateau eine Unterkunft sucht, bucht man sich am besten Mahlzeiten gleich mit.

■ **People's Lodge Wakatake Sansō,**①, 26 Zimmer. Gute Unterkunft zum vernünftigen Preis, Mahlzeiten gegen Aufpreis. 5 Minuten mit dem Taxi ab dem Akiyoshi-dō Bus Center, Tel. (0837) 62-0126.

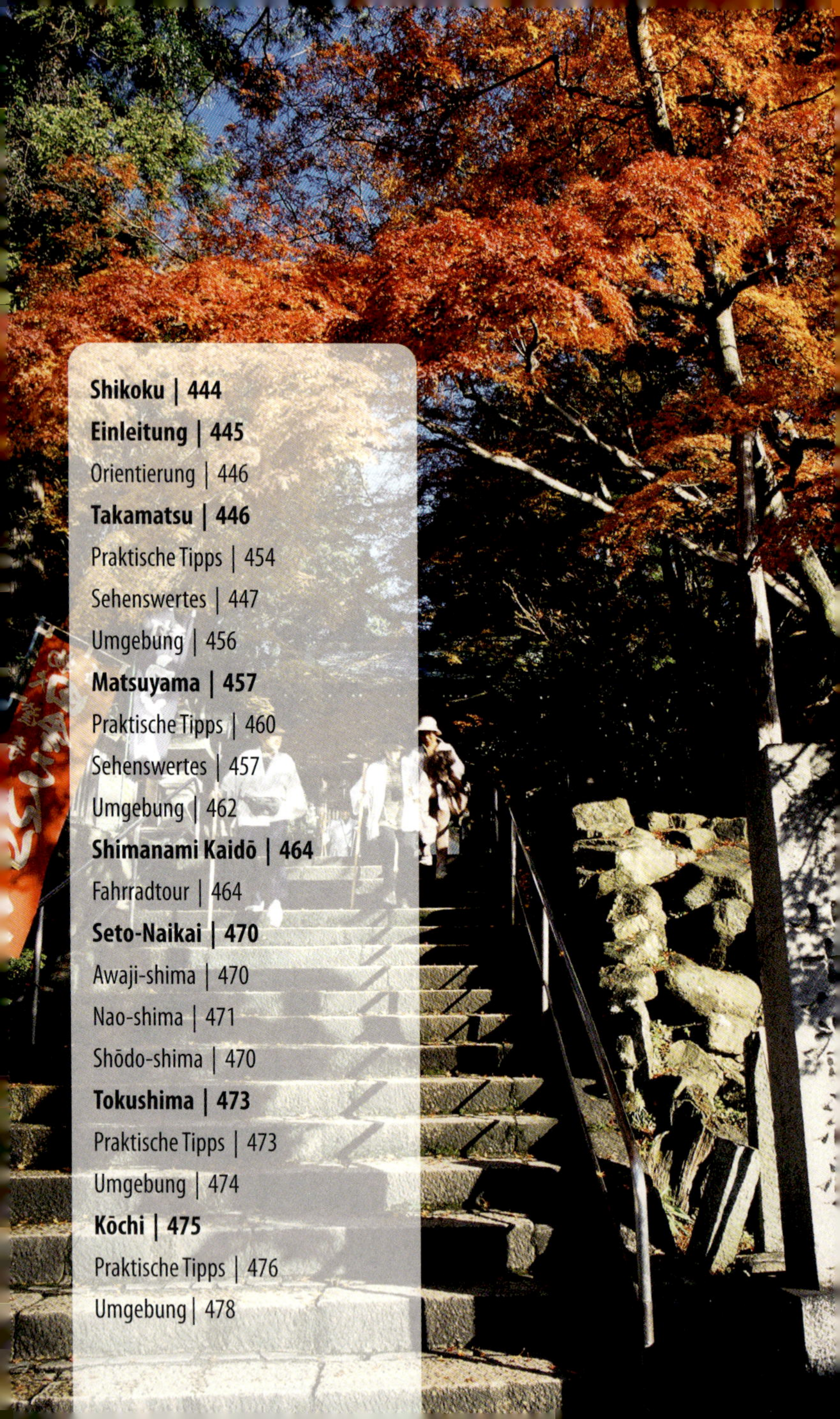

jap_707 oh

7 Shikoku

Ein entspannendes Thermalbad? Gerne. Aber muss das Wasser unbedingt 43 Grad heiß sein? Ja, es muss. In der ältesten Therme Japans ...

⊂ Geschafft: Pilger am Ōkuboji, dem 88. Tempel

SHIKOKU

jap_570 oh

Ein Rundweg, **88 Tempel** und jede Menge Pilger kennzeichnen das Bild Shikokus. Das Klima ist angenehm mediterran. Wer hierher kommt, fährt gerne **Rad** oder leiht sich mal ein **Kajak.** Oder **surft** einfach mal eine Runde …

NICHT VERPASSEN!

- **88-Tempel-Rundweg** – Weiße Pilger, rote Stempel und ewiger Seelenfrieden | **452**
- Kuratmosphäre rund um **Dōgo Onsen,** der ältesten Therme Japans | **457**
- **Shimanami Kaidō** – Inselhopping mit dem Fahrrad | **464**
- **Nao-shima** – Kunst, Natur und Architektur im Einklang | **471**
- Der **Shimanto** – Japans letzter Wildfluss | **478**

Diese Tipps erkennt man an der gelben Hinterlegung.

[>] Mediterranes Flair in Shikoku

Einleitung

Shikoku ist die kleinste der vier japanischen Hauptinseln. Das Klima ist **mild und mediterran,** oftmals ist es in Shikoku wärmer als auf der südlicher gelegenen Insel Kyūshū, da das Klima dort mehr vom asiatischen Festland bestimmt ist. Das Gros der japanischen **Mandarinen und Orangen** kommt aus Shikoku.

Shikoku bedeutet wörtlich „Vier Provinzen", womit die heutigen **Präfekturen Ehime, Kagawa, Kōchi und Tokushima** gemeint sind. Shikoku ist ein bevorzugtes Urlaubsziel für Japaner. Ein Grund ist das milde Klima, der zweite und vielleicht wichtigere ist die äußerst beliebte **Pilgerroute der 88 Tempel.** Überall und quer durch alle Präfekturen wird man auf die weiß gekleideten Pilger stoßen, die den 1200 Kilometer langen Weg zurücklegen.

Orientierung

Für viele wird **Takamatsu** die erste Station sein, im Norden Shikokus gelegen und durch die große Seto-Ōhashi-Brücke mit Honshū verbunden. **Ehime** mit der Präfekturhauptstadt **Matsuyama** liegt im Nordwesten, **Kōchi** südwestlich und **Tokushima** im Osten.

TAKAMATSU

- **Einwohner:** 330.000
- **Präfektur:** Kagawa

Takamatsu im Nordosten ist wichtiger **Verkehrsknotenpunkt** und für alle die erste Station auf Shikoku, die mit dem Zug über die Seto-Ōhashi-Brücke von

Okayama kommen. Die **Hafenstadt** weist mit dem japanischen **Garten Ritsurin-kōen** und dem **Kotohira-Schrein** zwei erstklassige Sehenswürdigkeiten auf. Berühmt in Japan ist Takamatsu für die lokale Udon-Spezialität **Sanuki-Udon,** über die man mit den Einheimischen in Takamatsu lange fachsimpeln kann. Interessant dürfte auch ein Abstecher zu den Baumschulen sein: Takamatsu gilt als **Zentrum für Bonsai.**

Sehenswertes

Ritsurin-kōen

Der **japanische Garten** Ritsurin-kōen entstand um 1630 für den Feudalherrscher *Takatoshi Ikoma* und gilt als schönes Beispiel für reinen japanischen Stil zur Daimyō-Zeit. Für den südlichen Rundgang im Park braucht man gut 1 Stunde. Kurz nach dem Eingang kommt man zum Baum **Tsuru Kame no matsu,** dessen Wurzel- und Stammform wahlweise an einen Kranich bzw. eine Schildkröte erinnert. Hier findet sich auch die schöne Promenade mit alten Matsu-Bäumen.

Im **Teehaus,** das der Daimyō mit Blick auf den Teich für seine Teezeremonie im Sukiya-Stil errichten ließ, wird heute Grüner Tee mit Süßigkeiten serviert, für 700 Yen ein nicht gerade günstiges Vergnügen. Besser ist da schon, dass man im Teehaus nach dem Tee-Set ausdrücklich eingeladen ist, zu einem **Mittagsschlaf** auf den Tatami zu verweilen – deswegen sollte man vor allem im Sommer das Zimmer am Teich wählen, da dort ein angenehmer Windhauch zu spüren ist.

In den **Teichen** schwimmen **über 3000 Koi,** die von den Besuchern gefüttert werden dürfen (Koi-Futter kann man überall im Garten kaufen), was immer wieder ein großer Kinder- und Fotografenspaß ist. Nach dem Teehaus gelangt man zur **Quelle,** aus der das Wasser 17 Grad warm sprudelt, so dass die Teiche auch im Winter nicht zufrieren. 15 Gärtner sind permanent im Garten beschäftigt.

Wer den großen **Andrang** zur Kirschblüte vermeiden möchte, dem sei ein Besuch zur Zeit der Magnolien- oder Kamelienblüte empfohlen.

■ **Ritsurin-kōen,** 20 Minuten mit dem Bus ab Takamatsu Station, die Öffnungszeiten variieren nach Jahreszeit, ungefähr von 6.30– 17.30 Uhr, Eintritt 400 Yen.

Tamamo-Park

Im Tamamo-Park stehen die **Ruinen der** einst prächtigen **Burg von Takamatsu.** Als Festung direkt am Meer 1590 erbaut, war sie Sitz der herrschenden Ikoma-Familie. Wallgräben, Steinmauern und ein paar kleinere Gebäude sind erhalten. Die Anlage liegt verkehrsgünstig, zu Fuß sind es nur 5 Minuten vom Bahnhof Takamatsu.

Bonsai-Baumschulen

Für alle Bonsai-Fans ist das Städtchen **Kinashi** sechs Kilometer westlich von Takamatsu ein Muss. Hier dreht sich (fast) alles um Bonsai. Seit 200 Jahren werden in der Stadt Bonsai gezüchtet und nach und nach entwickelte sich Ki-

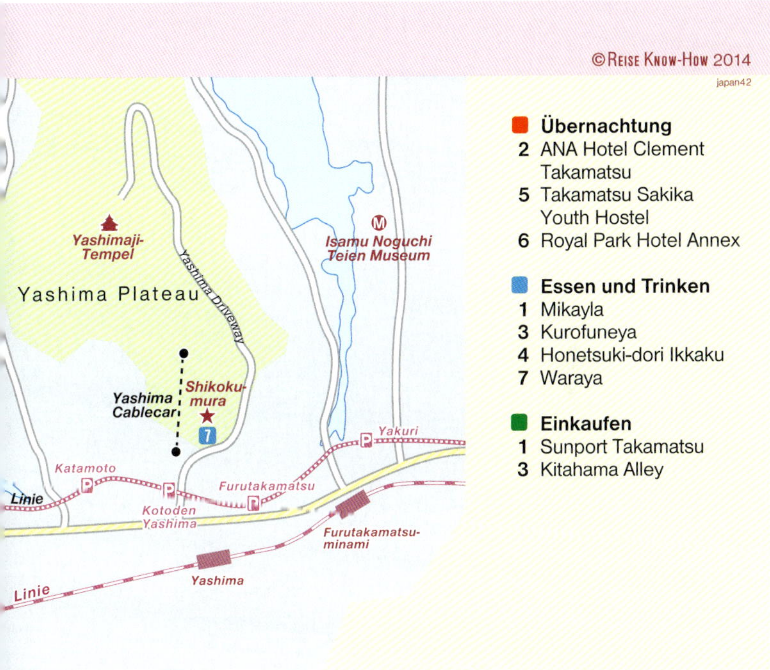

nashi zum unangefochtenen Zentrum – heute stammen zum Beispiel 80 Prozent aller Kiefern-Bonsai aus Kinashi.

Im **Kinashi Bonsai Center** finden jeden Monat (am 5., 15. und 25.) **Bonsai-Versteigerungen** statt. Die Auktionen beginnen jeweils um 9.15 Uhr, die größten Auktionen werden am 15. März und am 15. November abgehalten.

Das **Bonsai-Festival** im Oktober lockt alljährlich die Bonsai-Experten nach Kinashi. Hier werden nicht nur die besten Exemplare versteigert oder zur Schau gestellt, sondern man trifft sich auch zum Experten-Gespräch. Nähere Informationen: www.kinashi-bonsai.com und http:// bonsai.shikoku-np.co.jp.

Sollte es die Reiseplanung nicht erlauben, zu diesen Zeiten einen Abstecher nach Kinashi zu machen, bleibt einem noch die **Bonsai-Farm Matsuda Seishō-en,** die internationale Gäste gern empfängt. Mit einigen Angestellten kann man hier auf Englisch über Theorie und Praxis fachsimpeln.

■ **Anfahrt:** Mit dem Zug von JR Takamatsu in 10 Minuten nach JR Kinashi.

■ **Kinashi Bonsai Center,** Bushaltestelle Takamatsu-nishi-koukou, Tel. 881-0994, www.kinashi-bonsai.com.

■ **Matsuda Seishō-en,** vorherige telefonische Anmeldung erforderlich, Tel. 881-2947, Fax 881-0105.

Shikoku – Tempelübersicht

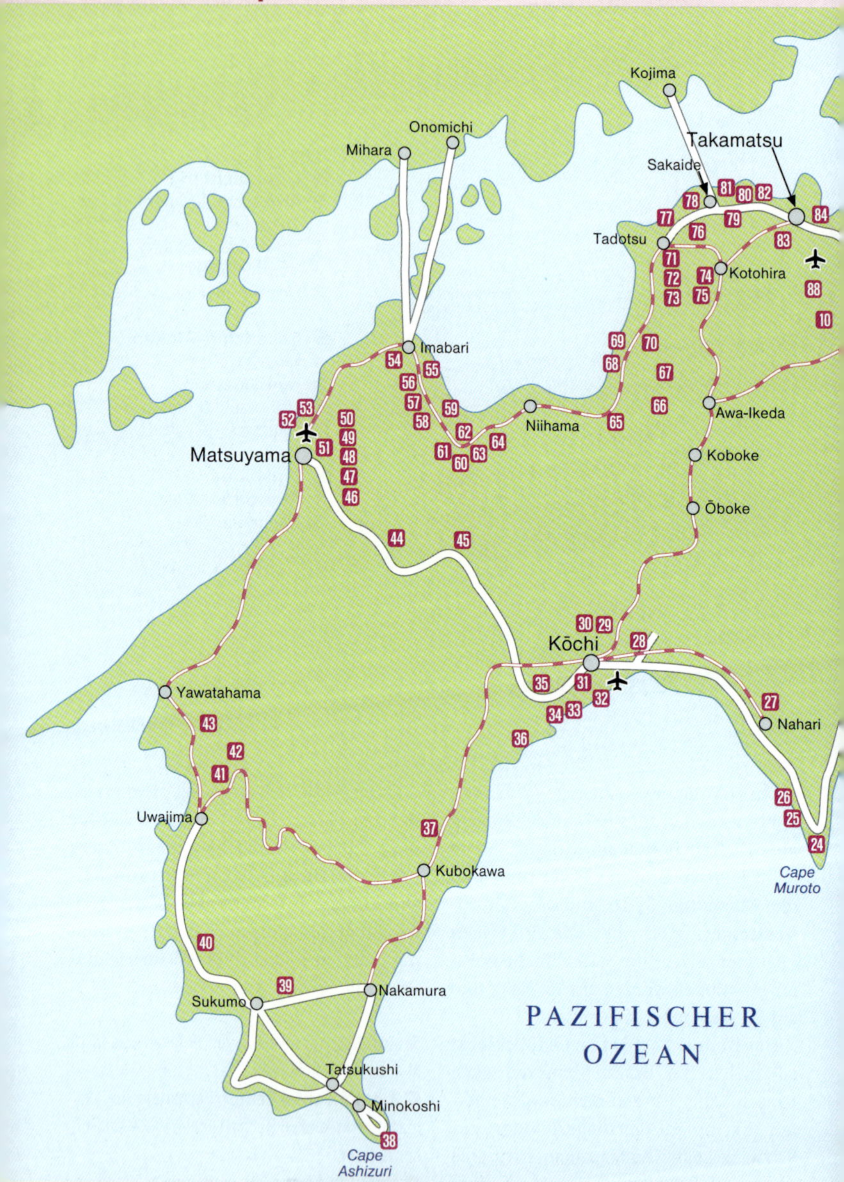

Tempel

1 Ryōzenji, Naruto
2 Gokurakuji, Naruto
3 Konsenji, Itano
4 Dainichiji, Itano
5 Jizōji, Itano
6 Anrakuji, Kamiita
7 Jūrakuji, Awa
8 Kumataniji, Awa
9 Hōrinji, Awa
10 Kirihataji, Awa
11 Fujiidera, Yoshinogawa
12 Shōsanji, Kamiyama
13 Dainichiji, Tokushima
14 Jōrakuji, Tokushima

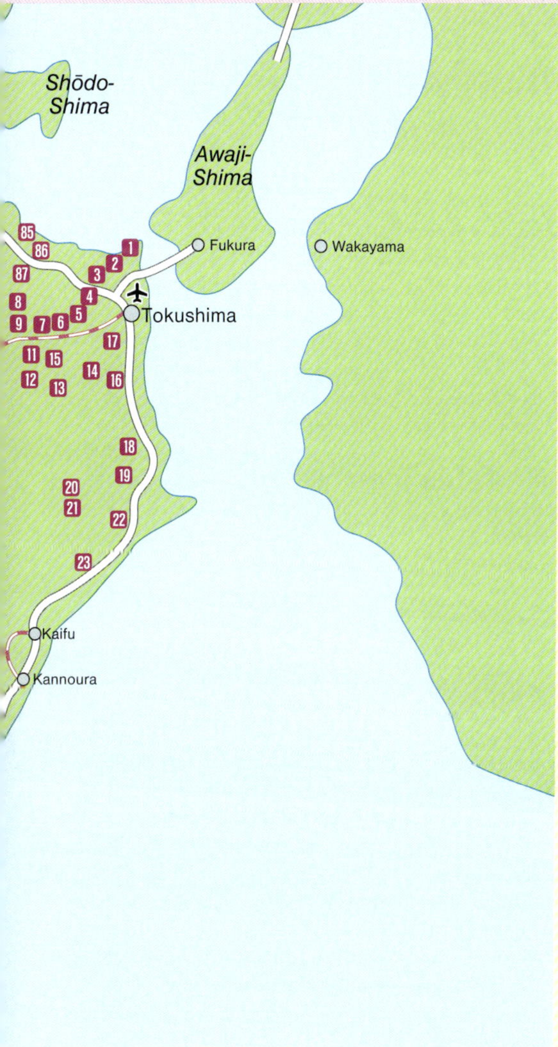

15 Kokubunji, Tokushima
16 Kan'onji, Tokushima
17 Idoji, Tokushima
18 Onzanji, Komatsushima
19 Tatsueji, Komatsushima
20 Kakurinji, Katsuura
21 Tairyūji, Anan
22 Byōdōji, Anan
23 Yakuōji, Hiwasa
24 Hotsumisakiji, Muroto
25 Shinshōji, Muroto
26 Kongōchōji, Muroto
27 Kōnomineji, Yasuda
28 Dainichiji, Noichi
29 Kokubunji, Nankoku
30 Zenrakuji, Kōchi
31 Chikurinji, Kōchi
32 Zenjibuji, Nankoku
33 Sekkeiji, Kōchi
34 Tanemaji, Haruno
35 Kiyotakiji, Tosa
36 Shōryūji, Tosa
37 Iwamotoji, Kubokawa
38 Kongōfukuji, Tosashimizu
39 Enkōji, Sukumo
40 Kanjizaiji, Ainan
41 Ryūkōji, Mima
42 Butsumokuji, Mima
43 Meisekiji, Seiyo
44 Daihōji, Kumakōgen
45 Iwayaji, Kumakōgen
46 Jōruriji, Matsuyama
47 Yasakaji, Matsuyama
48 Sairinji, Matsuyama
49 Jōdoji, Matsuyama
50 Hantaji, Matsuyama
51 Ishiteji, Matsuyama
52 Taizanji, Matsuyama
53 Enmyōji, Matsuyama
54 Enmeiji, Imabari
55 Nankōbō, Imabari
56 Taisanji, Imabari
57 Eifukuji, Imabari
58 Sen'yūji, Imabari
59 Kokubunji, Imabari
60 Yokomineji, Saijō
61 Kōonji, Saijō
62 Hōjuji, Saijō
63 Kichijōji/ Kisshōji, Saijō
64 Maegamiji, Saijō
65 Sankakuji, Shikokuchūō
66 Unpenji, Ikeda
67 Daikōji, Yamamoto
68 Jinnein, Kan'onji
69 Kan'onji, Kan'onji
70 Motoyamaji, Toyonaka
71 Iyadaniji, Mino
72 Mandaraji, Zentsūji
73 Shusshakaji, Zentsūji
74 Kōyamaji, Zentsūji
75 Zentsūji, Zentsūji
76 Konzōji, Zentsūji
77 Dōryūji, Tadotsu
78 Gōshōji, Utazu
79 Tennōji/ Kōshōin, Sakaide
80 Kokubunji, Kokubunji
81 Shiromineji, Sakaide
82 Negoroji, Takamatsu
83 Ichinomiyaji, Takamatsu
84 Yashimaji, Takamatsu
85 Yakuriji, Mure
86 Shidoji, Sanuki
87 Nagaoji, Sanuki
88 Ōkuboji, Sanuki

88-Tempel-Rundweg (Shikoku Hachijūhachikasho Meguri)

Die **Pilgertour** entlang der Tempel ist ein schönes Beispiel dafür, wie sich in Japan Religion, Tourismus und Vermarktung paaren. An kaum einem anderen Ort lässt sich wohl so komprimiert so viel über Charakteristika der japanischen Reisekultur erfahren. Historisch bedingt standen schon zur Edo-Zeit Pilgertum und Urlaub in engem Kontakt, denn nur für religiöse Pilgerungen durfte man die eigene Provinz verlassen. Der Weg entlang der 88 Tempel ist die älteste und traditionsreichste Pilgerreise Japans.

Die **1200 Kilometer lange Strecke** kann innerhalb von rund 40 Tagen zu Fuß zurückgelegt werden, was auch einige Wallfahrer machen. Nicht immer führt der Weg jedoch durch schöne Wälder oder hügelige Landschaften, sodass man auch einmal entlang der vielbefahrenen Fernverkehrsstraße laufen muss. Der Großteil der Pilger jedoch lässt sich ohnehin in klimatisierten Reisebussen von Tempel zu Tempel fahren, weswegen man sich die heiligen Stätten meistens auch mit ein paar Reisegruppen teilt. Die Ursprünge der Tempel gehen auf *Kōbō Daishi* (774–835) zurück, der auf Shikoku geboren wurde und die buddhistische Shingon-Schule gründete. Die **Pilger (Henro)** sind an der weißen Kleidung *(Byakue)*, dem Pilgerstab *(Kongōzue)* und dem kegelförmigen Strohhut *(Sugegasa)* zu erkennen. Auf ihre Gewänder werden die roten Siegel der Tempel gestempelt, sodass man an den Aufdrucken ablesen kann, wer wie viele Tempel besucht hat. Jeder Pilger führt auch ein Buch mit sich, in dem die Tempel mit ihrem Siegel und gegen eine kleine Gebühr bescheinigen, dass der Pilger im Tempel war.

Die Pilgerreise kann im weitesten Sinn als **Reinigung** verstanden werden. In den von den Tempeln geheiligten Kleidern will der Pilger nach seinem Tod aufgebahrt und eingeäschert werden, zusammen mit dem Pilger-Buch und den Siegeln der 88 Tempel. Die Pilgerreise dient also vornehmlich dazu, einmal in Ruhe sterben zu können, auch wenn man das noch nicht gleich vorhat. Sie soll die Seele Ruhe finden lassen.

In den vergangenen Jahren ist die Pilgertour auch bei internationalen Touristen beliebt geworden, die sowohl das **Naturerlebnis** als auch die **Spiritualität** der Region schätzen. Man läuft schier endlos die Küste entlang, passiert raue Landschaften und hat auf seinem Weg viele Berge zu durchwandern. Immer wird man auf eine große **Hilfsbereitschaft** der Menschen stoßen. Entlang der Hauptstrecken zwischen den Tempeln stellen die Anwohner auch mal Tee und Snacks für die Pilger vor die Haustür – wo erlebt man das sonst.

Die Tempel Nr. 1 bis 23 sowie Nr. 66 finden sich in der Präfektur Tokushima, Nr. 24 bis 39 in der Präfektur Kōchi, Nr. 40 bis 65 in der Präfektur Ehime und Nr. 67 bis 88 in der Präfektur Kagawa (vgl. die Tempelübersichtskarte).

jap_577 oh

Pilger auf dem 88-Tempel-Rundweg

Yashima-Plateau

Das vulkanische Plateau mit einer Höhe von 293 Metern **ragt als Halbinsel in das Seto-Inlandmeer** und ist bekannt für seine herrliche Aussicht auf Meer und Küste. Yashima war im 12. Jahrhundert das Schlachtfeld der Machtkämpfe zwischen dem Genji- und dem Heike-Clan, aus denen *Minamotono Yoshitsune* als Sieger hervorging. Auf dem Plateau finden sich eine schöne, drei Kilometer lange Promenade und der **Yashimaji,** Tempel Nr. 84 des 88-Tempel-Pilgerwegs.

■ **Anfahrt:** Mit dem Zug bis JR Yashima, dann mit dem Bus auf das Plateau hoch.

jap_580 oh

Praktische Tipps

- **Vorwahl:** 087

Anfahrt

- **Mit der Bahn von Kyoto** mit Umsteigen in Okayama in 2 Stunden 20 Minuten.

Touristeninformation

- **JR Takamatsu Station,** Ost-Ausgang, 1 Minute, 9–18 Uhr, Tel. 851-2009, www.takamatsu.or.jp/eng.
- **Takamatsu Convention & Visitors Bureau,** 7F Takamatsuko Ryokaku Terminal Building, 1-1 Sunport, Tel. 822-7060.

Führungen

- **Kostenlose Führungen** mit dem **Kagawa Goodwill Guide,** Anmeldungen 2 Wochen vorher bei *Herrn Masuda,* Tel. 843-9770 oder magh-htahnry@air.ocn.ne.jp.

Unterkunft

In Takamatsu sind fast nur große Hotels oder Business Hotels anzutreffen. Wer nach einer japanischen Unterkunft sucht, wird in Kotohira fündig.

- **Royal Park Hotel Annex,**①, 117 Zimmer. Business Hotel im Zentrum, Fahrradleihe möglich. Kotoden: Kawaramachi, 5 Minuten, Tel. 823-1111, annex@anabuki-enter.co.jp.
- **ANA Hotel Clement Takamatsu,**③, 300 Zimmer. Gutes Stadthotel am Bahnhof, JR Takamatsu, 2 Minuten, Tel. 811-1111, www.anaclement.com.

Shikoku-mura

Shikoku-mura ist eine Art **Freilandmuseum** mit 33 alten Bauern- und Wohnhäusern. Die Häuser stammen alle aus der näheren Umgebung und wurden zum Museumsdorf am Fuße des Yashima-Plateaus umgesiedelt.

- **Shikoku-mura,** mit der privaten Bahnlinie Kotoden bis Yashima, 10 Minuten, tägl. 8.30– 18 Uhr (im Winter bis 17.30 Uhr), Eintritt 800 Yen, Tel. 843-3111.

[^] Bonsai aus Kinashi

[>] Sanuki-Udon

Jugendherberge

■ **Takamatsu Sakika,**①, Business Hotel, das als Jugendherberge fungiert. Zimmer im westlichen und japanischen Stil, Fahrradleihe möglich. Kotoden: Katahira, Tel. 822-2111, www.jyh.or.jp.

Essen und Trinken

Die meisten Restaurants und Bars finden sich zwischen den Kotoden-Haltestellen Kotohara-machi und Kawara-machi. In jüngster Zeit boomt die **Hafengegend:** Sunport Takamatsu nördlich von JR Takamatsu und Kitahama Alley östlich vom Tamamo-Park sind die neuen Zentren für jüngere Leute.

■ **Honetsuki-dori Ikkaku,**②, sehr beliebtes Hühnchen-Grillrestaurant. Kotoden: Kawara-machi, 15 Minuten, in der Straße mit Starbuck's an der Ecke, 5F, tägl. 11–14 und 16– 23 Uhr, Tel. 823-3711.

■ **Mikayla,**②, an der Ecke von Sunport Takamatsu, Restaurant mit Meerblick und leckeren Fischgerichten. Terrassenplätze, englische Speisekarte und manchmal Club-Events. Tägl. 11–24 Uhr, Tel. 811-5357, www.clubmikayla.com.

■ **Kurofuneya,**②, populäres Abhängen für Studenten in der Kitahama Alley. Di bis So 12–15 und 18–3 Uhr, Tel. 826-3636.

Lokale Spezialität: Sanuki-Udon

Wer Udon mag, wird Kagawa lieben: Die Präfektur steht für Sanuki-Udon mit dem absoluten Zentrum Takamatsu. Sanuki-Udon ist bei japanischen Touristen so populär, dass **kulinarische Rundreisen** von einem Restaurant zum nächsten durch die Region führen. Das Spiel kann man lange betreiben – die Zahl der Restaurants mit Sanuki-Udon ist schier unendlich.

Sanuki-Udon wird **auf unterschiedliche Arten gegessen:** Als *Kamaage* werden die Nudeln heiß serviert, man nimmt sie aus dem Wasser und dippt sie in eine Sauce; *Kake* präsentiert Udon in Dashi-Suppe, während man bei *Kijyōyu* Soja-Sauce direkt auf die Udon gibt. In Form von *Zaru* kommen die Nudeln letztlich kalt im Korb und man taucht sie in kleine Schüsselchen mit kalter Sauce.

jap_581 oh

■ **Waraya,**①, am Eingang von Shikoku-mura. Eines der bekanntesten Restaurants, hier wird Sanuki-Udon gern als Kamaage gegessen. Tägl. 10–19 Uhr, Tel. 843-3115.

Museen

■ **Historisches Museum,** Museum zur Geschichte der Stadt Takamatsu mit wechselnden Ausstellungen. Di bis So 9–17 Uhr, Sun Crystal Takamatsu Bldg., 4F, 1-2-20 Shōwachō, JR Shōwachō, 3 Min.

■ **Städtisches Kunstmuseum,** Di bis Fr 9.30– 19 Uhr (Sa/So bis 17 Uhr), Bushaltestelle Konya-machi, Tel. 823-1711.

■ **Kikuchi Kan Museum,** Ausstellungen zum Werk und Leben des japanischen Schriftstellers *Kikuchi Kan* (1888–1948), der in Takamatsu geboren wurde. Di bis So 10–17 Uhr, Sun Crystal Takamatsu Bldg., 3F, 1-2-20 Shōwachō, JR Shōwachō, 3 Min.

■ **Isamu Noguchi Teien Museum,** Museum und Landschaftsgarten mit Skulpturen und Werken des Künstlers *Isamu Noguchi* in dessen früherem Atelier. Außerhalb von Takamatsu gelegen, entweder 25 Minuten per Taxi von JR Takamatsu oder 20 Minuten zu Fuß von Yukuri Station. Führungen Di, Do und Sa von 10–15 Uhr, Eintritt 2100 Yen. Vorherige Anmeldung erforderlich, Tel. 870-1500.

Umgebung

Kotohira

Der **Kotohira-Schrein** (auch „Konpira-jinja" oder „Konpira-san" genannt) **gehört zu den heiligsten Shintō-Stätten des Landes** und liegt eine Zugstunde außerhalb von Takamatsu. Die Schreinanlage erfüllt alle Kriterien einer wahrhaften Pilgerung, denn der Aufstieg zur Haupthalle mit den insgesamt 785 Treppenstufen will wohl bedacht sein. Viele Gebäude mit wertvollen Kulturgütern und Schatzhallen (wie etwa das Hōmotsukan-Museum) warten unterwegs.

Wem die 785 Stufen noch nicht genug sind, der kann den Aufstieg zum **Okusha-Schrein** auf dem Gipfel des **Mt. Zōzu-san** (521 m) fortsetzen. Hier warten dann insgesamt 1368 Stufen.

In Kotohira befindet sich auch das **älteste Kabuki-Theater Japans,** in dem zwischen April und Mai Aufführungen stattfinden, die meist lange vorher ausgebucht sind.

Praktische Tipps

Anfahrt

■ Aus Takamatsu **mit JR oder der privaten Kotoden-Zuglinie** bis Kotohira Station, Fahrtzeit 1 Stunde.

Unterkunft

■ **Kotobukiya Ryokan,**②, 7 Zimmer. Beliebt bei ausländischen Touristen. JR Kotohira, 5 Minuten, Tel. (0877) 73-3872.

■ **Kotohira Grand Hotel Sakuranoshō,**④, 81 Zimmer. Luxushotel im japanischen Stil mit erstklassigen Onsen-Bädern. Das luxuriöse Abendessen wartet mit unzähligen Gängen auf, das Separee-Ambiente steht den exquisiten Gerichten in nichts nach. Der Hotelbesitzer ist Direktor des lokalen Tourismusvereins und die letzte Chance, wenn man noch schnell Karten für das Kabuki-Theater bekommen will. Kotoden: Kotohira, 15 Minuten, Tel. (0877) 75-3218, www.sakuranosho.jp.

Essen und Einkaufen

„Onhirahira Chō mo Konpira mairi kana" – In seinem berühmten Haiku aus der Edo-Zeit preist *Issa Kobayashi* die Schönheit des **Konpira.** Wer heute den Hauptweg, die **Omotesandō,** zum Schrein zurücklegt, erlangt noch einen kleinen Eindruck von früher. Rund 100 nostalgische Stände mit Tee, Süßigkeiten und Souvenirs buhlen um die Gunst der Gäste.

MATSUYAMA

- **Einwohner:** 510.000
- **Präfektur:** Ehime

Matsuyama ist die **größte Stadt auf Shikoku** und im Vergleich zu Takamatsu touristischer. Das liegt vor allem an der großartigen **Burg Matsuyama-jō** sowie an **Dōgo-Onsen,** das den Ruf als **älteste Therme Japans** genießt. Die eingesetzten alten Straßenbahnen verleihen der Innenstadt einen charmanten nostalgischen Charakter, große Industriebetriebe (Chemie, Nahrungsmittel und Maschinenbau) sind eher am Hafen angesiedelt. Seit 1989 pflegt Matsuyama eine intensive Städte-Partnerschaft mit Freiburg.

Sehenswertes

Matsuyama-jō

Der Bau der **Burg** wurde 1603 von *Yoshiaki Kato* in Auftrag gegeben; bis zur Fertigstellung vergingen ganze 24 Jahre. Das Schloss ist eines von wenigen in Japan, das in seiner **Originalform** erhalten ist. Aufgrund ihrer abgeschirmten Lage und der technisch hoch entwickelten Befestigungsanlagen wurde die Burg im Laufe der Jahrhunderte **nie eingenommen.** Erhaben thront die Burg über der Stadt und ist fast von jedem Straßenzug aus zu sehen. Als Besonderheit der Burgarchitektur und im Gegensatz zu anderen Festungen wie etwa dem Osaka-jō steht der Donjon nicht alleine, sondern ist durch Gänge mit Nebengebäuden verbunden. Nachts wird die Burg beleuchtet.

Von der Straßenbahnhaltestelle kann man innerhalb von 20 Minuten zur Burg hochlaufen, es verkehrt aber auch ein **Sessellift.**

- **Matsuyama-jō,** tägl. 9–17 Uhr, Eintritt zum Hauptturm 500 Yen.

Dōgo Onsen

Dōgo Onsen blickt auf eine **3000-jährige Geschichte** als Therme zurück und lockt Onsen-Gäste aus ganz Japan an. Im Gebiet rund um das **Badehaus** erinnert die Atmosphäre an einen Kurort, in dem die Gäste von frühmorgens bis spät nachts in Yukatas und mit den Badeutensilien unterm Arm herumflanieren.

Der Ruf als **älteste Therme Japans** lässt sich darauf zurückführen, dass schon in den frühen japanischen historischen Chroniken „Kojiki" und „Nihonshoki" aus dem 8. Jahrhundert von Dōgo Onsen die Rede ist – wenngleich in diesen Geschichtsbüchern auch Arima Onsen und Shirahama Onsen aufgeführt sind und eine exakte Datierung nicht hundertprozentig möglich ist.

Jeden Morgen um 6.30 Uhr kündigen Trommelschläge die Eröffnung des Ba-

dehauses an. In Dōgo Onsen sprudeln **17 verschiedene Quellen** mit einer Temperatur zwischen 22 und 55 Grad an die Oberfläche, die auf eine Temperatur von 43 Grad gemischt und ins Badehaus geleitet werden. Drinnen im **dreistöckigen Holzbadehaus** herrscht eine unverwechselbare Atmosphäre, auch wenn die heiße Wassertemperatur von 43 Grad wohl Gewöhnung erfordert oder den Badespaß nur für die Unterschenkel erlaubt.

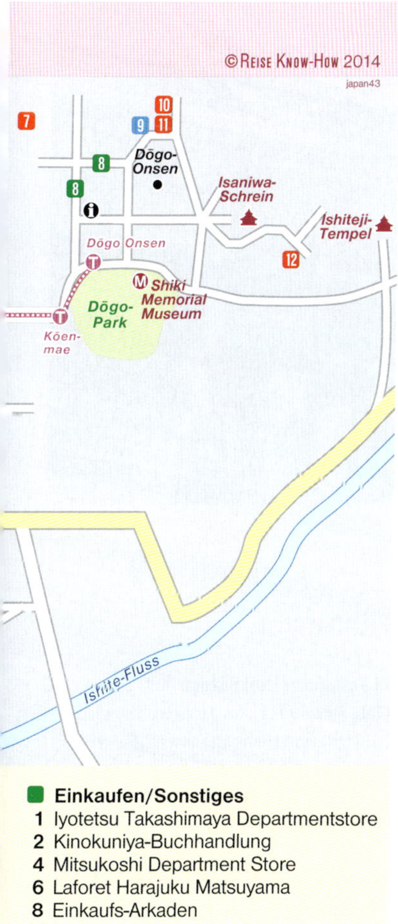

Dōgo Onsen, Grundeintritt 300 Yen. Gegen Aufpreis sind extra Ruheräume in den oberen Stockwerken oder ein Tee-Service verfügbar. Wie man es macht und was man alles machen kann, erfährt man in der englischsprachigen Beschreibung vor Ort. Straßenbahnhaltestelle Dōgo Onsen.

Stadt der Dichter

Matsuyama ist Stadt der Dichter. Zu den berühmten Bürgern der Stadt zählt **Masaoka Shiki** (1867–1902), der Ende des 19. Jahrhunderts für die kleinste japanische Versdichtung mit der Silbenzahl 5-7-5 den Begriff „Haiku" *(hai* = Humor, *ku* = Vers) einführte. *Masaoka Shiki* gilt als Modernisierer der Versform und war nicht nur als Schriftsteller, sondern auch als Herausgeber für seine Schriftstellerkollegen tätig. Allen Haiku-Fans sei ein Besuch des **Shiki Memorial-Museums** (Di bis So 9–17 Uhr, Eintritt 300 Yen) empfohlen. Mehrmals im Jahr schreibt die Stadt Matsuyama Haiku-Wettbewerbe aus, zu denen Profis wie Amateure ihre Haiku-Entwürfe einreichen können.

Der in Japan noch weitaus berühmtere Schriftsteller **Natsume Sōseki** (1867–1916) siedelte seine weit verbreitete Novelle „Botchan" in Matsuyama an. Die Stadt erkannte die touristische Chance, und seit einigen Jahren verkehrt in Matsuyama wieder die nostalgische **Botchan-Straßenbahn.** *Sōseki* ist übrigens auf der alten 1000-Yen-Banknote abgebildet.

Ishiteji-Tempel

Der **51. Tempel des Tempel-Rundwegs** wurde auf Anordnung von Tennō *Shomu* im Jahr 728 errichtet. Besonders eindrucksvoll sind das Niomon-Tor, die dreistöckige Pagode sowie die 300 Ausstellungsgegenstände in der Schatzhalle. Der Tempel liegt nur 15 Minuten von Dōgo Onsen entfernt und erlaubt so einen schnellen Blick auf die Tempel- und Pilgerkultur in Matsuyama (Eintritt zur Schatzhalle 200 Yen).

jap_583 oh

Praktische Tipps

- **Vorwahl:** 089

Anfahrt

- **Mit der Bahn** von Kyoto über Okayama in 4 Stunden.

Touristeninformation

- **JR Matsuyama,** tägl. 8.30–17 Uhr, Tel. 931-3914.
- **Ehime International Center,** Mo–Sa 8.30–17 Uhr, Tel. 917-5678, Haltestelle Kenminbunka Kaikan-mae, www.epic.or.jp/english.
- **Dōgo Information Center,** WLAN und PC verfügbar, tägl. 9–20 Uhr, Tel. 943-8342, Tramhaltestelle Dōgo-Onsen, www.dogo.or.jp.

Führungen

- **Kostenlose Rundgänge** mit **Ehime SGG Club,** Anmeldungen bei *Herrn Hino* unter Tel. 917-5678 oder ays-takeshi@m3.dion.ne.jp.

Verkehrsmittel

- Der **Ein-Tages-Pass für alle Straßenbahnen und Loop-Busse** kostet 400 Yen.

^ Wahrscheinlich die älteste Therme Japans: Dōgo Onsen

> Die „Madonna" aus Sōsekis „Botchan" beim Frühlingsfest in Matsuyama

Unterkunft

■ **Hotel Patio,**②, 101 Zimmer. Gute Lage nahe Dōgo Onsen mit vernünftigem Preis. Internet vorhanden. Tramhaltestelle Dōgo Onsen, 3 Minuten, Tel. 941-4128, www.patio-dogo.co.jp.

■ **Matsuyama ANA Hotel,**②, 327 Zimmer. Sehr gutes Stadthotel, Tramhaltestelle Ōkaidō, 2 Minuten, Tel. 933-5511, www.anahotelmatsuyama.com.

■ **Yamatoya Honten,**④, 89 Zimmer. Teures und bei japanischen Onsen-Urlaubern sehr populäres Ryokan nahe Dōgo Onsen. Zum Abendessen gibt's eine Nō-Aufführung. Tramhaltestelle Dōgo Onsen, 5 Minuten, Tel. 935-8880, www.yamatoyahonten.com.

■ **Sen Guesthouse,**①, nettes und sauberes Guesthouse mit japanisch-amerikanischem Inhaberpaar. Schlafsäle und private Zimmer verfügbar. Tramhaltestelle Dōgo-Onsen, 7 Minuten, Tel. 961 1513, http://senguesthouse-matsuyama.com.

Jugendherberge

■ **Matsuyama,**①, Schlafsaal-Betten und Privatzimmer, nahe Dōgo Onsen. Tramhaltestelle Dōgo Onsen, 8 Minuten, Tel. 933-6366, www.matsuyama-yh.com.

Essen und Trinken

Das Zentrum mit vielen Restaurants und Geschäften befindet sich **rund um die Tramhaltestelle Ōkaidō.** Restaurants und Souvenirgeschäfte trifft man ebenfalls in der Arkade vor Dōgo Onsen an. Besonders beliebt: Softeis mit Mandarinengeschmack.

■ **Gyokusui,**①, sehr gutes *Kamameshi* (Schale mit Reis, Hühnchen, Shrimps, Meerbrasse, Meeraal oder Krabben). Die Zubereitung dauert 25 Minuten, deswegen ordert man vorher noch etwas Sashimi. Do bis Di 12–14 und 18–22 Uhr, auf der Sanbanchō-dori zwei Blocks östlich der Ōkaidō, Tel. 941-5335.

■ **Dōgo Beer-kan,**②, Restaurant mit lokalem Bier und Sake vor Dōgo Onsen Honakan. Tägl. 11–22 Uhr, Tel. 945-6866.

Museum

■ **Museum of Art,** sehenswerte japanische und westliche Kunst, Gemälde, Skulpturen, zeitgenössische Werke. Di bis So 9.40–18 Uhr, Eintritt 300 Yen, Straßenbahnhaltestelle Minami Horibata.

Festivals

■ **Anfang April: Matsuyama-Frühlingsfest,** Samurai-Parade mit mehreren hundert Teilnehmern durch die Straßen Matsuyamas. Tänze und Musik an verschiedenen Orten der Stadt.

■ **Mitte August: Matsuyama-Sommerfest,** Feuerwerk und Straßentänze.

■ **5.–7. Oktober: Matsuyama-Herbstfestival.**

jap_587 ch

Umgebung

Uchiko

- **Einwohner:** 12.000
- **Präfektur:** Ehime

Uchiko ist die Partnerstadt von Rothenburg o.d.T. und in ihrer Art sind die Städte durchaus vergleichbar. Die **denkmalgeschützten Gebäude im historischen Zentrum Yokaichi** locken die Touristen scharenweise an. Die Stadt **am Oda-Fluss** erlebte im 19. Jahrhundert ihre Blütezeit, als Uchiko zum Zentrum der **Papier- und Kerzenherstellung** wurde. Vor allem mit dem japanischen Wachs *Mokuro* wurde die Handelsstadt wohlhabend. Heute wird in einigen Handwerkszentren die Herstellung der Kerzen nach traditioneller Art demonstriert, entlang der alten Dorfstraße in Uchiko trifft man auch auf ehemalige Handelshäuser, die jetzt zu **Museen** umgestaltet sind. Darin erfährt man, dass das Wachs nicht nur für Kerzen verwendet, sondern auch als Pomade für die Haarpracht der Sumo-Ringer eingesetzt wurde. Mit dem **Uchiko-za** verfügt die Stadt über ein kleines, schmuckes Kabuki-Theater.

Praktische Tipps

- **Vorwahl:** 0893

Anfahrt

- Von Matsuyama mit **JR** in 30 Minuten. Vom Bahnhof JR Uchiko läuft man in 30 Minuten in das historische Zentrum Yokaichi.

Touristeninformation

- **Uchiko Tourist Association,** 2020 Uchiko Uchiko-chō, Tel. 44-3790, www.we-love-uchiko.jp.
- **Tabirian,** eigentlich Leihstation für Fahrräder, aber auch kleine Touristeninformation. Fahrrad für 2 Stunden 300 Yen. Fr bis Mo 9–16 Uhr, direkt vor dem Bahnhof JR Uchiko, Tel. 43-1450.

Unterkunft

- **Takahashi-tei,**①, ehemaliges Wohnhaus der Takahashi-Familie. *Ryūtarō Takahashi* gilt als Gründervater der Bierbrauerei Asahi und ist bekanntester Bürger der Stadt. Das Gebäude beheimatet eine kleine Bier-Ausstellung – mit Exponaten, die *Takahashi* von seinen Lehrjahren aus Deutschland mitgebracht hat – und ist gleichzeitig Unterkunft. Für günstige 4725 Yen pro Person kann man das ganze Haus mieten. JR Uchiko, 20 Minuten, Tel. 44-2354.
- **Cocoro,**②, gemütliche Unterkunft im früheren Kaufmannshaus. Der Preis beinhaltet das Frühstück. Café mit Jazz-Musik im Erdgeschoss. JR Uchiko, 20 Minuten, auf der Honmachi-dori, Tel. 44-5735, www.uchi-cocoro.com.
- **Ishidatami-no-Yado,**②, 3 Zimmer. Nördlich von Uchiko in einem Dorf gelegen, örtliche Hausfrauen betreiben das ehemalige Bauernhaus als kleine Pension. Der Preis beinhaltet zwei Mahlzeiten. Von JR Uchiko mit dem Bus bis zur Haltestelle Ishidatami, dann 15 Minuten zu Fuß, Tel. 44-5730.

Essen und Trinken

- **Uchiko Fresh Park Karara,** Bauernmarkt mit Obst und Gemüse sowie einem Wurstgeschäft, in dem der Metzgermeister mit Ausbildung in Rothenburg exzellente deutsch-japanische Würstchen verkauft. Restaurant nebenan. Tägl. 10–21 Uhr.
- **Shimo Haga-tei,**①, Soba-Restaurant im alten Kaufmannshaus in der Honmachi-dori neben dem Cocoro. Do bis Di 11–18 Uhr, Tel. 44-6171.

Einkaufen

- **Ōmori,** traditionelle japanische Kerzen. Di bis Do und Sa/So 9–17 Uhr, Yokaichi, Tel. 43-0385.

Museen

- **The Museum of Commercial and Domestic Life,** tägl. 9–16.30 Uhr, Eintritt 200 Yen, Yokaichi, Tel. 44-5220.
- **Japanese Wax Museum und Kami-Haga Residence,** tägl. 9–16.30 Uhr, Eintritt 400 Yen, Yokaichi, Tel. 44-2771.

Umgebung: Ōse

Unweit von Uchiko liegt das Dörfchen Ōse, in dem der **Literaturnobelpreisträger Kenzaburō Ōe** aufgewachsen ist. Sein Geburtshaus kann man zwar nicht besichtigen (*Ōes* Neffe lebt darin), doch in den wenigen Straßenzügen von Ōse findet man viele Motive aus *Ōes* Romanen. Das verschlafene Dorf **tief in den Wäldern Shikokus** ist wahrlich kein touristischer Ort: Hier hat man vielmehr den Eindruck, wirklich weit entfernt von allem anderen zu sein. Wer diese Stimmung genießen kann, wird in den Wäldern von Ōse gut aufgehoben sein. Im alten **Rathaus** des Dörfchens, gerade mal 100 Meter von *Ōes* Geburtshaus entfernt, kann man günstig übernachten.

- **Ōse-no-Yakata,**①, 3 Zimmer. Ehemaliges Rathaus, das nun als Kulturzentrum und Unterkunft genutzt wird. Im Erdgeschoss gibt's eine winzige Galerie mit *Ōes* Büchern. Tel. 47-0102.

Uwajima

- **Einwohner:** 71.000
- **Präfektur:** Ehime

Die Hauptsehenswürdigkeit der **Hafenstadt** Uwajima ist die von 1596– 1601 erbaute **Burganlage,** die zwar nicht mit den ganz großen Burgen Japans konkurrieren kann, dafür aber im Original erhalten ist. Sie diente einst als Herrschaftssitz der mächtigen Date-Familie, der auch das **Date-Museum** gewidmet ist.

Weithin bekannt ist der **Taga-jinja-Schrein,** der mit seinem **Sex-Museum** (8–17 Uhr, Eintritt 800 Yen) an die Verbindung von Shintō- und Fruchtbarkeitsglauben erinnert; ein Sechs-Meter-Phallus steht neben anderen Skulpturen im Außenbereich, im Museum selbst kann man sich weiter in die Welt der Erotik vertiefen. Sehenswert.

Uwajima ist die Heimat von **Stierkämpfen:** Anders als im Falle der spanischen Variante gibt es dabei keinen Matador, sondern der Kampf erinnert eher an ein Stier-Sumo. Das Tier, das zuerst mit seinen Knien den Boden berührt oder aus dem 20-Meter-Ring flieht, hat verloren. Die Kämpfe werden in der Arena am 2. Januar, am 2. Sonntag im April, am 24. Juli sowie am 14. August ausgetragen, hinzu kommen Kämpfe für Reisegruppen.

Praktische Tipps

- **Vorwahl:** 0895

Anfahrt

- Ab Matsuyama mit **JR** in 75 Minuten.

Unterkunft

- **Hotel Clement Uwajima,**②, 82 Zimmer. Neues Hotel mit gutem Preis-Leistungsverhältnis am Bahnhof. Tel. 23-6111, www.jrhotelgroup.com.
- **Kiya Ryokan,**④, einst von 1911 bis 1995 das berühmteste Ryokan der Stadt, da hier viele promi-

nente Gäste übernachteten. Seit 2012 kann man das stilvoll renovierte Haus mieten. Eine Nacht kostet rund 20.000 Yen und pro Gästeanzahl (bis zu 8) zahlt man noch einmal 2250 Yen drauf. Hier zu übernachten könnte ein Grund für den Aufenthalt in Uwajima sein. JR Uwajima, 15 Minuten, Tel. 22-0101, www.kiyaryokan.com.

Jugendherberge

■ **Uwajima,**①, alles andere als im Zentrum gelegen, dafür mit gutem Blick auf die Stadt. JR Uwajima, 35 Minuten, Tel. 22-7177.

SHIMANAMI KAIDŌ

Nördlich von Matsuyama, an der Küste bei Imabari, beginnt die schöne **Inselstraße** Shimanami Kaidō. Shimanami Kaidō ist der umgangssprachliche Name für die **Strecke zwischen Imabari auf Shikoku und Onomichi auf Honshū,** die auf einer Länge von 60 Kilometern mit zehn großen und kleinen Brücken die **Inseln der Inlandsee** verbindet. Jede Brücke hat einen Geh- und Radweg, sodass man schöne Ausflüge unternehmen kann und sich immer ein guter Blick auf die Inselgruppen offenbart. Hier ist die beste und schönste Region Japans, um **per Fahrrad** die mediterranen Landschaften zu erkunden und sich gemütlich per Insel-Hopping von Shikoku nach Honshū zu bewegen. Auf jeder Insel finden sich Fahrradstationen (http://www.go-shimanami.jp/global/english/bicycle/).

Fahrradtour

Die Fahrradtour auf der Shimanami Kaidō führt von Imabari über Ō-shima, Hakata-jima, Ōmi-shima, Ikuchi-jima, Inno-shima, Mukai-shima nach Onomichi. Während die Gesamtdistanz für Autos 60 Kilometer beträgt, ist man mit dem Fahrrad **rund 80 Kilometer** unterwegs, da man dann die großen Brücken ab und an verlässt und auf kleinen Inselstraßen unterwegs ist.

Alle **Fahrradstationen** entlang der Shimanami Kaidō gehören zum gleichen Netzwerk, folglich kann man an jeder Station ein Fahrrad leihen und auch zurückgeben. Ein Trekking-Fahrrad kostet 500 Yen pro Tag, für Kinder sind es 300 Yen. Bei der Ausleihe muss man 1000 Yen als Kaution bezahlen, die man nur dann zurückbekommt, wenn man das Fahrrad an der gleichen Station abgibt! In den meisten Fahrradstationen wird nicht viel englisch gesprochen, die reine Ausleihe ist jedoch im Normalfall kein Problem.

Um die **Brücken** überqueren zu dürfen, muss man offiziell, je nach Brücke, einen Betrag zwischen 50 und 200 Yen bezahlen. Die Mautstationen sind jedoch fast immer unbesetzt und nur eine kleine und leicht zu übersehende Box fordert auf, das Geld einzuwerfen.

Imabari

Fahrradstation

■ **Imabari-shi Cycling Terminal,** größte Station mit ungefähr 300 Fahrrädern und guten Fahrradkarten in Japanisch. Restaurant und Unterkunft vorhanden. Tägl. 8–20 Uhr (im Winter 8–17 Uhr), Tel. (0898) 41-3196, von JR Imabari mit dem Bus Koura-keiyu-Ōhama-iki bis Itoyama-Tenbōdai-Iriguchi.

Unterkunft

- **Sunrise Itoyama,** ①, 19 Zimmer. Im gleichen Gebäude wie die Fahrradstation, Zimmer im westlichen und japanischen Stil. Tel. (0898) 41-3196, www.sunrise-itoyama.jp.

Ō-shima

Die **Aussichtsplattform Kirō-san** bietet einen wunderbaren Blick über Shikoku und das Inlandmeer. Im nordöstlichen Teil der Insel in **Miyakubo Port** kann man mit einem **Ausflugsboot** zur kleinen vorgelagerten **Insel Noshima** fahren, auf der früher Piraten ihr Unwesen trieben. Aufgrund der tückischen Strömungen in der Meerenge mussten hier einst die passierenden Schiffe für die Durchfahrt bezahlen. Die Bootstour startet vor dem Piraten-Museum Murakami Suigun.

- **Chōryū-Taiken Boat Cruise,** 30 Minuten Bootstour für 1000 Yen, Di bis So 9–16 Uhr, Tel. (0897) 86-3323.
- **Murakami Suigun Museum,** alles Wissenswerte zu den Murakami-Piraten, Di bis So 9–17 Uhr, Eintritt 200 Yen, Tel. (0897) 74-1065.

Fahrradstation

- **Yoshiumi Cycling Terminal,** kleines Gebäude auf dem öffentlichen Parkplatz von Shidatami, tägl. 9–17 Uhr, Tel. (0897) 84-3233.
- **Miyakubo-chō Kankō Annaisho,** Touristeninformation mit Fahrradstation, tägl. 9–17 Uhr, Tel. (0897) 74-1074.

jap_590 oh

☐ Fahrradtour auf der Shimanami Kaidō

Shimanami Kaidō

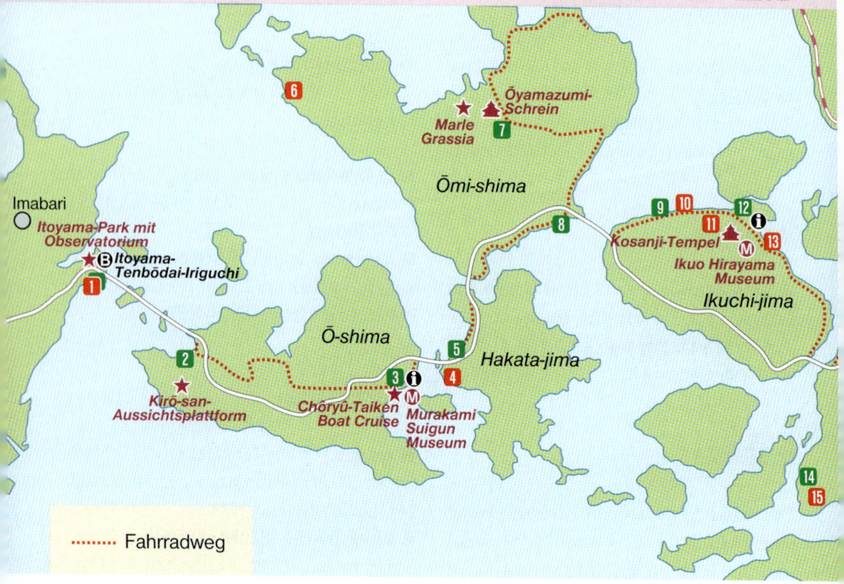

Unterkunft

Auf der Insel sind **zahlreiche Minshukus** vorhanden, die wenigsten sind jedoch erfahren im Umgang mit ausländischen Gästen. Die Touristeninformation hilft weiter.

Hakata-jima

Die abwechslungsreiche Fahrradstrecke passiert den westlichen Teil der Insel. Hakata-jima ist bekannt als Ort der **Salzproduktion.**

Fahrradstation

■ **Marin Oasis Hakata,** am Strand gelegen, tägl. 9–18 Uhr, Tel. (0897) 72-0018.

Campingplatz

■ **Niwatori Kojima Camping Site,** Campingplatz mit Kochmöglichkeit, Tel. (0897) 72-3300 *(Marin Oasis Hakata).*

Ōmi-shima

Ōmi-shima hat ein paar **schöne Strände** und lockt zur Mandarinenernte im Herbst zahlreiche Besucher auf die Insel. Auf der Insel befindet sich der **Ōyamazumi-Schrein,** der 719 erbaut wurde und dessen jetzige Gebäude 1427 rekonstruiert wurden. Landesweit bekannt ist der Schrein für seine Sammlung von **Samurai-Rüstungen:** 80 Prozent von Japans Kulturschätzen in der Kategorie Samurai-Waffen haben im

Übernachtung
1 Sunrise Itoyama
4 Niwatori Kojima Camping Site
6 Furusato Ikoi-no-Ie
10 Setoda Tarumi Onsen Hostel
11 Ryokan Tsutsui
13 Ikkyū
15 Innoshima People's Lodge
18 Green Hill Hotel
19 Takemuraya

Fahrradverleih
1 Imabari-shi Cycling Terminal,
2 Yoshiumi Cycling Terminal
3 Miyakubo-chō Kankō Annaisho
5 Marin Oasis Hakata
7 Shimanami-no-eki Mishima
8 Tatara Shimanami Kōen
9 Sunset Beach
12 Setoda Kankō Annaisho
14 Habu Port
16 Shigei-Nishi Port
17 Onomichi Port
20 Fukumoto Tosen
21 Onomichi Tosen

Schrein ihren Ausstellungsort. Viele Utensilien wie Helme oder Schwerter wurden von den Samurai über die Jahrhunderte direkt an den Schrein vermacht.

Fahrradstation

■ **Tatara Shimanami Kōen,** relativ große Fahrradstation mit Restaurant, tägl. 9–17 Uhr, Tel. (0897) 87-3855.

Touristeninformation

■ **Shimanami-no-eki Mishima,** Touristeninformation im gleichen Gebäude wie die Fahrradstation, hier kann man auch mal duschen, tägl. 8.30–17 Uhr, Tel. (0897) 82-0002.

Unterkunft

■ **Furusato Ikoi-no-Ie,** ①, 30 Zimmer, nostalgisches Minshuku in städtischem Besitz, das Gebäude war früher eine Grundschule. Am Strand gelegen, der Preis beinhaltet zwei Mahlzeiten. Tel. (0897) 83-1111.

Thalasso

■ **Marle Grassia,** öffentliches Thalasso-Wellness-Bad, Badesachen vorgeschrieben. Do bis Di 10–21 Uhr, Eintritt 500 Yen, Tel. (0897) 82-0100.

Ikuchi-jima

Empfehlenswert ist eine kurze Fahrradpause am **Kōsanji-Tempel.** Die Anlage

jap_594 oh

besteht aus 20 verschiedenen Gebäuden und beeindruckt durch ihre Ausmaße. Man könnte leicht glauben, sich an einem Ort mit jahrhundertelanger Tradition zu befinden. Tatsächlich stammen die Bauten jedoch alle aus dem Jahr 1936, die ein reicher Geschäftsmann im Gedenken an seine verstorbene Mutter errichten ließ. Die größten Gebäude sind dabei **berühmten Vorbildern nachgebildet:** Das Kōyōmon ist dem Yōmeimon-Tor in Nikkō nachempfunden, weswegen man den Kosanji auch als „westliches Nikkō" bezeichnet. Ebenso finden sich Nachbauten des Hōryūji (Nara) sowie eine Imitation der Phönix-Halle des Byōdōin (Uji). Ein unterirdischer Gang führt durch eine Art **Höhle mit 1000 Buddha-Statuen.** Geht man die Anlage ganz nach oben, gelangt man zu einem strahlend weißen **Marmorpark** mit italienischem Marmor, von dem man hinunter zum Meer blicken kann.

Des Weiteren findet sich auf der Insel das sehenswerte **Ikuo Hirayama-Museum.**

Fahrradstation

■ **Sunset Beach,** am Sandstrand gelegen, mit Campingplatz, Duschraum und Restaurant. Reservierung für Campingplatz notwendig. Tägl. 9–17 Uhr, Tel. (0845) 27-1100, www.ononavi.jp/sunsetbeach.

■ **Setoda Kankō Annaisho,** Touristeninformation mit Fahrradstation, vor dem Ikuo Hirayama-Museum gelegen, tägl. 9–17 Uhr, Tel. (0845) 27-0051.

Unterkunft

■ **Ikkyū,**①, 7 Zimmer. Kleines Minshuku am Meer mit englisch sprechendem Besitzer. Abholservice kann vereinbart werden. 20 Minuten vom Setoda-

Hafen, Tel. (0845) 27-1019, http://leo9ball.kt.fc2.com.

■ **Ryokan Tsutsui,**③, 18 Zimmer. Normales Ryokan am Setoda-Hafen mit drei Gemeinschaftsbädern. Der Preis beinhaltet zwei Mahlzeiten. Tel. (0845) 27-2221, www.tsutsui.yad.jp.

Jugendherberge

■ **Setoda Tarumi Onsen Hostel,** ehemalige Jugendherberge und nun privates Hostel mit Onsen. Tel. (0845) 27-3137, ww7.enjoy.ne.jp/~ymdymd777/eshimanami.html.

Inno-shima

Inno-shimas Geschichte vom 14. bis 16. Jahrhundert ist mit den **Murakami-Piraten** verbunden. Die wieder aufgebaute **Burg Inno-shima Suigun-jō** widmet sich der Zeit und den Herrschern über die Seto-Inlandsee (Fr bis Mi 9.30–17 Uhr, Eintritt 310 Yen, Tel. 08452-4-0936). Des Weiteren sind die **500 Stein-Buddhas auf dem Mt. Shirataki** einen Besuch wert.

Fahrradstation

■ **Habu Port,** kleines Gebäude am Parkplatz, tägl. 7–19 Uhr, Tel. (0845) 22-3362.

■ **Shigei-Nishi Port,** Gebäude am Parkplatz, tägl. 7–19 Uhr, Tel. (0845) 25-0548.

Unterkunft

■ **Innoshima People's Lodge,**②, 28 Zimmer. Unterkunft in öffentlicher Trägerschaft, Mahlzeiten extra, Abholservice vom Habu-Hafen möglich. Tel. (0845) 22-4661, www.innoshima-hananoyado.jp.

Mukai-jima

Die Brücke zwischen Mukai-jima und Onomichi hat keinen guten Fahrradweg. Hier ist es ratsam, mit der **Fähre** überzusetzen und das Fahrrad dann in **Onomichi** abzugeben. Die Fähre verkehrt regelmäßig und kostet 100 Yen für die dreiminütige Überfahrt, Fahrräder können mitgenommen werden.

Fahrradstation

■ **Fukumoto Tosen,** an der Fährstation am Hafen, tägl. 7–18.45 Uhr, Tel. (0848) 44-2020.

■ **Onomichi Tosen,** an der Fährstation am Hafen, tägl. 9–18 Uhr (im Winter 9–17 Uhr), Tel. (0848) 44-0515.

Onomichi

Fahrradstation

■ **Onomichi Port,** am Hafen Onomichi am Parkplatz zu finden, tägl. 7–18 Uhr, Tel. (0848) 22-5332.

☐ Marmorpark in Ikuchi-jima

SETO-NAIKAI

Das **Inlandmeer zwischen Honshū und Shikoku,** Seto-Naikai, bietet mit **zahlreichen Inseln** vielfältige Szenarien. Manche Inselgruppen sind – wie etwa mit der erwähnten Shimanami Kaidō – durch eine Art Inselstraße verbunden, landschaftlich sehr attraktiv und touristisch entwickelt. Andere Inseln dagegen sind kaum touristische Ziele und geprägt von Abgeschiedenheit und Langsamkeit.

Awaji-shima

Die **längste Hängebrücke der Welt** verbindet die Insel Awaji-shima mit Honshū: Die 1998 fertig gestellte **Akashi-Kaikyō-Brücke** misst 3911 Meter und spannt sich von Awaji-shima nach Kobe. Trotz der guten Anbindung ist Awaji-shima im Vergleich zu Kansai sehr abgeschieden und landwirtschaftlich geprägt, daher fielen hier dem großen Hanshin-Awaji-Erdbeben 1995 weit weniger Menschen zum Opfer als im benachbarten Kobe. Die meisten Japaner verbinden Awaji mit **Zwiebeln,** die dort in großen Mengen produziert werden – das sagt auch schon alles über das Image der Insel.

Ein Ausflugsziel zwischen Awaji-shima und Shikoku ist die **Meerenge Naruto,** in der sich durch die Wechselwirkung von Pazifik und Inlandmeer **Strudel** bilden. Ein Ausflugsschiff fährt ab Fukura auf Awaji zu den Strudeln (Kosten 2000 Yen). Auch von Land kann man einen Blick auf das Naturschauspiel werfen. Die beste Zeit dafür ist jeweils eine Stunde vor und nach Ebbe und Flut. Wer auf der Insel Station machen muss/will, kann sich im Winter den **Garten Kuroiwa-Suisenkyō** mit seinen rund fünf Millionen Narzissen ansehen oder den von *Tadao Andō* gestalteten **Tempel Honpukuji.** Extra anreisen sollte man dafür jedoch nicht.

Praktische Tipps

Anfahrt

- **Mit dem Bus** ab Sannomiya oder Shin-Kobe in 1½ Stunden.
- **Mit dem Schnellboot** ab Akashi in 15 Min.

Unterkunft

- **Minshuku Eight,**①, freundliches Minshuku mit leckeren Mahlzeiten. Abholservice aus Sumoto möglich. Tel. (0799) 22-1599, www1.sumoto.gr.jp/eight.
- **Minami Awaji Royal Hotel,**③, 330 Zimmer. Großes Hotel im südlichen Teil der Insel, gute Sicht auf die Naruto-Ōhashi-Brücke. Tel. (0799) 52-3011, www.daiwaresort.jp.

Shōdo-shima

Im Gegensatz zu Awaji-shima ist Shōdo-shima aufgrund des **mediterranen Klimas** und der **schönen Strände** ein klassisches Ferienausflugsziel für Bewohner aus Kansai. Shōdo-shima steht für die prächtige Küste und für seine **Oliven-**

haine, die die einzigen Japans sind und die man in Shōdo-shima bereits 1908 anlegte. Der **Olive Park** (30 Minuten mit dem Bus ab dem Hafen Tonoshō) war die erste Olivenplantage Japans und noch heute stehen dort rund 2000 Bäume. Die Insel identifiziert sich mit den angebauten Oliven so sehr, dass vieles danach benannt ist, von der „Oliven-Fähre" bis zum „Oliven-Marathon".

Die **Kankakei-Gegend** im Osten der Insel weist eine Reihe von kleinen Bergen und interessanten Schluchten auf, in denen die Erosion bizarre Felsformationen hinterlassen hat. Die Gegend eignet sich gut zum **Wandern** und die meisten nehmen die Seilbahn hoch zum **Aussichtspunkt,** von dem aus man die gesamte Insel und das Inlandmeer überblicken kann. Die **Seilbahn** fährt von 8.30–17 Uhr, Hin- und Rückfahrt kosten 1250 Yen.

Praktische Tipps

Anfahrt

- **Mit dem Schnellboot** bis Tonoshō und Sakate ab Osaka (Tempōzan-Pier) oder Kobe (Nakatottei-Pier) in 2–3 Stunden. Nach Tonoshō auch ab dem Hafen Shin-Okayama und ab Takamatsu.

Unterkunft

- **Shōdo-shima Elies-sō,**①, 18 Zimmer. Die günstigste Wahl auf Shōdo-shima, am Sakate-Hafen gelegen. Tel. (0879) 82-1099, www. elies.jp.
- **Pension Sun Set Coast,**②, 6 Zimmer. Pension am Strand, Abholservice kann vereinbart werden. Tel. (0879) 62-2794, www. page.sannet.ne.jp/sun set-coast.

Jugendherberge

- **Shōdoshima Olive,** zwischen 3100 und 3700 Yen, gut ausgestattet. Bushaltestelle Olive-Youth-Hostel-mae, Tel. (0879) 82-6161.

Campingplatz

- **Dutch Pancake Camping,**①, Campingplatz mit niederländischem Besitzer, nahe dem Olive Park. Eine gute Wahl, um die Insel zu genießen. Bushaltestelle Minzoku-Shiryōkan-mae, Tel. (0879) 82-4616, ww8.tiki.ne.jp/~dpc-/Top.htm.

Fahrradleihe

Die 180 Kilometer Inselumfang sind eine Einladung für eine schöne mehrtägige Fahrradtour. Dabei geht es öfter bergauf und bergab, als man das vorher erwartet hatte.

- **Uchinomi cycling,** am Sakate-Hafen, Tel. (0879) 82-1099.
- **Asahiya Rent a cycle,** am Tonoshō-Hafen, Tel. (0879) 62-0162.

Nao-shima

Kunst- und Architekturliebhaber zieht es auf die kleine Insel Nao-shima. Die nur 8,13 km² große Insel westlich von Shōdo-shima hat in den letzten Jahren die Aufmerksamkeit der zeitgenössischen Kunstszene erregt. **Kunst und Architektur** verbinden sich hier auf wunderbare Weise mit dem Ambiente des Seto-Inlandmeers. Das Ergebnis sind spektakuläre und in ihrer Klarheit kaum übertroffene

Kunstträume. Die Werbeabteilung der Insel läuft derzeit auf Hochtouren: Seitdem die Insel im James Bond-Buch „The Man with the Red Tattoo“ erwähnt wurde, versucht man, das 007-Filmteam auf die Insel zu locken. Das würde dem Tourismus noch mehr Auftrieb geben.

Drei der wichtigsten Kunstprojekte sind als **Bennesse-Kunstpark** zusammengefasst. Das **Benesse-Haus** auf einem Hügel an der südlichen Küste ist das Zentrum der Anlage. Internationale Architekten und Künstler haben hier Kunstlandschaften in der Galerie sowie um das Gebäude an der Küste geschaffen. Zu den innovativsten Projekten zählt das **Cultural Melting Bath,** das aus der Onsen-Vorliebe Onsen-Kunst machte. Das Gebäude selbst ist vom Star-Architekten *Tadao Andō* entworfen worden und bietet auch die Möglichkeit zu Übernachtungen

■ **Benesse-Haus,** tägl. 8–21 Uhr, Eintritt 1000 Yen, Tel. 087-892-2030, Bushaltestelle Benesse-House-shita.

Der **Seaside Park** liegt ebenfalls an der Südküste und ist der Ort für Installationen und Skulpturen unter freiem Himmel. Übernachtungen sind hier im mongolischen Pao-Zelt möglich.

In **Honmura** im östlichen Teil der Insel ist das **Art House Project** angesiedelt, in dessen Rahmen sieben traditionelle Gebäude des Dorfes (Kadoya, Minamidera, Go'o-Schrein, Ishibashi, Gokaisho, Haisha, Kinza) zu Künstlerhäusern umgestaltet wurden.

■ **Art House Project,** Di bis So 10–16.30 Uhr, Eintritt für sechs Häuser (außer Kinza) 1000 Yen, Bushaltestelle Nokyo-mae.

Im **Chichū-Museum** geht es nach unten, denn die Anlage ist als unterirdisches Museum konzipiert. Bilder von *Claude Monet,* Skulpturen von *Walter De Maria* und Lichtinstallationen von *James Turrel* sind hier zu bewundern.

■ **Chichū-Museum,** Mi bis So 10–17 Uhr, Eintritt 2000 Yen.

Praktische Tipps

Anfahrt

■ Mit der **Fähre „Shikoku Kisen“** von Takamatsu in 50 Min. zum Miyanoura-Hafen. Oder vom Uno-Hafen (Okayama-Präfektur) in 20 Min. zum Miyanoura- oder Honmura-Hafen.

Touristeninformation

■ Nahe am **Miyanoura Hafen,** Tel. (087) 892-2299, www.naoshima.net.

Verkehrsmittel

■ **Busse** verkehren regelmäßig. Wer die Zeit hat, sollte die kleine Insel zu Fuß erkunden oder sich in der Touristeninformation ein **Fahrrad** leihen (600 Yen pro Tag).

Unterkunft

■ **Benesse-Haus,**④, an das Museum angegliederte Unterkunft, bestehend aus den Komplexen „Park“, „Beach“, „Museum“ und „Oval“. Alle Gebäude wurden von *Tadao Ando* entworfen. Reservierung unter Tel. (087) 892-2030, www.benesse-artsite.jp.

■ **Resthouse Tsutsuji-so,**①, Lodge mit vier Zimmern und zehn Pao-Zelten mit jeweils vier Betten. Reservierung unter Tel. (087) 892-2838.

■ **Dormitory Inn Kawloon,**①, lokale kunstunabhängige Unterkunft für preisbewusste Reisende. Am Hafen Miyanoura, Tel. (087) 892-2424, http://kawloon.gozaru.jp.

TOKUSHIMA

■ **Einwohner:** 265.000
■ **Präfektur:** Tokushima

Tokushima als **Hauptstadt der gleichnamigen Präfektur** glänzt nicht gerade mit touristischen Sehenswürdigkeiten. Nur zum **Tanzfestival Awa-Odori** im Sommer (12.–15. August) strömen Touristen aus allen Teilen des Landes herbei: Schätzungsweise rund 1,3 Millionen Besucher verfolgen die Tänze in den Straßen, die jährlich von etwa 100.000 Teilnehmern vorgetragen werden. „Odoru Ahō ni Miru Ahō, Onaji Ahō nara Odoranya Sonson" – „Die Tänzer sind verrückt, aber das Publikum ist es auch. Wenn beide verrückt sind, sollten sie miteinander tanzen." Das ist der berühmte und mottogebende Satz des Liedes „Yoshikono-bushi", das von den rund 950 Gruppen bei der Parade gesungen wird. Die Tänze finden im Stadtzentrum abends ab 18 Uhr auf errichteten Bühnen oder entlang der Straßen statt. An verschiedenen Plätzen kann man selbst an den Tänzen teilhaben. Wer diese Gelegenheit verpasst, kann im **Museum Awa Odori Kaikan** nicht nur mehr über das Festival erfahren, sondern selbst den Awa-Tanz erlernen.

■ **Awa Odori Kaikan,** Do bis Di 9–17 Uhr, Eintritt 500 Yen, Bushaltestelle Ropeway-mae, Tel. 611-1611.

Praktische Tipps

■ **Vorwahl:** 088

Anfahrt

■ **Von Okayama mit JR** nach Tokushima in 2 Stunden.

Touristeninformation

■ **Touristeninformation TOPIA,** Clement Plaza, 6F, 1-61 Terashima-honcho-nishi, tägl. 10–18 Uhr, WLAN und PC verfügbar, Tel. 656-3303, www.topia.ne.jp.

Unterkunft

■ **Hotel Clement,**②, 250 Zimmer. Mit dem Bahnhofsgebäude JR Tokushima verbundenes Hotel. Tel. 656-3111, www.hotelclement.co.jp.

■ **The Agnes Hotel,**②, 61 Zimmer. Modernes Hotel nahe am Bahnhof. Eine Waschmaschine steht zur Verfügung, dazu kostenloses Internet. JR Tokushima, 3 Minuten. Tel. 626-2222, www.agneshotel.jp.

Jugendherberge

■ **Tokushima,** 2940 Yen für Mitglieder (sonst 3990 Yen). Am Strand, 15 Minuten vom Stadtzentrum gelegen, Bushaltestelle Omiko, Tel. 663-1505.

Umgebung

Naruto

Naruto, 40 Zugminuten nördlich von Tokushima, ist bekannt für seine **schäumenden Wasserstrudel,** die sich zu Hunderten aus dem Zusammentreffen verschiedener Ströme und dem Wechselspiel der Gezeiten im Inlandmeer bilden. Von einem **Aussichtspunkt** kann man die Meerenge und das Naturschauspiel überblicken. Zu der Aussichtsplattform fährt man entweder mit dem Bus ab Naruto Station oder direkt ab Tokushima Station.

Beeindruckend ist auch die **Uzu-no-michi,** eine Art **Panoramabrücke** über dem Meer, durch deren Glasboden man direkt nach unten auf das Meer und die Strudel blicken kann.

■ **Uzu-no-michi,** tägl. 9–18 Uhr, Eintritt 500 Yen, Bushaltestelle Naruto-Kōen.

jap_600 oh

In der doch recht abseits gelegenen Naruto-Gegend findet sich auch überraschenderweise das hinsichtlich der Ausstellungsgröße größte Museum Japans, das **Ōtsuka Museum of Art,** das auf acht Stockwerken eine Vielzahl ausgewählter Werke und Sammlungen präsentiert.

■ **Ōtsuka Museum of Art,** tägl. 9.30–17 Uhr, Eintritt 3150 Yen, Bushaltestelle Otsuka-Kokusai-Bijutsukan-mae.

Das **Naruto German House** steht an der Stelle des ehemaligen Kriegsgefangenlagers aus dem 1. Weltkrieg. 1914 hatten japanische Truppen 4700 deutsche Soldaten der Tsingtao-Garnison festgenommen und unter anderem nach Bando gebracht, dem heutigen Naruto. Das German House beherbergt ein Museum zur Geschichte des Lagers und ist Veranstaltungsort für Musikkonzerte.

■ **Naruto German House,** Di bis So 9.30–16.30 Uhr, Tel. 088-689-0099, JR Bandō, 20 Minuten, www.city.naruto.tokushima.jp/contents/german-house_deutsch.

Unterkunft

■ **Sanukiya Ryokan,**①, 12 Zimmer. Freundliches Ryokan, das gern ausländische Touristen empfängt. Mahlzeiten gegen Aufpreis, aber wegen des frischen Fisches sehr lohnenswert. JR Naruto, 3 Minuten, Tel. (088) 686 3301.

◁ Wasserstrudel bei Naruto

Iya-Tal, Yoshino und Tsurugisan-Quasi-Nationalpark

Westlich von Tokushima erstreckt sich ein **abgelegenes Naturgebiet,** das sich entlang dem Yoshino, dem längsten Fluss Shikokus, zieht. Bei einem Aufenthalt in der idyllischen und bergigen Gegend lässt sich leicht nachvollziehen, warum das Gebiet seit jeher als letztes Rückzugsgebiet diente. Im 12. Jahrhundert suchte beispielsweise der im Bürgerkrieg unterlegene Heike-Clan Zuflucht in der unwegsamen Natur. **Ōboke** und **Koboke** sind die größten **Schluchten** am Yoshino mit den steilsten Klippen. Diese Abschnitte sind aufgrund der heftigen Stromschnellen und beeindruckenden Felsformationen bei **Kajak- und Rafting-Urlaubern** sowie bei Wanderern beliebt. Starke Regenfälle sind in der Gegend keine Seltenheit und lassen den Fluss vor allem im Sommer anschwellen.

Nishi-Iya ist das Zentrum entlang der alten Route 32, in dessen Nähe auch die **Iya-Schlucht** mit der eindrucksvollen **Hängebrücke Kazurabashi** liegt. Weiter östlich im Nationalpark gelangt man mit einem **Sessellift** hoch zum **Gipfel des Tsurugi** auf 1955 Meter.

Praktische Tipps

Anfahrt

- **Mit der Bahn** in 1½ Stunden von Tokushima Station nach Koboke Station.

Unterkunft

- **Kū Neru Asobu,**①, Gemeinschaftszimmer in einem traditionellen Bauernhaus. Der englisch sprechende Besitzer ist Natur- und Wanderfreund und kennt sich bestens in der Gegend aus. Abholservice vom Bahnhof ist gegen Aufpreis möglich. JR Ōboke, 40 Minuten, Tel. (090) 9778-7133, www.k-n-a.com.
- **Hotel Iya Onsen,**③, 23 Zimmer. Hoch über dem Tal gelegen und mit Onsen im Tal, zu dem man mit dem Cable Car 170 Meter hinunterfährt. Zwei Mahlzeiten sind im Preis inbegriffen. Mit dem Bus ab JR Awa-Ikeda-chō in 50 Minuten bis zur Haltestelle Deai-Hōmen-Kazurabashi, Tel. (0833) 75-2311, www.iyaonsen.co.jp.

Surferstrand Ikumi Beach

Wer einmal japanische Surfatmosphäre erleben will, ist am Ikumi Beach nahe Kaifu richtig.

- **Beach Guest House Ikumi,**①, Surfer-Unterkunft mit Surfbrett- und Fahrradverleih, Abholservice von JR Kannoura möglich, Tel. (0887) 24-3838, www.ikumiten.com.

KŌCHI

- **Einwohner:** 330.000
- **Präfektur:** Kōchi

Kōchi liegt **im Süden Shikokus.** Die **Hafenstadt** ist zum Norden hin von einer **Bergkette** umgeben und lockt dementsprechend Wanderer ebenso an wie Surfer, die die **schönen Strände** um Kōchi schätzen. Zur Taifun-Zeit wird Kōchi aufgrund der exponierten Lage an der Südküste besonders heftig von Stürmen heimgesucht.

Der **beste Strand** in Kōchi ist der **Katsurahama,** der Anlaufpunkt für Wassersport aller Art ist. Im Herbst werden am Strand allabendlich „Moon Partys" veranstaltet. Im angrenzenden **Katsura-Park** steht die Statue des berühmtesten Sohnes der Stadt, *Sakamoto Ryōma* (1835–1867), der sich um die Modernisierung Japans und die Meiji-Restauration verdient machte. Im nahe gelegenen **Museum Sakamoto Ryōma** erfährt man mehr über die Person und die Zeitgeschichte.

- **Sakamoto Ryōma-Museum,** mit dem Kenkotsu-Bus in Richtung Katsurahama, Haltestelle Ryōma Kinenkan-mae, tägl. 9–17 Uhr, Tel. 841-0001.

Der Katsura-Park ist übrigens auch Heimat des doch zumindest diskussionswürdigen **Tosa Fighting-Dog Center.** Kōchi ist ein traditionelles Zentrum für **Hundekämpfe,** deren Geschichte ins 14. Jahrhundert zurückreicht. Kōchi, das vormals Tosa hieß, ist denn auch Namensgeber der so genannten **Tosa-Kampfhunde.** Das Zentrum im Park lockt viele Touristen an. Zur Verteidigung gegen Proteste von Tierschützern heißt es, dass bei einem traditionellen japanischen Tosa-Kampf die Hunde nicht verletzt würden. Man müsse sich das vielmehr als Sumo für Hunde vorstellen, bei dem ein Hund versucht, den anderen niederzuringen. Trotzdem bleiben Verletzungen nicht immer aus. Mit einem Punktesystem wird der maximal 30-minütige Kampf bewertet. Wenn ein Hund aufheult, hat er verloren.

Unumstritten ist die Schönheit der **Kōchi-Burg,** deren wunderbarer Donjon weithin sichtbar ist. Kōchi-jō wurde 1601 erbaut und diente als Residenz von *Yamanouchi Kazutoyo.* Ein Großteil der heutigen Anlage stammt aus dem Jahr 1752, nachdem 1727 ein großes Feuer die Burg verwüstet hatte. Jeden Sonntag breitet sich ab dem Haupttor der große **Sonntagsmarkt** aus, dessen Stände beidseitig der Straße alles Mögliche bieten, von Gemüse und Obst bis zu Klamotten und Antiquitäten.

- **Kōchi-jō,** tägl. 9–16.30 Uhr, Eintritt 400 Yen.

Das **Stadtzentrum** mit den meisten Geschäften und Restaurants entfaltet sich entlang der **Harimayabashi-dori,** die auch die größte Einkaufsarkade kreuzt. Die Gegend um die Brücke Harimayabashi wurde im Stile der Meiji-Zeit rekonstruiert.

Praktische Tipps

- **Vorwahl:** 088

Anfahrt

- **Von Takamatsu** mit **JR** in 2 Stunden 10 Minuten, **von Matsuyama** ebenfalls mit JR in 2½ Stunden.

Kōchi-Burg

Touristeninformation

■ Neben **JR Kōchi,** 9–17 Uhr, Tel. 879-5489, www.attaka.or.jp.

Führungen

■ **Kostenlose Rundgänge** mit **Kōchi SGG Club,** Anmeldung zwei Wochen vorher bei *Herrn Matsuoka,* Tel. (090) 6283-9474 oder yoshan@tuba.ocn.ne.jp.

Unterkunft

■ **7daysHotel Plus,**①, 80 Zimmer. Sehr empfehlenswert, bestes Preis-Leistungsverhältnis vor Ort, frische Brötchen zum Frühstück. Im Stadtzentrum gelegen, Tramhaltestelle Harimayabashi, 5 Minuten, Tel. 884-7111, www.7dayshotel.com.

■ **Tosa Bekkan,**②, 11 Zimmer. Kleines, preiswertes Ryokan im Stadtzentrum. Der Preis beinhaltet zwei Mahlzeiten. JR Kōchi, 15 Minuten, Tel. 883-5685.

■ **Comfort Hotel Kōchi Ekimae,**②, 119 Zimmer. Preiswertes Standardhotel am Bahnhof, JR Kōchi, 2 Minuten, Tel. 883-1441, www.choice-hotels.jp/cfkochi/.

Jugendherberge

■ **Kōchi,** 3360 Yen für Mitglieder (sonst 4410 Yen), JR Engyōji-guchi, 5 Minuten, Tel. 823-0858.

Essen und Trinken

Am Pazifik gelegen, dominieren in Kōchi **Fisch und Meeresfrüchte** die Speisekarte. Spezialität der Region ist **Katsuo-no-Tataki,** eine Art rohes Thunfisch-Steak. Die sogenannte **Sawachi-Küche** versammelt in farbenprächtigster Form Sashimi, Sushi und Saisongemüse auf dem Teller. Dazu wird gern viel Sake getrunken; den Bewohnern Kōchis

jap_603 oh

eilt der Ruf voraus, sie würden besonders viel vertragen.

- **Tsukasa,**②, Restaurant mit Katsuo-no-Tataki und anderen Fischgerichten. Tägl. 11.30–14.30 und 16.30–22 Uhr, Tramhaltestelle Harimayabashi, in der Parallelstraße westlich der Harimayabashi-dori, Tel. 873-4351.
- **Tosahan,**②, exzellente Sawachi-Küche, Arrangements bereits ab 2 Personen. Tägl. 11.30–21.30 Uhr, Tramhaltestelle Harimayabashi, in der Parallelstraße westlich der Harimayabashi-dori, Tel. 821-0002.
- **Hirome Market,** lebendiges Zentrum mit 60 Geschäften, darunter Restaurants mit Yakitori, Tempura, Kebab und vieles mehr. Ein guter Ort für preiswertes Essen und auch für Unterhaltung. Tägl. 8–23 Uhr, Tramhaltestelle Ōhashi-dori.

Museen

- **Geschichtsmuseum der Präfektur Kōchi,** Di bis So 9–17 Uhr, Eintritt 450 Yen, Tel. 862-2211.
- **Städtisches Kunstmuseum,** wechselnde Ausstellungen und Events wie Workshops, Lesungen und Konzerte. Tramhaltestelle Kenritsu Bijutsukan-dori, Di bis So 9–17 Uhr, Tel. 866-8000.
- **Yokoyama Manga-Museum,** Ausstellung zu *Yokoyama Ryūichi,* dessen Cartoons („Fuku-chan") sich großer Beliebtheit erfreuen, zusätzlich kleine Manga-Bibliothek. Tägl. 9–19 Uhr, Harimayabashi, 5 Minuten, Tel. 883-5029.
- **Literaturmuseum,** im Schlosspark, 1-1-20 Marunouchi, Tel. 822-0231.
- **Freiheits- und Bürgerrechtsmuseum,** 4-14-3 Sanbashi-dori, Tel. 831-3336.

Festival

- **9.–12. August: Yosakoi Matsuri,** Tanz-Festival mit viel Groove und jubelnden Massen.

Umgebung

Shimanto

Der Shimanto mit seinem unglaublich klaren Wasser kann getrost als **letzter Wildfluss Japans** bezeichnet werden. Vor allem der obere Abschnitt des 196 Kilometer langen Flusses präsentiert sich sehr ursprünglich und ist nicht durch Flussbegrenzungen in Form gebracht, wie leider sonst so oft in Japan üblich. Der Shimanto fließt vom **Mt. Irazu** durch die südwestliche Kōchi-Präfektur bis zur Bucht und schreibt ein ganz eigenes Kapitel unberührter Natur. Wenn es Brücken gibt, dann sind sie ohne Geländer und auch nur bei normalem Wasserstand passierbar. Denn wenn der Shimanto anschwillt, werden die Brücken überflutet.

Im unteren Abschnitt wird der Fluss etwas ruhiger und „zivilisierter". **Fahrrad fahren** am Fluss entlang ist möglich, ebenso wie man **Kanu-Touren** auf dem Fluss unternehmen kann.

Vorschlag für eine Route

Man leiht sich ein **Fahrrad** am Bahnhof JR Nakamura und fährt in **Richtung JR Ekawazaki,** 40 Kilometer an kristallklarem Wasser entlang und mit interessanten Brücken auf dem Weg. Mehrere Campingplätze und eine Jugendherberge liegen auf der Strecke. Das Fahrrad kann man bei Canoe-Kan nahe dem Bahnhof in Ekawazaki wieder abgeben, dann leiht man sich ein **Kanu,** um **zurück nach Nakamura** zu kommen. Oder man nimmt einfach den nächsten Zug irgendwohin.

Praktische Tipps

Anfahrt:

- **Mit der Bahn** bis JR Nakamura.

Touristeninformation

- **Canoe-Kan,** die Informationszentrale für den Shimanto, ein **Campingplatz** ist angeschlossen. JR Ekawazaki, 15 Minuten, Tel. (0880) 52-2121, www.canoekan.com.
- **Shimanto Tourist Information Center,** JR Nakamura, 10 Minuten, 383-15 Uyama, Tel. (0888) 35-4171, www.shimanto-kankou.com.

Unterkunft

- **Hotel Seira Shimanto,**②, sauberes Hotel mit Zimmer im westlichen und japanischen Stil. Abholservice vom Bahnhof JR Ekawazaki möglich. Preis inkl. zwei Mahlzeiten. Tel. (0880) 52-2225, http://seirashimanto.com.

Jugendherberge

- **Shimanto-gawa,** zwischen 3307 und 4357 Yen. Umweltbewusste Jugendherberge, **Kanu-Schule** kann organisiert werden. Tel. (0880) 54-1352, www.jyh.or.jp.

Campingplatz

- **Canoe and Camp Kawarakko,** gut ausgestatteter Campingplatz, **Fahrräder-** und **Kanus** können ausgeliehen werden. Tel. (0880) 31-8400, www.kawarakko.com.

Fahrradleihe

- **Rinrin Cycle,** 100 Fahrräder und vier Mietstationen zwischen JR Nakamura und JR Ekawazaki. Kosten pro Tag 1000 Yen. JR Nakamura, Tel. (0880) 35-4961; Aji-no-Yakata, Tel. (0880) 54-1198; Canoe-Kan und JR Ekawazaki, Tel. (0880) 52-1084.

Ashizuri-Uwakai-Nationalpark

Der Nationalpark erstreckt sich über die **südwestliche Küstenlinie der Präfekturen Kōchi und Ehime** auf einer Fläche von 109 Quadratkilometern. Die unregelmäßige Küstenlinie besticht mit pittoresken **Buchten,** erhabenen **Granit- und Sandsteinfelsen** und malerischen **Korallenriffen.** Zentren in der Region sind das **Kap Ashizuri** und die **Strände Tatsukushi** sowie **Minokoshi,** die alle strahlend blauen Pazifik präsentieren so weit das Auge reicht. In den touristischen Anlaufstationen wie Tatsukushi finden sich Korallenmuseen, Marine Parks und Ausflugsboote mit Glasböden, um die tropische Unterwasserwelt beobachten zu können.

Praktische Tipps

Anfahrt

- Mit der **Bahn** bis JR Nakamura, von dort weiter mit dem **Bus.**

Unterkunft

- **Ohki Marine,**①, 3 Zimmer. Kleines Minshuku am wunderbaren Ohki Beach, ideal für Taucher und Surfer. Die Zimmer haben eine großartige Aussicht aufs Meer. Kleine Snacks und Surfboards zum Ausleihen. Mit dem Ken-kotsu-Bus bis zur Bushaltestelle Ohki-no-hama. Tel. (0880) 82-8410, www.ohkimarine.com.

Jugendherberge

- **Ashizuri Youth Hostel,** zwischen 3150 und 4200 Yen, nahe am Kap gelegen. Mit dem Bus ab JR Nakamura in 100 Minuten bis zur Haltestelle Hakuo-jinja, Tel. (08808) 8-0324.

8 Kyūshū

Südliches Flair, Naturparks, heiße Quellen und ein Vulkan als Bauchnabel der Insel – wenn sich der Berg wohlwollend zeigt, kann man es sogar bis zum Kraterrand schaffen ...

jap_712 oh

⊲ Urwald-Paradies Yakushima: ideal für Naturliebhaber

KYŪSHŪ

Kyūshū ist die südlichste der vier japanischen Hauptinseln. Die Anreise lohnt sich auf alle Fälle: hier wird man mit **toller Landschaft,** imponierenden **Vulkanen** und vielen **heißen Quellen** entschädigt ...

jap_713 oh

Kyūshū ist reich an Mythen – und bietet die entsprechenden Kulissen dafür – wie hier in der Schlucht Takachiho-kyō

NICHT VERPASSEN!

- **Yatai** – Fukuokas mobile Essensstände | **490**
- **Atombombenmuseum Nagasaki** – Als eine halbe Stadt ausgelöscht wurde | **501**
- **Beppu** – Das Onsen-Mekka | **508**
- **Aso** – Schwefeldampf im größten aktiven Vulkangebiet | **521**
- **Yakushima** – Naturparadies und Trekking im ältesten Zedernwald der Welt | **538**

Diese Tipps erkennt man an der gelben Hinterlegung.

Einleitung

Kyūshū ist die **südlichste der vier japanischen Hauptinseln.** Etwa **14 Millionen Menschen** leben auf der 35.000 Quadratkilometer großen Insel, damit ist Kyūshū die bevölkerungsreichste Insel Japans nach Honshū.

Kyūshū ist **sehr gebirgig,** das geografische Zentrum stellt der **Vulkan Aso** mit seinen gewaltigen Kraterausläufern dar. **Fukuoka** ist die größte und wichtigste Stadt Kyūshūs. 2011 wurde der Kyūshū-Shinkansen fertiggestellt: Von Shin-Osaka reist man jetzt in 3.45 Stunden bis an die Südspitze nach Kagoshima.

Kyūshū

0 50 km ©Reise Know-How 2014

FUKUOKA

- **Einwohner:** 1,3 Millionen
- **Präfektur:** Fukuoka

Fukuoka ist die **größte Stadt Kyūshūs** und Ausgangspunkt für Reisen in den südlichen Teil der Insel. Fukuokas lange Historie ist eng mit der geographischen Lage als Küstenstadt und der **Nähe zum asiatischen Festland** verbunden: Hier trafen zuerst Siedler und kulturelle Einflüsse vom asiatischen Kontinent ein. Fukuoka ist für alle kulturgeschichtlich Interessierten eine Fundgrube, nirgendwo sonst finden sich so viele **Zeugnisse früher japanischer Kultur.** Seit einigen Jahren hat Fukuoka einen neuen Aufschwung durch den belebten **Handel** mit dem nahe gelegenen China und Südkorea erlebt, im Vergleich zu anderen Städten wächst Fukuoka.

Orientierung

Wer nach Fukuoka reist, nimmt den **Shinkansen nach Hakata.** Das mag zuerst verwirrend klingen, doch Hakata und Fukuoka meint das Gleiche. Früher waren es zwei Städte, getrennt vom **Naka-Fluss:** Östlich davon lebten die Kaufleute in Hakata, westlich davon befand sich Fukuoka mit der Schlossanlage. Bei der Fusionierung der Städte einigte man sich auf den Namen Fukuoka, der im Stadtteil Hakata gelegene Bahnhof sollte jedoch seinen Namen behalten. Heute ist Fukuoka das entwickelte Geschäftszentrum mit **Tenjin als Mittelpunkt,** während Hakata mit seinen vielen Tempeln, Schreinen und alten Kaufmannshäusern die Geschichte der Stadt repräsentiert. Mitarbeiter der Touristeninformation erzählen gern die Anekdote, dass auch Japaner anrufen und fragen, wie lange es wohl mit dem Zug von Hakata nach Fukuoka dauern würde.

Fukuoka ist **kompakt,** fast alles lässt sich zu Fuß oder mit kurzen U-Bahn-Fahrten erreichen. Auch Fukuoka hat **Landgewinnung durch Trockenlegung** betrieben und so sind in der Bucht große Areale neu entstanden. Auf diesem künstlichen Land steht auch der Fukuoka Tower.

Geschichte

Fukuoka gilt als das **Tor Asiens nach Japan.** In der Ebene Fukuoka wurde der erste Reis in Japan angebaut und auch die ältesten Bronzestücke Japans wurden in Fukuoka gefunden. Das **Königreich Nakaku** in der Yayoi-Periode intensivierte den direkten Kontakt mit dem chinesischen Kaiserreich und erhielt als Anerkennung im Jahre 57 das „Goldene Siegel", das heute im Stadtmuseum ausgestellt ist.

In der Nara- und Heian-Zeit war Fukuoka das Tor für **kulturellen Austausch:** Delegationen und Mönche starteten ihre Pilgerreise in Fukuoka. Das **Korokan** in Dazaifu war eine erste diplomatische Institution zum Austausch zwischen Japan und China. Zuerst eher mit einem Gasthaus vergleichbar, war es später das Zentrum chinesischer Händ-

Fukuoka

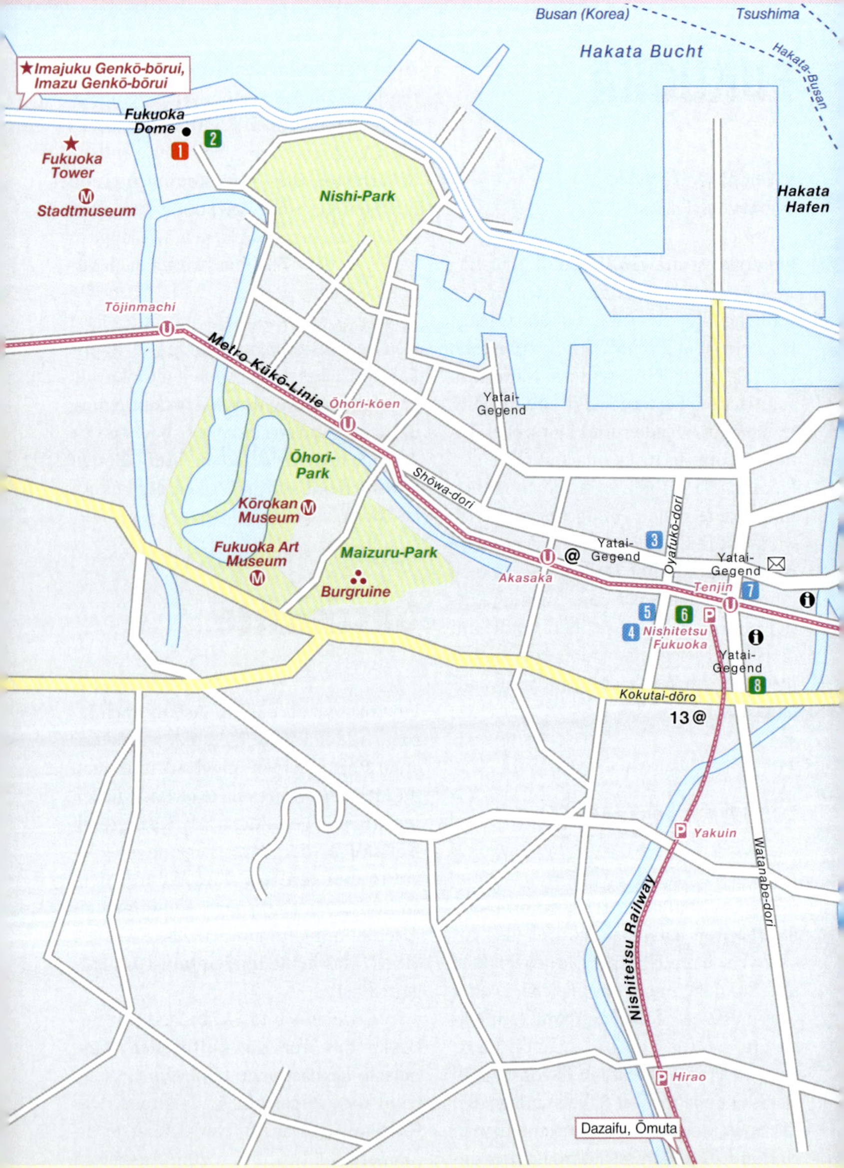

Übernachtung
1 JAL Resort Sea Hawk Hotel
13 Kashima Honkan
14 Grand Hyatt
16 Sauna und Capsule Hotel Greenland Espa
19 Fukuoka Youth Hostel

Essen und Trinken
3 Nanak
4 Hakata Ippūdō
5 Daifuku Udon Honten
7 Tenichi
9 Cinema Café
10 Bistro Yatai Kikuya
11 Yatai Bar Ebi-chan
15 Ichiran

Einkaufen/Sonstiges

2 Hawks Town
6 Iwataya Department Store
8 Daimaru Department Store
12 Ishikura Sake Brauerei
15 Canal City
17 Izutsuya Department Store
18 Kinokuniya-Buchhandlung

ler. Diese brachten erste Keramiken nach Japan und gründeten Japans erstes „Chinatown".

Im 13. Jahrhundert war Fukuoka zweimal das **Ziel mongolischer Angriffe,** die die einzigen Angriffe auf die japanischen Hauptinseln vor 1945 darstellten.

Fukuoka wuchs im Zeichen fruchtbarer **Handelsbeziehungen** mit dem Festland und die Klasse der japanischen Händler erreichte ersten Wohlstand. Heute profitiert Fukuoka von den wachsenden Handelsbeziehungen zwischen Japan und China.

Sehenswertes

Asian Art Museum

Das Asian Art Museum ist ein kleines Juwel, das sich ganz der **modernen asiatischen Kunst** verschrieben hat. 1700 Exponate umfasst die Sammlung inzwischen, 300 davon werden wechselweise ausgestellt. Schon früh hat sich das Museum um einen gesamtasiatischen Ansatz bemüht und die Erfahrung in der Auswahl der jungen Künstler spiegelt sich in den gelungenen Ausstellungen wider. Das Museum ist das einzige weltweit, das sich systematisch der modernen asiatischen Kunst widmet.

Alle drei Jahre versammelt die **Fukuoka Asian Art Triennale** Künstler aus 21 asiatischen Ländern zwei Monate lang in Fukuoka für gemeinsame Symposien und Workshops. Neben der Ausstellung findet sich eine gut ausgestattete Bibliothek mit (englischsprachigen) Magazinen und Büchern zur modernen asiatischen Kunst. An Computerterminals kann die **Datenbank** durchforstet werden, die alle 1700 Exponate und Infos zu den Künstlern enthält.

■ **Fukuoka Asian Art Museum,** Riverain Center Building, 7. und 8. Stock, 3-1 Shimokawabata-machi, Hakata-ku, Fukuoka 812-0027, Tel. 263-1100, http://faam.city.fukuoka.lg.jp, Do bis Di 10–20 Uhr, Eintritt 200 Yen, U: Nakasu-Kawabata.

Stadtmuseum

Das Museum zeigt anhand vieler Ausstellungsstücke die **geschichtliche Entwicklung der Stadt.** Erste Exponate stammen aus der Jōmon-Zeit (Altsteinzeit), erste Gebrauchsgegenstände für den Reisanbau sind rund 2500 Jahre alt. Daneben sind im Museum frühe Holz- und Bronzestücke ausgestellt, unterschiedliche Begräbnisstätten zeigen erste aufkommende soziale Unterschiede. Prunkstück der Ausstellung ist das „Goldene Siegel" aus dem Jahr 57.

■ **Fukuoka City Museum,** 3-1-1 Momochi-hama, Sawara-ku, Eintritt 200 Yen, Nishijin Station (Ausgang 1), 15 Minuten, Tel. 845-5011.

Heimatkundliches Museum

Das Museum gewährt einen Einblick in **regionale Bräuche und Festivals.** Jeden Tag von 11–13 und 15–17 Uhr werden im Museum Handwerkskünste live demonstriert und jeder kann mitmachen. Ein Original ist dabei Herr *Morimoto,* der die Produktion von **Keramik-Puppen** demonstriert. Im heftigen Kyūshū-Dialekt erklärt er, bei welchen Tempera-

jap_610 oh

turen die Keramiken gebrannt werden und wie der Farbauftrag erfolgt. Wenn er das nicht im Museum vorführt, produziert er die Hakata-Puppen zu Hause.

Das Museum widmet sich vor allem der Zeit von 1868–1926 und der Tradition Fukuokas als Händlerstadt. In einem weiteren Gebäude wird an einem alten Webstuhl die herkömmliche Fertigung von **Textilien** gezeigt. Wer das große **Festival Hakata-Gion Yamakasa** nicht live miterleben kann, kann sich ein Video des großen Events auf Leinwand ansehen. Nahe dem Museum liegt auch der **Kushida-Schrein,** der den Ausgangspunkt des 750 Jahre alten Festivals markiert und in dem ein riesiger und trotzdem portabler Yamakasa-Schrein bewundert werden kann.

■ **Hakata Machiya Folk Museum,** 6-10 Reisenmachi, Hakata-ku, Fukuoka 812, Tel. 281-7761, nahe des Kushida Schreins. Täglich von 10–18 Uhr geöffnet, geschlossen vom 29.12. bis 03.01., Eintritt: 200 Yen. 15 Minuten zu Fuß von JR Hakata oder 4 Minuten von Subway Gion Station.

Fukuoka Tower

Der 234 Meter hohe Fukuoka Tower gilt als das **Wahrzeichen Fukuokas** und wurde 1989 gebaut. Er steht auf künstlich errichtetem Land und gilt als das höchste Küstengebäude Japans. Mit einem nicht gerade billigen Lift (800 Yen) kann man auf die **Aussichtsplattform** in 123 Meter Höhe fahren.

■ **Fukuoka Tower,** tägl. 9.30–21 Uhr, im Sommer bis 22 Uhr.

△ Fukuoka – Promenade am Naka-Fluss

Genkō-bōrui

Genkō-bōrui bezeichnet die im 13. Jahrhundert errichteten **Befestigungsanlagen gegen die mongolische Invasion.** Auf rund 20 Kilometern Länge wurden entlang der Hakata-Bucht Steinwälle errichtet, die je nach Ort bis zu drei Meter hoch und dreieinhalb Meter breit waren.

Heute zeugen an sieben verschiedenen **Ausgrabungsstätten** Spuren von der einstigen Befestigungsanlage. Manches wurde originalgetreu rekonstruiert, manchmal sind kleine Steinmauern zu sehen.

Die Stätte **Imazu** östlich des Fukuoka-Hafens war die Landestelle der mongolischen Krieger im Jahr 1271. Die Befestigungsanlage verläuft hier auf drei Kilometern Länge nahe am Strand und ein Teilabschnitt des Walls ist für Besucher zugänglich. Zwei Grabhügel von mongolischen Kriegern sind erhalten. Imazu erreicht man mit dem Bus bis zur Haltestelle Fukushimurashisetsu-mae.

Zwischen Imazu und dem Fukuoka-Hafen liegt der Genkō-bōrui von **Imajuku am Nagatare-Strand;** die Gegend lohnt sich für einen schönen Spaziergang entlang der Bucht, ebenso wie **Ikinomatsubara** (Bushaltestelle Ikinomatsubara). Die weiteren Ausgrabungsstätten sind **Meinohama, Nishijin, Jigyō** und **Hakozaki.** Genauere Informationen erhält man bei der Touristeninformation oder bei der Abteilung für Kulturdenkmäler der Stadt Fukuoka, Tel. 711-4783.

Yatai

Yatai sind eine Art **mobile Restaurants,** die Fukuoka allabendlich eine ganz spezielle Atmosphäre verleihen. Derzeit existieren nach offiziellen Angaben 162 dieser Straßenbuden, die vor allem in

jap_614 oh

den **Vergnügungs- und Nachtvierteln rund um Nakagawa and Tenjin** anzutreffen sind. Die Stände öffnen abends gegen 18 Uhr und bereiten verschiedene Gerichte wie z.B. Yakitori oder Hakata Rāmen direkt vor Ort zu – das verleiht Fukuoka ein südostasiatisches Flair. Die Stadtverwaltung untersagt das Aufstellen neuer Yatai, denn Yatai ist Familientradition. Jüngst gibt es Überlegungen, ein eigenständiges Yatai-Viertel zu gründen, da sich Nachbarn über die allabendlichen Stände und den Lärm vor ihren Wohnungen beklagen.

Kabuki-Theater

Das Kabuki-Theater in Fukuoka ist das neueste seiner Art in Japan (1999 gebaut) und **unterscheidet sich** sehr **von den traditionellen Bühnen.** Hier gleicht das Kabuki-Theater mit gut gepolsterten Sitzen und Freiräumen für die Füße einem modernen Theatersaal – die herkömmlichen engen Boxen sucht man hier vergeblich. Das Fukuoka Kabuki-Theater zählt mit seinen **1500 Sitzplätzen** neben Tokyo, Kyoto, Osaka und Nagoya zu den fünf großen Bühnen des Landes.

Kabuki-Saison ist im Februar und Juni, an der Abendkasse (oder über das Internet) kann man sich meist noch ein **Ticket** sichern. Die Ticketpreise beginnen ab 4500 Yen, neuerdings wurden auch Kurzzeittickets eingeführt, mit denen man einem Teil der Vorstellung beiwohnen darf. In den anderen Monaten spielen Gastensembles Musicals und Theaterstücke, fast täglich gibt es eine Vorführung (www.hakataza.co.jp).

Ōhori-Park

Der Ōhori-Park liegt schön **im Stadtzentrum** und umfasst einen **See** mit zwei Kilometer Umfang. Der Park dient Joggern als Trainingsort und zur **Kirschblüte** versammelt sich ganz Fukuoka unter den Kirschbäumen im Park.

Die Grünanlage beheimatet darüber hinaus **Schlossruinen,** das **Städtische Kunstmuseum,** einen **japanischen Garten** sowie das **Kōrokan-Museum.** Dieses stellt archäologische Fundstücke aus dem 9. Jahrhundert aus, die man 1987 gefunden hat und bis heute weiter freilegt. Das ausgegrabene Gebäude Kōrokan war das offizielle Gästehaus der Stadt, in dem erste ausländische Delegationen in Fukuoka untergebracht waren.

■ **Kōrokan-Museum,** Eintritt frei, tägl. 9–17 Uhr.

Ishikura Sake-Brauerei

Die Ishikura Sake-Brauerei ist die älteste in Fukuoka. Die Räume sind nicht allzu groß und man sollte nicht zu viel erwarten, immerhin kann man aber **umsonst vier verschiedene Sake probieren:** einen leichten trockenen, einen süßlichen mit mehr Alkoholgehalt (19%), einen ungefilterten und einen ungefilterten ohne Alkohol. Zusätzlich wird ein Video (auch in Englisch) vorgeführt, das die **Sake-Geschichte und -Herstellung** zeigt.

◁ Keramikpuppen im Heimatkundlichen Museum

Hauptzeit der Produktion sind Herbst und Winter, da eine kühle Umgebung das beste Ergebnis liefert. Die sechs Braumeister sind im Sommer Fischer und überwachen im Winter den Produktionsprozess.

- **Ishikura Sake-Brauerei,** Tel. (092) 633-5100, www.ishikura-shuzou.co.jp.

Praktische Tipps

- **Vorwahl:** 092

Anreise

Flug

- Von fast allen Flughäfen Japans.

Bahn

- **Mit dem Shinkansen** von Tokyo 6 Stunden, von Osaka 3 Stunden.

Touristeninformation

- **Fukuoka City Tourist Information,** JR Hakata, tägl. 8–21 Uhr, WLAN und PC verfügbar, Tel. 431-3003.
- **Fukuoka Convention & Besucherbüro,** Mo–Fr 9–17.45 Uhr, 1-10-1, Tenjin Chūō-ku, Fukuoka, Tel. 733-5050, www.welcome-fukuoka.or.jp.
- **Fukuoka International Association,** Rainbow Plaza, IMS Bldg., 8F, Tenjin, tägl. 10–20 Uhr, Tel. 733-2220. Hier auch Anmeldungen zum Home-Visit-Programm, dem Besuch bei einer japanischen Familie zu Hause.
- **„Fukuoka Now",** Fukuokas internationales englischsprachiges Magazin, kostenlos und informativ, liegt vielerorts aus. www.fukuoka-now.com.

Verkehrstickets

- **One Day Pass,** Ein-Tages-Ticket für die **U-Bahn** für 600 Yen. Mit dem Ticket gibt es auch Vergünstigungen für einige Sehenswürdigkeiten.

Führungen

Ehrenamtliche Führungen der SGG-Gruppen, kostenlos, nur eventuell anfallende Eintritts- oder Transportkosten muss man für den Führer übernehmen.

- **Fukuoka SGG Club,** mit vorheriger Anmeldung bei *Herrn Kosuge,* tkksg1127@gamma.ocn.ne.jp, www.geocities.jp/fukuokasgg.
- **Kita Kyūshū SGG Club,** *Herr Kimura,* Tel. (093) 603-5846 oder *Frau Maekawa,* walnuts@u01.gate01.com.

Unterkunft

Unser Tipp: **Kashima Honkan,**①, 27 Zimmer. Sehr schönes und preiswertes Ryokan aus der Taisho-Zeit mit freundlichem und hilfsbereitem Besitzer. Gemeinschaftsbad, Internet und Waschmaschine. 12 Minuten zu Fuß von JR Hakata, die Taikaku-dori runter bis zur U-Bahn-Station Gion, dort in die kleine Straße links, an der nächsten Kreuzung rechts und gleich auf der rechten Seite. 3-11, Reisenchō, Hakata-ku, Tel. 291-0746, kashimaco@mx7.tiki. ne.jp.

- **Sauna und Capsule Hotel Greenland Espa,** ①, 3-23-4 Hakataeki-mae, Hakata-ku, 3 Min. zu Fuß von JR Hakata, Tel. 451-1137, www.katsuya-masangyo.co.jp/greenland.

■ **JAL Resort Sea Hawk Hotel,**③, 1052 Zimmer. Sehr gutes, modernes Hotel neben dem Fukuoka Dome im Komplex Hawks Town. Mit wunderbarem Blick auf die Bucht von den oberen Stockwerken. 2-2-3 Chikōgahama, Chūō-ku, U: Tojinmachi, 15 Min., Tel. 844-8111, www.hawkstown. com.

■ **Grand Hyatt,**④, 370 Zimmer. Top-Hotel im Multifunktionskomplex Canal City. 1-2-82 Sumiyoshi, Hakata-ku, JR Hakata, 15 Minuten, Tel. 282-1234, www.grandhyattfukuoka.com.

Jugendherberge

■ **Fukuoka Youth Hostel,** zwischen 3350 und 3950 Yen, private Zimmer verfügbar, JR Takeshita, 15 Minuten. 6-7-23 Hakataeki-Minami, Hakata-ku, Tel. 473-4555, www.jyh.or.jp.

Essen und Trinken

Tenjin ist nicht nur das Geschäftszentrum der Stadt, sondern auch der Mittelpunkt des Nachtlebens und damit reich an Cafés und Restaurants. **Canal City** bezeichnet einen Multifunktionskomplex mit vielen Restaurants im Hakata-Teil an der U-Bahn-Station Nakasu-Kawabata.

Yatai (mobile Restaurants)

■ **Tenichi,**②, Tempura-Yatai mit 40-jähriger Tradition. Tägl. 18.30–1 Uhr, U: Tenjin, 3 Minuten, vor der Tokyo-Mitsubishi Bank.

■ **Bistro Yatai Kikuya,**②, Yatai mit französischer Küche. Tägl. 19–2.30 Uhr, oft südlich vom Park Reizen-kōen vor der Hakata-Grundschule anzutreffen, Tel. (090) 9561-5238.

■ **Yatai Bar Ebi-chan,**②, in der gleichen Gegend wie das Kikuya, 100 verschiedene Cocktails und diverse Gerichte dazu. Tägl. 18.30–3 Uhr, U: Nakasu-Kawabata.

Lokale Küche: Tonkotsu Rāmen

Fukuoka steht für Tonkotsu Rāmen. Die cremefarbene **Suppen-Grundlage** wird **aus Schweineknochen** hergestellt und für viele ist diese Rāmen-Variante die beste überhaupt. Die in Fukuoka entwickelte Spezialität bekommt man an vielen Yatai, aber auch in speziellen Tonkotsu Rāmen-Restaurants. Die einfache Formel lautet: Wer in Fukuoka ist, sollte Tonkotsu Rāmen probieren.

■ **Hakata Ippūdō,**①, vielleicht die beste Adresse für Tonkotsu Rāmen. Neben Rāmen sind hier als Nebengericht die *Hitokuchi-Gyōza* sehr empfehlenswert. Englische Speisekarte erhältlich. Die Rāmen-Kette hat mehrere Restaurants in Fukuoka, am einfachsten ist das Lokal in der Nishi-dori zu finden: An Kentucky Fried Chicken abbiegen und in der Tenjin-Nishi-dori nach ein paar Metern, das Holzgebäude mit der Glastür. Tägl. 11–20 Uhr, Tel. 781-0303.

■ **Ichiran,**①, ausgefallenere Variante, vor allem was das Ambiente angeht: Man sitzt am Tresen in einer Art Box, in der man weder andere Gäste noch die Bedienung sehen kann. Man soll von nichts abgelenkt werden und sich ganz auf sein Tonkotsu Rāmen konzentrieren können. Auf einem Papier füllt man aus, wie hart man seine Nudeln haben will, welche Zutaten etc. Eine Version in englischer Sprache ist erhältlich. Tägl. 10–1 Uhr, Canal City, B1F, Tel. 263-2201.

Andere

■ **Daifuku Udon Honten,**②, Spezialität: Udon-Suki. Nudeltopf mit Fleisch, Fisch und Gemüse in einer schmackhaften Brühe, hat etwas Festliches. Tägl. 11–23 Uhr, U: Tenjin, 5 Minuten, an der Kreuzung von Tenjin-Nishi-dori mit Kirameki-dori, Tel. 781-6731.

■ **Nanak,**②, indisches Restaurant mit einer großen Auswahl an vegetarischen Gerichten. Tägl. 11–15 und 18–22 Uhr, U: Tenjin, 5 Minuten, an der

jap_618 oh

Kreuzung Oyafukō-dori mit Shōwa-dori, Tel. 713-7900.

■ **Cinema Café,**①, im alten Kino in der Nakasu-Gegend gelegen, mit jeder Menge Retro-Kultur und Retro-Preisen: Kaffee 200 Yen, Pasta 400 Yen. Tägl. 10–19.30 Uhr, U: Nakasu-Kawabata, Tel. 291-4058.

Einkaufen

Fukuokas Handwerkskunst ist vor allem bekannt für **Hakata-Puppen, Textilien** und **Papierarbeiten.** Erhältlich im Hakata Machiya-Museum oder in den Department Stores Daimaru oder Iwataya in Tenjin.

Festivals/Events

- **3./4. Mai: Hakata Dontaku,** farbenprächtige Kostümparade der Bürger durch die Straßen Fukuokas.
- **1.–15. Juli: Hakata Gion Yamakasa,** zum Höhepunkt tragen Teams aus mehreren hundert Männern tonnenschwere Schreine über einen fünf Kilometer langen Kurs.
- **September: Asia-Fest,** einen Monat lang ein Festival asiatischer Kultur.
- **Mitte November: Kyūshū Basho,** Sumo-Turnier im Fukuoka Kokusai Center.

Umgebung

Dazaifu

Die Stadt lohnt vor allem aufgrund des **Dazaifu Tenmangu-Schreins** einen kurzen Ausflug. Der Schrein wurde im Jahr 905 gegründet, die jetzigen Gebäude stammen von 1590. Am Eingang des Schreins gibt es eine Touristeninformation, in der man eine Audio-Führung in englischer Sprache leihen kann (300 Yen). Besonders sehenswert sind die Schatzhalle und der **Kōmyōzenji-Tempel.** Von Ende Januar bis Anfang März stehen die rund 6000 Pflaumenbäume auf dem Areal in voller Blüte.

Darüber hinaus sollte man sich in Dazaifu auch das sehr gelungene und interessante **Kyūshū-Nationalmuseum** anschauen, das sich den Beziehungen zwischen Kyūshū und dem asiatischen Kontinent widmet.

- **Nationalmuseum Kyūshū,** 4-7-2 Ishizaka, Dazaifu, Tel. (092) 918-2807, www.kyuhaku.com.

Praktische Tipps

Anfahrt

- Dazaifu erreicht man in 40 Minuten mit der **Linie Nishitetsu Tenjin Ōmuta** mit Umsteigen in Futsukaichi.

Shikanoshima

Shikanoshima ist eine **kleine Insel nördlich von Fukuoka,** die als **Teil des Genkai-Quasi-Nationalparks** mit einigen **schönen Stränden** und erholsamer Natur aufwartet. Shikanoshima wird in den alten Geschichtsbüchern Japans als der Ort erwähnt, an dem das „Goldene Siegel" gefunden wurde. Der Strand sowie einige sehenswerte historische Stätten und **Museen** locken vor allem am Wochenende Kurzausflügler aus Fukuoka an.

Praktische Tipps

Anfahrt

- Shikanishima ist **von Hakata mit der Fähre** zu erreichen.

Unterkunft

- Das **National Park Resort Village** bietet preiswerte Übernachtungen an, Tel. (092) 603-6631, www.qkamura.or.jp.

Yatai (mobile Restaurants)

SAGA

- **Einwohner:** 165.000
- **Präfektur:** Saga

Saga taugt für **Scherze.** Jemanden aus Saga kennen zu lernen, wäre unmöglich, so behauptet man im restlichen Japan. Denn jeder aus Saga versuche seine Herkunft zu verleugnen. Daran mag man es schon erahnen: Das Image von Saga ist nicht gut.

Wen es in die **Präfektur-Hauptstadt** verschlägt (mit dem Zug ab Hakata in 40 Minuten, Vorwahl: 0952), der ist umgeben von Landwirtschaft. Vor allem **Reis und Orangen** werden in der Region angebaut.

Die einzige strategische Bedeutung in der **Geschichte** erlangte Saga, als im 16. Jahrhundert *Hideyoshi Toyotomi* seine Invasion nach Korea von hier aus startete. Der Versuch schlug bekanntlich fehl.

Saga selbst erreichte in der Edo-Zeit mit dem Schloss der Feudalherren *Nabeshima* seine Blüte. Von der Anlage des **Saga-Schlosses** sind nur ein Tor und ein paar Grundmauern erhalten, ansonsten wurde alles in der Saga-Revolte von 1874 zerstört.

Der **Yoshinogari-Landschaftspark** (JR Yoshinogari-kōen Station) rekonstruiert das Leben der Yayoi-Zeit (300 v. Chr. bis 300 nach Chr.). Ausgrabungen haben Artefakte aus dem 3. Jahrhundert zutage gefördert, auf den freigelegten Ruinen wurden Häuser und Gebäude nachgebaut. An einigen Stellen des Parks werden die Ausgrabungen noch fortgesetzt.

KARATSU

- **Einwohner:** 79.000
- **Präfektur:** Saga

Die **kleine Hafenstadt** („kara" steht für Halbinsel, „tsu" für Hafen) mit den schönen Küstenlinien und weißen Sandstränden ist das **Zentrum des Genkai-Quasi-Nationalparks.** Nahe der JR Karatsu Station breitet sich auf einer Länge von fünf Kilometern der **Niji-no-matsubara** aus, der längste Strandabschnitt vor Ort mit einem 500 Jahre alten Pinienwald. Als Unterkunftsmöglichkeit finden sich dort auch ein Campingplatz und eine Jugendherberge.

Bekannt ist Karatsu hauptsächlich für seine **Töpfereien (Karatsu-yaki).** Bei einem Rundgang durch die Stadt wird man allerorts auf kunstvolle Keramiken und Produktionsstätten stoßen. Im **Kyōzan Kiln** kann man den Verarbeitungsprozess hautnah erleben und mitverfolgen. Vor allem Zubehör für die Teezeremonie wird hier hergestellt.

- **Kyōzan Kiln,** 10 Minuten zu Fuß von Nijo-no-Matsubara Station, Tel. (0955) 77-2131.

Das **Schloss Katsura** aus dem Jahr 1602 präsentiert im Inneren archäologische Fundstücke aus der Region.

Praktische Tipps

- **Vorwahl:** 0955

Anfahrt

- **Bahn ab Hakata** 1.25 Std., ab Saga 1.10 Std.

Unterkunft

- **Yōyōkaku,**③, 20 Zimmer. Klassisches Ryokan, der Preis beinhaltet zwei Mahlzeiten. Tel. (0955) 72-7181, www.yoyokaku.com.

Campingplatz

- **Niji-no-matsubara,** von Anfang Juli bis Mitte August geöffnet, Leihzelt 2000 Yen. JR Niji-no matsubara, 5 Minuten, Tel. (096) 354-2251.

Festival

- **2.–4. November: Karatsu Kunchi-Herbstfestival.**

Umgebung

Yobuko

Yobuko, 40 Minuten mit dem Bus von Karatsu entfernt, ist für seinen **Morgenmarkt** weit über die Region hinaus bekannt, viele japanische Touristen reisen extra dafür an. Fisch, Meeresfrüchte, Gemüse und Obst bilden den Schwerpunkt. Der Markt findet jeden Vormittag von 7.30–11 Uhr statt.

Die **Schlossruinen Nagoya-jō** westlich von Yobuko am **Kap Hatomi** zeugen noch von den Feldzügen, die einst von Kyūshū aus nach Korea unternommen wurden. *Hideyoshi Toyotomi* ließ die gesamte Anlage in nur fünf Monaten errichten.

- **Nagoya-jō,** tägl. 9–17 Uhr, Eintritt 100 Yen.

ARITA

- **Einwohner:** 15.000
- **Präfektur:** Saga

Wer in Karatsu auf den Geschmack gekommen ist, der wird mit Arita seine Freude haben. Arita ist berühmt für sein hochwertiges **Porzellan Ko-Imari** – nicht umsonst pflegt die Stadt eine rege Städtepartnerschaft mit Meißen. Ko-Imari basiert auf einer Technik, die ursprünglich aus Korea eingeführt wurde. Zahlreiche **Museen und Produktionsstätten** zeigen großartige Ausstellungsstücke.

Praktische Tipps

- **Vorwahl:** 0955

Anreise

- **Bahn ab Hakata** in 1.25 Std.

Touristeninformation

- **JR Arita,** tägl. 9–17 Uhr, Tel. 42-4052, www.arita.jp.

Unterkunft

- **Kankō Hotel Arita,**②, 33 Zimmer. Beliebtes Domizil von Reisegruppen, dafür gute Lage. JR Arita, 5 Minuten, Tel. 43-4701.

Essen und Trinken

- **Gallery Arita,** hier kann man seine Kaffeetasse aus 2000 Exemplaren der heimischen Produktion wählen. Kleine Gerichte sind auch erhältlich. Tägl. 9–18 Uhr, JR Arita, 5 Minuten, Tel. 42-2952.

Museen

- **Kyūshū Ceramic Museum,** große Vielfalt an Ko-Imari. Di bis So 9–16.30 Uhr, freier Eintritt, 10 Minuten von JR Arita.
- **Arita Ceramic Art Museum,** sowohl antike Ausstellungsstücke als auch Porzellan aus neuer Produktion. Di bis So 9–16.30 Uhr, Eintritt 100 Yen, 15 Minuten von Kami-Arita Station.
- **Arita Porzellan Park,** verschiedenes Porzellan, ein Töpfer-Studio und ein Nachbau des Dresdner Zwingers mit einer Auswahl an Meißner Porzellan. Do bis Mo 10–16 Uhr, Eintritt 1000 Yen, 8 Minuten mit dem Bus ab JR Arita.
- **Arita-Folkloremuseum,** tägl. 9–16.30 Uhr, Eintritt 400 Yen, 15 Minuten von Kami-Arita Station.

Messe

- **Keramik- und Porzellanmesse,** 29.4.–5.5.

Umgebung

Imari und Okawachiyama

In Arita zählt man rund 150 **Porzellanproduktionsstätten,** in Imari und Okawachiyama kommen noch einmal rund 60 hinzu. Die beiden Städte liegen ungefähr 15 Kilometer von Arita entfernt und sind mit dem Zug innerhalb von 20 Minuten zu erreichen. Vor Ort kann man Produktionsstätten besichtigen. Nähere Infos bei der **Imari Tourist Information** in JR Imari, dort gibt's auch Leihfahrräder umsonst.

NAGASAKI

- **Einwohner:** 430.000
- **Präfektur:** Nagasaki

Nagasaki ist eine **Hafenstadt an der Westküste Japans,** deren frühe Geschichte durch den Handel mit portugiesischen und holländischen Seefahrern geprägt war. In der jüngeren Geschichte

▷ Im Friedenspark von Nagasaki

wurde Nagasaki in ein Trümmerfeld verwandelt, als am 9. August 1945 die zweite Atombombe nach Hiroshima über der Stadt abgeworfen wurde. Nur wenig von Nagasaki entfernt liegt der **Mt. Unzen,** der zu den aktivsten und gefährlichsten Vulkanen der Welt zählt.

Orientierung

Nahe **Urakami Station** liegen der Friedenspark, das Atombombenmuseum und die katholische Kirche. Von **Nagasaki Station** aus erreicht man zu Fuß den Hafen und die holländische Kolonie Dejima.

Geschichte

Nagasakis Geschichte als Handelshafen beginnt mit der **Ankunft portugiesischer Schiffe 1571.** Zwischen 1641 und 1859 war Nagasaki in Form von **Dejima,** einer kleinen, künstlich errichteten Insel nahe des Hafens, Japans einzige Verbindung mit dem Rest der Welt. Während der Isolation Japans war nur eine kleine **holländischen Kolonie** auf der 15.000 Quadratmeter großen Insel geduldet, die Handel mit Japan betreiben durfte.

Die Insel wurde ursprünglich 1636 im Rahmen der **Maßnahmen** des Tokugawa-Shogunats **gegen das Christentum**

jap_623 oh

Nagasaki

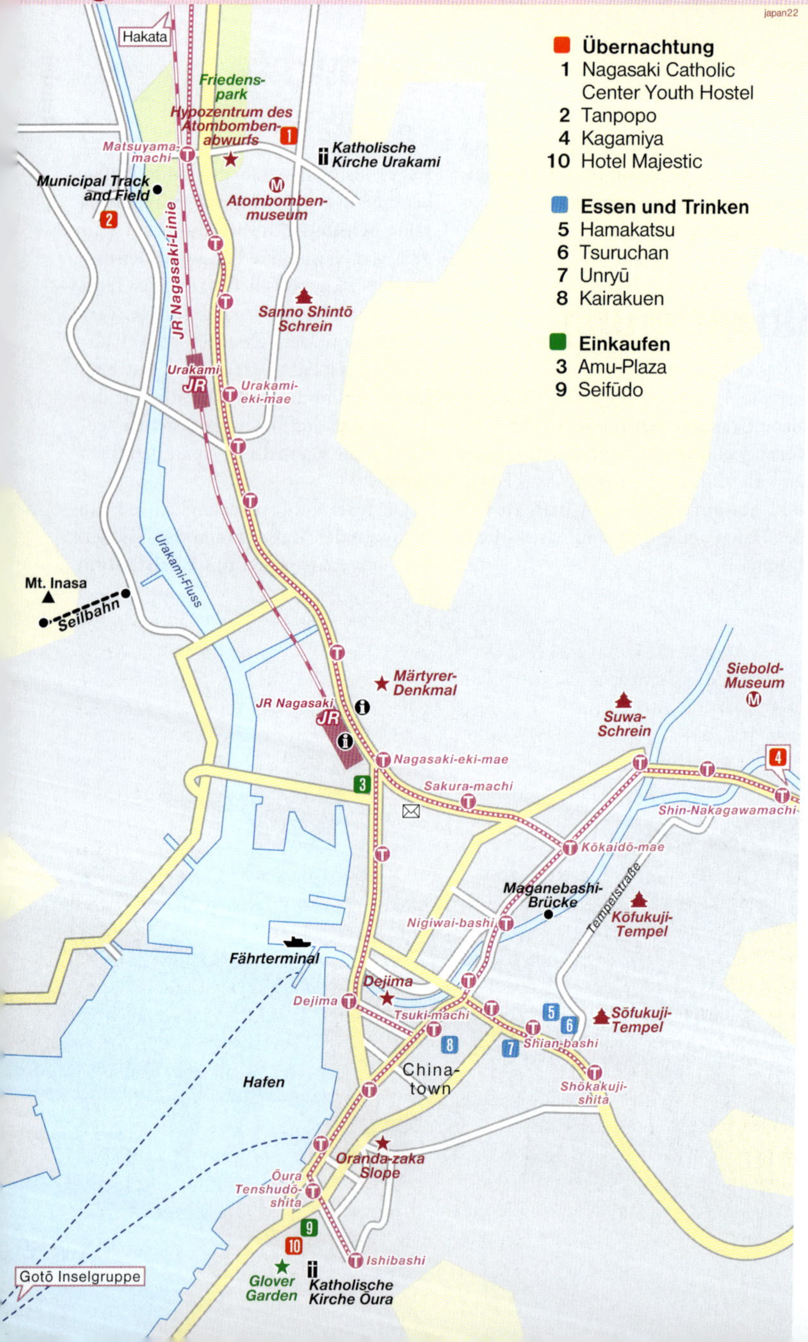
0 400 m
japan22
Übernachtung
1 Nagasaki Catholic Center Youth Hostel
2 Tanpopo
4 Kagamiya
10 Hotel Majestic
Essen und Trinken
5 Hamakatsu
6 Tsuruchan
7 Unryū
8 Kairakuen
Einkaufen
3 Amu-Plaza
9 Seifūdo
Hakata
Friedens-park
Hypozentrum des Atombomben-abwurfs
Matsuyama-machi
Katholische Kirche Urakami
Municipal Track and Field
Atombomben-museum
JR Nagasaki-Linie
Sanno Shintō Schrein
Urakami
JR
Urakami-eki-mae
Urakami-Fluss
Mt. Inasa
Seilbahn
Märtyrer-Denkmal
JR Nagasaki
Nagasaki-eki-mae
Siebold-Museum
Suwa-Schrein
Sakura-machi
Shin-Nakagawamachi
Kōkaidō-mae
Maganebashi-Brücke
Tempelstraße
Kōfukuji-Tempel
Nigiwai-bashi
Fährterminal
Dejima
Tsuki-machi
Sōfukuji-Tempel
Shian-bashi
China-town
Shōkakuji-shita
Hafen
Oranda-zaka Slope
Ōura Tenshudō-shita
Ishibashi
Glover Garden
Katholische Kirche Ōura
Gotō Inselgruppe

errichtet: Alle in Nagasaki ansässigen portugiesischen Seeleute wurden auf der Insel interniert. 1641 wurden die Maßnahmen verschärft und alle Ausländer aus Japan ausgewiesen, mit Ausnahme der holländischen Handelspost, die auf Dejima verlegt wurde und die Insel von den Japanern „mieten" durfte.

Nach 1859 war Nagasaki ein wichtiger Hafen für den **Austausch mit China.** Der **Schiffsbau** und später auch die **Rüstungsproduktion** florierten, vor allem Mitsubishi unterhielt große Fabriken für zivile und militärische Produktionen. 1945 lebten rd. 240.000 Menschen in Nagasaki.

Die Atombombe auf Nagasaki

Am **9. August 1945** um 11.02 Uhr Ortszeit warf der US-amerikanische Bomber „Bockscar" die Atombombe über Nagasaki ab. „Fat Man", wie die Amerikaner die Plutoniumbombe getauft hatten, verfügte im Vergleich zur Hiroshima-Bombe über die doppelte Sprengkraft. Bis Ende 1945 forderte die Bombe 74.000 Tote und 72.000 Verwundete.

Nagasaki war **eigentlich Sekundärziel.** Ursprüngliches Ziel für die zweite Bombe war die Industriestadt Kokura weiter nördlich auf Kyūshū. Der aus Tinian gestartete US-Bomber drehte mehrere Runden über Kokura, doch aufgrund von Bewölkung und schlechter Sichtverhältnisse entschied man sich für das Ausweichziel Nagasaki. Auch hier war die Sicht nicht besser, doch die Leitung beschloss einen Radaranflug und den Abwurf der Bombe. Das Ziel, die Mitsubishi-Werke, wurde um mehrere hundert Meter verfehlt. Die Bombe explodierte in 480 Metern Höhe und vernichtete alles im Umkreis von mehreren Kilometern. Studien belegen, dass der Treibstoff des Bombers für den Rückflug zum Stützpunkt Tinian nicht gereicht hätte, wenn die schwere Bombe noch an Bord gewesen wäre. Das wurde Nagasaki letztlich zum Verhängnis.

Sehenswertes

Atombombenmuseum

Im Vergleich zum Museum in Hiroshima beginnt die Ausstellung in Nagasaki nicht mit der Vorgeschichte zum 9. August 1945, sondern zeigt zu Beginn die **Auswirkungen der Atombombe.** Manche Zeugnisse sind Originale, andere Replica, was von Ausstellungstafeln deutlich gemacht wird. Geschwärzte Marienstatuen und geschmolzene Objekte geben einen Eindruck von der Hitzeentwicklung.

Im Vergleich zu Hiroshima finden sich in Nagasaki mehr **Fotos,** die unmittelbar nach dem Abwurf entstanden sind und die tote und verbrannte Körper zeigen. Im weiteren Verlauf widmet sich die Ausstellung der **Vorgeschichte Nagasakis** und beschreibt Rüstungsproduktion sowie den Einsatz koreanischer Zwangsarbeiter. In den Videoaufzeichnungen von Überlebenden kommen nicht nur Japaner, sondern auch koreanische Zwangsarbeiter und australische Kriegsgefangene zu Wort. Zum Abschluss mahnt eine Ausstellung zur Abschaffung aller Atomwaffen.

■ **Atombombenmuseum,** tägl. 9–17 Uhr (im Sommer bis 18 Uhr), Eintritt 200 Yen, von Urakami Station zu Fuß erreichbar.

Friedenspark

Der Friedenspark nahe des Atombombenmuseum wurde unweit des Hypozentrums der Detonation errichtet. Im Friedenspark finden sich verschiedene **Denkmale für die Opfer.** Auch die DDR und UdSSR hatten Mahnmale gestiftet. Auf dem Gelände sieht man noch Überreste des ehemaligen Gefängnisses von Nagasaki, in dem beim Abwurf der Bombe alle 134 Insassen und Angestellte ums Leben kamen.

In der Nähe des Friedensparks liegt die **katholische Kirche Urakami,** eine Rekonstruktion der durch die Atombombe zerstörten Kirche. Urakami war einst das Zentrum christlicher Missionierung, die Kirche in Urakami war die größte Kirche Asiens.

800 Meter südöstlich der Atombombendetonation stand der **Sanno Shintō-Schrein.** Die Hälfte des Schreintores ist durch die Atombombe zerstört worden, die andere Hälfte des Torii ist zum Symbol für die Zerstörung geworden.

Insel Dejima

Die Insel, die **lange Zeit Japans Fenster zum Rest der Welt** war, wurde in den 1980er Jahren **rekonstruiert.** Heute findet man auf dem restaurierten Gelände der holländischen Kolonie wieder die einstigen Lagerhäuser und Verwaltungsgebäude. Ein Miniaturmodell der Insel im Maßstab 1:15 ermöglicht einen schönen Überblick.

Die Insel war seinerzeit mit einem Zaun umgeben und nur durch eine **Brücke mit dem Festland** verbunden. Die holländischen Geschäftsleute durften die Insel nur verlassen, um dem Shōgun in Edo Tribut zu zahlen. 90 Tage dauerte der Weg von Nagasaki nach Edo und zurück.

Auf dem Gelände zeigt ein Video die **geschichtlichen Ereignisse rund um Dejima.** Man erfährt, dass japanische Investoren den Bau der Insel finanziell unterstützt haben und dass die Zäune und Mauern um die Insel errichtet wurden, um „zu verhindern, dass Japaner auf die Insel gelangen" – aus der Sicht der Umzäunten ließe sich das bestimmt auch anders formulieren. Der Eintritt zu Dejima kostet 500 Yen.

Wer noch mehr Holland in Nagasaki sehen will, der wird in **Huis ten Bosch** fündig, 80 Zugminuten von JR Nagasaki entfernt und von den Investoren als „modernes Dejima" entworfen. 1992 öffnete das 2,5 Milliarden Dollar teure Projekt. Das Areal ist mit Kanälen durchzogen und von Windmühlen sowie holländischer Architektur bestimmt.

■ **Huis ten Bosch,** tägl. 9–21.30 Uhr, Eintritt 4200 Yen.

Märtyrer-Denkmal

Das Denkmal ist **26 christlichen Märtyrern gewidmet,** die am 5. Februar 1597 in Nagasaki getötet wurden. Sechs davon waren ausländische Missionare, 20 Japaner. 1862 wurden alle vom Papst heilig gesprochen.

- **Märtyrer-Denkmal,** tägl. 9–17 Uhr, Eintritt 250 Yen, Nishizaka-machi, 5 Minuten zu Fuß von JR Nagasaki.

Siebold-Museum

Der **Würzburger Arzt Phillipp Franz von Siebold** (1796–1866) war zu Beginn des 19. Jahrhunderts einer von nur wenigen Ausländern, die sich in der Zeit der isolationistischen Politik Japans im Land aufhalten konnten. Er brachte westliche Medizin und europäische Kultur nach Japan, gleichzeitig exportierte er japanische Pflanzen nach Europa.

- **Siebold-Museum,** Di bis Fr 9–17 Uhr, Tel. 823-0707, Tram-Haltestelle Shin-Nakagawamachi.

Kōfukuji-Tempel

Der Kōfukuji-Tempel wurde 1620 von einem chinesischen Priester gegründet und ist der **älteste der Ōbaku-Schule.** Die Gebäudearchitektur zeigt deutlichen Einfluss des chinesischen Buddhismus. Mit der Tram fährt man bis Kōkaidō-mae.

Nahe des Kōfukuji kann man in der **„Tempelstraße"** zehn Tempel erkunden. Die Gegend ist entspannend und liegt schön eingesäumt von Hügeln zur rechten und dem Fluss zur linken Seite.

Praktische Tipps

- **Vorwahl:** 095

Anreise

Flug

- Mehrere Verbindungen täglich von Haneda, Itami und Kansai.

Bahn

- Von Hakata mit dem **JR Limited Express „Kamome"** in knapp 2 Stunden.

jap_626 oh

☒ Dejima –
Rekonstruktion der holländischen Kolonie

Touristeninformation

- **Am Bahnhof JR Nagasaki,** tägl. 8–20 Uhr, WLAN und PC verfügbar, Tel. 823-3631, www.nagasaki-tabinet.com.
- **Nagasaki Prefectural Tourist Federation,** Nagasaki-ken-ei-Busterminal, 2F, tägl. 9–17.30 Uhr, Tel. 826-9407.

Verkehrsmittel

Bus

- **Loop-Bus,** der JR Nagasaki, Dejima, Chinatown sowie die Tempelstraße passiert, 100 Yen pro Fahrt.

Tram

- **„One-Day-Open-Pass",** Tram-Tagesticket für 500 Yen.

Unterkunft

Unser Tipp: **Tanpopo,**①, 10 Zimmer. Kleine, nette Pension, kleine Küche in einigen Zimmern verfügbar, das extrem leckere Abendessen kann gegen Aufpreis geordert werden. Der Besitzer fährt einen auch schon mal durch die Umgebung und zeigt einem die schönsten Aussichtspunkte. Von Hakata kommend 10 Minuten zu Fuß am Fluss entgegen der Fahrtrichtung, in die Chinzei-Straße links und nach wenigen Metern auf der linken Seite. 21-7 Hōeichō, Nagasaki 852-8016, Tel. 861-6230, www.tanpopo-group.biz/tanpopo.
- **Kagamiya,** kleines freundliches Guest House mit Schlafsaal und privaten Zimmern im japanischen Stil. Miete von antiken Kimonos möglich. Tel. 895-8250, www.n-kagamiya.com.
- **Hotel Majestic,**④, 23 Zimmer. Südeuropäischer Stil, guter Blick vom Hotel auf den Hafen. 2-28 Minami-yamate-chō, Tramhaltestelle Ōhura-Tenshudō-shita, 15 Minuten, Tel. 827-7777.

Jugendherberge

- **Nagasaki Catholic Center Youth Hostel,** 2700 Yen, direkt vor der Urakami-Kirche. 10-34 Ueno, Bushaltestelle Motohara, Tel. 846-4246.

Essen und Trinken

Nagasaki steht für eine **cross-kulturelle Küche** mit Gerichten wie *Shippoku-ryōri, Chanpon* (Gemüse und Meeresfrüchte in Nudelsuppe) und *Sara Udon* (Gemüse und Meeresfrüchte auf gebratenen Nudeln).

Das **kulinarische Zentrum** mit den meisten Restaurants liegt in der **Umgebung von Shianbashi.**

- **Unryū,**①, alle möglichen Gyōza-Varianten, zu denen Bier immer gut passt. Tägl. 18–24 Uhr, Tramhaltestelle Shianbashi, von der Shianbashi-Kreuzung südlich und die zweite Straße rechts, Tel. 823-5971.
- **Kairakuen,**②, chinesisches Restaurant mit Chanpon und Sara Udon am Nordtor von Chinatown. Geöffnet 11–16 und 17–21.30 Uhr, Ruhetage variieren, Tramhaltestelle Tsukimachi, Tel. 822-4261.
- **Tsuruchan,**②, hat den Ruf des „ältesten Cafés in Kyūshū". Die Spezialität ist Toruko-Reis, was eigentlich Türkischer Reis heißt. Das Gericht hat jedoch wenig Türkisches: Das Schweineschnitzel wird mit Spaghetti und Reis serviert. Tägl. 9–22 Uhr, Tramhaltestelle Shianbashi, von der Shianbashi-Kreuzung einen Block nach Norden und dann rechts, Tel. 824-2679.
- **Hamakatsu,**③, Shippoku-ryōri, eine Variation aus japanischen, chinesischen und Gerichten westlichen Ursprungs. Tägl. 11.30–22 Uhr, Tramhalte-

jap_628 oh

stelle Shianbashi, 5 Minuten, auf der Sōfukuji, Tel. 826-8321.

- **Seifūdo,**①, das beste Geschäft für *Kasutera*, die japanische Variante des Castella-Kuchens, der von portugiesischen Seefahrern eingeführt wurde. Tägl. 9–19 Uhr, Tramhaltestelle Oura-tenshudo-shita, 4 Minuten, Tel. 825-8218.

Festivals

- **29.1.–12.2.: Nagasaki-Laternenfestival,** Feierlichkeiten zum chinesischen Neujahrsfest mit unzähligen Laternen und großartigen Löwentänzen.
- **Juni/Juli: Peiron-Bootsfestival,** aus China eingeführtes Bootsrennen, das seit 1655 in der gleichen Weise ausgetragen wird.
- **15. August: Spirit Boat Festival,** in einer großen Parade werden Boote durch die Straßen Nagasakis zum Hafen getragen.
- **7.–9. Oktober: Kunchi-Festival,** größtes Matsuri in Nagasaki.

Hafenrundfahrten

- Nicht gerade billig, aber für Fans von Hafenrundfahrten vielleicht lohnenswert: Rundfahrten zwischen 1 und 2 Stunden von 1200–2980 Yen; Infos: **Yamasa Kaiun,** Tel. 822-5002.

Die „Tempelstraße" nahe des Kofukuji-Tempels

VULKAN UNZEN

Shimabara ist die kleine Küstenstadt, die unmittelbar östlich des Unzen liegt. Der über 1300 Meter hohe Berg zählt zu den **gefährlichsten und explosivsten Vulkanen weltweit** – immer wieder fördert er Magma an die Oberfläche und zerstört die Siedlungen am Fuße des Berges. Als er 1792 explodierte, rissen die Gesteinsmassen das halbe Dorf mit ins Meer, an Land und durch die Flutwelle starben mehr als 15.000 Menschen. 1991, trotz frühzeitiger Evakuierungen und Warnhinweise, kamen 44 Menschen beim Ausbruch ums Leben, Zehntausende verloren Hab und Gut. Erst seit 1995 ist der Vulkan in seiner Aktivität etwas gebremst. Forscher bohren sich gerade ins Innere des Vulkans, um mehr Erkenntnisse zu erhalten und Vorhersagen konkretisieren zu können.

Rund um den Unzen erstreckt sich der **Unzen-Nationalpark** mit zahlreichen **Onsen-Gebieten** und **Wanderwegen** bis in eine Höhe von 1300 Metern. **Obama** ist das Tor zum Unzen und zum Nationalpark.

⊡ Aktiv und gefährlich – der Vulkan Unzen

Praktische Tipps

Anfahrt

- **Von Nagasaki** mit JR (Zug oder Bus) bis Isahaya, dann weiter mit dem Bus bis Obama-Onsen, von dort mit dem Bus bis Unzen. Fahrtzeit: 2 Std.
- **Von Kumamoto** mit dem Bus bis Misumi, von dort mit der Fähre nach Shimabara. Dauer: 2 Stunden 20 Minuten.

Unterkunft

Als mögliche Unterkünfte am Unzen stehen einem **drei Varianten** zur Auswahl: entweder direkt am Unzen, in Shimabara an der Ostküste der Halbinsel oder in Obama an der Westküste.

Unzen

- **Kaseya Ryokan,**②, kleines klassisches Ryokan mit Onsen. Tel. (0957) 73-3321, www.kaseya.jp.
- **Unzen Kanko Hotel,**③, 58 Zimmer. Traditionsreiches Hotel. Tel. (0957) 73-3263, www.unzenkankohotel.com.

Shimabara

- **Shimabara Jugendherberge,** zwischen 2850 und 3850 Yen, direkt bei JR Shimabara-gaiko, Tel. (0957) 62-4451.

Obama

- **Uguisuya Ryokan,**②, 63 Zimmer. Großes Ryokan an der Küste. Tel. (0957) 74-2281, www.uguisuya.com.

jap_631 oh

GOTŌ-INSELN

Die Gōto-Inselgruppe besteht aus den fünf **Inseln Fukue, Hisaka, Naru, Wakamatsu und Nakadori.** Früher flüchteten viele Christen aus Nagasaki auf die nahe gelegenen Inseln, um sich der Verfolgung zu entziehen. Daraufhin entstanden viele christliche Kirchen auf den Inseln, von denen noch einige erhalten sind.

Die **katholische Kirche Dōzaki Tenshudō auf Fukue** ist die älteste Kirche auf den Inseln (1879). Das **Schloss Ishida,** ebenfalls auf Fukue, ist eines der wenigen Küstenschlösser Japans: es ist nach drei Seiten hin von Wasser umgeben.

Praktische Tipps

Anreise

- **Nach Fukue** kommt man entweder mit dem **Flugzeug** von Nagasaki und Fukuoka, oder man nimmt die **Fähre** vom Hafen in Nagasaki, Ticket-Schalter Nr. 6.

Touristeninformation

- **Gotō-shi Kanko Kyōkai,** im Fukue-Fährterminal, Tel. (0959) 72-2963, www.gotokanko.jp.

Jugendherberge

- **Gōto Miiraku Sunset,** 2835 Yen für Mitglieder, 3835 Yen für Nichtmitglieder, auf Fukue gelegen. Tel. (0959) 84-3151, www.jyh.or.jp.

IKI UND TSUSHIMA

Die **Insel Iki** ist 15 x 17 Kilometer groß. Schwimmen und Surfen dominieren den Tagesablauf. Die Insel ist touristisch gut erschlossen und mit Ausflugsbussen zu erkunden. Die Preise für die organisierten Touren sind jedoch hoch.

Die **Insel Tsushima** liegt nur 53 Kilometer von der koreanischen Halbinsel entfernt und zeigt Einflüsse unterschiedlicher Kulturen. 90 Prozent der Insel sind Wald und Berge. Tsushima hat einige schöne Strände und einen vielsagenden „Korea-Aussichtspunkt".

Praktische Tipps

Anfahrt

- Iki und Tsushima sind vom Hafen in Hakata zu erreichen, Terminal 2.

Touristeninformation

- **Iki,** neben dem Gonoura-Fährterminal, Tel. (0920) 47-3700, www.ikikankou.com.
- **Tsushima,** im Rathaus, Mo–Fr 8.45–17.30 Uhr, Sa/So 9.30–16.30 Uhr, Tel. (0920) 52-1566, www.tsushima-net.org.

Unterkunft

- **Kokumin Shukusha Ikisō,**②, 23 Zimmer. Auf Iki im Gebiet Yunomoto Onsen gelegen, gutes Preis-Leistungsverhältnis mit zwei Mahlzeiten. Tel. (0920) 43-0124.
- **Minshuku Peko-chan,**①, freundliches familiengeführtes Minshuku auf Tsushima mit vielen ausländischen Gästen und angeschlossenem Tauchgeschäft. Tel. (09205) 2-1716, www9.ocn.ne.jp/~joujou/es-00-index.htm.

BEPPU

- **Einwohner:** 125.000
- **Präfektur:** Oita

Beppu ist das Ziel aller Onsen-Freaks. Während andere Orte 2000 Meter tief bohren müssen, um das heiße Quellwasser an die Oberfläche zu befördern, sprudelt es in Beppu überall ganz von alleine. Die Stadt ist eingehüllt in riesige Rauchschwaden, aus allen Gullydeckeln qualmt es hervor und ein permanenter Schwefelgeruch liegt in der Luft. Aus **mehr als 3000 Quellen** werden täglich 100 Millionen Liter heißes Wasser gefördert.

In Beppu gibt es grob **zwei Arten von Thermen:** die **Jigoku („Höllen-Onsen")**, die mit einer Temperatur von 98 Grad blubbern und dem Auge vorbehalten sind sowie verschiedenste Arten von **Onsen, in denen man baden kann:** Freiluft-Onsen, Dampf-Onsen und auch exotische Ausrichtungen wie Sand-Onsen.

Beppu ist bizarr, die ganze Stadt ist ein **dampfender Kurort.** Noch bizarrer wird es mitunter in Ryokans, denn auch hier ist alles von den heißen Dämpfen geprägt: Geheizt wird mit Onsen, gekocht wird mit Onsen – wohl eine der umweltschonendsten Energiequellen.

Beppu ist Kurort und natürlich auch **touristischer Ort.** Wenn man die japanische Kultur verstehen will und als Voraussetzung dafür erfahren möchte, wo Japaner auf welche Art Urlaub machen, dann ist Beppu der passende Ort. Reisebusse, individuelle Gesundheitsurlauber oder Dauerkurgäste in billigen Ryokans – Beppu hat alles. Am besten nimmt man sich eine Unterkunft in der Jigoku-Gegend, denn dort findet man kleine ursprüngliche Ryokans mit integrierten Onsen und man befindet sich inmitten der dampfenden Onsen-Küche.

Orientierung

Die Jigoku liegen etwa drei Kilometer von **JR Beppu Station** in nordwestlicher Richtung entfernt. Der Bahnhof liegt an der **Beppu-Bucht** und in nördlicher Richtung gelangt man zum Strand.

☐ Beppu – dampfender Kurort

jap_636 oh

Beppu

Übernachtung
3 Yōkōsō Ryokan
6 Seikai
7 Khaosan Beppu Hamayu

Essen und Trinken
1 Daikokuya
2 Kannawa Butaman Honpo
4 Kaiten-sushi Sono
8 Juttoku-ya

Einkaufen
5 Marushoku Supermarkt

Sehenswertes

Die neun Jigoku

Neun „Höllen-Onsen" kann man in Beppu besichtigen, alle recht kompakt an einem Ort gelegen, sodass man bequem zu Fuß die Runde machen kann. Der Eintritt kostet jeweils 400 Yen, ein Gemeinschaftsticket für acht (außer Bōzu-Jigoku) kostet 2000 Yen. Die größte und schönste Jigoku ist **Umi Jigoku („Meer-Therme"):** Das 98 Grad heiße Wasser sprudelt hier azurblau, die Quelle ist insgesamt 120 Meter tief. **Alle Jigoku** muss man sich als **kleine Gartenanlagen** vorstellen, mit dem blubbernden Wasser in Teichgröße in der Mitte und einem Weg sowie Verkaufsläden drum herum.

Die **Oniishi Bōzu-Jigoku** zeigt blubbernden grauen Schlamm. Der Name leitet sich ab von Bōzu Atama („Glatzkopf"), weil die kochenden Schlammblasen an den kahlgeschorenen Kopf eines Mönchs erinnern. In der **Chinoike-Jigoku** steigt aus Tonerde roter Dampf empor, die Temperatur beträgt 78 Grad. Die **Shiraike-Jigoku** dagegen ist komplett weiß: Das zuerst farblose Wasser trübt sich an der Oberfläche ein und wird weiß, weswegen die Jigoku die „Weiße Hölle" genannt wird.

Wer nach diesen vier Jigoku noch nicht genug hat, den erwartet in den anderen eine Mischung aus Jigoku und japanischer Freizeitparkatmosphäre, was nicht immer nur begrüßenswert ist. In der **Oniyama-Jigoku** finden sich neben dem warmen Wasser auch zahlreiche Krokodile und Alligatoren und man darf sich getrost nach dem Sinn fragen, auch wenn das Faltblatt vom „frohen warmen Zuhause" der Tiere spricht. Ähnliches gilt für die **Yama-Jigoku,** nur dass es hier Hippos und Schimpansen sind und das Ganze eher einem kleinen Zoo ähnelt. **Kamado-Jigoku** und **Kinryū-Jigoku** verleihen dem Wort Hölle mit großen Teufels- oder Drachenfiguren Nachdruck, in Letzterer kann man einen mit Onsen-Wasser zubereiteten Cocktail bestellen. **Tatsumaki-Jigoku** schließlich ist eine temporäre Quelle, deren Wasser in kurzen Intervallen sprudelt.

Zu den Jigoku nimmt man vom Bahnhof einen der vielen **Busse** (Ōita Kōtsū- oder Kamenoi-Bus) nach Kannawa.

Öffentliche Onsen-Bäder

Die **Vielfalt** der angebotenen Onsen-Bäder ist enorm, vom individuellen Freiluftbad bis zum Gemeinschaftsbad, von siedend heißem Wasser bis zum lauwarmen Sand-Onsen. Als Kurort ist Beppu bekannt für die **Linderung von Krankheiten,** die Mineralien in den diversen Quellen finden verschiedenste Anwendungsgebiete.

Die meisten **Unterkünfte** haben unterschiedliche Arten von Onsen-Bädern integriert oder kooperieren mit den benachbarten Unterkünften. Von den insgesamt elf Onsen-Arten finden sich zehn in und um Beppu. Die **acht Hauptregionen** (Beppu Hachi-yu) sind dabei Myōban, Shibaseki, Kannawa, Beppu Station, Kankaiji, Horita, Kamegawa und Hamawaki. Kannawa bietet zum Beispiel viele Dampf-Onsen mit Kräuterzusätzen und ist darüber hinaus aufgrund der Jigoku auch ein touristisches Zentrum. Das neue Bad **Hyōtan Onsen** (Tel. 66-0527, Bushaltestelle Jigokubaru) in Kannawa ist sehr empfehlenswert, da hier verschiedenste Onsen-Arten an einem Ort ausprobiert werden können.

Das beliebteste Thermalbad um den Bahnhof Beppu ist **Takegawara Onsen** (Tel. 23-1585), das für seine wohltuenden **Sand-Onsen (Sunayu)** bekannt ist. Das Gebiet Kamekawa mit der Therme **Kaihin Sunayu** steht ebenfalls für entspannende Sand-Onsen, während man in **Myōban** am Fuße des Berges das verdampfte mineralreiche Wasser überwiegend in Strohhütten genießt. Wem das noch nicht reicht, der kann im **Onsen Hoyō Land** (Tel. 66-2221) das ausgefallene **Schlamm-Onsen (Doroyu)** im Freien probieren. Damit dürfte ein erster Einstieg in die Onsen-Welt erst mal gelungen sein.

Young Center

Vom Namen sollte man sich nicht in die Irre führen lassen: Im Young Center wird **traditionelles japanisches Volkstheater** gespielt, und das Publikum hat meist auch schon lange den wohlverdienten Ruhestand angetreten. Obwohl alles in Japanisch gespielt wird, kann das Young Center auch für nicht sprachkundige Touristen eine interessante Erfahrung sein, da die Handlungen der aufgeführten Samurai-Dramen nicht allzu kompliziert sind. Die Eintrittskarte berechtigt auch zum Besuch des Onsen-Bads (Kosten 1200 Yen, Tel. 66-0146).

Praktische Tipps

- **Vorwahl:** 0977

Anfahrt

Bahn

- Von JR Kokura mit dem **Limited Express** in rund 80 Minuten, von Shin-Osaka (mit Umsteigen in Kokura) in rund 4 Stunden.

Schiff

- Von Osaka und Kobe in 12 Stunden, **Kansai Kisen-Linie,** ab 7400 Yen.

Touristeninformation

- **Beppu Foreign Tourist Information,** im Bahnhof JR Beppu, täglich von 9 bis 17 Uhr, WLAN und PC verfügbar, Tel. 21-6220, www.beppu-navi.jp.

Führungen

- **Beppu SGG Club,** bieten kostenlose Führungen in Beppu an, Anmeldung mindestens eine Woche vorher per Fax 23-1119.
- **Town Walk Tour,** Bürger zeigen Touristen ihre Stadt. Die Rundgänge werden zwar hauptsächlich in Japanisch geführt, auf Anfrage sind allerdings auch Führungen in Englisch möglich. Bei manchen Rundgängen kommt man auch in den Genuss japanischer Volkslieder. Nähere Informationen sind bei der Touristeninformation erhältlich, hier werden auch Anmeldungen entgegengenommen.

Verkehrsmittel

- **Stadtgebiet:** Das **Ein-Tages-Busticket** für das Stadtgebiet Beppu kostet 900 Yen.
- **Kyūshū: Trans-Kyūshū-Sightseeing-Bus,** mit dem Bus quer durch Kyūshū, von Beppu am Mt. Aso vorbei nach Kumamoto mit Kurzaufenthalt am Mt. Aso. Reiseführeransagen nur in Japanisch, zwischen 4000 und 9000 Yen, Infos bei Kyūshū Sangyō Kōtsū Bus, Tel. (096) 355-2525.

Unterkunft

Unser Tipp: **Yōkōsō Ryokan,**①, 27 Zimmer. Sehr preiswertes Ryokan, ursprünglich ein Jigoku, später wurde das Ryokan um die heiße Quelle errichtet. Das Yōkōsō ist Unterkunft und Kurort zugleich: Dampf-Onsen und Freiluft-Onsen sind im Preis der Übernachtung inbegriffen. Gemeinschaftsküche im Freien, hier kann mit Onsen-Dampf gekocht werden. Das englisch sprechende Besitzerpaar ist sehr hilfsbereit und weist gerne in die authentische Onsen-Welt ein. Internet 100 Yen für 30 Minuten. Mit dem Ōita Kōtsū-Bus Nr. 60 oder 61 ab JR Beppu bis zur Endstation Kannawa und die kleine Straße rund 150 Meter bergab, Tel. 66-0440, www.coara.or.jp/-hideharu.

- **Seikai,**④, 24 Zimmer. Im Gebiet Kamekawa gelegen, manche Zimmer haben zusätzlich ein privates Freiluft-Onsen. Tel. 66-3680, www.seikai. co.jp.
- **Khaosan Beppu Hamayu,**①, günstiges Gästehaus mit Schlafsälen. JR Beppu, 15 Min., Tel. 23-3939, www.khaosan-beppu.com.

Essen und Trinken

Wer in Beppu ist, sollte die **Zubereitungsart Jigoku-mushi** nicht verpassen. Dabei werden die Zutaten über heißem Onsen-Dampf gegart. In manchen Unterkünften, wie im Yōkōsō, kann man selbst mit den heißen Dämpfen kochen. In der Jigoku-Gegend finden sich vielerorts über Onsen-Dampf zubereitete Eier oder Süßkartoffeln.

- **Daikokuya,**②, Dampf-Küche für jedermann, für 2000 Yen kann man 2 Stunden lang kochen. Reservierung erforderlich, Tel. 66-2301.
- **Kannawa Butaman Honpo,**①, Butaman-Bällchen (Schweinefleisch), natürlich über Jigoku zubereitet. Di bis So 9–16 Uhr, Tel. 66-6390.
- **Kaiten-sushi Sono,**②, Sushi-Karussel mit frischem Fisch aus der Umgebung. Fr bis Mi 11–22 Uhr, in Kannawa vor dem Supermarkt Marushoku, Tel. 67-2332.
- **Juttoku-ya,**②, Izakaya mit Fisch- und Hühnchengerichten. Speisekarte mit Bildern. Tägl. 17–24 Uhr, JR Beppu, 1 Minute auf der Eki-mae, Tel. 22-0521.

Festivals

- **Anfang April: Beppu Onsen-Festival.**
- **Ende Juli/Anfang August: Feuerwerk-Festival.**

Wandern

Beppu ist zur einen Seite am Meer gelegen, zur anderen Seite ist die Stadt von Bergen umgeben. Der **Mt. Ōgi** ist ein kleiner Berg, der in etwa 2 Stunden erwandert werden kann. Die einzige Erschwernis besteht darin, dass der Weg ausnahmslos bergauf und nicht etwa in Serpentinen zum Gipfel führt. Im Frühjahr wird der Berg komplett abgebrannt, sodass man im Sommer kräftiges Grün erwarten darf. Am Fuße des Berges befindet sich eine kleine ursprüngliche Produktionsstätte von Schwefelpulver.

Der **Tsurumi-Berg** ist mit 1375 Metern deutlich höher und anspruchsvoller als der Ōgi. Eine Seilbahn führt für doch recht teure 1400 Yen (hin und zurück) zum Gipfel.

jap_638 oh

Umgebung

Yufuin

Yufuin umfasst zahlreiche **kleinere Onsen,** die **am Yufu-Fluss** liegen. Neben den Thermalbädern lohnt sich ein Blick ins **Kunsthandwerksmuseum,** das die Herstellung von Töpferwaren, Glas und japanischem Papier demonstriert.

Praktische Tipps

Anfahrt

- Yufuin ist von Beppu mit **JR** in 1 Stunde zu erreichen.

Touristeninformation

- **Yufuin Informationszentrum,** am Bahnhof Yufuin, Tel. (0977) 84-2446, http://yufuin.or.jp.

Unterkunft

- **Moustache,**③, 3 Zimmer. Kleines, verspieltes Hotel, Reservierung auch in Deutsch möglich. Tel. (0977) 84-5155, www.moustache-yufuin.com.
- **Tamanoyu,**④, 18 Zimmer. Schönes Ryokan von einem kleinen Wäldchen umgeben. Der Preis beinhaltet zwei Mahlzeiten. Tel. (0977) 84-2158, www.tamanoyu.co.jp.
- **Yufuin Country Road Youth Hostel,** nördlich in Yufuin gelegen, auch private Zimmer verfügbar, Tel. (0977) 84-3734, www.jyh.or.jp.

Festivals

- **Ende Juli: Yufuin Musik-Festival.**
- **Oktober: Rindfleisch-Wettessen.**

⌃ Kochen mit Onsen-Dampf im Yōkōsō Ryokan

KUMAMOTO

- **Einwohner:** 650.000
- **Präfektur:** Kumamoto

Kumamoto liegt **im Zentrum Kyūshūs** und lohnt vor allem aufgrund der **prächtigen Burg** einen Abstecher. Großindustrie sucht man in Kumamoto vergeblich, denn die Präfektur ist sehr **landwirtschaftlich geprägt.** Dörfer, Bauernhöfe und Traktoren bestimmen das Bild – und Kühe, die nummeriert sind oder sogar ihren Namen aufgeschrieben tragen.

Jedes Kind in Japan lernt Kumamoto früh kennen, denn die Stadt ist **Gegenstand eines** beliebten **Kinderliedes,** das zum Ballspielen rhythmisch gesungen wird. In diesem alten Lied wird Kumamoto mit Bergen, Land, Jägern und Dachsen charakterisiert, was bis heute seine Gültigkeit zumindest zum Teil bewahrt hat. Wer einmal geschäftlich nach Kumamoto reisen muss, der kann mit Sicherheit davon ausgehen, dass zum Geschäftsessen **Pferdefleisch** serviert wird. Es gilt in Kumamoto als lokale Spezialität und wird stolz in unterschiedlichsten Variationen präsentiert.

Geschichte

Die frühe Feudalzeit in Kumamoto war geprägt von **Kiyomasa Katō,** der auch die Burg Kumamoto-jō errichten ließ. Nach der zweiten Generation der *Katos* wechselte die Macht zum **Hosokawa-Clan,** der Kumamoto für treue Dienste vom Tokugawa-Shogunat erhielt und 239 Jahre lang regierte. 1877 war Kumamoto Schauplatz des letzten Bürgerkrieges in Japan, dem **Seinan-Krieg.** Die Satsuma (Kagoshima) -Armee unter *Takamori Saigō* belagerte die Burg 50 Tage lang. Ein Großteil der Anlage fiel dem Kampf zum Opfer.

Orientierung

Die Burg befindet sich im Zentrum der Stadt. Die Sehenswürdigkeiten lassen sich **problemlos zu Fuß** erkunden.

Sehenswertes

Kumamoto-jō

Die **Burg** in Kumamoto **zählt zu den schönsten Japans** und ist auf gleicher Augenhöhe mit den Vorzeigeanlagen in Osaka, Himeji und Nagoya zu sehen. Die Burgen dienten als militärische und administrative Zentren, vor allem aber auch als **Machtsymbol** des herrschenden Clans, was die Burg in Kumamoto sehr deutlich demonstriert.

Ursprünglich 1607 von Daimyō *Kiyomasa Katō* fertig gestellt, brannte die Burg 1877 nahezu vollständig ab, ehe sie 1960 **rekonstruiert** wurde. Teile der Anlage sind im Original erhalten. Hollywood drehte hier einige Passagen des Films „Last Samurai".

Das Areal auf insgesamt 98 Hektar Gelände beherbergt neben den beiden

Übernachtung
1 Minshuku Ryokan Kajita
8 Hotel Nikko Kumamoto
9 Youthpia Kumamoto Jugendherberge

Einkaufen
4 Daiei
7 Tsuruya Department Store

Essen und Trinken
2 Beer Restaurant Oden
3 Jyūrokuya
5 Star of India
6 Shark Attack

Haupttürmen 49 kleinere Türme und Gebäude. Besonders beeindruckend sind die **gewaltigen Steinmauern.** Eine Million Besucher zählt die Burg jährlich, eine sehenswerte **Ausstellung** im Hauptgebäude zeigt zahlreiche Exponate aus der Samurai-Zeit.

■ **Kumamoto-jō,** tägl. 8.30–17.30 Uhr (Nov. bis März bis 16.30 Uhr), Eintritt: 500 Yen, Tel. 352-5900.

Kunstmuseum der Präfektur Kumamoto

Gleich neben der Burg gelegen, zeigt das Museum Replica von kunstvoll mit Ornamenten verzierten **Gräbern,** die in der Umgebung Kumamotos freigelegt wurden.

■ **Kunstmuseum,** Di bis So 9.30–16.30 Uhr, Eintritt 260 Yen.

Museum für zeitgenössische Kunst

Das neue Museum bietet in schöner Regelmäßigkeit sehenswerte Arbeiten zeitgenössischer Künstler. In den vergangen beiden Jahren waren beispielsweise Ausstellungen zu moderner japanischer Malerei oder zur Anime- und Roboter-Kultur zu sehen.

■ **CAMK Contemporary Art Museum Kumamoto,** 2-3 Kamitorichō, Kumamoto, Tel. 278-7500, www.camk.or.jp. Mit Tram oder Bus bis zur Haltestelle Torichōsuji, gegenüber dem Tsuruya Department Store.

Suizenji-Garten

Der Suizenji-jojuen wurde 1632 **im Stile eines Momoyama-Gartens** angelegt. Mit einer Fläche von 65 Hektar ist der Garten außergewöhnlich groß und bietet Modelle des Mt. Fuji, des Biwa-Sees sowie weiterer Stationen des Tōkaidō.

- **Suizenji-jojuen,** 20 Minuten mit dem Bus ab Kotsu-Center, tägl. 7.30–18 Uhr (im Winter 8.30–17 Uhr), Eintritt 400 Yen.

Kumamoto-Kunsthandwerksmuseum

Das Museum in einem alten Lagerhaus zeigt **lokales Handwerk:** Textilfertigung, Keramik, Holz-, Glas- und Bambusprodukte. Auch Vorführungen zur Herstellung werden angeboten.

- **Kunsthandwerksmuseum,** Di bis So 9–17 Uhr (im Winter bis 16 Uhr), Eintritt 500 Yen, 30 Minuten per Bus ab dem Busbahnhof.

Suntory-Brauerei

Die Brauereibesichtigung erlaubt den 20-minütigen Genuss von **Freibier.** Wer Brauereien vor allem aus einem technischen Blickwinkel betrachtet, wird über die Produktionsanlagen erstaunt sein: Am Standort Kumamoto wird **Bier, Tee, Kaffee und Whiskey** gleichzeitig produziert und abgefüllt. Bevor man 20 Minuten lang das Bier (oder auch Softdrinks) probieren darf, muss man an einer **40-minütigen Führung** teilnehmen, was für die meisten der Anwesenden eine echte Herausforderung ist. Viele der Rundgangteilnehmer scheinen übrigens nicht zum ersten Mal bei der Tour dabei zu sein … Gegen Ende der Tour verteilt Suntory noch eine Unterschriftenliste mit dem Aufruf an Japans Regierung, die Steuer für Bier zu senken, schließlich fielen 46,5 Prozent des Bierpreises an den Staat. Es ist tendenziell immer mit vielen Unterzeichnern zu rechnen.

- **Suntory Kumamoto,** gelber Shuttle-Bus ab JR Suizenji, verkehrt in etwa stündlich, Fahrtzeit 35 Minuten.

Praktische Tipps

- **Vorwahl:** 096

Anreise

Flug

- Flüge von Haneda und Itami.

⟩ Kumamoto-jō

Bahn

- Von Hakata mit dem **Limited Express „Tsubame"** in 1½ Stunden.

Touristeninformation

- **Touristeninformation Kumamoto,** JR Kumamoto, West-Ausgang, Tel. 352-3743, tägl. 8–20 Uhr, http://kumanago.jp.
- **Am Flughafen Kumamoto,** tägl. 6.50– 21.30 Uhr, Tel. 232-210.

Führungen/Home visit

- **Kumamoto International Foundation,** gute Anlaufstelle für Fragen aller Art. Tägl. 9–20 Uhr (außer 2. und 4. Montag), 4-8 Hanabata-chō, Tel. 359-2121, Anmeldungen für das **Home Visit Program** möglich, www.kumamoto-if.or.jp.

Unterkunft

- **Minshuku Ryokan Kajita,**①, 10 Zimmer. Kleines Minshuku-Ryokan in der Nähe der Burg mit in-

jap_640 oh

jap_645 oh

ternationalen Gästen. Bushaltestelle Shinmachi, 3 Minuten, Tel. 353-1546, kajita@titan.ocn.ne.jp.

■ **Hotel Nikko Kumamoto,**③, 191 Zimmer. Erstklassiges Hotel der JAL-Gruppe im Stadtzentrum, Bushaltestelle Torichō-suji, Tel. 211-1111, www.nikko-kumamoto.co.jp.

Jugendherberge

■ **Youthpia Kumamoto Jugendherberge,**①, Einzel- und Doppelzimmer. Nicht im Zentrum, trotzdem mit den Öffentlichen gut erreichbar. JR Suizenji, 7 Minuten, Tel. 381-6221, www.jyh.or.jp.

Essen und Trinken

Das belebteste Viertel Kumamotos mit den meisten Restaurants ist **rund um Shimotori,** Tramhaltestelle Torichō-suji.

■ **Jyūrokuya,**②, lebendiges Izakaya mit einer breiten Auswahl an Gerichten (Speisekarte mit Bildern). Tägl. 17–24 Uhr, einen halben Block westlich der Kreuzung von Shimotori und Sunroad, Tel. 352-1367.

■ **Beer Restaurant Oden,**②, deutsche Küche und Bier aus aller Welt. Tägl. 11–24 Uhr, Tramhaltestelle Kumamotojō-mae, 3 Minuten, auf der Ginza-dori, Tel. 325-9230.

■ **Star of India,**②, indisches Restaurant mit sehr freundlicher Atmosphäre. Geöffnet 11–15 und 18–22 Uhr, östlich der Kreuzung von Shower-dori und Sannenzaka-dori, SYK Bldg., 2F, Tel. 356-5079.

■ **Shark Attack,**②, Bar mit internationaler Atmosphäre. Tägl. ab 20 Uhr geöffnet, einen halben

Freibier in der Suntory-Brauerei

Block östlich der Kreuzung von Shimotori und Sannenzakadori, 8F, Tel. (080) 5208-8884.

Umgebung

Hitoyoshi

Im südlichen Teil der Präfektur Kumamoto liegt die von steilen Bergen umgebene Stadt Hitoyoshi. Die Stadt ist bekannt für **Onsen, Rafting** und **Stromschnellen.** Die größte Wertschätzung genießt Hitoyoshi jedoch für seinen **Kuma-Shōchū,** dessen erlesener Geschmack wohl auf das reine Quellwasser und die traditionellen Braumethoden der Region zurückzuführen sind. Der Kuma-Shōchū wird aus Reis hergestellt, im Gegensatz zum weiter südlich verbreiteten Kagoshima-Shōchū, der aus Süßkartoffeln produziert wird. Zwanzig **Shōchū-Brennereien** sind in der Stadt verstreut, einige davon bieten **Besichtigungstouren** mit Gratisproben an.

Praktische Tipps

Anfahrt

- Von Kumamoto mit der **JR Hisatsu-Linie** in 1½ Stunden.

Brauereibesichtigung

- **Sengetsu Shuzō-Brauerei,** tägl. 9–12, 13–16 Uhr, Reservierung nötig, Tel. (0966) 22-3207.

Unterkunft

- **Hitoyoshi Ryokan,**②, 21 Zimmer, mit Onsen und typischen Mahlzeiten der Region, Tel. (0966) 22-3141, www.hitoyoshiryokan.co.jp.

MT. ASO

Mt. Aso ist die zusammenfassende Bezeichnung für **fünf vulkanische Berge,** von denen der Nakadake der aktivste ist und regelmäßig Gase und Lava ausstößt. Ein Blick in den Vulkan vom Kraterrand ist beeindruckend, vorausgesetzt der Vulkan stößt nicht zu viele toxische Gase aus und erlaubt den Aufstieg bis ganz oben.

Die fünf Berge sind **Teil eines monumentalen äußeren Kraterrings,** der in seiner heutigen Form vor rund 100.000 Jahren entstanden sein dürfte. Der äußere Kraterrand hat einen Umfang von 128 Kilometer und macht damit den Aso zum **größten aktiven Vulkangebiet der Welt.**

Das Gebiet des Aso wird aufgrund seiner zentralen Lage als **„Bauchnabel Kyūshūs"** bezeichnet.

Orientierung

Beliebt ist die Gegend um **JR Aso Station** als Ausgangspunkt für Erkundungstouren in den Nationalparks. Von JR Aso geht auch ein Bus hoch zum Vulkan und zur Seilbahn.

Ruhiger und landschaftlich interessanter ist es jedoch in der **Minami-Aso-Gegend,** rund um den **Bahnhof Aso-Shirakawa.** Hier fahren kaum Busse, Touristen findet man nur wenige und der Weg zum Aso hoch ist entweder mit dem Auto oder im Rahmen einer Tagestour zu Fuß möglich.

Wer das ganze Areal mit den verschiedenen Vulkanen und Kratern erkunden will, für den empfiehlt sich ein **Mietwagen.** Dann sollte man unbedingt den **Aussichtspunkt auf dem Mt. Daikanbo** ansteuern.

Mt. Nakadake

Der gewaltige **Krater** des Nakadake misst **600 Meter im Durchmesser** und ist 130 Meter tief. Die Aktivitäten des Vulkans forderten in den zurückliegenden Jahrzehnten immer wieder Menschenleben. Bei einer unerwarteten Eruption 1958 starben zwölf Menschen. Danach wurden die Sicherheitsvorkehrungen verschärft, doch auch im Jahr 1979 kamen bei einem Ausbruch drei Menschen ums Leben.

Heutzutage wird jeden Morgen um 8.30 Uhr am Nakadake gemessen, ob die Emission des Vulkans Besucher am Kraterrand erlaubt oder ob die **toxischen Gase** zu stark sind. Ein Anruf bei der Touristeninformation gegen 9 Uhr klärt die Frage, ob man aufsteigen kann oder nicht. Früher ist keine Information möglich – das musste auch die Filmcrew von „Last Samurai" erfahren, die mit Sonnenaufgang auf dem Kraterrand drehen wollte, doch die japanischen Behörden blieben hart und auf die Einstellungen musste verzichtet werden.

Drei Kilometer vom Krater entfernt stößt man auf das **Aso Volcano Museum,** das in die Geschichte und die Aktivitäten des Aso einführt. Eine Kamera sendet Live-Aufnahmen vom Krater – das kann eine kleine Entschädigung

Der gewaltige Krater des Mt. Nakadake

jap_647 oh

sein, falls man aufgrund der toxischen Gase nicht direkt zum Kraterrand vordringen kann.

- **Aso Volcano Museum,** tägl. 9–17 Uhr, Eintritt 840 Yen, Tel. (0967) 34-2111.

In der **Umgebung Kusasenri** gibt es ein Restaurant und auch eine Pferdestation, die einen Eindruck vom japanischen Freizeitreiten vermittelt: Trotz unglaublicher Preise sind die Pferde von Familien belagert; 5 Minuten Ritt kosten 1300 Yen, 20 Minuten 3000 Yen und 25 Minuten 4000 Yen.

Minami-Aso

Minami-Aso ist eine ruhige und weitgehend **unberührte Gegend am südlichen Fuße des Aso.** Hier kann man sogar in Japan fast ein Gefühl der Verlorenheit entwickeln und sich ganz um sich selbst oder um die Natur kümmern, was anderes gibt es kaum.

In **Shirakawa,** vormals eigenständige Stadt und jetzt zum Verbund Minami-Aso gehörend, entspringt der gleichnamige Fluss Shirakawa: 60 Tonnen Wasser blubbern hier minütlich an die Oberfläche. Das Wasser der **Quelle** (Shirakawa Suigen) kommt mit einer Temperatur von 14 Grad Celsius an die Oberfläche und ist trinkbar. Es gehört zu den reinsten Japans und die Besucher probieren es direkt mit der Kelle am idyllischen Ort.

Etwas außerhalb von Minami-Aso liegt der ganze Frühjahrsstolz von Minami-Aso, der 400 Jahre alte **Kirschbaum Isshingyō-no-Sakura,** der während der Blüte 250.000 Besucher in 14 Tagen anlockt. Hierfür wird eigens eine kleine Zeltstadt errichtet. Der Baum ist zweifelsohne schön, trotzdem mag die Begeisterung rund um den Baum erkennen lassen, dass man in Minami-Aso wirklich abseits vom touristischen Trubel ist und man nicht mit Sehenswürdigkeiten bombardiert wird.

Praktische Tipps

Anfahrt

Bahn

- Von Kumamoto bis JR Aso Station mit dem **JR Limited Express „Aso"** in etwa 1 Stunde.
- Von Kumamoto bis Aso-Shirakawa mit JR bis Tateno und von dort mit der privaten Linie **Minami-Aso Railway** in 2 Stunden.

Touristeninformation

- **JR Aso Station,** WLAN und PC verfügbar, Tel. (0967) 34-0751, www.asocity-kanko.jp.
- **Minami Aso Village Tourismusbüro,** tägl. 9–17 Uhr, Tel. (0967) 67-2222, www.minamiasokanko.jp.

Unterkunft

Aso-Gegend

- **Aso Base Backpackers,**①, JR Aso Station, 2 Minuten, Tel. (0967) 34-0408, www.aso-backpackers. com.

Mt. Aso
0
3 km
Kikuchi Aso Skyline
Milk Road
Felswände
Milk Road
Kikuchi-Schlucht
Aussichtspunkt auf dem Mt. Daikanbō
Mt. Daikanbō (936 m)
790
Uchinomaki Onsen
Milk Road
Aso-Schrein
480
Uchinomaki
JR-Aso
Ikoinomura
Miyaji
2
3
Ichinokawa
Akamizu Onsen
1
Kuro-Fluss
Akamizu
Mt. Komezuka
Mt. Ōjō
1238
Aso Farm Land
Kijima Peak
1321
Sensuikyō Seilbahn
Aso Volcano Museum
Takadake Peak
Nakadake Peak
1216
1592
Kumamoto
Yunotani Onsen
Kusasenri
Tateno
Eboshidake
1337
Krater
Minami-Aso Railway
Tarutama Onsen
Mt. Aso
Jigoku Onsen
913
Chōyō
Aso-Shimodajō Fureai Onsen
Isshingyō-no-Sakura
4
Minami-Aso
Minami-Aso Mizunoumarerusato Hakusuikōgen
5
Shirakawa Suigen Quelle
Nakamatsu
Yoshimizu-Schrein
Shirakawa-Fluss
Aso-Shirakwa
Takamori
Miharashidai
Takamori

Aso Jugendherberge, 2450 Yen, keine Mahlzeiten erhältlich. Die Jugendherberge ist ein guter Ausgangspunkt für den Aufstieg zum Mt. Kijimadake. JR Aso, 20 Minuten, Tel. (0967) 34-0804, www.aso-yh.ecnet.jp.

YMCA Aso Camp Jugendherberge, zwischen 3360 und 4360 Yen, Waldlage. JR Akamizu, 25 Minuten, Tel. (0967) 35-0124.

Minami-Aso

Pension Angelica,②, 7 Zimmer, Pension mit großem Garten und mit Onsen. Preis inklusive Frühstück mit selbstgebackenem Brot und inklusive französischem Abendessen. Regionale Produkte werden bei der Zubereitung bevorzugt. Hier werden alle satt. Abholung von JR Aso-Shirakawa ist möglich. Tel. (0967) 62-2223, http://angelica.ne.jp.

Essen und Trinken

Dengaku, die **Spezialität** rund um den Aso, ist eine Art Barbecue am offenen Feuer mit Fisch und Gemüse, das mit Miso-Paste bestrichen wird.

Takamori Dengaku, 2685-2 Oaza-Takamori, Takamori, Tel. (0967) 62-1899, www.dengakunosato.com.

Autovermietung

In der Touristeninformation **JR Aso Station.**

Festival

Anfang März bis Ende April: Mt. Aso-Feuerfestival, großes Spektakel mit zahlreichen Tänzen und Feuerwerken. In dieser Zeit werden auch die Hänge des Aso abgebrannt.

jap_650 oh

Umgebung

Kurokawa Onsen

Kurokawa, ein **kleines Onsen-Gebiet in der nördlichen Umgebung des Aso,** widersetzt sich bislang erfolgreich dem Massentourismus. **Nur Individualtouristen** können den Onsen-Pass kaufen, der den Eintritt zu drei Onsen ermöglicht. Das ist ein entscheidender Faktor im japanischen Onsen-Tourismus, denn damit verhindert man aktiv das Eintreffen von Bus- und großen Touristengruppen. Keine großen Omiyage-Firmen, sondern kleine Ryokans und Gässchen verleihen Kurokawa eine noch unberührte Atmosphäre. Einige Onsen sind gemischte (Männer und Frauen) Bäder. Der **3-Onsen-Pass** kostet 1200 Yen, ansonsten beträgt der individuelle Eintritt 500 Yen, in manchen öffentlichen Onsen auch nur 200 Yen.

▲ Kirschbaum Isshingyō-no-Sakura

Praktische Tipps

Anfahrt

- Mit dem Auto ab Ōita oder Kumamoto in 2 Stunden.

Touristeninformation

- **Kurokawa Onsen Association,** Tel. (0967) 44-0076, www.kurokawaonsen.or.jp.

Unterkunft

- **Shinmeikan Ryokan,**③, 14 Zimmer. Am Fluss gelegen, separates und gemischtes Onsen in einer Höhle. Tel. (0967) 44-0916, www.sinmeikan.jp.
- **Ikoi Ryokan,**③, 17 Zimmer. Separates und gemischtes Onsen. Tel. (0967) 44-0552, www.ikoi-ryokan.com.

MIYAZAKI

- **Einwohner:** 305.000
- **Präfektur:** Miyazaki

Die **Hafen- und Küstenstadt** Miyazaki im südöstlichen Kyūshū zeichnet sich vor allem durch das **ganzjährig warme Klima** und viele Sonnentage aus. Palmen verleihen dem langen Küstenabschnitt am Pazifischen Ozean ein Urlaubsambiente, das hauptsächlich japanische Pauschaltouristen anlockt.

Sehenswertes

Miyazaki ist ein **Badeort,** den man bestimmt nicht wegen seiner kulturellen Sehenswürdigkeiten ansteuert. Das **Phoenix Seagaia Resort** ist das Beispiel einer jener mondänen Urlaubsanlagen, die zu „Bubble Age"-Zeiten 1993 errichtet wurden und mit Hotels, Restaurants und Wassersportmöglichkeiten protzen (www.seagaia.co.jp). Der zugehörige Golfplatz ist Austragungsort von hochklassig besetzten internationalen Turnieren mit bester Aussicht auf Ozean und weißen Sandstrand.

Die **Tachibana-dori** im Zentrum von Miyazaki ist die **Haupteinkaufsmeile** der Stadt mit Department Stores, Souvenirgeschäften und Restaurants.

Wer in der Gegend ist, kann einen Abstecher zum **Miyazaki-Schrein** (Bushaltestelle Depart-mae) machen, in dessen Gelände sich auch das **Präfektur-Museum zur lokalen Geschichte** befindet.

Das **Miyazaki Science Center** widmet sich der Technologiegeschichte und bietet ein Planetarium.

- **Miyazaki Science Center,** Di bis So 9–16 Uhr, JR Miyazaki.

Praktische Tipps

- **Vorwahl:** 0985

Anfahrt

- Von Hakata mit **JR** in 5½ Stunden.

Touristeninformation

- **JR Miyazaki,** 9–18 Uhr, WLAN verfügbar, Tel. 22-6469, www.miyazaki-city.tourism.or.jp.

Home visit

- **Home Visit Program,** Besuch bei einer Familie in Miyazaki zu Hause. Anmeldung im Miyazaki Prefectural International Center, Kenchō Higashi Bekkan, 6F, 1-6 Miyato-chō, Mo bis Fr 8.30–17.15 Uhr, Tel. 32-8457.

Unterkunft

- **Hotel Sky Tower,**①, nahe am Bahnhof. Zimmer sind nicht gerade auf dem neuesten Stand, dafür aber mit WLAN. JR Miyazaki, 3 Minuten. Tel. 31-1111, www.hotelskytower.jp.
- **Miyazaki Kankō Hotel,**③, 375 Zimmer. Sehr gutes Hotel zum Pazifik hin gelegen. Tel. 27-1212, www.miyakan-h.com.

■ **Sheraton Grande Ocean Resort,**③, 744 Zimmer. Hotel im Seagaia Resort, alle Zimmer mit Blick auf den Pazifik. Tel. 21-1133, www.seagaia.co. jp.

Jugendherberge

■ **Youth Hostel Sun Flower Miyazaki,** zwischen 2900 und 3500 Yen. JR Miyazaki, 15 Minuten, Tel. 24-5785, www.jyh.or.jp.

Essen und Trinken

Miyazaki steht vor allem für **Fisch, Jidori** (Hühnchen) und **Hiyajiru,** eine kalte Suppe mit Tofu, Fisch, Miso und Gurken.

■ **Suginoko,**②, Restaurant mit einheimischer Küche, gegrilltes Jidori und Hiyajiru empfehlenswert. Geöffnet 11–14 und 16–22 Uhr, Ruhetage variieren, einen halben Block westlich der Kreuzung Kencho-mae, Tel. 22-5798.

■ **Shōchū Bar Stella,**②, Shōchū-Bar im 42. Stock des Sheraton Grande Ocean Resort mit ebenso großartiger Aussicht wie Auswahl an Shōchū. Reservierung empfohlen, da sich Touristen wie Einheimische die Klinke in die Hand geben. Di bis Sa 18–24 Uhr, Tel. 21-1142.

Umgebung

Takachiho

■ **Einwohner:** 11.000

In der **Gebirgsregion nördlich von Miyazaki** liegt das Örtchen Takachiho, das **reich an Mythen und Legenden** ist. Takachiho wird als der Ort verehrt, an dem die „Götter vom Himmel stiegen". Eine der Gründermythen Japans besagt, dass die Sonnengöttin *Amaterasu* sich aus Zorn in einer Höhle versteckte und damit die ganze Welt in Dunkelheit hüllte. Erst mit einer List konnte sie wieder herausgelockt werden. Diese Höhle befand sich in – Takachiho. Es verwundert nicht, dass man im Dörfchen auf den festen Platz in der japanischen Mythologie sehr stolz ist.

Zahlreiche **Riten und Bräuche** halten die Mythen und Geschichten bis heute lebendig. Im **Takachiho-Schrein** kann man allabendlich den **Ritus Yo-kagura** erleben: *Kagura* ist die traditionelle und heilige Mischung von Musik und Tanz, die von Generation zu Generation weitergegeben wurde und die zur Ehre der Götter zelebriert wird. Die aufgeführte Version im Schrein ist eine einstündige Kurzform und eine Zusammenfassung der insgesamt 33 alten Tanzformen.

Eine großartige Naturkulisse bietet die V-förmige **Schlucht Takachiho-kyō,** die einst durch einen gewaltigen Ausbruch des Vulkans Aso geschaffen wurde und durch die heute der **Gokase-Fluss** verläuft. Die traumhafte Schlucht mit 80 Meter hohen Felswänden und zahlreichen pittoresken Wasserfällen erstreckt sich auf einer Länge von sieben Kilometern. Für Naturliebhaber ist diese Gegend allein einen Ausflug nach Kyūshū wert. Am Gokase-Fluss kann man **Boote mieten** und bequem einen entspannten Tag verbringen.

> Nichinan-Kaigan-Küste

Praktische Tipps

- **Vorwahl:** 0982

Anfahrt

- Von **Kumamoto** und **Nobeoka** verkehren **Busse nach Takachiho** mit einer Fahrtdauer von 120 bzw. 90 Minuten.

Touristeninformation

- **Am Busterminal,** tägl. 8.30–17.30 Uhr mit englischer Umgebungskarte und nützlichen Informationen, Tel. 72-3031, http://takachiho-kanko.info.

Unterkunft

- **Pension Budō-no-ki,**③, 6 Zimmer, westlicher Stil, Preis inkl. zwei Mahlzeiten. Tel. 72-6595, www6.ocn.ne.jp/~budonoki.

Jugendherberge

- **Takachiho,** 2800–3800 Yen, schöne Aussicht zum Amanokaguyama. JR Amano-Iwato, 5 Minuten, Tel. 72-3021, www.jyh.or.jp.

Nichinan-Kaigan-Küste

Auf 100 Kilometer Länge südlich von Miyazaki entfaltet sich der schöne Küstenstreifen Nichinan-Kaigan. **Aoshima** ist eine beliebte **winzige Insel mit subtropischer Vegetation,** und der **Botanische Garten** bietet noch mehr für Liebhaber exotischer Pflanzen. Inzwischen ist die Nichinan Kaigan Küste immer attraktiver zum Beispiel für japanische **Surfer** geworden. Auch gibt es neuerdings viele Leute, die aus Tokyo oder Osaka hierher gezogen sind und ein eigenes Guest House oder Bio-Café aufgemacht haben – hier trifft man also auch auf den Versuch, insgesamt langsamer und vor allem mit der Natur zu leben. Eine halbe Stunde südlich von Aoshima findet sich noch ein interessanter **Kaktus-Garten,** der 130.000 Exemplare versammelt.

jap_655 oh

Praktische Tipps

- **Vorwahl:** 0985

Unterkunft

- **Aoshima Guesthouse Hooju,**①, 5 Min. bis zum Strand und 10 Min. zur Insel Aoshima. Gemeinschaftszimmer und auch private Zimmer verfügbar. Fahrräder und Surfboards können hier geliehen werden. JR Aoshima, 10 Minuten, Tel. (090) 5945-5303, http://hoojuaoshima.web.fc2.com.
- **Jizō-an,**③, 6 Zimmer. Klassisches Ryokan mit herzlichem Service, Onsen und heimischen Gerichten. JR Kodomono-kuni, 7 Minuten, Tel. 65-0039, www.jizoan.jp.
- **Aoshima Guesthouse Backpackers,**①, auf einem Hügel gelegen mit vielen Surfer-Gästen. Dusche und Bad mit Onsen! JR Kodomonokuni, 5 Auto-Minuten. Abholung erfragen unter: Tel. (090) 4299-3152, http://aoshimainpeace.web.fc2.com.

Café

- **Tenku Café Zeal,**①, makrobiotische Gerichte. In der Nähe von Aoshima Guesthouse Backpackers. Mi–Fri 11.30–16.30 Uhr, Sa/So 11.30– 18:00 Uhr, Tel. 65-1508, www.tenkuzeal.com.

Kirishima-Nationalpark

Der Kirishima-Nationalpark zwischen Miyazaki und Kagoshima wurde als **Japans erster Nationalpark** 1934 gegründet. Dementsprechend besitzt die Region eine **gewachsene** Tradition als Reiseziel, was sich in der **Infrastruktur** niederschlägt: Ein ausgedehntes Netz an Wanderwegen, gut erreichbare Aussichtspunkte für den Blick auf die umliegenden Vulkane und zahlreiche Onsen erwarten die Natururlauber. Die Bergkette des Nationalparks weist insgesamt 23 Gipfel auf, der höchste, der **Mt. Karakunidake,** erreicht 1700 Meter.

Besonders empfehlenswert ist das Wandern rund um das **Plateau Ebino-kōgen** (1200 m), dessen Wanderrouten an ein paar schönen Kraterseen vorbeiführen. Das **Ebino-kōgen Rotenburo** ist eines der schönsten Freiluft-Onsen. Von **Hayashida Onsen** hat man einen guten Blick hinunter nach Kagoshima und zum **Vulkan Sakurajima.**

Praktische Tipps

Anfahrt

- Von JR Kagoshima nach JR Kirishima-jingu, von dort verkehren Busse in die Umgebung, auch nach Ebino-kōgen.

Touristeninformation

- **Ebino Eco-Museum Center,** Besucherzentrum in Ebino-kōgen mit sehr guten Wanderkarten und nützlichen Informationen. Tägl. 9–17 Uhr, Tel. (0984) 33-3002, http://www.bes.or.jp/ebino.

Unterkunft

- **Ebino Kōgen Onsen Hotel,**②, 38 Zimmer. Für Wandertouren günstig gelegene Unterkunft, Preis inkl. zwei Mahlzeiten, Tel. (0984) 33-0161, www.ebinokogenso.jp.
- **Kirishima Iwasaki Hotel,**③, 246 Zimmer. Hotelanlage in der Gegend Hayashida Onsen mit riesigem Onsen für bis zu 1000 Leute. Tel. (0955) 78-8888, http://kirishima.iwasakihotels. com.

Onsen

- **Ebino-kōgen Rotenburo,** reinstes Onsen von Vulkangestein umgeben. Tägl. 9–19 Uhr, Eintritt 300 Yen. Unterkunft ist möglich: 1850 Yen für eine Tatami-Matte, Reservierung ist empfohlen. Ebenso wie eine eigene Lampe, denn das Licht wird um 21 Uhr ausgemacht, Tel. (0984) 33-0800.

KAGOSHIMA

- **Einwohner:** 550.000
- **Präfektur:** Kagoshima

Kagoshima liegt in der gleichnamigen **südlichsten Präfektur Kyūshūs** und wird aufgrund des benachbarten Vulkans, der vielen Sonnenstunden und der Lage an der Insel-Südspitze gern auch als **„Neapel des Ostens“** bezeichnet. Kagoshima hat neben dem südlichen Flair den lebhaften Charakter einer **Durchgangsstation.** Die meisten Besucher verweilen nicht lange in der **Hafenstadt,** sondern nehmen nach einer Übernachtung die Fähre zum Naturparadies Yakushima.

Trotz der vielen Sonnenstunden muss man in Kagoshima öfter den Regenschirm aufspannen, als einem vielleicht lieb ist: Das liegt dann am **Vulkan Sakurajima,** der regelmäßig Aschewolken in die Luft bläst und die Stadt einhüllt.

Orientierung

Das **Geschäfts- und Einkaufszentrum** der Stadt befindet sich **rund um die Tenmonkan-dori** etwas östlich vom Bahnhof Kagoshima Chūō.

Geschichte

Wie Nagasaki war auch Kagoshima seit Ankunft der Portugiesen im 16. Jh. ein **Zentrum der christlichen Missionierung.** Als Hauptfigur in der Geschichte Kagoshimas gilt **Takamori Saigō** (1827–1877), der nach seiner Abwendung vom Meiji-Kaiserhaus die aufständischen Truppen führte und Japan in den **Seinan-Bürgerkrieg** stürzte. Dabei wurden weite Teile Kagoshimas zerstört.

Sehenswertes

Sakurajima

Sakurajima kann mit der **Fähre ab Kagoshima** in 15 Minuten erreicht werden. Einst war Sakurajima eine Insel, doch die Lavamassen der gewaltigen Eruption von 1914 formten eine neue Landverbindung, wo früher ein 500 Meter breiter Kanal die Insel von Kyūshū trennte. Mit der kurzen Fahrtzeit und dem günstigen Fährpreis lohnt es sich, einen Tagesausflug auf die **Vulkaninsel** zu unternehmen. Auf Sakurajima findet sich ein informatives **Besucherzentrum** zu den vulkanischen Aktivitäten (tägl. 9–17 Uhr, der Eintritt ist frei, Tel. 293-2443). Der **Nagisa-Lavaweg** (3 Kilometer) führt vom Fährterminal durch das in der Taishō-Zeit entstandene Lavafeld hoch zur **Karasujima-Aussichtsplattform.** Etwas wei- ter ist der Weg zur **Yunohira-Aussichtsplattform** auf 373 Metern Höhe, auf der man dem Krater am nächsten kommt.

- **Anfahrt:** Fähre ab Kagoshima-Pier, alle 15 Minuten, 15 Minuten Fahrtzeit, 150 Yen.

Kagoshima

Shiroyama

Shiroyama ist ein **Wäldchen auf einer Anhöhe,** die 1877 geschichtliche Bedeutung erlangte. Hier fanden die letzten Kämpfe des Bürgerkrieges statt, hier begingen *Takamori Saigō* und seine Anhänger rituellen Selbstmord. Viele Relikte aus jener Zeit sind zu besichtigen.

■ **Anfahrt:** 15 Minuten mit der Tram ab Kagoshima-Chūō, dann 20 Minuten zu Fuß.

Kirche St. Xavier's und Park

Francisco Xavier war 1543 der erste **Missionar,** der zuerst auf Tanegashima und wenig später in Kagoshima eintraf und für die Verbreitung des Christentums sorgte. Aus Anlass des 400. Jahrestages wurden die Kirche (1949 fertig gestellt) und der Gedächtnispark errichtet.

■ **Anfahrt:** 10 Minuten mit der Tram ab Kagoshima-Chūō, dann 5 Minuten zu Fuß.

Sengan-en

Der **japanische Landschaftsgarten** wurde 1660 als Anlage für Daimyō *Shimazu* errichtet. Ein **Museum** im Park illustriert die Geschichte der 700-jährigen Clan-Herrschaft. Der Park bietet einen schönen Blick auf die Bucht und auf Sakurajima, ist aber mit 1000 Yen Eintrittsgebühr nicht gerade billig.

■ **Sengan-en,** tägl. 8.30–17.30 Uhr, 30 Minuten mit dem Bus ab Kagoshima-Chūō, Tel. 247-1551.

Shōchū-Destillerie

Kagoshima-Shōchū wird **aus Süßkartoffeln** gewonnen und unterscheidet sich deutlich im Geschmack von Shōchū, der aus Reis hergestellt wird. Den

jap_658 o1

Kagoshima-Shōchū sollte man sich nicht entgehen lassen, zumal am nächsten Tag keine Kopfschmerzen zu erwarten sind – sagen zumindest die Trinker in den Bars im Brustton der Überzeugung. Es existieren unzählige Marken und Varianten, durch die man sich wohl nur selbst durchprobieren kann. Eine Fabriktour gibt's nahe des Hafens an der Taniyama Station.

- **Shōchū Factory,** Nanei 3 chōme, tägl. 9– 16 Uhr, freier Eintritt, Tel. 268-5279.

Praktische Tipps

- **Vorwahl:** 099

Anfahrt

Bahn

- Mit **JR** ab Hakata in 4 Stunden bis JR Kagoshima-Chūō und nach JR Kagoshima.

Touristeninformation

- **Am Bahnhof JR Kagoshima-chūō,** tägl. 8–20 Uhr, Tel. 253-2500, www.kagoshima-kankou.com.
- **Informationszentrum der Präfektur Kagoshima,** Kagoshimaken Sangyō Kaikan, 3. Stock, 9-1, Meizan-chō, Mo bis Fr 8.30–17.15 Uhr, Tel. 223 5771.

Führungen

- **Kagoshima Gaigo Gakuin SGG,** kostenlose Rundgänge, Anmeldung unter Tel. 254-9290 oder gaigo@ac.fm.
- **Kagoshima iBS International Speaking Society,** kostenlose Sakurajima-Tour, Tel. 225-1311, www.ibs-gaigo.com.

Vulkaninsel Sakurajima

Verkehrsmittel

- Mit der **Straßenbahn** kommt man in Kagoshima gut voran.
- Der **„City View Bus"** fährt die Sehenswürdigkeiten der Stadt im halbstündigen Rhythmus ab.

Eine Fahrt mit dem „City View Bus" kostet 180 Yen, ein Tagesticket für Straßenbahn und Bus kostet 600 Yen.

Unterkunft

UNSER TIPP: **Nakazono Ryokan,**①, 10 Zimmer. Bestes Ryokan für internationale Gäste in Kagoshima, gute Lage in der Stadtmitte und nahe am Fährterminal, der Besitzer lagert auch Gepäck, wenn man zu Mehrtagesausflügen auf den umliegenden Inseln unterwegs ist. Kaffee, Internet und Waschmaschine stehen kostenlos zur Verfügung. Von JR Kagoshima 5 Minuten zu Fuß entlang der Tramlinie in Richtung Rathaus, davor links, 1-18, Yasui-chō, Tel. 226-5125, shindon@satsuma.ne.jp.

- **Shiroyama Castle Park Hotel,**③, 365 Zimmer. Hotel auf dem Hügel Shiroyama mit Freiluft-Onsen und Blick auf den Vulkan Sakurajima. Gratis-Shuttlebus von JR Kagoshima. Tel. 224-2211, www.shiroyama-g.co.jp.

Essen und Trinken

Lokale Küche

Kagoshimas Spezialitäten sind **Kuro-buta** (Schwein), **Kuro-ushi** (Rind) und **Süßkartoffeln,**

jap_660 oh

die auf dem mineralhaltigen Boden von Sakurajima wachsen. Die lokale Küche *(Satsuma Ryōri)* präferiert **Schweinefleisch-Gerichte,** von *Tonkotsu* über Schnitzel bis zu *Shabu-shabu.* Dazu passt immer der für Kagoshima typische **Imo-Shōchū,** der aus Süßkartoffeln gewonnen wird. Für Shōchū, der wie in anderen Teilen des Landes aus Reis gewonnen wird, hat man in Kagoshima nur wenig übrig.

- **Tontoro Rāmen,**①, stets gut besuchtes Tonkotsu-Rāmen-Restaurant. Geöffnet 11.30–13.30 und 18.30–3.30 Uhr, die Ruhetage variieren, Tramhaltestelle Tenmonkan, 5 Minuten, Tel. 222-5857.
- **Karen,**③, Restaurant für Shabu-shabu, Sukiyaki und Steaks. Tägl. 11.30–14 und 17.30–23 Uhr, geschlossen am 3. Sonntag im Monat, JA Plaza, 3&4F Tramhaltestelle Tenmonkan, 5 Minuten, Tel. 223-8877.
- **Kumaso-tei,**③, alle Varianten der lokalen Satsuma-Küche, nicht gerade billig. Tägl. 11– 15 und 17–22 Uhr, Tramhaltestelle Tenmonkan, 3 Minuten, Tel. 222-6356.

International

- **Ohshō,**①, chinesisches Fast-Food Restaurant mit großen Portionen und einer Speisekarte mit Bildern. Tägl. 11–22 Uhr, Tramhaltestelle Tenmonkan, 3 Minuten, Tel. 226-4718.
- **Shang Shang,**①, vietnamesisches Restaurant mit gutem Preis-Leistungs-Verhältnis. Mo bis Sa 11–13.45 und 18–21.30 Uhr, JR Kagoshima-Chūō, 5 Minuten, Tel. 255-0468.

Bar

- **Shōchū Bar S.A.O,**②, mehr als 200 verschiedene Shōchū-Sorten, 80 Prozent davon aus Kagoshima. Tägl. 19–5 Uhr, Tramhaltestelle Tenmonkan, 3 Minuten, Tel. 239-4461.

Museen

- **Kulturmuseum der Präfektur Kagoshima,** für alle zu empfehlen, die an Kagoshimas Kultur und Historie interessiert sind. Di bis So 9–16.30 Uhr (außer am 25. jeden Monats), Eintritt 260 Yen, 15 Minuten zu Fuß von JR Kagoshima.
- **Kunstmuseum Kagoshima,** der Fokus des Museums liegt auf Arbeiten von Künstlern aus Kagoshima, daneben finden sich Einführungen in lokale Handwerkskünste. Di bis So 9.30–18 Uhr, Eintritt 200 Yen, 15 Minuten mit der Tram ab Kagoshima-Chuo.
- **Museum zur Meiji-Restauration,** im Museum sind Ausstellungen rund um die Meiji-Restauration, *Takamori Saigō* und die Ereignisse des Bürgerkrieges zu sehen. Tägl. 9– 16.30 Uhr, Eintritt 300 Yen, Kajiya-machi, 10 Minuten von Kagoshima-Chūō.

Festivals

- **Juli: Sogadon-no-Kasayaki,** Jungen verbrennen am Flussufer des Kotsuki Regenschirme aus Bambus.
- **November: Ōhara Matsuri,** Festival-Parade mit etwa 20.000 Teilnehmern, vor allem aufgrund der Volkstänze „Ōhara-bushi" und „Haya-bushi" sehenswert, die von Trommeln und Flöten begleitet werden.

☐ Tonkotsu-Rāmen

Umgebung

Chiran

In Chiran, zwischen Kagoshima und Ibusuki gelegen, finden sich **Samurai-Häuser** und die dazugehörigen Gärten (tägl. 9–17 Uhr, Eintritt 310 Yen). Daneben sind in der Gegend auch zahlreiche **Teeplantagen** angelegt.

Ibusuki

Ibusuki, weiter südlich von Kagoshima gelegen, ist ein guter Ort für **Sand-Onsen.** Am **Strand von Surigahama** kann man im natürlich gewärmten Sand relaxen (Kosten rund 1000 Yen inklusive Yukata und Handtuch).

Der **Vulkan Kaimon** ganz am Ende der Satsuma-Halbinsel wird aufgrund seiner Kegelform gern als „kleiner Fuji" bezeichnet. Er gehört zum **Nationalpark Kirishima-Yaku;** einige schöne **Wanderwege** führen auf den 924 Meter hohen Berg. Vom Gipfel kann man bei gutem Wetter die Inseln Tanegashima und Yakushima sehen. Die Wege sind gut ausgeschildert, den fünf Kilometer langen Aufstieg bewältigt man leicht in 2 Std.

☒ Unterwegs im „Mononoke-Wald"

Praktische Tipps

Touristeninformation

- **JR Ibusuki,** tägl. 9–18 Uhr, Tel. (0993) 22-4114, http://ibusuki.or.jp.

Unterkunft

- **Ibusuki National Park Resort Village,**②, 65 Zimmer. Gute Unterkunft mit Sand-Onsen. Bei rechtzeitiger Information kann ein Abholservice von Ibusuki Station organisiert werden. Tel. (0993) 22-3211, www.qkamura. or.jp.
- **Iwasaki Hotel Ibusuki,**③, 390 Zimmer. Große Hotelanlage direkt am Meer mit Sand-Onsen, Swimmingpool, Sportmöglichkeiten und japanischem Garten. Tel. (0933) 22-2131, http://ibusuki. iwasakihotels.com.

YAKUSHIMA

- **Einwohner:** 20.000
- **Präfektur:** Kagoshima

Das **Insel- und Naturparadies** Yakushima, seit 1994 Weltnaturerbe der UNESCO, beheimatet die **ältesten Zedernwälder der Welt.** Die Insel hat einen Umfang von gerade mal 135 Kilometern und besteht fast ausschließlich aus Bergen und dichter **urwaldähnlicher Vegetation.** Der höchste **Berg Miyanoura-dake** ragt auf 1935 Meter empor. Yakushima ist Trekkingvergnügen pur.

20.000 Einwohner zählt Yakushima – und ebenso viele Affen und Hirsche, fügt mancher Inselbewohner scherzhaft hinzu. Die **Yakuzaru,** die **Wildaffen** Yakushimas, sind quer über die Insel verstreut, und man wird sie vielerorts antreffen: an der Küstenstraße und vor allem im Westen entlang dem 13 Kilometer langen Seibu-rindō-Waldweg.

Seit Anfang 2000 wurde Yakushima auch bei japanischen Touristen immer beliebter: Ein Grund dafür ist **Hayao Miyazaki,** Japans großer Filmemacher, der Yakushima als Ausgangspunkt und Inspirationsquelle für viele seiner Anime-Filme benannt hat. Die rauschenden mystischen Zedernwälder finden sich in „Prinzessin Mononoke" und so nennt man sie seit neuestem **„Mononoke-Wald".**

Auf Yakushima ist sowohl **einfaches Wandern** als auch **anspruchsvolles Trekking** möglich. Auch Natur- und Bergführer stehen zur Verfügung, die aber ab 24.000 Yen pro Tag nicht gerade billig sind.

Orientierung

Eine **Küstenstraße umrundet die Insel,** mit dem Auto braucht man dafür in etwa drei Stunden. Nur an der Küste sind Dörfer und Hotelanlagen anzutreffen, ins Inselinnere führen anfänglich noch kleine Straßen, tiefer in den Bergen geht es nur noch zu Fuß weiter. **In den Bergen** gibt es kleine Hütten für Notfälle, die aber nicht bewirtet werden. Die kurvige Küstenstraße im Westen zählt zum Weltnaturerbe, hier fahren keine Busse und man kommt nur mit dem Auto oder zu Fuß durch. Ein **Mietwagen** empfiehlt sich für die Insel, diesen kann man entweder in den Hafenstädten oder in den Hotelanlagen organisieren.

jap_665 oh

Tier- und Pflanzenwelt

Von der subtropischen Küstenlinie bis hin zu den kalten und schneebedeckten Gipfeln Yakushimas gedeiht eine faszinierende Tier- und Pflanzenwelt auf engstem Raum. Die Vegetation Yakushimas kann als **Querschnitt der japanischen Landschaft** angesehen werden: Während an der Küste die Vegetation ganz den Südinseln wie Okinawa entspricht, herrschen auf den Bergen Yakushimas ähnliche klimatische Verhältnisse wie in Nord-Hokkaidō.

Fischfang auf Yakushima

Der **Kuroshio-Strom** passiert die Gewässer Yakushimas und sorgt dafür, dass die Wassertemperatur um die Insel, auch im Winter, konstant um die 19 Grad beträgt. Dies sorgt für eine **Vielfalt und Vielzahl an Fischen.** Der Fischfang ist neben dem Tourismus die Haupteinnahmequelle auf Yakushima.

Die Stadt **Anbō** ist vor allem für den Fang von Fliegenden Fischen bekannt, die ganzjährig, überwiegend aber im Frühling und Sommer gefangen werden. Der **Fliegende Fisch (Tobiuo)** ist eine Heringsart; aufgrund seiner flügelähnlichen Flossen kann er kurze Strecken außerhalb des Wassers zurücklegen. Um die Fische zu fangen, werden östlich von Anbō große Fischernetze zwischen zwei Booten durch das Gewässer gezogen. Der Fliegende Fisch ist eines der beliebtesten Gerichte auf Yakushima.

Das andere Zentrum des Fischfangs ist **Issō,** wo vor allem **Makrelen,** aber auch der Japanische Schnapper, das Seeohr, *Katsuo* (der Echte Bonito, eine Makrelenart), Hummer, Muscheln und Krabben in den Fischerbooten landen. Ursprünglich begann der Fischfang auf Yakushima Ende des 19. Jahrhunderts mit Thunfisch, doch als sich die Fischgründe dafür nach Süden verlagerten, stieg man auf Makrele und den Fliegenden Fisch um. Die Makrelenart, die sich rund um Yakushima findet, unterscheidet sich von der Honshū-Makrele durch einen geringeren Fettanteil. Makrele wird vor allem getrocknet oder als Sashimi gegessen.

Sehenswertes

Shiratani Unsuikyō

Das in 800 Metern Höhe gelegene Gebiet Shiratani Unsuikyō ist das **perfekte Wandergebiet** und eignet sich hervorragend für einen Tagesausflug. Unzählige Waldwege durchziehen den 424 Hektar großen **Urwald** und führen an den alten **Yakusugi-Zedern** vorbei. Man trifft auf die zweitälteste Zeder der Welt, Hängebrücken, seltene Moose und Farne sowie auf den mystischen **„Mononoke-Wald“.** Besonders beeindruckend ist das Rauschen der Wälder, denn hier fegt der Wind vom Ozean über die Berggipfel und sorgt für einmalige Klänge.

■ **Anfahrt:** Ab Miyanoura mit dem Auto in 30 Minuten.

Jōmon-Sugi (Jōmon-Zeder) und Mt. Miyanoura-dake

Die **Jōmon-Sugi** ist mit einem geschätzten Alter zwischen 6300 und 7200 Jahren die **älteste Zeder der Welt.** Sie befindet sich auf einer Höhe von 1300 Metern und kann auf einem Trekkingweg in etwa fünf Stunden erreicht werden. Am besten beginnt man den Aufstieg ab Arakawa-tozanguchi morgens um 6 Uhr, eine Trekkingausrüstung ist empfohlen.

■ **Anfahrt:** Man nimmt den Bus ab Anbō (50 Minuten) oder ab Miyanoura (80 Minuten) bis zur Bushaltestelle Arakawa-tozanguchi.

Die **umliegenden Berge Miyanoura-dake** (1935 m), **Nagata-dake** (1886 m) und **Kurio-dake** (1867m) sind ebenfalls durch Wege erschlossen, hier ist aber Bergausrüstung zu empfehlen.

■ Nähere **Informationen beim Yakushima World Heritage Conservation Center** (YWHCC), 2739-343 Maedake, Anbo, Tel. (09974) 6-2992; dort kann man auch Berg- und Naturführer buchen.

Yakusugi Land

Das **Hochplateau** Yakusugi Land ermöglicht auf leicht zugänglichen Wanderwegen ein **einfaches Urwald-Trekking.** In einer Höhe zwischen 1000 und 1300 Metern findet man Jahrtausende alte Zedern und die Überreste der Baumfällarbeiten aus der Edo-Zeit. Wanderwege mit Strecken à 30, 50, 80 und 150 Minuten sind verfügbar.

Die ältesten Zedern im Yakusugi Land: *Kigensugi,* 3000 Jahre, Umfang 8,1 Meter; *Hahakosugi,* 2600 Jahre, Umfang 9 Meter; *Odasugi,* 2500 Jahre, Umfang 8,2 Meter; *Buddhasugi,* 1800 Jahre, Umfang 8 Meter.

■ **Anfahrt:** Yakusugi erreicht man mit dem Auto ab Anbō in 40 Minuten.

Meer-Onsen

Unser Tipp: Die Meer-Onsen auf Yakushima sind nach wie vor ein **Geheimtipp,** insgesamt verlieren sich nur wenige Touristen in den Thermalquellen direkt an der Küste. Manche dieser Onsen sind abhängig von Ebbe und Flut zugänglich, manche davon sogar rund um die Uhr. Allen Onsen ist gemein, dass man fast ausschließlich auf Bewohner Yakushimas trifft und einen authentischen Eindruck vom lokalen Onsen-Spaß bekommt.

■ **Hirauchi Kaichū Onsen,** im südlichen Teil der Insel gelegen. Das Onsen kann nur bei Ebbe genutzt werden, Badekleidung ist nicht erlaubt. „Unterstützungsgebühr" 100 Yen, Bushaltestelle Kaichū Onsen, 10 Minuten.

■ **Yudomari Onsen,** auch im südlichen Teil der Insel, wenige Meter vom Meer entfernt. „Unterstützungsgebühr" 100 Yen, 24 Stunden geöffnet, Bushaltestelle Yudomari, 10 Minuten.

■ **Ōura Onsen,** im Nordteil der Insel, Männer und Frauen getrennt. Das Onsen ist im Gebäude an der kleinen Bucht. Man trifft hier fast nur Einheimische an. Eintritt 300 Yen, tägl. 10–17 Uhr, Bushaltestelle Ōura, 15 Minuten, Tel. 44-2800.

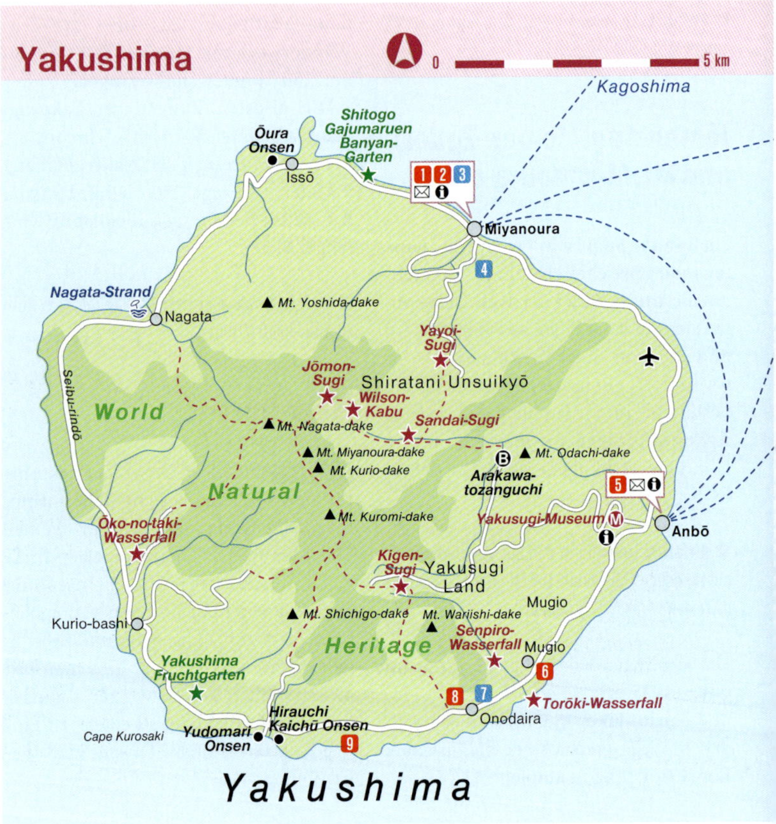

Wasserfälle

Die Wasserfälle auf Yakushima sind ein beliebtes und einfach zu erreichendes Ziel – vorausgesetzt man hat ein **Auto.** Entlang der Küstenstraße finden sich leicht die Hinweisschilder zu den schönen Naturschauplätzen. Der **Ōko-no-taki-Wasserfall** ist der größte und stürzt aus einer Höhe von 88 Metern. Der **Senpiro-Wasserfall** hat eine Höhe von 66 Metern, während am **Torōki-Wasserfall** der Fluss als Besonderheit direkt ins Meer stürzt.

Nagata-Strand

Der Nagata ist ein schöner kleiner Sandstrand im Nordwesten. Von Mitte Juni bis Mitte Juli sind hier **viele Meeresschildkröten** anzutreffen, die an Land ihre Eier ablegen, allen voran die Loggerhead-Meeresschildkröten *(Caret-*

ta caretta, die Unechte Karettschildkröte) und Green Sea Turtles (*Chelonia mydas*, die Pazifische Suppenschildkröte). In der Umgebung ist Camping verboten.

Yakushima-Fruchtgarten

Auf engem Raum wachsen hier ungefähr **1600 verschiedene subtropische Pflanzenarten.** Je nach anstehender Ernte kann man hier frische Früchte genießen.

- **Yakushima-Fruchtgarten,** tägl. 8.30–17 Uhr, Eintritt 500 Yen.

Praktische Tipps

- **Vorwahl:** 0997

Hinweise

- Auf Yakushima muss man vielerorts **bar bezahlen** und der Umtausch oder das Abheben von Geld ist aufwendiger als an anderen Orten. Es empfiehlt sich, genügend Bargeld mitzunehmen.
- **Affen füttern verboten:** Im Gegensatz zu anderen Gebieten mit Wildaffen sind die Affen Yakushimas noch nicht daran gewöhnt, von Menschen gefüttert zu werden. Man kann den Tieren und den Einwohnern Yakushimas einen hilfreichen Dienst erweisen, wenn man daran nichts ändert.
- **Registrierung:** Zumindest vor dem Aufstieg zum Miyanoura-dake wird eine Registrierung empfohlen. Beim Yakushima World Heritage Conservation Center (YWHCC) sollte man die beabsichtigte Route und den Zeitpunkt der Rückkehr angeben.

Anreise

Flug

- **Mit JAC ab Kagoshima,** sechs Flüge täglich, Flugzeit 40 Minuten. Tel. (0120) 5-11283 oder 2-1200.

Schiff

Mit der **Fähre „Yakushima Ferry"** oder der **Schnellboot-Fähre „Toppy".** Beide verkehren mehrmals täglich ab dem Kagoshima Pier. Die Fähren steuern Miyanoura bzw. Anbō als Zielhäfen an. Eine Reservierung ist für beide Fähren empfohlen. Preise: zwischen 5000 und 7000 Yen für die einfache Fahrt, Fahrtzeiten zwischen 2½ und 4 Stunden.

- **Toppy Reservation Center,** Tel. (099) 255-7888.
- **Orita Kisen Reservation Center,** Tel. (099) 226-0731.

Touristeninformation

UNSER TIPP: **Yakushima World Heritage Conservation Center (YWHCC),** 5 Autominuten vom Anbō-Hafen, beste Anlaufstelle für Fragen aller Art zum Naturparadies; Broschüren, Bücher, Ausstellungen. Täglich (außer Sa im Winter), Tel. 46-2977.

- **Touristeninformation Yakushima in Kagoshima,** 799, Miyanoura, Kamiyaku-machi, Kumage-gun, Tel. 42-0091, www.yksm.com.
- **Yakushima Environmental Culture Learning Center,** Miyanoura, Di–So 9–17 Uhr, Tel. 42-2900, www.yakushima.or.jp/english.
- **Yakusugi Land Association,** Anbō, Tel. 46-3221.

jap_666 oh

Verkehrsmittel

- **Busse** verkehren auf Yakushima relativ zahlreich entlang der Küstenstraße, ungefähr jede Stunde kann man tagsüber mit einem Bus rechnen. Abgesehen vom naturgeschützten Straßenabschnitt im Westen kommt man mit dem Bus um die Insel herum, von Nagata bis Kurio-bashi.

Unterkunft

- **Tabibito-no-yado Manmaru,**①, freundliches und gepflegtes Minshuku. Mahlzeiten gegen Aufpreis. Anbō, 10 Fußminuten vom Hafen. Tel. 49-7107, http://manmaru.jimdo.com.
- **Yakushima Iwasaki Hotel,**④, bestes Hotel auf der Insel, Auto- und Fahrradmiete im Hotel möglich, Onsen, Fitness, Schwimmbad. Shuttle-Busse von den Fährstationen und vom Flughafen. Tel. 47-3888, www.iwasakihotels.com.
- **Moss Ocean House,**②, grüne Unterkunft ohne Klimaanlage, aber dafür mit schöner Hängematte und Blick aufs Meer. Unterkunft im Haupthaus oder Bungalow. Preis inklusive zwei Mahlzeiten – makrobiotisches oder vegetarisches Essen ist auch möglich. Anbō Hafen, 10 Auto-Minuten, Tel. 47-3650, www.moss6.com.

Jugendherbergen

- **Miyanoura Port Side,** zwischen 3200 und 4200 Yen, günstige Lage am Miyanoura-Hafen. Tel. 49-1316, www.yakushima-yh.net/.
- **Yakushima Youth Hostel,** zwischen 2940 und 3990 Yen, nicht gerade in Hafennähe (Bushaltestel-

le Hirauchi-iriguchi, 70 Minuten von Miyanoura, 35 Minuten von Anbō), dafür gut organisierte Unterkunft mit Auto-, Motorrad und Fahrradvermietung. Tel. 47-3751, www.yakushima-yh.net/.

Campingplatz

- **Ocean View,** in Miyanoura, Tel. 2-0091.

Essen und Trinken

In Miyanoura und Anbō hat man kaum Problem, Restaurants und Geschäfte zu finden. Außerhalb der beiden Städte wird das wesentlich schwieriger.

- **Kabochaya,**①, Rāmen- und Curry-Restaurant. Di bis So 11–15 Uhr, Miyanoura, Tel. 42-1220.
- **Ajitoku,**②, lokale Spezialitäten oder Menü-Sets zu vernünftigen Preisen. Tel. 47-2988.
- **Kaishū,**②, lokale Spezialitäten wie Gerichte mit *Tobiuo* (Fliegender Fisch); Kaishū-Set ist zu empfehlen. Mo bis Sa 11.30–14 und 17.30–22 Uhr, 5 Minuten vom Hafen Miyanoura, Tel. 42-1160.

TANEGASHIMA

- **Präfektur:** Kagoshima

Tanegashima ist eine **kleine Insel zwischen Kagoshima und Yakushima.** Üblicherweise bekommt man nur einen kurzen Eindruck von der Insel, wenn man die Fähre nach Yakushima nimmt und für zehn Minuten in Tanegashima stoppt. In Tanegashima trafen 1543 die ersten portugiesischen Handelsleute ein und brachten neben der christlichen Missionierung auch Waffen nach Japan: Das **„Tanegashima-Gewehr“** fand nicht nur sprachlich seinen Niederschlag, sondern verlieh den Regionalfürsten Kyūshūs neue Macht.

Heute ist Tanegashima vor allem **Urlaubsinsel, Surfer-Paradies** und rückt immer wieder als **Zentrum der Raumfahrt** ins Licht der japanischen Öffentlichkeit – von hier aus schießt Japan seine Satelliten ins All.

Praktische Tipps

- **Vorwahl:** 09972

Anreise

Flug

- **Mit JAC von Kagoshima oder Itami** nach Tanegashima, Reservierung und Infos unter Tel. (0120) 25-5971.

Fähre

- Mit der **Schnellbootfähre „Toppy“,** Fahrtzeit 1 Stunde 40 Minuten. Toppy Reservation Center, Tel. (099) 255-7888.

Unterkunft

- **Tanegashima Iwasaki Hotel,**③, schönes Resort-Hotel mit Sandstrand und Meer. Tel. 6-6888, www.iwasaki-hotels.com.

◁ Im Meer-Onsen Hirauchi Kaichū

jap_714 OCVB

9 Okinawa und die Inseln im Südwesten

Achisan ya tai?! Das passt für Okinawa eigentlich ziemlich oft. Übersetzt bedeutet das so viel wie „Ziemlich heiß heute, oder?!" Zur eigenen Kulturgeschichte auf Okinawa gibt's eben auch eine eigene Sprache …

Inselparadies mit subtropischem Klima: Okinawa

OKINAWA UND DIE INSELN IM SÜDWESTEN

jap_670 oh

Auf Okinawa ist das Leben anders. Tokyo ist hier weit weg. Das Klima ist **subtropisch** und die **Strände** locken die Pauschalurlauber reihenweise an. Und dabei hat die Inselkette des früheren Ryūkyū-Königreichs auch noch seine ganz eigene Kultur …

NICHT VERPASSEN!

- In der Burg **Shuri-jō** residierten einst die Ryūkyū-Könige | **558**
- **Gyokusendō** – faszinierende Kalksteinhöhle und fragwürdige Kämpfe | **566**
- **Karate** – Dort trainieren, wo alles begann | **568**
- Facettenreich, bezaubernd, schön – die **Küstenstraße im Norden** | **570**
- **Iriomote** – Wildnis pur im abgeschiedenen Inselparadies | **577**

Diese Tipps erkennt man an der gelben Hinterlegung.

[>] Okinawa – Sandstrände, Korallenriffe und kobaltblaues Wasser

Einleitung

Okinawa ist die **südlichste Region Japans** und umfasst insgesamt **161 Inseln,** von denen rund **40 bewohnt** sind. Die subtropischen Inseln, die in Anlehnung an das lange vorherrschende Ryūkyū-Königreich auch als **„Ryūkyū-Inseln"** bezeichnet werden, erstrecken sich im Pazifik auf einer Länge von über 400 Kilometer. Die nördlichsten Inseln liegen dabei dicht an Kyūshū und sind von Kagoshima aus bequem per Fähre zu erreichen, während die südwestlichste Insel Yonaguni nur knapp 100 Kilometer von Taiwan entfernt ist. Okinawa ist aufgrund des **subtropischen Klimas** Urlaubsziel Nummer Eins der japanischen Bevölkerung. Heute leben etwa **1,1 Millionen Menschen** auf den Inseln – und nirgendwo sonst weltweit leben Menschen länger. Steile Felsküsten, perfekte Strände mit weißem Sand, Höhlenlandschaften, Mangrovenwälder und die subtropische Vegetation verwandeln die Inseln in ein **Naturparadies.**

Geschichte

Die Inselkette ist aufgrund ihrer Lage seit jeher **Bindeglied zwischen chinesischer und japanischer Kultur.** Ausgeprägter **Seehandel** verhalf den Inselstaaten früh zu einem wirtschaftlich gefestigten Umfeld und führte zu unterschiedlichsten kulturellen Einflüssen aus Polynesien und Südostasien.

Im 11. Jahrhundert fanden sich auf Okinawa erste Schlösser und Befestigungsanlagen als Ausdruck beginnender Machtkämpfe um die Vorherrschaft auf den Inseln. 1372 etablierte König *Satto* erste Handelsbeziehungen zu China; verschiedene Dynastien wechselten sich ab. Im 15. Jahrhundert kam die **Sho-Dynastie** an die Macht, die 1422 die politische Vereinigung der Inseln zum **Ryūkyū-Königreich** erreichte und bis 1879 an der Macht blieb, ehe Okinawa dann unter der Meiji-Regierung als Präfektur von Japan annektiert wurde. Diese Bestrebungen, das eigenständige Königreich Ryūkyū Japan einzuverleiben, bestanden bereits seit dem frühen 17. Jahrhundert, als unter König *Satsuma* Eroberungszüge aus Kyūshū gestartet worden waren.

Im **2. Weltkrieg** erlangte Okinawa traurige Berühmtheit, als infolge einer der blutigsten Schlachten im Pazifik 1945 Hunderttausende ums Leben kamen. Die **USA besetzten Okinawa,** erst 1972 fiel die Insel offiziell wieder an Japan zurück.

Noch heute sorgen die **Folgen der amerikanischen Besatzung** und die noch immer stationierten Truppenkontingente der US-Armee für heftige Diskussionen auf Okinawa. Okinawas Fläche macht weniger als 1 Prozent der Gesamtfläche Japans aus, jedoch finden sich hier 75 Prozent der amerikanischen Militärbasen. Rund 20 Prozent der Fläche Okinawas ist heute amerikanisches Militärgebiet. Die Präfekturregierung verhandelt über eine weitere Truppenreduzierung und fordert nachhaltigere Unterstützung aus Tokyo, da man auf

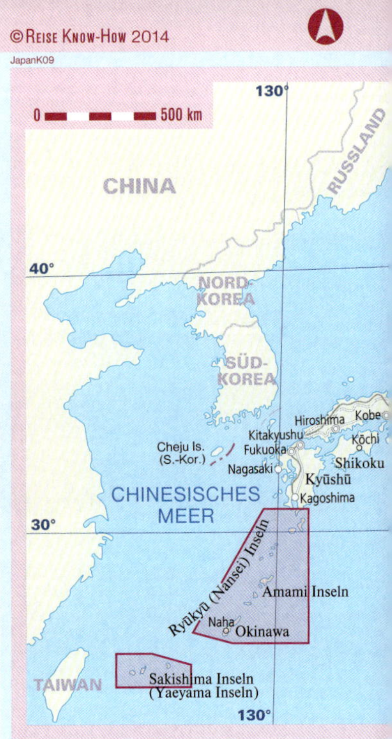

Japan mit den südlichen Inselgruppen

Okinawa – im Vergleich zu den japanischen Hauptinseln – schon immer mehr unter dem 2. Weltkrieg habe leiden müssen, so die Argumentation.

Ein weiterer Streitpunkt zwischen der Präfektur Okinawa und der Regierung in Tokyo sind **Fragen der Eigenständigkeit.** Dem Tokyoter Zentralismus im Bildungsbereich wird zum Beispiel vorgeworfen, dass kulturelle Besonderheiten Okinawas, wie etwa die eigene Sprache, vernachlässigt würden. Von jungen Insulanern wird Uchināguchi nicht mehr gesprochen.

Okinawa weist im innerjapanischen Vergleich das **niedrigste Durchschnittseinkommen und die höchste Arbeitslosenquote,** vor allem auch unter Jugendlichen, auf. Nach der wieder erlangten Souveränität im Jahr 1972 initiierte

Uchināguchi

Zur unverwechselbaren und eigenständigen Kulturgeschichte Okinawas zählt die **eigene Sprache** Uchināguchi, die wohl gemeinsame Vorläufer mit dem Japanischen besitzt, schätzungsweise aber seit dem 10. Jahrhundert eigene morphologische und phonetische Charakteristika ausbildete. Heute hat Uchināguchi kaum etwas mit dem modernen Japanisch zu tun, die Sprache ist für alle Nicht-Okinawa-Insulaner absolut unverständlich.

Innerhalb der Sprache Uchināguchi existierten je nach Inselgruppe verschiedene Dialekte, ehe im Ryūkyū-Königreich der **Shuri-Dialekt** als offizieller Sprachstandard eingeführt wurde. Dieser Dialekt findet sich noch heute in den folkloristischen Liedern und in den alten Gedichten Okinawas.

Die jüngere Generation Okinawas beherrscht bestenfalls noch Versatzstücke dieser alten Sprache: **Schulbildung und Mediensozialisation** erfolgen **in Japanisch** und insgesamt besitzt die japanische Sprache eine größere Attraktivität für die Jugendlichen auf Okinawa, drückt sie doch die Orientierung hin zu den Hauptinseln aus. Es ist ein allgemeiner Jugendtraum auf Okinawa, die wirtschaftliche Tristesse der Insel hinter sich zu lassen und in eine der großen Städte auf die japanischen Hauptinseln zu wechseln, um das traditionell geprägte Leben auf Okinawa mit einem modernen Lebensstil zu tauschen. Uchināguchi wird bestenfalls noch zwischen älteren Insulanern gesprochen und bis auf wenige Redewendungen **als Sprache wohl verschwinden.**

Einige anzutreffende Wörter und Redewendungen:

- **Uchinanchu** – Bewohner Okinawas
- **Yamatunchu** – Bewohner der japanischen Hauptinseln
- **Mensore** – Willkommen
- **Chuganabira** – Guten Tag
- **Hajimiti-yasai** – Es freut mich, Sie zu treffen
- **Chaganju?** – Wie geht es Ihnen?
- **Nifedebiru** – Danke
- **Wassaibiin** – Entschuldigung
- **Guburiisabira** – Auf Wiedersehen
- **Nuchidu-Takara** – Grußformel für Frieden, wörtlich „schätze das Leben"
- **Achisan ya tai** – Ziemlich heiß heute, oder?

die Präfekturregierung den **„Okinawa Fukkō Kaihatsu Keikaku"**, einen dreistufigen Plan zur **Förderung der Wirtschaft.** Verschiedene Aktionspläne stärkten in den 1970er Jahren vor allem die **touristische Erschließung,** heute ist der Tourismus neben den traditionellen Sektoren wie Landwirtschaft oder Fischfang die Haupteinnahmequelle. Ein besonderes Dilemma ist, dass seitens der Insulaner zwar der vollständige Abzug der US-Truppen gefordert wird, viele Bewohner jedoch auf das Geschäft mit den stationierten Soldaten angewiesen sind.

In jüngerer Vergangenheit wurde den Forderungen nach einer größeren Bedeutung des ehemals eigenständigen Königreichs innerhalb Japans entgegengekommen, als im Milleniumsjahr **2000** der **Weltwirtschaftsgipfel der G8** auf Okinawa abgehalten wurde und die Inselkette damit ins Blickfeld der Weltöffentlichkeit geriet. Dies galt als große Geste Tokyos an die Präfektur und als Bemühen, die Beziehungen zu fördern.

Pflanzen- und Tierwelt

Das subtropische Klima sorgt dafür, dass sich auf den Inseln eine einzigartige Pflanzen- und Tierwelt entwickeln konnte. **Außergewöhnliche Arten** von Papaya, Hibiskus, Lilien, Zedern oder Palmen finden sich quer über die Inselketten verstreut.

Die Inseln sind Lebensraum für einige **vom Aussterben bedrohte Tierarten,** die nur noch auf Okinawa vorkommen, wie etwa der Noguchigera-Specht oder der Kerasika-Hirsch. Die **Iriomote-Wildkatze** lebt in der abgeschiedenen Berggegend Iriomotes und wurde erst in den 1970er Jahren entdeckt. Heute wird der Bestand der rotgrauen Wildkatze mit den weißen Pfoten auf nur noch 50 bis 60 Tiere geschätzt. **Iriomote** ist **Nationalpark** und besteht zu 90 Prozent aus hügeliger Landschaft und Mangrovenwald – diese unberührte Gegend ist Lebensraum für **einmalige Schildkrötenarten,** weswegen die Insel auch „Galápagos Ostasiens" genannt wird.

Die **Habu** ist eine auf den Inseln Okinawas beheimatete **Giftschlange,** die an ihrem schmalen Nacken und dem diamantenen Muster zu erkennen ist. Im unwegsamen Gelände, in Mangrovenwäldern oder in dicht bewachsenen Ananas- und Zuckerrohrplantagen sollte man vorsichtig, zumindest nicht barfuß unterwegs sein, denn im schlimmsten Fall kann ein Biss ohne rechtzeitige Verabreichung eines Gegenmittels sogar tödlich sein. Wie alle Schlangen meidet die Habu den Kontakt mit Menschen und wird normalerweise bei sich nähernden Schritten und Geräuschen das Weite suchen. Einige Inseln, wie Miyako, gelten gänzlich als Habu-frei.

Die meisten Touristen sehen die Habu bestenfalls in Freizeitparks. Hier werden aus europäischer Sicht doch sehr fragwürdige **Kämpfe zwischen Habus und Mungos** (katzenartige Raubtiere) für Touristen inszeniert, damit diese die Viper auch mal lebendig und in Aktion sehen – zumindest kurzfristig lebendig, denn fast immer geht der Mungo als Sieger hervor.

OKINAWA

Weltkulturerbe in Okinawa

Von Okinawas großer Geschichte und der einzigartigen Kultur des Ryūkyū-Königreichs zeugen oftmals nur noch **Burgruinen (Gusuku).** Insgesamt wurden neun Stätten als Weltkulturerbe in die Liste der UNESCO aufgenommen:

- **Shuri-jō-Burgruinen** – der ehemalige Sitz der Ryūkyū-Dynastie.
- **Nakagusuku-Burgruinen** – mit außergewöhnlicher Technik erbaut.
- **Katsuren-Burgruinen** – der Sitz des lokalen Anführers Amawari, der den Ryūkyū-Königen bis zuletzt widerstand.
- **Zakimi-Burgruinen** – mit den ältesten erhaltenen Torbögen in Okinawa.
- **Nakijin-Burgruinen** – der Sitz des Herrschers im nördlichen Okinawa.
- **Tamaudun Royal Mausoleum** – wo die Könige der zweiten Sho-Dynastie beigesetzt sind.
- **Steintor von Sonohyan-utaki** – wo die Könige um Beistand für eine Reise baten.
- **Shikina-en** – Garten und Sommerpalast der kaiserlichen Familie.
- **Sefa-utaki** – Okinawas heiligste Stätte und Ort der wichtigsten Zeremonien.

Okinawa ist die **größte und bedeutendste der Ryūkyū-Inseln** und liegt auf dem 26. Grad nördlicher Breite, vergleichbar mit Hawaii und Florida. Auf Okinawa treffen die Spuren des jahrhundertelang herrschenden Königreichs Ryūkyū mit der modernen Gegenwart, auch in Gestalt der noch immer stationierten US-amerikanischen Soldaten, zusammen.

Das **subtropische Klima** führt dazu, dass Touristen von den japanischen Hauptinseln während des gesamten Jahres nach Okinawa kommen. Die Durchschnittstemperatur liegt bei 22,4 Grad Celsius, auch im Winter fällt die Temperatur selten unter 15 Grad. Die Monate November bis April gelten als beste Jahreszeit, da die Temperaturen dann relativ erträglich sind. Der Sommer ist heiß und mit einer tropischen Luftfeuchtigkeit. Im September und Oktober muss mit Taifunen und heftigem Regen gerechnet werden.

Religion und Kultur

Okinawas Reiz liegt zweifelsohne in der Zusammenführung verschiedenster Kulturen und der **Ausbildung einer eigenen Identität** – in kulinarischer, rhythmischer und menschlicher Hinsicht.

Wie auf den japanischen Hauptinseln finden sich auch auf Okinawa viele Elemente des **Shintōismus** und des **Buddhismus** wieder. Daneben sind aber auch Spuren aus früheren Zeiten übrig geblieben, die eher dem **Animismus** oder der **Schamanen-Tradition** zuzuordnen sind. Ausdruck dieser Einflüsse sind die auf fast jedem Hausdach anzutreffenden **Shisās, Löwen-Figuren** mit mal aufgerissenem und mal verschlossenem Maul, die in vielen Geschäften als Keramikexemplare verkauft werden und die auch als Symbol Okinawas gelten. Shisās bewahren der Überlieferung nach Häuser vor Schaden und bösen Mächten.

Neben der erwähnten Sprache Uchināguchi und der Geschichte als Königreich stellen vor allem die **folkloristischen Tänze und Volkslieder** Hauptsäulen der eigenständigen Kultur Okinawas dar. In den Liedern wird das traditionelle Landleben besungen, um gute Ernte gebeten oder die makellose Liebe gepriesen. Nicht selten kommt in den Songs auch die Abneigung gegenüber den Hauptinseln zum Vorschein, wenn zum Beispiel die schöne Okinawa-Bewohnerin das Heiratsangebot des Regierungsbeamten aus Tokyo ablehnt. Okinawa ist das Paradies, die Hauptinseln dagegen sind das Anti-Idyll.

Die folkloristischen Tänze werden meistens zur Erntezeit oder im August in den Dörfern aufgeführt, wobei jede Insel ihre eigene Erscheinung des Tanzes ausformte.

Orientierung

Naha im Süden der Insel ist mit seinem Internationalen Flughafen und dem Hafen Hauptanlaufpunkt für Reisen nach Okinawa. Die Insel erstreckt sich auf rund 100 Kilometer Länge und ist an keiner Stelle breiter als 15 Kilometer. An

Nuchisugui – die Küche Okinawas

Wenn man dem Geheimnis nachspüren will, warum Menschen nirgendwo länger leben als auf Okinawa, wird man früher oder später auf die Küche Okinawas kommen. Sie gilt als Schlüssel der Langlebigkeit. Die Insulaner nennen den Schlüssel zum Glück „Nuchisugui", was übersetzt in etwa **„Medizin des Lebens"** bedeutet. Und darunter verstehen sie Essen neben Natur und Musik als eine der Hauptsäulen.

Die Hauptelemente der **ausgewogenen Küche** Okinawas sind Shima-Tofu, Gemüse, Grüne Papaya, *Goya* (Bittermelone oder auch Bittergurke), Seegras, Schweinefleisch, Früchte der Insel und natürlich jede Menge Fisch und Meeresfrüchte.

Von den zahlreichen Gerichten, die man während des Aufenthalts auf Okinawa nicht verpassen sollte, stehen **Okinawa-Soba** und **Chanpurū** ganz oben. Letzteres wird in der Pfanne aus Goya, Shima-Tofu und Schweinefleisch zubereitet. Wer tiefer in die Geheimnisse vordringen will und sich nach seinem Urlaub als Experte bezeichnen will, sollte *Irabu-jiru* (Seeschlangen-Suppe), *Hijyā-jiru* (Ziegensuppe), *Tofu-yō* (stark riechender fermentierter Tofu), *Mimigā* (Schweineohr, gutes Kauwerkzeug nötig!) oder *Mozuku* (rohes Seegras in Essig) probieren. Dazu passt eigentlich immer der einheimische **Reis-Likör Awamori,** der zwischen 30 und 40 Prozent Alkohol hat.

Okinawa
0 10 km
Kagoshima, Fukuoka, Kobe, Tokyo
Ie
Ocean EXPO-Park
Emerald-Strand
Nakijin-Burgruine
OSTCHINESISCHES MEER
Motobu
Motobu-Halbinsel
Yagaji
Mt. Yae
449
Nago
58
Nago Bucht
Mt. Nago
329
Inbu-Strand
Seragaki-Strand
Manza-mō
Tiger Kankō-Strand
Moon Beach
Mt. Onna
330
Ōura Bucht
Ryūkyūmura
Zakimi-Burgruine
Ishikawa
Botanischer Garten
Kin Bucht
Okinawa Expressway
Anpo-no-mieru-oka
Kadena
Koza
Hanbee-Nachtmarkt
Chatan Hanbi Town
Araha-Strand
Sea Road
Tropical Beach
Ginowan
Nakagusuku-Burgruine
Katsuren-Burgruine
Urasoe
Shuri
Shuri-jō, Tamaudun Royal Mausoleum, Sonohyan-utaki-Steintor
Naha
331
Kap China
Ehemaliges Hauptquartier der Imperialen Japanischen Armee
Sefa Utaki
Chinen Marine- und Freizeitpark
Nashiro-Strand
Himeyuri-Mahnmal mit Museum
Gyokusendō
Mibaru-Strand
Kap Kyan
Mabuni-Anhöhe

9

©Reise Know-How 2014
japan14
Kap Hedo
58
Mt. Nishime
Yanbaru Wald
1
Mt. Yonaha
2
Mangroven-Wald
Taira Bucht
Mt. Tano
2
Gesashi Bucht
PAZIFISCHER OZEAN
Übernachtung
1 JAL Private Resort Okuma
3 Yagachi Beach Camp-jō
5 Hotel Yugafuin
8 The Busena Terrace
9 Surf Side B&B
10 Maeda Misaki Divers House
12 Gushikawa Yagai Recreation Center
13 Guest House Safari, Cat's Inn Chatan
14 Laguna Garden Hotel
15 Minshuku Umino
17 Hyakunagaran
Essen und Trinken
4 Kishimoto Shokudō
6 Nagunumae
7 Nagumagai Restaurant
13 Sauce Live, Transit Cafe
16 Café Kurukuma
18 Hamabe no Chaya
Wassersport
2 Kanufahren
Sonstiges
11 Okinawa Traditional Karate Kobudō International Studying Center

Paket-Touren

Okinawa ist für Japaner vergleichbar mit **Hawaii für Amerikaner:** Ohne ins Ausland reisen zu müssen, gelangt man zu einem fantastischen Urlaubsziel mit fast immer schönem Wetter. Das ist attraktiv. Dementsprechend ausgeprägt ist der Reisemarkt nach Okinawa. In allen größeren Städten der Hauptinseln finden sich Anbieter von mehrtägigen Paket-Touren, die Flug und Hotel zu verhältnismäßig günstigen Preisen beinhalten – sofern man nicht zu den Hauptreisezeiten Anfang Mai oder im August reist.

Ein **Standardangebot** sieht zum Beispiel einen viertägigen Trip ab Tokyo oder Osaka für rund 400 Euro vor. Darin enthalten sind Hin- und Rückflug, drei Übernachtungen in einem Hotel am Meer, Frühstück und ein Mietwagen.

Die meisten Anbieter verfügen über Personal, das Englisch spricht. Nähere **Informationen** bei:

- **IACE Travel,** 5F, 2-1-2 Dōjima, Kita-ku, Osaka, Tel. (06) 6442-8877, www.iace. co.jp.
± No. 1 Travel, Shibuya Ichino Bldg., 7F, 1-11-1 Jinnan, Shibuya. Tel. 3205-6073, www.no1-travel.com.
- **Academy Travel Inc.,** Takada II 4F, 2-6-8 Jūsō Higashi, Yodogawaku, Osaka, Tel. (06) 6303-3538.

der Sonnenuntergangsseite der Insel reihen sich Ferienresorts und Hotelanlagen aneinander. Im **Süden** bei Naha ist die Insel verhältnismäßig dicht besiedelt, während sich im **Norden** höchstens kleine Dörfer finden.

Naha

- **Einwohner:** 300.000
- **Präfektur:** Okinawa

Naha ist die **Hauptstadt der Präfektur Okinawa** und zählt rund 300.000 Einwohner. Naha war Sitz der Herrscherfamilie während des Ryūkyū-Königreichs und wartet daher mit zahlreichen historischen Sehenswürdigkeiten auf. Für die meisten Touristen ist Naha aber nur Durchgangsstation auf dem Weg zu den Ferienresorts an der Küstenstraße weiter nördlich.

Sehenswertes

Shuri-jō

Die **Burg** Shuri-jō war **von 1429– 1879 Sitz der Ryūkyū-Könige.** Shuri-jō ist **im Stil eines chinesischen Palastes** erbaut und lässt so auf die engen damaligen Kontakte zum Kaiserreich schließen. Die Burg wurde im 2. Weltkrieg nahezu völlig zerstört und erst aufwendige Rekonstruktionen stellten die einstige Pracht

⊡ Frischer Fisch in der großen Markthalle des Machigwa-Marktes zum Teil wieder her. Shuri-jō ist Weltkulturerbe und bietet mit dem Hauptpalast und zahlreichen Nebenpalästen zweifelsohne die interessantesten historischen Sehenswürdigkeiten in Naha. Das **Shureimon-Tor** gilt als ein Wahrzeichen Okinawas und zahllose Touristengruppen nutzen das Tor als Hintergrund für Urlaubsfotos. Der umliegende **Shurijō-kōen-Park** ist kostenlos begehbar und erlaubt einen schönen Blick auf die tiefer gelegene Stadt.

■ **Shuri-jō,** tägl. 9-17.30 Uhr, Eintritt 800 Yen, Tel. 886-2020. Man erreicht die Burg vom Naha Bus-Terminal mit den Buslinien 1, 12, 13, 14, 17 und 46 innerhalb von 30 Minuten, Haltestelle Shurijō-Kōen Iriguchi.

Kokusai-dori

Die Kokusai-dori ist die **Hauptachse in Naha:** Die 1,6 Kilometer lange Straße durch das Zentrum bietet Restaurants, Bars, Geschäfte, Souvenirläden und Märkte verschiedenster Art – sie ist das geschäftige und farbenprächtige Zentrum der Insel.

Machigwa-Markt

Biegt man von der Kokusai-dori in Höhe des Mitsukoshi Department Store in die Heiwa-dori ab, so gelangt man in **kleine Straßenzüge mit asiatischer Marktatmosphäre.** Kleine Geschäfte, die Kera-

jap_681 oh

miklöwen oder das traditionelle Ryū-kyū-Glass verkaufen, finden sich hier in Hülle und Fülle. Etwas weiter gelangt man zu einer **großen Markthalle,** in der alles gekauft werden kann, was auf Okinawa angebaut oder in den Gewässern gefischt wird. Allerlei Meeresfrüchte und die unterschiedlichsten Fischarten liegen hier eisgekühlt aus oder schwimmen noch in Wasserbassins. Als Besonderheit

kann man nicht nur Fisch einkaufen, sondern sich das ausgewählte Stück auch gleich zubereiten lassen – hierfür gibt es einen Restaurantbereich im Stockwerk darüber.

Tsuboya-Töpfermuseum

Tsuboya ist das **Töpferviertel** in Naha und verweist mittlerweile auf eine über 300-jährige Tradition. Die Ausstellung

Musik auf Okinawa

Musik ist ein **untrennbarer Teil des täglichen Lebens** auf Okinawa und man wird schnell feststellen, dass erstaunlich viele Insulaner aktiv an der folkloristischen Musik teilhaben. Kein traditionelles Fest kommt ohne *Sanshin* (das dreisaitige Musikinstrument Okinawas) und die typischen Gesänge aus. Die Melodien der Lieder unterscheiden sich dabei elementar von den folkloristischen Liedern auf den japanischen Hauptinseln.

Die Verbreitung der Musik war lange Zeit mit dem **Brauchtum Mo-ashibi** verbunden: Nachdem man das Tagwerk auf den Feldern vollbracht hatte, versammelten sich die jungen Männer und Frauen beispielsweise am Strand und spielten auf der Sanshin. Dieser Brauch ist inzwischen Vergangenheit, doch die Lieder sind erhalten. Zweifellos wird man oft auf speziell für Touristen arrangierte Musikveranstaltungen treffen, doch selbst wenn man weit abseits der bekannten Orte in Kneipen oder Bars geht, stößt man auf die Musik und Lieder.

jap_684 oh

zeigt zum einen die Entstehungsgeschichte der Töpferei auf Okinawa und gibt zum anderen Einblick in heutige Produktionsweisen. Um das Museum finden sich viele kleine Geschäfte.

- **Tsuboya-Töpfermuseum,** 30 Minuten zu Fuß vom Naha Bus-Terminal, vor dem Mitsukoshi Department Store rechts, Di bis So 10–18 Uhr.

Praktische Tipps

- **Vorwahl:** 098

Anreise

Flugzeug

- Täglich **zahlreiche Flugverbindungen von fast allen japanischen Flughäfen.** Aus Tokyo oder Osaka dauert der Flug zwischen 2 und 2½ Stunden. Vom Flughafen fahren Busse in 20 Minuten zum Naha Bus-Terminal, Haltestelle Kokusai-dori.

Schiff

Schiffe **von Honshū** nach Naha verkehren durchschnittlich einmal pro Woche, **von Tokyo** dauert eine Fahrt 45 Stunden, **von Osaka** 40 Stunden. **Von Kagoshima** verkehrt eine Fähre täglich, Fahrtzeit 25 Stunden.

- **Ōshima Unyu Tokyo,** Tel. (03) 5643-6170.
- **Arimura Sangyō Tokyo,** Tel. (03) 3562-2091.
- **RKK Osaka,** Tel. (06) 6538-0051.
- **Kansai Kisen Osaka,** Tel. (06) 6572-5181.

Touristeninformation

- **Touristeninformation am Flughafen Naha,** tägl. 9–21 Uhr, Tel. 857-6884.
- **Naha City Tourism Information Center,** Mo–Fr 8.30–20 Uhr, Sa/So 10–20 Uhr, 2-1-4 Makishi, Tel. 868-4887, www.naha-navi.or.jp.

Unterkunft

- **Cam Cam,**①, gut geführtes Gästehaus mit Schlafsaal-Betten und Privatzimmern. Fahrradleihe und Internetzugang vorhanden. Monorail: Miebashi, 5 Minuten, Tel. 863-0022, www.camcam-okinawa.com.
- **Asahi Guest House,**①, unkonventionelles Gästehaus nahe der Kokusai-dori. Schlafsaal-Betten und Privatzimmer vorhanden, auch für Dauergäste. Monorail: Kencho-mae, 10 Minuten, Tel. (090) 894-7774, www.agari-tida.com.
- **Naha Beach Side Hotel,**②, 169 Zimmer. Business Hotel mit Frühstück. Zimmer mit Aussicht auf den Strand buchen, 3 Minuten zum Strand, 10 Minuten vom Flughafen mit dem Auto, Tel. 862-2300, www.nahabeachsidehotel.com.
- **Hotel Le Blion,**②, gemütliches Hotel mit gutem Preis-Leistungsverhältnis nahe der Kokusai-dori. Ein Frühstück ist inbegriffen. Monorail: Miebashi, 5 Minuten, Tel. 868-1600, www.hotelblion.com.
- **The Nahaterrace,**④, 145 Zimmer. Luxushotel, persönlicher Butler hilft Touristen wie Geschäftsleuten gleichermaßen. Monorail: Omoro-machi, 15 Minuten, Tel. 864-1111, www.terrace. co.jp/naha.

Jugendherbergen

- **Okinawa International Youth Hostel,**①, neue und gut organisierte Unterkunft, die Kokusai-dori ist in Laufdistanz. Monorail: Tsubokawa, 5 Minuten, Tel. 857-0073, www. jyh.or.jp.
- **City Front Harumi Youth Hostel,**①, verkehrsgünstig am Tomari-Hafen gelegen, von wo aus Fähren zu kleineren Inseln starten. Bushaltestelle Tomari-Takahashi, 3 Minuten, Tel. 867-3218.

jap_685 oh

Essen und Trinken

Das Zentrum mit Restaurants und Geschäften ist die Kokusai-dori. Die New Paradise-dori (parallel zur Kokusai-dori) und die Ukishima-dori sind etwas kleiner und eher mit jüngeren Gästen bevölkert.

Lokale Küche

- **Naby-to-Kamado,**②, gute Auswahl an Okinawa-Gerichten in stylischer Atmosphäre. Mehr als 300 verschiedene Awamori im Angebot. Tägl. 17.30–24 Uhr, Monorail: Miebashi, 4 Minuten, Tel. 863-3177.
- **Yotsutake,**②, bekanntes Restaurant mit traditioneller Ryūkyū-Küche und Aufführungen von Ryūkyū-Tänzen. Speisekarte in Englisch. Tägl. 11–22 Uhr, die Tanzdarbietungen starten um 18.30 und 20.30 Uhr. Auf der Kokusai-dori, Tel. 863-4444.

International

- **Xin Chao,**①, vietnamesisch, günstige Gerichte mit viel Gemüse. Tägl. 15–21 Uhr, auf der Okie-dori, Tel. (090) 9483-3119.
- **Raffles Café,**②, entspanntes Café mit Terrasse vor dem Midōrigaoka-Park. Abends bekommt man hier gute italienische Gerichte. Do bis Di 12–23 Uhr, Monorail: Miebashi, 5 Minuten, Tel. 862-9733.
- **Sam's Anchor Inn,**②, freundliches Steak- und Fisch-Restaurant mit Köchen, die immer für eine gute Showeinlage gut sind. Tägl. 11.30–24 Uhr, auf der Kokusai-dori, Tel. 862-9090.

Unterhaltung

- **Jizake Yokochō,** für alle Freunde der Okinawa-Musik, die musikalischen Darbietungen gibt es dreimal pro Abend für je 45 Minuten. Dazu bestellt man sich zum Essen am besten das Ryūkū-Set: eine gute Mischung mit verschiedenen Spezialitäten Okinawas. Platzgebühr 1050 Yen. Tägl. 17–23 Uhr, auf der Kokusai-dori westlich des OPA Bldg., nach dem roten Zeichen Ausschau halten, Tel. 860-9511.
- **Live House Chakura,** Live-Bühne mit dem Okinawa-Musiker *Shōkichi Kina,* gute Bühnenshow garantiert. Der Eintritt beträgt um die 3000 Yen und

△ Shishās – Löwen-Figuren zum Schutz vor bösen Mächten

hängt von der jeweiligen Besetzung ab. Do bis Di 19–24 Uhr, die Musik startet um 20 Uhr, Monorail: Kenchō-mae, 7 Minuten, Tel. 869-0283, www.champloose.co.jp.

- **D-set,** Live-Bühne und Heiligtum der Independent-Musiker in Okinawa: Rock, Pop, Reggae, Sonstiges. Monorail: Miebashi, 5 Minuten, Tel. 861-8110.

Museen

- **Okinawa-Präfektur-Museum,** Kunstgegenstände aus Okinawa, von Skulpturen und Gemälden bis hin zu Kalligraphien. Di bis So 9–16 Uhr, Bushaltestelle Ikehata, 5 Minuten, Tel. 884-2243.
- **Handwerksmuseum der Stadt Naha,** 1-1 Toma Naha-shi, Tel. 858-6655.

Festivals

- **Harii:** Mitte Juni dient das Drachenboot-Fest in allen Küstenstädten dazu, den Meeresgott versöhnlich zu stimmen, damit der Fischfang ertragreich werde.
- **Naha-Matsuri:** Am 9. und 10. Oktober findet das traditionelle Naha-Festival mit einer großen und farbenfrohen Parade durch die Kokusai-dori statt. Daneben zahllose Aufführungen von traditionellen Volkstänzen und Liedern.

Autovermietung

Mit dem Auto geht auf Okinawa vieles einfacher. Auch manche Hotels bieten eine Vermietung an.

- **Toyota Rental Lease,** 5 Minuten mit dem Taxi vom Flughafen, Preise starten bei ungefähr 8000 Yen pro Tag, Tel. 857-0100.
- **Fuji Rent a Car,** ebenfalls 5 Minuten mit dem Taxi vom Flughafen, Tel. 858-9330.

Okinawa – der Süden

Der Süden Okinawas war **Schauplatz der heftigen Kämpfe zwischen japanischen und amerikanischen Truppen im April 1945** und noch heute finden sich zahlreiche Kriegsspuren in der Region. Auf der Fahrt zu den Mahnmalstätten entlang der Küste passiert man einsam gelegene Häuser und zahlreiche Grabstätten.

Sehenswertes

Hauptquartier der Imperialen Japanischen Armee auf Okinawa

In den unterirdischen Gängen begingen 4000 japanische Soldaten kollektiven Selbstmord *(Seppuku)*, als die amerikanischen Truppen die Insel unter ihre Kontrolle gebracht hatten. Das **Tunnelsystem** erstreckt sich insgesamt auf einer Länge von 1½ Kilometern, 200 Meter davon sind für Besucher zugänglich.

- **Hauptquartier,** 5 Kilometer südlich von Naha, mit Bus Nr. 33 vom Naha Bus-Terminal in 20 Minuten bis zur Haltestelle Tomigusuku-kōen-mae. Di bis So 8.30–17 Uhr, Eintritt 420 Yen, Tel. (098) 850-4055.

Himeyuri-Mahnmal und Museum

Das Mahnmal erinnert an den **Selbstmord von 219 Schülerinnen,** die zusammen mit ihren Lehrern Selbstmord begingen, um nicht in die Hände der alliierten Soldaten zu fallen. Das Mahnmal erinnert auch an die Kriegspropaganda Japans, Allierte als Barbaren darzustellen, was gegen Kriegsende zu zahlreichen Massenselbstmorden führte.

■ **Himeyuri,** mit Bus Nr. 33 vom Naha Bus-Terminal in 60 Minuten zur Südspitze Okinawas. Mo bis So 9–17 Uhr, Eintritt 300 Yen, Tel. (098) 997-2100.

Mabuni-Anhöhe

Die Mabuni-Anhöhe war Schauplatz erbitterter Schlachten, heute findet sich hier die **Gedächtnis- und Friedenshalle der Präfektur Okinawa.** Die Anhöhe erlaubt einen wunderbaren Blick über die Küste und den Süden Okinawas.

Gyokusendō

In Gyokusendō kann man die **zweitgrößte Kalksteinhöhle Japans** besuchen. Von den rund fünf Kilometer langen Höhlengängen sind 890 Meter begehbar. Gyokusendō ist ein Ort für Touristen, hier werden **Ryūkyū-Tänze und -Volkslieder** aufgeführt.

Der neben der Höhle gelegene **Habu-Park** präsentiert die giftige Habu-Schlange in den sehr fragwürdigen Kämpfen mit Mungos, die extra für Touristen inszeniert werden und bei denen eigentlich immer die Mungos die Oberhand behalten.

Als Spezialität kann man in Gyokusendō auch **Habu-Sake** erwerben. Die großen, bauchförmigen Schnapsflaschen beinhalten eine Habu (üblicherweise ohne Innereien) und den hochprozentigen Sake. Um den speziellen Geschmack zu erreichen, muss diese Mischung mehrere Jahre gekühlt lagern und reifen. In den Höhlen Gyokusendōs wird für Touristen mit roten Zeichen auf Höhlennischen hingewiesen, in denen die Flaschen mit Habu-Sake kühl und optisch attraktiv lagern – und draußen warten natürlich die Verkaufsstände.

Chinen Marine- und Freizeitpark

Weiter nördlich von Gyokusendō erwarten den Besucher am **Kap Chinen wunderschöne Korallenriffe.** Der Pazifik ist hier smaragdfarben und die tropische Unterwasserwelt kann von einem **Glasbodenboot** aus betrachtet werden (1400 Yen für rund 30 Minuten). Wer es etwas abgeschiedener mag, kann mit einem Schnellboot auf eine abgesonderte **Insel** übersetzen und dort schwimmen, surfen oder tauchen (hin und zurück für 2800 Yen, Mo bis So 9–17 Uhr).

■ **Anfahrt:** Von Naha mit dem Bus Nr. 38 in 1 Stunde bis zur Haltestelle Chinen Kaiyō Leisure Center-mae, Tel. 948-3355.

Sefa Utaki

Sefa Utaki ist **Okinawas heiligster Ort,** den der Legende nach die Schöpfergottheit Okinawas, *Amamikiyo*, höchstpersönlich geschaffen hat. Interessanterweise war Männern ursprünglich der Zugang zu dieser heiligen Stätte verboten.

⊳ Ferienresort mit Kapelle

Zwei gewaltige Steine formen am Eingang zum **heiligen Hügel** ein umgedrehtes V; von den einstigen Statuen oder Gebäuden ist dagegen nichts vorhanden. Hier trifft man nur Wald und Natur an – und immer mehr Touristen, die sich von der Stätte heilende Wirkung versprechen und für ihr Glück beten.

- **Sefa Utaki,** Chinen, freier Eintritt, Bushaltestelle Taiiku-center.

Praktische Tipps

- **Vorwahl:** 098

Unterkunft

- **Minshuku Umino,**①, 7 Zimmer. Kleines Minshuku an der Spitze der Halbinsel. Lockere und freundliche Atmosphäre, fast wie zu Gast bei den Großeltern. Auf Wunsch Mahlzeiten. Ab dem Naha Bus-Terminal mit Bus Nr. 38 bis zur Haltestelle Umino, Fahrzeit 60 Minuten, Tel. 947-1810, www2.ocn.ne.jp /~umino.
- **Hyakunagaran,**④, 15 Zimmer, Luxus-Hotel am Strand. Großzügige Zimmer mit Meerblick und Onsen. Okinawa-Küche zum Abendessen inklusive. Tel. 949-1011, www.hyakunagaran.com.

Essen und Trinken

- **Café Kurukuma,**②, Café mit thailändischer Küche in Chinen. Großartiges Panorama auf den Pazifik. Mi bis Mo 10–22 Uhr, Bushaltestelle Chinen, 7 Minuten den Hügel hoch, Tel. 949-1189.
- **Hamabe no Chaya,**①, Strandcafé am Hyakuna-Strand in Tamagusuku. Zum Sonnenuntergang besonders beliebt. Tägl. 10–21 Uhr, Tel. 948-2073.

jap_689 oh

Okinawa – die Mitte

Zentral-Okinawa ist mit den **Städten Kadena, Okinawa, Ishikawa und Nago** relativ dicht besiedelt, **viele US-Militärbasen** befinden sich hier. Der Norden dagegen ist spärlich bevölkert und bietet eine nahezu unberührte und wilde Naturlandschaft. Einige **attraktive Ferienresorts** liegen entlang der fantastischen Küstenlinie im Westen, die Ostküste dagegen ist touristisch weniger erschlossen und ursprünglicher.

Karate

Karate hat seine **Wurzeln in Okinawa,** wo einst die einheimische Kampfkunst *Ti* mit dem aus China importierten *Kenpō (Kung-Fu)* verschmolz. Als sich die neue Kampfkunst von Okinawa auf die japanischen Hauptinseln ausbreitete, wurde der Begriff Karate geprägt, was übersetzt **„Leere Hand"** bedeutet.

Mehr denn je ist Okinawa heute zur Anlaufstelle für alle geworden, die Karate erlernen oder ihre Fähigkeiten perfektionieren wollen. Das **Karatezentrum in Yomitan** ist die Institution schlechthin und bietet Trainingseinheiten mit ganz großen Meistern. Die Programme dauern von einem Tag bis zu zwei Jahren.

- **Okinawa Traditional Karate Kobudo International Studying Center,** in Yomitan, Tel. 921-1080, www.uechi-ryu.ws.

Sehenswertes

Chatan

Chatan ist vor allem in den letzten Jahren sehr beliebt geworden. Durch die nahe gelegene Militärkaserne ist der **amerikanische Einfluss** besonders deutlich erkennbar: Hier trifft man auf die bekannten Fast-Food-Ketten, Drive-Ins und auf Autohändler, die ihre Preise nur in US-Dollar auszeichnen. Chatan ist wohl der beste Ort für alle, die sich in Japan aufhalten wollen, sich aber nur in Englisch unterhalten möchten. Was auf den Hauptinseln immer zum Problem wird, ist hier möglich. Besonders **an den Wochenenden** tobt hier mit Strandpartys, Nacht-Flohmärkten und viel Alkoholkonsum das Leben. Etwas weiter ins Landesinnere gelangt man zum zweiten großen Stützpunkt der amerikanischen Streitkräfte nach Koza (Okinawa City).

Ryūkyūmura

Ryūkyūmura ist ein **Freizeitpark nahe Takoyama.** Hier wird in nachgebauten Häusern vom früheren einfachen Leben auf Okinawa erzählt, dazu findet sich ein **Markt** mit Glas- und Keramikprodukten aus traditioneller Fertigung (Bushaltestelle Ryūkymura-mae).

Botanischer Garten

Auf 400.000 Quadratmetern Fläche und mit über **3000 verschiedenen Pflanzenarten** zeigt der Botanische Garten die buntesten und wildesten Ausprägungen der tropischen Pflanzenwelt.

- **Botanischer Garten,** Buslinie 92 von Naha mit Umsteigen in Awase, Fahrtzeit 45 Minuten, Haltestelle Tonan Shokubutsu Rakuen. Mo bis So 9–18 Uhr, Eintritt 1000 Yen, Tel. (098) 939-2555.

Anpo-no-mieru-oka

Merkwürdigerweise ist hier eine der beliebtesten Sehenswürdigkeiten für Touristen von den japanischen Hauptinseln. „Anpo" bezeichnet das Sicherheitsabkommen zwischen den USA und Japan. Und „mieru-oka" bedeutet „Hügel, von dem man es sieht". Hier ist also der beliebte Ort, von dem man auf einen der größten US-Stützpunkte in Asien blicken kann.

- **Anpo-no-mieru-oka,** Bushaltestelle Kadena, 20 Minuten.

Praktische Tipps

- **Vorwahl:** 098

Unterkunft

- **Guest House Safari,**①, Schlafsaal-Betten und Privatzimmer, nahe dem Vergnügungsviertel in Chatan. Bushaltestelle Koukutai-iriguchi, Tel. 926-4351, http://homepage3.nifty.com/uds/.
- **Maeda Misaki Divers House,**①, nur Schlafsaal-Betten, am Kap Maeda gelegen und gerne von Tauchern genutzt. Bushaltestelle Ryūkyūmura, 15 Minuten, Tel. 964-2497, seaweeds@maedamisaki.com.
- **Cat's Inn Chatan,**②, 16 Zimmer. Am Strand und ebenfalls in der Nähe des Vergnügungsviertels in Chatan gelegen. Alle Zimmer mit kleiner Küche. Bushaltestelle Ihei, 10 Minuten, Tel. 936-7717, www.catsinn.jp.
- **Laguna Garden Hotel,**④, 303 Zimmer. Luxuriöses Resort-Hotel, südlich von Chatan in Ginowan gelegen. Alle Zimmer mit Blick aufs Meer. Tel. 897-2121, www.laguna.co.jp.

Essen und Trinken

Das Zentrum ist das **Vergnügungs- und Nachtviertel von Chatan** mit vielen Bars und Restaurants, die mit den Soldaten der nahe gelegenen US-Armee ihr Geschäft machen. Die Bandbreite des Angebots kennt kaum Grenzen. Am Strand nördlich von Chatan befinden sich ein paar schöne Cafés.

- **Sauce Live,**②, BBQ-Restaurant mit großen Portionen zum vernünftigen Preis. R&B-Musik, Japaner trifft man hier nur wenige. Di bis So 18–1 Uhr, 1-13-9 Chatan Chatan-Cho, Tel. 936-0204, http://saucelive.com.
- **Transit Café,**①, Bar und Café mit einem wunderbarem Blick auf das Meer. Di bis So 17–2 Uhr, nördlich von Chatan, von der Sunabe-Kreuzung auf der Route 58 in Richtung Meer, Tel. 936-5076.

Flohmarkt

- **Hanbee Night Market,** lebendige Atmosphäre mit Flohmarkt und zahlreichen Ständen. Sa/So 12–23 Uhr, Bushaltestelle Hanbee, Tel. 936-8997.

Okinawa – der Norden

Sehenswertes

Ocean EXPO Park

Der **Nationalpark** wurde 1975 anlässlich der internationalen Ausstellung Ocean EXPO errichtet und zeigt heute das maritime Leben in seiner ganzen Bandbreite. Das **Tropical Dream Center** ist für seine 2000 Orchideenarten berühmt (tägl. 9.30–18 Uhr, Eintritt 670 Yen). Das **Oceanic Culture Museum** bedient die Vorlieben aller kulturhistorisch Interessierten und zeigt Gebrauchsgegenstände aus dem Alltag der Inselbewohner (Fr bis Mi 9.30–18 Uhr, Eintritt 170 Yen). Das **Okinawa Churaumi Aquarium** stellt die Hauptattraktion dar und ist die erste Forschungseinrichtung weltweit, die erfolgreich Wale und Rochen züchtet (mit Delfinshow, Fahrgeschäften und Strand; tägl. 9– 17.30 Uhr, Eintritt 1800 Yen).

■ **Ocean EXPO Park,** Anfahrt von Naha mit Umsteigen in Nago, Bushaltestelle Kinenkōen-mae, Tel. (0980) 48-2980.

Manza-mō

Manza-mō ist ein wunderbarer **Aussichtspunkt** mit Steilklippen, tiefblauem Meer und jeder Menge Korallenriffe. Der Name geht auf einen Ausspruch des Ryūkyū-Königs im 18. Jahrhundert zurück und bedeutet „Platz für 10.000 Menschen“ (Bushaltestelle Onna-son-yakuba-mae).

Nago

Nago war im Jahr 2000 Schauplatz des Weltwirtschaftsgipfels der G8 und ist mit rund 50.000 Einwohnern die **einzige größere Stadt im Norden Okinawas.** Alle Buslinien in die entlegeneren Orte Motobu oder zum Kap Hedo starten von hier. Nago eignet sich für einen Zwischenstopp, um den touristischen Strandgebieten für eine kurze Weile zu entkommen und um vielleicht das Nago-Museum oder die Ananas-Farm zu besuchen. Besonders interessant ist Nago **im Januar,** wenn hier **japanweit die erste Kirschblüte** zu sehen ist, die alljährlich mit einem großen Festival gefeiert wird.

Küstenstraße im Norden Okinawas

Die Küstenstraße um das nördliche Okinawa hat viele Gesichter. Von **Moon Beach** in Richtung Norden nach Nago liegen die **Ferienanlagen mit den besten Sandstränden Okinawas.** Westlich von Nago kommt man zur **Motobu-Halbinsel** mit schönen vorgelagerten Inseln.

Von Nago zum **Kap Hedo** wird es dann deutlich dörflicher und unberührter. Am Kap brechen die großen Wellen des Ozeans, auf den Steilklippen weht zumeist ein kräftiger Wind. Die Aussicht ist grandios. Für den Rückweg vom Kap wählt man am besten die Ostküste, denn hier werden die Straßen schmaler und kurviger und die Vegetation wechselt ständig. Man passiert den **Yanbaru-Wald,** der mit dem **Yanbaru-Kuina** seine ganz **eigene Vogelspezies** beheimatet. Die Spezies wurde übrigens erst 1981 entdeckt und wird auf Deutsch mit „Okinawa-Ralle" wiedergegeben. Rallen sind mittelgroße Bodenvögel und können nicht fliegen. Das wird dem Yanbaru-Kuina auch immer öfter zum Verhängnis, denn die ursprünglich für die Bekämpfung der Habus im Süden angesiedelten Mungos breiten sich immer mehr in den Norden aus und verspeisen nicht nur Habus, sondern auch den Yanbaru-Kuina. Wie betroffen das auf Okinawa macht, zeigten jüngst verwegene Pläne: Man liebäugelte damit, eine Art Zaun durch das gesamte nördliche Okinawa zu ziehen, um die Mungos von den Yanbaru-Kuina fern zu halten.

Nach dem Yanbaru-Wald kommt man zum Dörfchen **Higashi,** das für seine Mangrovenwälder und das Kanufahren bekannt ist.

Praktische Tipps

- **Vorwahl:** 098

Unterkunft

- **Surf Side B&B,**②, 7 Zimmer. Schlafsaal-Betten und Privatzimmer, nahe Manza-mō. Tel. (098) 966-2931, www.surfside-okinawa.com.
- **Hotel Yugafuin,**②, 64 Zimmer. Hotel mit gutem Preis-Leistungsverhältnis. Nago Bus-Terminal, 5 Minuten, Tel. (0980) 53-0031, www.yugaf.com.
- **The Busena Terrace,**④, 401 Zimmer. Sehr gutes Hotel am Kap Busena mit Privatstrand und Bootsfahrten. Tel. (0980) 51-1333, www.terrace.co.jp.
- **JAL Private Resort Okuma,**④, 184 Zimmer. Top-Ferienanlage mit wunderbaren Ferienwohnungen. Tel. (0980) 41-2222, www.jalokuma. co.jp.

Campingplätze

- **Gushikawa Yagai Recreation Center,**①, ganzjährig geöffneter Campingplatz nahe Okinawa City, auch Bungalows sind zu mieten. Enobi, Gushikawa-shi, Bushaltestelle Izumi Byoin Iriguchi, Tel. (098) 972-7722.
- **Yagachi Beach Camp-jō,**①, ganzjährig geöffneter Campingplatz an der Küste in Nago. Haltestelle Yagahama, Tel. (0980) 52-8123.

Essen und Trinken

- **Kishimoto Shokudō,**①, *Okinawa Soba,* Omas Küche, zur Auswahl steht eine kleine oder eine große Portion, das ist alles. Tägl. 11–17.30 Uhr (schließt früher, wenn ausverkauft), Motobu, Bushaltestelle Motobuchō-Yakuba-mae, 5 Minuten, Tel. (0980) 47-2887.
- **Nagumagai Restaurant,**①, Okinawa-Küche, reichhaltige Auswahl von *Chanpurū* bis *Tebichi* (Schweinefüße). An der Route 58 kurz vor Nago am Stadtrand gelegen, tägl. 11–21.30 Uhr, Tel. (0980) 53-5498.
- **Nagunumae,** lebendige Bar mit Okinawa-Live-Musik. Eintritt 1000 Yen, vier Aufführungen pro Abend, verschiedene Gerichte. Fr bis Mi 19.30–1 Uhr, Bushaltestelle Onishi, 3 Minuten, Tel. (0980) 54-4604.

DIE INSELN IM SÜDWESTEN

MIYAKO-JIMA

Die **Miyako-Inselgruppe,** bestehend aus **acht Inseln,** liegt 250 Kilometer südwestlich von Okinawa und ist vor allem ein **Taucherparadies.** Die Inseln sind mit wunderschönen Korallenriffen umgeben, weisen schöne Sandstrände auf und locken Wassersportfans aller Couleur an.

Die **Hauptinsel Miyako** wird weitgehend von **Zuckerrohrfeldern** bedeckt und ist jedes Jahr im April Austragungsort des **Miyako-Triathlons.** Wer zu dieser Zeit nach Miyako reisen möchte, sollte sich frühzeitig um eine Unterkunft bemühen.

Hirara

Hirara ist **Verwaltungssitz der Miyako-Inselgruppe** und zählt rund **33.000 Einwohner.** Die Fähre aus Naha legt in Hirara an, doch wenige Touristen verharren in der nicht gerade mit Sehenswürdigkeiten gesegneten Hafenstadt. Am bekanntesten ist der **„Steuerstein“,** an der Küstenstraße in Richtung Norden gelegen. Dieser **Jintozeiseki** misst eine Höhe von 1,40 Meter und diente zwischen dem 17. und 19. Jahrhundert als

jap_693 oh

Grundlage der Besteuerung: Jeder Insulaner musste Steuern abführen, sobald er den Stein an Größe überragte. Deutsche Besucher dürfte wohl am meisten das **Kaiser-Wilhelm-Denkmal** erstaunen, das auf dem Weg zwischen der Fährstation und der Post steht. Das Denkmal ist ein Geschenk *Wilhelms I.* aus dem Jahr 1873, als die Bewohner Hiraras die Besatzung eines deutschen Handelsschiffes retteten, das in einen Taifun geraten war.

Sunayama- und Maehama-Strand

Der **Sunayama-Strand** liegt 15 Autominuten **nördlich von Hirara,** der **Maehama-Strand** 20 Autominuten **südlich.** Beide eignen sich bestens zum Schwimmen und sind mit ihrem weißen Sand und dem tiefblauen Meer die Kulisse für ein **tropisches Idyll.** In Maehama findet sich ein kleiner Campingplatz. Vom Strand hat man einen schönen Blick auf die kleine gegenüberliegende Insel Kurima.

☒ Miyako –
Nachbau der mittelrheinischen Marksburg

Die Marksburg am Pazifik

Etwas unvorbereitet trifft man **im südlichen Teil von Miyako** eine **Kopie der mittelrheinischen Marksburg** an. Auf einer Felskuppe direkt am Meer thront die Burg im Maßstab 1:1. Die Burg gehört zum **Ueno German Culture Village,** mit dem die Inselverwaltung den 100. Jahrestag einer Seerettung beging: Nachdem 1873 ein deutsches Schiff vor der Küste infolge eines Taifuns in Seenot geraten war, wurde die Besatzung durch die Einheimischen gerettet – was damals gar nicht unbedingt üblich war. Der Freizeitpark mischt nun Fachwerkhäuser mit Zuckerrohrplantagen und verlegt den Rhein an den Pazifik.

■ **Ueno German Culture Village,** Freizeitpark, Hotel, Restaurant. Bushaltestelle Miyaguni-kouminkan-mae, Tel. 76-3771.

Kap Higashi Henna und Muiga-Klippen

Rund eine Stunde dauert die Autofahrt an das **südöstliche Ende Miyakos.** Nach einer weiteren Stunde zu Fuß gelangt man zum **Aussichtspunkt am Kap,** der einen wunderbaren Blick auf das Ostchinesische Meer zur Rechten und auf den Pazifik zur Linken erlaubt. Die **Muiga-**

Klippen, weiter westlich gelegen, bieten eine 100 Meter abfallende Steilküste und stehen dem Kap in punkto Aussicht nur wenig nach.

Praktische Tipps

- **Vorwahl:** 0980

Anreise

Flug

- **Flugverbindungen von Tokyo, Osaka, Fukuoka und Naha** mehrmals täglich.

Schiff

- **Fährverbindungen ab Naha** mehrmals wöchentlich, ab 5000 Yen für die einfache Fahrt.
- Infos und Fahrtzeiten bei **RKK Naha,** Tel. (098) 868-1126, und **Arimura Sangyō Naha,** Tel. (098) 860-1980.

☒ Ishigaki-jima – Strandparadies Kabiri-Bucht

Verkehrsmittel

Nur von Hirara aus verkehren gelegentlich **Busse,** jedoch sehr selten und unregelmäßig. Es empfiehlt sich ein **Mietwagen.** In Hirara ansässige Unternehmen:

- **Nippon Rent-a-car,** Tel. 72-0919.
- **Toyota Rent-a-car,** Tel. 72-0100.
- **Nissan Rent-a-car,** Tel. 73-4788.

Unterkunft

- **Miyako-jima Guest House,**①, Schlafsaal-Betten und Privatzimmer, Zuckerrohrplantagen im Umfeld, Internet, Fahrrad- und Scooterleihe umsonst. Abholservice ist vereinbar. Shimoji im westlichen Teil der Insel, Tel. 76-2330, www2.miyakoma.jp/yonaha.
- **Hotel Island Coral,**②, 52 Zimmer. Gutes Hotel in günstiger Lage im Zentrum von Hirara, nur wenige Minuten vom Hafen entfernt. Tel. 73-2345, www13.ocn.ne.jp/~island-c.
- **Hotel Miyako-jima Tokyu Resort,**④, 248 Zimmer. Top-Ferienanlage am Maehama-Strand, vielfältige Wassersportmöglichkeiten. Tel. 76-2109, www.tokyuhotels.co.jp.

Jugendherberge

- **Miyakojima,**①, Schlafsaal-Betten. Hirara Hafen, 30 Minuten, Tel. 73-7700, www.jyh.or.jp.

Essen und Trinken

- **Koja Honten,**①, Miyako-soba. Geöffnet 10–22 Uhr, Ruhetage variieren, 165 Nishizato, Tel. 72-2139.
- **Captain Merian,**②, amerikanisches Grill-Restaurant mit großen Gerichten und amerikanischem

Besitzer, der auch gute Kuchen backen kann. Mi bis Mo 17–23 Uhr, Nishizato-odori, Tel. 72-7815.

■ **Restaurant Beer Fass,**②, Wurst und Bier, aber auch Okinawa-Gerichte. Im German Culture Village gelegen, das Haus wurde direkt aus Stade importiert. Tägl. 11.30–22 Uhr, Tel. 76-3922.

ISHIGAKI-JIMA

Ishigaki ist die **Hauptinsel des Yaeyama Archipels, zu dem auch die Inseln Taketomi, Iriomote und Yonaguni zählen,** die allesamt von Ishigaki aus erreichbar sind. Ishigaki liegt rund 120 Kilometer südlich von Miyako. Insgesamt lässt sich feststellen: Je weiter südlich man auf den Inselketten reist und je größer der Abstand zu den japanischen Hauptinseln wird, desto weniger Touristenscharen trifft man in den Städten und an den Stränden an. Trotzdem muss man sich weit abseits der gewohnten Pfade begeben, um tatsächlich ein Stück unberührter Natur zu erleben.

Im **Hauptort Ishigaki** versammelt sich alles Sehenswerte um den Hafen, Touristen verweilen hier meist nur kurz, um dann ein Ferienresort an der Küste aufzusuchen. Ein kurzer Blick in das **Yaeyama-Museum,** zwei Querstraßen vom Hafen entfernt, lohnt sich und offenbart die Alltags- und Kulturgeschichte der kleinen Inselgruppe

jap696 oh

Kabira-Bucht

Die Kabira-Bucht ist ein prächtiges **Strandparadies,** in dem weiße Sandstrände ins tiefblaue Meer führen und vorgelagerte winzige Archipele für ein traumhaftes Szenario sorgen. Kabira liegt eine halbe Autostunde von Ishigaki entfernt und ist auch bekannt für seinen einzigartigen **schwarzen Perlmutt.** Nicht weit von Kabira entfernt liegt der **Sukuji-Strand,** der hervorragend zum Tauchen geeignet ist.

Praktische Tipps

- **Vorwahl:** 0980

Anreise

- **Fährverbindungen und Flüge ab Naha,** Informationen und Telefonnummern siehe bei Miyako-jima.

Verkehrsmittel

Der Busbahnhof liegt dem Hafen gegenüber, sehr selten fahren **Busse** nach Kabira oder ans Kap Hirakubozaki. Kein Busservice zum Flughafen, Sammeltaxis sind möglich.
Wie auf allen Inseln Okinawas empfiehlt sich dringend ein **Mietwagen.** Firmen in Ishigaki:

- **Nippon Rent-a-car,** Tel. 82-3629.
- **Nissan Rent-a-car,** Tel. 83-0024.
- **Toyota Rent-a-car,** Tel. 82-0100.

Unterkunft

- **Guest House Costa del Sol,**①, gemütliches Gästehaus, Internet, Fahrradleihe und Küche vorhanden. Abholservice vom Flughafen vereinbar. Tel. (090) 4532-5971, http://costa-ishigaki.com.
- **Hotel East China Sea,**③, 80 Zimmer. Hotel im Zentrum, die meisten Zimmer mit Terrasse zum Meer. 7 Autominuten vom Flughafen. Tel. 88-1155, www.eastchinasea.jp.
- **Club Med,**④, 183 Zimmer. All-Inclusive-Ferienanlage, Tel. (0088) 21-7008, www.clubmed.co.jp.

Essen und Trinken

- **Minami-no-shima,**①, einheimische Gerichte als günstige Menüs, nahe am Hafen. Mo bis Sa 11–15 und 17–22 Uhr, Tel. 82-8016.
- **Maruhachi Sobaya,**①, Spezialität ist *Yaeyama-Soba.* Mo bis Sa ab 10 Uhr, wenn alles ausverkauft ist, wird geschlossen. In der gleichen Straße mit der Yashima Ryokan-Jugendherberge, Bushaltestelle Hakubutsukan-mae, 5 Minuten, Tel. 82-2337.

TAKETOMI-JIMA

Taketomi ist eine wirklich **sehr beschauliche und übersichtliche Insel,** der Inselumfang misst gerade mal neun Kilometer. Auf Taketomi kann man das Leben noch so erleben und spüren, wie es wohl in der Vergangenheit mal auf allen Inseln Okinawas war. Genau diese Ursprünglichkeit ist der Grund, warum immer mehr Touristen nach Taketomi reisen und die Insel vor allem bei japanischen Touristen mehr und mehr in Mode kommt.

Die Kombination aus pittoresken Häusern und tropischem Blumenschmuck, seichten Sandstränden und faszinierenden Korallenriffen gibt der Insel eine **idyllische Note.** Wenig Verkehr auf den wenigen Straßen macht die Insel auch **für Radfahrer attraktiv.** Wer mag, kann sich in einer Art Kutsche mit vorgespannten Wasserbüffeln von Sehenswürdigkeit zu Sehenswürdigkeit fahren lassen.

Praktische Tipps

- **Vorwahl:** 0980

Anfahrt

- 15 Minuten **mit der Fähre ab Ishigaki.** Informationen: **Yaeyama Kankō Ferry Ishigaki,** Tel. 82-5010.

Unterkunft

- **Taketomi-jima Guest House,**①, ausschließlich Schlafsaal-Betten, Fahrräder können gegen Aufpreis ausgeliehen werden. Tel. 85-2555, www.taketomi.net/jetaime.
- **Minshuku Ōhama-sou,**①, 14 Zimmer. Mit Bad, Fahrräder können ausgeliehen werden. Zwei Mahlzeiten sind im Preis inbegriffen. Taketomi-Hafen, 5 Minuten, Tel. 85-2226, www.taketomijima-kohamasou. com.
- **Villa Taketomi,**④, kleine Ferienvillas, zwei Mahlzeiten sind im Preis inbegriffen. Tel. 84-5600, www.taketomi-v.com.

Jugendherberge

- **Takana Ryokan,**①, 10 Minuten vom Taketomi-Hafen entfernt, Tel. 85-2151.

Essen und Trinken

- **Takenoko,**①, *Yaeyama-Soba* mit vielen Touristen. Geöffnet 10.30–16 und 18–24 Uhr, Ruhetage variieren, Tel. 85-2251.

Fahrradverleih

Ein Verleihgeschäft findet sich gleich am Hafen, weitere in der Stadt Taketomi nahe der Post.

- **Nitta Kankō,** Tel. 85-2103.
- **Maruhachi,** Tel. 85-2260.

IRIOMOTE-JIMA

Das Naturparadies Iriomote ist **nur von Ishigaki aus mit der Fähre zu erreichen.** Die Fahrtzeit dauert zwischen 60 und 90 Minuten, je nachdem, ob man den **nördlichen Hafen Funaura oder Ōhara im Süden** ansteuert. Diese Ortschaften sind durch eine **kleine Küstenstraße** miteinander verbunden, ansonsten führen höchstens nicht befestigte Wege und Trampelpfade in das Inselinnere.

Nahezu 90 Prozent der Fläche Iriomotes ist mit **Regen- und Mangrovenwäldern** bedeckt, weswegen die Insel eine **einzigartige Tier- und Pflanzenwelt** beheimatet, darunter die endemische Iriomote-Wildkatze. Iriomote ist aufgrund seiner Lage tief im Süden Japans weit entfernt vom täglichen hektischen Treiben – wer hierher kommt, muss sich auf **unberührte Natur und Wildnis** gefasst machen. Hier gibt es kaum Taxis und Busverbindungen, zu Fuß kommt man immer noch am besten voran. Weniger als schätzungsweise 2000 Personen leben auf Iriomote und die spärlich vertretenen Touristen sind **vor allem Individualurlauber,** die sich dem **Trekking, Tauchen, Schnorcheln** oder der beeindruckenden Natur hingeben.

Eine der Hauptattraktionen auf Iriomote stellen die **Bootstouren auf dem Urauchi- bzw. Nakama-Fluss** dar. Die Flüsse schlängeln sich durch den Dschungel ins Inselinnere, wo Amazonas-Flair herrscht. Ziel der Tour auf dem Urauchi ist der spektakuläre **Marudo-Wasserfall,** der von der Bootsanlegestelle nach einer Stunde Fußmarsch zu erreichen ist.

Unberührte Natur auf Iriomote-jima

jap_698 oh

Von Ishigaki aus bieten **neuerdings** einige Reiseagenturen **auch organisierte Touren** nach Iriomote an, ansonsten versorgen die Jugendherbergen oder kleinen Pensionen die Urlauber mit Adressen und Kontakten zu den Boots- und Tauchtouren.

Praktische Tipps

- **Vorwahl:** 0980

Anfahrt

- **Mit der Fähre ab Ishigaki.** Informationen: **Yaeyama Kankō Ferry Ishigaki,** Tel. 82-5010, und **Anei Kankō Ishigaki,** Tel. 82-2691.

Unterkunft

- **Akebono-kan,**①, freundliches Minshuku in großartiger Lage am Sandstrand. Der Preis beinhaltet zwei Mahlzeiten, ein Abholservice vom Hafen kann vereinbart werden. Nördliche Gegend am Uehara-Hafen, Tel. 85-6151, www2.ocn.ne.jp/~ake.
- **Villa Unarizaki,**②, 12 Zimmer. Entspannte Ferienwohnungen, der Besitzer betreibt außerdem ein Tauchgeschäft. Jacuzzi und Hängematte mit Ozean-Blick vorhanden. Auf der Halbinsel Unarizaki gelegen, 10 Minuten mit dem Auto ab Funaura, Tel. 85-6146, www.unarizaki.com/villa.
- **Nature Hotel Painu Maya Resort,**④, Natur-Hotel mit Onsen, Kanutouren und Nachtwanderungen können vom Haus organisiert werden. Zwei Mahlzeiten sind im Preis inbegriffen, ein Abholservice vom Hafen kann vereinbart werden. Tel. 85-5700, www.painumaya.com.

Jugendherberge

- **Irumote,**①, 10 Minuten vom Hafen Funaura entfernt, Tel. 85-6255, www.jyh.or.jp.

Essen und Trinken

- **Shinpachi Shokudō,**①, sehr gute Inselküche, *Yasai-sōki-Soba* (Nudeln mit viel Gemüse) sollte man probieren, je nach Saison gibt es auch Wildschwein-Gerichte. Tägl. 11–14 und 17.30–21 Uhr, Uehara-Hafen, 3 Minuten, Tel. 85-6078.

10 Vor der Reise

< Tradition trifft Moderne: moderner japanischer Tanz bei einer Geschäftseröffnung in Tokyo

Japan im Internet

Fremdenverkehrsamt

- **www.jnto.de,** die Homepage der japanischen Fremdenverkehrszentrale JNTO mit vielen Infos.

Behörden

- **www.japan.diplo.de.** Die deutsche Botschaft in Japan. Information zu Politik und Wirtschaft, Konsularisches aktuelle Veranstaltungshinweise.

Kultur

- **www.jpf.go.jp.** Japan Foundation, das Japanische Kulturinstitut.
- **www.jdzb.de.** Japanisch-Deutsches Zentrum Berlin.
- **www.jki.de.** Japanisches Kulturinstitut Köln.
- **www.doitsunet.com.** Community der in Japan lebenden Deutschen, Österreichern, Schweizern.
- **www.dijtokyo.org.** Deutsches Institut für Japanstudien. Veranstaltungen, Personalia, Forschung.

Wirtschaft

- **www.jetro.go.jp.** Homepage der staatlich japanischen Außenhandelsförderorganisation JETRO. Informationen zur japanischen Wirtschaft, Markttrends, Veranstaltungshinweise.

Portale/Verzeichnisse

- **www.japan-access.de.** Kommentierte Link-Sammlung, Japan im TV, Veranstaltungen zu Japan, Japan News.
- **www.japanportal.jp.** Webportal von Kyoto News Agency. Nachrichten; Videos, Event und Ausstellungsinformationen.
- **http://web-japan.org.** Informationsportal und Datenbank mit umfangreichen Darstellungen zu kulturellen Themen, Gesellschaft, Sport, Wissenschaft, etc.
- **www.japan-guide.com.** Information und Links von der Reise bis zum Wohnen in Japan.
- **www.japan-infos.de.**

Aktuelle Reisehinweise neben Hinweisen zur allgemeinen Sicherheitslage erteilen:

- **Deutschland:** www.auswaertiges-amt.de (Reise & Sicherheit), Tel. 03018-17-2000, Fax 03018-17-51000
- **Österreich:** www.bmeia.gv.at (Bürgerservice), Tel. 05-01150-4411, Fax 05-01159-0 (05 immer vorwählen)
- **Schweiz:** www.dfae.admin.ch/eda/de (Vertretungen), Tel. 031-3238484

Diplomatische Vertretungen

In Deutschland

- **Japanische Botschaft,** Hiroshimastr. 6, 10785 Berlin, Tel. 030-210940, www. de.emb-japan.go.jp; Konsulate gibt es überdies in Düsseldorf, Frankfurt/M., Hamburg und München.

In Österreich

- **Japanische Botschaft,** Heßgasse 6, 1010 Wien, Tel. 01-531920, Fax 5320590, www.at.emb-japan.go.jp.

In der Schweiz

■ **Japanische Botschaft,** Engestrasse 53, 3012 Bern, Tel. 031-3002222, Fax 3002255, www.ch.emb-japan.go.jp.

Die diplomatischen Vertretungen **in Japan** stehen im Kapitel „Reisetipps A–Z, Notfälle".

Einreisebestimmungen

> **Hinweis:** Da sich die **Einreisebedingungen kurzfristig ändern** können, raten wir, sich kurz vor der Abreise beim Auswärtigen Amt (www.auswaertiges-amt.de bzw. www.bmaia.gv.at oder www.dfae.admin.ch/eda/de) oder der jeweiligen Botschaft zu informieren.

Visum/ Aufenthaltsgenehmigung

Touristen aus Deutschland, Österreich und der Schweiz benötigen für Japan **kein Visum** für Aufenthalte bis zu 180 Tagen und erhalten bei der Einreise automatisch eine **Aufenthaltserlaubnis von 90 Tagen.** Einzige Voraussetzung dafür ist ein **gültiger Reisepass.** Kindereinträge im Reisepass eines Elternteils sind seit 2012 nicht mehr gültig. **Jedes Kind benötigt seitdem einen eigenen Reisepass.** Diese erste Aufenthaltsgenehmigung kann in Japan vor Ablauf auf Antrag um weitere 90 Tage verlängert werden.

Längere Aufenthalte

Wer sich in Japan aus privaten oder beruflichen Gründen länger als 180 Tage aufhalten will, muss vor der Einreise ein **Visum** bei der japanischen Auslandsvertretung beantragen. Welche Formulare dafür nötig sind, erfährt man bei den jeweiligen Botschaften.

„Working Holidays" ist das zwischen Japan und Deutschland vereinbarte Austauschprogramm, das allen Jugendlichen zwischen 18 und 30 Jahren den Aufenthalt in Japan bis zu 12 Monaten ermöglicht. Das Working Holiday Visum muss rechtzeitig vor Reiseantritt, also mindestens 2 Wochen vorher, beantragt werden.

Zollbestimmungen

Personen ab 20 Jahren (Volljährigkeit) dürfen 3 Flaschen Spirituosen und 400 Zigaretten oder 500 g Tabak einführen. Übrige Waren dürfen bis zu einem Wert von 200.000 Yen zollfrei eingeführt werden, wobei nur Waren ab einem Wert von 10.000 Yen berücksichtigt werden.

Für die Zollbestimmungen zur Rückeinreise nach Europa siehe „Reisetipps A–Z, Einkaufen und Souvenirs".

Bargeld

Bargeld ab einem Wert von insgesamt 1.000.000 Yen unterliegt der Meldepflicht.

Verboten

Verboten ist die Einfuhr von **illegalen Drogen** (Heroin, Kokain, Cannabis etc.). Japan kennt keine Unterscheidung von harten und weichen Drogen und auf die Einfuhr oder den Besitz stehen hohe Strafen.

Gleiches gilt für die Ein- und Ausfuhr von **Produkten bedrohter Tierarten.** Welche Tierarten darunter fallen, regelt das Washingtoner Artenschutzabkommen.

Verboten ist auch die Einfuhr von **pornografischem Material** sowie von **Schusswaffen** und **Munition.**

Tiere

Für die Einfuhr von Haustieren müssen die **Quarantäne-Bestimmungen** beachtet werden. Die aktuellen Vorschriften erfährt man bei den Botschaften.

Klima und Reisezeit

Hauptreisezeiten für Japan sind eindeutig **Frühling und Herbst,** also März bis Mai und September bis November. Je nach Reiseort – Japan erstreckt sich über drei Klimazonen – kann sich die beste Reisezeit etwas verschieben. Die meisten Besucher kommen im Frühling zur Zeit der Kirschblüte ins Land, wenn sich Japan von seiner besten Seite zeigt.

Das überwiegend **gemäßigte bis subtropische Klima** sorgt für sehr heiße Sommer, die auch aufgrund der Regenzeit nicht unbedingt als Reisezeit zu empfehlen sind. Am ehesten mit unserem mitteleuropäischen Klima sind die Regionen Hokkaidō und Nord-Honshū zu vergleichen, die über trockene Sommer und schneereiche Winter verfügen. Zur Orientierung: Kyoto liegt auf einem Breitengrad mit Nordafrika, Sapporo liegt auf einer Höhe mit Rom.

Wer die Hauptreisezeiten vermeiden möchte, kann es mit den **Wintermonaten** in Japan versuchen, was mit der Ausnahme von Nord-Honshū und Hokkaidō nicht wirklich eine harte Witterung mit sich bringt. Tokyoter oder Bewohner Osakas stöhnen schon, wenn sich die Temperatur den null Grad nähert – kälter wird es aber in den Städten kaum. Auf Kyūshū und den Inseln südlicher kennt man Frost nur in den Bergen.

Hauptreisezeit für Japaner ist die „Goldene Woche" von Ende April bis Anfang Mai, der gesamte August sowie die Zeit vom 27.12. bis 03.01.

Reiseanbieter

Eine umfangreiche Liste der aktuellen Reiseveranstalter für Japan ist bei der japanischen **Fremdenverkehrszentrale JNTO** erhältlich.

Hinweis: Japan Rail Pass

Zugfahren ist teuer in Japan. Deswegen sollte man sich unbedingt den Japan Rail

Klima

japan50

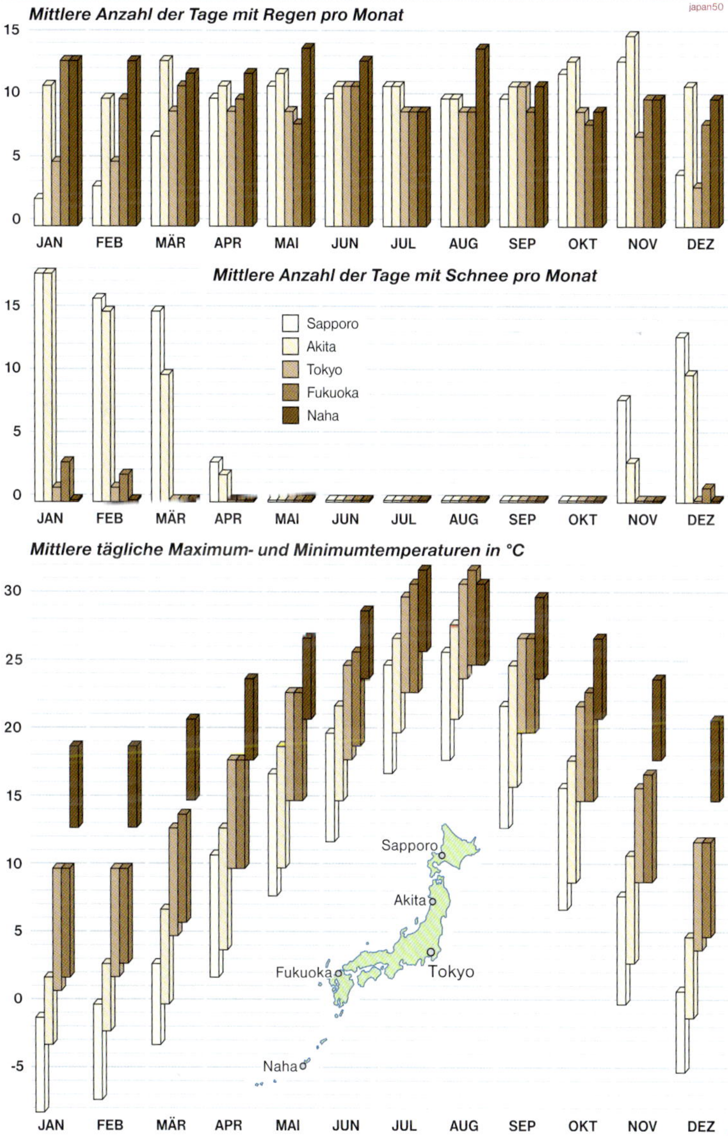

Pass zulegen, der für 7, 14 oder 21 Tage die **beliebige Nutzung des gesamten Streckennetzes von Japan Railways (JR)** erlaubt. Den Rail Pass muss man **vor der Einreise nach Japan kaufen.** Man erhält ihn in den Büros von JAL, ANA, JTB und JAL-Pak sowie bei autorisierten Reiseveranstaltern und Reisebüros, zum Beispiel bei H.I.S. Düsseldorf, Immermannstr. 40, 40510 Düsseldorf, Tel. 0211-1759-900, www.his-germany.de. Es gibt auch zahlreiche Onlineanbieter. Weitere Anbieter nennt die japanische Fremdenverkehrszentrale JNTO.

JR Railpässe für die einzelnen Regionen bekommt man zwar auch noch in Japan, jedoch ist der Japan Rail Pass für Gesamt-Japan wesentlich attraktiver. Einzelheiten zu den Tickets siehe „Reisetipps A–Z, Verkehrsmittel".

Ausrüstung

Hygieneartikel und Medikamente

In Japan ist **alles erhältlich,** was man für den täglichen Bedarf braucht und kennt, jedoch sind die Produkte unter Umständen von anderen Herstellern und tragen andere Namen, so dass die Orientierung gewöhnungsbedürftig ist. Vorsorglich sollte man Mittel gegen Verdauungsstörungen, Kopfschmerzen, Fieber, Insektenstiche und zur Wundbehandlung mitnehmen. Bei Sonnencreme ist auf einen hohen Lichtschutzfaktor zu achten.

Stadtpläne/Landkarten

Die **JNTO-Fremdenverkehrszentrale** in Frankfurt bietet viele nützliche Info-Materialien, die zum Teil auch Stadtpläne

▷ Die Kirschblüte – japanweit Anlass für Picknicks in den Parks

und Landkarten enthalten. In Japan sollte man die jeweiligen **Touristeninformationen (TIC) von JNTO** aufsuchen, bei denen es Stadtpläne oft umsonst gibt.

Die **JNTO-Zentrale** mit Materialien zu ganz Japan befindet sich in Tokyo:

- **Tourist Information Center (TIC),** 1st Fl, Shin-Tokyo Bldg., 3–3–1, Marunouchi, Chiyoda-ku, Tokyo 100-0005. Ganzjährig 9–17 Uhr geöffnet, 5 Minuten von Metro Yūrakuchō Exit D3, D5, Tel. (03) 3201-3331, www.jnto.go.jp. Auch mit freiem WLAN.

Gesundheitsvorsorge

Für Japan besteht **keine Impfpflicht.** Wie bei allen Reisen üblich, sollte man seinen bestehenden Impfschutz gegen Tetanus, Diphtherie und Polio kontrollieren. Das Auswärtige Amt empfiehlt bei Langzeitaufenthalten die Impfungen gegen Hepatitis A und B sowie gegen

jap_021 oh

Japanenzephalitis, die auf ein paar kleineren Inseln Okinawas noch vorkommen soll.

Reisegesundheitsinformationen
im Internet unter www.crm.de

Menschen mit Behinderung auf Reisen

Die **gesetzlichen Bestimmungen** Japans erfordern, dass öffentliche Einrichtungen und Transportmittel behinderten- und rollstuhlgerecht sind. Dies ist prinzipiell bei den großen Einrichtungen wie Museen und Ämtern sowie bei den Bahnhöfen und U-Bahnen gewährleistet. Vom Busverkehr muss abgeraten werden, da die Einstiege zu eng und kaum Rampen vorhanden sind. Für Blinde ertönt an einigen Orten (Kreuzungen, öffentliche Toiletten) ein akustisches Signal zur Orientierung.

Buchtipp:
■ Frank Littek
Fliegen ohne Angst
Praxis-Reihe Reise Know-How Verlag

Anreise

Flugzeug

Japan verfügt mit dem **Narita-Flughafen in Tokyo,** dem **Kansai-Flughafen in Osaka** und dem **Centrair-Flughafen in Nagoya** über drei große internationale Airports. Die meisten Touristen kommen über Narita nach Japan. Doch Kansai hat sich zu einer guten Alternative entwickelt, denn die Anbindung von Flughafen und Stadt ist wesentlich preiswerter als in Tokyo. Wer sich also vor allem im Westen Japans rund um Kyoto, Nara und Osaka mit einem Kurzausflug nach Tokyo aufhalten will, für den empfiehlt sich der Kansai-Flughafen, der rund um die Uhr in Betrieb ist.

Andere internationale Flughäfen wie Fukuoka oder Okinawa bedienen vor allem das asiatische Ausland.

Flugverbindungen

Nonstop- oder **Direktverbindungen** aus dem deutschsprachigen Raum nach Japan bestehen mit **Japan Airlines (JAL)** von Frankfurt nach Tokyo, mit **All Nippon Airways (ANA)** von Frankfurt und München nach Tokyo, mit **Lufthansa** von Frankfurt nach Tokyo, Nagoya und Osaka sowie von München nach Tokyo, mit **Swiss** von Zürich nach Tokyo und mit **Austrian Airlines** von Wien nach Tokyo.

Sumo – Spektakel aus Sport und Ritualen

jap_023 oh

Mini-„Flug-Know-how"

Check-in

Nicht vergessen: Ohne einen gültigen **Reisepass** (auch für Kinder!) kommt man nicht an Bord eines Flugzeuges nach Japan.

Bei den meisten internationalen Flügen muss man **zwei bis drei Stunden vor Abflug** am Schalter der Fluggesellschaft eingecheckt haben. Je nach Fluggesellschaft kann man das in der Regel ab 23 Stunden vor dem Flug vorab zuhause im Internet erledigen und muss am Flughafen nur noch die **ausgedruckte Boardkarte** mit Barcode nach unten auf den Scanner legen und sein Gepäck am Schalter abgeben. Reist man nur mit Handgepäck, kann man je nach Fluggesellschaft nach einer kurzen Prüfung gleich durch die Schranke in den Boardingraum.

Das Gepäck

Beim Packen des **Handgepäcks** sollte man darauf achten, dass man Getränke oder vergleichbare Substanzen (Gel, Parfüm, Shampoo, Creme, Zahnpasta, Suppe, Käse, Lotion, Rasierschaum, Aerosole etc.) nur in geringen Mengen **bis zu jeweils 100 ml** mit ins Flugzeug nehmen darf. Diese Substanzen muss man **separat** in einem durchsichtigen Plastikbeutel (z. B. Gefrierbeutel) transportieren, den man beim Durchleuchten in eine der bereit stehenden Schalen auf das Fließband legen sollte. Auch das Notebook oder Smartphone muss in eine solche Schale gelegt werden. Hat man einen Gürtel mit einer Schnalle aus Metall, empfiehlt es sich, diesen auszuziehen und ebenfalls in die Schale zu legen, da sonst in der Regel der Metalldetektor anschlägt und man vom Flughafenpersonal abgetastet werden muss.

Aus Sicherheitsgründen dürfen Nagelfeilen sowie Messer und Scheren aller Art, also auch Taschenmesser, nicht im Handgepäck untergebracht werden. Diese sollte man unbedingt daheim lassen oder im aufzugebenden Gepäck verstauen, sonst werden diese Gegenstände bei der Sicherheitskontrolle einfach weggeworfen. Darüber hinaus gilt, dass leicht entzündliche Gase in Sprühdosen (Schuhspray, Campinggas, Feuerzeugfüllung), Benzinfeuerzeuge und Feuerwerkskörper etc. nicht im Koffer oder dem Handgepäck transportiert werden dürfen.

Von einen Verschließen des Gepäcks mittels eines Vorhängeschlosses wird abgeraten, da das Gepäck von dem Flughafenpersonal bei Auffälligkeiten beim Durchleuchten durchsucht werden können muss.

Daneben gibt es interessante **Umsteigeverbindungen** mit KLM (über Amsterdam), Cathay Pacific Airways (über Hongkong), Thai Airways (über Bangkok) und vielen weiteren Fluggesellschaften über andere europäische und asiatische Hauptstädte. Diese Flüge können zwar billiger sein als die Nonstopflüge, aber man muss eine längere Flugdauer einkalkulieren. Der Direktflug von Deutschland nach Japan dauert zwischen elf und zwölf Stunden, ein Flug mit Zwischenlandung oder Umsteigen zwei bis drei Stunden länger.

Japan Airlines (JAL) ist **Japans größte Fluggesellschaft,** die über das bestausgebaute Flugnetzwerk nach Japan verfügt. Wer gleich bei seiner Anreise einen kleinen Eindruck japanischer Atmosphäre erhalten will, der liegt hier richtig. Mit **ANA (All Nippon Airways)** ist eine weitere japanische Fluglinie am Start, die jedoch weniger Destinationen als JAL ansteuert. Einige Inseln und Gebiete abseits von Honshū werden ausschließlich von JAL bedient.

Flugpreise

Je nach Fluggesellschaft, Jahreszeit und Aufenthaltsdauer in Japan bekommt man ein **Economy-Ticket** von Deutschland, Österreich und der Schweiz nach Tokyo und zurück **ab ca. 700 Euro** (Endpreis einschließlich Steuern, Gebühren und Entgelte). Am teuersten sind die Flüge in der Hochsaison (Juli/August), in der sie bis über 1000 Euro kosten können.

Gabelflüge (z.B. Hinflug nach Tokyo, Rückflug ab Osaka) sind in der Regel etwas teurer, können aber für die Reiseplanung von Vorteil bei der Gestaltung von Rundreisen sein.

Preiswertere Flüge sind **mit Jugend- und Studententickets** (je nach Airline alle jungen Leute bis 29 Jahre und Studenten bis 34 Jahre) möglich. Außerhalb der Hauptsaison gibt es einen Hin- und Rückflug von Frankfurt nach Tokyo **ab etwa 660 Euro.**

Von Zeit zu Zeit offerieren die Fluggesellschaften **befristete Sonderangebote.** Dann kann man z.B. mit KLM für unter 600 Euro von vielen Flughäfen in Deutschland, Österreich und der Schweiz über Amsterdam nach Tokyo oder Osaka und zurück fliegen. Diese Tickets haben in der Regel eine befristete Gültigkeitsdauer und eignen sich nicht für Langzeitreisende.

In Deutschland bestehen von Frankfurt aus die häufigsten Verbindungen nach Japan. Tickets für Flüge von und nach anderen deutschen Flughäfen sind oft teurer. Da kann es für Deutsche attraktiver sein, mit einem **Rail-and-Fly-Ticket** per Bahn nach Frankfurt zu reisen (entweder bereits im Flugpreis enthalten oder nur 30–60 Euro extra). Man kann je nach Fluglinie auch einen preiswerten Zubringerflug der gleichen Airline von einem kleineren Flughafen in Deutschland buchen.

Indirekt sparen kann man als **Mitglied eines Vielflieger-Programms** wie www.star-alliance.com (Mitglieder u.a. ANA All Nippon Airways, Austrian Airlines, Lufthansa, Swiss, Thai Airways), www.skyteam.com (Mitglieder u.a. KLM) sowie www.oneworld.com (Mitglieder u.a. Cathay Pacific Airways, Japan Airlines). Die Mitgliedschaft ist kostenlos; die gesammelten Meilen bei Fluggesellschaften innerhalb eines Verbundes reichen dann vielleicht schon für einen Freiflug bei einer der Partnergesellschaften beim nächsten Flugurlaub. Bei Einlösung eines Gratisfluges ist langfristige Vorausplanung nötig.

Buchung

Für die **Tickets der Linienfluggesellschaften** kann man bei folgendem zuverlässigen Reisebüro meistens günstigere Preise als bei vielen anderen finden:

- **Jet-Travel,** In der Flent 7, 53773 Hennef, Tel. 02242/868606, Fax 868607, www.jet-travel.de. Buchungsanfragen oder Onlinebuchungen auf der Website unter der Auswahl „Flüge".

Last Minute

Last-Minute-Flüge werden von einigen Airlines mit deutlicher Ermäßigung **ab etwa 14 Tage vor Abflug** angeboten (wenn noch Plätze zu füllen sind). Diese Last-Minute-Flüge lassen sich nur bei Spezialisten buchen:

- **L'Tur,** www.ltur.com, Tel. 00800 21212100 europaweit.
- **Lastminute,** www.lastminute.de, (D-)Tel. 089-17923040.
- **5 vor Flug,** www.5vorflug.de, (D-)Tel. 089-710454109, (A-)Tel. 0820 203 085.
- **Holiday Check,** www.holidaycheck.at.

Airpässe

JAL/Oneworld bietet besonders günstige Inlandsflüge an. Mit dem **Oneworld-Yōkoso-Pass** können über 30 Städte angeflogen werden, jeweils zum günstigen Preis von 10.500 Yen. Voraussetzung hierfür: Man muss mit JAL oder mit einer Fluggesellschaft der Oneworld-Gruppe nach Japan geflogen sein und den Yōkoso-Pass zusammen mit dem internationalen Flugticket bereits außerhalb Japans erworben haben. Der Oneworld-Yōkoso-Pass enthält **Coupons** von einem bis zu fünf Flügen. In Verbindung mit Flügen anderer Fluggesellschaften nach Japan ist der Pass teuerer (www.jal.co.jp/yokosojapan/).

ANA (Star Alliance Gruppe) bietet den „Star Alliance Japan Airpass" an. Der Tarif, ebenfalls ab 10.500 Yen, ist gültig **in Kombination mit einem internationalen Ticket von ANA oder einer anderen Star Alliance Fluggesellschaft.** Sonderangebote für die Inlandsflüge gibt es auf der Website www.ana.co.jp.

Schiff

Der Seeweg nach Japan ist **von einigen asiatischen Ländern** aus möglich, sowohl nach Kyūshū als auch nach Honshū und Hokkaido. Ab Wladiwostok, dem Endbahnhof der Transsib, fährt die Koreanische DBS Ferries jeden Mittwochnachmittag via Donghae (Südkorea) nach Sakaiminato (Honshū), Ankunft am Freitagmorgen. Infos und Buchung:

- **Onlinebuchung** auf der Seite von A Ferry, www.aferry.de/fähre-nach-japan.htm.

Geldfragen

Währung

Die japanische Währung ist der **Yen (¥).** Münzen gibt es zu 1, 5, 10, 50, 100 und 500 Yen, Banknoten zu 1000, 2000, 5000 und 10.000 Yen.

Spartipp

Bei bestimmten Museen kann man Rabatt bekommen, wenn man im Besitz eines **internationalen Studentenausweises** (ISIC) ist (siehe „Discounts" unter www.isic.de). Den Ausweis muss man allerdings schon zu Hause bei STA Travel oder beim Studentenwerk erwerben: 12 Euro (D), 10 Euro (A), 20 SFr (CH).

Schiffsverbindungen

von	nach	Preisspanne	Betreiber
Korsakov (RU)	Wakkanai (Hokkaido)	25.000–35.000	Heart Land Ferry (Mai–Sept.)
Wladiwostok (RU)	Sakaiminato (Tottori)	22.500–235.500	DBS Cruise Ferry
Pusan (KR)	Osaka	11.700–85.000	Pan Star Cruise
	Hakata	9000–20.000	Camellia Line
	Hakata	13.000	JR Kyūshū Jet Ferry (manche Linie hält auch Tsushima)
	Shimonoseki	9000–28.000	Kampu Ferry
Shanghai (CN)	Kobe und Osaka	20.000-100.000	Japan China International Ferry
	Osaka	20.000-100.000	Shanghai Ferry
Qingdao (CN)	Shimonoseki	15.000-60.000	Orient Ferry

Wechselkurse

- **1 Euro** = 114 ¥, 100 ¥ = 0,88 Euro
- **1 Schweizer Franken** (SFr) = 83 ¥, 100 ¥ = 1,20 SFr
- **1 US-$** = 81 ¥, 100 ¥ = 1,23 US-$

Stand: Anfang 2011

Zahlungsmittel

Geldumtausch ist in allen Banken zu den normalen Bürozeiten (9–15 Uhr) sowie in Postämtern mit Postbank-Filialen und in größeren Hotels möglich. Zum Umtausch benötigt man den Reisepass. Es ist ratsam, bereits gleich bei der Ankunft am Flughafen Geld zu wechseln. **Reiseschecks** werden von führenden Banken akzeptiert, ebenso wie die internationalen **Kreditkarten** American Express, Diners Club, Master Card, Visa und JCB, mit denen man in der Regel auch problemlos in größeren Geschäften, Hotels und Restaurants bezahlen kann. Schwieriger wird es in ländlichen oder dünn besiedelten Gegenden, hier empfiehlt sich Bargeld. Der Umtausch von Bargeld oder Reiseschecks verursacht immer mehr Gebühren, als wenn man mit der Kreditkarte Geld an einem Automaten abhebt.

Geldautomaten und Kosten

In den letzten Jahren hat sich die Situation bzgl. Geldautomaten etwas verbessert, dazu tragen vor allem die **Automaten der Postämter** bei, die fast immer internationale Kreditkarten (VISA, Mastercard, American Express) akzeptieren. Mit der Kreditkarte muss man dazu den jeweiligen PIN-Code eingeben. **Achtung: Maestro-Bankkarten** können in Japan zurzeit nicht zur Abhebung von Bargeld

jap_028 oh

an Geldautomaten verwendet werden. Bitte erkundigen Sie sich vor Ihrer Abreise bei Ihrer Bank, ob Sie Ihre Kreditkarte in Japan benutzen können bzw. wie Sie in Japan Bargeld erhalten. Bei den Postämtern ist eine **Kontoeröffnung** relativ problemlos und kostengünstig, falls man sich ein Konto für Geldtelegramme oder Überweisungen einrichten möchte (www.jp-bank.japanpost.jp).

Die verbesserte Situation darf nicht darüber hinwegtäuschen, dass an den meisten Geldautomaten nicht rund um die Uhr Bargeld abgehoben werden kann, auch nicht bei der Post. So fortgeschritten Japan in technischen Belangen ist, so **schwerfällig** sind oft **Bankaktionen.** Es empfiehlt sich daher sehr, sich rechtzeitig und vor allem tagsüber auf die Suche nach einer Post/Bank zu machen, deren Geldautomaten europäische oder internationale Kreditkarten akzeptieren. Manchmal findet man so einen Automaten auch in den großen Department Stores wie Daimaru. Die Automaten in den 24-Stunden-Convenience Stores funktionieren meistens nur mit japanischen Kreditkarten, insgesamt muss man nach „International ATM Service"-Zeichen Ausschau halten. Um gebührenfrei oder kostensparend an Geld zu kommen, muss man eine Karte einer in Japan vertretenen Bank besitzen (z.B. Citibank). Seit Kurzem gibt es praktische **Seven-Bank-Automaten** in allen 7-Eleven Convenience Stores. Hier kann man ganzjährig rund um die Uhr mit einer Visa-Karte Geld abheben. American Express, Diners Club, JCB Karte werden auch akzeptiert, jedoch nicht rund um die Uhr. Die Seven Bank bietet außerdem einen **Geldtelegramm-Service** in Korporation mit Western Union an (www.sevenbank.co.jp/english).

Ob **Kosten für die Barabhebung** anfallen und wie hoch diese sind, ist abhängig von der Bank, die die Karte aus-

⌃ Geldautomat an einem Postamt

stellt, und von der Bank, bei der die Abhebung erfolgt. Man sollte sich daher vor der Reise bei seiner Hausbank informieren, mit welcher japanischen Bank sie zusammenarbeitet. Im ungünstigsten Fall wird pro Abhebung eine Gebühr von 5,5 % des Abhebungsbetrags per Kreditkarte berechnet.

Für das **bargeldlose Zahlen per Kreditkarte** werden 1–2 % für den Auslandseinsatz berechnet.

Bei Verlust oder Diebstahl der Geldkarten siehe „Reisetipps A–Z, Notfälle“.

Versicherungen

Zunächst ein Tipp: Für alle abgeschlossenen Versicherungen sollte man die **Notfallnummern notieren** und mit der **Policenummer** gut aufheben! Bei Eintreten eines Notfalles ist die Versicherungsgesellschaft sofort telefonisch zu verständigen!

Und noch ein Hinweis: Der Abschluss einer **Jahresversicherung** ist in der Regel kostengünstiger als mehrere Einzelversicherungen. Günstiger ist auch die **Versicherung als Familie** statt als Einzelpersonen. Hier sollte man nur die Definition von „Familie“ genau prüfen.

Auslands-krankenversicherung

Die Kosten für eine Behandlung in Japan werden von den gesetzlichen Krankenversicherungen in Deutschland und Österreich nicht übernommen, daher ist der **Abschluss einer privaten Auslandskrankenversicherung** unverzichtbar. Diese sind zum Beispiel in Deutschland ab 5–10 Euro pro Jahr auch sehr günstig. Bei Abschluss der Versicherung – die es mit bis zu einem Jahr Gültigkeit gibt – sollte auf einige Punkte geachtet werden. Zunächst sollte ein **Vollschutz ohne Summenbeschränkung** bestehen, im Fall einer schweren Krankheit oder eines Unfalls sollte auch der **Rücktransport** übernommen werden. Diese Zusatzversicherung bietet sich auch über einen **Automobilclub** an, insbesondere wenn man bereits Mitglied ist. Die Versicherung bietet den Vorteil billiger Rückholleistungen (Helikopter, Flugzeug) in extremen Notfällen. Wichtig ist, dass im Krankheitsfall der **Versicherungsschutz über die vorher festgelegte Zeit hinaus** automatisch verlängert wird, wenn die Rückreise nicht möglich ist.

Schweizer sollten bei Ihrer Krankenversicherungsgesellschaft nachfragen, ob die Auslandsdeckung auch für Japan gilt. Sollte man keine Krankenversicherung mit Auslandsdeckung haben, kann man sich kostenlos bei Soliswiss (Gutenbergstr. 6, 3011 Bern, Tel. 031-3810494, www.soliswiss.ch) nach einem attraktiven Krankenversicherer erkundigen.

Zur **Erstattung der Kosten** benötigt man ausführliche Quittungen (mit Datum, Namen, Bericht über Art und Umfang der Behandlung, Kosten der Behandlung und Medikamente).

Andere Versicherungen

Ob der Abschluss weiterer Versicherungen (Reiserücktritts-, Reisegepäck-, Reisehaftpflicht- oder Reiseunfallversiche-

Günstig reisen

„Japan ist teuer" – diese Vorstellung ist weit verbreitet und zugegebenermaßen nicht ganz unbegründet. Generell benötigt man in Japan immer mehr Geld, als man eigentlich dachte. Trotzdem muss der Aufenthalt in Japan nicht teurer sein als der in einer europäischen Metropole – im Gegenteil, er kann sogar um einiges günstiger sein. Japans Regierung, Fremdenverkehrszentrale und Tourismusorganisationen haben in den vergangenen Jahren viele Anstrengungen unternommen, Netzwerke für günstige Übernachtungen und preiswerte Reisemöglichkeiten innerhalb Japans zu bieten, um auch Rucksacktouristen oder Individualreisende anzulocken. Auch junge japanische Backpacker nutzen diese Möglichkeiten immer mehr, um das eigene Land günstig zu erkunden.

Essen

Scheidepunkt für billiges Reisen in Japan ist das Essen. Hier kann man sehr viel Geld ausgeben, aber auch sehr günstig durchkommen. Viele Cafés bieten günstige Frühstücks-Sets an (*Mōningu Setto* genannt), für 350 Yen gibt's Kaffee und Toast. Ein Muss für Billigreisende sind die japanischen Fast-Food-Ketten Yoshinoya, Matsuya, Sukiya oder Nakau, deren Reisgerichte bei 300 Yen beginnen. Man bekommt eine große Reisschale *(Donburi)* beispielsweise mit Rindfleisch *(Gyu-don)* oder auch Curry oben drauf und kommt damit locker über die Runden. Diese Ketten findet man meistens rund um den Bahnhof und an den Hauptstraßen.

Normale Cafés bieten Mittags-Sets ab 700 Yen an. Das Abendessen stellt die größte Gefahr dar: In einem normalen Izakaya oder in einem normalen Restaurant lässt man leicht 3000 Yen. Für diesen Preis können sich die Budget-Traveller fast eine Woche in den japanischen Fast-Food-Ketten durchschlagen.

Günstige Lebensmittel bekommt man in den 100-Yen-Geschäften *(1-coin-shops)*, in denen Produkte wie Toast, Wurst, Obst oder Süßigkeiten je 100 Yen kosten.

Transportmittel

Ein gutes Beispiel der Vergünstigungen für Touristen ist der Japan Rail Pass, der die uneingeschränkte Nutzung der JR-Bahnstrecken in ganz Japan zum günstigen Preis erlaubt. Der Pass ist

jap_031 oh

nur für ausländische Touristen erhältlich, nicht aber für Japaner selbst. Des Weiteren werden zum Beispiel in großen Städten Bahn- und U-Bahn-Tickets zu Discount-Preisen in speziellen Geschäften rund um die Bahnhöfe verkauft. Die Touristeninformationen vor Ort kennen die Standorte.

Beispiele, mit welchen Tagesbudgets (in Yen) man in Japan reisen kann:

„Economy"

- Mittagessen: 500
- Abendessen: 500
- Snacks, Kaffee etc.: 300
- Übernachtung (Schlafsaal in einer Jugendherberge): 3000
- Eintritt zu Sehenswürdigkeiten: 500
- Transportmittel: 500

Summe: 5300

„Normal"

- Mittagessen: 1000
- Abendessen (mit Alkohol): 3000
- Snacks, Kaffee etc.: 1000
- Übernachtung (normales Ryokan): 6000
- Eintritt zu Sehenswürdigkeiten: 1500
- Transportmittel: 1500

Summe: 14.000

„Luxus"

- Frühstück: 3000
- Mittagessen: 5000
- Abendessen: 10.000
- Übernachtung (Top-Hotel): 20.000
- Eintritt zu Sehenswürdigkeiten: 3000
- Transportmittel inkl. Taxi: 5000

Summe: 46.000

☒ Günstige Reisgerichte für den schmalen Geldbeutel

rung) lohnt, ist **individuell abzuklären,** denn gerade diese Versicherungen enthalten **viele Ausschlussklauseln,** sodass sie nicht immer Sinn machen.

Die **Reiserücktrittsversicherung** für 35–80 Euro lohnt sich nur für teure Reisen und für den Fall, dass man vor der Abreise einen schweren Unfall hat, erkrankt oder schwanger wird, gekündigt wird oder nach Arbeitslosigkeit endlich einen Arbeitsplatz bekommt, das Eigenheim abbrennt u.Ä. Terroranschläge, Naturkatastrophen, Streik etc. gelten nicht.

Die **Reisegepäckversicherung** lohnt sich seltener, da z.B. bei Flugreisen verlorenes Gepäck oft nur nach Kilopreis und auch sonst nur der Zeitwert nach Vorlage der Rechnung ersetzt wird. Wurde eine Wertsache nicht im Safe aufbewahrt, gibt es bei Diebstahl auch keinen Ersatz. Kameraausrüstung und Laptop dürfen beim Flug nicht als Gepäck aufgegeben worden sein. Gepäck im unbeaufsichtigt abgestellten Fahrzeug ist ebenfalls nicht versichert. Die Liste der Ausschlussgründe ist endlos … Überdies deckt häufig auch die Hausratsversicherung schon Einbruch, Raub und Beschädigung von Eigentum auch im Ausland. Für den Fall, dass etwas passiert ist, muss der Versicherung als Schadensnachweis ein Polizeiprotokoll vorgelegt werden.

Eine **Privathaftpflichtversicherung** hat man meist schon. Hat man eine **Unfallversicherung,** sollte man prüfen, ob diese im Falle plötzlicher Arbeitsunfähigkeit aufgrund eines Unfalls im Urlaub zahlt. Auch durch manche **Kreditkarten** oder **Automobilclubmitgliedschaft** ist man für bestimmte Fälle schon versichert. Die Versicherung über die Kreditkarte gilt jedoch nur für den Karteninhaber.

jap_715 oh

11 Reisetipps A–Z

Der Yasukuni-Schrein im Stadtbezirk Chiyoda in Tokyo dient dem Gedenken an Kriegsopfer

Ankunft

Im Flugzeug erhält man bereits die zweisprachige **Einreisekarte „Embarkation/ Disembarkation card for foreigners"** zum Ausfüllen. Auf ihr müssen zum Beispiel Heimatadresse und Adresse in Japan sowie Zweck und Dauer des Aufenthaltes eingetragen werden. Diese Karte wird bei der Einreisekontrolle dann zusammen mit dem Reisepass vorgelegt. Die Embarkation Card wird in den Ausweis geheftet und beim Verlassen Japans wieder entfernt.

Sollten gerade Krankheitswellen kursieren (z.B. SARS), so muss man zusätzlich ein gelbes Formular ausfüllen, das über zurückliegende ansteckende Krankheiten Auskunft gibt. Meistens jedoch liegen die Formulare nur aus und sind nicht verpflichtend.

Tokyo Narita International Airport

Der Flughafen liegt rund 60 Kilometer außerhalb vom Zentrum Tokyos. Es gibt **zwei Terminals:** Lufthansa ist zum Beispiel am Terminal 1 South Wing, JAL am Terminal 2. Alle 10 Minuten verkehrt ein kostenfreier **Shuttle-Bus** zwischen den Terminals. Narita war der erste internationale Flughafen Japans. Obwohl in der Folgezeit oft erweitert, scheint der Flughafen aus allen Nähten zu platzen; die Orientierung fällt in den insgesamt vier Stockwerken nicht gerade leicht. Nach der Einreisekontrolle nimmt man die Rolltreppe ein Stockwerk tiefer, wo sich die Gepäckausgabe befindet. Wie so oft ist hier alles zweisprachig ausgeschildert (Japanisch/Englisch).

Die **Tourist Information Center (TIC)** finden sich jeweils in der Ankunftshalle von Terminal 1 und 2, die Mitarbeiter sprechen Englisch, und es

jap_036 oh

stehen kostenlose Broschüren und Stadtpläne zur Verfügung. Öffnungszeiten sind von 9 bis 20 Uhr, Tel. (0476) 34-5877 bzw. Tel. (0476) 30-3383.

Der Schalter für den **Geldumtausch** hat täglich bis zur Landung des letzten Flugzeugs geöffnet, von 6.30–23 Uhr. Die **Lieferung von Gepäckstücken** ist mit Lieferdiensten möglich, die Preise liegen um die 2000 Yen für bis zu 30 Kilogramm, je nach Anbieter.

- **abc Lieferservice,** Tel. (03) 3545-1131.
- **GPA airport delivery service,** Tel. (0476) 32-4755.

Wie komme ich nach Tokyo?

Bus

Der **Airport Limousine Bus** fährt alle 15–30 Minuten von Narita nach Tokyo Station, Fahrtzeit 80 Minuten, Kosten 3000 Yen (Nutzung des Japan Rail Pass möglich). Tickets gibt's am orangefarbenen Airport Limousine Bus Counter im Erdgeschoss. Eine Digitalanzeige in Japanisch und Englisch zeigt die Destinationen und die Abfahrtszeiten.

Bahn

In Japan sind **mehrere Bahngesellschaften und Betreiber** vertreten, sodass es oft nicht nur eine Zugverbindung gibt, um von einem Ort an den anderen zu gelangen.

JR, Japan Railways, verbindet Narita und Tokyo Station mit dem **Schnellzug Narita Express (N'EX),** Fahrtzeit 1 Stunde, Kosten ungefähr 3000 Yen. Der **Bahnhof JR Narita Airport** befindet sich unter dem Terminal-Gebäude, der Zug hält in Tokyo Station, Shinjuku, Ikebukuro, Ōmiya, Yokohama und Ōfuna. Die Ticket-Automaten geben Instruktionen auch in Englisch, ebenso wie Ansagen und Leuchtschriften im Zug auf Japanisch und Englisch erfolgen. Der N'EX ist schnell, dafür aber auch teuer. Billiger sind andere JR-Schnellzüge, die ebenfalls ab JR Narita Station zu Tokyo Station fahren.

Die Züge der **Betreibergesellschaft Keisei** starten von **Keisei Narita Airport Station,** ebenfalls unterhalb des Terminals gelegen. Die Keisei-Züge fahren zur

◁ Terminal im Narita Airport, Tokyo

Japan im Überblick

- **Ländername:** Japan (japanisch: *Nippon, Nihon*)
- **Einwohner:** ca. 127 Millionen
- **Fläche:** 377.887 Quadratkilometer
- **Geografische Lage:** zwischen 20° 25′ N und 45° 33′ N
- **Bevölkerungsdichte:** 336 pro Quadratkilometer
- **Hauptstadt:** Tokyo, 13 Millionen Einwohner
- **Regierungsform:** parlamentarische Demokratie
- **Staatsoberhaupt:** Kaiser *Akihito*
- **Nationalflagge:** *Hinomaru* (Sonnenscheibe), roter Kreis auf weißem Grund
- **Bruttosozialprodukt:** über 5000 Mrd. US-Dollar, damit drittstärkste Wirtschaftsmacht nach den USA und China

Keisei Ueno Station ins nördliche Tokyo, von wo aus man gut mit der U-Bahn weiterkommt. Der **Limited Express** benötigt 85 Minuten und kostet 1000 Yen; dies stellt die günstigste, wenngleich nicht schnellste Verbindung von Narita ins Zentrum Tokyos dar.

Taxis

Eine Taxifahrt ins Zentrum Tokyos ist eine **kostspielige Angelegenheit,** man muss mit rund 25.000 Yen rechnen.

Haneda International Airport

In Haneda wurden noch kürzlich vor allem Inlandsflüge abgefertigt. Doch mit dem Beschluss der Stadtverwaltung, Haneda als Hub-Airport auszubauen, gibt es immer mehr internationale Verbindungen. Eine **Touristinformation** der Stadt Tokyo findet sich im neuen International Terminal, Tel. (03) 6428-0653, geöffnet 9–23 Uhr. Im Terminal gibt es freies WLAN.

Wie komme ich vom Kansai Airport nach Osaka, Kyoto, Kobe?

Stadt	Zielstation	Verkehrsmittel	Fahrtzeit (in Min.)
Osaka	JR-Shin-Osaka Station	JR Limited Express „Haruka" (Richtung Tennōji Station)	45
		Taxi	80
	JR Osaka Station	JR Rapid Train	65
		Airport Bus	50
	Namba	Nankai-Airport-Express	45
		Taxi	60
Kyoto	JR Kyoto Station (über JR Tennōji)	JR Limited Express „Haruka"	75
		JR Rapid Train	100
		Airport Bus	105
Kobe	JR Sannomiya Station	JR Rapid Train	85
		Airport Bus	65
Itami	Osaka City-Airport Itami	Airport Bus	80
		Taxi	70

Ins Zentrum Tokyos gelangt man entweder mit der **Keikyū-Bahnlinie** nach Shinagawa (400 Yen) und dann weiter mit JR oder mit der **Tokyo Monorail** bis Hamamatsu-cho Station (470 Yen) und dann weiter mit JR. Sowohl vom International Terminal als auch von den Terminals 1 und 2 verkehren **Keikyū- und Limousine-Busse.** Man gelangt mit ihnen zu allen großen Zentren, z.B. nach Tokyo Station, Shinjuku, Shibuya oder auch Yokohama.

Kansai International Airport

Der 1994 eröffnete Kansai-Flughafen ist eine **architektonische Meisterleistung.** Erbaut auf einer aufgeschütteten Insel, schwebt man bei der Ankunft dicht überm Meer auf die Landebahn zu. Der Flughafen liegt an der südlichen Spitze der **Osaka-Bucht** und rund 50 Kilometer vom Stadtzentrum Osakas entfernt. Der Flughafen ist modern, übersichtlich und bietet vor allem mit den in Narita nicht vorhandenen Sammeltaxis eine preiswerte und bequeme Möglichkeit, vom Flughafen zur gewünschten Destination zu gelangen. Ab dem Kansai-Flughafen verkehren **JR- und Nankai-Züge** (siehe Übersicht). Tickets für den Bus können am Airport Limousine Bus Counter im Erdgeschoss erworben werden.

In der Ankunftshalle findet sich das **Kansai Tourist Information Center,** Tel. (0724) 56-6025, geöffnet von 9 bis 21 Uhr. Von den **neun Banken** am Flughafen haben mehrere von 6 bis 23 Uhr geöffnet.

Der **Japan Rail Pass** kann am Infoschalter JR West (in der Ankunftshalle für internationale Flüge), am grünen Midori-no-madoguchi Reservation Ticket Office oder an der JR Kansai Airport Station eingelöst werden.

Wie komme ich nach Osaka, Kyoto, Kobe?

Das **Sammel-Taxi (MK Skygate Shuttle)** ermöglicht den komfortablen Transport vom Flughafen bis zur Haus-/Hoteltür im Umkreis bis nach Kyoto. Die Sammel-Taxis sind kleine Vans, in denen bis zu sieben Fahrgäste zusammen transportiert werden. Nach Kyoto kostet die Fahrt 3500 Yen, zum Itami-Flughafen 2300 Yen und nach Kobe 2300 Yen. Die Reservierung muss zwei Tage im Voraus erfolgen, Tel. (075) 778-5489, online-Buchung unter www.mktaxi-japan.com.

Falls gewünscht, kann man sich das **Gepäck** mit einem **Lieferservice** vom Flughafen direkt ins Hotel bringen lassen (und umgekehrt). Ein 20-Kilo-Gepäckstück kostet etwa 2000 Yen.

- **Kansai Airport Baggage Service,** Tel. (072) 456-8701

Autofahren

Verkehrssituation

Die Verkehrssituation in Japan ist **nicht so katastrophal,** wie man sich das vielleicht vorstellen mag. Natürlich muss man tagsüber in den Städten mit Staus rechnen und man nimmt besser ein anderes Verkehrsmittel. In ländlicheren

Gebieten oder abends und nachts in den Städten kann das Autofahren aber auch in Japan eine der bequemsten Reisevarianten darstellen.

Negativ fallen zweifelsohne die **Preise** auf: Wenn die Mietgebühr an sich noch günstig ist, so sind die Maut- und Parkgebühren immens hoch. Alle Autobahnen sind kostenpflichtig, an Mautstationen muss der Betrag bar entrichtet werden. Kostenlose Parkplätze existieren in den Städten nicht, hier muss man, egal ob tagsüber oder nachts, immer kräftig in die Tasche greifen. Der Platzmangel auf Honshū führt dazu, dass als Voraussetzung für den Kauf eines Wagens ein Stellplatz für selbigen nachgewiesen werden muss. Und Stellplätze in Kyoto oder Tokyo können annähernd so viel wie eine kleine Wohnung kosten.

Verkehrsregeln

In Japan herrscht **Linksverkehr,** ansonsten unterscheiden sich die Verkehrsregeln und Schilder kaum von den unseren. In den Städten sind alle wichtigen **Schilder zweisprachig** in Japanisch und Englisch. Im japanischen Straßenverkehr herrscht **absolutes Alkoholverbot,** die Promillegrenze beträgt 0,0. Die zulässige Höchstgeschwindigkeit auf den **Autobahnen** ist **100 km/h.**

Die japanischen Verkehrsregeln gibt es bei der **Japan Auto Federation (JAF)** unter www.jaf.or.jp.

Führerschein

Als Deutscher oder Schweizer ist für das Führen eines Kraftfahrzeuges die **japanische Übersetzung des Führerscheins** nötig. Diese kann man gegen Gebühr problemlos bei den Konsulaten anfertigen lassen oder auch bei den Niederlassungen der Japan Auto Federation (JAF), die in allen größeren Städten vertreten ist.

Wer länger als drei Monate in Japan Auto fahren will, der muss seinen Führerschein in einen japanischen Führerschein umschreiben lassen.

Österreichische Staatsangehörige benötigen entweder einen internationalen oder einen japanischen Führerschein.

Mietwagen

Die größten Mietwagen-Firmen in Japan sind Nippon Rent-a-car, Toyota Rent-a-car, Nissan Rent-a-car und die Mietstationen von JR (Ekiren), die sich meistens direkt am Bahnhof befinden. Internationale Firmen wie Avis, Hertz oder Budget agieren oft in Kooperation mit den Verleihstationen der japanischen Anbieter.

Anbieter

- **www.ekiren.co.jp**
- **www.rent.toyota.co.jp**
- **http://nissan-rentacar.com**
- **www.nipponrentacar.co.jp**
- **www.timescar-rental.com**

Für die Anmietung sind der **Reisepass** und die **japanische Übersetzung des nationalen Führerscheins** notwendig. Man bezahlt im Voraus, zur Mietgebühr kommen die Versicherungskosten hinzu. Das Auto muss vollgetankt zurückgebracht werden. Die Preise beginnen ab ca. 6000 Yen pro Tag für den kleinsten Wagen.

jap_041 oh

Verkehrsunfälle

Bei Verkehrsunfällen sind in Japan normalerweise alle Parteien darauf aus, eine **Einigung ohne gerichtliches Verfahren** anzustreben. Bei Unfällen mit Verletzungen muss die Polizei hinzugerufen werden. Diese fordert dann ggf. auch einen englischsprachigen Kollegen oder einen Dolmetscher an. Viele der Mietwagenstationen haben einen 24-Stunden-Notruf, bei dem man Schäden melden und sich Hilfe holen kann.

Zu **Notrufnummern** siehe im Kapitel „Notfälle“.

Verkehrsschilder sind auch für Ausländer lesbar

Camping

Camping ist in Japan **nur begrenzt möglich** und **nur bedingt zu empfehlen.** In den stadtischen Gebieten rund um Tokyo und Kansai scheidet die Variante komplett aus, da es keine Campingplätze gibt. Insgesamt finden sich in Japan jedoch rund 3000 Campingplätze, die vor allem von Jugendlichen und Studenten frequentiert werden. Dementsprechend sind die Zeltplätze vor allem in den Sommerferien zwischen Mitte Juli und Mitte August überbelegt.

Zelten ist preislich gesehen kaum billiger, als sich eine günstige Jugendherberge oder ein preiswertes Ryokan zu nehmen. Manchmal, wie auf Okinawa, können Zeltplätze jedoch direkt am Meer liegen, was als schlagkräftiges Argument für sich spricht. **JNTO** verfügt über eine

Liste und Karte mit den landesweiten Campingplätzen.

Einkaufen und Souvenirs

Department Stores: Kaufhäuser

In Department Stores (japanisch: *Depāto*) einzukaufen, ist immer noch ein Status-Symbol in Japan. Die **riesigen Kaufhäuser mit vielen einzelnen Geschäften** darin rühmen sich für ihren Kunden-Service, und in den Tüten mit der Aufschrift der großen Department Stores lässt sich die Errungenschaft immer noch am besten nach Hause tragen, so glauben viele. Die großen Ketten sind **Daimaru, Takashimaya, Mitsukoshi** und **Isetan,** die in jeder größeren Stadt gleich mehrfach vertreten sind.

Department Stores haben oft ein eigenes Stockwerk mit **Souvenirs,** und im Untergeschoss finden sich meistens praktische **Lebensmittelabteilungen,** die vor der abendlichen Schließung die Preise für frische Lebensmittel radikal senken. Auch bereits zubereitete Gerichte werden hier angeboten, die man sich von einer Theke nimmt und in eine Box selbst einpackt.

☒ Shop 99 – billig einkaufen

Convenience Stores: 24-Stunden-Geschäfte

Supermärkte schließen irgendwann abends, doch die sogenannten Convenience Stores erlauben den Einkauf rund um die Uhr. **Family Mart, Lawson, am-pm, 7eleven, Daily Yamazaki** oder **Circle K Sunkus** sind nur einige der Ketten, die in Japan Hunderte von Filialen in den einzelnen Städten betreiben. Von kaum einer Wohnung im Stadtgebiet wird der Gang zum nächsten 24-Stunden-Laden länger als 5 Minuten dauern. Das **Sortiment** reicht von Zeitungen über frische Lebensmittel und Haushaltszubehör bis hin zu Fast-Food. Die Auswahl ist natürlich kleiner als in normalen Supermärkten, der Preis ist etwas höher, und Gourmets werden Probleme mit dem Sortiment haben, dafür bieten die Geschäfte schnelles Einkaufen zu jeder Tages- und Nachtzeit.

Fast jeder Convenience Store hat inzwischen einen **Kopierer** und bietet **Postdienstleistungen** an. **Bankautomaten** gibt's hier ebenso meistens wie ein **Kunden-WC.** Viele Convenience Stores haben auch **freies WLAN.**

Beim Kauf einer **DVD** muss beachtet werden, dass das japanische System auf **NTSC-Modus** basiert.

Supermärkte

Große Supermärkte finden sich in Japan **oft an großen Verkehrsstraßen** oder **in der Nähe der Zugstationen.** Billiger wird es, wenn man in Wohngebieten zu lokalen Supermärkten geht. **Coop** ist hier eine komfortable Variante. Normalerweise sind Supermärkte bis etwa 20 Uhr geöffnet, viele Läden sind bis 22 Uhr geöffnet.

Lebensmittelgeschäfte

Lebensmittelgeschäfte mit Produkten aus **biologischem Anbau** *(Shizenshokuhin-ten)* findet man vor allem in den größeren Städten. Oft sind auf Bio-Produkte spezialisierte Geschäfte – wie zum Beispiel **Natural House** oder **F&F** –aber rar gesät, denn Bio-Produkte werden in Japan oft online per Lieferservice bestellt. Kleinere Bio-Läden quer durch das Land werden auf www.sokensha.co.jp gelistet.

Hat man einen Bio-Markt gefunden, ist die Auswahl meist größer, als man das hierzulande gewohnt ist. Bio-Food ist in Japan exklusiv und hier kauft nur ein, wer es sich wirklich leisten kann.

100-Yen-Geschäfte

100-Yen-Geschäfte **(1-coin-shop)** sind ein Eldorado für alle **Billigeinkäufer,** damit lässt sich auch in Japan günstig essen und überleben. Lebensmittel, Haushaltszubehör, Batterien, Socken, Souvenirs, kaum etwas, was es in den vollgestopften Geschäften nicht gibt. Die Geschäfte finden sich nahe von Zugstationen oder auch in Einkaufsstraßen. Alle Produkte kosten 100 Yen (genau genommen 105 inklusive Steuer). **Lawson 100, Daisō** und **Can*Do** sind die bekanntesten Namen mit vielen Filialen.

Vending machines: Automaten

Die japanischen Verkaufsautomaten, die man an jeder Ecke vorfindet, sind **mehr**

jap_042 sh

als reine Getränkeautomaten. Natürlich beinhalten die meisten Softdrinks, verschiedene Sorten Grünen Tee, Kaffee und die japanischen Energiedrinks. Viele der Dosen kann man heiß oder kalt wählen (rot ist heiß, blau ist kalt). Darüber hinaus bieten die Automaten aber auch beispielsweise heiße Maissuppe, Instant-Nudeln oder kleine Snacks. Die Maschinen werden von **verschiedenen Firmen** betrieben, sodass der Inhalt unterschiedlich ist und es durchaus eine Herausforderung darstellt, den passenden Automaten für sich zu finden.

Flohmärkte (Nomi-no-ichi)

Nomi-no-ichi ist das traditionelle Wort für Flohmarkt, heute spricht man aber auch in Japan vom **„Flea market"**, kurz **„Furima"**. Flohmärkte sind interessant und spannend, doch auch wenn man die Verkäufer herunter handelt, heißt das in Japan nicht zwangsläufig billig. Trotzdem kann der Flohmarkt eine Fundgrube für Antiquitäten, Kimonos oder Keramiken sein. Ursprünglich waren Flohmärkte immer in Schreinen angesiedelt, was heutzutage etwas aufweicht. Ein **Besuch am frühen Morgen** empfiehlt sich, da gegen Nachmittag viele Händler bereits verschwunden sind. Bei Regen entfällt der Markt. Die berühmtesten Flohmärkte finden in **Kyoto** am Toji-Tempel und am Kitano Tenmangu-Schrein sowie in **Tokyo** am Togo-Schrein statt.

▷ Udon – Nudeln aus Weizenmehl

Souvenir-Einkauf

Jede Region und Stadt zeichnet sich normalerweise durch Produkte aus, auf die man besonders stolz ist. Durch die gesellschaftliche Bedeutung von **Omiyage** (Mitbringsel; vgl. entsprechenden Exkurs) wird man an jedem noch so kleinen touristischen Ort eine **Vielzahl von Geschäften** finden, die verschiedenste Mitbringsel anbieten: vom Fächer und dem Zubehör für die Teezeremonie über Messer, Schwerter und Keramiken bis hin zum Kimono und Seidenstoffen. Die Rubrik „Praktische Tipps – Einkaufen" listet bei den einzelnen Städten die interessantesten Geschäfte auf.

Zollbestimmungen

Bei der Rückeinreise gibt es auch auf europäischer Seite Freigrenzen, Verbote und Einschränkungen. Folgende **Freimengen** darf man zollfrei einführen in die EU und die Schweiz:

- **Tabakwaren** (für Personen ab 17 Jahren): 200 Zigaretten oder 100 Zigarillos oder 50 Zigarren oder 250 g Tabak oder eine anteilige Zusammenstellung dieser Waren.
- **Alkohol** (für Personen ab 17 Jahren) **in die EU:** 1 l Spirituosen (über 22 Vol.-%) oder 2 l Spirituosen (unter 22 Vol.-%) oder eine anteilige Zusammenstellung dieser Waren, und 4 l nicht-schäumende Weine, und 16 l Bier; **in die Schweiz:** 2 l bis 15 Vol.-% und 1 l über 15 Vol.-%.
- **Andere Waren** (in die EU): für See- und Flugreisende bis zu einem Warenwert von insgesamt

430 Euro, alle Reisende unter 15 Jahren 175 Euro (bzw. 150 Euro in Österreich); (in die Schweiz): neu angeschaffte Waren für den Privatgebrauch bis zu einem Gesamtwert von 300 SFr. Bei Nahrungsmitteln gibt es innerhalb dieser Wertfreigrenze auch Mengenbeschränkungen.

Wird die Wertfreigrenze überschritten, sind **Einfuhrabgaben** auf den Gesamtwert der Ware zu zahlen und nicht nur auf den die Freigrenze übersteigenden Anteil. Die Berechnung erfolgt entweder pauschal oder nach dem Tarif jeder einzelnen Ware zuzüglich sonstiger Steuern.

Einfuhrbeschränkungen gibt es u.a. für Tiere, Pflanzen, Arzneimittel, Betäubungsmittel, Feuerwerkskörper, Lebensmittel, Raubkopien, verfassungswidrige Schriften, Pornografie, Waffen und Munition; in Österreich auch für Rohgold, in der Schweiz auch für CB-Funkgeräte.

Nähere Informationen

- **Deutschland: www.zoll.de** oder unter Tel. 0351-44834510.
- **Österreich: www.bmf.gv.at** oder unter Tel. 01-51433564053.
- **Schweiz: www.ezv.admin.ch** oder unter Tel. 061-2871111.

Elektrizität

Die Stromspannung in Japan beträgt **100 Volt.** Das Stromnetz im Osten Japans arbeitet mit 50 Hertz, das im Westen Japans mit 60 Hertz. **Adapter** sind in den großen Kaufhäusern und in Elektrogeschäften erhältlich.

Essen und Trinken

Japan ist in kulinarischer Hinsicht ein Paradies. Die Varianten sind fast **grenzenlos,** was sowohl die Zutaten als auch die Arrangements der Gerichte betrifft. Schnell wird man bei seinem Japan-Aufenthalt feststellen, dass die japanische Küche weit mehr als nur Sushi, Tempura oder Sukiyaki zu bieten hat.

Die **japanische Küche** ist bestimmt von Reis, Gemüse, Tofu und der Nähe zum Meer – dementsprechend finden sich so viele Variationen mit Meeresfrüchten, wie man sie anderswo in der Welt wohl vergeblich suchen wird. Bei den Zutaten kommt es vor allem auf **Frische** an, was sich auf den Wochen- und in den Supermärkten in Form einer überraschend großen Auswahl niederschlägt. Umgekehrt wundern sich japanische Besucher in Deutschland, warum so viele Konserven und tiefgefrorene Produkte verwendet werden.

Die japanische Küche hat es in den vergangenen Jahrhunderten geschafft, fremde **internationale Einflüsse** zu adaptieren, den eigenen Traditionen

jap_045 oh

hinzuzufügen und daraus etwas Eigenständiges zu schaffen. Ein Beispiel dafür sind die Rāmen-Nudeln, die ursprünglich aus China stammen, in der jetzigen Form aber als ureigenes japanisches Gericht gelten. Neben den typischen Speisen bietet Japan viele **regionale und jahreszeitliche Gerichte,** die in den einzelnen Kapiteln zu den Regionen Erwähnung finden.

Restaurants

Japanische Restaurants in Deutschland bieten meist eine breite Palette verschiedenster japanischer Gerichte an. In Japan dagegen wird man solche Restaurants, die möglichst von Sushi bis zu Yakitori alles bieten wollen, eher vergeblich suchen. Vielmehr zeichnen sie sich als **Spezialitäten-Restaurants** für zum Beispiel entweder Sushi oder Rāmen aus. Die Preise reichen von billig bis extrem teuer.

jap_046 oh

Restaurantkategorien

In den Stadtteilbeschreibungen sind die aufgeführten Restaurants mit den folgenden Symbolen versehen. Sie kennzeichnen die Preiskategorie.

- ① bis 1000 Yen
- ② 1000–5000 Yen
- ③ 5000–10.000 Yen
- ④ ab 10.000 Yen

Tipps für das Restaurant

- Üblicherweise wartet man am Eingang des Restaurants, bis man von der Bedienung einen **Platz zugewiesen** bekommt.
- In jenen Restaurants, in denen man vorab sein Gericht an einem **Automaten** gewählt und bezahlt hat, ist kein Warten erforderlich. Hier nimmt man sich einfach einen Platz und reicht den Bon über die Theke. Gleiches gilt für **Fast-Food-Ketten,** der Ablauf ist wie bei uns. In besonders stark frequentierten Fast-Food-Restaurants muss man sich erst das Essen besorgen, da immer mehr japanische Jugendliche die Restaurants als bequeme Aufenthaltsorte entdecken, ohne etwas zu ordern.
- **Trinkgeld** ist in Japan unüblich.
- Einige Restaurants haben in ihren Schaufenstern **Wachs- oder Plastikmodelle** der einzelnen

◁ Sashimi

▷ Izakaya-Trinkspaß

jap_047 oh

Gerichte. Was für uns auf den ersten Blick merkwürdig aussehen mag, ist für Japaner ganz normal. Die Modelle erleichtern die Kommunikation, indem man zum Bestellen einfach auf ein Gericht deuten kann.

- **Bezahlt** wird meistens am Ausgang. Oft bekommt man zum Gericht den Bestellzettel auf den Tisch gelegt, den man dann mit zum Ausgang nehmen sollte.
- Oft wird man die Zeichen auf der **Speisekarte** nicht lesen können. Wenn auch keine Bilder im Restaurant vorhanden sind, dann heißt es nur Mut. Am besten präpariert man sich mit ein paar Brocken aus dem Wörterbuch, die man dann lose der Bedienung entgegenwirft, wie etwa *Sashimi* (roher Fisch), *Tori-niku* (Hühnchen) oder *Yasai* (Gemüse). Es ist immer wieder erstaunlich, dass man allein damit überall etwas Brauchbares serviert bekommt.

Izakaya

Ein Izakaya ist am ehesten mit einer **Kneipe** oder einem **Pub** zu vergleichen. Izakayas haben im Vergleich zu Restaurants länger geöffnet, sind lauter und das Publikum ist deutlich alkoholisierter. In den Izakayas gibt es oft auch eine große Auswahl an Gerichten, die gut zu Bier/Alkohol passen.

Fast-Food

Neben den internationalen Fast-Food-Ketten finden sich spezielle japanische Fast-Food-Restaurants in allen größeren und kleineren Städten Japans. **Yoshinoya, Mosburger** und andere bieten entweder Burger-Variationen nach amerikanischem Vorbild an oder haben eigene schnelle Gerichte entwickelt, wie gekochtes Rindfleisch oder Hühnchenfleisch auf Reis mit Ei. Diese Gerichte beginnen **ab 300 Yen** und sind deswegen bei Schülern wie sparsamen *Sarariiman* (Geschäftsleuten) gleichermaßen beliebt.

Sushi

Sushi ist inzwischen wohl jedem ein Begriff, für viele ist Japan untrennbar mit den leckeren Häppchen verbunden. Die verschiedenen Sushi-Arten werden aus **Reis, Fisch, Meeresfrüchten, Gemüse und Nori (Seetang)** hergestellt. Sushi-Essen in Japan ist eine teure und exquisite Angelegenheit, zumindest wenn man ein traditionelles Sushi-Restaurant besucht. Man nimmt am Tresen Platz und der Koch bereitet die Portionen frisch vor den eigenen Augen zu. Auf einem Holzbrett wird dann zusammen mit den Sushi in kleine Scheiben geschnittener süßer Ingwer *(Gari)* gereicht. Dazu gibt es Grünen Tee *(Agari)*. Für einen Abend in einem traditionellen Sushi-Restaurant muss man mindestens 5000 Yen pro Person einplanen.

Günstiger sind **Kaiten-Sushi-Restaurants** (in Deutschland „Dreh-Sushi" oder „Sushi-Karussel" genannt). Hier laufen die Sushi-Häppchen paarweise auf kleinen Tellern an einem vorbei und man nimmt sich die Tellerchen vom Förderband. Am Ausgang bezahlt man dann oft einfach nach der Anzahl der Teller, die sich gut auf 10 bis 15 Stück belaufen kann.

Sushi – das kulinarische Synonym für Japan

jap_048 oh

Sushi-Arten

Folgende Arten Sushi gilt es zu unterscheiden:

- Bei **Nigiri-sushi** wird der Sushi-Reis *(Sushimeshi)* in Happen geformt, mit *Wasabi* (japanischer Meerettich) bestrichen und entsprechend belegt. Dabei kommen Garnelen, Thunfisch, Aal oder Muscheln besonders gern zum Einsatz. Die Sushi-Stücke dippt man vor dem Verzehr mit der Fischseite (!) nach unten in die bereitgestellte Soja-Sauce, dazu kann man Stäbchen oder Finger verwenden.
- Bei **Maki-sushi** sind Reis und Zutaten zu Röllchen geformt und mit *Nori* umgeben. Um Makisushi herzustellen, wird das Nori-Blatt ausgebreitet, eine Schicht Reis darauf gebettet und vorzugsweise mit Thunfisch, Aal, Gurke oder *Nattō* (s.u.) belegt, ehe der Seetang eingerollt und schließlich in kleine Happen unterteilt wird.
- **Temaki-sushi** entspricht Maki-sushi mit dem Unterschied, dass die fertigen Happen nicht rund, sondern zylindrisch als Trichter geformt werden.
- **Chirashi-sushi** ist ein Arrangement aus verschiedenen rohen Fischsorten, die allesamt auf einem großen Reisbett ausliegen. Im Gegensatz zu den anderen Sushi-Sorten werden hier Reis und Fisch nicht paarweise zu Bällchen geformt, sondern in größerer Menge in einer Schale serviert.

Sashimi

Sashimi bezeichnet **rohen Fisch,** der **in dünne Scheiben** geschnitten ist, im Gegensatz zu Sushi ohne Reis und nicht als Häppchen-Arrangement. Der beste Ort allerdings, um frisches Sashimi zu genießen, sind die Sushi-Restaurants – dort dient Sashimi oft als Vorspeise, wenn Meerbrassen- oder Thunfischscheiben mit Gemüse, Saucen und ein bisschen Sake (s.u.) vorab genossen werden. Es gilt als Luxus, mit Sashimi den Fisch zuerst intensiv und pur zu genießen und sich den Geschmack nicht auf einem Reisbett verfälschen zu lassen. Erst danach ordert der Experte Sushi.

Yakitori

Yakitori sind kleine leckere **Spießchen,** hauptsächlich mit **Hühnchenfleisch** und diversem **Gemüse** bestückt, die in Saucen getränkt und über Feuer gegrillt sind. In Yakitori-Bars wird gerne viel Alkohol getrunken, und die Spießchen werden vor den Augen des Gastes auf Holzkohlegrills gefertigt. Es benötigt einige Spieße, um von Yakitori richtig satt zu werden, gleichzeitig lassen sie sich auch wunderbar nebenbei essen, auch wenn man eigentlich gar nicht hungrig ist.

Tempura

Tempura bezeichnet **panierte und frittierte Gemüse- und Fleischstückchen.** Mit Tempura ist derjenige immer auf der richtigen Seite, der fürchtet, eventuell rohes Fleisch oder ungewohntes Essen vorgesetzt zu bekommen. Die frittierten Teile sind oft mit Ingwer garniert und werden vor dem Verzehr in unterschiedliche Saucen gedippt.

Soba, Udon

Soba und Udon sind **japanische Nudeln.** Soba wird aus Buchweizen hergestellt und ist farblich eher grau, während Udon aus Weizenmehl produziert wird, etwas dicker und nahezu weiß ist. Im Gegensatz zu den Rāmen-Nudeln enthalten beide Varianten keinerlei Ei-Anteil.

Die populärsten Soba-Varianten sind **Mori-soba** und **Zaru-soba,** beide Gerichte werden kalt gegessen und sind besonders in den heißen Monaten und in den warmen Regionen beliebt. Insgesamt lässt sich sagen, dass im östlichen Japan eher Soba bevorzugt wird, während im Westen, vor allem in Kansai und auf Shikoku, Udon gegessen wird. Warum diese Unterschiede existieren, darüber gehen die Meinungen auseinander. Tatsache ist aber, dass auch die großen Hersteller der Instant-Nudeln ihre Soba- und Udon-Nudeln für die Regionen unterschiedlich produzieren, die Trennscheide liegt hier in etwa in der Region Gifu. So sind die Gerichte für die Tokyo-Gegend beispielsweise salziger, als wenn man das gleiche Fertiggericht in der Kansai-Gegend kauft.

Rāmen

Ursprünglich kommt Rāmen aus China, doch seit dem 19. Jahrhundert hat es in Japan eine eigene Entwicklung erlebt, sodass die länglichen dünnen **Nudeln aus Weizen und Ei** als japanisches Gericht gelten. Rāmen-Restaurants finden sich an jeder Ecke und die guten davon, so glaubt man in Japan, erkennt man an den vielen Menschen, die davor Schlange stehen.

Rāmen ist ein **schnelles Gericht,** das schnell zubereitet und auch schnell gegessen wird – man bestellt die gewünschte Variante, isst und geht. Bei Wasser oder Tee noch länger herumzusitzen, kann in manchen Rāmen-Restaurants sehr unüblich sein. Unter jungen Geschäftsgründern wird die Eröffnung eines Rāmen-Restaurants als relativ sichere Investition angesehen; goldene Regel: das Restaurant eher klein halten, damit sich draußen eine Schlange bildet und dann nur noch den Durchlauf hoch halten.

Rāmen gibt es in **unzähligen Varianten,** mit einer Scheibe Schweinefleisch, Frühlingszwiebeln, *Miso* (japanische Sojapaste) oder mit wenig oder viel Knoblauch; immer kommen die dünnen Nudeln in einer Schüssel mit reichlich Suppenbrühe, die wiederum je nach Wunsch auf Hühnchen-, Schweine- oder Gemüsebasis hergestellt ist. Rāmen ist relativ billig und die Rāmen-Restaurants haben den Vorteil, dass sie bis spät nachts geöffnet sind: Rāmen ist ein **beliebtes Nachtmahl** nach einem Barbesuch. Zu Rāmen bestellt man gerne *Gyōza* (japanische Teigtaschen), Bier oder einfachen Reis. Die Rāmen-Leidenschaft der Japaner geht so weit, dass unzählige Homepages existieren, in denen sich vor allem Männer darüber austauschen, wo es landesweit welche Rāmen wie zubereitet gibt und welche wohl die besten sind.

Shabu-shabu

Shabu-shabu ist eine Art **japanisches Fondue mit Fleisch und Gemüse.** In sehr dünne Scheiben geschnittenes Rindfleisch (seltener auch Schweinefleisch oder sogar Fisch) wird zusammen mit Gemüse in einer speziellen Brühe gegart und zubereitet. Wenn Fleisch und Gemüse fertig sind, werden sie aus der Brühe genommen und auf einer Platte mit einer speziellen Soja-Sauce serviert, die mit Essig und einer Sesamsauce verfeinert sein kann. In manchen Restaurants ist die Fondue-Stelle in den Tisch integriert, sodass man die Zutaten selbst nach Belieben durch die köchelnde Brühe ziehen kann: Zu den langsamen Handbewegungen sagt der Japaner unterstützend gern „Shabu, shabu".

Sukiyaki

Sukiyaki wird üblicherweise in einer speziellen weiten Eisenpfanne direkt vor dem Gast zubereitet, indem sehr dünn geschnittene **Rindfleischscheiben** zusammen mit verschiedenem **Gemüse** geschmort werden. Sobald eine der Zutaten fertig ist, reicht der Koch diese dem Gast in einer kleinen Schüssel. Bevor man die Happen isst, taucht man sie noch in das Schälchen mit rohem Ei.

Für den ausgefallenen Geschmack

Die meisten Gerichte und Speisen in Japan treffen auf breite Zustimmung, bei Einheimischen wie auch bei ausländischen Touristen. Jedoch gibt es ein paar wenige Gerichte, an denen sich die Geschmäcker trennen und die für viele Nicht-Japaner ein unüberwindbares Hindernis darstellen. An erster Stelle rangiert **Nattō.** Bei Nattō handelt es sich um fermentierte Sojabohnen, die sowohl vom Geruch als auch vom Geschmack her äußerst intensiv und vielleicht noch am ehesten mit Schimmelkäse zu vergleichen sind. Nattō zieht beim Essen lange Fäden, und viele kapitulieren schon aufgrund der Optik. Nattō wird von Japanern gern mit Reis zum Frühstück gegessen, über Nattō schlägt man auch gern mal ein rohes Ei.

Umeboshi ist auch gewöhnungsbedürftig, wenngleich generell harmloser als Nattō. Umeboshi sind in Salz und Shiso-Blättern eingelegte und getrocknete Pflaumen, deren Geschmack sowohl säuerlich-herb als auch salzig ist.

Tee und Wasser

Tee *(o-cha)* gibt's **in vielen japanischen Restaurants umsonst.** Meistens wird mit den Speisekarten bereits auch der Tee gebracht, in anderen Restaurants kann man sich Tee selbst holen und nachfüllen. Gleiches gilt auch für (Leitungs-)Wasser.

Alkohol

Bier ist in Japan weit verbreitet. In Hokkaidō startete die erste Brauerei Ende des 19. Jahrhunderts, da im kühlen Norden Japans die besten Bedingungen für die Lagerung des Hopfens gegeben waren. Heute teilen sich die vier großen Brauerei-Konzerne Asahi, Kirin, Sapporo und Suntory den Markt, wenngleich winzige Brauereien, manche davon auch im südlichsten Okinawa, den regionalen Markt für sich erschließen.

In Bars und Kneipen sind die Biere meistens **frisch gezapft** oder **aus der Flasche** erhältlich. Als japanische Besonderheit muss man wohl **Bier-Mi-**

schungen mit süßen alkoholischen Getränken ansehen, wie etwa Campari-Bier oder andere Bier-Cocktails.

Sake, der japanische **Reiswein,** besitzt eine über 2000-jährige Tradition. Im Laufe der Jahre haben sich viele unterschiedliche Sake-Sorten etabliert und dem gewöhnlichen Touristen fällt die Unterscheidung sicherlich schwer. Sake besitzt zumeist in etwa 16% Alkoholanteil und kann **heiß oder kalt** getrunken werden. Um Sake selbst heiß zu machen, gibt es spezielle Sake-Flaschen, die man im Wasserbad zu Hause erwärmt. Während in Deutschland Sake ausschließlich mit Reiswein assoziiert wird, kann sich die Formulierung „Sake trinken gehen" in Japan auch auf andere alkoholische Getränke wie Bier oder Likör beziehen.

Shōchū stammt ursprünglich aus dem Süden Kyūshūs und gilt landläufig als **„starker Sake"**, der entweder aus Reis oder aus Süßkartoffeln hergestellt wird. Der Alkoholgehalt liegt bei rund 40 Prozent, und viele Japaner schwören darauf, dass Shōchū im Gegensatz zu Sake am nächsten Tag keinen schweren Kopf hinterlässt. Vormals war Shōchū das Getränk älterer Herren, doch seit wenigen Jahren gilt Shōchū als hip, auch unter jungen japanischen Frauen. Bars haben sich etabliert, die an langen Theken nur Shōchū aus Hunderten von kleineren Brennereien verkaufen, in der Preisspanne von sehr billig bis sehr teuer. Wer die Gelegenheit zu einem Besuch einer solchen Bar hat, sollte sie schon aus rein optischen Gründen nutzen.

Freude am Tag der Volljährigkeit

Feste und Feiertage

Nationalfeiertage

Die Nationalfeiertage im Überblick (fällt ein Feiertag auf einen Sonntag, so ist der darauf folgende Montag Feiertag):

- **1.–3. Januar:** Neujahr
- **2. Montag im Januar:** Tag der Volljährigkeit
- **11. Februar:** Tag der Staatsgründung
- **20. (oder 21.) März:** Frühjahrsanfang
- **29. April:** Tag der Umwelt
- **3. Mai:** Tag der Verfassung
- **4. Mai:** Brückentag zwischen zwei Feiertagen zur „Goldenen Woche"
- **5. Mai:** Tag des Kindes
- **3. Montag im Juli:** Tag des Meeres
- **3. Montag im September:** Tag des Alters
- **23. (oder 24.) September:** Herbstanfang
- **2. Montag im Oktober:** Tag des Sports und der Gesundheit
- **3. November:** Tag der Kultur
- **23. November:** Tag der Arbeit und Erntedank
- **23. Dezember:** Geburtstag des Kaisers

Feiertage, Feierlichkeiten und Festivals

Neben den offiziellen Feiertagen gibt es eine **kaum überschaubare Anzahl** an landesweiten Feierlichkeiten, regionalen Festen **(Matsuri)** und brauchtumsorientierten Zusammenkünften. Eine Auswahl findet sich hier, weitere Informationen zu den jeweiligen Matsuri stehen in den jeweiligen Regionen-Kapitel.

jap_053 oh

Januar

Neujahr (Shōgatsu): Neujahr ist das wichtigste Fest im Jahresverlauf. In der Silvesternacht und an den drei Neujahrstagen herrscht in den Schreinen, wo die Menschen um ein erfolgreiches und glückliches Jahr bitten, dichtes Gedränge. An den Neujahrsfeiertagen wird traditionellerweise nicht gekocht. Das bedeutet, dass die traditionellen Neujahrsgerichte im Vorfeld hergestellt werden müssen, oftmals reichen die Arbeiten in der Küche bis tief in die Nacht zum Neujahrsmorgen hinein.

Zu den traditionellen Gerichten an Neujahr zählt das *O-sechi ryori,* das in besonderen hölzernen und viereckigen Schachteln *(Jūbako)* dargereicht wird. Zu Neujahr kann es kleine Geschenke geben, die *Otoshi-dama.* Seit einiger Zeit sind die Geschenke vor allem zu Papierumschlägen mutiert, die Geld enthalten. Üblicherweise geben Eltern ihren Kindern die kleinen Umschläge. Später, wenn die Kinder ihr eigenes Geld verdienen, kann es auch vorkommen, dass Kinder Geldumschläge an die Großeltern übergeben.

Hausdekorationen, wie etwa die *Shime-nawa* oder *Kadomatsu,* geflochtene oder aus Stroh und Bambus gefertigte Dekorationen, werden zu Neujahr vielerorts am Hauseingang platziert.

Insgesamt variieren die Neujahrsbräuche in Japan sehr nach Region. In Kyoto gibt es am 4. Januar die **Kemari-Tradition,** die auf Rituale aus dem 10. Jahrhundert zurückgeht und bei der sich die Spieler in ihren prächtigen Heian-Kostümen in einer Art Fußball-Jonglage üben, was alljährlich viele Besucher anlockt. In Nara wird jährlich wiederkehrend am 15. Januar der **Wakakusayama-Hügel** in Flammen gesetzt, um das neue Jahr zu symbolisieren. Ebenso werden Mitte Januar in vielen Regionen Japans die Neujahrsdekorationen verbrannt, und wer noch den übrig gebliebenen Reiskuchen von Neujahr in die Flammen gibt, entgeht dem Glauben nach schweren Krankheiten im kommenden Jahr.

2. Montag im Januar: Tag der Volljährigkeit (Seijin-no-hi): Dieser Feiertag gehört allen Jugendlichen, die im zurückliegenden Jahr ihren 20. Geburtstag feiern konnten – und somit nach japanischem Recht volljährig sind, was zum Wählen, Rauchen und zum Alkoholgenuss in der Öffentlichkeit berechtigt. Die Zeremonien werden von den Stadtverwaltungen in den traditionsreichsten Schreinen oder in einfachen Turnhallen abgehalten und bieten vor allem lange Ansprachen und Grußworte der Verantwortlichen. Für junge Japaner ist dies die Gelegenheit, sich in traditionsreichen Gewändern für die Erinnerungsfotos zu präsentieren – Frauen in Kimonos, Männer in Anzügen oder in den traditionellen Mon-tsuki hakama-Gewändern.

Februar

Anfang Februar, Sapporo Schnee-Festival: Unterkünfte sollten rund 6 Monate im Voraus gebucht werden. Sehenswert sind die faszinierenden Schnee- und Eisskulpturen.

3. Februar, Setsubun: Geröstete Sojabohnen werden vor allem von Kindern aus dem Haus geworfen, zusammen mit dem Ruf „Oni wa Sōtō", was in etwa „Hinaus mit Teufel und Unglück" heißt. Zur besseren Anschaulichkeit setzt sich gelegentlich der Vater eine Teufelsmaske auf und kann von den Kindern beworfen werden. Ähnlich sind die Veranstaltungen zu verstehen, bei denen mancherorts Sumo-Ringer das dafür eingetroffene Publikum mit den gerösteten Sojabohnen bewerfen.

14. Februar, Valentinstag: Anders als bei uns verschenken am Valentinstag in Japan Frauen Schokolade an Männer (Freunde, Kollegen).

März

März bis Mai, Blütenfeste (Hanami): Pflaumenbäume beginnen mit ihrer Blüte im Februar, Pfirsichbäume folgen im März und die Kirschblüte setzt Ende März/Anfang April ein, je nach Region. In den Wettervorhersagen im Fernsehen wird dann täglich eine Kirschblütenkarte gezeigt, die für die einzelnen Orte die Ankunft der Kirschblüte voraussagt, angefangen von Okinawa bis zuletzt Hokkaidō. Zum Höhepunkt der Kirschblüte gleichen die Städte einem einzigen großen Picknick, für das sich alle Einwohner in den Parks einfinden.

- **3. März, Hina-Matsuri:** Die Hina-Puppen stellen Mitglieder des historischen japanischen Kaiserhauses dar. Zum Hina-Fest holen nun vor allem Mädchen ihre Kaiser-, Minister- und Musiker-Puppen aus ihren Schachteln und weisen ihnen einen schönen Platz im Haus zu. Jedes Mädchen besitzt gewöhnlicherweise ein Hina-Set, das ihr meistens die Großeltern bei der Geburt geschenkt haben – ein solches Set kann aus zwei (Kaiserpaar) oder aus bis zu 20 Puppen bestehen.

  In manchen Regionen Japans werden die Puppen auf Boote gesetzt, die dann wiederum im nächsten Fluss oder im Meer von der Strömung fortgetragen werden. In Tokyo, im Myōenji Tempel, werden nicht Puppen aufgestellt, sondern Mädchen selbst spielen den historischen Hofstaat und verkleiden sich in den traditionellen Kostümen.
- **14. März, White Day:** Als Gegenleistung zum Valentinstag verschenken Männer an Frauen Schokolade, selten auch Dessous.
- **20. (21.) März, Frühjahrsanfang:** Besuch von Familiengräbern und Tempeln. Vielerorts religiöse Zeremonien.

April

- **8. April, Blumenfest (Hana Matsuri):** In buddhistischen Tempeln Feiern zu Buddhas Geburtstag.
- **14./15. April, Takayama-Matsuri** des Hie-Schreins in Takayama mit einer großartigen Parade.
- **29. April, Tag der Umwelt,** vormals Feiertag zum Geburtstag Kaiser *Hirohitos:* Nach dessen Tod wurde der Feiertag umgewidmet, aber fortgesetzt, um die „Goldene Woche" zu erhalten.
- **29. April bis 5. Mai, Goldene Woche:** Die Reihe nationaler Feiertage am Stück ist in Japan unter dem Anglizismus „Golden Week" bekannt. Neben Mitte August und der Zeit rund um Neujahr ist dies die Hauptreisezeit für Japaner, sodass touristische Zentren hoffnungslos überlaufen sind.

Mai

- **5. Mai, Tag des Kindes:** Früher hieß der Tag des Kindes „Jungentag", doch nach dem 2. Weltkrieg hat sich auch hier die offizielle Gleichberechtigung durchgesetzt, sodass der Feiertag offiziell als Kindertag begangen wird – wenngleich nach wie vor der 5. Mai eher den Jungen vorbehalten ist und für Mädchen der schon erwähnte 3. März vorgesehen ist. Dementsprechend wird man am 5. Mai eher aufgebautes Jungen-Spielzeug finden: Historische Waffen, Samurai und Schlachtfelder sind hier das Äquivalent. Öffentlich flattern an vielen Masten Karpfenbanner *(Koi Nobori)* aus Stoff im Wind: Die Karpfen sollen männliche Tugenden verkörpern.
- **17.–18. Mai, Festival des Tōshōgū-Schreins** in Nikkō mit einer Prozession von über 1000 Männern in historischen Kriegsgewändern.

Juni

- **Geschenksaison (Chūgen):** Die halbjährlichen Pflichtgeschenke werden an Personen verteilt, denen man Dank oder Respekt schuldet. Vor allem ein Feiertag für die Department Stores.

Juli

- **Juli und August, Sommer-Festivals:** Im Sommer ziehen farbenfrohe und prunkvolle Paraden durch die Straßen vieler japanischer Städte. Das berühmteste Fest ist **Kyotos Gion Matsuri,** das auf eine lange Tradition zurückblickt und das vor allem am 16. und 17. Juli die Straßen Kyotos füllt.

In Küstenregionen können die Paraden auch ins Meer verlagert sein – beispielsweise am **Samukawa-Schrein** in der Präfektur Kanagawa, wenn mehr als 30 kleine Schreine von vielen Männern durch das Wasser bewegt werden.

August

- **13.–16. August, Obon-Fest:** Nach buddhistischer Tradition kehren einmal im Jahr die Seelen der Verstorbenen zu einem Besuch nach Hause zurück, wo sie mit einem kleinen Feuer empfangen werden. Das ist der Grund, warum am Abend des 13. August in vielen Städten, vor allem auf Anhöhen und Hügeln, kleine Feuer entfacht werden. Für die buddhistischen Mönche ist die Zeit zwischen dem 13. und 16. August eine arbeitsreiche, werden sie doch in viele japanische Häuser gebeten, um am buddhistischen Altar ein Sutra zu lesen. Am 16. August werden dann Abschiedslichter entzündet, um die Seelen der verstorbenen Verwandten wieder in die andere Welt zu entlassen, mancherorts lässt man Lampions zu Wasser. Üblicherweise haben japanische Unternehmen am Obon-Fest geschlossen. Besonders in Kyoto ist das Entzünden der Feuer in den umliegenden Bergen ein Spektakel, bekannt als **Daimonji.** Das Fest startet am 16. August um 20 Uhr, die besten Aussichtspunkte für das Festival finden sich im Kyoto-Kapitel.

September

- **23. (24.) September, Herbstanfang:** Wie zum Frühjahrsanfang Besuch von Familiengräbern und Tempeln.

Oktober

- **Anfang des Monats, Tokyo-Fest:** Zahlreiche Umzüge und farbenprächtige Veranstaltungen.
- **Mitte Oktober, Nagoya-Festival:** Prozessionen in Kostümen aus der Feudalzeit.
- **Mitte Oktober bis Mitte November, Chrysanthemen-Ausstellungen** in Tokyo, Meiji-Schrein und Asakusa-Kannon-Tempel.

November

- **15. November, Shichi-go-san,** das Fest für die drei, fünf- und siebenjährigen Kinder: Diese dürfen in Begleitung ihrer Eltern zum Schrein, die Schreinglocken werden geläutet und Priester bitten um Gesundheit und Erfolg für die Kleinen.

Dezember

- **24. und 25. Dezember, Weihnachten:** Weihnachten ist kein Feiertag in Japan. Trotzdem – nur rund ein Prozent der japanischen Bevölkerung kann dem Christentum zugerechnet werden – ist Weihnachten sehr populär. Dementsprechend finden sich spätestens ab November allerorts Weihnachtsdekorationen und amerikanische Weihnachtslieder erklingen.

Weihnachten gehört in Japan eher den Paaren und Verliebten, nicht so sehr der Familie, deren Fest Neujahr ist. So kann es passieren, dass an Weihnachten Love Hotels oder die teuren Menügänge in Restaurants schon viele Monate vorher ausgebucht sind.

Weihnachten liegt für japanische Verhältnisse eher ungünstig – denn die Neujahrsvorbereitungen nehmen einige Tage in Anspruch, sodass auch bereits in der Nacht vom 24. auf den 25. Dezember viele Weihnachtsdekorationen in den Schaufenstern verschwinden und Neujahr thematisiert wird. Trotz alledem ist Weihnachten für den japanischen Einzelhandel das wichtigste Geschäft im Jahr. In vielen Häusern gibt's Weihnachtsschmuck oder Plastik-Weihnachtsbäume. Traditionellerweise legen Eltern ihren Kindern die Weihnachtsgeschenke nachts neben das Kopfkissen, sodass sich jedes japanische Kind besonders auf das Erwachen am 25. Dezember freut.

- **15.–31. Dezember, Vorbereitungen für Neujahr:** Für die meisten japanischen Arbeiter und Angestellten beginnen die Neujahrsferien um den 27. Dezember und dauern bis zum 4. Januar; in dieser Zeit ist außer im Service- und Gastrogewerbe kaum jemand arbeitend anzutreffen. Dann kehren die meisten zu ihren Eltern oder Familien zurück, einige nutzen die freien Tage zum Kurzurlaub. Die Vorbereitungen für das Neujahrsfest umfassen vor allem den Hausputz, der sich nicht selten über Tage erstreckt. Federführend ist hier die Mutter im Haus und auch von erwachsenen Töchtern wird in der Regel erwartet, dass sie sich zu Hause einfinden und am Putz teilhaben.

Eine weitere aufwendige Vorkehrung ist das Schreiben der Neujahrsgrußkarten. Nicht selten verschicken und erhalten Familien zwischen 50 und 100 Karten. Die japanische Post garantiert die Auslieferung am Neujahrstag, sofern die Karten bis Mitte Dezember abgegeben wurden.

Fotografieren

Natürlich findet man in Japan alles, was man für analoges und digitales Fotografieren benötigt, wenngleich man im Heimatland von Canon & Co. keine günstigeren Preise als hierzulande erwarten sollte. Im Gegenteil, vor allem frisch herausgebrachte Produkte können sogar **teurer** sein.

Das **Verhältnis der Japaner zur Fotografie** ist eher als unkompliziert zu bezeichnen, sodass auch Schnappschüsse oder Porträts von und mit Japanern kein Problem darstellen sollten. In öffentlichen Gebäuden, Firmen, Kaufhäusern und in einigen Museen dagegen ist Fotografieren verboten, und daran sollte man sich auch halten.

Hygiene

Das **Trinkwasser** in Japan ist genießbar und sicher, vom Geschmack her jedoch gewöhnungsbedürftig. Mineralwasser aus Japan und dem Ausland ist in jedem Supermarkt oder Convenience Store erhältlich.

Zwei WC-Arten trifft man in Japan an: Toiletten im westlichen und im japanischen Stil. Die **westlichen Toiletten** sind dabei oft ein Wunderwerk der Technik, wie man es noch nicht gesehen hat: Nicht nur dass der Toilettensitz individuell beheizbar ist, oft findet man jede Menge nützliches wie unnützliches Zubehör; das reicht vom Bidet bis zum eingebauten Radio. Man wird eine Zeit lang benötigen, um all die verschiedenen Funktionen herauszufinden. Die traditionellen **japanischen Toiletten** sind Stehtoiletten, bei denen man sich über die ovale Bodenöffnung in Hockstellung begibt. Eine Trennung von Damen- und Herrentoilette gibt es nicht immer.

Japan zu Hause – Touristen besuchen ganz normale Familien

Nichts ist wohl spannender, als in Japan auch einen **Blick „hinter die Kulissen"** zu werfen. Denn das Leben an Flughäfen, Bahnstationen, Touristenorten und Fußgängerzonen ist oft ein ganz anderes, als es sich für den einheimischen Normalbürger darstellt. Im Rahmen des Programms **„Home Visit"** kann man als Tourist Familien zu Hause besuchen, zumeist für einen Tee am Nachmittag oder in den frühen Abendstunden. Die Familien sprechen meistens etwas Englisch und das ganze System beruht auf Freiwilligkeit. Das Programm ist **in vielen Städten** verfügbar, man sollte ein Organisationsbüro aufsuchen und den Verantwortlichen mindestens 2–3 Tage Zeit geben, um einen Besuch bei einer Familie zu arrangieren. Mehr Hinweise dazu in den einzelnen Kapiteln der Regionen oder einfach in der jeweiligen Touristeninformation vor Ort nachfragen.

- **Kyoto City International Foundation,** Information Section, 2-1 Torii-chō, Awataguchi, Sakyō-ku, Kyoto 606-8436, Tel. (075) 752-3511. www.kcif.or.jp.
- **Hiroshima Peace Culture Foundation,** International Exchange Lounge, Erdgeschoss International Conference Center Hiroshima im Peace Memorial Park, Tel. (082) 247-9715.
- **Nagoya International Center,** 3F, Nagoya Kokusai Center Bldg. 1-47-1 Nagono, Nakamura-ku, Nagoya, Aichi 450-0001, Tel. (052) 581-0100, www.nic-nagoya.or.jp.
- **Ōtsu International Goodwill Association,** International Affairs Division, Ōtsu City Büro, 3-1 Goryō-chō, Ōtsu, Shiga 520-8575, Tel. (077) 525-4711.
- **Narita Tourist Information Center,** 1F, Passenger Terminal 2 Bldg., Narita Flughafen, Tel. (0476) 34-6251.
- Wie so oft in Japan, wurde inzwischen der freiwillige Service auch als Geschäftsmodell umgesetzt: auch die Firma **Homestay** in Japan bietet diese Aufenthalte an: www.homestay-in-japan.com.

jap_059 oh

Informations-stellen

Tourist Information Center (TIC)

Wichtigste und beste Informationsquelle vor Ort ist die **Japan National Tourist Organisation (JNTO),** die in jeder größeren Stadt Japans mit einem Tourist Information Center (TIC) vertreten ist.

Während man in den einzelnen TICs Informationen zur jeweiligen Stadt bekommt, liefert die JNTO-Zentrale in Tokyo Infos zu allen Regionen und Städten. Diese Gelegenheit sollte man sich nicht entgehen lassen.

- **Tourist Information Center (TIC),** Erdgeschoss, Shin-Tokyo Bldg., 3-3-1, Marunouchi, Chiyoda-ku, Tokyo 100-0005. Ganzjährig von 9 bis 17 Uhr geöffnet außer 1. Januar. 5 Minuten von Yūrakuchō Exit D3, D5/JR Yūrakuchō International Forum Exit (siehe Karte Zentral Tokyo), Tel. (03) 3201-3331, www.jnto.go.jp. Freies WLAN gibt es hier auch.
- Die deutsche Dependance von JNTO ist die **Japanische Fremdenverkehrszentrale** in Frankfurt/Main, Kaiserstraße 11, Tel. (069) 203 53.
- Die meisten Städte und Regionen haben dazu noch ihre eigenen **Tourismusbüros.** Speziell durch die Visit Japan-Kampagne ist die Zahl dieser regionalen Tourist Information Center in den letzten Jahren rasant gestiegen. Kontaktinformationen gibt es hier im Buch in den einzelnen Kapiteln zu den Regionen.

jap_061 oh

Japan – ein kinderfreundliches Land

Internet-Cafés

Internet-Cafés gibt es kaum noch in Japan – jeder ist mit Handy und Smartphone unterwegs, und viele Convenience Stores bieten **freies WLAN** an.

Mit Kindern unterwegs

In Japan gelten Kinder als **„kleine Götter“** und dementsprechend kann man sich bei seiner Reise mit Kindern auf breite Unterstützung und Angebote einstellen. Auch wenn die Geschichten übertrieben sind, dass Senioren im Bus aufstehen, um Kindern einen Sitzplatz anzubieten, so erkennt man vielerorts doch die Wertschätzung. Vor allem **Mu-**

Konfektionsgrößen

Schuhgrößen Damen

Europa	Japan
36	23
37	23,5
38	24,5
39	25,5
40	26

Schuhgrößen Herren

Europa	Japan
39	25
40	25,5
41	26
42	26,5
43	27
44	28
45	29

Damenkleidung

Europa	Japan
36	7
38	9
40	11
42	13
44	15
46	17
48	19
50	21

Herrenkleidung

Europa	Japan
44/46	S
48/50	M
52/54	L
56	LL

Oberhemden: wie in Europa

seen stellen das pädagogische Prinzip oft über alles andere, sodass sich auch in Geschichts- oder Wissenschaftsmuseen viele Stationen zum Ausprobieren und Spielen finden, die kindgerechtes Erleben und Lernen ermöglichen.

Freizeit- und Vergnügungsparks sind weit gestreut, man findet sie auf extra dafür errichteten Inseln, im Stadtgebiet auf Hochhäusern, bei den Outlet-Malls oder in den Vororten, jedenfalls sind sie in ihrer Fülle kaum zu überbieten. Die Eintrittspreise für Kinder betragen in der Regel die Hälfte der regulären Eintrittsgebühr. Die beiden größten Vergnügungsparks Japans sind das **Tokyo Disneyland** und das **Universal Studio Japan** in Osaka.

Kleidung

So uniformiert das japanische Geschäftsleben aussieht und auch tatsächlich ist, so **individuell und zwanglos** gestaltet sich das Leben abseits davon. Bei Club- und Diskotheken-Besuchen sind alle Varianten möglich und niemandem wird der Eintritt aufgrund der falschen Kleidung verwehrt. Eine falsche Kleidung gibt es hier nicht. Das Gleiche trifft auf Konzert- und Theaterveranstaltungen zu, bei denen man die meisten Besucher in Alltags- und Straßenkleidung antrifft. Die **Alltagskleidung** wiederum ist jedoch ausgesprochen modisch, was man vor allem in den Städten feststellen wird. Man kleidet sich gerne chic, und nicht umsonst sind die großen Mode-Labels der Welt in den Städten vielfach vertreten.

Für Japan eignen sich grundsätzlich **Schuhe,** die man ohne großen Aufwand an- und ausziehen kann, da Privatwohnungen, Tempel und Lokale mit Tatami (s.u.) nicht mit Schuhen betreten werden.

Lernen und Arbeiten, Kurse

In Japan macht sich seit einigen Jahren eine Tendenz breit, die als **„experimenteller Tourismus"** beschrieben werden kann. Reiseanbieter haben erkannt, dass es (nicht nur für japanische Touristen) nicht mehr genügt, Sehenswürdigkeiten abzuarbeiten, sondern dass der Tourist mehr und mehr mit eingebunden werden will. Dies hat Auswirkungen auf die angebotenen Seminare und Kurse, von denen auch ausländische Touristen profitieren (manche sind auch speziell für Ausländer konzipiert). An erster Stelle sind die Seminare und **Kurse in Zen-Buddhismus** zu erwähnen, die viele Besucher nach Japan locken. Darüber hinaus bieten viele Handwerks- und Volkskundemuseen in den Städten **handwerkliche Kurse** an, bei denen man beispielsweise Keramiken fertigen kann und Einblicke in traditionelle japanische Techniken der Handwerkskunst bekommt.

Sprachkurse und Schulen

Der **Markt** für Sprachkurse in Japan ist **kaum durchschaubar,** in jedem englischsprachigen Magazin der jeweiligen Stadt finden sich viele Angebote. Erster Anlaufpunkt können neben den Magazinen die Informationszentren der Stadt sein, die in ihren Angeboten deutlich billiger als private Anbieter sind. Dort finden sich auch meistens Pinnwände mit Anzeigen, in denen japanische Studenten einen Sprachaustausch anbieten, also zum Beispiel Japanisch gegen Englisch. Das Nihongo Journal und die Hiragana Times sind hilfreiche Begleiter für den Einstieg in die japanische Sprache.

Arbeiten in Japan

Für Personen mit geringen japanischen Sprachkenntnissen sind die Arbeitsmöglichkeiten entsprechend rar. Die meisten der in Japan berufstätigen Ausländer sind als **Sprachlehrer** beschäftigt. Der Markt der (privaten) Sprachschulen boomt. Der größte Bedarf herrscht zweifelsohne an Englischlehrern (nur Muttersprachler), daneben trifft man aber auch immer wieder auf Jobangebote für Deutschlehrer.

Working Holidays

„Working Holidays" ist das zwischen Japan und Deutschland vereinbarte **Austauschprogramm,** das allen Jugendlichen zwischen 18 und 30 Jahren den Aufenthalt in Japan bis zu 12 Monate ermöglicht. Das **Working Holiday Visum** ist rechtzeitig vor Reiseantritt, also mindestens 2 Wochen vorher, zu beantragen. Mit dem Visum kann in Japan einer Beschäftigung nachgegangen werden.

Einzelheiten zu den Formalitäten oder Anlaufstellen für die Jobsuche gibt's bei der Botschaft oder bei den Beratungsstellen der **Japan Association for Working Holiday Makers.** Es gibt Beratungsstellen in Tokyo, Osaka, Nagoya, Fukuoka und Okinawa. Ausländische Besucher müssen sich zuerst an das Büro in Tokyo wenden, um dann alles Weitere zu planen.

- **Japan Association for Working Holiday Makers,** Büro Tokyo: 507 Shinagawa station Bldg., 1-3-3 Nishishinjuku, Shinjuku-ku, Tokyo 160-0023, Tel. (03) 6304-5858, Fax (03) 6745-1562, Mo–Fr 10–18 Uhr, ww.jawhm.or.jp/eng.

Maße und Gewichte

In Japan gelten grundsätzlich die **gleichen Maße** wie bei uns, lediglich bei den Schuhgrößen (siehe Infokasten „Konfektionsgrößen“) ist eine Umrechnung unumgänglich. Für Kleidung gibt es traditionelle japanische Maße (Damen-Konfektionsgröße 38 ist umgerechnet die Größe 9 in Japan), jedoch werden diese Angaben immer unüblicher und stattdessen findet man die Angaben S, M oder L. Die S/M/L-Größen fallen dabei kleiner aus, als man das in Europa gewohnt ist.

Als besondere Maßeinheit findet sich bei der Wohnungssuche die Angabe in **Tatami (Reisstrohmatten).** Ein *6-jō* ist dementsprechend ein Zimmer, das die Größe von sechs Tatami-Matten besitzt.

Medizinische Versorgung

Japan verfügt über eine **hohe Qualität** der medizinischen Versorgung, die Standards sind mit den unseren vergleichbar. Viele Ärzte verstehen Grundbegriffe auf Englisch, in den Uni-Kliniken öfters auch auf Deutsch. Bei JNTO gibt es eine Liste mit deutsch- und englischsprachigen Krankenhäusern in verschiedenen Städten.

Krankenhäuser in Tokyo mit Hilfe auch auf Deutsch

- **The University of Tokyo Hospital** (Tōdai Byōin), 7-3-1 Hongo, Bunkyō-ku, Tokyo 113-8655, Tel. (03) 3815-5411, www.h.u-tokyo.ac.jp.
- **Tokyo Medical and Dental University Hospital,** 1-5-45 Yushima, Bunkyo-ku, Tokyo 113-8510, Tel. (03) 3813-6111, www.tmd.ac.jp/medhospital/english.
- **Tokyo Medical University Hospital,** 6-7-1 Nishi-Shinjuku, Shinjuku-ku, Tokyo 160-0023, Tel. (03) 3342-6111, http://hospinfo.tokyo-med.ac.jp/english/.

Internationale Krankenhäuser in Tokyo

- **St. Luke's International Hospital (Seiroka Byōin),** 9-1 Akashicho, Chūō-ku, Tokyo 104-8560, Tel. (03) 3541-5151, www.luke.or.jp.
- **Internationales Rotes Kreuz-Zentrum (Nihon Sekijujisha Iryo Center),** 4-1-22 Hiroo, Shibuya-ku, Tokyo 150-8935, Tel. (03) 3400-1311.

■ **Internationales katholisches Krankenhaus (Seibo Byōin),** 2-5-1 Naka-Ochiai, Shinjuku-ku, Tokyo 161-8521, Tel. (03) 3951-1111.

Die **Kosten für eine Behandlung** im Krankenhaus können sich sehr schnell addieren, sodass man vor der Reise einen Auslands-Krankenversicherungsschutz mit Rückholversicherung abschließen sollte (siehe „Vor der Reise/ Versicherungen").

Apotheken

Hat man vom Arzt ein Rezept verschrieben bekommen, geht man damit wie gewohnt in eine Apotheke (Öffnungszeiten normalerweise 10–20 Uhr). Dort bekommt man auch rezeptfreie Medikamente wie Aspirin etc. Nicht rezeptpflichtige Medikamente erhält man auch in **Drogerien,** die sich oftmals in der Nähe des Bahnhofs befinden und länger geöffnet haben. Die Preise für Arzneimittel sind mit den unserigen vergleichbar.

Ärzte

Nähere Informationen zu deutsch- und englischsprachigen Ärzten gibt's bei den Botschaften und Konsulaten.

Nachtleben

Jede größere Stadt verfügt über ein Viertel mit ausgeprägtem Nachtleben, vom legalen Vergnügen hin bis zum illegalen. Vor allem in Tokyo und Kyoto darf man **alle Facetten und Spielarten** erwarten. Das Nachtleben beginnt in den frühen Abendstunden.

Vergnügungsviertel

Die japanischen Vergnügungsviertel bieten neben den üblichen Bars, Restaurants und Clubs auch einige **japanische Besonderheiten.** Dazu zählen mit Sicherheit die außergewöhnlich verbreiteten **Karaoke-Bars.** Jeder, der sich länger in Japan aufhält, wird kaum um einen Karaoke-Besuch herumkommen, zumindest bekommt man von irgendjemand immer eine Einladung. So drängen sich dann allabendlich Studentengruppen, Mittelstufenschülerinnen oder Geschäftsleute in den Karaoke-Bars. Jede Gruppe bekommt ihren eigenen Raum und kann dort mit allerlei technischem Zubehör Stimmen verzerren, sich selbst auf den Bildschirm einblenden und natürlich laut in Mikrofone singen.

Geishas

Geishas stehen für die **hohe Kunst der traditionellen japanischen Unterhaltung.** In einer langjährigen Ausbildung erlernen sie Gesang, Tanz, die *Shamisen* (Saiteninstrument) und natürlich auch die Teezeremonie, um in einer anmutigen Ausführung die Gäste zu unterhalten.

Geishas gehören zum traditionellen Japan-Bild wie Kirschblüte oder Sushi, und für viele Ausländer lässt der Anblick einer Geisha das Gefühl aufkommen, ganz in Japan angekommen zu sein. Kimonos, Holzsandalen, schwarze Perücken mit kunstvollen Frisuren und das

Pachinko

Pachinko ist für Japaner eine Wissenschaft für sich – für Touristen meistens auch, und zwar eine unverstandene. **Pachinko-Hallen** erkennt man entweder an den Warteschlangen davor oder am ohrenbetäubenden Lärm und Klappern, das aus den Hallen kommt. **Hunderte von Automaten** drängen sich dicht an dicht wie in einer Spielhalle.

Die japanische Erfindung Pachinko mit einem senkrechten Flipper oder einem Geldspielautomaten zu vergleichen, kommt der Sache nur ansatzweise nahe. Der Spieler kauft zu Beginn einige Hunderte **Metallkugeln,** die er oben in den Automaten gibt. Die Kugeln fallen durch labyrinthartige Nägel und Stifte nach unten, wobei der Spieler mit einem Regler die Geschwindigkeit steuern kann. Idealerweise steuern die Spieler die Kugeln so, dass diese unten in Speziallöcher fallen – was wiederum Kugelnachschub oder andere Bonifikationen auslöst. Gewinner erkennt man also an vielen Schalen mit Metallkügelchen, die an der Kasse offiziell gegen **Sachpreise** eingelöst werden, da in Japan Geldspielverbot herrscht. Die Sachpreise können an der nächsten Ecke jedoch bei spezialisierten Händlern versilbert werden.

Pachinko nur als Hobby zu bezeichnen, ginge nicht weit genug. Die Zahl der **Berufspachinkospieler** wird auf etwa 50.000 geschätzt, die mit Pachinko ihr Geld verdienen oder zumindest angeben, es damit zu verdienen. Angaben darüber, wie viele Menschen sich mit Pachinko ruiniert haben und wie viele der Sucht zum Opfer gefallen sind, finden sich seltener. Fest steht jedenfalls, dass es neben Glück wohl auch einer Portion an **Technik** bedarf. Die Automaten, die den regelmäßigen Spielern zufolge mehr Gewinne ausschütten als andere, sind deswegen sehr belegt. Deshalb kann es sein, dass einige Automaten in der Spielhalle frei sind, gleichzeitig Spieler aber an einem bestimmten Automaten anstehen. Das ist in Pachinko-Hallen völlig normal.

Japaner geben **jährlich** die unglaubliche Summe von **250 Milliarden Euro** für Pachinko aus. Die Spielhallen sind vor allem abends und an Wochenenden gut gefüllt, Pachinko wird von Frauen wie Männern gleichermaßen gespielt.

ganz in Weiß geschminkte Gesicht bestimmen das **Erscheinungsbild** der Geishas. Der wohl noch immer nicht ganz ausgeräumte Irrglaube im Westen, bei Geishas handele es sich um Prostituierte, steht dem **Ansehen** der Geishas in Japan diametral entgegen: Die Unterhaltungskünstlerinnen genießen eine sehr große gesellschaftliche Wertschätzung.

Eine Geisha oder **Maiko** (eine Geisha in Ausbildung) zu Gesicht zu bekommen, ist indes nicht so ganz einfach. Um einen **Geisha-Abend** zu buchen, muss man normalerweise einen japanischen Fürsprecher vorweisen, der den Kontakt herstellt. Die Preise für eine Abendunterhaltung beginnen bei ungefähr 90.000 Yen, steigern sich aber leicht auf ein Vielfaches. Bei den vielen vermeintlichen „Geishas“, die man in den Städten an Sehenswürdigkeiten antrifft, handelt es sich übrigens fast immer um japanische

Touristinnen, die sich einen Tag lang von einem Veranstalter als Geisha/Maiko kleiden und sich so vor den Sehenswürdigkeiten der Stadt fotografieren lassen. Trotzdem gibt es auch für Touristen Möglichkeiten, authentische Geishas zu erleben. Nähere Informationen finden sich im Kyoto-Kapitel. Seit dem 18. Jahrhundert ist das **Gion-Viertel** in **Kyoto** das Zentrum der Geisha-Kultur.

Hostess-Clubs

Hostess-Clubs sind **fester Bestandteil des japanischen Geschäfts- und Nachtlebens.** Die Clubs finden sich an jeder Ecke des Ausgehviertels, oft auch in der Nähe des Bahnhofs, damit es Geschäftsleute nicht allzu weit zwischen der Bar und dem letzten Zug nach Hause haben.

Hostessen werden gerne als **moderne Geishas** bezeichnet: Sie dienen der abendlichen Unterhaltung. Viele (japanische) Geschäftsleute nehmen diesen Service in Anspruch, bei teuren Getränken wenigstens einmal am Tag von sich selbst erzählen zu können und mal mit einer anderen Frau zu kommunizieren als mit der eigenen Sekretärin.

Das tägliche Geschäft der Hostessen sieht also vor allem das lockere Plaudern, ein leichtes Flirten und das Eingießen von Drinks vor. Sex gehört nicht zur Dienstleistung. Als Hostess zu arbeiten ist **nicht anrüchig,** Teilzeit arbeitende Studentinnen finden sich in den Bars ebenso wie verheiratete Frauen. Natürlich gibt es auch Beispiele, dass Hostess und Gast noch andere (über den Club hinausreichende) Absprachen treffen, was von allen anderen als rufschädigend und unprofessionell empfunden wird.

jap_065 oh

Host-Club für Frauen

In der Nähe der Hostess-Clubs haben **Geschäfte** bis weit in die Nacht geöffnet: Es gilt als angemessen, dass der Gast seiner Hostess **Geschenke** macht, je teurer umso besser. Die Geschenke können bei Blumen beginnen, Designer-Taschen beinhalten oder auch mal bis zum Auto reichen – jeder Club führt eine Rangliste, welche Hostess die kaufkräftigsten und spendabelsten Kunden in den Club lockt. Manchmal hängt diese Rangliste auf einer Liste vor den Clubs aus.

Übrigens gibt es die gleiche Variante auch umgekehrt: **männliche Hostessen.** Hier sind also die Kunden Geschäftsfrauen und es obliegt den schön gestylten Männern, die Frauen zu unterhalten. Es gelten die gleichen Spielregeln.

jap_066 oh

Rotlichtviertel („Fūzoku-gai")

Vergnügungs- und Rotlichtviertel (in Japan „Fūzoku-gai" genannt) gehen Hand in Hand. **Prostitution** ist offiziell verboten, jedoch gibt es sie in allen Varianten in jeder größeren Stadt. Die ausländischen Mädchen kommen in den letzten Jahren vermehrt aus Südostasien und aus Russland – letztere werden dann oft als „exotic western girls" angeboten. Prostitution ist fest in der Hand der Yakuza, so heißt es. Der Straßenstrich ist dabei ebenso üblich wie Sex-Etablissements, die auf Tafeln mit Bildern außen erkennen lassen, was/wen man drinnen erwarten darf.

In **Tokyo** zum Beispiel hat die Stadtregierung gerade dem traditionellen Nacht- und **Rotlichtviertel Kabuki-chō** in Shinjuku den Kampf angesagt, damit verlagert sich die Szene gerade in andere Bezirke.

Notfälle

Diplomatische Vertretungen in Japan

Von Deutschland

- **Tokyo:** German Embassy, 4-5-10 Minami-Azabu, Minato-ku, Tel. (03) 5791-7700 und in dringenden Notfällen außerhalb der Dienstzeiten Tel. (090) 1708-4823, www.tokyo.diplo.de (mit Links zu allen deutschen Konsulaten in Japan).
- **Osaka:** German General Consulate, Umeda Sky Building Tower East, 35. Stock, 1-1-88-3501, Oyodonaka, Kita-ku, Tel. (06) 6440-5070.
- **Okinawa:** German Honorary Consulate, Nakagami-gun Nishihara Jiko-chi 586-15, Tel. (098) 945-7678.
- **Fukuoka:** German Honorary Consulate, c/o Saibu Gas Co. Ltd., 1-17-1 Chiyo, Hakata-ku, Tel. (092) 633-2211.
- **Nagoya:** German Honorary Consulate, c/o Chubu Electric Power Co. Inc., Toshin-chō 1, Higashi-ku, Tel. (052) 951-8211.
- **Sapporo:** German Honorary Consulate, Sapporo Factory, Frontier Building 3 F, Higashi 4-8-1, Kita 1, Chuo-ku, Tel. (011) 251-4174.
- **Sendai:** German Honorary Consulate, YURTEC, 4-1-1 Tsutsujigaoka Miyagino-ku, Tel. (022) 296-2111.

Von Österreich

- **Tokyo:** Austrian Embassy, 1-1-20 Moto Azabu, Minato-ku, Tel. (03) 3451-8281. Bei dringenden Notfällen (090) 4600-0148, www.bmeia.gv.at/tokio.
- **Hiroshima:** Austrian Honorary Consulate, c/o Hiroshima Home Television Co. Ltd., 19-2 Hakushima Kita-machi, Naka-ku, Tel. (082) 221-4964.

- **Osaka:** Austrian Honorary Consulate, c/o Ueno Fine Chemicals Industry Ltd., 2-4-8 Koraibashi, Chuo-ku, Tel. (06) 6202-3177.
- **Nagoya:** c/o Toyota Motor Corporation, 4-7-1 Meieki, Nakamura-ku, Tel. (052) 527-8562.

Von der Schweiz

- **Tokyo:** Swiss Embassy, 5-9-12 Minami-Azabu, Minato-ku, Tel. (03) 5449-8400.
- **Osaka:** Meiji Yasuda Seimei Osaka Umeda Bldg., 14. Stock, 3-20, Umeda 3-chome, Kita-ku, Tel. (06) 4797-2399.

Diebstahl, Verlust und andere Notfälle

Wird der **Reisepass oder Personalausweis im Ausland gestohlen,** muss man dies bei der örtlichen Polizei melden. Darüber hinaus sollte man sich an die nächste diplomatische Auslandsvertretung seines Landes wenden (s.o.), damit man einen Ersatz-Reiseausweis zur Rückkehr ausgestellt bekommt (ohne kommt man nicht an Bord eines Flugzeuges).

Auch in **dringenden Notfällen,** zum Beispiel medizinischer oder rechtlicher Art, sind die Auslandsvertretungen bemüht, vermittelnd zu helfen.

Bei **Verlust oder Diebstahl der Kreditkarte** sollte man diese umgehend sperren lassen. Für deutsche Karten gibt es die einheitliche **Sperrnummer 0049 116 116** und im Ausland zusätzlich 0049 30 4050 4050. Österreicher und Schweizer sollten sich für ihre MasterCard, VISA-, American Express- oder Diners Club Karte vor der Reise **die Rufnummer der kartenausstellenden Bank** notieren.

Geldnot

Wer dringend eine größere Summe ins Ausland überweisen lassen muss, kann sich auch nach Japan über Western Union Geld schicken lassen. Für den Transfer muss man die Person, die das Geld schicken soll, vorab benachrichtigen. Diese kann das Geld via **www.westernunion.de** online über ihr Bankkonto versenden oder muss bei einer Western-Union-Vertretung (in Deutschland u.a. bei der Postbank) ein entsprechendes Formular ausfüllen und den Code der Transaktion telefonisch oder anderweitig übermitteln. Mit dem Code und dem Reisepass geht man zu einer beliebigen Vertretung von Western Union in Japan (s. im Telefonbuch oder unter www.westernunion.de „Vertriebsstandort suchen"), wo das Geld nach Ausfüllen eines Formulares binnen Minuten ausgezahlt wird. Je nach Höhe der Summe muss der Absender eine Gebühr zahlen (2000 € nach Japan kostet 75,50 € Gebühr).

Notrufnummern in Japan

- **Polizei:** 110
- **Notarzt, Krankenwagen, Feuerwehr:** 119

Beide Nummern sind kostenfrei. Bei den grauen Telefonen einfach den Hörer abnehmen und wählen; bei den grünen Telefonen den Hörer abnehmen und den roten Knopf vor dem Wählen drücken (siehe auch „Telefonieren").

- **Japan Helpline:** kostenlose Telefon-Hotline rund um die Uhr in Englisch, Tel. (0120) 461-997.
- **AMDA International Medical Information:** Tel. (03) 5285-8088 (Tokyo), Tel. (06) 4395-0555 (Osaka).
- **Service-Telefon der Polizei für Ausländer:** Tel. (03) 3503-8484.

- **Tokyo Metropolitan Traffic Accident Advisory Center** (in Japanisch), Tel. (03) 5320-7733.

Öffnungszeiten

Offizielle Geschäftszeiten

- **Banken:** Mo bis Fr 9–15 Uhr, Sa, So sowie feiertags geschlossen.
- **Post:** Mo bis Fr 9–17 Uhr, Sa, So sowie feiertags geschlossen; Hauptpostämter und große Postfilialen (meist in der Nähe der Hauptbahnhöfe) können auch sonn- und feiertags oder sogar 24 Std. geöffnet haben.
- **Department Stores:** Mo bis So sowie feiertags 10–20 Uhr.
- **Geschäfte:** Mo bis So sowie feiertags 10–20 Uhr.
- **Museen:** Mo bis So sowie feiertags 10–17 Uhr; Museen sind oftmals montags geschlossen, bzw. dienstags, wenn ein Feiertag auf den Montag fällt. Dieses Prinzip gilt meist auch für andere Tage, sodass – falls der eigentliche Ruhetag ein Feiertag ist – der darauffolgende Tag in jener Woche zum Ruhetag wird.
- **Behörden:** Mo bis Fr 9–17 Uhr, Sa, So sowie feiertags geschlossen.
- **Convenience Stores:** Mo bis So sowie feiertags 24 Stunden.

jap_069 oh

Wichtiger Hinweis!

Vom 28. Dezember bis 3. Januar sollte man darauf gefasst sein, dass **fast alles geschlossen** ist. Dazu zählen auch Touristeninformationen, Museen, Tempel etc.!

Orientierung

Adressangaben stellen immer eine Herausforderung dar – für ortsansässige Japaner gleichermaßen wie für weitgereiste Touristen. Oberste Regel: Nur mit der Adressangabe wird man die gewünschte Lokalität kaum finden.

Das liegt daran, dass japanische Häuser **keine Hausnummern** haben. Erschwerend kommt hinzu, dass die meisten **Straßen keine Namen** haben, nur die wirklich großen Straßen bilden hier die Ausnahme.

Geschäfte haben in Japan sieben Tage die Woche geöffnet

Japaner greifen bei der Suche gern auf das Handy zurück: Man ruft an, um sich den **Weg anhand von lokalen Details** beschreiben zu lassen. Dies macht man bei der Suche nach Restaurants und Clubs ebenso wie bei Privatadressen. Dann geht man also zum Beispiel „nach dem Convenience Store links“ oder „an der zweiten Ampel rechts“.

Empfehlenswert ist immer – wenn möglich – eine **Skizze,** da man diese auch dem nächsten Taxifahrer in die Hand drücken kann. Nur mit der Adresse hat auch der Taxifahrer wenig Chancen. Immerhin kann dieser meist in perfektem Japanisch dort anrufen und sich nach der Lage erkundigen.

Internetkartendienste, wie etwa **Google Maps,** funktionieren auch für japanische Adressen immer besser. **Kleiner Tipp:** Wer die Adresse mit der westlichen Reihenfolge – also zuerst Straße, Hausnummer (Bezirkscode), dann Stadt – keinen Erfolg hat, sollte es mal umgekehrt mit der japanischen Schreibweise versuchen: zuerst die Stadt, dann den Bezirk *(chō),* dann die Straße. Das verhilft oft zu besseren Ergebnissen.

Adressbeispiele

- **Kyoto National Museum, 527 Chayamachi, Higashiyama-ku, Kyoto:** Hieran lässt sich ablesen, dass sich das Nationalmuseum im Stadtteil *(-ku)* Higashiyama befindet, mehr allerdings auch nicht.
- **Mitsukoshi Department Store, 6-16, 4-chōme, Ginza, Chūō-ku, Tokyo:** Mitsukoshi findet man also im Stadtteil Chūō, genauer gesagt in Ginza, dort im 4. Block *(chōme).* 6-16 bezeichnet dann nochmals Unterblöcke, deren Aufteilung aber auch Ansässige kaum kennen.
- Eine Adressangabe wie **„Kawaramachi-Shijō“** besagt, dass sich die gesuchte Lokalität an der Kreuzung von Kawaramachi- und Shijō-Straße befindet.

Stockwerke

Japans Zählweise der Stockwerke unterscheidet sich von der europäischen. „1F“ in Japan meint Erdgeschoss bei uns, „2F“ ist der 1. Stock usw. Zur leichteren Orientierung haben wir es im Buch bei den japanischen Angaben belassen. Wenn man also „Ishizumi Bldg., 5F“ als Adressangabe hat, drückt man im Fahrstuhl des Gebäudes ganz normal auf 5.

Post

Postämter

Postämter sind leicht am Logo der japanischen Post – einem roten T mit doppelten Querbalken auf weißem Grund – zu erkennen. Postbankdienste stehen in allen Filialen zur Verfügung, viele **Geldautomaten** der Postfilialen akzeptieren westliche Kreditkarten. Für postlagernde Sendungen sollte man sich Auskunft beim nächsten Hauptpostamt holen. Vor allem in größeren Postämtern liegt die hilfreiche **Broschüre** „How to use the post office“ aus.

Tarife Inland

- **Postkarte:** 50 ¥
- **Brief bis 25 g:** 80 ¥
- **Brief bis 50 g:** 90 ¥

Tarife Europa

- **Postkarte:** 70 ¥
- **Brief bis 25 g:** 110 ¥
- **Brief bis 50 g:** 190 ¥

Hauptpostämter

Hauptpostämter sind fast immer in der **Nähe des Hauptbahnhofs** zu finden.

Expresssendungen

Für wichtige Geschäfts- oder Expresssendungen steht der schnelle **EMS-Dienst** (Express Mail Service) zur Verfügung. Einfach in den Postämtern nach EMS fragen, die Sendungen können innerhalb von drei Tagen und relativ preiswert nach Europa verschickt werden. Andere Expressvarianten stehen mit **DHL** (Tel. 0120-39-2580) oder **Fedex** (Tel. 0120-003-200) zur Verfügung.

Schiffsweg

Pakete auf dem Schiffsweg sind rund zwei Monate unterwegs.

Radfahren

In den großen Städten wie Tokyo, Osaka oder Yokohama ist es für Touristen **kaum empfehlenswert,** sich mit dem Rad fortzubewegen. Die Entfernungen sind zu groß und ein Radwegnetz gibt es ohnehin nicht. Radfahrer benutzen in den Städten normalerweise die Gehwege, was dementsprechend langsam und mühsam ist. Leuchtende **Ausnahme** für Radfahrer ist **Kyoto,** wo das Fahrrad das bequemste und einfachste Fortbewegungsmittel sein kann. Hier gibt es breite Gehwege, extra Fahrradspuren oder man teilt sich in den engen Gassen die Straße mit allen anderen Verkehrsteilnehmern. In Kyoto bieten dementsprechend viele Unterkünfte auch gleich ein Fahrrad mit an.

Als Besonderheit sind die **Fahrradparkplätze** zu beachten: Nicht überall darf man sein Rad abstellen und vor allem in der Nähe von Bahnhöfen bestehen viele Restriktionen. Wer sein Rad am geparkten Ort nicht mehr findet, ist meist nicht Opfer eines Diebstahls, sondern des Ordnungsamtes geworden. Man kann sich das Fahrrad zurückholen, denn beim Kauf füllt jeder normalerweise eine Registrierungskarte aus, mit der man sein Fahrrad identifizieren kann. Die Gebühr ist jedoch oft so hoch – und bei Wiederholungstätern noch höher –, dass sich das kaum lohnt. Viele Japaner kaufen sich dann gleich ein neues Fahrrad.

Für Radtouren ist besonders **Shikoku** beliebt, das aufgrund des mediterranen Klimas und einer nicht so dicht besiedelten, dafür sehr sehenswerten Landschaft die meisten Radtouristen anlockt.

Buchtipp:
- Sven Bremer
Radreisen Basishandbuch
Praxis-Reihe Reise Know-How Verlag

Reiseveranstalter in Japan

Das Angebot der Reiseagenturen reicht **von der Stadtführung bis hin zur Pakettour** nach Okinawa mit Flug, Hotel und Mietwagen. JTB ist die mit Abstand größte Agentur, die in allen Städten vertreten ist, JTB Sunrisetours ist die Variante speziell für ausländische Touristen, die auch Stadtführungen in englischer Sprache anbietet. Die weiteren aufgelisteten Agenturen haben vor allem Reisen für in Japan lebende Ausländer im Programm.

- **JTB Sunrisetours,** Touren aller Art mit englischsprachigen Führern. Hauptbüro Tokyo: 2-3-11 Higashishinagawa, Shinagawa-ku, Tel. (03) 5796-5454; Hauptbüro Kyoto: Higashi Shiokōji-chō, Shimogyō-Ku, Tel. (075) 341-1413; www.jtb-sunrisetours.jp
- **JTB** bietet auch eine Buchungsseite für ausländische Touristen an: www.japanican.com
- **Across No.1 Travel,** günstige Okinawa-Pakete u.a., 7F. Don Quixote Bldg. 1-16-5 Kabukichō Shinjuku-ku, Tel. (03) 3200-8871, www.no1-travel.com
- **Iace Travel,** Büros in Tokyo, Osaka, Sendai, Fukuoka und Sapporo. Englischsprachige Hotline: (03) 5825-2034, www.iace.co.jp.

Sicherheit

Generell gesprochen gehört Japan zu den **sichersten Reiseländern.** Man kann nachts unbehelligt und unbesorgt durch die Straßen laufen und wird in Japan immer wieder feststellen, dass das allgemeine Gefährdungspotenzial sehr gering ist. Was natürlich alles nicht heißt, dass gewisse Vorsichtsmaßnahmen nicht ratsam sind.

Vor allem in den Vergnügungsvierteln können **Taschendiebe** am Werk sein. Auch wird man dort, wo sich Vergnügen mit Illegalität paart, auf **Betrügereien** treffen. Das gilt natürlich auch für das Rotlichtmilieu. Für Frauen ist es nicht ratsam, alleine per Anhalter zu fahren, da es hier in der Vergangenheit immer wieder zu **sexuellen Belästigungen** kam.

Zu Notrufnummern siehe auch Kapitel „Notfälle“.

Kriminalität

Die allgemeine sichere Lage darf nicht darüber hinwegtäuschen, dass die japanischen Gangsterorganisationen, die **Yakuza,** ihr Feld fest abgesteckt haben. Sie verdienen an illegalem **Glücksspiel, Prostitution und Schutzgelderpressungen.** In der Vergangenheit kam es immer wieder zu Skandalen, wenn das enge Verhältnis von Yakuza und öffentlichen Einrichtungen aufgedeckt wurde. Yakuza-Mitglieder erkannte man vormals entweder an ihren kunstvollen Tätowierungen oder an fehlenden Gliedmaßen, wie etwa einer fehlenden Fingerkuppe, die bei Fehlern als Zeichen der Verbundenheit und Sühne geopfert werden mussten. Heute sind die Erscheinungsformen komplexer. Manche Restaurants haben ein Schild im Schaufenster mit der Aufschrift „Hier werden keine Schutzgelder bezahlt“. Was das für andere Etablissements bedeutet, bleibt unklar.

Sicherheit nach Fukushima

Die japanischen Behörden und Auswärtigen Ämter **warnen weiterhin ausdrücklich** vor Aufenthalten in der Region Fukushima. Im Atomkraftwerk Fukushima I kam es am 11. März 2011 nach einem Seebeben der Stärke 9,0 und dem anschließenden Tsunami zu **Kernschmelzen** und zur gewaltigen **Freisetzung von Radioaktivität** (siehe auch Exkurs „Erdbeben, Tsunami, Fukushima – und die Folgen").

Die japanische Regierung hat das Gebiet um die geschmolzenen Reaktoren in einem **20-km-Umkreis gesperrt.** Darüber hinaus gelten aktuell Sperrungen für die Ortschaften **Iitate** sowie teilweise für **Katsurao, Minamisōma** und **Kawamata.** Alle Gebiete liegen in der Region Tōhoku im nördlichen Japan.

Aus radiologischer Sicht gilt ein Aufenthalt – außer in den gesperrten Gebieten – in ganz Japan als unbedenklich. Darüber hinaus werden die Lebensmittel und das Trinkwasser von den japanischen Behörden als sicher eingestuft. Das darf jedoch nicht darüber hinwegtäuschen, dass trotz der Kontrollen immer wieder und immer noch **kontaminierte Lebensmittel** in die Geschäfte gelangen können.

Die Situation um die havarierten Reaktoren von Fukushima I scheint zum derzeitigen Stand einigermaßen stabil. Das kann sich jedoch auch schnell ändern. Deswegen ist es unerlässlich, sich **vor der Reise über den aktuellen Stand zu informieren** – und dies am besten nicht nur über die offiziellen Regierungsseiten, sondern auch auf Websites von unabhängigen Medien.

- **www.auswaertiges-amt.de/DE/Laenderinformationen/00-SiHi/Nodes/JapanSicherheit_node.html**
- **www.japan.diplo.de**
- Von der Präfektur Fukushima veröffentlichte Strahlenwerte: **http://fukushima-radioactivity.jp**
- Von unabhängigen Einzelpersonen veröffentlichte Strahlenwerte: **http://en.crms-jpn.org** sowie *Safe Cast:* **http://blog.safecast.org**
- Offizielle Reiseinfos der Japanischen Fremdenverkehrsbehörde: **www.jnto.go.jp/eq/eng**
- Linksammlungen zum Thema: **http://jciv.iidj.net** und **www.cnic.jp.**

In Japan existiert immer noch die **Todesstrafe,** die auch angewendet wird.

Polizei

Polizeistationen (Kōban) findet man in jedem größeren Viertel, was eine gewisse zusätzliche Sicherheit ausstrahlt. Japanische Polizeieinsätze kann man bei einigen Matsuri miterleben, wenn ein paar alkoholisierte Jugendliche von einer vielfachen Anzahl an Polizisten beobachtet oder nach Hause begleitet werden. **Polizisten** können für Touristen oft die **nützlichsten Ratgeber** sein, wenn es um die Orientierung in einem Viertel geht.

Wer dagegen mit dem Gesetz in Konflikt gerät, dem droht rauer Umgang: **Haft** in Japan wird von westlichen Ausländern als besonders hart empfunden.

Drogen

Die japanische Drogenszene ist mit der Europas nicht vergleichbar, es sind **kaum Drogen** im Umlauf. Das japanische Recht kennt **keine Unterscheidung von „harten" und „weichen" Drogen,** sodass zum Beispiel auf den Besitz von Cannabis bis zu sieben Jahre Haft stehen. Straffreiheit für geringe Mengen oder etwaigen Eigenverbrauch gibt es nicht. Die illegale Einfuhr von Drogen wird hart bestraft.

Fundbüro

Hat man etwas im Zug oder der Metro verloren, sollte man sich immer zuerst an die nächste Station wenden, um sich dort Auskunft zu holen. Üblicherweise werden die Gegenstände in der Zielstation aufbewahrt, jeder Schienenbetreiber hat jedoch sein eigenes „Lost & Found" (verloren und gefunden)-Büro.

Sport und Erholung

Baseball

Baseball ist Japans **Nationalsport Nummer 1,** nur während der Fußball WM 2002 schien Fußball eine größere Faszination auszuüben. Auf fast jedem Schulgelände sieht man nachmittags die Baseball-Teams trainieren und vielerorts in den Nachtvierteln oder in der Nähe von Computer-Spielhallen trifft man auf „Batting Centers", in denen man sich

◻ Im Baseballstadion der Hanshin Tigers

jap_074 oh

selbst am Homerun-Schlagen üben kann. Schläger und Ausrüstung bekommt man vor Ort, der Betrieb geht bis spät nachts.

Die japanische Profi-Baseball-Liga ist unterteilt in **Central League** und **Pacific League,** mit je sechs Teams. Wem sich die Gelegenheit bietet, der sollte einem Heimspiel der in Kansai ansässigen Hanshin Tigers beiwohnen, die für die verrücktesten und enthusiastischsten Zuschauer bekannt sind. Jeden Abend wird man im Fernsehen Berichte über Baseball sehen, ob von den japanischen Teams oder von den japanischen Spielern, die es in die Major League Baseball (MLB) geschafft haben.

Fußball

18 Teams gehören der **J-League** an, die bekanntesten davon sind wohl Urawa Reds, Kashima Antlers, Jubilo und Yokohama F-Marinos. Die J-League kann sicher als Asiens beste und professionellste Fußball-Liga gelten, dem internationalen Vergleich kann sie aber kaum standhalten: Internationale Stars kommen höchstens im Alter für ihre letzten Spielzeiten nach Japan, und die Stars des japanischen Fußballs wandern in die europäischen Ligen ab. Der Fußball-Aufschwung nach der WM 2002 ist inzwischen wieder verpufft.

Ski- und Wintersport

Vor allem die Gebiete um die Austragungsorte der Olympischen Winterspiele Sapporo und Nagano bieten alle möglichen Vergnügen des Wintersports. **Sapporo** versinkt jährlich für rund fünf Monate im Schnee, was vor allem Wintersport-Touristen aus den asiatischen Nachbarländern und aus Australien anlockt.

Nicht so weit abseits, da auf Honshū gelegen, ist **Nagano.** Der Winter in den Japanischen Alpen ist verglichen mit Sapporo zwar etwas kürzer, dafür ist Nagano leicht als Wochenendfahrt von Tokyo oder Kyoto zu erreichen. Ausführliche Hinweise zu Skigebieten und Liftpässen finden sich in den Regionen-Kapiteln.

Wandern

Japan besteht zu 80 Prozent aus Bergen, was per se schon eine gute Voraussetzung für alle Wanderer ist. **Vielfältige Natur und Landschaften** sind garantiert. Man muss wissen, dass Wandern nicht unbedingt im Mittelpunkt des japanischen Tourismus steht, was dazu führt, dass Wanderrouten allgemein nicht so gut ausgeschildert sind. Wenn sich Wanderkarten finden, dann oft nur in Japanisch, trotzdem oder gerade deswegen lässt sich viel unberührte Natur erkunden.

„Wandern" im Rahmen organisierter Bustouren heißt in Japan oft: zum Parkplatz fahren, die 150 Meter zum Wasserfall oder zum Aussichtspunkt zurücklegen und sich auf dem Rückweg durch die vielen Omiyage-Geschäfte schlagen. Hier muss man sich seine eigenen Strecken erkunden und alleine losziehen. Ebenso darf man von den japanischen Angaben, wie lange man für eine Strecke braucht, oft ein Drittel bis die Hälfte abziehen.

jap_075 oh

Kampfsportarten

Die Liste der japanischen Kampfsportarten (**Budō**) ist lang. Alle haben eine über Jahrhunderte gewachsene Tradition und gehen weit über die reine Ausübung hinaus: Sie dienen der **Schulung von Körper und Geist.** Dass dies eine trainings- und zeitintensive Angelegenheit ist, verdeutlicht schon die Silbe „dō": dō heißt Weg. **Jūdō** ist demnach „der sanfte Weg", **Kendō** „der Weg des Schwertes". **Karate** bedeutet wörtlich übersetzt „leere Hand" und **Aikidō** ist als reine Selbstverteidigungstechnik eine Kombination aus Jūdō, Karate und Kendō.

Es versteht sich von selbst, dass die renommiertesten und besten Schulen für das Erlernen der Kampfsportarten in Japan angesiedelt sind. Oft sind die **Trainingsstätten (Dōjōs)** mit dem jeweiligen Sportverband assoziiert. Die Verbände geben Auskunft, wo sich für Interessierte das nächstgelegene Dōjō befindet.

Auf die Frage, ob jeder trainieren und an den angebotenen **Kursen** teilnehmen kann, antwortet die Japan Karate Association beispielsweise mit: „Uneingeschränkt: Ja. Unabhängig von Alter, Geschlecht und Nation. Nur eines ist unabdingbar: die disziplinierte Bereitschaft, hart zu arbeiten und geduldig zu trainieren. Wer das mitbringt, kann trainieren." Zum Training am Ursprungsort von Karate in Okinawa siehe auch das Kapitel „Okinawa".

Trekking in Yakushima

Sumo

Sumo ist ein **Spektakel.** Sechsmal im Jahr versammeln sich die **Rikishi,** die schwergewichtigen Sumo-Athleten, um in einem zweiwöchigen Turnier ihren Sieger zu ermitteln. Bei den Wettkämpfen verbindet sich **Sport mit Ritual** auf einmalige Weise – bei keiner anderen Sportveranstaltung spürt man Japan mehr.

Derzeit zählt das professionelle Sumo rund 800 Sportler, vom jungen Athleten in der Ausbildung bis zum **Yokozuna,** dem Athleten mit dem höchsten Rang. Die Sumo-Rangliste *(Banzuke)* wird nach jedem großen Turnier neu erstellt und insgesamt 40 Athleten dürfen sich zur höchsten Division *(Maku-uchi)* zählen. Innerhalb der Maku-uchi finden sich **fünf Ränge:** 1. *Yokozuna,* 2. *Ozeki,* 3. *Sekiwake,* 4. *Komusubi,* 5. *Maegashira.*

Dem jeweils dominierenden Sportler im Sumo wird der Titel Yokozuna vom Sumo-Verband (Nihon Sumo Kyōkai) verliehen. Um sich hierfür zu qualifizieren, muss man nicht nur zwei aufeinander folgende Turniere gewinnen, sondern sich auch als würdig erweisen, den Titel tragen zu dürfen. Seit der Einführung des Yokozuna vor über 300 Jahren wurde der Titel bislang 69 Mal verliehen.

Geschichte

Die Ursprünge des Sumo reichen zurück in die **Nara-Zeit** des 8. Jahrhunderts. Die ersten Sumo-Kämpfe wurden zusammen mit Tänzen und Theateraufführungen in Schreinen abgehalten – sie hatten religiösen Charakter und waren Bestandteil von Shintō-Veranstaltungen für eine gute Ernte. Das frühe Sumo dürfte wohl schon Ähnlichkeiten zum heutigen gehabt haben, wenngleich Sumo damals eher als Mischung aus Boxen und wildem Ringen verstanden werden muss. Erst ein paar Jahrhunderte später, als Sumo auch am **Kaiserhof** salonfähig wurde, entwickelten sich langsam Rituale, Techniken und Regeln.

Im Westen erlangte der Sumo-Sport Ende der 1990er Jahre durch den Yokozuna **Akebono** neue Popularität. *Akebono* war der erste nicht gebürtige Japaner, der sich die Ehre des Yokozuna verdiente. *Akebono* war es auch, der auf der Bühne in Nagano im Sumo-Ring die Olympischen Winterspiele eröffnen durfte. Im Vergleich mit anderen Yokozuna war sein sportlicher Erfolg jedoch nicht von langer Dauer. Von 2003 an dominierte der junge Yokozuna *Asashōryū* das Sumo-Geschehen nach Belieben. 2010 kratzten **Wettskandale** und **Erpressungen** am sauberen Image des Sumo-Sports. Sportlich betrachtet dominieren mit *Hakuho* und *Harumafuji* derzeit zwei mongolische Rikishi die japanischste aller Sportarten.

Regeln

Einen Sumo-Kampf gewinnt, wer seinen Gegner aus dem Ring *(Dohyō)* stößt oder ihn im Ring zu Fall bringt. Dabei muss der Gegner nicht komplett zu Boden fallen oder aus dem Ring geworfen werden – ein Kampf ist bereits dann verloren, wenn ein Athlet den Boden nur mit den Fingerspitzen berührt oder mit einer Zehe aus der Ringbegrenzung tritt. Faust- und Magenschläge sind verboten, ebenso wie an den Haaren ziehen und ähnlich Unehrenvolles. Es gibt keine Gewichtsbegrenzung.

An den 15 Wettkampftagen kämpft jeder *Rikishi* einmal pro Tag, jeweils gegen einen anderen Gegner. Der *Rikishi* mit dem besten Ergebnis (also maximal 15 zu 0) gewinnt das Turnier. Bei gleichem Sieg-Niederlage-Verhältnis gibt es einen Entscheidungskampf.

Die sechs Turniere im Jahr

- **Januar:** Tokyo, Hatsu-Basho
- **März:** Osaka, Haru-Basho
- **Mai:** Tokyo, Natsu-Basho
- **Juli:** Nagoya, Nagoya-Basho
- **September:** Tokyo, Aki-Basho
- **November:** Fukuoka, Kyūshū-Basho

Rikishi

Die *Rikishi* sind nur mit dem Mawashi bekleidet. Der **Mawashi** ist ungefähr neun Meter lang, sechsmal gefaltet und zwischen vier und siebenmal um Taille und Hüfte gewickelt. Im Sumo existieren 70 Siegestechniken, die meisten davon beginnen mit einem Griff an den Mawashi. Wer also nach dem *Tachi-ai* (Auftakt) als erstes und am besten seine Hände an den gegnerischen Mawashi bekommt, ist deutlich im Vorteil.

Ein Tag beim Sumo-Turnier

Je nach Kategorie kostet ein Sitzplatz **ab 3500 Yen,** wenige Stehplätze gibt es auch günstiger, doch ist man damit auch in den äußersten Winkel der Halle verbannt. Über die Homepage der Nihon Sumo Kyōkai (www.sumo.or.jp) lässt sich ersehen, für welche Kategorien an den folgenden Tagen noch Kontingente erhältlich sind. Für das Wochenende und speziell für das Abschlusswochenende sollte man sich sehr frühzeitig um Tickets bemühen. Wer direkt am Ring sitzen will, bezahlt für eine Box ein Vermögen.

Tickets besorgt man sich im Convenience Store um die Ecke oder am Eingang zur Halle. In den Hallen kann man den Athleten hautnah begegnen, denn manche bereiten sich in den öffentlichen Gängen vor und jeder muss sich zumindest seinen Weg durch ein Spalier von Besuchern bahnen.

Ein Sumo-Wettkampftag startet mit einigen unterklassigen Divisionen gegen 12 Uhr, die Maku-uchi Division mit den besten Athleten trägt ihre **20 Kämpfe** zwischen 16 und 18 Uhr aus. Am frühen Nachmittag ist die Halle meist eher spärlich gefüllt. Das bietet die Gelegenheit – auch wenn man nur ein billiges Ticket für einen entfernten Rang hat – einmal nahe am Ring zu sitzen. Denn meistens findet man einen freundlichen Ordner, der einem für ein paar Minuten eine freie Box nahe am Ring anbietet.

Mehr Informationen zu Sumo und wo man Sumo-Athleten antreffen kann finden sich im Tokyo-Kapitel.

■ **Japan Karate Association** (Nihon Karate Kyōkai), viele Kurse, und rund die Hälfte der Teilnehmer sind Ausländer. Einschreibegebühr 10.000 Yen, monatliche Gebühr rund 10.000 Yen. 2-23-15 Koraku, Bunkyo-ku, Tokyo, Tel. (03) 5800-3091, www.jka.or.jp.

■ **Kōdōkan Jūdō Institute,** Jūdō-Verband mit Sommer-Trainingslagern und monatlichen Unterrichtseinheiten. 1-16-30 Kasuga, Bunkyō-ku, Tokyo, U: Kasuga. Informationen in englischer Sprache: Tel. (03) 3818-4172, intl@kodokan.org.

■ **Aikikai Foundation,** Hauptanlaufstelle für Aikidō. Einmalige Einschreibegebühr 8400 Yen, monatliche Gebühr ab 8000 Yen. 17-18 Wakamatsuchō, Shinjuku-ku, Tokyo, Bushaltestelle Nukebentenmae, Tel. (03) 3203-9236, www.aikikai.or.jp.

■ **All Japan Kendō Federation** (Zen Nihon Kendō Renmei), Sommer-Trainingslager und monatliche Kurse. Nippon Budōkan, 2-3 Kitanomaru-Kōen, Chiyoda-ku, Tokyo, Tel. (03) 3211-5804, www.kendo.or.jp.

Freizeitkurse

Japan erlebt den Trend, dass Tourismus nicht nur sehen bedeutet, sondern erleben und selber machen. Das hat zur Folge, dass die Kursangebote von Museen, städtischen Einrichtungen, Gemeinschaftszentren und privaten Anbietern steigen. Die **Themenfelder** sind weit gestreut: Zazen, Chadō (Teezeremonie), Ikebana, Shodō (Kalligraphie), Färbetechniken, Kampfsportarten etc. Die größte Auswahl bieten Tokyo und Kyoto. Adressen und Kursangebote in den entsprechenden Regionen-Kapiteln.

⊡ Öffentliches Telefon

Sprache

Englisch

In den **touristischen Orten** und in den **großen Städten** wird man immer jemanden antreffen, der zumindest etwas Englisch spricht. Gleichzeitig sollte man nicht zu viel an Kenntnissen voraussetzen und berücksichtigen, dass sich die japanische Aussprache des Englischen stark an den Silben orientiert, was die Kommunikation für beide Seiten nicht leichter macht.

Auch in Japan sind die Englischkenntnisse **abhängig vom Bildungsstand:** Studenten oder Akademiker werden durchschnittlich über bessere Kenntnisse verfügen, auch wenn jeder japanische Schüler mehrere Jahre Englisch im Unterricht belegen musste.

In den Shinkansen-Zügen und an den großen Bahnhöfen hat man oft **zweisprachige Ausschilderungen** in Japanisch und Englisch. In kleinen Städten kann es dagegen passieren, dass selbst in den Touristeninformationen niemand Englisch spricht.

Japanisch

Die japanische Schrift setzt sich aus **Hiragana-, Katakana- und** chinesischen **Kanji-Zeichen** zusammen, die japanische Kinder in ihren ersten sechs Schuljahren nach und nach lernen. Sich hier „mal schnell" einen Überblick zu verschaffen, funktioniert also nicht. Trotzdem kommt man in Japan gut zurecht, denn auf den wichtigen Tafeln (Verkehrsschilder, Bahnhöfe, Wegweiser etc.) findet sich neben dem Japanischen eine Umschrift in lateinische Buchstaben, **„Romaji“** genannt. Dies erleichtert die Orientierung für ausländische Besucher in Japan sehr und wird immer geläufiger.

Weitere Hinweise zur Sprache siehe Anhang (Glossar und Sprachführer).

Buchtipp:
- Martin Lutterjohann
Japanisch – Wort für Wort
Kauderwelsch-Reihe Reise Know-How Verlag

Telefonieren

Die **Landesvorwahl** ist **81.** Festnetznummern haben mit der Ortsvorwahl insgesamt immer 10 Ziffern, Handynummern 11. Gebührenfreie Nummern beginnen mit 0120.

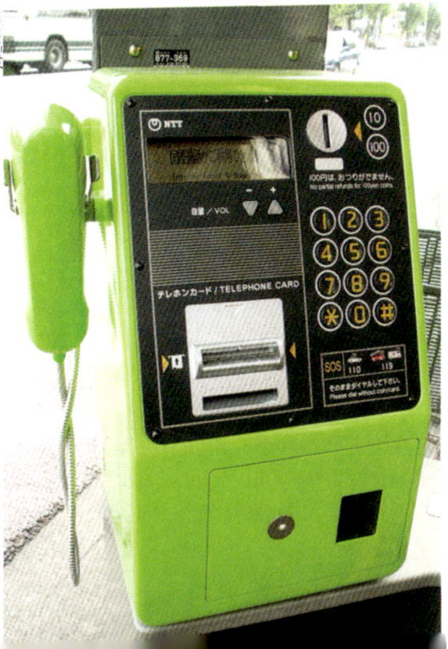

jap_081 oh

Öffentliche Telefone

Auch in Japan sind öffentliche Telefone vom Aussterben bedroht. Wer trotzdem einmal in Not gerät, eines suchen zu müssen, sollte nach den **grünen** oder **grauen Telefonen** Ausschau halten (10-Yen- und 100-Yen-Münzen parat halten).

Die **Preise** für Gespräche innerhalb Japans variieren **je nach Distanz.** Ein Überblick der Kosten für ein Gespräch aus **Tokyo (Vorwahl 03),** zusammen mit den anderen Vorwahlnummern:

Stadt	Vorwahl	Sekunden/10 ¥
Kyoto	075	8,5
Osaka	06	8,5
Yokohama	045	28,5
Sapporo	011	8,5
Kawasaki	044	42,5
Nagoya	052	8,5
Deutschland	0049	21,5/100 ¥

Inlandsgespräche sind in der Nacht und am Wochenende billiger. **Prepaid-Karten** („Telefon-Card“ genannt) gibt es an Kiosken, in Convenience Stores oder an Verkaufsautomaten in Bahnhofsnähe.

Internationale Gespräche

Für internationale Gespräche sollte man nach Telefonen mit der Aufschrift **„International & Domestic Card/ Coin Telephone“** Ausschau halten. Die besten Chancen hat man oft bei den neuen grünen Telefonen, hier kann man Münzen und NTT-Karten benutzen. Diese Telefone sind jedoch nach wie vor rar und

WLAN

Frei zugängliche WLAN-Services entwickeln und verändern sich täglich in Japan. Daher empfehlen wir prinzipiell, den aktuellsten Stand bei den Touristinformationen zu erfragen.

Hotels in Japan, kleine wie große, Ryokans und Guest Houses bieten oft **freies WLAN** (in Japan „Wifi" genannt) für ihre Gäste an. Praktisch sind die freien WLANs der Convenience Stores wie 7-Eleven oder Family Mart sowie die der Café-Ketten (wie etwa Starbucks), da diese Geschäfte in den größeren Städten Japans an jeder Ecke anzutreffen sind.

Kostenfreie öffentliche Netze gibt es zudem rund um die großen Flughäfen und Bahnhöfe sowie in den Touristeninformationen. Einige Städte wie Kyoto und Fukuoka haben auch damit begonnen, **kostenlose öffentliche Netzwerke** in ihren zentralen Bezirken einzuführen.

- **NTT East Free Wifi:** Mehr als 30.000 freie WLAN Spots in Ost-/ Nord-Japan (einschließlich Tokyo) zur kostenlosen Nutzung für ausländische Touristen. Die WiFi-Karte mit Login-ID und Passwort kann bei einer der Vertriebsstellen gegen Vorlage des Reisepasses abgeholt werden: http://flets. com/freewifi.

finden sich am ehesten am Flughafen oder an großen Bahnhöfen.

Eine gute praktikable Variante für internationale Gespräche bietet die **„KDDI Super World Card“.** Man kann die Karte in vielen Convenience Stores und Kiosken kaufen. Auf der Karte findet sich eine Beschreibung, wie man's macht: Man nimmt sich irgendein öffentliches Telefon, lässt sich zu KDDI verbinden, gibt seine PIN-Nummer ein (die man vorher freigerubbelt hat) und kann überallhin telefonieren. Die Gebühr ist etwas höher im Vergleich zu den NTT-Karten, dafür kann man nahezu jedes Telefon dafür benutzen.

Wer sich mehr über **Telefonkarten** und die Verwendung informieren möchte:

- **http://www.kddi.com/english/personal/service/kokusai/index.html**

Festnetz

Bei der Benutzung von Festnetztelefonen für internationale Gespräche wählt man zuerst eine **Vorwahlnummer,** um eine Telefongesellschaft auszuwählen.

- **KDDI:** 001+010
- **Softbank Telecom:** 0061+010
- **NTT Communications:** 0033+010

Um ein Gespräch mit KDDI **nach Deutschland** zu führen, wählt man also: 001+010+49+Vorwahl ohne Null+Rufnummer.

Ein Anruf mit KDDI nach Deutschland kostet ca. 130 Yen pro Minute.

Service Hotlines

Kostenfreie und englischsprachige Service Hotlines der Telefongesellschaften:

- **KDDI:** Tel. 0057
- **Softbank Telecom:** Tel. (0120) 030061
- **NTT Communications:** Tel. (0120) 505506
- Zu **Notfallnummern** siehe „Notfälle".

Mobil telefonieren

Es gibt einen Witz in Japan: Japan baut die neuesten Mobiltelefone, die man überall weitweit problemlos nutzen kann. Nur nicht in Japan selbst. Die japanischen Mobilfunkfirmen hatten jahrzehntelang ihr eigenes kompliziertes Handygeschäft aufgebaut: **Galapagos-Handys** nannte man das, weil diese Handys mit anderen Ländern nicht kompatibel waren und umgekehrt.

Mittlerweile läuft es besser: Wer mit einem modernen **Smartphone** in Japan unterwegs ist, kann dies in der Regel auch problemlos in Japan benutzen (3G und 4G Standard).

Wer **hohe Roaming-Gebühren** vermeiden will, sollte vor der Reise bei seinem Anbieter nachfragen, welche Kosten entstehen können. Eine **Prepaid-SIM-Karte** eines japanischen Mobilfunkunternehmens kann für SIM-lock-freie Smartphones eine günstige Alternative sein.

Ansonsten kann man erwägen, vor Ort in Japan ein **Handy** zu **mieten** oder auch ein **Prepaid-Handy** zu **kaufen** – dies ist bereits an den Flughäfen möglich. Karten zum Aufladen bekommt man dann in fast jedem Convenience Store.

Informationen

- **NTT Docomo,** Tel. (03) 3830-1453 bzw. (0120) 654-100 http://roaming.nttdocomo.co.jp
- **Pururu.com,** Tel. (03) 3560-9566
- **Softbank,** www.softbank-rental.jp, Tel. (03) 3560-7730
- **B-Mobile,** Visitor SIM, www.bmobile.ne.jp/english/, Tel. (03) 6721-5032

Touristenführer

Ehrenamtliche Guides

In vielen **Großstädten** stehen ehrenamtliche Führer zur Verfügung. Dieser Service erlaubt **individuelle Einblicke** und den Austausch mit einer erfahrenen Person vor Ort, was oft spannender als eine Führung mit einer Reisegruppe ist. Die Führungen sind **kostenlos,** man übernimmt lediglich die Fahrtkosten bzw. Eintrittsgebühren für die jeweilige Person. Meistens sind die Organisationen am Kürzel **SGG** (= **Systematized Goodwill Guide**) zu erkennen und können über die städtische Touristinfo angefragt werden. Eine rechtzeitige Anmeldung 5–7 Tage vorher wird empfohlen. Weitere Infos in den einzelnen Städte-Kapiteln.

- Eine aktuelle **Liste** ist unter www.jnto.go.jp/eng/arrange/travel/guide/list_volunteerGuides_a-n.html abrufbar.

Professionelle Guides

Sich einen Touristenführer zu buchen, mag nicht gerade billig sein. Sollte man sich trotzdem in der Notwendigkeit sehen oder sich den Luxus gönnen wollen, kann man sich an die **Japan Guide Association** (Tel. (03) 3863-2895, www.jga21c.or.jp) oder an die **Japan Federation of licensed Guides** (Tel. 03-3380-6609, http://jfg.jp) wenden. Hier stehen insgesamt über 1000 lizensierte Touristenführer zur Verfügung, von denen einige auch Deutsch sprechen. Die Tagesgage beträgt 30.000–40.000 Yen.

Uhrzeit

Die **Zeitdifferenz** zwischen Japan und der Mitteleuropäischen Zeit beträgt **8 Stunden** (12 Uhr MEZ = 20 Uhr in Japan). Im Sommer verringert sie sich aufgrund der europäischen Sommerzeit auf 7 Stunden.

Unterkunft

Hotelkategorien

In den Stadtteilbeschreibungen sind die aufgeführten Hotels mit den folgenden Symbolen versehen; sie kennzeichnen die Preiskategorie (nicht den Qualitätsstandard):

①	bis 6000 Yen
②	6000–12.000 Yen
③	12.000–20.000 Yen
④	ab 20.000 Yen

Unterkunft – nützliche Hinweise

1. Die Preiskategorien im Buch bilden das japanische Übernachtungssystem ab, d.h. der Preis bezieht sich immer auf die **Übernachtungskosten pro Person.** Wenn man zu zweit reist und gemeinsam ein Ryokan- oder Hotel-Doppelzimmer nimmt, vergünstigt sich oft die Rate pro Person.

2. Sehr empfehlenswert sind die Unterkünfte der **Japanese-Inn-Gruppe,** zu der überwiegend Ryokans gehören.

- Japanese-Inn-Group, **www.japaneseinngroup.com.**
- Hotels & Ryokan Suche von JNTO: **www.jnto.go.jp/ja-search/eng/index.php.**

3. Neben internationalen Booking-Portalen wie z.B. **Agoda** gibt es auch interessante japanische Buchungsportale:

- **www.japaneseguesthouses.com.**
- **www.japanican.com.**

Luxushotels

An Luxushotels herrscht kein Mangel, wer viel bezahlt, kann **alle Annehmlichkeiten** vom Flughafen-Abholservice bis zu den Menüs in den oft bis zu zehn hoteleigenen Restaurants erleben. Internationale Hotels wie Ritz, Four Seasons oder Hilton konkurrieren an den schönsten und zentralsten Plätzen der Metropolen mit japanischen Vertretern wie Imperial-, Okura- oder Miyako-Hotel. Im 20. Stock eines Luxushotels mit breitem Panoramafenster den nächtlichen Stadtmoloch zu überblicken, kann immer noch die beste Gefühlsschwankung zwischen Verlorenheit und Dekadenz hervorrufen. Preise bis zu 600.000 Yen.

Mittelklasse-Hotels

Die Kosten für Mittelklasse-Hotels sind in japanischen Städten vergleichbar mit denen in europäischen Metropolen, manchmal sogar günstiger. Die Zimmer sind vergleichsweise meist etwas kleiner.

› Love Hotel

jap_085 oh

Ryokan

Ein Ryokan ist ein **Hotel im japanischen Stil,** dessen Einrichtung, Dekoration und architektonische Raumgestaltung **traditionell** gehalten sind. Der Boden ist mit Tatami-Matten ausgelegt und am Eingang findet sich eine Schiebetür, die herkömmlich nicht verschlossen werden kann – nur „moderne" Ryokans verbinden das traditionelle Ambiente mit westlichen verschließbaren Türen. Ein Ryokan-Zimmer wird tagsüber als Ess- und Wohnraum genutzt, nachts wird auf dem Tatami das Futon ausgerollt. Manchmal haben die Zimmer einen kleinen Garten mit dabei.

Ryokans ermöglichen einen **Einblick in authentisches und traditionelles japanisches Leben.** Man wird von den Angestellten freundlich mit den üblichen Riten vertraut gemacht, wie etwa dem Ausziehen der Schuhe, dem Tragen von Slippern, dem Sitzen auf dem Tatami etc. *Yukatas,* die traditionelle Hauskleidung, werden zur Verfügung gestellt. Der Preis beinhaltet normalerweise **zwei Mahlzeiten,** bei denen es sich in der Regel um traditionelle japanische Gerichte handelt. Auf Wunsch kann manchmal ein westliches Frühstück organisiert werden.

Nicht alle Ryokans heißen übrigens Ausländer willkommen, das hat verschiedene Gründe. Einer davon ist, dass viele Ryokanbesitzer es bevorzugen, ihre Unterkunft mit japanischen Schulklassen oder Omas aus Reisebussen zu belegen, die im Umgang mit Ryokans und traditionellem japanischen Leben vertraut sind und nicht erst – wie ausländische Touristen – eventuell darauf hingewiesen bzw. eingeführt werden müssen.

Alle im Buch aufgelisteten Ryokans sowie die der Japanese-Inn-Gruppe heißen Touristen allerdings herzlich willkommen. Ein Japan-Aufenthalt ohne Ryokan-Erfahrung ist nur eine halbe Sache.

Love Hotel

Wer die **Perfektion von Anonymität und Sex** erleben will, muss ins Love Hotel. Die Geschichte des Love Hotel beginnt ungefähr 1960 und spiegelt auch heute noch Befindlichkeiten der japanischen Gesellschaft und Kultur wider. Love Hotels sind die **Antwort auf beengte häusliche Wohnverhältnisse,** auf dünne Holzwände und auf eine Gesellschaft, die Sex nicht gerade offensiv thematisiert. Von den vielen sich dadurch bildenden Nischen ist das Love Hotel nur eine.

Love Hotels erkennt man von weitem an der ausgefallenen Architektur oder an den knallbunten Farben. Die **Anonymität** in den Hotels ist perfekt: Sobald man auf den Parkplatz des Hotels fährt, kann man von außen nicht mehr gesehen werden, da Planen und Zäune eine Einsicht verhindern. Im Hotel kann man sich an einer Leuchttafel die noch freien Zimmer ansehen, Personen wird man dagegen kaum treffen. Putzfrauen warten hinter der nächsten Ecke, bis man passiert hat. Beim Bezahlen ist die Jalousie zur Frau im Büro so weit heruntergelassen, dass man nur die Hände sieht – und das Geld durchreichen kann. Die Gewährleistung von Anonymität ist eine wesentliche Voraussetzung für hohe Besucherzahlen.

Hunderte von Love Hotels finden sich in allen größeren Städten. Im Vergleich zu anderen Hotels sind sie billig und unterscheiden danach, ob man eine Nacht oder nur ein paar Stunden während des Tages darin verbringen will. Deswegen sind Love Hotels auch für Jugendliche erschwinglich.

Die **Ausstattung** der Zimmer ist bemerkenswert – von bemerkenswert einfallsreich bis hin zu bemerkenswert verkitscht. Die Räume sind oftmals mit einem bestimmten Ambiente versehen: Das kann das ägyptische Zimmer sein, mit nachgebildeten Skulpturen und Statuen; das Seezimmer, mit großem Ruder und vielen Blautönen; das SM-Zimmer natürlich auch oder auch Zimmer mit normaler französischer Pensionsatmosphäre. Love Hotels tragen übrigens oftmals französische Namen, das scheint besonders authentisch zu wirken.

Bereits am Eingang, bevor man das Zimmer auswählt, erhält man Informationen über spezielle **Extras,** die sich im Zimmer finden. Schon in den frühen 1960er Jahren gehörte der „magic mirror" zur Grundausstattung: ein Spiegel also, durch den man vom Bett ins Bad blicken kann, aber nicht umgekehrt. Darüber hinaus sind Wände und Decken meistens verspiegelt. Neuerdings gehören auch Playstation, Karaoke oder Internet zum Standard. Sich drehende Betten sind schon fast wieder aus der Mode. Über Telefon kann man auch Pizza und Sonstiges bestellen. Das Bestellte wird dann durch eine Luke in der Tür gereicht, sodass man auch hier niemandem begegnet und man nicht erkannt wird.

Entlang der Autobahn finden sich viele solcher Hotels, aber auch im Stadtzentrum muss man nicht lange suchen. Lediglich im Umkreis von Schulen, je nach Gemeinde jeweils wenige hundert Meter, sind Love Hotels prinzipiell verboten.

Business Hotels

Business Hotels sind eine **japanische Besonderheit,** sie liegen überwiegend in der Nähe von Geschäftsvierteln oder bei Bahnhöfen. Sie werden hauptsächlich von **Geschäftsleuten** genutzt, sind **billig** und bieten weniger Komfort als normale Hotels; die Zimmer sind klein und oft wird kein Frühstück angeboten. Die Hotels empfehlen sich durchaus als Alternative für Low-Budget-Traveller.

Kapsel-Hotels

Die Kapsel-Hotels (**Capsule hotels**) sind eines der merkwürdigen und faszinierenden Phänomene Japans. Natürlich ist es mehr Erlebnis als Komfort, in einer der **winzigen Kabinen** eine Nacht zu verbringen, reicht der Platz doch gerade einmal zum Umdrehen und für einen Fernseher. Kapsel-Hotels sind normalerweise nur für Männer gedacht, nur wenige Hotels haben auch Etagen mit Frauen-Kabinen. Kapsel-Hotels werden überwiegend von **Geschäftsleuten** genutzt, die in der Nacht den letzten Zug verpasst haben oder die zu betrunken waren, um den letzten Zug zu finden … Manche Einrichtungen vermieten die kleinen Schlafkabinen auch für einen Mittagsschlaf.

Pensionen

Japanische Pensionen sind den westlichen Pensionen nachempfunden und bieten oft eine **familiäre Atmosphäre.** Die Pensionen finden sich vornehmlich in Skigebieten, an Seen oder am Meer und werden oft von einem japanischen Ehepaar betrieben.

Minshuku

Minshukus sind meistens familiengeführte Unterkünfte, die **mit Pensionen vergleichbar** sind. Manchmal lebt der Vermieter oder die Familie mit im gleichen Haus, sodass die familiäre Atmosphäre noch ausgeprägter ist als in den Pensionen.

Jugendherbergen

Rund 350 Jugendherbergen finden sich in Japan. Jugendherbergen sind zweifelsohne interessant, jedoch kommt es oft günstiger, in einem billigen Ryokan oder Minshuku zu übernachten. Die Atmosphäre in einer japanischen Jugendherberge kann mitunter auch an ein Business Hotel erinnern. **Zwei Arten** von Jugendherbergen existieren in Japan: die der internationalen Jugendherbergs-Organisationen und die Jugendherbergen privater japanischer Unternehmen. Für die internationalen Unterkünfte muss man entweder seinen **Internationalen Jugendherbergsausweis** schon von zu Hause aus mitbringen oder **vor Ort eine Tagesmitgliedschaft** erwerben. Hat man noch keine Jahresmitgliedschaft bei den Jugendherbergsverbänden daheim, kostet diese jährlich 7–21 € in Deutschland (www.jugendherberge.de), 15–25 € in Österreich (www.oejhv.at) und 22–44 SFr in der Schweiz (www.youthostel.ch). In den Jugendherbergen kann man im Übrigen unabhängig von seinem Alter absteigen! Bei den privaten Unternehmen muss man den höheren Preis zahlen oder eine extra Mitgliedschaft eingehen.

Guest Houses

In den letzten Jahren wurden in den touristischen Städten viele Guest Houses eröffnet. Die Inhaber sind meist recht jung und haben oft selbst die Welt mit dem Rucksack bereist. Guest Houses sind **relativ billig:** manchmal trifft man auf Schlafsaal-Betten oder auch auf einfache Futons in Zimmern im japanischen Stil. Die Gäste sind sowohl Ausländer als auch Japaner, die gerne günstig im eigenen Land reisen und dabei internationale Leute treffen wollen.

Zeltplätze

Siehe „Camping“.

Verhaltenstipps

Konversation

In der japanischen Konversation sind viele Elemente zu finden, die signalisieren: **Ja, ich höre zu!** So wird in der Regel alle paar Sekunden ein „Hai“ oder „So desu ne“ etc. eingestreut, was nicht Bejahung des Gesagten bedeutet, sondern in erster Linie das Zuhören anzeigt. Dementsprechend erwartet der eigentliche Fragesatz „Aa, so desu ka?“ keine Antwort, sondern soll den Redner zum Weiterreden ermuntern.

Analog dazu kann eine Konversation für einen Japaner schwierig werden, wenn der (europäische) Gesprächspartner diese Zwischensätze vermissen lässt. Das sollte man bei seinen Gesprächsführungen immer bedenken.

Begrüßung

Die übliche Begrüßung in Japan ist das **Verbeugen,** Körperkontakt wie Umarmung oder Handschlag sind nach wie vor die Ausnahme. Das gegenseitige Verbeugen zeigt traditionell großen Respekt vor dem Gegenüber, während eine Begrüßung per Handschlag einem Ausländer zuliebe oder bei offiziellen Politiker- oder Geschäftsempfängen vorkommt.

Die **Art der Verbeugung** erlaubt verschiedene Varianten: Von einer leichten Kopfbewegung nach unten bis hin zur Verbeugung und zur Formung eines 90-Grad-Winkels ist alles möglich. Je tiefer die Verbeugung, desto größer der gezeigte Respekt. Bei einer Verbeugung im Sitzen legt man die Hände nach vorne auf den Boden (Tatami) und führt den Kopf in Richtung Hände.

O = okay, X = nein

Japaner formen einen **Kreis mit Daumen und Zeigefinger,** um Zustimmung und ein Okay zu signalisieren. **Gekreuz-**

Etikette in Japan

■ **Stäbchen:** Man wird es einem Europäer nicht verübeln, wenn er den Umgang mit Stäbchen nicht besonders gut beherrscht. Wer sich etwas Mühe geben will, der hält sich an das, was schon den Kindern im Kindergarten beigebracht wird: 1. Man steckt seine Stäbchen nicht in den Reis; 2. man reicht kein Essen mit Stäbchen weiter; 3. man zeigt mit den Stäbchen nicht auf Personen.

■ Sich nicht in der Öffentlichkeit schnäuzen: Lautes **Naseputzen in der Öffentlichkeit** gilt traditionell als anstandslos und als Zeichen mangelnder Selbstbeherrschung. Japaner bevorzugen es selbst bei einer schweren Erkältung, die Nase hochzuziehen.

■ **Schuhe im Haus ausziehen:** Normalerweise zieht man seine Schuhe am Haus- oder Wohnungseingang aus. Meistens stehen Slipper bereit, die Tatami-Matten sollten ohnehin nur mit Socken betreten werden. Dementsprechend empfehlen sich immer Socken ohne Löcher, da man selten Schuhe trägt. Die bereitgestellten Slipper sind für japanische Füße ausgelegt und demzufolge meistens zu klein.

■ **Kein Trinkgeld:** Trinkgeld zu geben ist ebenso unüblich wie etwa Feilschen. Wer eines von beiden versucht, wird nur merkwürdige Blicke ernten.

■ **Toiletten-Slipper** nur in der Toilette anziehen: Für die Toilette stehen oft separate Slipper zur Verfügung. Geht man in das Bad/die Toilette, zieht man diese an. Man trägt keine Toiletten-Slipper außerhalb der Toilette.

■ **Sich vor der Badewanne waschen:** nicht in der Wanne – vor der Wanne! Man schöpft mit einer Schüssel das Badewasser aus der Wanne und wäscht sich auf dem vorgesehenen Waschplatz vor der Wanne. Erst wenn man sauber ist, steigt man in die Wanne.

■ **Gemeinschaftsbäder:** gleiches Prinzip wie beim Privatbad. Ausländern wird nicht immer zugetraut, die Spielregeln zu kennen. Deswegen kann es schon mal kritische Blicke geben, ob sich der *Gaijin* auch wäscht, bevor er in das gemeinschaftliche Becken steigt. Demonstrativ viel Seife verwenden soll misstrauische Blicke schon vermindert haben.

■ **Schlürfen beim Nudelessen:** Beim Essen von Rāmen oder ähnlichen (länglichen) Nudeln schlürft die Gesellschaft die Nudeln. Wer nicht schlürft, macht sich verdächtig. Gilt nicht für italienische Pasta.

jap_087 oh

te Finger oder über dem Kopf gekreuzte Arme bedeuten Ablehnung. Auf gleiche Art und Weise werden die Symbole in der Schriftsprache verwendet.

Sitzen

Stühle finden sich zwar in japanischen Büros, normalerweise aber nicht in den Wohnungen und Häusern. Man sitzt auf den **Tatami-Matten** am Boden – was besonders für Ausländer ungewohnt ist, und auch, wie die ältere Generation Japans beklagt, bei japanischen Jugendlichen in Vergessenheit gerät.

Die **korrekte Art** zu sitzen sieht vor, die Knie um 180 Grad anzuwinkeln und sich auf die untergeschlagenen Unterschenkel und Fersen abzusetzen. Wer an diese Position nicht gewöhnt ist, dem können schnell die Füße einschlafen. Alternativ und bequemer ist daher auch der „Schneidersitz". Eine weitere Variante erlaubt, beide Füße seitlich des Körpers anzuwinkeln.

Die perfekte japanische Sitzhaltung will gelernt sein

Zählen

Die japanische **Fingerzählweise** unterscheidet sich von der europäischen Variante und ist beim ersten Anblick ein erstaunliches Phänomen. Japaner benutzen zum Zählen **nur eine Hand.** Beginnend mit der geöffneten Hand werden nacheinander die Finger nach innen geklappt: zuerst Daumen, dann Zeige-, Mittel- und Ringfinger und zuletzt der kleine Finger. Sechs bis zehn erfolgt analog umgekehrt, sodass für sechs der kleine Finger wieder geöffnet wird, dann der Ringfinger usw.

Das Signalisieren von Zahlen **gegenüber anderen Personen** erfolgt nach einem anderen System. Die Handfläche wird zum Gegenüber nach außen gedreht und die Zahl entspricht den ausgestreckten Fingern, beginnend mit ausgestrecktem Zeigefinger, dann Mittel-, Ringfinger, kleiner Finger und schließlich Daumen. Die Zahl sechs wird beispielsweise angezeigt, indem der Zeigefinger der anderen Hand auf den Ballen der ausgestreckten Hand gelegt wird.

Zurückhaltung, Höflichkeit

Höflichkeit wird oftmals als die Charaktereigenschaft von Japanern gepriesen und ist als Aussage doch ungefähr so leer wie die Plattitüde, Japan sei das „Land des Lächelns“: Man kommt dem eigentlichen Phänomen dadurch nicht näher.

Fest steht, dass in der japanischen Sprache ein Kanon an linguistischen Elementen für **Höflichkeitsformeln** besteht, wie er sonst wohl in keiner anderen Sprache zu finden ist. Mit **„Keigo“** besitzt Japan auch ein eigenes Wort für die Form der respektvollen und höflichen Kommunikation.

Im **Geschäftsleben** mag der Unterschied besonders deutlich hervortreten: Über den deutschen Slogan „Der Kunde ist König“ können Japaner in Deutschland bestenfalls lachen. Denn was hier als guter Service verstanden wird, würde in Japan glatt als komplett unfreundlich durchgehen. Gleichermaßen werden Europäer den **japanischen Service** als übertrieben empfinden, wenn man beispielsweise von jedem Mitarbeiter im Convenience Store einzeln begrüßt und verabschiedet wird. Diese Beispiele ließen sich lange fortsetzen.

Touristen werden sich oft fragen, ob die Höflichkeit **„echt“** ist, **oder** ob es sich nur um ein **Ritual** handelt. Diese Frage zu beantworten, wird nicht möglich sein. Darauf sollte man auch nicht seine Energie verwenden. Interessanter ist es, die Übergänge herauszufinden. Niemand wird von einem Europäer japanische Höflichkeitsformeln erwarten, doch wie leicht ist es doch auch, von Japanern als höflich empfunden zu werden.

Interessant dürften auch jene Momente sein, die man nicht ursprünglich mit der westlichen Vorstellung von der japanischen Zurückhaltung in Übereinstimmung bringen kann. Nicht wenige Ausländer wundern sich, wenn beispielsweise nach einem Zugunglück oder Erdbeben die Namen der Toten mit Wohnort und Altersangabe im Fernsehen verlesen werden, was doch gar nicht dem Ideal der japanischen Zurückhaltung entspricht.

Buchtipp:
- Martin Lutterjohann
KulturSchock Japan
Reise Know-How Verlag

Verkehrsmittel

Inlandsflüge

Inlandsflüge werden hauptsächlich von **Japan Airlines (JAL)** und **All Nippon Airways (ANA)** angeboten, wobei JAL die meisten Destinationen innerhalb Japans ansteuert. Inlandsflüge erhält man besonders günstig, wenn man mit Japan Airlines nach Japan einreist (siehe „Anreise").

- **JAL,** Tel. (0570) 025-121 tägl. 7–20 Uhr.
- **ANA,** Tel. (0570) 029-709, tägl. 6.30–22 Uhr.

In den letzten Jahren haben sich auch einige **Billigfluggesellschaften** in Japan etabliert, wie etwa Skymark Airlines, Peach Aviation, Jetstar Japan, Air Asia Japan, Air Do, Starflyer, Solaseed Air oder IBEX Airlines. Im günstigsten Fall gibt es hier Flüge zwischen Tokyo und Osaka schon ab 2000 Yen – jedoch sind die Kapazitäten begrenzt. Der **Zeitvorteil** von Flugzeug gegenüber Zug ist aufgrund des schnellen Shinkansen nicht so groß wie hierzulande. Für die Strecke Tokyo – Osaka braucht man zum Beispiel mit dem Shinkansen drei Stunden, mit dem Flugzeug eine. Die Kosten für diese Strecke sind in etwa gleich.

Als Besonderheit gibt es bei japanischen Inlandsflügen eine **Gepäcknummer** für jedes Gepäckstück. Diese Nummer (in Form eines Aufklebers) sollte man gut aufbewahren, da sie bei der Abholung wichtig wird. Man nimmt

jap_091 oh

bei der Ankunft das Gepäckstück vom Band und am Ausgang werden die Nummern vom Flughafenpersonal abgeglichen.

Flugzeiten von Tokyo

- **Osaka:** 1 Stunde
- **Fukuoka:** 1 Stunde 45 Minuten
- **Sapporo:** 1½ Stunden
- **Naha:** 2 Stunden 45 Minuten

Bahn

Zugfahren in Japan ist relativ einfach und auch komplett **ohne Japanisch-Kenntnisse** gut machbar. Fast immer sind die Stationen in japanischen und lateinischen Zeichen ausgeschildert, sodass eine Orientierung leicht fällt. In den Shinkansen-Schnellzügen erfolgen die meisten Erläuterungen sogar in Englisch.

JR (Japan Railways)

In Japan finden sich mehrere Bahngesellschaften und Streckennetze. Die vormalige staatliche JR (Japan Railways) hat das **größte Schienennetz** und deckt **alle Regionen** Japans ab. JR setzt dafür seinen **Hochgeschwindigkeitszug Shinkansen** ein, dessen Netz quer über das Land reicht. Hochgeschwindigkeit ist in diesem Fall wörtlich zu nehmen, denn für die Strecke zum Beispiel zwischen Tokyo und Kyoto (513 Kilometer) benötigt man gerade mal etwas mehr als zwei Stunden. An Bord gibt es ein Restaurant-Abteil und Servicemitarbeiter bringen Getränke und Snacks an die Plätze.

Darüber hinaus setzt JR **andere Zugtypen** ein, die langsamer und billiger sind und kleinere Haltestellen oder entlegene Gebiete ansteuern. Den jeweiligen Zugtyp erkennt man an den Abkürzungen, die sich auf den Anzeigetafeln an den Bahnhöfen befinden; geordnet **nach der Geschwindigkeit:** LEX – Limited Express (Tokkyū), EXP – Express (Kyūkō), RAP – Rapid Service (Kaisoku), LOC – Local Train (Futsū).

Shinkansen sowie LEX- und EXP-Züge verfügen in der zweiten Klasse über reservierbare Abteile und solche, die ohne Reservierung betreten werden können. Die erste Klasse ist immer nur mit Reservierung nutzbar. Zum Grundfahrpreis sind je nach Zugtyp Aufpreise zu bezahlen. Für RAP- und LOC-Züge zahlt man nur den Basis-Tarif.

Sehr nützlich für Fahrplanrecherchen ist **www.hyperdia.com/en/.** Abfahrts- und Zielort sowie gewünschtes Datum und Uhrzeit eingeben, „Nozomi"-Züge, Privatbahnen und Flugzeug aus der Auswahl ausschließen – und schon erhält man zuverlässig den gewünschten Fahrplan.

Tickets

Die meisten Bahnhöfe verfügen über **Automaten,** an denen man die Zugtickets bequem und schnell kaufen kann.

◁ Hochgeschwindigkeitszug Shinkansen

An einer großen Tafel über den Automaten ist normalerweise der Standort eingezeichnet; der Fahrtpreis richtet sich nach der jeweiligen Entfernung und kann an der Tafel ebenfalls abgelesen werden.

In den Automaten wirft man zuerst das Geld und wählt dann den Preis, der für die entsprechende Strecke nötig ist. Am Eingang zu den Bahngleisen und später auch beim Ausgang muss man sein Ticket in einen Kontrollschlitz stecken. Hat man für die entsprechende Fahrt zu wenig bezahlt, wird sich die kleine Schranke schließen und ein Signal ertönt. Dann muss man am entsprechenden Automaten am Ausgang den restlichen Betrag nachzahlen, in der Regel gibt es an den Bahnhöfen auch Personal, das dem Ungeübten dabei behilflich ist.

Tickets für den **Shinkansen-Schnellzug** sollte man im Vorfeld organisieren, was an den Bahnhöfen in den grün gestreiften **Midori-no-madoguchi-Schaltern** möglich ist. Ebenso kann man per Internet buchen. **Reservieren** ist ratsam, da manche Züge überwiegend mit reservierten Abteilen verkehren und die wenigen freien Abteile dann sehr überfüllt sein können.

Es empfiehlt sich übrigens auch mit dem Japan Rail Pass (s.u.) immer, vor Fahrtantritt einen **Sitzplatz** zu **reservieren.** Zwar erhält man immer Zugang zu den Zügen, doch gibt es immer noch Züge, die ausschließlich mit reservierten Abteilen verkehren. Sitzplatzreservierungen kann man in jedem Bahnhof an den JR-Schaltern bis kurz vor der Abfahrt des Zuges ausführen. „Green Car" bedeutet 1. Klasse und einen höheren Fahrtpreis.

Japan Rail Pass

Der Japan Rail Pass ist vielleicht das nützlichste Angebot Japans für ausländische Reisende. Mit den sehr günstigen JR-Pässen kann man für 7, 14 oder 21 Tage **beliebig viele JR-Züge** benutzen und **beliebig viele Kilometer** auf dem gesamten JR-Streckennetz zurücklegen. Der Japan Rail Pass **muss vor der Reise** und **außerhalb Japans gekauft werden.** Man erhält den Coupon „Exchange order for a Japan Rail Pass", den man am Flughafen oder an großen Bahnhöfen in den grünen Ticketbüros von JR einlösen kann. Von den verschiedenen Shinkansen-Typen (Hikari, Kodama etc.) darf man alle außer dem Nozomi-Typ benutzen.

Japan Rail Pass, Gesamt-Japan (**Preise** in Yen, Erwachsene/Kinder 6–11 Jahre):

- **7 Tage:** 37.800/18.900 (1. Klasse), 28.300/14.150 (2. Klasse)
- **14 Tage:** 61.200/30.600 (1. Klasse), 45.100/22.550 (2. Klasse)
- **21 Tage:** 79.600/39.800 (1. Klasse), 57.700/28.850 (2. Klasse)

Zum Vergleich: Mit einem normalen Ticket kostet bereits die einfache Fahrt von Tokyo nach Kagoshima rund 25.000 Yen.

Regionale JR Railpässe sind auch noch nach der Einreise, also in Japan, erhältlich.

- Der **JR East Rail Pass** gilt sowohl für Tokyo als auch für das nordöstliche Japan inklusive Tōhoku. Preise für die 2. Klasse in Yen (Erwachsene über 26 Jahre/Jugendliche 12–25 Jahre/Kinder 6–11 Jahre):

Mit dem Japan Rail Pass quer durch Japan

Von der äußersten Südspitze bis in den äußersten Norden Japans: Zugfahren ist ein Abenteuer und einmal quer durch Japan mit dem Zug verleiht einen ganz besonderen Blick auf das Land. Die rund **3100 Kilometer** lange Strecke kann man in zwei Tagen schaffen, bequem wird's in drei Tagen. Von Kagoshima kann man an einem Tag bis nach Tōhoku gelangen, von dort aus am nächsten Tag bis nach Wakkanai oder Shiretoko. Insgesamt verbringt man an die **30 Stunden im Zug,** rund achtmal Umsteigen ist nötig.

Was tun, wenn man vergessen hat, den Japan Rail Pass in Deutschland zu kaufen?

Der komfortable Japan Rail Pass muss vor der Einreise nach Japan gekauft werden. Wer schon in Japan ist, dem bleiben die normalen, teuren Shinkansen-Preise oder umständlichere, dafür billigere Varianten.

- **Seishun 18** (Juhachi) Kippu, saisonales Discount-Ticket von JR, das die Benutzung von JR Local- und Rapid-Zügen erlaubt und alle Express-Züge ausschließt. Mit den zugelassenen Zügen kommt man von Kyoto nach Tokyo beispielsweise in neun Stunden – nicht schnell, aber unschlagbar günstig.

  Kosten: 11.500 Yen, für 5 Tage (nicht zusammenhängend) bzw. 5 Personen, erhältlich in allen JR-Bahnhöfen.

  Gültigkeit: Alle JR Local- und Rapid-Züge in ganz Japan.

  Verfügbare Reisezeiten (ungefähr, variiert von Jahr zu Jahr um wenige Tage): 1. März bis 10. April, 20. Juli bis 10. September, 10. Dezember bis 20. Januar.

  Verkaufszeiten: 20. Februar bis 31. März, Juli und August sowie 1. Dezember bis 20. Januar.
- **Einzelne Regionen-Tickets** wie der JR West Rail Pass, JR East Rail Pass, JR Kyūshū Rail Pass oder der JR Hokkaidō Rail Pass sind auch nach der Einreise erhältlich für alle, die über die 90-Tage-Aufenthaltsgenehmigung verfügen.
- **Tagespässe der lokalen Privatbahnen,** z.B. Kansai Thru Pass der privaten Bahnlinien in Kansai.
- **JR Highway-Busse** benutzen, verkehren in allen Regionen Japans, die Strecke Kyoto – Tokyo kostet beispielsweise ab 6000 Yen. Tickets erhält man an den JR-Bahnhöfen oder bei autorisierten Vertragspartnern wie JTB, Nihon Ryoko, Kinki Nippon Tourist oder Tokyu Kanko.

jap_093 oh

- **5 Tage** (nicht zusammenhängend), innerhalb von 14 Tagen zu benutzen, 22.000/11.000.

Der **JR West Rail Pass** unterscheidet zwischen dem **Kansai Pass,** der für alle JR-Züge (außer Nachtzüge) in der Kansai-Region gilt, und dem **Sanyo Pass,** dessen Verkehrsnetz sich bis zur Westspitze Honshūs, Shimonoseki, erstreckt. Preise für die 2. Klasse in Yen (Erwachsene/Kinder 6–11 Jahre):

Kansai Pass

- **1 Tag:** 2000/1000
- **2 Tage:** 4000/2000
- **3 Tage:** 5000/2500
- **4 Tage:** 6000/3000

Sanyo Pass

- **4 Tage:** 20.000/10.000
- **8 Tage:** 30.000/15.000

JR Kyūshū Rail Pass

(Preise für die 2. Klasse in Yen, Erwachsene/Kinder 6–11 Jahre):

- **3 Tage:** 14.000/7000
- **5 Tage:** 17.000/8500

JR Hokkaidō Rail Pass

(Preise für die 2. Klasse in Yen, Erwachsene/Kinder 6–11 Jahre):

- **3 Tage:** 21.500/10.750 (1. Klasse), 15.000/7500 (2. Klasse)
- **Flexible 4 Tage oder 5 Tage:** 27.000/13.500 (1. Klasse), 19.500/9750 (2. Klasse)
- **7 Tage:** 30.000/15.000 (1. Klasse), 22.000/11.000 (2. Klasse).

Weitere Informationen zum JR Rail Pass

- **www.japanrailpass.net**
- **JR East:** www.jreast.co.jp/e/eastpass/
- **JR West:** www.westjr.co.jp/global/en/
- **JR Kyūshū:** www.jrkyushu.co.jp/english/
- **JR Hokkaidō:** www2.jrhokkaido.co.jp/global/

Andere Zuggesellschaften

JR verfügt über ein landesweites Schienennetz, andere Zuggesellschaften beschränken sich auf Strecken in einer Region. Wer also sicher gehen und vor allem schnell reisen will, der fährt am besten, wenn er sich für JR entscheidet. Billiger kann es aber sein, auf **regionale Zuggesellschaften** auszuweichen. Keihan, Kintetsu, Nankai, Hanshin oder Hankyū sind einige davon. Überlegenswert ist auch der **Kansai-Thru-Pass,** mit dem das gesamte Privatschienen-Netz in der Kansai-Region benutzt werden darf. Ein 3-Tages-Pass kostet 5000 Yen, ein 2-Tages-Pass 3800 Yen (Surutto Kansai Association, Tel. 06-6258-3636, www.surutto.com).

U-Bahn

Das U-Bahn-Ticketsystem entspricht der Praxis beim Zugfahren. Die bekannten Bilder von überfüllten U-Bahnen, bei denen die letzten Passagiere noch von Servicemitarbeitern am Bahnsteig in das Abteil gedrückt werden, kann man tatsächlich erleben, jedoch nur in den Millionenstädten und auch nur in der Rushhour von 7–9 Uhr und von 17–19 Uhr. Außerhalb dieser Zeiten ist die U-Bahn meistens das **komfortabelste Transportmittel.** Die Yamanote-Linie in Tokyo und die Kanjō-Linie in Osaka sind Loop-Linien, die im Kreis verkehren.

jap_094 oh

Busse

Das Bussystem in Japan ist sehr ausgeprägt, jedoch nicht immer leicht zu überschauen. **Bushaltestellen** zeigen oft an, wann welcher Bus in Kürze erwartet wird oder an welcher Station sich dieser Bus gerade befindet, was sehr hilfreich ist. Für die Busfahrt kann innerhalb des Stadtbereichs (z.B. Kyoto) ein **Einheitspreis** fällig sein; man wirft das Geld beim Verlassen des Busses in den Automaten neben dem Busfahrer. Ist der **Fahrtpreis abhängig von der Distanz,** so muss man beim Einsteigen ein Ticket ziehen, das die Nummer der zugestiegenen Station anzeigt. Gezahlt werden muss auch in diesem Fall, wie fast immer im japanischen Busverkehr, beim Aussteigen. Hat man dazu nicht die passenden Münzen, um sie in den Schlitz zu werfen, sollte man bereits während der Fahrt im **Geldwechsler** neben dem Schlitz einen 1000 Yen-Schein in Münzen wechseln. Wer dies erst beim Aussteigen macht, wird sich wieder mal als

Unterwegs mit der U-Bahn

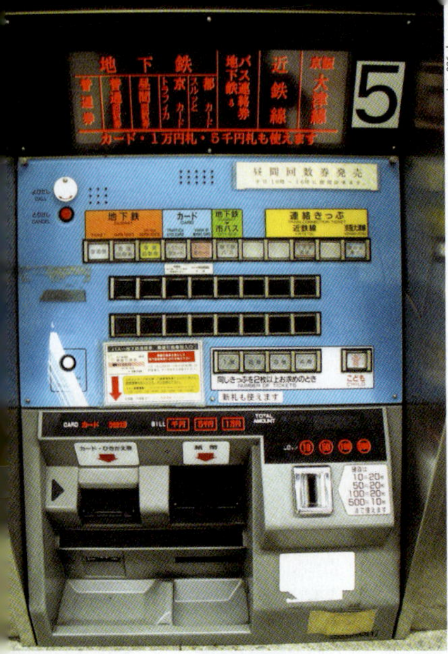

jap_096 oh

hoffnungslos Unwissender outen, da er den ganzen Betrieb beim Aussteigen aufhält.

Der **Zielort** des Busses ist meistens nur in Japanisch auf einer Tafel über der Windschutzscheibe zu lesen – hier sollte man sich besser an der daneben stehenden Bus-Nummer orientieren. Zweisprachige Ansagen sind eher die Ausnahme, nur in Kyoto, Nara und Nikkō werden Bushaltestellen auch in Englisch angekündigt.

Überland-Busse

Überland-Busse stellen eine **preiswerte Alternative** des Reisens dar. Wem Zeit nicht so wichtig ist, der nimmt von Tokyo nach Kyoto lieber den Bus als den doch teuren Shinkansen. Die Fahrt dauert acht Stunden und kostet ab 6000 Yen, je nachdem, wann man reist. Das Busnetz schließt **alle größeren Städte Japans** ein. Bei Fernfahrten erfolgen die Abfahrten oft erst spät abends, sodass man am nächsten Morgen am Ziel ist. Die Abfahrtszeiten aus Tokyo nach Kyoto sind z.B. zwischen 22 und 23.50 Uhr.

Das ausgeprägteste Busnetz bietet **JR-Bus,** aber auch zahlreiche andere Unternehmen bedienen tägliche Busrouten. JR-Bus Tickets sind erhältlich in den JR-Ticket Verkaufsstellen (Midorinomadoguchi) in den Bahnhöfen. **Willer Express** ist eines der führenden Rabatt-Busunternehmen mit einem wachsenden Streckennetzwerk. Hier sind auch Online-Reservierungen auf Englisch möglich.

Fahrtzeiten, Haltestellen und Routen erfragen unter:

- **JR Bus Kantō,** Highway-Bus Reservierungscenter, Tel. (03) 3844-1950, 10–22 Uhr, www.jrbuskanto.co.jp.
- **Nishinihon JR Bus,** Highway-Bus Reservierungscenter, 9–19 Uhr, Tel. (06) 6371-0555, www.nishinihonjrbus.co.jp.
- **Willer Express,** http://willerexpress.com.
- **Highway Bus.com,** das online-Buchungsportal für verschiedene Busunternehmen (allerdings nur auf Japanisch): www.highwaybus.com.

Ticketautomat für die U-Bahn

Briefkasten

Fährverbindungen

Zahlreiche Fähren verbinden die verschiedenen japanischen Inseln miteinander. Nachstehend sind die **wichtigsten Routen** aufgelistet:

- **Hankyū Ferry,** Kobe/Osaka – Kita Kyūshū, www.han9f.co.jp/en
- **Sun Flower Ferry,** Osaka – Beppu, Osaka – Kagoshima, Kobe – Ōita, www.ferry-sunflower.co.jp/language/english
- **Taiheiyō Ferry,** Nagoya – Sendai, Nagoya – Tomakomai, Sendai – Tomakomai, www.taiheiyo-ferry.co.jp/english/index.html
- **Orange Ferry,** Osaka/Kobe – Niihama/Toyo, www.orange-ferry.co.jp
- **Miyazaki Car Ferry,** Osaka – Miyazaki, www.miyazakicarferry.com
- **Ä"Line,** Tokyo – Kagoshima – Okinawa, Osaka/Kobe – Okinawa, Kagoshima – Okinawa, www.aline-ferry.com
- **Ocean Tokyū Ferry,** Tokyo – Tokushima – Kitakyushu, www.otf.jp.

Taxis

Die schwarzen japanischen Taxis sind frei, wenn das rote Licht in der Windschutzscheibe links unten leuchtet. Die Taxi-Preise sind überall in Japan ähnlich und im Verhältnis kaum teurer als in Deutschland. Der **Basistarif** beträgt meist so um die **700 Yen** für die ersten Kilometer. Der Preis richtet sich nach Zeit und Fahrtdistanz, unabhängig von der Zahl der Passagiere. Es gibt Taxistände, man stoppt sich ein Taxi aber auch einfach an der Straße. Beachtenswert dabei ist, dass der Fahrer die hintere Tür per Knopfdruck öffnet, man selbst berührt also die Tür weder beim Ein- noch beim Aussteigen. Es wird immer nur die linke hintere Tür geöffnet, sodass kein Fahrgast zur Fahrbahnseite hin aussteigen kann.

Zeitungen und Zeitschriften

Drei englischsprachige Zeitungen erscheinen in Japan: **The Japan Times, The Japan News** und die International **Herald Tribune** (in Kooperation mit Asahi Shimbun). Die Zeitungen sind in großen Hotels und an den großen Bahnstationen erhältlich.

jp_097 oh

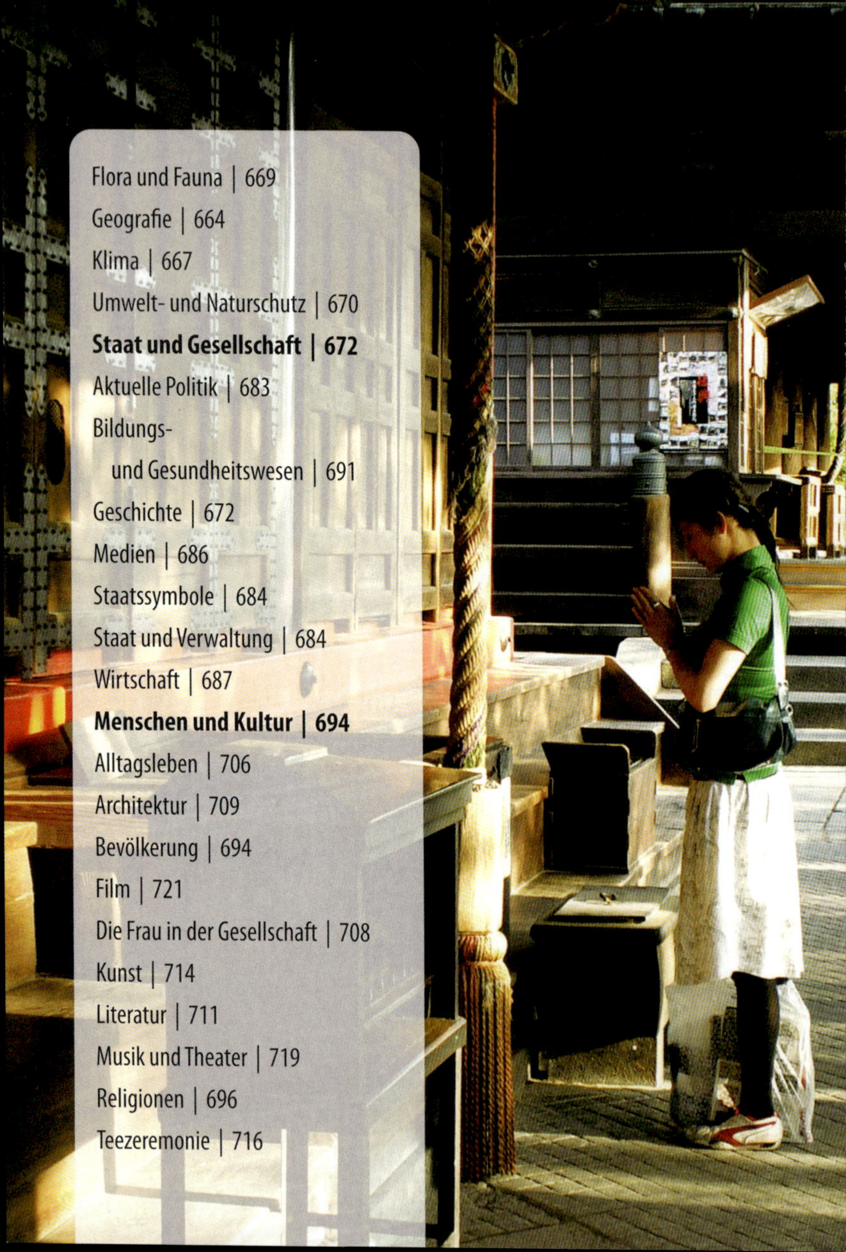

jap_716 oh

12 Land und Natur

[<] Japan als Land der Ruhe und Einkehr – wie hier im Kiyomizudera-Tempel in Kyoto

Geografie

Japan ist ein **Inselstaat im Pazifischen Ozean** östlich des asiatischen Festlandes. Die japanische Inselgruppe setzt sich aus den vier **Hauptinseln Honshū, Hokkaidō, Kyūshū** und **Shikoku** zusammen. Insgesamt besteht Japan aus insgesamt mehr als 6800 Inseln und hat eine Nord-Süd-Ausdehnung von über 3000 Kilometern. Mit einer Fläche von **378.000 Quadratkilometern** ist die japanische Inselkette etwas größer als Deutschland (357.000 Quadratkilometer).

Zu 80 Prozent besteht Japan aus **Gebirgszügen.** Vor allem auf der Hauptinsel Honshū ist geeignetes Bebauungsgebiet rar, was zu teuren Grundstückspreisen führt und eine Erklärung für die (aus europäischer Sicht) beengten Wohn- und Lebensverhältnisse ist. Der **Fuji** (in Japan liebevoll „Fuji-San", in Deutschland „Fuji-yama" genannt) ist der höchste Berg Japans mit 3776 Metern, die **Japanischen Alpen** durchziehen Honshū mit mehreren 3000ern.

Die **größte Stadt** Japans ist **Tokyo** mit rund 13 Millionen Einwohnern, gefolgt von Yokohama (3,5), Osaka (2,5), Nagoya (2,2), Sapporo (1,8) und Kyoto (1,5).

Im Osten ist Japan vom Pazifischen **Ozean** umgeben, im Westen vom Japanischen Meer, im Norden von der Okhotskischen See und im Süden vom Ostchinesischen Meer.

Mt. Kamiyama

jap_100 oh

Was tun bei einem Erdbeben?

- Oberste Prämisse bei einem Erdbeben: **Ruhe bewahren, so gut es geht.**
- **Fallende oder umkippende Gegenstände** stellen neben **Feuer** die größte Gefahr dar. Alle Gasleitungen oder Hitzequellen wenn möglich abschalten. Kinder lernen bei den japanischen Katastrophenschutzübungen unter Tischen Zuflucht zu suchen, Hauptsache es ist ein einigermaßen stabiler und sicherer Ort. Am ehesten nicht in der Küche mit vielen herumfallenden und spitzen Gegenständen bleiben.
- Bei einem Erdbeben sollte man nicht sofort versuchen, ins Freie zu gelangen: Man sollte vielmehr **sich und seine Umgebung** im Moment des Bebens **schützen** und den Schaden um sich herum in Grenzen halten.
- Für jedes Gebäude gibt es einen **Evakuierungsplan,** der für geordnete Verhältnisse im Extremfall sorgen soll. Es ist festgelegt, über welche Treppen man wohin das Gebäude verlässt. Zudem ist der Sammlungspunkt außerhalb der Straßen festgelegt, sodass man auch seine Angehörigen oder Nachbarn wieder findet.
- Wenn ein Feuer ausbricht, laut **„Kaji" (Feuer)** rufen, damit die Nachbarn alarmiert sind. Nachbarschaftliche Hilfe bei Erdbeben ist das Selbstverständlichste in Japan, also auch mal ruhig einen Blick zu den Nachbarn werfen, was die so machen. Die Nummer 119 ist der Notruf der Feuerwehr.
- Bei einem **Brand** sind die **ersten drei Minuten besonders wichtig,** hier hat man noch die Möglichkeit, die Flammen zu bekämpfen. Idealerweise bekämpft man sie nicht nur mit einem Feuerlöscher (den man erst einmal bedienen muss) und wartet nicht nur, bis Eimer mit Wasser gefüllt sind, sondern man versucht zusätzlich den Brand mit Decken oder Ähnlichem zu ersticken.
- Wenn die **Flammen bis zur Decke** schlagen, hilft nur noch eins: raus! Keinen Aufzug benutzen und möglichst mit einem befeuchteten Tuch das Einatmen von Rauch vermeiden.

Vokabular für Erdbeben-Notfälle

- **Erdbeben:** Jishin
- **Katastrophe:** Saigai
- **Feuer:** Kasai oder kaji
- **Feuerlöscher:** Shōkaki
- **Katastrophenschutzübung:** Bōsai kunren
- **verletzt:** kega
- **krank:** byōki
- **evakuieren:** hinan
- **geräumtes Gebiet:** Kōiki hinan basho
- **Notunterkunft:** Shinsaiji hinan basho
- **Erste Hilfe-Station:** Chiiki iryō kyūgo kyoten
- **Nachbarschaft:** Kinjo
- **Information:** Jōhō
- **Dolmetscher:** Tsūyaku
- **Arzneimittel:** Kusuri
- **Doktor:** Isha
- **Hilfe:** Tasukete

Vulkane und Erbeben

Viele der Berge Japans sind vulkanischen Ursprungs, der bekannteste Vulkan ist der große **Fuji-San.** Während der Fuji als ruhend gilt, werden landesweit **mindestens 40 Vulkane** als **aktiv** eingestuft. Vielerorts in Japan kann man vulkanische Aktivitäten beobachten: In **Hakone** beispielsweise treten Rauchschwaden aus den Erdklüften und permanenter Schwefelgeruch liegt in der Luft; der **Unzen** auf Kyūshū wird zu den zehn gefährlichsten und explosivsten Vulkanen der Welt gerechnet. Die Regionen Hakone und **Aso** sind aufgrund ihrer sichtbaren Vulkanaktivität beliebte touristische Ziele. Das japanische Vulkanforschungszentrum befindet sich in Tsukuba, nahe Tokyo.

Japan liegt entlang des **„pazifischen Feuerrings"** – hier trifft die pazifische Platte auf andere Kontinentalplatten, als Folgeerscheinungen der Plattendrift treten Vulkanismus und Erdbeben auf. Japan ist das **erbebenreichste Land der Erde.** Jährlich werden rund 5000 Erdbeben registriert, die meisten davon mit geringer Stärke und nicht spürbar, viele jedoch stark genug, um Erdbeben als alltägliche Gefahr gegenwärtig sein zu lassen. Fast jede Woche hört man die typischen Signaltöne im Fernsehen oder an Zugstationen, die ein Erdbeben verkünden.

Als stärkstes Beben in der Geschichte Japans gilt das **„Große Kantō-Erdbeben"** vom 1. September 1923, das Tokyo in Schutt und Asche legte – rund 100.000 Menschen kamen damals ums Leben. Aus jüngster Vergangenheit dürfte jedem das **Kobe-Erdbeben** aus dem Jahr 1995 in Erinnerung sein, das über 6400 Menschen das Leben kostete. Bei jeder Erdbeben-Meldung im japanischen Fernsehen wird auch berichtet, ob ein Tsunami (Flutwelle) zu erwarten ist. Das Frühwarnsystem ist insgesamt sehr gut entwickelt und in den Küstenstädten wird man auf eventuell zu erwartende Tsunamis per Lautsprecher hingewiesen. Trotzdem forderte zuletzt 1993 ein Tsunami auf einer kleinen Insel nahe Hokkaidō einige Dutzend Tote.

Einzige angenehme Folgeerscheinung der seismischen Aktivitäten sind die **Thermalquellen** *(Onsen)*, die man überall im Land antrifft und die wichtiger Bestandteil des japanischen Tourismus sind.

Die Hauptinseln und Okinawa

Honshū

Die Hauptinsel Honshū ist die **größte japanische Insel** und im Vergleich etwas größer als Großbritannien. Auf ihr sind die **größten Städte** Tokyo, Kyoto, Yokohama und Osaka gelegen. Viele Japan-Touristen bewegen sich während ihres Japan-Aufenthaltes ausschließlich auf Honshū, da hier das **wirtschaftliche, kulturelle und politische Herz Japans** schlägt. Der nördliche Teil Honshūs ist spärlicher besiedelt, während die Ballungsgebiete um Tokyo im Osten und um Osaka im Westen die traditionellen Bilder der überfüllten Städte liefern. Neben den Städten bietet Honshū mit dem Berg **Fuji** und dem größten See **Biwa** eindrucksvolle Naturerlebnisse. Tokyo und Kyoto liegen auf einem Breitengrad mit Nordafrika, wenngleich Honshūs Klima viel feuchter, regnerischer und auch kühler ist.

Hokkaidō

Hokkaidō ist die **nördlichste Insel** und klimatisch am ehesten mit unseren Breiten zu vergleichen. Im Winter kann es empfindlich kalt werden und die **Wintersportgebiete** um Sapporo sind über Monate hinweg schneesicher. Die **ländlich geprägte Gegend** liefert landwirtschaftliche Produkte für ganz Japan. **Nationalparks, Vulkanlandschaften und Gebirge** zeichnen auf Hokkaidō ein naturgeprägtes Bild von Japan.

Kyūshū

Die drittgrößte Insel Kyūshū liegt südlich von Honshū und bietet auch im Winter **angenehme Temperaturen. Fukuoka** ist das **Zentrum des südlichen Japan.** Unter den zahlreichen Vulkanen weist der Berg **Aso** den mit 128 Kilometer Umfang größten Krater der Welt auf.

Shikoku

Shikoku ist die kleinste der japanische Hauptinseln und liegt im **Seto-Inlandmeer** südlich von Honshū. Das Klima ist sehr mild und **mediterran.** Mit dem gemäßigten Klima, den wilden Flussläufen und den Bergen, die sich im Inneren der kleinen Insel auf bis zu 2000 Meter erheben, ist die Insel beliebtes Ziel für **Wanderer und Radfahrer.**

Okinawa-Inselgruppe

Die Inselkette Okinawa liegt zwei Flugstunden südlich von Honshū auf einer Breite mit Hawaii. Die **subtropische Inselgruppe** besteht aus 161 Inseln, von denen 40 bewohnt sind. Die südlichste Insel liegt nahe an Taiwan.

Klima

Japan verfügt großteils über **gemäßigtes Klima,** was vor allem auf die Hauptinsel Honshū zutrifft. Da sich Japan jedoch über 25 Breitengrade er-

jap_104 oh

› Kirschblütenfest (Hanami)

streckt, können die **klimatischen Verhältnisse sehr unterschiedlich** ausgeprägt sein. Die Winter auf Hokkaidō im Norden sind äußerst eisig und lassen Sapporo jährlich fünf Monate lang im Schnee versinken. Shikoku und Kyūshū kennen dagegen auch im Winter Schnee nur in den Bergen. Die Inselgruppe Okinawas ganz im Süden verfügt über subtropisches Klima.

Der **Frühling** *(Haru)* ist die Hauptreisezeit für Japan, denn von Anfang März bis Ende Mai sind die Temperaturen angenehm warm und mild. In das Frühjahr fällt die **Kirschblüte,** die sich nach und nach von Südwesten nach Nordosten durchs Land zieht und die Japan jedes Jahr aufs Neue verzaubert. Die Wettervorhersagen widmen sich intensiv der Frage, wann wo mit dem Höhepunkt der Blüte gerechnet werden kann. Wenn die Kirschbäume in voller Blüte stehen, versammelt man sich zum Kirschblütenfest *(Hanami)* in den Parks und die Städte gleichen einem einzigen großen Picknick.

Der **Sommer** kommt Anfang Juni nach Japan und beginnt mit einer dreiwöchigen Regenzeit, in der es oft sehr **heiß und schwül** ist. Japaner nennen diese Zeit auch „Pflaumen-Regen", was etwa so viel heißt: Sind die Pflaumen reif, kommt der Regen. Ab Juli startet der heiße Hochsommer in Japan, wenn die Hitze zusammen mit der hohen Luftfeuchtigkeit nicht nur das Reisen beschwerlich macht. Die Temperaturen steigen täglich auf über 30 Grad Celsius und auch nachts kühlt es nicht wesentlich ab. Der Sommer ist neben den Neujahrsfeiertagen und der Goldenen Woche *(Golden Week)* die Haupturlaubszeit der Japaner, so dass Strände und Feriengebiete stark frequentiert sind. Wandern und Bergsteigen hat im Sommer Hochsaison, der Aufstieg zum Mt. Fuji ist vom 1. Juli bis 31. August möglich. Der Sommer in Japan ist so heiß, dass er spezielle Gerichte auf den Speiseplan ruft, wie zum Beispiel kalte Nudelgerichte. Der Spätsommer bringt dem Süden und Westen Japans (Kyūshū, Shikoku) Taifune.

Der **Herbst** ist neben dem Frühjahr die beste Reisezeit. Die Temperaturen sind vergleichbar mit unserem Spätsommer und die Tage der drückenden Hitze sind vorbei. Viele Tempel laden im Herbst in ihre Gärten, wenn sich das Laub färbt und die Anlagen noch prächtiger erscheinen als sonst. Reisfelder glänzen golden und Chrysanthemen aller Art blühen.

Außer in Hokkaidō, Nord-Honshū und in den Japanischen Alpen ist der japanische **Winter** nicht mit unserem kalten und schneereichen Winter zu vergleichen. Die nördlichen Vororte von Kyoto haben jedes Jahr ein paar wenige Schneetage, wogegen in Tokyo und Osaka nicht jedes Jahr mit Schnee gerechnet werden kann.

Die **Skigebiete Sapporo und Nagano** sind über Monate hinweg schneesicher und nicht erst seit der Ausrichtung der Olympischen Winterspiele auf die Besucheranstürme der Wintersportler gut vorbereitet.

> Naturparadies Yakushima

Flora und Fauna

Flora

Japans Flora ist nicht zuletzt aufgrund der Landesausdehnung über mehrere Klimazonen **besonders vielfältig:** 160 Baum- und 800 Straucharten bietet Japan, das ist im Vergleich mit Europa jeweils ungefähr das Doppelte. Einige kleine abgelegene Inseln Japans (Teile der Ogasawara- oder der Okinawa-Inseln) sind bis heute noch weitgehend von Menschenhand unberührt, so dass sich dort **einzigartige Ökosysteme** entwickeln und erhalten konnten. Diese In-

jap_106 oh

seln beherbergen vom Aussterben bedrohte Tierarten, die in keinem anderen Gebiet der Welt noch vorkommen.

Fauna

Zu den **einzigartigen Spezies** in Japan zählen zum Beispiel Arten von Libellen, Spechten, Salamandern, Krabben, Haien und Meeressäugetieren. In Hokkaidō ist der Braunbär beheimatet, während in Tōhoku der asiatische Schwarzbär vorkommt. In ganz Japan wird man auf **wilde Affenpopulationen** stoßen, ob in Yakushima, bei Kyoto, in Nagano oder in Tōhoku. Die **Japan-Makaken** (Rotgesichts-Makaken) stellen die nördlichste Affenpopulation der Welt dar.

Umwelt- und Naturschutz

Bis Ende der 1960er Jahre galt Japan als Land, das seinen wirtschaftlichen Aufschwung gnadenlos auf Kosten der Umwelt betreibt und jegliche Aspekte des Umweltschutzes ignoriert. In den 1970er Jahren drehte sich dann die Entwicklung, nicht zuletzt durch die Folgen der **Umweltverschmutzung:** Skandale um verseuchten Fisch, Smog, Erkrankungen und Schwermetalleinleitungen japanischer Industriebetriebe hoben die Umweltproblematik ins Licht der Öffentlichkeit. Betroffene erstritten vor Gericht hohe Entschädigungszahlungen von den Unternehmen, was alle Beteiligten zum Umdenken veranlasste.

In Japan existieren heute vergleichsweise weniger staatliche Auflagen für Unternehmen, vielmehr ist Umweltschutz **Verhandlungssache** mit lokalen Behörden und Bürgergruppen: „Umweltpolitik vor Ort“. Das ausgedehnte **System von Umweltinformationen** gilt als vorbildlich und sorgt auch zum Beispiel mit der Anzeige des Luftverschmutzungswertes oder des Lärmpegels auf öffentlichen Plätzen für eine breite Datenöffentlichkeit.

Generell überlagern **Wirtschaftswachstum und Technikoptimismus** Aspekte des Umweltschutzes. Als Anbieter von Umwelttechnik (Solarzellen, Hochleistungstechnologie) gehört Japan mit den USA und Deutschland zu den führenden Ländern. Hochentwickelte Systeme wie zuletzt Tsunami-Warnanlagen wurden an die Anrainerstaaten des Pazifiks weitergegeben.

Für weltweite Verstörung und für Proteste von Umweltschützern sorgen jährlich die Meldungen über den **Walfang,** den Japan zwar in den vergangenen Jahren reduzierte, jedoch nach wie vor aufrechterhält.

Die Schattenseiten eines nicht lückenlos verbreiteten Umweltgedankens werden sich dem Japan-Touristen in den Städten offenbaren, in denen nur selten **Müll** getrennt wird. In Japan ist **Verpackung** wichtig und Müllvermeidung kein Thema, was wiederum Müllverbrennungsanlagen oder künstliche „Müllinseln“ in Küstennähe auf den Plan ruft.

▷ Blick auf den majestätischen Mt. Fuji

Zu den Eigenwilligkeiten Japans gehört es auch, dass **Naturschutz** nicht oberste Priorität hat, mancherorts aber der Eindruck erweckt wird, es drehe sich alles um die Natur und ihre Erhaltung. In den Nationalparks geben Hinweisschilder Empfehlungen, den eigenen Müll einzusammeln und keine Pflanzen mitzunehmen. Manchmal ist keine Eintrittsgebühr fällig, dafür eine „Spende zum Erhalt der Natur“ von 300 Yen. Plakate mahnen mit „Natur schätzen – Gutes Vorbild für die Kinder sein“ etc.; diese Liste ließe sich fortsetzen.

Jüngste positive Signale gingen vom **Kyoto-Protokoll** aus, das die Emission von Schadstoffen weltweit begrenzen will und das von Japan – im Gegensatz etwa zu den USA und China – ratifiziert wurde. Der CO_2-Ausstoß (gerechnet auf die Bevölkerungszahl) ist mit dem Deutschlands zu vergleichen. **Klimaschutz** wird von der japanischen Regierung als die größte Herausforderung für das 21. Jahrhundert bezeichnet.

Nationalparks

In Japan finden sich derzeit **29 Nationalparks,** die auf rund 2 Millionen Hektar Fläche atemberaubende Landschaften bieten und die einen wichtigen Faktor im japanischen Tourismus darstellen. Hinzu kommen **56 Quasi-Nationalparks** (1,3 Millionen Hektar), die ebenfalls vom Umweltministerium ernannt werden, jedoch enger an die jeweiligen Präfekturen gebunden sind und mit den großen Nationalparks nicht konkurrieren können. Die ersten Nationalparks wurden 1934 gegründet: Setonaikai, Unzen-Amakusa, Kirishima-Yaku, Akan, Daisetsuzan und Aso.

jap_098 JNTO

STAAT UND GESELLSCHAFT

Geschichte

Die Ursprünge Japans

Wann genau die ersten Siedler auf dem heutigen Gebiet Japans eintrafen, ist ungewiss. Die frühesten Anzeichen einer Besiedlung und altsteinzeitliche Funde lassen auf ca. **30.000 v.Chr.** schließen. Biologische und linguistische Wurzeln zur heutigen Bevölkerung und Kultur Japans werden von der historischen Forschung auf rund **8000 v.Chr.** datiert, sodass spätestens ab diesem Punkt die japanische Geschichtsschreibung beginnen kann.

Auch über das **Woher** der ersten Siedler existieren unterschiedliche Theorien. Die Erklärungen schwanken, ob die japanischen Inseln erstmals eher **aus Polynesien** besiedelt wurden **oder** ob über die **Landbrücke von Asien nach Japan** Migrationsbewegungen stattfanden. Sicher ist, dass gegen Ende der letzten Eiszeit, rund 18.000 v.Chr., Japan mit dem asiatischen Kontinent über eine Landbrücke verbunden war und die Ozeane rund 140 Meter unter dem heutigen Meeresspiegel lagen. **Völkerwanderungen** waren aus Gründen der Nahrungssuche notwendig und so gilt es als gesichert, dass Nomadenstämme aus dem heutigen Korea und Bevölkerungsgruppen aus China und Sibirien auch den

⟩ Ausgrabungsfunde aus der Yayoi-Zeit

Weg über die Landbrücken ins heutige Japan fanden. Zusammen mit Einwanderungen von den Ryūkyū-Inseln im Süden (dem heutigen Okinawa) bildeten diese Volksstämme wohl die ersten Siedler Japans.

Zu den ursprünglichen Siedlern gehörten auch die **Ainu,** eine Volksgruppe altaisch-tungusisch-sibirischer Abstammung. Ursprünglich bevölkerten sie ganz Japan, wurden aber im Laufe der Jahre auf die nördlichste Insel Hokkaidō zurückgedrängt, wo heute noch wenige Zehntausende leben. Der Umgang mit den Ainu ist auch im heutigen Japan noch ein emotionalisierendes Thema.

Jōmon-Zeit (8000 bis 300 v.Chr.)

Die Jōmon-Zeit lässt sich am ehesten mit einer **Sammlerkultur** vergleichen. Die Menschen lebten in kleineren Gruppen in höhlenähnlichen Häusern. Motive des Fischens, Jagens und des Sammelns finden sich auf den ersten Keramiken, und lange Zeit wurde angenommen, dass es sich um eine klassenlose Gesellschaft handelte. Erst neuere Funde einer solchen historischen Siedlung in der Aomori-Präfektur **(Sannai Maruyama Relic)** ließen Zweifel an dieser Theorie aufkommen.

Yayoi-Zeit (300 v.Chr. bis 300 n.Chr.)

300 v. Chr. drängte die Yayoi-Kultur von Korea auf die japanischen Inseln und bildete mit den bereits vorhandenen Strukturen die Basis für die wenig später folgende **Gründung eines ersten Staates.** Die Yayoi-Kultur beherrschte den Nassfeldreisanbau, die Fertigung von Bronzewerkzeugen (Spaten, Speere, Pflüge etc.) und die Organisation von Großverbänden. Das landwirtschaftliche Leben formte soziale Strukturen aus, Klassen bildeten sich. Riten und Brauchtümer, die sich auf Ackerbau und landwirtschaftliche Produktion beziehen, haben oft ihren Ursprung in jener Zeit. Ursprünglich kam die Yayoi-Kultur über die koreanische Halbinsel ins nördliche Kyūshū, Ende des 3. Jahrhunderts hatte sich die neue Kultur in ganz Japan verbreitet.

Aus chinesischen Berichten aus dem 3. Jahrhundert n.Chr. ist zu erfahren,

jap_110 oh

dass Japan, das Land der Wa, aus mehr als 100 kleinen **Wa-Staaten** bestand. Besondere Erwähnung in diesen Berichten findet *Himiko,* die Königin von Yamatai, die über mehrere Wa-Staaten regierte und gute Kontakte zu Kaiser *Ming* in China unterhielt.

Kofun- bzw. Yamato-Zeit (300 bis 700 n.Chr.)

In die Kofun-Zeit fällt die **Gründung des Yamato-Staates,** mit dem die politische Geschichte Japans beginnt. Die Etablierung der Yamato-Hegemonie setzte den kleinen Wa-Staaten ein Ende und einte erstmals große Teile der japanischen Insel unter einer Herrschaft, wenngleich ein funktionierender Hofstaat und eine Regierung noch weitere 100 Jahre auf sich warten ließen.

Die Yamato-Zeit zeichnet sich durch eine strikte Trennung von herrschender Klasse und untergebener agrarwirtschaftlich orientierter Masse aus. Die Herrschaftselite war durch Abstammung und Zugehörigkeit zu einem **Clan (Uji)** legitimiert, berief sich auf Ahnengottheiten und führte die Herrschaftsbezeichnung des **Tennō (Kaiser)** ein. In diesem Zusammenhang stand auch das System religiöser Vorstellungen, dessen **Verehrung lokaler Gottheiten** später **Shintō** heißen sollte. Die Entstehung des **Shintoismus** in jener Zeit ist auch eine Zusammenführung des Kultes der Ackerbauern um die Fruchtbarkeitsgöttin mit dem Kult der herrschenden Reiterstämme um den Sonnengott. Der buddhistische und chinesische Einfluss kam erst einige Jahrhunderte später nach Japan.

Typisch für die **Grabstätten** jener Zeit war der **Kofun,** ein von Wassergräben umgebener Begräbnishügel für den Herrschenden. Die Grabstätte des Kaisers *Nintoku* (395–427) befindet sich in Sakai/Osaka und soll die größte der Welt sein. Der Hof von Yamato lag in der Nähe von Nara.

Ab dem 6. Jahrhundert adaptierte die japanische Yamato-Führung das Wissen der großen **chinesischen Dynastien Sui und T'ang,** um eine kaiserlich-bürokratische Regierung aufzubauen. Zu den Importen zählte beispielsweise die Rechtssprechung. 538 wurde in Japan der **Buddhismus** chinesischer Prägung eingeführt, und mit den engen Verbindungen zu China gelangten auch chinesische Kulturformen (Literatur, Geschichte, Philosophie) nach Japan. Zahlreiche Tempel entstanden in jener Zeit nach dem Vorbild der **Wei-Dynastie,** prominentestes Beispiel ist der 607 erbaute, noch heute existierende Hōryūji-Tempel in Nara (siehe dort). *Shōtoku Taishi* (573–620) war als Regent Förderer des Buddhismus und erließ 604 eine an chinesischem Vorbild orientierte Verfassung, die erste des Landes. *Shōtoku Taishi* fand sich lange Zeit im modernen Japan auf der 10.000 Yen-Banknote.

Der junge japanische Staat wurde in jener Zeit mehr und mehr **nach chinesischem Vorbild** gestaltet, nur dass das japanische Kaiserhaus wegen der „göttlichen Abstammung" nicht absetzbar war. Im Jahr 645 teilte der **Taika-Erlass** alles Land dem Kaiser zu und der Staat wurde als Beamtenstaat (mit erblichen Beamtentiteln) organisiert, was als aristokratische Revolution bezeichnet werden kann.

Nara-Zeit (710–784)

710 wurde die **Hauptstadt** nach **Heijō-kyō** verlegt, dem heutigen Nara, und wurde die erste dauerhafte Hauptstadt. Die Stadt war nach chinesischem Vorbild schachbrettartig angelegt. Der Staat bestand aus insgesamt **66 Provinzen,** für die jeweils ein Gouverneur zuständig war und in denen Schätzungen zufolge rund **6 Millionen Einwohner** lebten. Das politische **Ritsuryō-System** jener Zeit zeichnete sich vor allem durch die Einführung eines Straf- und Verwaltungsgesetzes aus. Die ersten Geschichtsbücher sind aus den Jahren 712 sowie 720 und in chinesischer Schrift verfasst (die ältesten Geschichtsaufzeichnungen, **Kojiki,** und die Reichsgeschichte, **Nihon Shoki).** Literarisches Vermächtnis jener Zeit ist die 759 überlieferte **Manyōshū-Gedichtsammlung** mit 4496 Gedichten aus mehreren Jahrhunderten.

Aus Angst vor einer zu einflussreichen buddhistischen Priesterschaft verlegte der 50. Tennō, Kaiser *Kammu,* den Sitz der Hauptstadt 784 nach Nagaoka. Er ließ eine **neue Hauptstadt** bauen, **Heian,** mit den Ausmaßen von 4,6 x 5,3 Kilometer. Ebenso wie beim Bau Naras diente Chang-an (das heutige Xian) der chinesischen Tang-Dynastie (618–907) als Vorbild. Mit der Verlegung nach Heian sollten Staat und Kirche getrennt werden.

Heian-Zeit (784–1185)

Die neue Hauptstadt Heian-kyō heißt heute Kyoto. Die erste Zeitspanne von über drei Jahrhunderten war gekennzeichnet durch Reichtum, brachte eine **Blüte der Kunst und Kultur** und zählt zu den kreativsten Epochen in der japanischen Geschichte. Im Kampf um die politische Herrschaft ging die **Fujiwara-Hoffamilie** als Sieger hervor und der Kaiser war in der Folgezeit zur Zeremonialfigur degradiert, die tatsächliche Macht übernahmen der Hof- und Kriegeradel.

Nach 894 wurden die Gesandtschaftsreisen nach China eingestellt und der Einfluss des asiatischen Festlandes verringerte sich. Jetzt stand nicht mehr so sehr die Adaption einer fremden Kultur im Mittelpunkt, als vielmehr die **Ausformung einer eigenständigen Kultur.** Das Studium des Chinesischen blieb Sache der Männer, während die **Frauen Japanisch** schreiben „mussten". Sie nutzten dazu die in jener Zeit entstehende **Silbenschrift Hiragana** und schufen erste **große literarische Werke,** die man heute zur Weltliteratur zählt. Berühmtestes Beispiel ist „Genji monogatari" (Die Geschichte des Prinzen Genji) von *Murasaki Shikibu,* der erste Roman der Weltliteratur. Die Anthologie „Kokin Wakashu" stellt die umfassendste Sammlung von Waka-Gedichten dar.

Das Ende der Heian-Zeit war von kriegerischen Auseinandersetzungen zwischen Familien-Clans geprägt, aus welchen die *Fujiwara* und *Minamoto* als Verlierer hervorgingen; die **Taira-Familie** übernahm die Macht. Deren Führer *Kiyomori Taira* konnte aufgrund seiner militärischen Stärke in die Hofpolitik einsteigen. Es war der **Übergang zur Zeit der Samurai und der Kriegerherrschaft.**

Kamakura-Zeit (1185–1333)

Die Vorherrschaft der Taira-Familie hielt nicht lange an, schon bald dominierten die Überlebenden einer andere Kriegergruppe, die **Minamoto.** Diese beherrschten die meisten Provinzen in der Kantō-Ebene (dem heutigen Tokyo). *Yoritomo Minamoto* gründete seinen **Feudalstaat** mit militärischer Administration in Kamakura. *Yoritomo* erhielt als militärischer Oberbefehlshaber den Titel **Shōgun** und so war mit dem Kamakura-Shogunat ein **neues Machtzentrum neben dem kaiserlichen Hofstaat** in Kyoto entstanden. Mehr und mehr verlor der Hofadel an Einfluss und die Macht ging an den Kriegeradel über.

Ab Mitte des 13. Jahrhunderts versuchte das Kaiserhaus, die Macht zurückzuerlangen, doch die Versuche schlugen fehl. Die Folge waren weitere **Unruhen.** Zu kriegerischen Auseinandersetzungen kam es auch zwischen 1274 und 1281, als mongolische Krieger unter **Kublai Khan** nach Kyūshū übersetzten und versuchten, Japan zu erobern. Hier einten sich die Feudalherren mit dem Kaiserhaus, um den Angriff gemeinsam abzuwehren, was auch dank des **„Götterwindes"** (japanisch **Kamikaze,** was gegen Ende des 2. Weltkrieges in Gestalt der Selbstmordpiloten eine grausame neue Bedeutung erlangen sollte) gelang. Jener „Götterwind" – ein Taifun – zerstörte große Teile der mongolischen Flotte.

Die Zeit Kamakuras endete, als nach den Mongolenkämpfen viele Soldaten weder mit Lohn noch mit Land bezahlt werden konnten und eine Allianz von Tennō *Godaigo* mit dem **Ashikaga-Haus** die Kämpfe gegen das Kamakura-Shogunat für sich entschied.

Kulturell ist in jener Zeit der Aufstieg des **Zen-Buddhismus** zu verzeichnen, der besonders von den Kriegern geschätzt wurde und eng mit der Entstehung des **Ehrenkodex Bushidō** in Verbindung steht. Die Ideale Selbstdisziplin, Gehorsam, Verzicht und Entsagung finden sich sowohl im Zen als auch im Bushidō. Insgesamt ist ein Boom des religiösen Bewusstseins und esoterischer Sekten zu verzeichnen, die sowohl vom Shogunat als auch vom Kaiserhof unterstützt wurden. Zen-Klöster wurden Zufluchtsstätten für Kunst und Literatur.

Ashikaga- bzw. Muromachi-Zeit (1333–1573)

Das siegreiche Ashikaga-Haus gründete das **Muromachi-Shogunat** in Kyoto und allein diese Tatsache zeigt den Anspruch der Kriegerregierung, auch auf die kaiserliche Regierung Einfluss zu nehmen. Viele Angehörige des Kriegeradels stärkten im Laufe der Muromachi-Zeit ihre Machtpositionen und erlangten den Status von Territorialherren, die Schlösser bauten und ihre Vasallenheere vergrößerten.

Der Kaiser entging 1337 nur knapp einem Mordanschlag, flüchtete nach Yoshino (südlich von Kyoto) und errichtete dort seinen Übergangshof. Das Ashikaga-Haus setzte daraufhin einen ihm ergebenen Kaiser ein, sodass es mit dem südlichen und dem nördlichen **zwei sich bekämpfende Kaiserhöfe in Kyoto** gab.

Kyoto wurde im **Onin-Krieg** (1467–77) zerstört. Im über 100-jährigen **Bürgerkrieg (Sengoku jidai)** zwischen 1467 und 1568 waren die einzelnen Territorialherren mit ihren Heeren und Samurai ebenso involviert, wie Mönche oder unzufriedene Bauern. Trotz dieser Kämpfe blühte der **Handel** mit dem China der Sung- und Ming-Dynastie wieder auf.

Die **Kitayama-Kultur** mit dem Goldenen Pavillon (Kinkakuji-Tempel) und die **Higashiyama-Kultur** mit dem Silbernen Pavillon (Ginkakuji-Tempel) in Kyoto waren die architektonischen Neuschöpfungen jener Zeit, in der Literatur entstanden die **Nō-Stücke,** die noch heute aufgeführt werden.

Mit den **Portugiesen** trafen **1543** auf Kyūshū die ersten Europäer ein. Die portugiesischen und später spanischen Seefahrer trugen zur japanischen Kultur vor allem die Einführung von **Feuerwaffen** und des **christlichen Glaubens** bei: Wer als Feudalherr Schusswaffen von den Europäern erwerben wollte, musste der Missionierungsarbeit in seinem Territorium zustimmen.

Azuchi-Momoyama-Zeit (1573–1603)

Mit den Samurai *Nobunaga Oda, Hideyoshi Toyotomi* und *Ieyasu Tokugawa* beginnt die Zeit, als die lokale Vormachtstellung der Territorialherren gebrochen wird und wieder eine **zentrale Macht** über das Land herrscht. Eine Reihe von entscheidenden Maßnahmen veränderte die japanische Gesellschaft grundlegend. *Hideyoshi* trennte Samurai und Land und schuf die Grundlage für den Übergang der Klasse der Samurai in die **Klasse bezahlter Beamter.** Die Bauern wurden entwaffnet und der Staat war als **Klassenstaat** mit strikter Trennung der Klassen konzipiert. Als Symbol der Macht entstand unter *Hideyoshi* mit dem **Osaka-jō** die größte Burganlage der damaligen Zeit. *Hideyoshis* Eroberungsfeldzüge nach Korea zwischen 1592 und 1597 schlugen fehl.

Japan hatte zur damaligen Zeit schätzungsweise rund **25 Millionen Einwohner,** Christen zählte man rund eine Million – in etwa so viele wie heute in Japan. Die Regierung fürchtete die Gefahr einer schleichenden Kolonialisierung durch die Missionsarbeit. Zuerst wurden die Jesuiten 1587 ausgewiesen, anschließend alle Missionare, ehe das **Christentum** gänzlich verboten wurde. Bei Christenverfolgungen 1597 kam es in Nagasaki zu 26 Kreuzigungen.

Gegen Ende des 16. Jahrhunderts erlebten die **Blumensteckkunst (Ikebana),** die **Teezeremonie** und das **Keramikhandwerk** ihre volle Entfaltung.

Als *Hideyoshi* kurz vor dem Tod seinen Heerführer *Ieyasu Tokugawa* als Regenten einsetzte, konnte die Ära der Tokugawa beginnen. Sie dauerte über 250 Jahre an.

Tokugawa- bzw. Edo-Zeit (1603–1868)

Ieyasu Tokugawa erklärte sich 1603 zum Shōgun und verlegte den Sitz der **Hauptstadt** nach **Edo,** dem heutigen Tokyo. Zwar erkannte der Shōgun die Ansprüche des Kaisers als nationales Oberhaupt an, die ausführende Gewalt über

jap_116 oh

das Land lag aber beim Shogunat. Zu Tokugawas Gebiet zählten **alle wichtigen Städte:** Edo, Kyoto, Osaka und Nagasaki. Die für die Administration eingesetzten Provinzfürsten *(Daimyō)* mussten dem Shōgun ihre Treue bekunden, indem sie jedes zweite Jahr in Edo lebten und ihre Familienangehörigen permanent in Edo ließen. So waren dem Shōgun Loyalität und Ergebenheit auf lange Zeit gesichert.

1641 schottete die konservative Politik *Tokugawas* Japan vom Rest der Welt ab: Ausländern wurde die Einreise nach Japan verboten, Japaner durften nicht ins Ausland reisen. Die in Japan lebenden Ausländer wurden ausgewiesen, mit Ausnahme einiger weniger holländischer und chinesischer Kaufleute, die strikt unter den Weisungen des Shogunats standen und sich ausschließlich in Nagasaki (auf der aufgeschütteten Insel Dejima) aufhalten durften. Die **Abschottung** des Landes wird als Reaktion auf die zunehmende Missionierung durch die Europäer gedeutet, ebenso wie der Shōgun den Außenhandelsgeschäften der mächtigen Daimyōs in Kyūshū ein Ende bereiten wollte.

Mit der Ausrichtung nach innen wurde der **Kampf gegen das Christentum** forciert, was zum einen zur Tötung von Priestern führte und zum anderen zu der Maßnahme, dass sich jeder Japaner bei einem buddhistischen Tempel registrieren musste. Die Fortschritte in jener Zeit lagen vor allem im **Ausbau der Ackerwirtschaft,** sodass sich die Fläche kultivierten Landes verdoppelte. Eine **Zeit des Friedens** ermöglichte der Samurai-Klasse den **Übergang zur Zivil- und Verwaltungsgemeinschaft.** Der strikte Erziehungskodex der Samurai-Regierung lehrte die **Klassenhierarchie** des Feudalstaates (Samurai, Bauer, Handwerker, Kaufmann), die Loyalität gegenüber der Führung und die **Unterordnung** der Individualinteressen unter die der Familie. In jener Zeit entstand die **Stadt als Lebensraum** der modernen Gesellschaft für den Kriegeradel oder auch für das aufkommende Bürgertum – Edo hatte zu jener Zeit rund eine Million Einwohner, auch Osaka, Nagoya und Kyoto erlebten eine Blütezeit. Immer mehr Bauern, die unter der **Abgabenlast** zu leiden hatten, drängten in die Städte.

Rüstung aus der Edo-Zeit

Auch entlang des Handelsweges zwischen Edo und Osaka (Tōkaidō) entstanden neue Ansiedlungen. Einhergehend mit dem Bürgertum entsprangen **neue Formen der Kultur,** z.B. das Kabuki-Theater, das Puppenspiel *Bunraku* und auch bedeutende Werke der Literatur *(Saikaku Ihara, Chikamatsu, Bashō).*

Der einzige mögliche **Austausch zwischen dem Westen und Japan** fand zwei Jahrhunderte lang über die winzige **Insel Dejima** statt. *Franz von Siebold* war als deutscher Arzt in der holländischen Kolonie tätig und seine Reiseaufzeichnungen („Reise nach dem Hofe des Shōguns zu Jedo" im Jahre 1826) sind ein interessantes Dokument über Japan unter der Tokugawa-Herrschaft. Ein früheres Dokument ist der Bericht *Engelbert Kaempfers* („Reise von Nagasaki an den kaiserlichen Hof zu Jedo" im Jahre 1691).

Man spricht in jenen Jahrhunderten von über 1000 **Bauernaufständen,** trotzdem wird die Zeit als Frieden bezeichnet, was in Abgrenzung zu den bürgerkriegsähnlichen Zuständen in den Jahrhunderten vorher zu verstehen ist. **Ab 1840** geriet Japan in die **Krise** – das Shogunat und viele Daimyō waren hoffnungslos verschuldet und innenpolitisch klaffte die Kluft zwischen Arm und Reich weit auseinander, was zu Unruhen in vielen Regionen führte. Als dann mit den „Schwarzen Schiffen" unter Kommodore *Metthew Perry* in der Bucht von Edo auch noch die Bedrohung durch ausländische Kräfte gegeben war, brach das bisherige Machtverhältnis in Japan zusammen. In den 1850er Jahren öffnete Japan einige Häfen für den **Handel** mit Amerika, Handelsabkommen wurden mit England, Russland und auch Preußen geschlossen.

Meiji-Zeit (1868–1912)

Mit dem Sturz des letzten Tokugawa-Shōguns *Yoshinobu* durch Hofadelige und Anti-Tokugawa-Samurai begann wieder die **Zeit des Tennō.** Die entscheidenden Schlachten entschieden die kaiserlichen Truppen im Ueno-Park von Edo für sich und auch der Satsuma-Aufstand wenig später konnte nichts mehr daran ändern, dass die Geschicke des Landes wieder vom Tennō geleitet wurden.

Nach der politischen Erklärung und der militärischen Durchsetzung wechselte der Tennō seinen Amtssitz von Kyoto nach Edo und bezog das Edo-Schloss. Der Kaiser war neues Oberhaupt eines einheitlichen **Zentralstaates** und Edo wurde umbenannt in **Tokyo: „Östliche Hauptstadt".**

1868 markierte auch das **Ende des Feudalstaates,** alle Daimyō mussten ihre Ansprüche an den Kaiser abtreten. Dieser führte 1889 als erster asiatischer Herrscher eine Verfassung ein **(Meiji-Verfassung)** und Japan wurde zur **konstitutionellen Monarchie.** In der Verfassung war der „göttliche Ursprung" des Kaisers verankert und **Shintō** war die neue **Staatsreligion.** Klassenunterschiede wurden gesetzlich abgeschafft: Weder das Landsteuersystem noch die Erbbesoldung für Samurai hatten Bestand. Auch das Wehrpflichtgesetz unterschied nicht mehr, ob jemand der Klasse der Samurai angehört hatte oder nicht. Die Klasse der Samurai war verschwunden.

Mit der **Öffnung des Landes** kamen viele ausländische Berater ins Land. Es begann für Japan das Zeitalter der **Industrialisierung** und des wirtschaftlichen Aufschwungs. Die seit den Anfängen der ersten Siedler in Japan proklamierte und immer wieder unter Beweis gestellte Fähigkeit Japans, fremde Einflüsse schnell zu assimilieren, zu verarbeiten und daraus etwas Neues und Eigenes zu formen, funktionierte auch in den Jahren um 1880. Der technologische Wandel und die wirtschaftliche Neuorganisation schritten rasch voran. Dabei waren die **Einflüsse** sehr **breit gestreut:** In Fragen der Verfassungs- und Regierungsorganisation bildete z.B. das preußisch-bayerische Muster die Vorlage, der kaiserliche Erlass zur Erziehung dagegen war stark konfuzianisch geprägt.

Die neu vereinte Nation beschränkte ihren Blick aber nicht nur auf das eigene Land: Für Japan begann das **Zeitalter der Kolonialpolitik und der Expansionskriege.** Aus den Kriegen mit China (1894/95) und Russland (1904/05) ging Japan als Sieger hervor. Taiwan und Korea wurden japanische Kolonien.

Taishō-Zeit (1912–1926)

Im **1. Weltkrieg** kämpfte Japan an der Seite der Alliierten und erhielt zu Kriegsende das bis dahin deutsche Gebiet Tsingtao. Kronprinz *Hirohitos* Europareise 1921 machte die neue Ausrichtung nach Westen für alle sichtbar – vorher hatte weder ein Kronprinz noch ein Tennō Europa besucht.

In den 1920er Jahren gewann Japan an Reichtum und die Bevölkerungszahl stieg stark an, auf insgesamt rund 55 Millionen. Eine **erste Parteienregierung** unter Ministerpräsident *Hara* ließ erste **demokratische Strukturen** erkennen: Das Wahlrecht für Männer wurde eingeführt, Arbeiter konnten sich in Gewerkschaften organisieren. Die Konflikte unterdessen schwelten weiter im Land und entluden sich gelegentlich in **Aufständen,** wie etwa bei den Reisaufständen oder verschiedenen Arbeiter- und Bauernprotesten. Strikte Maßnahmen der Regierung gegenüber sozialistischen und kommunistischen Anstrengungen gingen einher mit einer **Militarisierung des Staates.**

Dem großen **Kantō-Erdbeben** von **1923** fielen rd. 150.000 Menschen zum Opfer, große Teile Tokyos wurden zerstört.

Shōwa-Zeit (1926–1989)

Spätestens 1931 wurde die zunehmende Militarisierung und **Aggressionspolitik** Japans für die Weltöffentlichkeit sichtbar: Japan besetzte die Mandschurei und befand sich seit diesem Zeitpunkt bis zur Kapitulation 1945 im Kriegszustand. Schon mit der Annektierung Taiwans und Koreas war der Plan verbunden, **„Asien für die Ostasiaten“** zu sichern und eine „ostasiatische Wohlstandssphäre“ zu schaffen. In der Mandschurei etablierte Japan das Kaiserreich Mandschukuo, eine reine Marionette Tokyos.

Außenpolitisch geriet Japan durch diesen aggressiven Akt zunehmend unter Druck. Innenpolitisch hatten die wirtschaftlichen Probleme seit 1929 für eine Radikalisierung des Landes gesorgt. Die **totalitäre staatliche Organisation** verfolgte militärische Ziele, die Parteienregierung wurde durch eine **Einheitspartei** ersetzt. Es ist in der historischen Forschung umstritten, ob diese neue Staatsform als faschistisch bezeichnet werden kann oder nicht.

1937 begann Japan den 2. Krieg mit China. Drei Jahre später schloss Japan mit Deutschland und Italien den Bündnisvertrag zum **Dreimächtepakt** (Achse Berlin-Rom-Tokyo). Zusammen mit dem Nichtangriffspakt mit der Sowjetunion bereiteten diese Verträge den Weg für den **Angriff auf Pearl Harbour** und die Vereinigten Staaten am 7.12.1941. Die Expansionspolitik führte ab 1942 zu Kriegen mit den Philippinen, mit Indochina und Südostasien und aus japanischer Sicht zu anfänglichen Erfolgen. Ab 1944 wendete sich das Kriegsgeschehen zugunsten der Alliierten, und Japans verzweifelte Versuche, den Krieg doch noch für sich zu entscheiden, führten zu großen Opfern. Mithilfe der **Kamikaze-Flieger** sollten in den letzten Kriegstagen beispielsweise die Schiffe der Alliierten versenkt und von den japanischen Inseln ferngehalten werden. Auf Okinawa und anderen Kriegsschauplätzen führte die Propaganda der Regierung von barbarischen Alliierten und Invasoren zu massenhaften Gruppenselbstmorden. Auf die **Atombombenabwürfe** auf **Hiroshima** am 6.8.1945 und **Nagasaki** am 9.8.1945 folgte die Kapitulation des Landes, die der Tennō im August 1945 verkündete. Japan wurde besetzt und musste zum ersten Mal in seiner Geschichte eine fremde Besatzungsmacht erdulden.

In der Zeit **nach 1945** dominierten die Atombombenabwürfe die japanische Geschichtsschreibung; man sah sich eher als Opfer denn als Täter und Auslöser eines 15-jährigen Krieges auf dem asiatischen Kontinent und in Südostasien. Erst jüngere Museen, wie etwa das Ritsumeikan Peace Museum in Kyoto, tragen heute sowohl der Täter- als auch der Opferrolle angemessen Rechnung.

Warum gerade Hiroshima und Nagasaki als die Atombombenziele von den Amerikanern ausgewählt wurden, ist eine komplexe Angelegenheit. Hier spielten Geschichte und Größe der Städte eine wichtige Rolle. Dass aber kein großes

Der Ueno-Park in Tokyo – ein historischer Schauplatz

Ballungsgebiet wie Tokyo oder Osaka ausgewählt wurde, lag auch daran, dass die **USA Japan als zukünftigen Verbündeten** und Bollwerk gegen den Kommunismus brauchten.

Japan wurde **1946** zur **Präsidialdemokratie,** welche dem Kaiser nur eine symbolische Rolle zuerkannte und alle Macht in die Hände des japanischen Volkes legte: Die individuellen Rechte und Freiheiten wurden gestärkt, Shintō als Staatsreligion abgeschafft und kriegerischen Zielen entsagt. Die USA leisteten Aufbauhilfe und Japan war fortan Basis amerikanischer Truppen für deren Aktivitäten in Asien und Südostasien. Für den bevorstehenden Korea- und Vietnamkrieg war Japan ein wertvoller Verbündeter.

Japan erhielt **1952** seine **Souveränität** zurück, trat 1956 den Vereinten Nationen bei und war mit der Ausrichtung der Olympischen Sommerspiele 1964 wieder in der Weltöffentlichkeit zurück. 1970 eröffnete die Weltausstellung in Osaka ihre Pforten, 1972 kamen auch die Olympischen Winterspiele nach Japan (Sapporo). Im selben Jahr übergaben die USA offiziell Okinawa zurück an Japan, wenngleich dort heute noch viele US-Truppen stationiert sind.

Auf kulturellem Gebiet erlebte Japan wie Europa **Zeiten des Umbruchs** in den Jahren 1968/69, als auch in Japan die Universitäten zu Hochburgen der Revolution wurden. 1974 erhielt *Eisaku Satō* den Friedensnobelpreis, 1978 wurde ein japanisch-chinesischer Freundschaftsvertrag unterzeichnet. Wirtschaftlich explodierte Japan im Zeitalter der **„Bubble economy"** (in Japan verwendeter Anglizismus für das gigantische Wirtschaftswachstum in den 1980er und -90er Jahren mit anschließendem Börsencrash) und war in vielen Bereichen Weltspitze.

Heisei-Zeit (seit Januar 1989)

Mit dem Tod Kaiser *Hirohitos* am 8.1.1989 begann für Japan eine neue Zeitrechnung. *Hirohitos* Sohn **Akihito** bestieg als **125. Tennō** den Thron und bereiste als erstes Ziel im Ausland China. Anfang bis Mitte der 1990er Jahre erreichte eine erste **Rezessionswelle** auch Japan. 1993 heiratete Kronprinz *Naruhito* die bürgerliche Diplomatin *Masako Owada.*

Am 17.1.1995 geriet **Kobe** in die Schlagzeilen der Weltöffentlichkeit, als ein gewaltiges **Erdbeben** die Hafenstadt erschütterte, in dessen Folge mehr als 6000 Menschen ums Leben kamen. Im Frühjahr 1995 wurden von der Aum-Shinrikyō-Sekte und deren Anführer *Asahara* **Sarin-Giftgasanschläge** auf die Tokyoter U-Bahn verübt. 1998 fanden die zweiten Olympischen Winterspiele in Japan statt, diesmal in Nagano.

Die sich **verschlechternde Weltwirtschaftssituation** führte Ende der 1990er Jahre auch in Japan zu einer Welle von Insolvenzen und geplatzten Träumen. Ein erfreuliches Ereignis für Japan war die **Geburt von Aiko,** dem ersten Kind des Kronprinzenpaares *Naruhito* und *Masako.* Gleichzeitig stellte sich die Frage nach einem weiteren, männlichen Kind – die Tennō-Thronfolge sieht nämlich einen männlichen Nachfolger vor. Diskussionen entzündeten sich immer wieder an der Einflussnahme des kaiserlichen Hofstaates auf die junge Mutter und deren physische wie psychische Verfassung.

2002 stand Japan mit der Ausrichtung der **Fußball-WM** im Blickpunkt. 2003 richtete sich Japans Blick oftmals nach Nordkorea.

Die **Armee** durfte nach einigen Gesetzesänderungen auch außerhalb Japans internationale Friedenseinsätze wahrnehmen, was unter Ministerpräsident *Koizumi* zur Entsendung von japanischen Truppen in den Irak führte. Die Reaktionen im Land dazu waren gespalten.

Als die Regierung Japans unter *Koizumi* 2006 überlegte, mit einer Gesetzesinitiative zur weiblichen Thronfolge den Weg für *Aiko* frei zu machen, wurde am 6. September 2006 nach mehr als 40 Jahren wieder ein männlicher Thronfolger geboren. Der neugeborene Sohn von Prinzessin *Kiko* und Prinz *Akishino*, **Hisahito,** ist nun Dritter in der Thronfolge, nach *Naruhito* und *Akishino*.

Das **Erdbeben** vom 11. März 2011 mit anschließendem **Tsunami** und der **Nuklearkatastrophe von Fukushima** war eines der größten je gemessenen Erdbeben.

Aktuelle Politik

Japans Politik wird bestimmt von der Dauerregierungspartei **LDP** – auch als *Jimintō* bekannt. Während weltweit wie selbstverständlich der politische Machtwechsel zum demokratischen Prozess gehört, kann die LDP seit 1955 fast ununterbrochen regieren – mit Ausnahme der Jahre 1993/94 und 2009–2011. Seit 2011 und der Abwahl von *Naoto Kan* (Minshutō) ist **Shinzo Abe** neuer Premierminister des Landes.

Dieser beantwortete die umwelt- und energiepolitischen Fragen, die sich nach dem Erdbeben und der Nuklearkatastrophe 2011 ergaben, mit einem deutlichen **Bekenntnis zur Atomkraft:** alle 54 vorläufig vom Netz genommenen Reaktoren sollen nach und nach wieder hochgefahren werden. Auch wenn Umfragen zeigen, dass die japanische Bevölkerung in Sachen Atomenergie durchaus gespalten ist, so erzielte die Pro-Atomkraft-Partei LDP bei allen Wahlen doch deutliche Siege.

Abes Politik wird gerne unter dem Stichwort „Abenomics“ zusammengefasst: mit einer Reihe von fiskal- und strukturpolitischen Ansätzen und vor allem mit einer enormen Geldschwemme versucht die Regierung der in Japan jahrelang vorherrschenden **Deflation** zu entkommen. Die Wirkung wird kontrovers diskutiert.

Außenpolitisch befindet sich Abe auf strikt konservativem Konfrontationskurs mit China und Südkorea. Der Streit um territoriale Ansprüche rund um einige Inseln droht immer wieder zu eskalieren.

Staat und Verwaltung

Japans Staatssystem ist eine **parlamentarische Demokratie,** die einen Premierminister an der Spitze eines Kabinetts vorsieht und damit dem britischen Parlamentssystem sehr ähnlich ist. Das japanische **Parlament** besteht aus zwei Kammern, wobei das **Unterhaus (Shūgiin)** die politische Macht besitzt und das **Oberhaus (Sangiin)** eher als „Kammer der Berater" fungiert. **Wahlen** finden alle vier bzw. sechs Jahre statt.

Japan wird oftmals als „ältestes Kaiserreich" der Welt bezeichnet. Dies trifft zumindest zum Teil zu, da seit über 1000 Jahren der **Tennō** („himmlischer Herrscher") formal an der Spitze des japanischen Staates steht. Tatsächliche Macht übte der Tennō in der Geschichte jedoch eher selten aus. Die japanische Verfassung wurde unter maßgeblicher Beteiligung der amerikanischen Besatzungsmacht 1947 verabschiedet und reduzierte den Status des Tennō von seiner gottähnlichen Position zu einem Symbol der Einheit des japanischen Volkes.

Japan ist ein **zentral verwaltetes Land,** das in insgesamt **47 Präfekturen** aufgeteilt ist. Die Parlamente in den Präfekturen unterliegen in hohem Maße den Weisungen der Zentralregierung.

[›] Tokyo – politisches und wirtschaftliches Zentrum Japans

Staatssymbole

Die **Flagge** Japans, **Hinomaru** („Sonnenscheibe"), zeigt einen roten Kreis auf weißer Fläche. Das Banner fand erstmals im 17. Jahrhundert Verwendung. Ab 1856 wurde die Hinomaru-Fahne für japanische Schiffe verbindlich und dient seitdem als nationales Symbol Japans.

Kimigayo ist die japanische **Nationalhymne;** sie leitet sich aus einem fünfzeiligen Kurzgedicht der Heian-Zeit ab. Die

Melodie dazu stammt von *Hayashi Hiromori* aus dem Jahr 1880. 1893 ordnete das Bildungsministerium an, dass die Kimigayo-Hymne an Nationalfeiertagen an Schulen gesungen werden sollte, bald darauf ertönte sie auch bei staatlichen Zeremonien.

Der Liedtext blieb über die Jahrhunderte hinweg unverändert. Als die Hymne jüngst auch wieder für Schulen verpflichtend eingeführt wurde, regte sich vor allem bei der eher linken Lehrerschaft Protest: Sie verwies auf die gespaltene Historie, dass der Liedtext unterschiedlich ausgelegt werden könne, vor allem, was die Stellung des Tennō betrifft.

Wichtig ist dementsprechend die aktuelle **offizielle Interpretation** der Kimigayo, die zuletzt Premierminister *Obuchi* 1999 erklärte. Sein Fazit: „Es ist deshalb angemessen, die Worte der Nationalhymne als Bitte für anhaltenden Wohlstand und Frieden in unserem Land zu interpretieren." Die japanische Staatssymbolik ist nach wie vor ein sensibles Thema. Erst seit 1999 sind Kimigayo und Hinomaru als offizielle Symbole Japans gesetzlich verankert.

jap_123 oh

Medien

Zeitungen

Japans Zeitungsverlage bringen es auf eine tägliche Auflage von 72 Millionen Zeitungen; zum Vergleich: In den USA erscheinen gerade mal rund 57 Millionen. Japan ist **weltweit führend,** vergleicht man die Verkaufs- mit der Einwohnerzahl: 580 Zeitungen kommen auf 1000 Personen, in Deutschland sind es nur 394.

Einige der großen japanischen Zeitungen verfügen über eine lange gewachsene Tradition, die mit den neu gewonnenen Freiheiten in der Meiji-Ära gegen Ende des 19. Jahrhunderts begann. Die auflagenstärksten **Zeitungen** sind *Yomiuri Shimbun* mit 14 Millionen Exemplaren, *Asahi Shimbun* mit 13 Millionen und *Mainichi Shimbun* mit 6 Millionen täglichen Exemplaren. Als japanische Besonderheit muss vermerkt werden, dass **93 Prozent** der Zeitungen **als Abonnements** nach Hause oder ins Büro geliefert werden, während nur 7 Prozent ihre Zeitung am Kiosk kaufen.

Auch in Japan können die Zeitungen jeweils einem **politischen Spektrum** zugerechnet werden: *Yomiuri* und *Sankei Shimbun* gelten eher als konservativ, während *Asahi Shimbun* in linker und liberaler Zeitungstradition steht und als Basis für die japanische Herald-Tribune-Ausgabe dient.

☐ In allen Bevölkerungsschichten beliebt: Manga-Magazine

Fernsehen

Das Fernsehen startete in Japan 1953 seine Erfolgsgeschichte, heute verbringt nach einer Studie des öffentlich-rechtlichen NHK-Senders **jeder Japaner täglich dreieinhalb Stunden** vor dem Fernseher. NHK finanziert sich wie in Deutschland über Beiträge der **Gebührenzahler,** zu denen jeder mit Fernsehgerät prinzipiell verpflichtet ist. Wer dem auch nachkommt, bekommt über der Eingangstür eine kleine NHK-Plakette, die ihn als Beitragszahler kenntlich macht.

Neben dem öffentlich-rechtlichen Programm, das gänzlich ohne Werbung auskommt, haben sich seit den 1980er Jahren zahlreiche **private TV-Sender** etabliert, die japanweit oder regional senden. Die großen privaten TV-Sender stehen in (wirtschaftlicher) Verbindung mit den großen Zeitungsverlagen: *Nihon Television* mit *Yomiuri Shimbun, Television Asahi* mit *Asahi Shimbun* und *Fuji Television* mit *Sankei Shimbun.*

Bücher und Magazine

1,5 Milliarden Bücher und über 5 Milliarden Magazine pro Jahr – das bedeutet, dass jeder Japaner im Durchschnitt zwölf Bücher und 40 Magazine jährlich liest. Besonders wichtig und populär sind **Manga-Magazine,** die wöchentlich oder monatlich erscheinen. Mangas sind in Japan keineswegs nur eine Sache für Kinder. Wer in der Rushhour morgens mit der U-Bahn fährt, trifft viele Manga lesende Geschäftsleute – die ihre Magazine übrigens oftmals beim Aussteigen zurücklassen, was für Obdachlose wiederum eine Einnahmequelle im Straßenverkauf darstellt.

Wirtschaft

Japans Wirtschaftskraft rangiert weltweit auf dem dritten Platz hinter den USA und China. Das **Bruttoinlandsprodukt** betrug **2013** rund **5,2 Billionen Dollar** – ungefähr auf die gleiche Summe kommt man, wenn man die Bruttoinlandsprodukte von Deutschland und Frankreich zusammenzählt. Japans Bruttosozialprodukt pro Kopf liegt bei 46.000 US-Dollar und damit deutlich über dem Deutschlands.

Geschichte

Nach den Zerstörungen des 2. Weltkrieges begann in Japan, ähnlich wie in Deutschland, die Zeit des Wiederaufbaus. 1951 befand sich die japanische Wirtschaft wieder auf Vorkriegsniveau und zwei Jahrzehnte anhaltenden Wachstums folgten. Während des **japanischen Wirtschaftswunders zwischen 1955 und 1973** lag das durchschnittliche Wirtschaftswachstum bei 9,1 Prozent. Firmen investierten stark in Forschung und Entwicklung, was Japan in vielen Bereichen einen Technologievorsprung verschaffte. Technologie- und entwicklungsintensive Sparten begründeten den Erfolg der neuen japanischen Wirtschaft. Zusammen mit der **Konsumfreudigkeit** der Bevölkerung in Bezug auf alle technischen Neuerungen nahm der Aufschwung hier seinen Anfang. Im Laufe der Zeit entwickelte sich die japanische Wirtschaft von der landwirtschaftlichen Produktion über das produzierende Gewerbe hin zur Dienstleistungsgesellschaft, deren Umsätze 69 Prozent zum Bruttoinlandsprodukt beitragen.

In den 1980er Jahren verlangsamte sich das Wirtschaftswachstum deutlich,

japan11_005 oh

Sexy Japan

Japans Erotikmarkt boomt. Wer in einer japanischen Großstadt wohnt, wird fast täglich Flyer mit Werbung für Telefon- und Livesex aus seinem Briefkasten fischen. Meistens liegen diese auch noch wild verstreut im Eingangsbereich oder ein paar Komiker haben den Aufzug mit den Zetteln tapeziert.

In jedem Convenience Store finden sich **Erotikmagazine** en masse, *Bomber, Dera beppin,* oder wie sie alle heißen. Die Hochglanzmagazine sind vergleichsweise billig, der Absatz ist enorm. Wie in vielen anderen Bereichen auch ist die Hauptanforderung an die Darstellerinnen: *Kawai* müssen sie sein. Also süß, jung, mädchenhaft, schön. Dann verkauft sich das Magazin gut. Die **Themengebiete** reichen von soft bis extrem: Bikini, Schulmädchen, Uniform, Amateur, öffentlicher Sex, Upskirt, U-Bahn-Sex, OL (Office Lady-)Sex. Als neueres Genre findet man seit kurzem Sportdarstellungen in den Magazinen, also auch Eiskunstläuferinnen oder Tennisspielerinnen. Rasiert ist dagegen zum Beispiel kein Thema in den Magazinen in Japan – das wird zu eindeutig mit dem Lolita-Komplex assoziiert.

Das und mehr wird dafür von **Erotik-Anime-Magazinen** bedient. Hier sind der Fantasie der Zeichner keine Grenzen gesetzt, was das Alter der Mädchen nach unten schraubt und seitenweise überdimensionale männliche Geschlechtsteile auf den Plan ruft. Üblich sind auch Magazin-Kombinationen: die Hälfte Anime, die Hälfte real, für jeden etwas.

Fast jedes Hotelzimmer verfügt über **Erotik- und Hardcore-Kanäle.** Eine kurze Vorschau gibt's umsonst, für das volle Programm bezahlt man meist 1000 Yen. Die Hotels hatten bei der Einführung der Programme schnell erkannt, dass niemand diesen Posten auf seiner Hotelrechnung finden will. Deswegen gibt's auf jeder Etage einen Pay-TV-Kartenautomaten, der Anonymität gewährleistet. Auch wer bezahlt, bekommt Genitalien nur gepixelt zu sehen – das ist in Japan so üblich und nennt sich „Mozaiku".

jap_126 oh

ehe in den 1990er Jahren das Ende der „Bubble economy" auch in Japan zu einer Welle von Firmenpleiten und zum Zusammenbruch des Aktienmarktes führte.

Mit den Folgen der Rezession in den 1990er Jahren hatte Japan lange zu kämpfen. Das Staatsdefizit stieg an, weil immer wieder neue Versuche gestartet wurden, die angeschlagenen Banken mit öffentlichen Geldern zu entlasten. Dies führte auch dazu, dass sich Japan von der weltweiten **Finanz- und Wirtschaftskrise 2009** deutlich langsamer erholt als andere Industrienationen. Seit 2013 versucht die Regierung mit einer Reihe von fiskal- und strukturpolitischen Ansätzen und vor allem mit einer enormen Geldschwemme die **Deflation** zu bekämpfen. Der dafür geprägte Begriff „Abenomics" geht auf den Premierminister *Shinzō Abe* zurück.

Arbeit und Beschäftigung

Nirgendwo sonst weltweit gehen Firmenangehörige und Firma wohl eine solch enge, dauerhafte und **symbiotische Beziehung** ein wie in Japan – mit all den Vor- und Nachteilen, versteht sich. Vom Angestellten wird Aufopferung und bedingungslose Loyalität verlangt. Dafür versorgt ihn die Firma neben dem stattlichen Salär mit lebenslangen Leistungen und betriebsinternen Vergünstigungen.

Japans morgendliches Bild zur Rushhour in der U-Bahn ist geprägt von den Geschäftsmännern in ihren dunklen Anzügen, in Japan **„Sarariiman"** (= jap. für *Salaryman*) genannt. Diese Welt ist überwiegend männlich, gut situiert, arbeitet für eine große Firma und erscheint dem westlichen Betrachter doch sehr uniformiert und einheitlich.

Die **Firma** ist die „Familie" des Geschäftsmannes, mit ihr verbringt er mehr Zeit als mit seiner Frau oder seinen Kindern. Obwohl nicht vor 8.30 oder 9 Uhr im Büro erwartet, beginnt der Arbeitsalltag frühmorgendlich für den Sarariiman, da zwischen Wohn- und Arbeitsort in der Regel zwischen ein und zwei Stunden Fahrtzeit mit öffentlichen Verkehrsmitteln liegen. Auch in Japan gibt es Gesetze zur offiziellen Arbeitszeit, jedoch übersteigt die tatsächliche Arbeitszeit gewöhnlich die vertraglich festgeschriebene, was auch von der Firma erwartet wird. Zusätzlich sieht der Feierabend oftmals einen Barbesuch mit Kollegen vor – was zum einen zu reichlichem Alkoholkonsum führt, zum anderen aber die in Japan wichtigen sozialen Verbindungen stärkt, was also durchaus zur Arbeitsleistung gezählt werden kann.

Für die **Familienfinanzen** ist gewöhnlich die **Frau zuständig**, sodass der Salaryman jede Woche oder jeden Monat ein Budget zugewiesen bekommt, das ihm zur Verfügung steht. Als in Folge von BSE einige japanische Fastfood-Ketten das billige Rindfleisch-Mittagsgericht nicht mehr anbieten konnten, fragten die Medien besorgt, wie der Salaryman überleben sollte, werden ihm doch durchschnittlich rund 1000 Yen pro Tag zugebilligt, was für Mittagsessen, Zigaretten und Sonstiges reichen muss.

Gutes Einkommen wird mit **Loyalität** bezahlt und so wird akzeptiert, wenn Firmen ihre Mitarbeiter in andere Städte oder Länder versetzen. Die Familien der Angestellten bleiben nicht selten in der

jap_129 oh

Ursprungsstadt, was zu zahlreichen Fernbeziehungen führt.

Verglichen mit europäischen Ländern liegt die **Arbeitslosigkeit** in Japan mit 5 Prozent immer noch auf vergleichsweise niedrigem Niveau.

Natürlich sind im modernen Japan auch Arbeitsformen zu finden, die vom traditionellen und klassischen Bild des Geschäftsmannes abweichen. Eine solche Entwicklung bei jungen Arbeitern ist **„freetā“** (eine japanische Wortschöpfung aus *free* und *arubaita* = Arbeiter). Freetā bezeichnet junge **Teilzeitarbeiter,** die nach der Schule nicht die Universität besuchen und sich nicht wie ihre Vorfahren lebenslang an eine Firma binden wollen.

Ein jüngst aufkommendes gesellschaftliches – und viele fürchten wirtschaftliches – Problem ist **„NEET“: No Employment, Education and Training.** NEET bezeichnet Jugendliche, die ausschließlich vom Geld der Eltern leben – und es werden immer mehr.

Wirtschaftsbeziehungen

Westliche Unternehmen stellen immer wieder fest, dass Vertragsabschlüsse in Japan nach eigenen Prinzipien funktionieren. Westliches unternehmerisches Denken sieht eher vor, **Arbeit und Vergnügen** zu trennen und auf den Vertragstext zu bauen. In Japan ist die Linie zwischen Arbeit und Vergnügen eine sehr dünne, soziale Kontakte und soziales Miteinander sind Voraussetzung für erfolgreiche wirtschaftliche Beziehungen – auch wenn bei den gemeinsamen Aktivitäten, wie etwa einem abendlichen Bar- oder Hostessclubbesuch, kein Wort über das Geschäft gewechselt werden sollte. Das lässt sich wohl am ehesten mit **Vertrauen** erklären: Nicht der Vertragstext ist entscheidend, sondern ob dem Geschäftspartner vertraut werden kann. Wer Geschäfte in Japan tätigt, wird feststellen, dass **persönliche Abmachungen** die effektivsten sind. Es liegt auf der Hand, dass zur Etablierung solcher persönlichen Beziehungen eine langfristige Strategie nötig ist.

„Sarariiman“ – immer im Einsatz

Harmonie von Tradition und Moderne

Tourismus

Reisen hat in Japan eine große Bedeutung. Für die japanische Wirtschaft sind die Einnahmen durch den Tourismus wichtig, wobei die **Inlandsreisen der Japaner** den größten Teil ausmachen. Hier ist das bevorzugte Ziel Okinawa, das in nur zwei Flugstunden ab Tokyo subtropisches Urlaubsklima bietet. Wer sich einmal einen Eindruck von der japanischen Organisation einer Reise machen möchte, der bucht am besten in Japan ein Komplettpaket für einen Kurztrip nach Okinawa. Durchschnittlich unternimmt jeder Japaner 1½ Reisen jährlich, unter den Auslandszielen rangieren die asiatischen Länder und Hawaii ganz oben.

Nach der Atomkatastrophe von Fukushima 2011 brachen die internationalen Besucherzahlen deutlich ein. Seit 2013 ist wieder ein **Aufwärtstrend** erkennbar – rund 10 Millionen Touristen kamen 2013 nach Japan, davon rund 100.000 aus Deutschland.

jap_130 cn

Bildungs- und Gesundheitswesen

Bildungswesen

Schule

Japans Schulsystem gliedert sich in drei Stufen: **sechsjährige Grundschule, dreijährige Mittelschule und dreijährige Oberschule.** 96 Prozent aller Schüler besuchen die Oberschule, die Schulzeit endet also für die meisten nach zwölf Schuljahren. **Schuluniformen** sind für die Mittel- und Oberschüler Pflicht.

Die Schulen sind **Ganztagsschulen.** Aufgrund wachsender Kritik wurde im Jahr 2000 der Stundenplan etwas reduziert und der Samstagsunterricht abgeschafft. Gewöhnlich dauert die Schule bis 15 oder 16 Uhr, danach schließen sich noch Schulclubs – vor allem Sport – an.

In den letzten Jahren wurden nicht nur Stundenpläne entzerrt, sondern auch Versuche unternommen, **Diskussionskultur und Meinungsbildung zu fördern.** Dies erweist sich als schwierig, denn der bisherige Unterricht hält sich zumeist streng an die Vorgaben der Textbücher und an die Abfrage derselben. Schüler bekommen normalerweise genau gesagt, was sie für die nächste Prüfung zu erinnern haben. Die Diskussionskultur wird als defizitär empfunden, gleichzeitig haben Lehrer Probleme, etwaige Diskussionskompetenzen in Noten auszudrücken. Größtes Hindernis ist aber die **Prämisse der Harmonie,** zu der die Unterrichtseinheiten stark erziehen. Die individuelle Meinungsbildung wird nicht so sehr gefördert, wie das Wohl der Gemeinschaft und das verträgliche Miteinander betont werden, damit sich die Schüler später in die japanische Gesellschaft eingliedern können.

Ein anschauliches Beispiel für die angestrebte Harmonie mag die **Planung eines Klassenausflugs** sein: Es wird im Unterricht genau festgelegt, wer beim Ausflug wo im Bus sitzt, damit es keine Streitereien gibt. Die Klassenlehrerin setzt sich vorher auch mit den Klassensprechern zusammen und bespricht die Musik, die im Bus gespielt wird – damit niemand einfach so seine CDs nach vorne geben kann und Unstimmigkeiten auslöst.

Neben der normalen Schule gilt es als fast selbstverständlich, **private Abendschulen** zu besuchen oder **Nachhilfestunden** zu nehmen. Dies trifft vor allem auf Englisch zu, was ab der Oberschule unterrichtet wird. Der Markt der Privatschulen ist groß und die Zeit der Schüler gewöhnlich gut verplant.

Bei den **PISA-Studien** zählte Japan zu den führenden Nationen und war in allen Disziplinen im oberen Drittel platziert.

Universitäre Ausbildung

Japans Elite-Universität ist die **Tokyo-Universität,** gefolgt von der **Kyoto-Universität:** Wer etwas auf sich hält und später den traditionellen Business- und Karriereweg einschlagen will, der muss an einer dieser beiden staatlichen Universitäten studieren. Die bedeutenden japanischen Firmen rekrutieren ihren Nachwuchs meist direkt an der Uni, und die Scouts suchen zuerst an der Tokyo- und Kyoto-Universität nach neuen Mitarbeitern. Rund 75 Prozent der Universitäten sind in privater Trägerschaft, hier zählen die **Ritsumeikan-** und die **Dōshisha-Universität** zu den bedeutendsten Universitäten. Alle Unis sind **kostenpflichtig,** die staatlichen sind deutlich günstiger als die privaten.

Die Prozentzahl an Studierenden eines Jahrgangs in Japan ist vergleichsweise hoch: Rund 42 Prozent eines Jahrgangs erwerben einen **Hochschulabschluss,** in Deutschland ist es etwa die Hälfte. Die Studienzeiten in Japan betragen rund vier Jahre, der Abschluss wird in Europa oft als Bachelor eingestuft.

Das japanische Studiensystem unterscheidet sich grundlegend von dem hierzulande: Das Wichtigste im Leben eines japanischen Studenten ist die **Aufnahmeprüfung.** Wer es an die Universität schafft, der hat auch praktisch den Abschluss in der Tasche. Der Weg an die gewünschte Uni ist allerdings schwierig: Jährlich finden landesweit **einheitliche Aufnahmetests** statt und die Prüfungen umfassen die verschiedensten Fachrichtungen wie Mathematik, Japanisch, Englisch, Geschichte usw. Aus dem Test ergibt sich für jeden Teilnehmer eine Punkt- und Prozentzahl. Die Elite-Hochschulen setzen dann ihren Schnitt fest: Wer im Test ein Ergebnis über der gesetzten Zahl erreicht hat, darf in die zweite Runde. Diese zweite Runde wird meistens direkt von den Universitäten veranstaltet.

Da die Aufnahme an die Universität so wichtig ist, bereiten **spezielle Nachmit-**

tags- und Abendschulen auf die Prüfungen vor. Es ist keine Seltenheit, dass jemand ein paar Jahre lang eine solche Schule besucht, um irgendwann auch die gewünschte Punktzahl zu erreichen.

Die Vorbereitungszeit auf die Universität ist hart, die **Studienjahre** sind es weniger, wenngleich sie eigene Tücken haben. Gab das Schulsystem exakt vor, welche Passagen in den Textbüchern erinnert und beim Test aufgeschrieben werden müssen, so geben die Universitäten dieses Korsett nicht vor, was zu Verunsicherung führt.

Die ersten beiden Studienjahre sind gewöhnlich von Kursen und jeder Menge Freiheit und Partyleben gekennzeichnet. Spätestens im dritten Studienjahr beginnt dann aber schon die Vorbereitung auf die **Jobsuche,** die die letzten eineinhalb Jahre des Studiums völlig bestimmt. Seminare an der Universität stellen vor, wie man es macht. Ein traditioneller Weg besteht darin, in den alten Jahrbüchern der eigenen Universität nachzusehen und eine Person zu finden, die bei der angestrebten Firma bereits arbeitet. Diese Person schreibt man persönlich an, die Universität fügt noch ein Empfehlungsschreiben hinzu und man hofft, den ehemaligen Studenten zu treffen und von ihm wertvolle Informationen aus der Innensicht über die Firma zu erfahren. Im besten Fall erhofft man sich eine direkte Empfehlung.

Gewöhnlicher ist der Weg der **Bewerbung.** Studierende schreiben rund 60 bis 70 Bewerbungen. Die Interview- und Vorstellungsrunden der Firmen gehen über mehrere Runden, was neben einem enormen Kosten- auch einen großen Zeitaufwand erfordert. Wer bei der Hälfte seiner Bewerbungen zu einem ersten Interview eingeladen wird und bei einigen noch in die dritte oder vierte Runde kommt, der verbringt Monate allein mit seinen Bewerberrunden. Das Studium steht hinten an.

Gesundheitswesen

Auch in Japan wird die **Reform des Gesundheitssystems** als vorrangige Aufgabe gesehen. Japaner werden immer älter, es gibt immer weniger Geburten und die Beitragszahler müssen mehr Kosten selbst übernehmen. Der Beitrag zur Krankenversicherung ist abhängig vom Einkommen. Bei Arzt- und Krankenhausbesuchen muss auf jeden Fall eine Zuzahlung geleistet werden, bis zu 30 Prozent, je nach Art der Behandlung. In den letzten Jahren wurde die Pflegeversicherung eingeführt.

japan11_004 oh

MENSCHEN UND KULTUR

Bevölkerung

Japan zählt rund **127 Millionen Einwohner.** Nirgendwo sonst weltweit leben Menschen länger als in Japan. Männer werden durchschnittlich beinahe 79 Jahre alt, Frauen über 85 Jahre. 17 Prozent der Japaner sind älter als 65 Jahre und alle Veränderungen durch eine **alternde Gesellschaft** treffen auch auf Japan zu. Statistisch gesehen müsste jede Japanerin 2,09 Kinder zur Welt bringen, um das derzeitige System aufrechtzuerhalten. Schon vor Jahren lag jedoch die durchschnittliche Kinderrate bei 1,57, was in Japan zur „1,57-Diskussion" führte. Die letzte Erhebung von 2012 bezifferte die **Geburtenrate** Japans auf 1,41 (Deutschland: 1,38).

Japan zeichnet sich durch eine **hohe Homogenität** aus, sowohl ethnisch, kul-

jap_136 oh

Baseball ist in Japan keine Frage des Alters ...

turell als auch linguistisch. Die Besiedlung Japans erfolgte aus verschiedenen Teilen Asiens durch verschiedene Völkergruppen und Japan verstand es von jeher, Einflüsse fremder Kulturen aufzunehmen und daraus etwas Neues und Eigenes zu erschaffen. Auf diese Selbstdefinition und Auslegung wird man in Japan immer wieder stoßen.

Minderheiten

Die **Urbevölkerung der Ainu** im nördlichsten Hokkaidō stellt eine der wenigen Minderheitengruppen dar, ihre Zahl wird auf etwa 20.000 geschätzt. Eine weitere Minderheit sind die **Burakumin,** deren Vorfahren nach traditionellem Glauben „unreine" Berufe (Schlachter, Lederverarbeiter, Müllentsorger etc.) ausübten und deren Nachfahren sich noch immer von sozialer Ausgrenzung betroffen fühlen. Rund drei Millionen Menschen zählen sich zu dieser sozialen Randgruppe.

Rund **700.000 Koreaner** leben heute in Japan und sind damit die größte nationale Minderheit. Für die zweite und dritte Generation der von Beginn des 20. Jahrhunderts an nach Japan eingewanderten Koreaner gibt es zwischen den Staaten Sondervereinbarungen, die den Koreanern unbegrenztes Aufenthaltsrecht einräumen.

Sprache und Schrift

Die **Ursprünge** der japanischen Sprache lassen sich nicht eindeutig festlegen, verschiedene Theorien konkurrieren miteinander. Manche sehen aufgrund grammatikalischer Ähnlichkeiten eine Verbindung zur koreanischen und mongolischen Sprache, andere Theorien tendieren eher zu südchinesischen oder polynesischen Ursprüngen. Die ältesten Quellen reichen ins 3. Jahrhundert zurück, als in einem chinesischen Geschichtsbuch erstmals japanische Schriftzeichen auftauchten. Neben den ursprünglich vor 2500 Jahren importierten chinesischen Schriftzeichen *(Kanji)* hat Japan im Laufe der Zeit eine eigene Silbenschrift *(Hiragana* und *Katakana)* entwickelt.

Um eine Tageszeitung lesen zu können, ist das Erlernen von rund 2000 **Kanji-Zeichen** nötig, japanische Computer ermöglichen die Verwendung von 6800 Kanji. Kanji werden heute vor allem verwendet, um Substantive darzustellen. **Hiragana-Zeichen** sind vereinfachte Kanji und stehen für jeweils eine Silbe (Silbensprache). Hiragana werden vor allem bei Verbindungswörtern *(kara, ga* etc.) oder bei Wort- und Satzendungen mit -masu, -desu, -reru etc. verwendet. Das Gros der täglichen Schriftsprache wird in Kanji und Hiragana wiedergegeben. **Katakana-Zeichen** wurden aus Teilen von Kanji geformt. Hiragana und Katakana sind Abwandlungen von Kanji, wobei sie der ursprünglichen Bedeutung enthoben sind und nur die Aussprache signalisieren. Katakana werden verwendet, um Wortimporte aus fremden (westlichen) Sprachen darzustellen. Darüber hinaus finden sich viele Pflanzen- und Tiernamen als Katakana, ebenso wie lautnachahmende Wörter (z.B. *zaazaa* für fließendes Wasser).

Innerhalb Japans gibt es viele **Dialekte,** ebenso formen Beruf, Geschlecht und gesellschaftlicher Status unterschiedliche Varianten des Japanischen aus. Rund 60 Prozent der japanischen Wörter hatten einst chinesischen Ursprung – heute kommen die Wortimporte vor allem aus westlichen Sprachen, allen voran natürlich aus dem Englischen.

Minderheiten-Sprachen

Die **Ainu** im Norden von Hokkaidō verfügen über ihre eigene Sprache und manche Städte- und Ortsnamen auf Hokkaidō gehen auf Ainu-Wörter zurück, wie zum Beispiel auch die Halbinsel und das Weltnaturerbe Shiretoko. **Auf Okinawa** und den **Ryūkyū-Inseln** wird von den alten Bewohnern eine für Japaner unverständliche Sprache gesprochen, die aber wohl zumindest gemeinsame Wurzeln mit dem Japanischen besitzt.

Höflichkeit und sozialer Respekt in der Sprache: Keigo

Keigo bezeichnet den Umstand, dass in der Art der Sprache und Wortwahl sozialer Respekt gegenüber dem Gesprächspartner ausgedrückt wird. Freunden wirft man ein *Ohayo* (Guten Morgen) zu, während gegenüber einer älteren oder sozial höher stehenden Person *Ohayo gozaimasu* verwendet wird. Als Faustregel kann gelten: Je länger der Ausdruck, desto höflicher. Diese Regeln der Kommunikation gelten auch für Gegenstände und Attribute. Eine Freundin kann *kirei* (hübsch) sein, die Tochter des Chefs ist aber beispielsweise *o-kirei.*

Religionen

Die Frage „Was ist Ihre Religion?" ist für viele Japaner **nicht** so **eindeutig** zu beantworten, wie man das vergleichsweise in unserem Kulturkreis erwartet. Laut Statistik fühlen sich 80 Prozent der Japaner zu mehreren Religionen zugehörig: 107 Millionen zum Shintoismus, 91 Millionen zum Buddhismus und 1,4 Millionen zum Christentum.

Religion ist in Japan keine Bekenntnisfrage. In keinem japanischen Fragebogen wird sich je eine Spalte finden, in der nach Religionszugehörigkeit gefragt wird, diese Frage stellt sich einfach nicht. Religionsausübung und Zeremonien sind vielmehr **geprägt vom Brauchtum.** Charakteristisch für die Ausübung der religiösen Zeremonien in Japan ist, dass jedes Ereignis oder Fest von der Tradition einer Glaubensform bestimmt wird. Hochzeiten sind das Metier des **Shintō,** weswegen man Trauzeremonien und feierliche Gesellschaften oft in den berühmten Shintō-Schreinen antrifft. In der Silvesternacht und an Neujahr scheint ganz Japan den Weg zum Schrein zu suchen, sodass mehrstündiges Warten angesagt ist, ehe man den Riten Folge leisten kann und am Schrein für ein glückliches neues Jahr bittet. Auch beim Hausbau können Zeremonien abgehalten werden, die sich auf ein Shintō-Erbe berufen, ebenso wie das Salzstreuen der Sumo-Ringer für das Reinigen der Erde steht.

Beerdigungen und das Gedenken an die Toten ist dagegen **buddhistisch** geprägt. In der Regel hat jede Familie ihren buddhistischen Tempel *(Bodaiji),* zu dem sie sich zugehörig fühlt.

Gesellschaftskritiker werfen ein, dass nur eine Erscheinungsform der japanischen Moderne den traditionellen Religionen Konkurrenz machen kann: die Ehrerbietung und Aufopferung der Arbeiter gegenüber ihrer Firma, die herkömmlichen religiösen Motiven in nichts nachstehe …

Shintō

Shintō (oder Shintoismus) ist die **ursprüngliche Religion Japans** mit einer Vielzahl an Kulten und Glaubensformen. Shintō wird meist mit „Weg der Götter" übersetzt; erstmals findet sich der Begriff im 6. Jahrhundert, um die einheimische Religion vom neu eingeführten Buddhismus zu unterscheiden.

Shintō hat im Gegensatz zu anderen Religionen **kein schriftlich fixiertes Lehrsystem,** keinen Begründer und keine zugrunde liegende Dogmatik. Wissen wurde oft mündlich tradiert und Religiösität entwickelte sich aus den übernommenen Bräuchen, Kulten und Gebeten. Ein Jenseits-Glaube ist dem Shintō-Glauben fremd.

Shintō beinhaltet **Elemente des Animismus und der Naturverehrung.** Die ältesten Geschichtsbücher nennen den Tennō als direkten Nachkommen der wichtigsten Shintōgöttin, der **Sonnengöttin Amaterasu.** Wesentlicher Bestandteil des Shintō ist der Glaube an **das Göttliche in allen Dingen:** die **Kami (Shintō-Gottheiten).** Gottheiten darf dabei nicht im westlichen Sinne verstanden werden, vielmehr bezeichnet Kami etwas, dem man Respekt entgegenbringt. Kami sind dem Shintō-Glauben nach in allen Naturphänomenen gegenwärtig, und **Schreine** entstanden an jenen Orten, an denen die Natur besonders eindringlich zu erfahren war. Diese heiligen Verehrungsstätten waren ursprünglich lediglich mit einem Seil markiert und begrenzt, später fielen die Markierungen mit Toren und Schreingebäuden üppiger aus. Die Natur wird als beseelt empfunden und die japanischen Mythen sprechen davon, dass es acht Millionen Kami gibt – dabei ist die Zahl nicht wörtlich zu verstehen, sondern bedeutet vielmehr unendlich.

Der **Ise-Schrein** als Ahnen-Schrein des japanischen Kaisers ist der bedeutendste Schrein. Aufgrund der Entstehungsgeschichte können sich **lokale Shintō-Bräuche** sehr voneinander unterscheiden, die aber allesamt das Fortbestehen der traditionellen japanischen Kultur sichern.

Eine **Schreinanlage** besteht aus der Haupthalle *(Honden),* in der das heilige Symbol verwahrt wird, und der Vorhalle oder einem eigenständigen Gebäude *(Heiden),* in dem sich der Platz für die Opfergaben befindet. Größere Schreinanlagen verfügen des Weiteren über eine Anbetungshalle *(Haiden),* einen Pavillon für die rituelle Waschung *(Temizuya),* einen Pavillon für Tanz *(Kaguraden)* und mehrere Priesterwohnungen.

Über die Jahrhunderte haben sich Shintō-Rituale erhalten und gleichzeitig **vier Hauptformen** ausgebildet: der **Shintō des Tennō** und der kaiserlichen Familie mit einzigartigen Ritualen; der **Shintō der Schreine,** der **Shintō der**

jap_140 oh

Schulen und der **Volks-Shintō,** dessen religiöse Rituale gelegentlich schon Nähe zum Aberglauben aufweisen.

Heute sehen sich die meisten Japaner gleichzeitig dem Shintō als auch dem Buddhismus nahe. Man schätzt die Zahl der **Shintō-Schreine** im heutigen Japan auf rund 100.000. In Schreine kommen Menschen, die für Unterstützung oder eine bessere Zukunft beten: Schüler vor Prüfungen ebenso wie Unternehmer vor Geschäftseröffnungen. Man zieht, vor allem an Neujahr, Papierzettel, auf denen das nächste Jahr vorausgesagt wird. Gefällt einem der Zettel bzw. die Botschaft, behält man ihn. Ist die Voraussage nicht willkommen, bindet man den Zettel an den Baum und hat sich seiner entledigt.

Der Shintō-Glaube verfügt über eine sehr positive Grundeinstellung und ein **positives Menschenbild.** Alles Böse wird fast ausschließlich bösen Geistern zugeordnet. Viele Rituale haben dementsprechend den Zweck, diese bösen Geister milde zu stimmen.

Mythen und Legenden

Basis aller japanischen Mythen und Legenden sind die frühen **Chroniken „Kojiki“** und **„Nihonshoki“** aus dem 8. Jahrhundert. Die japanische Mythologie beschreibt die **Erschaffung Japans** und seiner zahlreichen Götter.

Eine dieser Legenden erzählt von der Erschaffung Japans durch das **Götterurpaar Izanagi und Izanami.** Sie stellten sich auf die „fließende Himmelsbrücke“ und steckten ihren diamantbesetzten Speer in den Ozean, welchen sie zur

Kōfukuji-Tempel in Nara

Wallung brachten. Als sie den Speer herauszogen, lösten sich Tropfen von der Spitze, und sobald diese den Ozean berührten, erstarrten sie zu Inseln. So waren die japanischen Inseln geschaffen. Das Götterpaar stieg hinab und zeugte weitere Gottheiten, darunter die Sonnengöttin *Amaterasu.* Deren Urenkel wurde dem Mythos nach zum ersten Kaiser *Jimmu.* Alle japanischen Kaiser bezeichnen sich bis heute als direkte Nachkommen *Jimmus.*

Eine zweite bekannte Legende widmet sich **Amaterasu.** Die **Sonnengöttin** war dermaßen verärgert über das Benehmen ihres Bruders *Susanō,* dem Sturmgott, dass sie sich in einer Höhle einschloss und somit die ganze Welt ohne ihr Licht in Dunkelheit hüllte. Die anderen Gottheiten ersannen zunächst erfolglose Pläne, sie aus der Höhle zu locken. Bis schließlich die Göttin *Ama no uzume* vor der Höhle ekstatisch zu tanzen begann und sich dabei zuerst das Oberteil ihres Kleides löste, später auch ihr Gürtel. Die völlig nackte *Ama no uzume* erfreute die anderen Gottheiten so sehr, dass diese in schallendes Gelächter ausbrachen. Interessiert von den freudigen Klängen trotz der Dunkelheit, verschob *Amaterasu* den Stein vor ihrer Höhle, um nach draußen blicken zu können. Bei dieser Gelegenheit wurde sie von den anderen Gottheiten gepackt und seither genießt die Welt wieder ihr Licht.

Viele der alten Legenden und Märchen finden sich im „Manyōshū" aus dem 8. Jahrhundert. Eine der berühmtesten Legenden widmet sich dem jungen **Fischer Urashima Tarō.** Dieser rettet am Strand eine kleine Schildkröte, welche sich später als *Otohime,* des Königs Tochter, entpuppt. Als Belohnung für die Rettung darf der Fischer *Otohime* an den Königspalast begleiten und beide leben drei glückliche Jahre als Mann und Frau. Vom Heimweh geplagt verlässt der Fischer den Palast und *Otohime* gibt ihm ein kleines Schatzkästchen mit, welches er nicht öffnen darf. Zu Hause stellt er erschrocken fest, dass 700 Jahre vergangen sind. Um eine Erklärung zu finden, öffnet er das Schatzkästchen. Im gleichen Moment sinkt er tot zu Boden, da *Otohime* im Kästchen seine immerwährende Jugend und Gesundheit festgehalten hatte, die jetzt entwichen.

Weitere berühmte Legenden sind „Hagoromo", „Kōbō" und „Kintarō".

Buddhismus (Bukkyō)

Ab dem 5. Jahrhundert gelangten buddhistische Einflüsse über Indien, China und das Paekche-Königreich im Südwesten Koreas nach Japan, doch offiziell wurde der Buddhismus erst 538 in Japan eingeführt. Nur wenige sahen in der Etablierung des Buddhismus einen Widerspruch zum herrschenden Shintō-Glauben. Schnell setzte sich die Auffassung durch, dass *Buddha* lediglich eine weitere Gottheit ähnlich den Kami-Göttern darstellte. Shintō schloss also den Buddhismus mit ein. Die Grundlage für eine **friedliche Koexistenz** und zeitweise sogar tiefe Durchdringung war gegeben.

Die regierende Schicht übernahm die Lehren des Buddhismus gerne, China war das große Vorbild für die eigene Organisation der Staats- und Religionsform. **Prinz Shōtoku** verkündete seine Verfassung und ernannte den Buddhismus 607 auch mit der politischen Absicht zur **Staatsreligion,** das geteilte Land zu einen. Zur Manifestierung ließ er die ersten buddhistischen Tempel errichten (Hōryūji, Kōfukuji, Tōdaiji).

Während der **Nara-Zeit** (710–794) stand der Buddhismus im Zeichen wissenschaftlicher und staatserhaltender Ausrichtung. Gesetze schrieben den Priestern vor, für das Wohl des Staates zu beten. Neben den **„Sechs Nara-Schulen"** prägten weitere buddhistische Einwanderer, wie der chinesische Mönch *Ganjin,* die Entwicklung des frühen Buddhismus in Japan. Von den ursprünglichen „Sechs Nara-Schulen" existieren heute noch drei: **Kegon** im Tōdaiji-Tempel, **Hosso** im Kōfukuji- und **Ritsu** im Tōshōdaiji-Tempel.

Zur **Heian-Zeit** begründete **Saichō** in Kyoto die **japanische Tendai-Schule.** Vom Ergebnis des Nara-Buddhismus enttäuscht, exerzierte er 15 Jahre lang seine Meditationsübungen in der Einsamkeit des Hiei-Berges. In seiner Lehre vereinte er Ansätze verschiedener buddhistischer Schulen mit Elementen der Zen-Meditation. Der Enryaku-Tempel auf dem Hiei-Berg wurde zum Haupttempel der Tendai-Schule und bekam eine Schlüsselfunktion für die spätere Entwicklung des Zen-Buddhismus: „Ein seelischer Moment enthält alle dreitausend Welten" lautete die charakteristische Grundformel der Tendai-Schule.

Die Schulen der **Kamakura-Zeit** (1192–1333) bauten auf die vorhergehenden Lehren auf. Die **Jōdo-** und **Amida-Schulen** vereinfachten die Gedankenwelt: Die wiederholte Anrufung *Buddhas* mit „Namu amida butsu" oder mit „Namu myōhō renge kyō" (Nichiren-Schule) sollte den neuen Schulen nach zur Erleuchtung und Erlösung führen. Diese Idee machte den Buddhismus einer breiten Masse zugänglich, der die Theorien der Tendai-Schule zu kompliziert waren.

Besonders große Verbreitung fanden in der Kamakura-Zeit die Ideen des **Zen-Buddhismus.** Die Lehre des *Zen* widmet sich vor allem dem Zustand der **geistigen Konzentration.** Die buddhistische Lehre ist hier eine religiöse Übung, den Körper ruhig zu stellen und damit gleichzeitig den Geist zu beruhigen. Mit dem beruhigten Geist gehen gleichzeitig Weisheits- und Erleuchtungsgewinn einher – und **Erleuchtung** ist Ziel der Meditation. Das Erreichen ei-

Buddhismus und Malerei

Unter den verschiedenen Zen-Kunstformen genossen **Tusche-Zeichnungen** besondere Beliebtheit, da der Akt des Pinselstrichs selbst schon als ein hervorragender Ausdruck für die Idee des Zen erschien. Intensität und Qualität der Tusche sowie des Strichs gingen einher mit der einfachen und doch klaren Idee des Zen. Im 14. Jahrhundert standen einfache Priesterporträts im Mittelpunkt buddhistischer Malerei, im 15. Jahrhundert waren es eher Landschaften mit Gedichten, für deren Meisterwerke vor allem *Jōsetsu* und *Shūbun* verantwortlich zeichnen.

Einen hervorragender Überblick zum Thema Buddhismus und Malerei liefert das **Nationalmuseum in Kyoto.**

nes neuen und höheren Blickwinkels wird als „Satori“ bezeichnet. Schon aus dem 8. Jahrhundert ist ein System von **Zen-Fragen und -Antworten (Kōan)** überliefert, das dabei helfen soll. Je nach Schule und Tradition stehen zahlreiche Koan-Sammlungen mit mehreren hundert Fragen zur Verfügung. **Die drei berühmtesten Beispiele** sind: 1. Ein Mönch fragte Meister *Joju:* Hat ein Hund Buddha-Natur? *Joju* antwortete: Mu. 2. *Joju* fragte seine Schüler: Wie klingt das Klatschen mit einer Hand? 3. Ein Mönch fragte Meister *Dong*: Was ist *Buddha?* Der Meister antwortete: Drei Pfund Hanf.

Das gewohnte logische und konzeptionelle Denken soll mit diesen Übungen an sein eigenes Ende geführt werden. Die berühmteste Zen-Schule war die **Rinzai-Schule,** die im Daitokuji-Tempel in Kyoto beheimatet ist und auch heute noch Mönche ausbildet.

Während der **Edo-Zeit** (1600–1867) befahl die Shogunats-Regierung, dass sich jeder Japaner in einem buddhistischen Tempel **registrieren** lassen musste. Dies diente einerseits der Bekämpfung des Christentums, andererseits verbesserte es die Kontrolle der religiösen Zentren.

Die **Meiji-Zeit** (1868–1912) trennte offiziell Shintō und Buddhismus.

Eine Besonderheit des japanischen Buddhismus ist die **Vermischung des konfuzianischen Ahnenkultes mit der buddhistischen Zeremonie,** obwohl der ursprüngliche Buddhismus keinen Ahnenkult kennt. Der japanischen Tradition nach findet die Seele nur Ruhe, wenn Totenzeremonien abgehalten werden. Diese Tradition führte dazu, dass der Ahnenkult bei der Einführung des Buddhismus im 6. Jahrhundert erhalten blieb und die indische Idee der Reinkarnation nicht übernommen wurde.

Buddhismus und Gegenwart

Das **Gedenken an die Toten,** das Aufbewahren der sterblichen Überreste und das Abhalten von Totenzeremonien sind mit die wichtigsten **Aufgaben der Tempel** heutzutage. Die **Verwaltung der Totenbücher** in den Tempeln ist dabei auch eine administrative Herausforderung, denn die Angehörigen müssen benachrichtigt werden, wann für ihre Verstorbenen eine Zeremonie abgehalten wird. Vom 7. bis zum 49. Tag nach dem Tod wird für den Verstorbenen gelesen und rezitiert, die weiteren Zeremonien orientieren sich an den Jahrestagen und finden zum O-Bon-Fest statt. Die Totenbücher sind so bedeutend, dass sie zum Ersten gehören, was neben der Hauptfigur des Tempels und den *Fusuma* (Schiebetüren) im Falle eines Feuers in Sicherheit gebracht wird.

Mehr als zwei Drittel der Japaner geben in Umfragen an, dass buddhistische Elemente eine Rolle in ihrem Leben spielen. Tatsächlich kommen die meisten Japaner aber nur bei wenigen Anlässen mit buddhistischen Ritualen in Kontakt. An manchen Tempeltoren befinden sich kleine weiße Aufkleber – das ist ein bisschen mit Graffiti zu vergleichen und natürlich illegal. Die Aufkleber tragen Namen von Besuchern und sagen in etwa so viel wie: Ich war hier.

Das **Symbol,** welches auf Stadtplänen oder in Tempelanlagen auf den ersten Blick wie ein Hakenkreuz aussehen mag, kommt ursprünglich aus dem Sanskrit und symbolisiert die Sonne. Das Zeichen steht immer für buddhistische Tempel und nicht für Shintō-Schreine, sodass es für Ungeübte auch als Distinktionsmerkmal dienen kann.

Zen heute

In einigen Zen-Tempeln Kyotos kann man heute als Tourist an **Zen-Meditationen (Zazen)** teilnehmen oder Zen-Kurse belegen. Ausführliche Beschreibungen finden sich im Kyoto-Kapitel.

Christentum

Die Geschichte der christlichen Missionierung Japans begann mit der **Landung portugiesischer Seefahrer 1543 in Kyūshū** und insbesondere 1571 mit der Landung des jesuitischen Missionars *Francisco Xavier* in Nagasaki. Anfänglich konnte sich das Christentum regional ausbreiten, denn die spanischen und portugiesischen Seefahrer verbanden die Handelsbeziehungen mit der Glaubensfrage: Wer als Feudalherr **Schusswaffen** von den Europäern erwerben wollte, musste der christlichen Missionierungsarbeit in seinem Territorium zustimmen.

Ab dem beginnenden 17. Jahrhundert sagte das **Tokugawa-Shogunat** der neuen Religion den Kampf an und ließ **Christen verfolgen** und hinrichten; das Shogunat sah die eigene Vormachtstellung gefährdet, und man fürchtete den Einfluss ausländischer Mächte.

Mit der Öffnung des Landes **1868** kam auch die **Religionsfreiheit** nach Japan zurück. Heute bekennt sich rund ein Prozent der Bevölkerung Japans zum Christentum. Dabei zählt die katholische Kirche die meisten Mitglieder, gefolgt von der orthodoxen Kirche.

Die wichtigsten Feste und ihre religiösen Zusammenhänge

Hochzeit

Die Hochzeit vor dem Gesetz ist in Japan **bei jeder Stadtverwaltung möglich** und verhältnismäßig unproblematisch und einfach.

Weitaus schwieriger wird es, wenn das japanische Paar die Hochzeitsfeier und die Gästeliste plant. Hier erwarten das Paar zahlreiche Probleme, die mit **sozialen Hierarchien** und den **enormen Kosten** verbunden sind.

Religiöse Hochzeitszeremonien sind in der Regel **Shintō-Hochzeiten.** Die Shintō-Hochzeitsgesellschaft ist sehr klein und besteht aus Brautpaar, Shintō-Priester und den unmittelbaren Familienangehörigen. Sie wird im bevorzugten Schrein der Familie oder in einem großen Hotel mit nachgebauter Hochzeitshalle durchgeführt und endet mit der Ringübergabe. In 20 Minuten ist alles vollbracht.

Trauungen in Kirchen oder Kapellen **nach christlichem Vorbild** sind in den letzten Jahrzehnten immer populärer geworden, weniger aus religiösen, vielmehr aus romantischen und ästhetischen Motiven. Zudem bietet eine solche Hochzeit auch die Möglichkeit, Freunde zur Zeremonie einzuladen.

Verhalten in Tempelanlagen

Tempelanlagen sind in der Regel **frei zugänglich,** wenngleich einige Gebäude den Mönchen vorbehalten sind oder nur an speziellen Tagen für das allgemeine Publikum öffnen. Um in die inneren Tempelstätten vorzudringen, muss man meistens eine kleine **Eintrittsgebühr** bezahlen.

Das **Tempeltor** markiert den **Eingang;** man überschreitet eine Holzschwelle (Balken), auf die man nicht treten sollte. Oftmals findet man vor den religiösen Heiligtümern eine **Wasserstätte,** an der man sich reinigt, indem man mit der ausliegenden Kelle Wasser über die Hände laufen lässt.

An vielen Tempeleingängen findet sich ein **Pulver,** bestehend aus Nelken, Zimt und Ampfer. Man nimmt zuerst mit der rechten Hand etwas vom Pulver zwischen Zeigefinger und Daumen, gibt es zwischen linken Zeigefinger und Daumen, streicht es auf die Handinnenflächen und verreibt es. Von Mönchen wird es auch mal über den glatt rasierten Kopf verrieben.

In den Tempelanlagen sollte man auf den Steinwegen laufen und weniger auf dem geharkten Kies. In den Gärten gilt es für die Mönche oder Tempelmitarbeiter besonders darauf zu achten, dass der Boden durchgängig mit grünem Moos bewachsen ist. Wo der pure Boden hervorkommt, gilt die Pflege als nicht gelungen. Dementsprechend sollte man auch nicht auf dem Moos laufen.

jap_145 oh

Selbstmord in Japan

Über den japanischen Selbstmord kursieren im Westen nicht wenige **Gerüchte.** Man hat vielleicht einmal von Schildern gehört, die in der U-Bahn davor warnen, sich zur Rushhour vor den Zug zu werfen. Oder dass an Bergklippen Tafeln stehen, die die Schönheit des Lebens preisen.

Diese skurrilen Auswüchse mag man früher in Einzelfällen sogar angetroffen haben – jedoch sollte man heutzutage nicht erwarten, allzu oft auf die amüsanten Schilder zu stoßen. Tatsächlich ist die **Selbstmordrate in Japan internationaler Durchschnitt** und beispielsweise geringer als in Russland, Ungarn oder Finnland.

Interessant ist ein Blick auf die **Geschichte des Selbstmordes** in Japan. **Seppuku** (bei uns besser bekannt als *Harakiri*) ist die äußerst schmerzvolle Variante, seinem Leben mit der Ausweidung des Bauches ein Ende zu setzen. Auf den Schlachtfeldern oft ohne Vorbereitung ausgeführt, war Seppuku ein wesentlicher Bestandteil des Bushidō-Codes der Samurai, um das Leben ehrenvoll zu beenden. Seppuku ist ein hoch ritualisierter Akt, der zur Erhaltung der Ehre des Samurais diente. Befahl der Shōgun oder Feudalherr seinem Gefolgsmann Seppuku, so war dies für den Samurai eine große Ehre an sich. Der Tod durch Seppuku kommt langsam. Wichtig für das Ritual ist der **Kaishaku,** ein enger Vertrauter, der mit seinem Schwert den Kopf vom Haupt trennt und das Ritual damit zu Ende bringt. Aus dem Theater war Seppuku lange Zeit verbannt – das Tokugawa-Shogunat fürchtete eine Romantisierung des ehrenvollen Todes und ließ die Darstellungen verbieten.

jap_147 oh

Von herrschender Seite wurde die Verbindung von Ehre und Selbstmord oft als Machtinstrument gebraucht. In dieser Tradition ist auch der Einsatz der **Kamikaze-Flieger** Ende des 2. Weltkrieges zu verstehen, die einen „heldenhaften" Tod starben und deren Familien für die Aufopferung entlohnt wurden.

Noch 1970 sorgte der Seppuku des Schriftstellers *Yukio Mishima* für Aufsehen. Dieser wandte sich gegen die „Verwestlichung Japans", gründete eine eigene Privatarmee („Shield-Gesellschaft"), trat für die Wiedereinführung des Bushidō-Codes ein und beendete sein Leben in dieser Tradition nach dem Verlesen eines Manifests.

Heute sieht Selbstmord in Japan anders aus. Rund 100 Personen springen jährlich vor einen Zug. Für die verursachten Schäden und Verspätungen werden oftmals die Familien haftbar gemacht. Summen von rund 100 Millionen sind keine Seltenheit. Beliebt für Selbstmorde ist auch der Aokigahara-Wald am Fuße des Mt. Fuji, der durch die Selbsttötungsdarstellungen in den Werken *Seicho Matsumotos* populär wurde. Polizeiliche Suchtrupps durchkämmen den Wald regelmäßig und finden jährlich zwischen 50 und 100 Leichen.

Bei den **Einladungen** beginnen jedoch die Probleme: Wer wird eingeladen und wer nicht. Vor allem die Einladung der Firmenkollegen stellt viele Paare vor unlösbare Probleme, da soziale Hierarchien beachtet werden müssen und das Übergehen eines Vorgesetzten oder Kollegen schnell die Karriere beenden kann. Gleichzeitig muss jedoch die Auswahl begrenzt werden, da die Anzahl der Plätze in den Hochzeitsetagen der Hotels begrenzt ist und eine Hochzeit ohnehin schon ein Vermögen kostet. Viele junge Paare heiraten deswegen im entlegenen Okinawa oder gar auf Hawaii, um diesen Verpflichtungen zu entgehen – hier erwartet niemand aus der Firma eine Einladung und die Kollegen verzeihen dem jungen Paar leichter die romantische Zweisamkeit. Nicht umsonst haben viele Hotelanlagen **auf Okinawa** eigene **Kapellen mit Altar und Meerblick,** um das Feld der romantischen Hochzeit perfekt bedienen zu können.

Beerdigungen und Todestag

Das tägliche Leben in Japan ist bestimmt nicht von religiösen Motiven geprägt, doch bei Beerdigungen erlangen religiöse Zeremonien eine große Bedeutung. Beerdigungen in Japan werden **in der Tradition des Buddhismus** abgehalten und folgen einer **ritualisierten Abfolge.** Die Zeremonie kann im Haus des Verstorbenen durchgeführt werden und den Hinterbliebenen den Abschied vom aufgebahrten Toten in vertrauter Atmosphäre ermöglichen. Viele japanische Wohnungen sind aber zu klein, um Familienmitglieder, Freunde und Arbeitskollegen zu empfangen, sodass die Trauerfeier oftmals im Tempel abgehalten wird. Dort liest der Priester Sūtras und ein Angehöriger verliest laut die Kondolenztelegramme derjenigen, die nicht persönlich anwesend sein können. Die Totenwache beziehungsweise der Leichenschmaus werden entweder in der Nacht vor der Zeremonie oder im Anschluss daran mit viel Essen und Alkohol zelebriert.

In Japan sind **Feuerbestattungen üblich,** sodass der emotionale Höhepunkt der Trauer erreicht ist, wenn der Verstorbene zu Hause in den Sarg gebettet wird und die Hinterbliebenen mit einem Stein einen Nagel in den Sarg hämmern, um diesen zu verschließen. Nach dem Krematorium kommt die Urne für 49 Tage in das Haus des Verstorbenen, ehe sie dann schließlich auf dem Friedhof beigesetzt wird.

Die **Gedenkriten** sehen vor, dass nach 100 Tagen und am 1., 2., 6., 12. sowie am 16. Todestag (analog fortwährend) Sūtras vom Priester gelesen werden und sich die Familien im Tempel oder am Grab versammeln. Während des **Todestages, Hōyō** genannt, wird neben dem Grab eine längliche Holztafel *(Sotoba)* aufgestellt, auf der ein Sūtra zu lesen ist. Oftmals erlaubt es der Alltag den Hinterbliebenen nicht, selbst zu den doch durchaus weit entfernten Friedhöfen am Todestag zu fahren – deswegen begegnet man öfters Priestern, die im Auftrag der Hinterbliebenen zu den Gräbern fahren. Die Hōyō-Feier endet mit einem Abendessen und viel Alkohol.

Neue Religionen

Japan zeichnet sich durch eine **große religiöse Toleranz** aus, **nahezu 200.000 Religionsgemeinschaften** sind staatlich anerkannt. In den 1990er Jahren erlebten radikale **Sekten** einen großen Aufschwung. Die bekannteste war die gewalttätigste, die **Aum-Sekte,** die 1995 den Giftgasanschlag auf die Tokyoter U-Bahn verübte, bei dem 18 Menschen getötet und mehrere Hundert verletzt wurden. Jüngsten Berichten der japanischen Regierung zufolge ist die Zahl gewaltbereiter religiöser Sekten in den letzten Jahren stark zurückgegangen.

Alltagsleben

Haus und Lebensstandard

Japan gehört zu den reichsten Ländern der Welt und das Durchschnittseinkommen liegt über dem westlicher Industrienationen. Die größte Bevölkerungsdichte herrscht auf der Hauptinsel Honshū, was zu unglaublich hohen Grundstücks-, Häuser- und Wohnungspreisen führt. Im Gegensatz dazu sind die ländlichen Gebiete spärlich besiedelt, und immer mehr junge Menschen wandern in die großen Städte ab.

Moderne Apartments in Tokyo unterscheiden sich kaum von modernen Wohnungen in Europa, das **traditionelle japanische Haus** dagegen ist einzigartig. Japanische Häuser haben **Tatami,** Matten aus Reisstroh, auf denen sich das japanische Alltagsleben abspielt. In vielen japanischen Häusern gibt es keinen einzigen Stuhl, sondern man sitzt auf den Tatami-Matten, die immer ohne Schuhe betreten werden. Tatami-Matten haben eine Einheitsgröße von 1,80 x 0,90 Meter und Wohnungsgrößen werden in der Anzahl der Tatami-Matten angegeben: Eine häufig anzutreffende Variante ist das 6-Tatami-Zimmer.

Als **Schlafplatz** dient das **Futon,** welches nachts auf den Tatami-Matten ausgebreitet wird. Tagsüber wird das Futon aus Platzgründen zusammengelegt und im Schrank verstaut.

Das **japanische Bad** ist für das Alltagsleben von so großer Bedeutung, dass Wohnungsbesichtigungen oft das Bad in den Mittelpunkt stellen. Das tägliche Bad entspricht dem täglichen Duschen in der westlichen Gesellschaft. Traditionell wäscht man sich in Japan vor der Badewanne und nicht darin, sodass man sauber in die Badewanne steigt.

Der **Kotatsu** ist eine japanische Erfindung zum Wärmen im Winter. Es handelt sich um eine Art Heizdecke mit Tischgestell, sodass man sich auf die Tatami-Matten setzen kann und (vor allem im Winter) die Füße unter die beheizte Decke steckt. Hauskatzen muss man in Japan nicht lange suchen – man sieht am besten unter dem Kotatsu nach.

Arbeit

Das japanische Arbeitsethos unterscheidet sich generell von dem in Europa. Schon allein aufgrund des gewaltigen Stundenumfangs und der Verpflichtungen des Angestellten gegenüber Firma und Kollegen handelt es sich oftmals um ein **Leben für die Arbeit.** Auch wenn *Karōshi,* Japans eigenes Wort für „Tod

Omiyage-Kultur

Omiyage könnte durchaus zu den ersten japanischen Wörtern zählen, an die man sich aufgrund häufiger Nennung erinnern kann. Omiyage bedeutet **kleines Mitbringsel und Geschenk.** Ein Omiyage ist nie fehl am Platz und der erstaunte Europäer kann sich zu Beginn kaum ausmalen, wie **viele Gelegenheiten** es in Japan gibt, ein Omiyage unterzubringen. Es gibt eins, wenn man Freunde zum Abendessen trifft, wenn ein Bekannter aus dem Urlaub zurückkommt, wenn man einfach zufällig in der Gegend ist und natürlich ganz besonders bei offiziellen Anlässen. Gegenstand eines Omiyage kann alles Mögliche sein, von der Schokolade bis hin zum Touristensouvenir. Wichtiger als der Inhalt ist manchmal noch die Verpackung, denn sie muss besonders schmuck und glitzernd sein und darf auf keinen Fall fehlen.

Neben den kleinen Anlässen für Geschenke gibt es natürlich auch die **traditionellen Geschenktage** wie Weihnachten, Geburtstage, Muttertag oder Valentinstag. Darüber hinaus herrscht aber auch noch **zweimal pro Jahr Geschenksaison.** Die Geschenke im Sommer, *Chūgen* genannt, werden an Vorgesetzte, sozial Höherstehende, Freunde oder an Personen verteilt, von denen man vormals ein Geschenk erhalten hat. Der Einzelhandel erinnert zur rechten Zeit an die Tradition. Am Jahresende wiederholt sich der Ablauf, nur dass die Geschenke *Seibo* genannt werden.

Besonders respektvoll erscheint es, Präsente persönlich zu übergeben. Doch – infolge der Fülle der Geschenke und der schnellen Abfolge der Geschenkanlässe – kann man nahezu jedes Geschenk aus einem Department Store verpacken und direkt der bedachten Person per Lieferservice zukommen lassen. Die Kaufhäuser sind auf diese Geschenktraditionen bestens vorbereitet, weisen rechtzeitig mit großen Anzeigenkampagnen darauf hin und halten natürlich auch die passenden Geschenkpackungen mit z.B. Kaffee oder Tee bereit.

Wer tiefer in die japanischen Rituale der Geschenke einsteigen will, wird früher oder später auf **O-kaeshi** stoßen, dem Gegengeschenk zum Geschenk. Bei Hochzeiten, Geburtstagen oder großen Partys, zu denen die Gäste Geschenke mitbringen, werden gleichzeitig wiederum kleine Geschenke an die Gäste verteilt. Dies muss nicht unbedingt zur gleichen Zeit erfolgen, das Überreichen eines kleineren Geschenks im Gegenzug gilt als höflich und kann bei einer anderen Gelegenheit nachgeholt werden – der japanische Kalender bietet viele Möglichkeiten dazu.

durch Überarbeitung", westlichen Vorurteilen zum Trotz nicht an der Tagesordnung ist, so verlangt das japanische Geschäftsleben doch vollen Einsatz: Von einer geregelten 5-Tage-Woche, mit Arbeitszeiten von 9 bis 17 Uhr und freien Wochenenden sowie 30 Tagen Urlaub im Jahr können japanische Angestellte nur träumen. Offiziell mögen viele Japaner Verträge über 40 Wochenstunden haben, es versteht sich jedoch von selbst, dass man freiwillig länger bleibt. Regisseur *Takeshi Kitano* bezeichnet die Arbeitszeiten seiner männlichen Generation als „breiten Verrat an den eigenen Familien und Kindern". **Freizeit ist Man-**

gelware und die Urlaubszeit beschränkt sich normalerweise auf eine Woche im Sommer und eine im Winter.

Arbeit im Rentenalter

Viele Arbeiter und Angestellte, die mit 60 oder 65 Jahren aus dem Arbeitsleben ausscheiden, suchen sich im Rentenalter eine **neue Beschäftigung.** Entweder weil zu viel freie Zeit ungewohnt und störend ist, oder weil es die wirtschaftliche Situation einfach nötig macht, da die Rentenversorgung oft für die nicht ausreicht, die nicht bei den großen japanischen Konzernen gearbeitet haben. Einige der Pensionäre wechseln in eine Tocherfirma ihres früheren Arbeitgebers und übernehmen leichtere Tätigkeiten. So kann es gut sein, dass ein Baustellenbewacher mit Signalstab früher in einer leitenden Funktion tätig war. Wenn man etwas darauf achtet, wird man im täglichen Leben viele ältere Personen in ähnlichen Jobs antreffen.

Die Frau in der Gesellschaft

Die **Individualisierung** der Frauen ist in den letzten Jahrzehnten auch in Japan stark vorangeschritten und hat am traditionellen Rollenverständnis gerüttelt. Trotzdem ist die **grundsätzliche Rollenverteilung** – der Mann als Arbeiter und Geldverdiener, die Frau kümmert sich um Haus und Familie – der Standard.

Die Chancengleichheit im Beruf ist gesetzlich festgeschrieben, de facto ist die **Geschäftswelt** aber **in Männerhand.** Der Anteil von Frauen in höheren Positionen liegt neueren Statistiken zufolge gerade mal zwischen 10 und 15 Prozent. Für Frauen ist es nach wie vor schwieriger, in führende Positionen zu gelangen. In der Familie dagegen ist es üblicherweise die Frau, die über die (finanziellen) Angelegenheiten entscheidet. Der Mann bekommt Taschengeld.

jap_150 oh

Sollte jemand noch die Vorstellung haben, in Japan würden alle Frauen ständig im **Kimono** herumlaufen: Dem ist nicht so. Kimonos werden höchstens bei festlichen Anlässen, Hochzeiten, den Neujahrsfeiertagen oder bei örtlichen Paraden und Matsuris getragen. Manche tragen auch bei der Zeremonie zum Schul- oder Universitätsabschluss einen Kimono. Für viele junge Japanerinnen ist das Anlegen des Kimono eine nicht zu bewältigende Herausforderung, sodass spezielle Kimono-Schulen das Tragen und das Verhalten im Kimono lehren. In den Kimono-Schulen trifft man vor allem Frauen an, die ihre Hochzeit planen.

Nach der Hochzeit oder nachdem die Kinder größer sind, nehmen viele Frauen eine **Teilzeitbeschäftigung** an. Die Prozentzahl der erwerbstätigen Frauen in Japan ist wesentlich höher als in Deutschland.

Frauen sind der entscheidende Markt der **Modeindustrie,** junge Japanerinnen gelten als sehr kaufkräftig. Europäische Designer wie Prada oder Hermes machen ihr bestes Geschäft in Japan.

Besonderen Anteil nimmt die Bevölkerung am Schicksal von **Prinzessin Masako.** Die vormalige Diplomatin heiratete 1993 den Thronfolger Prinz *Naruhito.* Viele erhofften sich einen Impuls für die Frauenbewegung durch die Karrierefrau, die an der Harvard-Universität studiert hatte. Wie schwierig sich Altes und Neues im Umfeld des kaiserlichen Hofes verbinden lassen, haben die letzten Jahre gezeigt: Der Druck ist der Prinzessin anzusehen, zuletzt zog sie sich mehr und mehr aus der Öffentlichkeit zurück, erst recht, nachdem 2006 ihre Schwägerin Prinzessin *Kiko* einen Sohn und damit einen Thronfolger zur Welt brachte.

Architektur

Betrachtet man die traditionelle japanische Architektur, so lassen sich drei Hauptbausteine ausmachen: die buddhistische Architektur der Zen-Tempel und Gartenanlagen, Shintō-Elemente für die Shintō-Schreine und die Architektur der Teehäuser (Chashitsu). Der Stil der traditionellen Architektur lässt sich insgesamt als **nüchtern und antiornamental** bezeichnen, wenngleich schon die ersten ausländischen Besucher auch von den dekorreichen japanischen Bauten fasziniert waren.

Die **buddhistische Tempelarchitektur** lag in den Anfängen nahe am chinesischen Vorbild, im Laufe der Zeit entwickelten sich eigenständige japanische Elemente. Die Verschmelzung der Baustile war einfach, da beiden Holz als Grundlage diente. Japanische Elemente sind der Kontrast zwischen geschwungenen und geraden Linien sowie tiefe Dachvorsprünge. Als typisch kann der **Hōryūji-Tempel** in Nara gelten, der als ältestes Holzbauwerk der Welt erhalten ist.

Die **Shintō-Architektur** ist die älteste japanische Bauweise. Shintō-Schreine erheben sich auf Stützpfeilern, werden von Nord nach Süd durchlüftet und sind relativ klein und leicht gebaut. Typisch

< Tatami-Zimmer mit Kotatsu

jap_153 oh

ist der berühmte **Ise-Schrein** im Bezirk Mie, den jeder Japaner schon in der Grundschule einmal besucht. Im Mittelpunkt der Architektur steht der Honden, das Hauptgebäude, welches dem lokalen Kami gewidmet ist. Dieser Honden ist für Besucher unzugänglich. In kleineren Schreinen oder Vorgebäuden können Touristen einen klassischen Shintō-Besuch erleben und für eine bessere Zukunft bitten: Man wirft eine Münze in die bereitstehende Holzbox *(Saisen-bako)*, lässt den Gong mit dem Seil zweimal ertönen, verbeugt sich zweimal, klatscht zweimal laut in die Hände, verbeugt sich nochmals und lässt den nächsten an die Reihe. Das ist das Grundmuster, örtliche Unterschiede existieren selbstverständlich.

Die **Architektur von Schreinen und Tempeln** hat sich **im Laufe der Zeit vermischt.** Um einen buddhistischen Tempel von einem Shintō-Schrein unterscheiden zu können, sieht man sich am besten den Eingangsbereich an. Am Schreineingang trennt das **Torii (Shintō-Schreintor)** die profane von der spirituellen Welt. Das Tor besteht aus zwei großen Stützpfeilern und einer geraden sowie einer größeren geschwungenen Verbindung darüber, insgesamt sind Torii in Rot und Schwarz gehalten. Die

⌃ Japanischer Garten im Karesansui-Stil

pagodenähnlichen **buddhistischen Eingangstore (Mon)** sind dagegen in der Regel größer, setzen sich aus mehreren Elementen zusammen und haben oftmals Wächterfiguren am Eingang. Im Gegensatz zu Shintō-Schreinen findet sich bei buddhistischen Tempeln auch oftmals ein Friedhof.

Japan besitzt unzählige **Schlösser.** Die großen Herrscher in Osaka und Tokyo demonstrierten damit ebenso wie die regionalen Territorialherren ihre Macht während der Feudalzeit. Gewaltige drei- bis fünfstöckige Pagoden in mächtigen Schlossanlagen aus Stein und Holz sind heute noch zahlreich zu besichtigen, die berühmtesten stehen in Himeji und Osaka.

Japanische Gärten sind ein **Abbild der Natur,** und das richtige Arrangement gilt in Japan verdientermaßen als hohe Kunst und erfordert eine lange Erfahrung. Die prächtigen Exemplare aus Stein, Wasser und Pflanzen versuchen die Einheit von Natur und Gott zur Schau zu stellen. Minimalismus ist dabei ein wichtiges Element, ebenso wie Klarheit und Kontrast. Die **Karesansui-Gärten** sind dabei besonders vom Zen-Buddhismus beeinflusst, in denen weißer Sand das Meer darstellt und Steine das Gebirge. In **Tsukiyama-Gärten** finden sich neben kleinen Hügeln auch Teiche oder künstlich angelegte Flüsse, und auf kleinen Pfaden wird der Besucher von Arrangement zu Arrangement geführt. Der Sand wird ornamental zu ausgeprägten Sandmustern *(Samon)* geharkt. Alles hat eine Bedeutung und nichts bleibt dem Zufall überlassen: Die japanische Gartenkunst kennt Begriffe für den zentralen Gartenstein, den Verandastein, den Wasserstein auf der Insel, den Wasserstein am Wasserfall etc. Die Variation ist unendlich. Daraus beziehen japanische Gärten ihre Faszination.

Häuser sind in Japan nicht für die Ewigkeit gebaut und können nicht mehrere Generationen überdauern, sondern bedürfen immer wieder der Erneuerung. Vor allem in manchen Stadtteilen Kyotos ist derzeit ein großer Wandel zu beobachten, da viele Eigentümer ihre alten Holzhäuser durch modernere Familienhäuser (aus Stein oder Beton) ersetzen.

Westliche Architektur hat nach der Öffnung 1868 ihren Niederschlag in Japan gefunden, später erreichte auch die Bauhaus-Welle Japan, was an den Gebäuden internationaler Stararchitekten ebenso zu erkennen ist wie an westlich geprägten Straßen- und Stadtteilen, zum Beispiel in Kobe. Zu den berühmten Vertretern der modernen japanischen Architektur zählt *Tadao Andō.*

Literatur

Japan besaß bis zum 5. Jahrhundert keine Schriftsprache, sodass erst mit dem Import der chinesischen Kanji-Schriftzeichen eine schriftliche Fixierung möglich war. Für die Zeit davor existieren lediglich Berichte in späteren Werken, jedoch keine originalen Aufzeichnungen.

Bei den ersten erhaltenen Schriften aus dem 8. Jahrhundert handelt es sich um **Gedichtsammlungen und Chroniken. „Kojiki“** (Aufzeichnungen alter Begebenheiten) aus dem Jahr **712** ist das **erste Geschichtsbuch Japans** und besteht aus drei Bänden: Band 1 widmet sich der japanischen Mythologie, Band 2 Tennō *Jinmu* bis *Ōji* und Band 3 der Zeit von Nintoku bis Suiko.

Mit **„Fudoki"** entstand 713 auf kaiserlichen Befehl hin eine **erste Sammlung regionaler Geschichte.** Die Regionen fixierten schriftlich Informationen zu Herkunft, lokalen Legenden, Riten und Lebensstil.

720 entstand das zweite große Werk der japanischen Frühgeschichte: **„Nihonshoki"** (Japanische Annalen). **„Manyōshū"** (Sammlung von zehntausend Blättern) fasste 760 als erste Anthologie in 20 Büchern 4496 Gedichte und Lieder zusammen. Alle diese ersten bedeutenden Bücher entstanden in der kulturellen Hochphase der Nara-Zeit (710–784).

In die **Nara-Zeit** fällt auch die Entwicklung der eigenen japanischen **Silben-Schriftsysteme,** der **Katakana und Hiragana.** Diese Ausformung ebnete den Weg für eine einsetzende Blütezeit früher japanischer Literatur zur Heian-Zeit. Zuerst war die einfache Silbensprache den Frauen vorbehalten und Männer bevorzugten Kanji, da die komplexen Zeichen als Ausdruck von Bildung und Gelehrsamkeit galten. Doch schon bald erkannten mehr und mehr Dichter, dass die neue und leichter verständliche Silbensprache gut geeignet war, um in japanischer Sprache zu dichten. Zu den amüsanten Anekdoten jener Zeit gehört, dass der Dichter *Kino Tsurayuki* sein Tagebuch „Tosanikki" in Hiragana verfasste, seine Identität aber verschleierte und als Verfasser einen Frauennamen angab.

Das Aufkommen der **„Hofdamenliteratur"** war ein Resultat des freien Umgangs zahlreicher höfischer Frauen mit der neuen Silbensprache. Im neuen Genre Erzählprosa beschrieben sie in Tagebuchaufzeichnungen das Hofleben und die Ideale der Heian-Zeit. Als erster Roman der Weltliteratur gilt **„Genji monogatari"** (Die Geschichte des Prinzen Genji) von *Murasaki Shikibu,* den sie um das Jahr 1010 verfasste und dessen Bedeutung für die japanische Literatur nicht hoch genug eingeschätzt werden kann. Sie verfasste weitere Werke, wie ihr Tagebuch „Murasaki Shikibu Nikki", und eine Welle höfischer Literatur setzte ein, die von weiblichen Autoren bestimmt war.

Ab Mitte des 12. Jahrhunderts finden sich in der japanischen Literatur die Auswirkungen und Geschehnisse der kriegerischen Auseinandersetzung. „Hōgen monogatari" und „Heiji monogatari" beschreiben in epischer Form den Aufstieg und Ruin verschiedener Clans.

Als erste Bühnenform entwickelte sich unter dem Einfluss des Zen-Buddhismus und mit Unterstützung der Shōgun-Machthaber das Nō-Theater. Obwohl auf der Bühne dargestellt, stehen die **Nō-Texte** in ihrer Art eher der Lyrik nahe als der dramatischen Form.

Mit der **Edo-Zeit** (1603–1868) halten auch **Elemente der Verstädterung und Bürgerlichkeit** Einzug in die Literatur. *Ihara Saikaku* (1642–1693) ist der populärste Autor jener Epoche, der realistische Sittengemälde seiner Zeit und Klasse zeichnet. Berufsalltag und Müßiggang sowie städtische Phänomene wie etwa Vergnügungsviertel finden in den fließenden Beschreibungen ihren Niederschlag.

Als **erster Dramatiker von Rang** trat **Chikimatsu Monzaemon** (1653– 1724) in Erscheinung. Seine dramatischen Werke lassen sich in bürgerliche und historische Stücke unterscheiden. Mit „Sonezaki Shinjū" (Der Liebestod zu Sonezaki) schuf er das erste bürgerliche Trauerspiel der Weltliteratur.

Der **Renku-Dichtung** verhalf *Matsuo Bashō* im 17. Jahrhundert als herausragender Vertreter zur Geltung, als er die literarischen Spielereien des Bürgertums zur höheren Literatur formte. Vorläufer dieser Versform fanden sich erstmals bei Dichterwettstreiten zur Heian-Zeit im 14. Jahrhundert. Bei der unterhaltsamen Dichtung formte ein Poet zuerst drei Verszeilen (mit 5/7/5 Silben), die der nächste mit zwei weiteren Versen (7/7 Silben) ergänzen musste. Die Renku-Meister genossen hohes Ansehen. Renku bedeutet wörtlich „verkettete Verse" und so sind Übergänge, Verbindungen und Sprünge wesentliche Bausteine dieser Dichtung.

Aus den ersten drei Zeilen des Renku entwickelte sich kurze Zeit später die kleinste lyrische Form der Weltliteratur, die 17-silbige Versform **Haiku.** Haiku war ursprünglich eine burleske und humoristische Form, die im Laufe der Jahre zahllose Varianten und prominente Vertreter *(Yosa Buson, Issa Kobayashi)* hervorgebracht hat. Haiku ist auch heute noch ein sehr populäres Medium.

Der **Übergang zur modernen Literatur** *(Kindai bungaku)* vollzog sich mit der Öffnung Japans 1868. Ausländische Werke wurden übersetzt, Gattungen wie der politische Roman kamen auf und Elemente der Romantik oder des Naturalismus wurden adaptiert, wenngleich vor allem auf dem Gebiet der Dichtung erst einmal die traditionelle japanische Versform Tanka vorherrschend blieb. *Futabatei Shimei* schuf mit **„Ukigumo"** (Flüchtige Wolken) 1888 den **ersten modernen Roman Japans.** *Tsubouchi Shōyō* steht als Autor und Literaturtheoretiker an der Spitze einer Bewegung, die den Realismus als dominierendes Element der epischen Gattung einforderte.

Erste Ich-Erzählungen kamen zusammen mit dem **Naturalismus** um die Zeit des Japanisch-Russischen Krieges auf. Die Frage nach Wahrheit und Wesen des Menschen bestimmen die Werke der bedeutendsten Vertreter *Shimazaki Toson* und *Tayama Katai.*

Erste Zeitschriften für Lyrik verhalfen der Dichtung zu neuen publizistischen Möglichkeiten gegen Ende des 19. Jahrhunderts. *Yosan Tekkan* gründete in Tokyo das wichtigste Magazin und war gleichzeitig radikaler Reformer der Tanka-Verse.

In den 1920er Jahren schlossen sich junge Literaten zu **literarischen Zirkeln** zusammen, in denen sie die europäische Literatur studierten. Als literarische Richtungen standen sich der Sensualismus und die proletarische Literatur gegenüber. **Yasunari Kawabata** (1899–1972) strebte als Vertreter des Sensualismus nach einer „Revolution der Literatur", während andere eine „Literatur der Revolution" forderten. *Kawabata* erhielt **1968** als erster Japaner den **Nobelpreis für Literatur,** vor allem für sein 1926 veröffentlichtes Werk „Izu no odoriko" (Die Tänzerin von Izu).

Mit der Besetzung der Mandschurei und den aufkommenden Kriegsjahren ab 1931 verschärfte sich der Gegensatz zwischen der nationalen Literatur und den proletarischen, sozialen oder humanistischen Ansätzen. Linksgerichtete Autoren wanderten ins Gefängnis und unterlagen der **Zensur,** was zum Erliegen des literarischen Betriebes führte.

Die **Nachkriegsliteratur** in Japan war geprägt von der „Après-guerre-Schule", der *Honda Shūgo, Nakamura Hitsuo, Odagiri Hideo* und *Hirano Ken* angehörten. Eine Abkehr von traditionalistischer Literaturauffassung prägte ihre Arbeiten, ebenso die Zuwendung zu westlichen Philosophien wie etwa dem Existenzialismus. Später verlieh vor allem *Kaikō Ken* aktuellen politischen Themen in seinen Texten Ausdruck und stand an der Spitze einer Bewegung, die Japan nicht mehr isoliert, sondern im internationalen Kontext wahrnahm. *Kōbō Abe* und *Yoshie Hotta* gehörten dieser Generation an.

1994 erhielt mit **Kenzaburō Ōe** ein weiterer Japaner den **Literatur-Nobelpreis.** Sein umfangreiches literarisches Schaffen brachte rund 20 Romane, zahlreiche Essays und Erzählungen hervor, die oftmals autobiografisch gefärbt sind. Sein berühmtester und international erfolgreichster Roman „Kojinteki na taiken" (Eine persönliche Erfahrung) erschien 1964. *Ōe* zählt zu den politischen und sozial engagierten Autoren, was auch im veröffentlichten Briefwechsel (Titel: „Gestern vor 50 Jahren", 1995) zwischen ihm und *Günter Grass* nachzulesen ist.

Ein Beispiel dafür, wie attraktiv auch heute noch traditionelle Versformen für die zeitgenössische Literatur in Japan sind, ist **Tawara Machi.** Die 1962 in Osaka geborene Autorin bedient sich der **Tanka-Versform,** die schon als bevorzugte 31-silbige Versform in der ersten Gedichtsammlung aus dem 8. Jahrhundert vorkommt. Statt traditioneller Themen um den höfischen Ritus drückt *Machi* in ihren Tanka heutige Alltagserfahrungen in moderner Sprache aus. Sie avancierte daraufhin zur Literaturhoffnung.

Nicht nur die Hoffnung, sondern das uneingeschränkte Aushängeschild der japanischen Gegenwartsliteratur ist **Haruki Murakami.** Seine Romane sind Kassenschlager und verkaufen sich vor allem bei jungen Erwachsenen sehr gut – im Gegensatz zu den Büchern *Kenzaburō Ōes,* dessen Satz- und Romankonstruktionen allgemein als zu kompliziert gelten, um von einer breiten Masse gelesen zu werden. *Murakami,* Jahrgang 1949, verbindet in seinen Romanen Erotik, Mythos und Alltag, wie etwa in „Noruei no mori" (Naokos Lächeln), „Kokkyo no minami, taiyo no nishi" (Gefährliche Geliebte) oder in „Nejimakidori kuronikuru" (Mister Aufziehvogel). So populär *Murakamis* Romane sind, so selten zeigt sich der Autor persönlich in der Öffentlichkeit: Er lebt zurückgezogen in Tokyo.

Kunst

Kalligrafie – Shodō

Shodō allein mit Kalligrafie (Schönschrift) zu übersetzen, wäre unzureichend. Shodō ist vielmehr eine **Kunstform und Lehre,** wie die japanischen und chinesischen Schriftzeichen kunstvoll per Hand zu zeichnen sind. Die chinesischen Schriftzeichen haben alle bildhaften Ursprung, und durch die formvollendete Zeichnung mit Pinsel und Tusche wird der Bildcharakter wieder betont. Schon in Grundschulen finden Wettbewerbe dazu statt.

Ursprünglich aus China eingeführt, haben im 10. und 11. Jahrhundert *Ono no Tōfū, Fujiwara no Sukemasa* und *Fujiwara no Yukinara* die einzigartigen japanischen Kalligrafie-Stile begründet. In der Edo-Zeit wurde der **Oie-Stil** für offizielle Dokumente verwendet, heute unterscheidet man **drei klassische Arten: Kaisho** als ungekürzte und exakte Normalschrift (manchmal auch *Shinsho* genannt), **Gyōsho** als kürzere Schrift und **Sōsho** als kursive und geschwungene Schrift. Letztere ist besonders kunstvoll.

Zeichentypen und die Niederschrift derselben erlangten erstmals besondere Bedeutung, als zur Nara-Zeit **Gedenkinschriften** auf Waffen oder in buddhistischen Tempeln aufkamen. Ebenso unterhielten die buddhistischen Klöster ihre eigenen **Schreibbüros,** in denen die Schreiber Sūtra-Rollen zur Verbreitung der neuen Lehre fertigten. Hier wurde zumeist ein klarer und exakter Schreibstil verwendet, der auf Schnörkel verzichtete. Gleichzeitig entwickelte sich die Schrift am kaiserlichen Hofe prunkvoller.

Einen enormen Einfluss auf die Entwicklung der Kalligrafie hatte das Aufkommen der **Katakana** und **Hiragana.** Die Kana leiteten sich in einem langen Prozess aus den extremen Formen des Sōsho ab und galten aufgrund ihrer Einfachheit und Eleganz vor allem als Damenstil *(Onnade).* Doch schon bald verwendeten nicht nur die Hofdamen die neue Schrift für ihre Briefe. Die neuen feinen Zeichen wurden weithin benutzt, um zwischen dem 8. und 13. Jahrhundert Gedichtsammlungen zu verfassen oder Dichterwettstreite festzuhalten. Diese Aufzeichnungen gehören zu den großen Schätzen japanischer Kunst.

Heute existieren **verschiedene Schulen der Kalligrafie** nebeneinander. Traditionelle Arten sind ebenso zu finden wie moderne. Dabei lassen sich in den Formen heutiger Kalligrafie alle Elemente moderner Malerei aufspüren. Je nach Ausrichtung ist dabei das Zeichen an sich noch zu erkennen oder ins Bildhafte, ins Groteske oder in ein anderes Medium überführt. Sonderausstellungen an der Kunsthochschule in Tokyo oder in den Foren in Kyoto vermitteln einen guten Überblick zu den zeitgenössischen Strömungen. Die **Bokujinkai-Gruppe in Kyoto** experimentiert mit anderen Kunstformen wie Musik, Drama und Video, einige Ausstellungen sind im Kyoto Kulturmuseum zu finden.

Malerei und Holzschnitt

Die Malerei in Japan begann mit der Einführung des Buddhismus und zeigte zu Beginn, wie nahezu alle japanischen Kunstformen, ganz deutlich **chinesischen Einfluss.** Seit dem 19. Jahrhundert unterscheidet man zwischen der Malerei japanischen Stils **(Nihon-ga),** westlichen Stils **(Yōga)** und dem Stil chinesischen Ursprungs **(Kanga, Bunjinga).**

Zu den berühmtesten traditionellen Bildern zählen sicher die **Kakemono,** die **vertikalen Rollbilder.** Sie kamen in der Heian-Zeit auf und wurden in der Edo-Zeit zur dominierenden Bildform. Mit einem Stab am oberen Ende eigneten sie sich gut zur Wanddekoration. **Emakimono** sind **horizontale Rollbilder,** die von rechts nach links betrachtet werden. Die bekanntesten sind die „Genji monogatari e-maki", die als Illustrationen für den großen Roman „Genji monogatari“ gezeichnet wurden.

Die japanische **Wandmalerei (Shōheiga)** glänzte im 16. Jahrhundert, als Regionalfürsten Malereien für die Wände und Schiebetüren ihrer Burgen in Auftrag gaben. Die bekannten Motive sind dabei vor allem Natur- und Landschaftsdarstellungen oder Bilder schöner Frauen.

Unter dem **klassischen japanischen Malstil** versteht man die Verwendung von **Tusche und Pinsel,** wobei das Bild mit wenigen genialen Pinselstrichen entsteht. Ursprünglich auf Schwarz begrenzt, führte die **Kanō-Schule** im 15. Jahrhundert die freizügige Verwendung verschiedener Farben ein. Andere Malschulen wandelten Elemente der Kanō-Schule ab und konzentrierten sich auf Miniaturformen, Illustrationen, Landschaftsabbildungen oder satirische Zeichnungen.

Aus der Kanō-Schule entwickelte sich **Ukiyo-e,** die **wichtigste Form des japanischen Holzschnittes.** *Hishikawa Moronobu* entwickelte eine neue Methode, die Zeichnungen auf die Holzstöcke aufzubringen. Im 18. Jahrhundert waren diese Holzdrucke besonders für Kabuki-Aufführungen (s.u.) gefragt und zeigten als Motiv neben Landschaften auch oft Prostituierte und Szenen aus den Vergnügungsvierteln der neu aufkommenden Städte. Später wurden die Drucktechniken verfeiert und farbige Darstellungen wurden möglich. Ukiyo-e war die **erste rein kommerzielle Kunstform,** da es sich bei den aufwendigen Werken immer um Auftragsproduktionen handelte.

Zu den großen bildenden Künstlern der japanischen Moderne zählt **Munakata Shikō** (1903–1975), der vor allem aufgrund seiner Grafiken und Holzschnitte bewundert wird. Ein Museum ist ihm in seiner Geburtsstadt Aomori gewidmet. **Uemura Shōen** (1875–1949) erwarb sich vor allem aufgrund ihrer Frauenporträts Ruhm und gilt als Meisterin der **Bijin-ga-Malerei,** der japanischen Kunst vom Zeichnen der „Schönen Frauen“.

Modernes Design

Erfolgreiche Designer haben heutzutage in Japan **Kultstatus** und werden göttergleich verehrt. Die modebegeisterte Nation kennt ihre Helden, allen voran Pop-Art-Maler *Murakami,* der für Louis Vuitton gleichnamige Taschen designte.

Teezeremonie

Die Tradition, aus Pflanzen Tee zu bereiten, reicht in Japan bis ins **8. Jahrhundert** zurück. Ursprünglich fand der Tee in Tempeln und unter Hofleuten als eine Art Medizin und zur Kräftigung der Persönlichkeit Anwendung. Zu Beginn des 14. Jahrhunderts war der Tee in der ganzen Bevölkerung verbreitet.

Die Teezeremonie, in Japan **Sadō** oder **Chanoyu** genannt, ist ein ästhetisches Ritual rund um das Zubereiten und Servieren von Tee. Die zugrundeliegende Philosophie der Teezeremonie (auch als „Teeweg“ bezeichnet) steht dem **Zen** nahe: Die **Grundprinzipien** sind *Wa* (Harmonie), *Jaku* (Stille), *Kei* (Respekt) und *Sei* (Reinheit). *Murata Shukō* verband als

erster großer Teemeister im 15. Jahrhundert die Teelehre mit der des Zen. Als bedeutendster Meister der formvollendeten Teezeremonie gilt *Senno Rikyū* (1521–1591).

Die Teezeremonie – die hohe Kunst des Teetrinkens

Bis ein **Teemeister** die exakte Ausführung der Teezeremonie erlernt, vergehen viele Jahre. Heute gibt es in Japan zahlreiche traditionelle Schulen, die die exakten Handbewegungen und die Choreografie lehren.

Der **Ablauf einer Teezeremonie** ist äußerst komplex und von unterschiedlichen Schulen geprägt. Grob skizziert empfängt bei einer klassischen Teezeremonie der Gastgeber zuerst seine Gäste mit leichtem Tee und bittet sie anschließend in den Garten, um sich am Wasserbecken Hände und Mund zu reinigen. Der Gastgeber zieht sich zurück und lässt einen Gong ertönen, um die Gäste wieder zurück ins Haus und in das eigentlich Teezimmer zu rufen. Die Gäste nehmen (in einer vorgegebenen Sitzord-

Blumenstecken – Kadō

Mit der Einführung des Buddhismus wurde vor etwa 1500 Jahren das Arrangement der Blumen entwickelt: Kunstvoll in Vasen und Schalen arrangierte Blumen dienten als **Schmuck der Buddha-Bilder** und sollten den Seelen der Vorfahren Trost verschaffen.

In der Momoyama-Zeit des 16. Jahrhunderts wurde das Blumenstecken zu einer Kunst verfeinert, die ihren Schnittpunkt mit den **Teehäusern** erlebte und die ruhige Atmosphäre der Teezeremonien unterstützte. Entscheidende Kriterien zur Auswahl waren dabei immer die Jahreszeit und dem Anlass entsprechende Blumen. Ab der Meiji-Zeit konnten zu den kunstvollen Arrangements auch abstrakte, künstliche Elemente hinzugefügt werden.

nung) Platz und sprechen über die schlichte oder dekorative Einrichtung des Teezimmers. Der Teemeister bringt nacheinander Teeschale, Teelöffel und Teebesen. Mit einem Seidentuch reinigt er symbolisch die Teedose und gibt aus ihr den grünen Pulvertee in die Schale. Er gießt mit der rechten Hand heißes Wasser darüber und rührt gleichmäßig mit dem Besen in der Schale, bis sich an der Oberfläche ein leichter Schaum bildet. Er reicht dem ersten Gast die Schale, indem er die Schale auf die Tatami-Matte vor den Gast stellt. Dieser nimmt sie mit der rechten Hand und stellt sie auf die linke Handfläche, verbeugt sich, dreht die Tasse dreimal etwas im Uhrzeigersinn und trinkt sie in drei schlürfenden Schlücken aus. Anschließend reinigt er den Rand der Tasse, an welchem er getrunken hat, mit seinem Seidentuch oder mit Daumen und Zeigefinger. Er dreht die Tasse gegen den Uhrzeigersinn und gibt sie an den Gastgeber zurück. Die Teezeremonie ist ein Gesamtkunstwerk von arrangierten Bewegungen und Ritualen, zu der im Laufe des Abends Speisen serviert werden.

Heute finden sich Teezeremonien beispielsweise bei erfolgreichen Geschäftsabschlüssen, die in Hotels, Tempeln oder in exquisiten Ryokans abgehalten werden. Die Teezeremonie zu erlernen ist heutzutage vor allem **für Frauen** ein **populäres Hobby.** Viele Frauen besuchen auch zu Jahresbeginn im Kimono die traditionellen Teezeremonien der großen Tempel. Die Teezeremonie war seit jeher ein sehr kommunikativer Ort und ist heute in Japan auch gut geeignet, um die eigene kulturelle Verwurzelung zu demonstrieren.

Zu den bedeutendsten **Schulen der Teezeremonie** zählen heute *Ura senke*, *Omote senke* und *Mushanokōji senke*, die auf der Lehre *Senno Rikyūs* basieren und die noch immer eine enge Verbindung zur Daitokuji-Tempelanlage in Kyoto pflegen.

Grundbegriffe

- **Chashitsu:** Teezimmer
- **Chawan:** Teeschale
- **Gyokuro:** japanischer Tee
- **Matcha:** feines, grünes Pulver aus Gyokuro-Tee
- **Hishaku:** hölzerner Schöpflöffel
- **Chashaku:** hölzerner Spatel zum Einfüllen des Teepulvers in die Teeschale

Musik und Theater

Kabuki

Das traditionelle Kabuki-Theater entwickelte sich in der **Edo-Zeit** (1615– 1867) und demzufolge präsentieren die meisten Stücke Szenerien jener Epoche. **Alle Charaktere werden von Männern gespielt,** auch die Frauenrollen. Die Bühne besteht in der Regel aus einem gemalten Hintergrund *(Kakiwari),* einer Geheimtür *(Seri)* und aus einem Steg durch den Zuschauerraum *(Hanamichi),* welcher Vorder- mit Hinterbühne verbindet.

Kabuki-Stücke sind aufgeteilt in **drei Kategorien:** historische Stücke, die die feudale Gesellschaft darstellen *(Jidaimono),* Bühnenstücke zur aufkommenden städtischen Kultur *(Sewa-mono)* und das Tanztheater *(Shosagoto).*

Zwei der bekanntesten Jidai-mono-Stücke sind „Shibaraku" und „Sukeroku". **Shibaraku** wurde erstmals 1697 aufgeführt und handelt davon, wie einige Unschuldige hingerichtet werden sollen, ehe ein mutiger Gefolgsmann hervortritt und „Shibaraku" ruft: „Haltet ein!" **Sukeroku** ist der Held, der den Armen und Schwachen hilft und sich letztlich als verkleideter Samurai entpuppt. Alle Kabuki-Stücke zeichnen sich vor allem durch ihre bezaubernde Ausstattung und ihre stilisierten Darbietungsformen aus.

Nō

Die Wurzeln dieser dramatischen Form reichen zurück bis ins 14. Jahrhundert. Die Stücke sind mit ihrer **reichen Symbolik** und **komplexen Aufführung** gleichermaßen beeindruckend wie auch schwer verständlich. Grob gesprochen hat ein Nō-Stück mit dem Protagonisten *(Shite)* und seinem unterstützenden Darsteller *(Waki)* zwei Hauptcharaktere. Im Unterschied zum Kabuki werden bei Nō Masken eingesetzt, sodass der Hauptdarsteller viele Charaktere verkörpern kann.

Kyōgen – Klassische Komödie

Kyōgen ist **eine Art Farce,** die ursprünglich beim Nō-Theater als Zwischenspiel aufgeführt wurde. Während das Nō eine gehobene Sprache bevorzugt, sind die Dialoge des Kyōgen **alltäglich und realistisch.** Der Realismus des Kyōgen rief bei den Herrschenden oftmals Kritik und Ablehnung hervor, die das traditionelle Nō und dessen Symbolismus bevorzugten. Kyōgen war das populäre Theater unter den Samurai, heute existieren mit *Izumi* und *Okura* zwei Kyōgen-Schulen.

Kyōmai – Tanz im Kyoto-Stil

Der Kyōmai-Tanz wird im Gegensatz zum Odori weniger auf der Bühne als vielmehr **in privater Umgebung** aufgeführt. Er entwickelte sich im 17. Jahrhundert unter dem Einfluss des Nō und drückte die höfische Lebensart besonders elegant aus. Der Tanz wird von Maiko (Geisha in Ausbildung) und Geisha in prächtigen Kostümen dargeboten. Bei der Ausführung kommt es besonders auf die Anmut der Bewegungen an.

Bunraku – Puppenspiel

Bunraku ist eine **Kombination aus Puppenspiel und Gesang.** Auf der Bühne werden die menschengroßen Puppen von jeweils bis zu drei Personen geführt. Dabei werden besonders vielfältige Kostüme und Puppenköpfe verwendet.

Das Puppenspiel stammt ursprünglich aus der Heian-Zeit und wurde in Kyoto über die Jahrhunderte hinweg gepflegt. Bunraku ist eng mit *Takemoto Gidaiyū* verbunden, der im 16. Jahrhundert die spezielle Musik und die Art der Dialoge beim Puppenspiel prägte. Gegenstand der Bunraku-Spiele sind die **Kaufleute** und deren alltägliches Leben in Osaka, dem damals größten Handelszentrum.

Koto-Musik

Die Koto ist eine **13-saitige Harfe,** die im 8. Jahrhundert aus China eingeführt wurde. Ursprünglich wurde die japanische Harfe bei den Feierlichkeiten der Daimyōs gespielt, später wurde das noble Instrument auch in den niederen Volksschichten populär. Heute sind reine Koto-Konzerte eher selten, am wahrscheinlichsten trifft man noch auf eine Mischung aus Koto und europäischen Instrumenten.

jap_163 oh

Gagaku-Hofmusik

Gagaku ist die traditionelle, elegante Hofmusik, die sich aus **Saiteninstrumenten, Trommeln, Tänzen und Gesängen** zusammensetzt. Im 8. Jahrhundert gelangte die Musik aus China an den japanischen Kaiserhof. In China verschwand die Gagaku-Tradition mit dem Untergang der Tang-Dynastie im 9. Jahrhundert, während sie in Japan zur Heian-Zeit ihre volle Blüte erlebte. Gagaku wurde nicht nur am Hofe gespielt, sondern fand sich auch bei religiösen Feierlichkeiten in Tempeln und Schreinen.

Film

Star des heutigen japanischen Kinos ist **Takeshi Kitano.** Der Regisseur, Schauspieler und TV-Entertainer gehört spätestens seit „Hana-Bi" (Goldener Löwe in Venedig 1997) zu den Großen der internationalen Filmszene. In Japan genießt er Kultstatus und ist mit eigenen Shows mehrmals wöchentlich im japanischen Fernsehen präsent. Der Autorenfilmer ist vor allem für seine blutigen Gangsterfilme im Yakuza-Milieu bekannt („Violent Cop", „Sonatine", „Brother"). Gleichzeitig hat er es immer wieder verstanden, den Erwartungen zu widersprechen. Geschichten wie „Kikujirōs Sommer", „Dolls" oder „Zatōichi" waren sehr persönlich gefärbt, bezogen sich auf Traditionen oder waren mit einer großen Portion Humor versehen, was auf seine Ursprünge als Comedian verweist.

Der große Altmeister des japanischen Kinos ist **Akira Kurosawa** (1910–1998). *Kurosawas* Filme feierten in Europa oftmals größere Erfolge als in Japan selbst, sein Ruhm begründet sich vor allem auf die ausgefeilte Bildsprache seiner Samurai-Filme. Der Western verdankte Kurosawa zahlreiche Einflüsse: „Die glorreichen Sieben" gründete sich auf „Die sieben Samurai", „Für eine Handvoll Dollar" hatte „Yojimbo" als Vorbild.

^ Bunraku – Puppenspiel und Gesang

< Kyōgen – alltäglich und realistisch

13 Anhang

jap_727 oh

Das Rathausgebäude in Shinjuku

Glossar

Ainu: Urbevölkerung Japans.
Amae: Das japanische Wort *Amae* bezieht sich auf das Abhängigkeitsverhältnis von Individuum und Gesellschaft und wird im Westen oft als Schlüssel zur Interpretation des japanischen Seelenlebens verwendet. Wichtigster Forscher zum Amae-Konzept ist der Psychoanalytiker *Takeo Doi,* zum Beispiel mit dem Buch „Amae: Freiheit in Geborgenheit".
ANA: All Nippon Airways.
Anime: Japanische Zeichentrickfilme.
Amaterasu: Sonnengöttin, höchste Gottheit der japanischen Mythologie und Ahnin des japanischen Kaisers.
Amida: Buddha des Lichts und der Gnade.
Arubaito (baito): Teilzeit-Arbeit oder auch Studentenjob.

-bashi (-hashi): Brücke.
Basho: Sumo-Turnier.
Bentō: Lunch-Box zum Mitnehmen, wird oft an Bahnhöfen verkauft.
Boddhisattva: Erleuchteter, der auf den Übertritt ins Reich der Erleuchtung verzichtet, um anderen zur Erleuchtung zu verhelfen.
Bonsai: Durch kunstvolles Schneiden und Verdrahten gestaltete Miniatur-Bäume.
Bosatsu: Japanisch für *Boddhisattva.*
Bunraku: Klassisches Puppentheater.
Burakumin: Ethnische Minderheit, die in der Geschichte Japans aufgrund der Ausübung „unreiner" Berufe ausgegrenzt wurde.
Bushidō: Ehren-Kodex der Samurai, wörtlich „Weg des Kriegers".
-butsu: Japanisch für Buddha.
Butsudan: Buddhistischer Hausaltar.

-chōme: Einige Häuserblocks umfassendes Gebiet.
-chūō: Zentrum.

Daibutsu: Riesige Buddha-Figuren, so wie der Kamakura und der Nara Daibutsu.
Depāto: Japanisch für Department Store.
Dōjō: Trainingshalle für Kampfkunst und Kampfsportarten.
Donjon: Hauptgebäude einer Burg.
-dori: Straße.

-eki: Bahnhofsgebäude.

Fugu: Kugelfisch; Delikatesse und hochgiftiger Fisch, dessen Tetrodotoxin eines der stärksten Nervengifte und in Leber und Eingeweiden des Fisches zu finden ist. Nur Köche mit Speziallizenz dürfen den Fisch zubereiten; oft werden in den Restaurants jedoch ohnehin ungiftige Züchtungen verwendet.
Fusuma: Schiebetür.
Futon: Traditionelle japanische Matratze, steppdeckenähnlich, wird zum Schlafen auf den Tatami-Matten ausgebreitet.

Gaijin: Ausländer.
-gawa (-kawa): Fluss.
Geisha: Wörtlich eine „kultivierte und gewählte Person", zelebriert die traditionellen japanischen Unterhaltungskünste; keine Prostituierte!
Geta: Japanische Holzsandalen.
Gyōji: Schiedsrichter beim Sumo.
Gyōza: Japanische Teigtaschen.

Habu: Giftschlange in Okinawa.
Haiden: Gebetshalle.
Haiku: 17-silbige Gedichtform.
-hama: Küste, Strand.
Hanabi: Feuerwerk, wörtlich „Blumen im Himmel".
Hanami: Fest und Picknick unter den blühenden Kirschbäumen, wörtlich „Blüten schauen", respektvoll auch *o-hanami* genannt.
-hantō: Halbinsel.
Hashi: Stäbchen oder Brücke.
Heike: Mächtiger Clan zur Heian-Zeit.
Hentai: Erotische bis pornografische Manga und Anime.

Hinoki: Edles japanisches Zypressenholz, oft in den bedeutenden Schreinen verwendet.
Honden: Haupthalle eines Schreins.
Hondō: Haupthalle eines Tempels.

-ike: Teich.
Ikebana: Kunst des Blumensteckens.

JAL: Japan Airlines.
-ji, -in, -dera: Tempel.
Jigoku: „Höllen", Thermalquellen mit siedend heißem Wasser.
-jima (-shima): Insel.
-jinja, -jingū: Schrein.
Jizō: Wächtergottheit.
JNTO: Japanese National Tourist Organisation (Japanische Fremdverkehrszentrale).
-jō: Burg, Schloss.
Jōdo: Buddhistische Schule, gegründet von Honen im 12. Jahrhundert.
Jōdo-Shinshū: Buddhistische Schule, Ableger der Jōdo-Schule, gegründet von *Shinran* zu Beginn des 13. Jahrhunderts.
Jōmon: Frühzeit der japanischen Kultur, ungefähr ab 8000 v.Chr.
JR: Japan Railways.
JTB: Japan Travel Bureau.

Kabuki: Klassisches japanisches Theater.
Keigo: Respektvolle Sprache.
Kaiseki: Die feinste japanische Küche mit detaillierten Regeln fürs Arrangement.
Kaiten Sushi (-Zushi): „Dreh-Sushi", „Karussel-Sushi".
Kakkoii: Cool, clever, gut aussehend; das Kawaii-Äquivalent für Männer.
Kami: Shintō-Gottheiten.
Kamikaze: Wörtlich „Götterwind", ursprüngliche Bezeichnung für den Taifun, der die mongolische Angriffsflotte im 13. Jahrhundert vor der japanischen Küste zerstörte; gegen Ende des 2. Weltkrieges als Bezeichnung für „ehrenvolle" Selbstmord-Piloten verwendet.
Kanji: Chinesische Schriftzeichen, die im Japanischen verwendet werden.
Kannon: Göttin der Barmherzigkeit, vielfältige Erscheinungsform.
Karōshi: Tod durch Überarbeitung.
Kawaii: Niedlich, süß; eines der japanischen Schlüsselwörter; Kawaii kann alles sein: Personen, Tiere, Mode, etc.; während Frauen *Kawaii* sind, sind Männer *Kakkoii*.
-ken (to, dō, fu): Präfektur.
Kimono: Traditionelles japanisches Kleidungsstück für Männer und Frauen. Die geradlinige (leicht mehrere 10.000 Euro teure) Robe aus hochwertigen Stoffen reicht bis zu den Knöcheln. Das Anziehen ist aufgrund komplexer Falt- und Wickeltechniken eine Kunst; zusammengehalten wird der Kimono vom breiten japanischen Gürtel Obi, der auf dem Rücken geknotet wird.
-ko: See.
Kōbō Daishi (Kūkai): Gründer der buddhistischen Shingon-Schule im 8. Jahrhundert.
-kōen: Park.
Koi: Japanischer Karpfen.
Koi Nobori: Karpfenbanner aus Papier, die zu Ehren der Söhne von Dächern oder vor Häusern wehen.
Kokeshi: Klassische japanische Puppen aus Holz.
Kotatsu: Niedriger Tisch mit beheizbarer Decke.
Koto: Japanische Zither.
Kyūdō: Japanisches Bogenschießen.

-mae: vor.
Maiko: Geisha in der Ausbildung.
Manga: Japanische Comics.
Maneki Neko: Glückskatze aus der japanischen Sagenwelt, die heute aus Porzellan oder Keramik mit ihrer Pfote Wohlstand und Reichtum anlocken soll; wörtlich: einladende Katze.
Matsuri: Fest.
Meishi: Visitenkarte.
Mikoshi: Tragbare Schreine für Matsuri.
Minato: Hafen.
Minshuku: Familienbetriebene Unterkunft.

Miso: Japanische Sojapaste, überwiegend aus Sojabohnen und je nach Art mit unterschiedlichen Anteilen an Gerste, Reis oder Salz hergestellt.
Mochi: Reiskuchen.
-mura: Dorf.

Nakamise: Mit vielen Geschäften gefüllte Straße, die auf den Tempel zuführt.
Nengō (Gengō): Japanische Jahreszählweise, entspricht nicht dem westlichen gregorianischen Kalender, sondern orientiert sich an der Regierungszeit des Tennō; mit der Thronbesteigung *Akihitos* 1989 begann die Heisei-Zeit: Heisei 1 ist also 1989, Heisei 26 ist 2014 usw.
Nichiren: Gründer der Nichiren-Schule im 13. Jh.
Niō: Wächter-Gottheiten.
Nippon, Nihon: Japan.
Nō: Klassisches japanisches Theater.
Noren: Tücher und Türbehänge vor Restaurants, oft mit dem Namen gekennzeichnet.
NTT: Nippon Telegraph & Telephone.

O: Präfix, das Respekt ausdrückt.
O-Bentō: siehe Bentō.
O-bon: Buddhistisches Allerseelenfest im August.
O-cha: Tee.
OL: „Office Lady", Büroangestellte, weibliches Gegenstück zum Sarariiman.
Omiyage: Souvenir und Ausdruck der japanischen Geschenkkultur.
Onigiri: Dreieckige „Reisbällchen" als Snack für unterwegs.
Onsen: Thermalquelle, ein Hauptbestandteil des Tourismus in Japan.
Origami: Kunst des Papierfaltens.
O-shibori: Feuchtes Tuch, das man vor dem Essen im Restaurant gereicht bekommt.

Pachinko: Das japanischste Spiel aller Spielhallen, Glücksspiel mit einer Mischung aus Flipper und Geldautomat.
Pagode: Quadratischer oder vieleckiger Stockwerkbau der buddhistischen Kunst mit durch vorspringende Dächer oder vorkragende Gesimse betonten Geschossen, die sich nach oben verjüngen. Als Reliquienschrein Bestandteil jeder Tempel- und Klosteranlage.
Pinku Area: Japanische Variante des Rotlichtbezirks.

Rinzai: Größte Zen-Schule.
Rōmaji: Lateinische Umschrift des Japanischen.
Rotemburo (Rotenburo): Freiluft-Onsen, Thermalquelle im Freien.
Ryokan: Traditionelle japanische Unterkunft mit Tatami und Futon.

Sadō: Teezeremonie.
Sake: Reiswein.
Sakura: Kirschblüten.
Samurai: Krieger.
-san (-yama, -zan): Berg.
-san: Respektvolles Suffix bei der Anrede, sowohl für Männer als auch Frauen.
Sarariiman: Japanisch für „salaryman", den Angestellten einer großen Firma, äußerlich konform und durch nichts von anderen Sarariiman zu unterscheiden.
Satori: Erleuchtung.
Seku Hara: Japanisch für „sexual harassment", sexuelle Belästigung.
Seppuku: Ritueller Selbstmord, im Westen eher als „Harakiri" bezeichnet.
Setto: Menü oder kleines Gedeck, normalerweise aus Hauptgericht, Miso-Suppe und Reis bestehend.
Shachihoko (Shachi): Giebelverzierungen an Burgen und Schlössern, eine Kombination aus Delphin und Karpfen.
Shamisen: Dreisaitiges Instrument.
-shi: Stadt.
Shichimi: Gewürzmischung aus sieben Gewürzen.
Shinkansen: Hochgeschwindigkeitszug.
Shodō: Kalligraphie.
Shōgun: Herrscher des Shogunats, dem alle Daimyō und Samurai die Treue schwörten.
Shōjin Ryōri: Vegetarisches Gericht in Tempeln.

Shugendō: Oftmals mit „Berg-Buddhismus" wiedergegeben; buddhistische Ausrichtung mit Einflüssen des Shintō und des Schamanismus, überwiegend in Bergregionen anzutreffen.
Shukubō: Tempel-Unterkunft.
Soapland: Japanische Variante eines Bordells.
Stupa: Buddhistisches Gebäude oder Denkmal.
Sūtra: Alte buddhistische Schrift.

-taki: Wasserfall.
Tanbo: Reisfeld.
Taiko: Japanische Trommel.
Tatami: Reisstrohmatten.
Tendai: Einflussreiche buddhistische Schule, 805 auf dem Berg Hiei nördlich von Kyoto gegründet.
Tennō: Der japanische Kaiser.
TIC: Tourist Information Center, betrieben von JNTO.
Torii: Eingangstor zum Schrein.
Tōkaidō: Der alte Handelsweg zwischen Edo und Kyoto.
Tokonoma: Nische für dekorative Gegenstände im traditionellen Haus oder Ryokan.
Tsunami: Flutwelle.

Ukiyo-e: Holzschnitte und Druckgrafiken, wörtlich „Bilder der fließenden Welt".
Umeboshi: Salzpflaume.

Wasabi: Japanischer Meerrettich.
Washi: Japanisches Papier.

Yakuza: Japanische Gangster, Mafia.
Yamabushi: Pilger.
Yatai: Fahrbare Essensstände, vor allem in Fukuoka anzutreffen.
Yokozuna: Sumo-Champion.
Yukata: Traditionelles japanisches Kleidungsstück aus Baumwolle, einfacher als ein Kimono; kann als eine Art Hausanzug verwendet werden oder auch bei festlichen Anlässen.

Zazen: Zen-Praxis.

Kleine Sprachhilfe

Aussprache

Vokale werden wie im Deutschen und normalerweise kurz ausgesprochen. Lang gesprochene Vokale sind in der Standard-Umschrift durch ō, ū, ā, ē und ii wiedergegeben. Das lange ō kann, abhängig vom Silbensystem, auch als ou geschrieben sein.

Ei wird nicht als Diphtong wie in „gekochtes Ei" gesprochen, sondern der japanische Familien-Clan der Frühzeit, *Heike*, wird richtigerweise „hey-ke" gesprochen.

Vokale wie u und i werden oft nur angedeutet. Beispiele: *Desu* spricht man „dess", in *Hajime-mash(i)te* hört man das zweite i kaum.

Konsonanten wie ch, sh, j, w, y, z werden wie im Englischen ausgesprochen. Das r ist eine Mischung aus r und l mit eindeutigem Hang zum l.

Grundlagen

Ja/Nein. – Hai./Iie.
Danke. – Arigatō.
Vielen Dank. – Arigatō gozaimasu.
Vielen herzlichen Dank. –
Dōmo arigatō gozaimasu
Bitte, gern Geschehen. –
Dō-itashi-mashite.
Entschuldigung. – Sumi-masen.
Es tut mir leid. – Gomen-nasai.
Guten Appetit. – Itadaki-masu.
Prost. – Kampai.

Bitte (wenn man etwas anbietet). – Dōzo.
Bitte (wenn man um etwas höflich bittet). – Onegai-shimasu.
Bitte (bei einer Bestellung etc.). – Kudasai.
Verstehen Sie? – Wakari-masu-ka?
Ja, ich verstehe. – Hai, wakari-masu.
Nein, ich verstehe nicht. – Iie, wakari-masen.
Einen Moment bitte. – Chotto matte kudasai.
Okay. – Daijōbu/Okkë.
Durchhalten./Weiter so. – Gambatte.

Kennen lernen

Guten Morgen. – Ohayō gozai-masu.
Guten Tag. – Kon-nichi-wa.
Guten Abend. – Konban-wa.
Gute Nacht. – Oyasumi-nasai.
Hallo, schön Sie kennen zu lernen. – Hajime-mashite.
Wie geht es Ihnen? – O-genki-desu-ka?
Auf Wiedersehen. – Sayōnara.
Mein Name ist … – Watashi wa … desu.

Fragewörter

Wo – doko
Wer – dare
Was – nani
Wann – itsu
Warum – naze/doushite
Wohin – dochira

Notfälle und Gesundheit

Hilfe! – Tasukete!
Vorsicht! – Abu-nai!/Ki-o-tsukete!
Rufen Sie die Polizei. – Keisatsu o yonde kudasai.
Ich brauche einen Doktor. – O-isha san ni mite moraitain desu.
Mir geht es gar nicht gut. – Kibun ga warui desu.
Ich habe hier Schmerzen. – Koko ga itai desu.
Ich habe Fieber. – Netsu ga arimasu.
Ich habe eine starke Erkältung. – Hidoku kaze o-hiite imasu.
Ich habe Durchfall. – Geri o shiteimasu.
Apotheke – Kusuriya/Yakkyoku
Krankenhaus – Byōin

Unterwegs

Entschuldigung, können Sie mir helfen? – Sumimasen (ga oshiete itadakemasu ka)?
Links/Rechts – Hidari/Migi.
Bahnhof – eki
Wo kann ich eine Fahrtkarte kaufen? – Kippu wa doko de kae-masu ka?
Wo ist der nächste Bahnhof? – Ichiban chikai eki wa doko desu ka?
Zeigen Sie mir bitte den Weg. – Soko made issho ni onegai-shimasu.
Zum Bahnhof bitte. – Eki made onegai-shimasu.
Wie viel Uhr ist es? – Ima nan-ji desu-ka?
Wo ist …? – … wa dochira desu ka?
Wie komme ich nach…? – … e wa dō ikeba iidesu ka?
Was ist das? – Kore-wa nan desu-ka?
Wieviel kostet das? – Ikura desu-ka?
Ich nehme das. – Kore-o kudasai.
Teuer. – Takai.
Billig. – Yasui.
Wo sind die Toiletten? – Toire-wa doko-desu-ka?
Haben Sie eine Speisekarte in Englisch? – Eigo no menyū wa arimasu ka?

Übernachtung

Hotel – Hoteru
Haben Sie ein Zimmer frei? –
Heya wa aitemasu-ka?
Einzelzimmer –
Shinguru rūmu (single room)
Doppelzimmer –
Daburu rūmu (double room)
Zimmer mit Bad – Basu rūmu tsuki no heya

Zahlen

0	rei, zero
1	ichi
2	ni
3	san
4	yon/shi
5	go
6	roku
7	nana/shichi
8	hachi
9	kyū/ku
10	jū
11	jū ichi
20	ni-jū
21	ni-jū-ichi
100	hyaku
200	nihyaku
1000	sen
10.000	ichiman
20.000	niman
1 Million	hyakuman

Wochentage und Monatsnamen

Montag – Getsu-yōbi
Dienstag – Ka-yōbi
Mittwoch – Sui-yōbi
Donnerstag – Moku-yōbi
Freitag – Kin-yōbi
Samstag – Do-yōbi
Sonntag – Nichi-yōbi
Januar – ichi-gatsu
Februar – ni-gatsu
Dezember – jū-ni-gatsu

Rund ums Essen

Allgemein

Abendessen – ban-gohan
bitter – nigai
Essen – tabe-mono
Frühstück – asa-gohan
frittiert – age-mono
Gabel – fōku
geöffnet – kaiten
gegrillt – yaki
Glas – gurasu
heiß – atsui
hungrig – onaka ga sukimashita
kalt – tsumetai
Koch – itamae
köstlich – oishii
Löffel – supūn
Messer – naifu
Mittagessen – hiru-gohan
ohne Fleisch – niku-nashi
Rechnung – o-kanjō
reserviert – yoyakuzumi
salzig – shoppai
sauer – suppai
Schale – cha-wan
scharf – karai
Stäbchen – hashi
süß – amai
Tasse – kappu
Teller – sara
Tuch (feuchtes Tuch) –
o-shibori

vegetarisch – saishoku-shugi
Vorspeisen – zensai
Zahnstocher – tsuma-yōji

Fisch, Fleisch und Meeresfrüchte

Aal – unagi
Austern – kaki
Bachforelle – ayu
Barsch – aodai
Bonito – katsuo
Flunder – hirame
Garnelen klein – ama-ebi
Geflügel – tori-niku
Gelbschwanz – hamachi
Hering – nishin
Karpfen – koi
Krabben, Shrimps – ebi
Krebs – kani
Kreiselmuschel – sazae
Kugelfisch – fugu
Lachs – sake
Lachseier – ikura
Meerbrasse – tai
Oktopus – tako
Rindfleisch – gyū-niku
Scholle – karei
Schweinefleisch – buta-niku
Seeigel – uni
Seeohr – awabi
Seeteufel – ankō
Thunfisch – maguro
Tintenfisch – ika
Weißfisch – shira-uo

Gemüse

Algen, Meerlattich – nori
Aubergine – nasu
Bambussprosse – take-no-ko
Champignon – shimeji
Chinakohl – hakusai
Ingwer – shōga
Karotte – ninjin
Kürbis – kabocha
Lauch – negi
Lotuswurzel – renkon
Meerrettich – wasabi
Paprika – shishitō, piiman
Pilze – kinoko
Seetang – kombu, wakame
Sojabohnen, fermentiert – nattō
Süßkartoffel – satsuma-imo
Zitronenminze – shiso
Zwiebel – tama-negi

Gewürze

Essig – o-su
Gewürzmischung aus 7 Gewürzen – shichimi
Glutamat – kagaku chōmiryō
Knoblauch – nin-niku
Pfeffer, japanischer – sansho
Pfeffer schwarz – koshō
Salatdressing – sarada doressingu
Salz – shio
Sesam – goma
Senf, japanisch scharf – karashi
Sojabohnenpaste – miso
Sojasoße – shōyu
Zucker – satō

Eierspeisen

Ei – tamago
gekochtes Ei – yude-tamago
Omelett – omuretsu
Rührei – iri-tamago
Spiegelei – medama-yaki

Japanische Nudelgerichte

Rāmen mit gebackenem Schweinfleisch – chāshūmen
Rāmen mit Miso-Suppe – miso rāmen
Soba/Udon mit Frühlingszwiebeln – kake soba/udon
Soba/Udon mit frittierten Tofuscheiben – kitsune soba/udon

Yakitori

Grüne Paprika – piiman, shishito
Hühnchen mit Frühlingszwiebeln – negima
Hühnchenbrust – sasami
Hühnchen-/Gemüsebällchen – tsukune
Hühnchenhaut – kawa
Leber – rebā

Getränke

Bier – biiru
Kaffee – kōhii
Kakao – kokoa
Milch – miruku
Reiswein, Sake – sake
Saft – jūsu
Schnaps – shōchū
Tee, grün – o-cha
Tee, schwarz – kō-cha
Wasser – mizu
Wein – wain

Redewendungen beim Essen

Itadaki-masu. – Guten Appetit.
Kampai. – Prost.
Sumimasen. – Eigentlich Entschuldigung, um die Bedienung zu sich zu rufen.
Menyū o misete kudasai. – Bitte bringen Sie mir die Speisekarte.
Kore wa ikura desu ka? – Was kostet das?
Kore wa nan desu ka? – Was ist das?
Bejitarian-ryōri wa arimasu ka? – Haben Sie auch vergetarische Gerichte?
O-susume wa nan desu ka? – Was können Sie mir empfehlen?
Setto menyū wa arimasuka? – Haben Sie ein Menü?
O-mizu kudasai. – (Ein Glas) Wasser bitte.
Kureditto kādo wa tsukaemasu ka? – Akzeptieren Sie Kreditkarten?
Toire wa doko desu ka? – Wo ist die Toilette?
O-kanjō onegai-shimasu. – Die Rechnung bitte.

Reise-Gesundheits-informationen

Stand: Mai 2014

Die nachstehenden Angaben dienen der Orientierung, was für eine geplante Reise in das Land an Gesundheitsvorsorgemaßnahmen zu berücksichtigen ist. Die Informationen wurden uns freundlicherweise vom Centrum für Reisemedizin zur Verfügung gestellt. Auf der Homepage **www.crm.de** werden diese Informationen stetig aktualisiert. Es lohnt sich, dort noch einmal nachzuschauen.

Klima

Gemäßigtes Seeklima, im Norden kalter Nordwestmonsun im Winter, im Süden subtropisch; durchschnittliche Temperatur in Tokyo im Januar 3,7°C, im August 26,4°C.

Impfungen

- **Einreise-Impfvorschriften: keine.**

Empfohlener Impfschutz

- **Generell: Standardimpfungen** nach dem deutschen Impfkalender, speziell **Tetanus** und **Diphterie,** außerdem **Grippe** (saisonal).
- Bei Reisen durch das Landesinnere unter einfachen Bedingungen (Rucksack-/Trekking-/Individualreise) mit einfachen Quartieren/Hotels, bei Camping-Reisen, Langzeitaufenthalten, einer praktischen Tätigkeit im Gesundheits- oder Sozialwesen sowie bei engem Kontakt zur einheimischen Bevölkerung sind außerdem zu erwägen: **Herpes zoster** (bei Reisenden über 50 Jahre), **Meningokokken-Meningitis** (bei Reisenden unter 25 Jahre), **Meningokokken Serotyp B** (bei Reisenden unter 25 Jahre), **Hepatitis B** sowie **Jap. Enzephalitis** bei besonderen Aufenthaltsbedingungen in bestimmten ländlichen Gebieten (Impfstoff in Deutschland nicht zugelassen; Beschaffung über Apotheken mit entsprechenden Erfahrungen). Im Gebiet von Kamiiso auf Hokkaidō besteht ein geringes Risiko der Infektion mit **FSME** (Frühsommer-Meningoenzephalitis); ggf. ist eine Impfung vorzunehmen.
- Welche Impfungen letztendlich vorzunehmen sind, hängt vom aktuellen Infektionsrisiko vor Ort ab, von der Art und Dauer der geplanten Reise, vom Gesundheitszustand sowie dem eventuell noch vorhandenen Impfschutz des Reisenden. Da im Einzelfall unterschiedlichste Aspekte zu berücksichtigen sind, empfiehlt es sich, rechtzeitig (4–6 Wochen) vor der Reise eine **persönliche Reise-Gesundheits-Beratung** bei einem reisemedizinisch erfahrenen Arzt oder Apotheker in Anspruch zu nehmen.

Malaria

Das Land ist malariafrei.

Ratschläge zur Reiseapotheke

Vergessen Sie nicht, eine Reiseapotheke mitzunehmen (wenigstens Medikamente gegen Durchfall, Fieber und Schmerzen sowie Verbandstoff, Pflaster und Wunddesinfektion), damit Sie für kleinere Notfälle gerüstet sind.

Nicht vergessen: Medikamente, die der Reisende ständig einnehmen muss!

Wenn Sie spezielle Fragen zur Reiseapotheke haben, wenden Sie sich am besten an eine Apotheke mit reisemedizinisch qualifizierten Mitarbeitern.

HIV/Aids

- **HIV-Test:** Formal wird ein HIV-Test zur Einreise nicht verlangt. Personen mit bekannter HIV-Infektion, die verdächtig auf promiskuitives Verhalten sind, mit der Möglichkeit, andere zu infizieren, kann die Einreise verweigert werden.

Register

Die Autoren

Oliver Hoffmann, Jahrgang 1974, studierte Germanistik und Medien und arbeitet als freier Journalist und Autor. Er veröffentlichte als Student erste Reiseberichte über Japan und arbeitet für Print und TV.

Kikue Ryuno, Jahrgang 1976, studierte Internationale Politik- und Rechtswissenschaft an der Universität Osaka und arbeitete für japanische sowie internationale Unternehmen in allen Regionen Japans. Ihre Vorliebe gilt ihrer Geburtsstadt Kyoto.

Beide leben gemeinsam wechselweise in Berlin und Kyoto. In ihren Beschreibungen verbinden sie den Blick des langjährigen Japan-Touristen auf die vermeintlich fremde Kultur mit dem Blick der Japanerin auf das scheinbar Vertraute. Das verleiht dem Buch seine besondere Authentizität.

Danke

Wir bedanken uns bei der Japanischen Fremdenverkehrszentrale (JNTO) für die umfangreiche Unterstützung, insbesondere bei *Mariko Tatsumi.* Unser besonderer Dank gilt auch *Ayumi Takahashi* vom JNTO-Büro in Tokyo sowie den Vertretern der Tourismusverbände der einzelnen Präfekturen in Japan, ohne deren Hilfe das Buch in dieser Form nicht möglich gewesen wäre.

Des Weiteren danken wir *Agasa, Akiko, Alexa, Aya, Bruno, Delf, T. Dietrich, Eri, Günter, Kathrin, Kazue, Keisuke, Konatsu, N. Kobayashi, Kurt, Lotte, Masaharu, Masaru, Mikiko, Monika, Naoya, Reiko, Roger, C. Tiemann, Shinji, Yutaka.*

jap_Autoren

Zeichenerklärung zu den Karten im Innenteil

- Übernachtung
- Essen und Trinken
- Einkaufen/Sonstiges
- Nachtleben
- Wassersport

- Touristeninformation
- Sehenswürdigkeit
- Museum
- Burg/Schloss
- Tempel/Schrein
- Kirche
- Theater
- Post
- Internetcafé
- Bank
- Krankenhaus
- Flughafen
- Busbahnhof
- Fähre
- Strand

- U-Bahnstation
- Japan Railways
- Private Zuglinie
- Tram/Straßenbahn

Preiskategorien (in Yen)

Hotels

① bis 6000
② 6000–12.000
③ 12.000–20.000
④ ab20.000

Restaurants

① bis 1000
② 1000–5000
③ 5000–10.000
④ ab 10.000

99 Ortsbeschreibung auf Seite 99
99 Ortsbeschreibung auf Seite 99, mit Stadtplan